Amiraali Alfred T. Mahanin Merivoimien vaikutuksesta Historiaan 1660–1783.

Tekijä ja teos: Amiraali Alfred T. Mahanin Merivoimien vaikutuksesta Historiaan: 1660–1783. (1890)

Kääntäjä: Petri Luosto

Käännöksen lähde: Project Gutenberg

Kustantaja: BoD • Books on Demand GmbH, Helsinki, Suomi

Kirjapaino: Libri Plureos GmbH, Hampuri, Saksa

ISBN: 978-952-80-8352-8

Petri Luoston tähän mennessä kääntämät kirjat kronologisessa järjestyksessä. Viimeisin teos on lihavoituna:

Luo Guanzhongin Kertomus Kolmesta Kuningaskunnasta Osa 1 / 4; Eunukkeja ja Kapinallisia

Federalistikirjoitukset

Luo Guanzhongin Kertomus Kolmesta Kuningaskunnasta Osa 2 / 4; Punaiset Kalliot

Julius Caesarin sodat

Luo Guanzhongin Kertomus Kolmesta Kuningaskunnasta Osa 3 /4; Kolme Kuningaskuntaa

Thukydidesin Peloponnesolaissota

Luo Guanzhongin Kertomus Kolmesta Kuningaskunnasta Osa 4/4; Valtakunnan Yhdistäjät

Kautilyan Arthashastra, Legendaarinen Intialainen Opas Valtion Asioiden Hoitamiseen

Niccolo Machiavellin valtiollisia mietelmiä

Snorri Sturlusonin Heimskringla; Saagoja Norjan kuninkaista

Thomas Painen Kootut Teokset

Presidentti Grantin muistelmat, Osa I

Presidentti Grantin muistelmat, Osa II.

Sun Zin Sotataito ja Lionel Gilesin Kommentaari Siihen

Merivoimien vaikutuksesta historian 1660–1783;

Tekijänä A. T. Mahan, D.C.L., LL.D.,

joka teki myös teoksen *"Merivoimien vaikutuksesta Ranskan vallankumoukseen ja imperiumiin 1793–1812,"* etc.

Tämä käännös perustuu Project Gutenbergissa olevaan alkuperäisteokseen, joka on vuodelta 1890.

Esipuhe

Tämän teoksen tavoitteena on tarkastella Euroopan ja Amerikan yleistä historiaa etenkin viitaten merivoimien vaikutuksen niiden historiassa. Historioitsijat eivät yleensä tunne mereen liittyviä olosuhteita siksi, että heillä ei ole sitä kohtaan mitään yleistä mielenkiintoa tai erityistä osaamista; ja syvällistä tietoa päätellä merivoimien vaikutusta suurissa asioissa siksi katsottu ylimalkaisesti. Tämä on enemmän totta tietyissä tapauksissa yleisessä keskustelussa. On helppoa sanoa yleisesti, että meren käyttäminen ja hallitseminen on ja on ollut suuri tekijä maailmanhistoriassa; on paljon hankalampaa tuoda esille ja näyttää tarkasti tämä tosiasia. Silti ellei sitä tehdä, niin sen tärkeän asian tunnustaminen jää vajaaksi ja merkityksettömäksi; se ei jää, kuten sen pitäisi olla, joukko erityisiä tapauksia, joiden tarkka vaikutus tulisi selväksi analysoimalla niiden tapahtumahetkellä vaikuttaneita olosuhteita.

Mielenkiintoinen esimerkki koskien tätä taipumusta merivalloista voidaan vetää esille kahden englantilaisen kirjoittajan teoksista, sillä heidän kansansa on enemmän kuin mikään muu kansa velkaa oman suuruutensa merelle. "Kahdesti", sanoo Arnold hänen Rooman Historiassaan, "On ollut nähtävissä kamppailu mitä nerokkaimman yksilön välillä vihollisen kanssa, jolla on suuren kansakunnan voimavarat ja instituutiot, ja kummassakin tapauksessa kansakunta on ollut voittoisa. Seitsemäntoista vuotta Hannibal kamppaili Roomaa vastaan, kuusitoista vuotta Napoleon kamppaili Englantia vastaan; ensimmäisen ponnistelut päättyivät Zaman taisteluun, jälkimmäisen Waterloohon." Sir Edward Creasy lainaten tätä lisäsi siihen: "Yhdessä kohdassa yhtäläisyyden näiden kahden sodan välillä olivat tuskin riittäviä tarkastellakseen niitä; on kuitenkin huomattavia rinnakkaisuuksia roomalaisen kenraalin, joka lopulta voitti suuren karthagolaisen ja englantilaisen kenraalin, joka lopulta löi ranskalaisen keisarin. Scipio ja Wellington pitivät hallussaan useita vuosia tärkeitä komentotehtäviä, mutta kaukana sodan päärintamilta. Sama maa oli näyttämönä kummankin sotilasuran tärkeimmille tapahtumille. Se maa oli Espanja niin Scipiolle kuin Wellingtonille, jotka peräkkäin kohtasivat ja voittivat melkein kaikki vihollisen kenraalit, jotka vastustivat heitä ja vasta sitten he kohtasivat päävihollisensa. Niin Scipio kuin Wellington palauttivat maamiestensä luottamuksen aseisiinsa, joita oli heikentänyt sarja takaiskuja ja kumpikin heistä lopetti pitkän ja vaarallisen sodan täydelliseen ja murskaavaan voittoon, jossa he löivät vihollisensa ja tämän kokeneimmat joukot.

Kumpikaan näistä englantilaisista ei kuitenkaan mainitse merkittävämpää yhtäläisyyttä, sillä kummassakin tapauksessa meren hallinta pysyi voittajan käsissä. Rooman kyky hallita merta pakotti Hannibalin marssimaan pitkän ja työlään marssin Gallian lävitse, jolloin hän menetti enemmän kuin puolet kokeneimmista joukoistansa; se mahdollisti vanhemman Scipion lähettämisen armeijansa kanssa Rhone-joelta Espanjaan katkaisemaan Hannibalin viestiyhteydet, sekä palatakseen itse ja kohdatakseen hyökkääjän Trebian luona. Koko sodan aikana legioonia kuljetettiin vesitse ilman, että ne kärsivät miesmenetyksiä ja väsyivät Espanjan, joka oli Hannibalin tukialuetta ja Italian välillä, kun taas Italian sota ratkaistiin Metauruksen taistelussa, jossa sisemmät asemat omaavat roomalaiset armeijat, joiden vastustajina olivat Hasdrubalin ja Hannibalin voimat, niin lopulta voittivat siksi, että nuorempi veli ei pystynyt tuomaan täydennysvoimiaan meritse, vaan vain maitse Gallian kautta. Siksi kriittisellä hetkellä kaksi karthagolaista armeijaa olivat Italian mitan päässä toisistansa ja toinen niistä tuhottiin roomalaisten kenraalien yhteistyöllä.

Toisaalta merihistorioitsijat ovat vaivanneet itseänsä vain hieman hakiessaan yhteyksiä yleisen historian ja heidän oman aiheensa väliltä rajoittaen itseänsä yleensä toimimaan yksinkertaisesti merellisten tapahtumien kronikoitsijoina. Tämä pitää vähemmän paikkansa ranskalaisten kuin englantilaisten suhteen; suuri kyvykkyys ja koulutus, joka on aikaisemmalla kansalla, niin on johtanut heidät olemaan huolellisempia tarkasteltaessa tiettyjen tapahtumien lopputuloksia ja tapahtumien välisiä suhteita.

Ei ole kuitenkaan olemassa tekijän tietämyksessä mitään teosta, joka tunnustaa tavoitteeksensa sen, mitä täällä etsitään; nimittäin arviota merivoimien vaikutuksesta historian kulkuun ja kansakuntien vaurauteen. Kun muut historiateokset käsittelevät sotia, politiikkaa, sosiaalisia ja taloudellisia olosuhteita, jotka vallitsevat kansakuntien keskuudessa koskettaen merellisiä asioita vain sattumanvaraisesti ja yleensä ilman myötätuntoa, niin tämä teos tähtää siihen, että merelliset asiat laitetaan etusijalle ilman, että niitä erotetaan kuitenkaan niihin johtaneista syistä ja vaikutuksista yleisessä historiassa pyrkien näyttämään, miten ne vaikuttivat jälkimmäiseen ja miten se vaikutti niihin.

Aika, jota tarkastellaan, alkaa vuodesta 1660, jolloin purjealusten aika omine erityispiirteineen oli juuri alkanut ja jatkuu vuoteen 1783, jolloin Amerikan vapaussota päättyi. Kun yleisen historian jatkumo seuraa merellisiä tapahtumia, niin se on kuin löysällä oleva köysi, jonka tarkoituksena on esittää selvästi ja tarkasti se, mitä tapahtui. Kirjoittaessani laivastoupseerina ammatissani, niin en epäröinyt ottaa esille kysymyksiä laivastopolitiikasta, strategiasta ja taktiikoista; mutta olen välttänyt teknistä kieltä toivoen, että nämä asiat esitetään yksinkertaisesti, jolloin ne ovat mielenkiintoisia lukijoille, jotka eivät ole meren ammattilaisia.

A. T. MAHAN, joulukuussa 1889.

Sisällysluettelo

Laivaston strategian laajuus

Luku VI; Ranskan sijaishallitsija; Alberoni Espanjassa; Walpolen ja Fleurin politiikat; Puolan perimyssota; Englantilainen kielletty kaupankäynti Espanjan Amerikassa; Iso-Britannia julistaa sodan Espanjalle; 1715–1739.

Louisburgin valloitus 1758

Quebecin valloitus 1759 ja Montrealin valloitus 1760

Merivoimien vaikutus sotaan mantereella

Englanti suunnittelee yleisiä merisotatoimia

Choiseulista tulee Ranskan pääministeri

Hän suunnittelee hyökkäystä Englantiin

Toulonin laivaston purjehdus 1759

Sen katastrofaalinen kohtaaminen Boscawen kanssa

Tämä häiritsee suunnitelmia hyökätä Englantiin

Suunnitelma hyökätä Skotlantiin

Brestin laivaston purjehdus

Hawke käy sen kimppuun ja hajottaa sen muodostelman 1759

Carlos III nousu Espanjan valtaistuimelle

George II kuolema

Clive Intiassa

Plasseyn taistelu 1757

Merivoimien ratkaiseva vaikutus Intian asioihin

Ranskan laivasto hylkää kamppailun

Ranskan valta Intiassa lopulta kukistuu

Liitto Ranskan ja Espanjan välillä

Englanti julistaa sodan Espanjalle

Nopea Ranskan ja Espanjan siirtokuntien valloitus

Ranskalaiset ja espanjalaiset hyökkäävät Portugaliin

Englanti torjuu hyökkäyksen

Vakavia tappioita espanjalaisille kaikilla rintamilla

Espanja pyytää rauhaa

Luku XI; Merisota Euroopassa 1779–1782.

Brittien laivaston alivoimasta suhteessa liittolaisiin

Tavoitteiden valinta

Laivastojen ollessa kaikkien tilanteiden avaimina

Aktiivisen merisodan keskeiset vaatimukset

Sotatoimien perusta vuoden 1778 sodassa;

       Euroopassa

       Amerikan mantereella

       Länsi-Intiassa

       Itä-Intiassa

Kaupankäyntiin vaikuttavien tuulten ja monsuunien vaikutus

Ulkomailla olevilla tukikohdilla ei ole yleensä riittävästi voimavaroja

Sen seurauksena syntynyt viestiyhteyksien tärkeyden tarve

Laivastot viestiyhteyksien vartijoina

Välisatamien tarve Euroopan ja Intian välillä

Laivastovoimien sijoittelun tarkastelu

Vaikeus hankkia tietoa merellä

Monimutkaisuus merisotaretken kohteen tarkastelussa

Puolustukseen liittyvät haitat

Englanti puolustusasemissa 1778

Jatkuva tarve viisaaseen ja aktiiviseen toimintaan

Tilanteen avaimet

Brittien laivastopolitiikka Napoleonin sodissa

Brittien laivastopolitiikka seitsemänvuotisessa sodassa

Vaikeudet käyttää tuota laivastopolitiikkaa

Britannian laivasto sijoittelu 1778

Siitä johtunut alivoima monessa tilanteessa

Lista kuvista

Lista meritaisteluista

Kun näissä suunnitelmissa käytetään kirjaimina A, B, C ja D:tä, niin paikkojen merkkeinä ne kaikki ovat samanaikaisia.

Merivoimien vaikutuksesta historiaan

Johdanto

Merivoimien historia on suurelta osin, vaikka ei pelkästään kertomus kamppailusta valtioiden kesken, keskinäisestä kilpailusta, joka säännöllisen väkivaltaisesti huipentui sotiin. Syvällinen vaikutus merikaupan kautta rikkauksiin ja valtioiden voimaan oli selvästi nähtävissä kauan ennen kuin havaittiin todelliset periaatteet, jotka ohjasivat sen kasvua ja kukoistusta. Turvatakseen omalle kansallensa suhteettomat edut sellaisiin hyötyihin, niin kaikki ponnistelut tehtiin sulkeakseen muut pois joko rauhanomaisen lainsäädännön kautta käyttäen monopoleja tai kieltävää lakiin perustuvaa säännöstelyä, tai jo ne epäonnistuivat, niin suoraa väkivaltaa. Etujen yhteenotto, josta syntyivät vihaiset tuntemukset ristiriitaisten pyrkimysten takia hankkia tällä tavoin suurempi osa, jos ei koko osuutta merikaupan hyödyistä, ja etuja kaukaisilla kaupankäyntiin kuuluvilla alueilla, niin tämä toiminta johti sotiin. Toisaalta sotia saivat aikaan muutkin syyt, jotka suuresti vaikuttivat siihen, miten niissä sodittiin ja hallittiin merta. Siksi merivoimien historia, vaikka se suuresti vaikutti kansakuntien kykyyn tulla mahtaviksi, niin on suuresti sotahistoriaa; ja tämä näkökulma on pääasiassa, joskaan ei pelkästään näkyvissä seuraavilla sivuilla.

Menneisyyden sotahistoriasta oppiminen, niin kuin tässäkin tapauksessa, niin siitä ovat nauttineet suuret sotilaalliset johtajat ollen keskeistä omaksua oikeat ajatukset ja kyvykäs tapa käydä sotaa tulevaisuudessa. Napoleonin sotaretkiä tutkivat ne, jotka haluavat sotilaiksi, kuin myös Aleksanterin, Hannibalin ja Caesarin sotaretkiä, joille ruuti on tuntematonta; ja on olemassa keskeinen yksimielisyys ammattikirjoittajien keskuudessa siitä, että vaikka monet olosuhteet vaihtelevat sodissa riippuen aikakausista aseiden kehityksen takia, niin on olemassa tiettyjä opetuksia historiassa, jotka pysyvät samoina, ja joita siksi pidetään keskeisinä sovelluksina, jotka siten voidaan nostaa yleisiksi periaatteiksi. Samasta syystä opiskellaan merihistoriaa saaden menneisyydestä neuvoja koskien sen yleisiä periaatteita merisodasta ottaen kuitenkin huomioon suuret muutokset, jotka on tapahtunut laivastojen aseissa tieteellisen kehityksen myötä viimeisen puolen vuosisadan aikana ja sen takia, että laivoissa höyry otettiin käyttövoimaksi.

On kaksinkertaisesti tarpeellista tutkia kriittisesti historiaa ja merisodan kokemuksia purjelaivojen päiviltä, sillä vaikka niistä voidaan saada hyviä opetuksia, joita voidaan soveltaa ja arvostaa, niin höyryllä liikkuvat laivastot eivät ole vielä historian aikana saaneet aikaan mitään ratkaisevaa, johon voitaisiin viitata opetuksina. Yksi asia, josta meillä on paljon kokemusta, kun taas toisesta meillä ei ole käytännössä mitään kokemusta. Siksi teoriat merisodasta tulevaisuudessa tulevat olemaan melkein kokonaan oletuksia ja vaikka yritys tehtäisiin antamaan niille enemmän vakaata perustaa käyttämällä aikaa tekemään vertauksia höyrylaivojen ja airoilla liikuteltujen kaleerilaivastojen välillä, joilla on pitkä ja hyvin tunnettu historia, niin ei tule olemaan helppoa soveltaa tätä vertausta ennen kuin se on huolellisesti testattu. Samankaltaisuus on kuitenkin paljon enemmän kuin vain pinnallisuutta. Ominaispiirre, joka höyrylaivalla ja kaleerilla on sama, niin on kyky liikkua mihin tahansa suuntaan itsenäisesti tuulesta riippumatta. Sellainen kyky saa aikaan radikaalin eron niiden alusluokkien ja purjealusten välillä; sillä jälkimmäiset voivat vain seurata rajoitettua määrää suuntia, kun tuuli puhaltaa ja niiden täytyy pysyä liikkumattomina, kun se ei puhalla. Mutta kun on viisasta tarkkailla samankaltaisia asioita, niin on myös viisasta katsoa erilaisia asioita; sillä kun mielikuvitus on viemässä pois samankaltaisuuden havaintopisteitä, joka on yksi miellyttävimpiä henkisten kykyjen tavoitteita, niin on sopivaa olla kärsimätön kaikkien poikkeavuuksien suhteen juuri löydetystä vertauksesta ja siten jättää huomioitta tai kieltäytyä tunnustamasta sellaisia. Siten kaleerit ja höyrylaivat, joilla on yhteisiä piirteitä, vaikka ne ovat eri tavoin kehittyneet, niin niiden tärkeä luonteenpiirre mainittiin, mutta ainakin kahdessa kohdassa ne eroavat toisistansa, ja kaleerien historian vetovoima opetuksissa taisteluissa suhteessa höyrylaivoihin, niin eroja voidaan tehdä niin niiden pidettävyydessä tai koskien tehtyjä virheellisiä päätelmiä. Kaleeria liikuttava voima, kun sen käyttäminen on tarpeellista ja nopeasti heikkenevää, sillä ihmisten voimat eivät pysty pitkää aikaa jatkamaan sellaisia ponnisteluja ja sen vuoksi taktiset liikkeet jatkuvat vain rajoitetun ajan; [1] ja taas kaleerien aikana hyökkäysaseet eivät omanneet vain lyhyttä kantamaa, vaan olivat melkein kokonaan lähitaistelukäytössä. Nämä kaksi ehtoa saivat melkein aikaan tarpeen rynnätä vihollisen kimppuun, mutta kuitenkin ilman mitään ketteriä yrityksiä kääntää tai saartaa vihollinen, jota seurasi sitten *lähitaistelu (mélée)*. Sellainen ryntääminen ja sellainen *lähitaistelu* oli kunnioitettavan yhteisymmärryksen lopputulos, jolloin jopa keskeinen laivaston mielipide nykyään katsoo tarvetta modernien aseiden käytön lopputuloksista; se on eräänlainen Donnybrook Fair (Markkinat Dublinin Donnybrookissa), jotka kuten lähitaisteluiden historia osoittaa, niin silloin oli vaikeata tunnistaa ystäviä vihollisista. Mikä tahansa, mikä voi osoittaa tämän mielipiteen arvoa, niin se ei voi väittää omaavansa historiallista perustaa vain sen vuoksi, että kaleerit ja höyrylaivat saattoivat milloin tahansa liikkua kohti vihollista ja kantaa keulassaan piikkiä vihollisen upottamista varten riippumatta siitä, miten kaleerit ja höyrylaivat erosivat toisistansa. Silti tämä mielipide on vain oletus, jolloin lopullinen päätös voi hyvinkin tulla kyseeseen vasta sen jälkeen, kun koettelemus taistelun kautta on antanut siitä lisää tietoa. Siihen asti on tilaa vastakkaisille näkemyksille, että lähitaistelu yhtä vahvojen laivastojen välillä, jossa taito on vähennetty minimiin, niin ei ole paras keino toimia aikakautena, jolla on kehittyneitä ja mahtavia aseita. Mitä varmempi amiraali on, niin sitä hienompaa taktista kehitystä hänen laivastonsa kokee, parempia hänen kapteeninsa ovat, sitä haluttomammaksi hän tulee olemaan tarpeesta käydä lähitaisteluun yhtä vahvan vihollisen kanssa, jolloin hän tulee heittämään pois kaikki nämä mainitut edut antaen sattuman hallita, ja hänen laivastonsa tulee olemaan tasaväkinen aluksien kanssa, joita ei ole koskaan aikaisemmin koottu toimimaan yhdessä. [2] Historia on antanut opetuksia siitä, milloin *lähitaistelut* ovat sopivia ja milloin ne eivät ole.

Kaleerilla on yksi huomattava samankaltaisuus höyrylaivan kanssa, mutta se eroaa toisissa tärkeissä piirteissä, jotka eivät tule heti selviksi ja ovat siksi vähemmän huomionarvoisia. Purjealukset päinvastoin omaavat huomattavia erilaisia piirteitä niiden itsensä ja nykyaikaisten aluksien välillä; samankaltaisuuksia on olemassa, vaikka olemassa olevat ja helposti löydettävät eivät ole niin selkeitä ja siksi niihin kiinnitetään vähemmän huomiota. Tätä vaikutelmaa vahvistaa tuntemus täydestä purjealuksien heikkoudesta verrattuna höyrylaivoihin johtuen niiden riippuvuudesta tuuleen; unohtaen sen, että aikaisemmat taistelivat kaltaisiaan vastaan, jolloin taktiset opetukset pitävät paikkansa. Kaleeria ei koskaan heikennä tyyni sää ja siksi se saa aikanamme enemmän kunnioitusta kuin purjelaiva; silti jälkimmäistä käytettiin ja se pysyi ylivoimaisena aina höyryn käyttöönottamiseen asti. Voimat vahingoittaa vihollista kaukaa, kyky liikkua rajoittamattoman matkan ilman, että se väsyttää miehistöä, suuremman osan miehistöä omaaminen käyttämään hyökkäysaseita airojen sijaan, niin ovat samoja asioita purjelaivoissa ja höyrylaivoissa, ja ovat vähintään yhtä tärkeitä taktisesti kuin kaleerin voima liikkua tyynessä säässä tai vastatuuleen.

Samankaltaisuuksia tarkasteltaessa on olemassa taipumus ei vain jättää huomioitta eroja, vaan myös liioitella samankaltaisia asioita, ollen siten mielikuvituksellinen. Voidaan ajatella ottaa esiin, että purjealuksissa on pitkän kantaman tykit, joilla on sangen suuri läpäisevä voima ja lyhyen kantaman mörssäreitä (karronadit), joilla on suuri iskuvoima, kun taas nykyaikaisilla höyrylaivoilla on pitkän kantaman tykkipatterit ja torpedoja, jolloin jälkimmäinen on tehokas vain rajallisella matkalla ja sitten kärsien vahinkoa iskuista, kun taas vanhan ajan tykit pyrkivät läpäisyyn. Silti nämä ovat erillisiä taktisia asioita ottaa huomioon, joiden täytyy vaikuttaa amiraalien ja kapteenien suunnitelmiin käydä suoraan vihollisen kimppuun; että aikaisempi pyrkii pääsemään sivuitse kannalle, kun taas jälkimmäinen koettaa törmäyksen kautta upottaa vihollisen aluksen; ja kummallakin niistä on edessään mikä vaikein tehtävä, sillä alus pitää viedä yhteen paikkaan taistelukentällä, kun taas ammuksia voidaan käyttää monista paikoista laajalla alueella.

Suhteelliset kahden purjealuksen tai laivaston asemat viittauksella tuulen suuntaan oli mitä tärkein taktinen kysymys ja kenties tärkein huolen aihe sen ajan merimiehille. Pinnallinen vilkaisulla voi vaikuttaa, että siitä on tullut merkityksetön asia höyrylaivoille, että sen suhteen ei ole olemassa vertauskuvia nykyisiin olosuhteisiin ja historian antamat opetukset ovat sen suhteen arvottomia. Huolellisempi tarkastelu ottaen huomioon erilaiset luonteenpiirteet vasta- ja myötätuulessa [3] (lee gauge and weather gauge) ohjasivat niiden keskeisiä piirteitä ja ottamatta huomioon toissijaisia piirteitä, niin ne osoittavat tämän olevan virhe. Myötätuulen keskeinen piirre on antaa voimaa käydä tai luopua taistelusta, joka sitten välittyy tavanomaiseen etuun koskien hyökkäysasennetta valitulla hyökkäystavalla. Tällä edulla on kuitenkin tiettyjä haittoja, kuten epäsäännöllisyys, joka tulee osana järjestystä, altistuminen häirintä- tai sivustatulitukselle ja se, että hyökkääjä uhraa osan tai koko tykistön; joista kaikki tapahtuvat, kun lähestytään vihollista. Alus tai laivasto, joka on vastatuulessa, niin ei voi hyökätä; jos se ei tahdo vetäytyä, niin sen toimet rajoittuvat puolustukseen ja käymään taistelu vihollisen ehdoilla. Tätä haittaa vastaan se pystyy sangen helposti pitämään yllä taistelujärjestyksensä, ja käyttämään tykkitultansa viholliseen, kun tämä ei pysty vastaamaan tulitukseen. Historiallisesti nämä suotuisat ja epäsuotuisat ominaisuudet niiden luonteenpiirteillä ja vertauksilla ovat olleet hyökkäys- ja puolustustoimissa kaikkina aikoina. Hyökkäykseen kuuluu tiettyjä riskejä ja haittoja, että päästään vihollisen luokse ja se tuhotaan; puolustus niin kauan kuin se on olemassa, kieltää etenemisen riskit, on huolellisessa ja hyvin valmistelluissa asemissa, ja pyrkii itse laittamaan hyökkääjän alttiiksi. Nämä radikaalit erot myötätuulen ja vastatuulen asemissa ovat helposti havaittavissa pienien pilvien kautta, jotka ovat niiden kanssa, kun aikaisemman englantilaiset valitsivat säännöllisesti, sillä heidän tapansa toimia oli hyökätä ja tuhota vihollinen; kun taas ranskalaiset pyrkivät vastatuuleen, sillä he pyrkivät yleensä rampauttamaan vihollisen, kun tämä lähestyi ja siten välttämään ratkaisevia yhteenottoja ja säilyttämään laivansa kunnossa. Ranskalaiset, harvoin poikkeuksin, alistivat laivastonsa toimet muihin sotilaallisiin huomioihin käyttäen siihen kitsaasti rahaa ja siksi pyrkien taloudellisuuteen laivastoissaan, niin ottivat puolustukselliset asemat ja rajoittivat toimensa vihollisen hyökkäyksien torjumiseen. Tällä tavalla vastatuulen asemaa taitavasti käyttäen sen soveltaminen oli ihailtavaa niin kauan kuin vihollinen osoitti enemmän rohkeutta kuin taitoa; mutta kun Rodney näytti tarkoituksensa olla hyödyntää tuulta, ei vain hyökkäykseen, vaan tekemällä massiivisen keskityksen osaan vihollisensa linjaa, niin hänen varovainen vastustajansa De Guichen, muutti taktiikkaansa. Ensimmäisessä kolmessa taistelussa ranskalaiset ottivat vastatuulen asemat, mutta tunnistettuaan Rodneyn aikeet hän sijoittui käyttäen tuulen etua, ei hyökkäykseen, vaan kieltäytyäkseen taistelusta paitsi hänen omine ehtoinensa. Voima käydä hyökkäykseen tai kieltäytyä taistelusta ei enää ollut tuulesta kiinni, vaan siitä, kummalla osapuolella oli suurempi nopeus; jolloin laivasto, joka ei ollut riippuvainen vain yksittäisten alusten nopeudesta, vaan myös niiden taktisesta yhteistyöstä taistelussa. Siten nopeimmat alukset saavuttavat myötätuulen aseman.

Siksi ei ole turha odotus, kuten monet ajattelevat, tarkastella käytännöllisiä opetuksia niin purjealusten kuin kaleerien historiasta. Molemmat jollain tavalla muistuttavat nykyaikaisia laivoja; kummallakin on myös oleellisia eroja, jotka tekevät mahdottomaksi viitata kokemuksiin tai toimintatapoihin taktiikassa, joita seurata. Mutta seuraaminen on erilaista ja vähäarvoisempaa kuin periaatteet. Aikaisempi voi olla alun perin syy tai voi lopettaa soveltamisen olosuhteiden muutoksen kautta; jälkimmäisellä on juurensa asioiden luonnollisessa tilassa, ja kuitenkin sen erilaiset sovellukset, kun olosuhteet muuttuvat, pysyvät mittoina, joita täytyy noudattaa, jotta toiminta pysyisi menestyksekkäänä. Sodalla on sellaiset periaatteet; niiden olemassaolo on havaittavissa tutkimalla menneisyyttä, joka paljastaa niiden menestykset ja epäonnistumiset samalla tavalla joka aikakaudelta. Olosuhteet ja aseet muuttuvat; mutta selviytyäkseen yhdestä tai käyttääkseen menestyksekkäästi toista, niin täytyy kunnioittaa jatkuvasti historian opetuksia taistelukentällä, tai niissä laajemmissa sotaoperaatioissa, jotka on koottu strategian nimen alle.

Kuitenkin näissä laajemmissa operaatiossa, jotka kattavat koko sotatoimialueen, ja merisodassa kamppailu voi kattaa suuren osan maan pintaa, että historian opetukset voivat omata selvemmän ja pysyvämmän arvon, sillä niiden olosuhteet ovat pysyvämpiä. Sotatoimialue voi olla suurempi tai pienempi; vaikeudet voivat olla enemmän tai vähemmän ilmaistuja; vastakkain olevat armeijat suurempia tai pienempiä; tarpeelliset liikkeet enemmän tai vähemmän helppoja, mutta ne ovat vain yksinkertaisia eroja koossa ja asteessa, eivät samankaltaisuudessa. Niin kuin erämaa väistyy sivistyksen tieltä, kun tavat viestiä moninkertaistuvat, kun tiet avautuvat, jokien ylitse rakennetaan siltoja, ruokalähteet kasvavat, jolloin sotatoimista tulee helpompia, nopeampia, kattavampia; mutta periaatteet, joille ne perustuvat, niin pysyvät samoina. Kun jalkaväkimarssin sijaan joukot siirretään kärryissä, jonka jälkeen jälkimmäinen antoi tilaa rautateille, niin matkojen mittasuhteet kasvoivat, tai kuten halutaan, niin mittasuhde käyttää aikaa väheni; mutta periaatteet, jotka määräsivät paikan, johon armeija tulisi keskittää; suunnan, johon sen pitäisi liikkua; sen osan vihollisen asemista, johon sen pitäisi hyökätä; suojan viestiyhteyksille, eivät muuttuneet. Joten merellä edistys kaleereista meni hitaasti satamasta toiseen aina purjelaivoihin asti, jotka lähetettiin rohkeasti toiselle puolelle maapalloa, ja myöhemmin oman aikamme höyrylaivoihin, niin kasvatti kokoa ja nopeutta merioperaatioissa ilman, että tulisi tarpeen muuttaa periaatteita, joilla niitä ohjattiin; ja Hermocratesin puheessa 2300 vuotta sitten lainattiin sisällyttäen oikea strateginen suunnitelma, joka on yhtä käyttökelpoinen nyt kuin se oli silloin. Aikaisemmin vihamieliset armeijat tai laivastot tuotiin ottamaan yhteen (sana, joka kenties paremmin kuin mikään muu viittaa erottavaan linjaan taktiikan ja strategian suhteen), jolloin suuri määrä kysymyksiä päätettiin kattaen koko operaatiosuunnitelman läpi koko sotatoimialueen. Näiden joukossa oli asianmukainen suunnitelma laivastossa sodassa; sen todellisista tavoitteista; kohdasta tai kohdista, jonne se keskitettäisiin; huolto- ja hiilivarikoiden perustamisesta; yhteyksien ylläpitämisestä näiden varikoiden ja kotitukikohdan välissä; järjestelmästä, jolla vihollisen merikauppaa voitaisiin tehokkaimmin tuhota; oli kyseessä sitten hajautuneet risteilijät tai pitäen sotavoimia joillakin tärkeillä alueilla, joiden läpi kauppa-alusten pitäisi mennä. Kaikki nämä ovat strategisia kysymyksiä ja kaikilla niistä on ollut historiassa paljon sanottavaa. On ollut myöhemmin arvokasta keskustelua Englannin laivastopiireissä vertailtaessa kahden suuren englantilaiset amiraalin, Lord Howen ja Lord St. Vincentin ansioita Englannin laivaston sodassa Ranskaa vastaan. Kysymys on puhtaasti strateginen, eikä vain historiallisesti kiinnostava; se on hyvin tärkeä nyt, ja periaatteet, joiden varassa sen ratkaisu lepää, niin ovat samat nyt kuin ne olivat silloin. St. Vincentin politiikka pelasti Englannin maahanhyökkäykseltä ja Nelsonin, sekä hänen veljellisten amiraaliensa käsissä johtivat suoraan Trafalgariin.

On sitten etenkin laivastostrategian piirissä, että menneisyyden opetuksien arvoa ei pyritä missään mielessä vähättelemään. Ne ovat nyt hyödyllisiä eivät vain kuvaamaan periaatteita, vaan myös ennakkotapauksiksi johtuen olosuhteiden vertailevasta pysymisestä. Tämä on vähemmän totta puhuttaessa taktiikoista, jolloin laivastot kohdatessaan jossain paikoissa, joihin strategiset huomiot niitä johdattavat. Ihmiskunnan levoton kehitys saa aikaan jatkuvia muutoksia aseissa; ja sitä kautta täytyy tulla jatkuvia muutoksia tapoihin taistella; joukkojen ja alusten käsittelyyn ja sijoitteluun taistelukentällä. Siitä nouse taipumus, joka osaltansa yhdistää monia asioita merellisiin tapahtumiin ajatellen, että mitään etuja ei saavuteta tarkastelemalla aikaisempia kokemuksia; että siihen käytetty aika on tuhlattu pois. Tämä näkökulma, vaikkakin se on luonnollinen, niin ei jätä pois näköpiiristä laajoja strategisia huomioita, jotka johtavat kansakuntia rakentamaan laivastoja, jotka ohjataan niiden toimesta taistelemaan, ja niin muunneltuna ja tahdonmukaisesti muuttaakseen ihmiskunnan historiaa, vaikka se on yhtä yksipuolista ja kapeaa kuin aina taktiikat ovat. Menneisyyden taistelut ovat onnistuneet tai epäonnistuneet niin kuin niitä on taisteltu nojautuen perinteisiin sodankäynnin periaatteisiin; ja merimiehet ovat huolellisesti tutkineet syitä menestykseen tai tappioon, eivät vain havaitakseen ja asteittain omaksuakseen näitä periaatteita, vaan myös saadakseen lisää pätevyyttä käyttääkseen niitä taktisesti oman aikansa aluksien ja aseiden kanssa. He tulevat huomaamaan myös muutokset taktiikoissa, jota eivät vain tapahdu sen jälkeen, kun aseet ovat muuttuneet, joka on välttämätöntä tässä tapauksessa, mutta myös väliaikana, kun sellaiset muutokset huomataan. Tämä epäilemättä tuo esille sen tosiasian, että aseiden paraneminen on yhden tai kahden miehen ansiota, kun taas taktiikoiden pitää voittaa konservatiivisen ihmisluokan näkemykset; mutta siinä on suuri heikkous. Se voidaan korjata vain rehellisesti tunnustaen jokainen muutos tarkasti tutkien uusien aluksien tai aseiden voimia, sekä rajoituksia, ja sen seurauksena ottaa käyttöön toimintatavat, joihin ne soveltuvat, joista sitten luodaan asianmukaiset taktiikat. Historia on näyttänyt, että on turhaa toivoa, että sotilaat yleensä ovat kivuliaita toimiakseen tällä tavalla, vaan he haluavat mennä taisteluun omaten suuria etuja; tämä on opetus, jolla itsellään ei ole arvoa.

Voimme siksi nyt hyväksyä ranskalaisen taktikon Moroguesin (Sebastian Bigot de Morogues (1706–1781)), joka kirjoitti noin

125 vuotta sitten: "Laivaston taktiikat perustuvat olosuhteisiin, joiden pääsyy on aseet, jotka voivat muuttua; joka taas sitten saa aikaan tarpeellisia muutoksia laivanrakennukseen, tapoihin käsitellä niitä, ja lopulta niiden sijoitteluun ja laivastojen ohjaamiseen." Hänen lisänä esittämä lausuntonsa, että "se ei ole tiede, joka perustuu periaatteille, jotka ovat täysin samat", on enemmän avoin kritiikille. Olisi oikeampaa sanoa, että periaatteiden sovellukset muuttuvat, kun aseet kehittyvät. Periaatteiden soveltaminen epäilemättä vaihtelee myös käytetyissä strategioissa aika ajoin, mutta muutokset ovat paljon vähäisempiä; ja siksi vallitsevien periaatteiden tunnistaminen on helpompaa. Tämä lausunto on riittävän tärkeä koskien aihettamme saada jotain valaisua historiallisista tapahtumista.

Niilin meritaistelussa 1798, joka ei vain ollut murskaava voitto Englannin laivastolle Ranskan laivastosta, vaan se myös ratkaisevasti tuhosi yhteydet Ranskan ja Napoleonin armeijan välillä Egyptissä. Itse taistelussa englantilainen amiraali Nelson antoi mitä loistavimman esimerkin hyvistä taktiikoista, sillä jos täytyy, niin se voidaan määritellä, "taidoksi käyttää hyviä yhdistelmiä olemassa olevia olosuhteita taistelun kehittyessä hyvin." Tietyt taktiset yhdistelmät riippuivat vallitsevista olosuhteista, jotka ovat nyt kadonneet pois, kun ankkurissa olleet vastatuulta kärsineet alukset saivat apua säältä ennen kuin ne pystyttiin tuhoamaan; mutta periaatteet, jotka ovat yhdistelmien takana, nimittäin miten valitaan se osa vihollisen muodostelmaa, jota sen on vaikeinta auttaa, ja hyökätä sen kimppuun ylivoimaisin voimin, niin sitä ei sivuutettu. Amiraali Jervisin toiminta Cape St. Vincentin meritaistelussa, jossa hän viidellätoista laivalla voitti yli kaksikymmentäseitsemän laivaa, niin sen saneli sama periaate, vaikka siinä tapauksessa vihollinen ei ollut ankkurissa, vaan liikkeessä. Silti miesten mielet ovat niin koostuneita, että ne enemmän painottavat vallitsevia olosuhteita kuin olemassa olevia periaatteita niiden hyödyntämiseksi. Strateginen vaikutus Nelsonin voitosta sodan kulkuun päinvastoin siihen vaikuttaneiden periaatteiden kautta ei ollut vain paljon helpommin havaittavissa, vaan se on sovellettavissa omaan aikaamme. Asiat koskien Egyptin hanketta riippuivat siitä, että yhteydet pystytään pitämään avoimina Ranskaan. Niilin meritaistelun voitto tuhosi laivasto-osaston, jolla yksin olisi taattu yhteyksien pitäminen avoimena, ja se ratkaisi hankkeen lopullisen epäonnistumisen; ja kun kerran on nähty, niin se ei vain ollut isku periaatteiden mukaisesti vihollisen elintärkeisiin yhteyksiin, vaan myös sama periaate on nyt käyttökelpoinen, ja sitä voidaan käyttää nyt höyrylaivoilla yhtälailla kuin sitä käytettiin purjelaivojen tai kaleerien aikana.

Joka tapauksessa väljä halveksunnan tuntemus menneisyyttä kohtaan olettaen sen olevan vanhanaikaista yhdistettynä luonnolliseen sokeiden miesten saamattomuuteen koskien niitä pysyviä strategisia päätöksiä, jotka ovat lähellä merihistorian pintaan. Esimerkiksi kuinka moni tarkastelee Trafalgarin meritaistelua, Nelsonin suuruuden kruunua, joka sinetöi hänen neroutensa minään muuna kuin erillisenä tapauksena, jossa oli poikkeuksellista neroutta? Kuinka moni kysyy itseltään sen strategisen kysymyksen, "Miten laivat menivät juuri sinne?" Kuinka moni tajuaa, että se oli suuren strategisen draaman viimeinen näytös, jonka mitta oli yli vuoden mittainen, jossa ottivat yhteen kaksi suurinta johtajaa, jotka olivat koskaan eläneet; Napoleon ja Nelson. Trafalgarissa Villeneuve ei epäonnistunut, vaan siellä Napoleon lyötiin; siellä ei Nelson voittanut, vaan Englanti pelastui ja miksi näin? Tämä tapahtui siksi, että Napoleonin suunnitelmat epäonnistuivat ja Nelsonin vaistot, sekä toiminta pitivät Englannin laivaston aina tietoisina vihollisen toimista, ja toivat sen paikalle ratkaisevana hetkenä. [4] Taktiikat Trafalgarissa, vaikka ne ovat avoimia kritiikille yksityiskohdissa, niin olivat pääpiirteissään sodankäynnin periaatteiden mukaisia ja niiden uhkarohkeus kuin myös kiireellisyys siinä tapauksessa saavuttaa tuloksia; mutta suuret opetukset tehokkuudesta valmistautumisessa, toiminnassa ja energiassa toteuttaa, sekä ajatuksissa ja havainnoissa englantilaisen johtajan osalta aikaisempina kuukausina, sekä strategisina opetuksina ovat pysyneet edelleen hyvinä.

Näissä kahdessa tapauksessa tapahtumat toimivat luonnollisesti ja ratkaisevasti loppuun asti. Kolmanteen tapaukseen voidaan viitata, sillä mitään lopullista päämäärää ei tavoitettu, jonka mielipiteenä pitäisi olla sellainen, että se on avoin kiistelylle. Amerikan vapaussodassa Ranska ja Espanja tulivat liittolaisiksi Englantia vastaan 1779. Yhdistynyt laivasto tuli kolme kertaa Englannin kanaaliin, kerran vahvuuden ollessa kuusikymmentäkuusi linjalaivaa ajaen Englannin laivaston hakemaan turvaa satamista, sillä sen vahvuus oli paljon heikompi. Silloin Espanjan suuri tavoite oli hankkia takaisin Gibraltar ja Jamaika; ja aikaisemman saamiseksi se teki suuria ponnisteluja niin maalla kuin merellä laittaen liittolaiset hyökkäämään melkein valloittamatonta linnoitusta vastaan. Nämä toimet olivat hedelmättömiä. Tämä johtaa kysymykseen; ja se on puhtaan meristrategiaan perustuva, jollen tämä: Eikö olisi ollut varmempi saada Gibraltar hallitsemalla Englannin kanaalia hyökkäämällä Englannin laivastoa vastaan jopa sen omissa satamissa ja uhaten Englantia sen kaupankäynnin tuhoutumisella ja hyökkäyksellä sen kotimaahan kuin tehdä paljon suurempia ponnisteluja etäistä ja hyvin vahvaa sen imperiumin etuvartiota vastaan? Englannin kansa, joka on ollut kauan immuuni, niin oli etenkin peloissaan maahantunkeutumisen suhteen ja sillä oli suuri luottamus laivastoihinsa, sillä se olisi kokenut ikävän herätyksen, jolloin se olisi jäänyt suhteettoman lannistetuksi. Kuitenkin tämä esitetty kysymys strategiaa kohtaan on reilu; ja sen esitti toisessa muodossa ranskalainen upseeri silloin, joka suosi suoraan suuria ponnisteluja Länsi-Intian saaria kohtaan, jotka olisi voitu vaihtaa Gibraltariin. Ei kuitenkaan ole todennäköistä, että Englanti olisi luopunut Välimeren avaimista muiden ulkomaisten omistuksiensa vuoksi, vaikka se olisi voinut antaa sen pois pelastaakseen oman maansa tulisijat ja pääkaupunkinsa. Napoleon kerran sanoi, että hän valloittaisi takaisin Pondicherryn Veikselin rannoilla. Voisiko hän hallita Englannin kanaalia niin kuin liittolaisten laivasto teki 1779, jolloin hän voisi epäilemättä valloittaa takaisin Gibraltarin Englannin rannoilla?

Antaakseen suuremman vaikutuksen totuuteen kuin historia, niin kumpikin asia viittaa strategiseen tarkasteluun ja viittaa sodankäynnin periaatteisiin, jolloin tosiasiat, joita ne kertovat, niin kahdessa muussa tapauksessa otetaan, jotka ovat kaukaisempia ajassa, että sitä aikakautta voitaisiin tarkastella tässä teoksessa. Kuinka tapahtui niin, että kaksi suurta kamppailua idän ja lännen suurvaltojen välillä Välimerellä, joista toisesta tulisi tunnettu imperiumi maailmalle, kun vastakkaiset laivastot kohtasivat lähellä toisiaan sellaisissa lähekkäisissä paikoissa kuin Aktion ja Lepanto. Oliko tämä pelkkä yhteensattuma vai oliko se olosuhteiden seurausta ja voisiko se tapahtua uudelleen? [5] Jos kyse olisi jälkimmäisestä, niin olisi arvokasta tutkia siihen syitä; sillä jos syntyisi uudelleen merimahti idässä niin kuin Antoniuksen tai Turkin mahti, niin strategiset kysymykset olisivat samankaltaisia. Nykyään merivoimien keskus lepää pääasiassa Englannin ja Ranskan hartioilla, jotka ovat mitä voimakkaimmin länsimaita; mutta jos olisi mitään mahdollisuutta lisätä hallintaa Mustanmeren altaalla, joka on Venäjän hallussa nyt saaden haltuunsa sen sisäänkäynnin Välimerelle, niin se muuttaisi merivoimien strategisia olosuhteita. Kun länsi olisi itää vastaan, niin Englanti ja Ranska menisivät heti Levanttiin vastustelematta niin kuin ne menivät 1854, ja kuten Englanti meni yksin 1878; jolloin tämä tapaus viittaa siihen, että itä kohtaisi lännen, niin kuin kaksi kertaa aikaisemminkin, puolimatkassa.

Hyvin havaittavissa oleva ja huomattava hetki maailmanhistoriassa, sillä merivoimilla oli strategista valtaa ja painoarvoa, josta se harvoin saa tunnustusta. Ei voi olla täydempää tarpeellista tietoa sen vaikutuksen tarkastelun suhteen kuin sen vaikutuksesta toiseen puunilaissotaan; mutta viittaukset, jotka ovat olemassa, niin ovat riittäviä antamaan takuut näille oletuksille ratkaisevina tekijöinä. Tarkka arvio siitä asiasta ei voi olla muodostumatta tietäen vain sellaiset tosiasiat tuosta kamppailusta, jotka on selvästi annettu, sillä tavallisesti laivastojen toimet on sivuutettu; on olemassa tarve myös tuntea merihistorian yksityiskohdat saadakseen selville pienistä viittauksista oikeat näkemykset perustuen tietämykseen, joka on mahdollista niille, joiden tuon ajan historia on erittäin hyvin tunnettua. Meren hallinta kuitenkin ei viittaa siihen, etteikö vihollisen yksittäiset alukset tai pienet laivueet pysty lähtemään satamistansa, tai purjehtia sen enemmän tai vähemmän käytettyjen osien lävitse, häiritä suojaamattomia kohtia pitkällä rannikolla saapuen saarrettuihin satamiin. Päinvastoin historia on näyttänyt, että sellaiset väistämiset ovat aina mahdollisia jossain määrin heikomman osapuolen välillä kuitenkin, kun suuri epätasapaino vallitsee laivastojen vahvuuksien välillä. Siksi ei ole epäjohdonmukaista koskien yleistä meren hallintaa tai sen ratkaisevien osien suhteen Rooman laivastojen toimesta, että karthagolainen amiraali Bomilcar sodan neljäntenä vuonna Cannaen murskatappion jälkeen laski maihin neljätuhatta miestä ja ryhmän elefantteja eteläiseen Italiaan; eikä seitsemäntenä vuonna paetessaan Rooman laivastoa Syrakusan edustalla, niin hän taas ilmaantui Tarentumiin (Tarantoon), joka oli silloin Hannibalin käsissä; eikä sitä, että Hannibal lähetti viestialuksia Karthagoon; eikä se, että hän lopulta vetäytyi Afrikkaan heikentyneen armeijansa kanssa. Mikään näistä asioista ei todista, että Karthagon hallitus olisi voinut, jos se olisi niin halunnut, niin lähettää Hannibalille tukea, jota hän ei tosiasiassa saanut; mutta se antaa luonnollisen vaikutelman, että sellaista apua olisi voitu antaa. Siksi lausunto siitä, että Rooman kyky hallita merta oli ratkaiseva tekijä sodan kehityksen kannalta, niin se vaatii huolellista tarkastelua perehtyen tosiasioihin. Siten sen luonnetta ja vaikutusta voidaan rehellisesti arvioida.

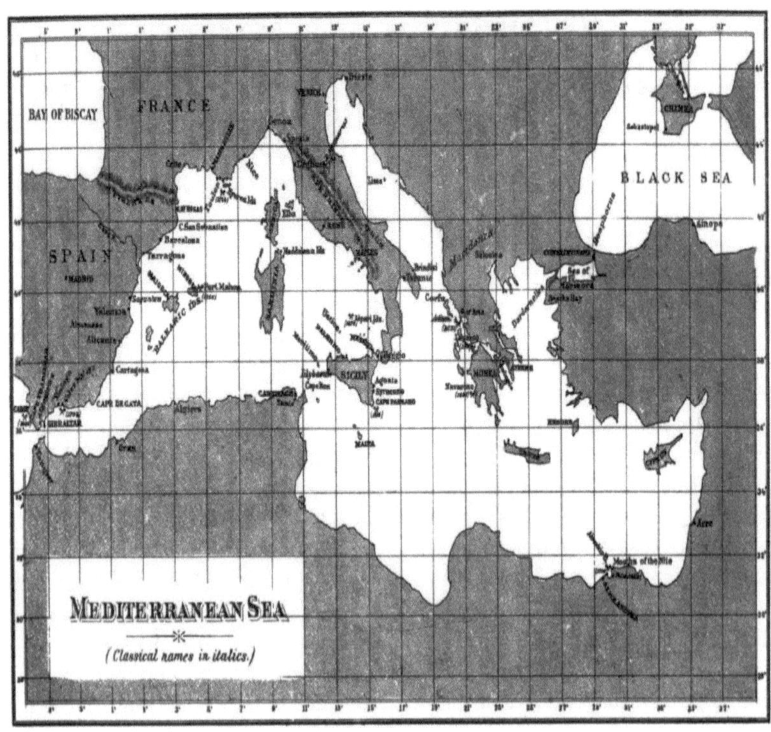

Välimeren kartta Mahanin kirjan johdannosta. Klassiset nimet on kirjoitettu kursiivilla.

Sodan alussa, Mommsen sanoo. että Rooma hallitsi meriä Mistä tahansa syystä tai syistä, joita voidaan osoittaa, niin tämä alunperi ei-merellinen valtio oli ensimmäisessä puunilaissodassa saavuttanut meriherruuden sen merenkulkijakilpailijastansa, joka sillä oli yhä. Toisessa sodassa ei käyty tärkeitä meritaisteluita; olosuhde, joka itsessään ja yhä enemmän on yhteydessä muihin hyvin todennettavissa oleviin tosiasioihin viitaten vertaukselliseen ylivoimaan, joka muina ajanjaksoina osoitti samaa asiaa.

Kun Hannibal ei jättänyt jälkeensä muistelmiaan, niin hänen motiivinsa ovat tuntemattomia sen suhteen miksi hän valitsi vaarallisen ja melkein tuhoisan marssin Gallian poikki ja Alppien ylitse. Se kuitenkin on varmaa,

42

että hänen laivastonsa Espanjan rannikolla ei ollut tarpeeksi vahva haastamaan Rooman laivastoa. Jos se olisi ollut, niin hän olisi silti saattanut mennä reittiä pitkin, jota hän tosiasiassa kulki omista syistänsä; mutta jos hän olisi mennyt meritse, niin hän ei olisi menettänyt kolmekymmentäkolmetuhatta kuudestakymmenestätuhannesta veteraanisotilaastansa

Kun Hannibal oli toteuttamassa vaarallista marssiaan, niin roomalaiset lähettivät Espanjaan kahden vanhemman Scipion komennossa osan laivastoaan vieden mukanaan konsulin komentaman armeijan. Tämä retki tapahtui ilman vakavia menetyksiä ja armeija kokoontui menestyksekkäästi Ebron pohjoispuolelle Hannibalin yhteyslinjoille. Samaan aikaan toinen laivue yhdessä armeijan kanssa, jota komensi toinen konsuli, niin lähetettiin Sisiliaan. Näissä kahdessa laivastossa oli yhteensä kaksisataakaksikymmentä laivaa. Kumpikin niistä kohtasi ja löi karthagolaisen laivueen helposti, jolla voidaan viitata pieneen huomautukseen taisteluista ja joka viittaa Rooman laivaston todelliseen ylivoimaan.

Toisen vuoden jälkeen sota sai seuraavan muodon: Hannibal saavuttuaan Italiaan pohjoisesta, sekä saatuaan sarjan voittoja, niin oli mennyt etelään Rooman ohitse ja jäänyt eteläiseen Italiaan eläen maaseudusta; asia, jolla on taipumus vieraannuttaa ihmisistä ja on erittäin herkkä asia, kun ollaan tekemisissä mahtavan poliittisen ja sotilaallisen järjestelmän kanssa, jonka Rooma oli luonut. Siellä oli siksi ensiksi kiireellistä, että hänen pitäisi saada itsensä ja jonkin luotettavan tukikohtansa väliin vakaa virta huoltoa ja täydennysvoimia, jota modernissa sodassa kutsutaan ”kommunikaatioksi”. Siellä oli kolme ystävällistä aluetta, joista jokainen tai ne kaikki saattaisivat toimia sellaisina tukikohtina; Karthago itse, Makedonia ja Espanja. Kahden ensimmäisen kanssa kommunikaatio toimi vain meritse. Espanjasta, jossa oli hänen vankin tukensa, niin hänet saatettiin saavuttaa niin maitse kuin meritse, ellei vihollinen pystyisi katkaisemaan yhteyksiä; mutta merireitti oli lyhyempi ja helpompi.

Sodan ensimmäisinä vuosina Rooma käyttäen merivoimiaan hallitsi täysin aluetta Italian, Sisilian ja Espanjan välissä, joka tunnetaan Tyrrhenan ja Sardinian merinä. Rannikko Ebrosta Tiberille oli sille mitä ystävällismielisintä. Neljäntenä vuonna Cannaen taistelun jälkeen Syrakusa hylkäsi liittonsa Rooman kanssa, kapina levisi läpi Sisilian ja

Makedonia liittyi Hannibalin kanssa hyökkäysliittoon. Nämä muutokset vaikuttivat Rooman laivaston toimiin ja kuluttivat sen voimia. Mitä tahansa muutoksia oli tarpeellista tehdä ja kuinka ne vaikuttivat kamppailuun?

Viittaukset ovat selviä sen suhteen, että Rooma ei koskaan menettänyt Tyrrhenanmeren hallintaa, sillä sen laivueet purjehtivat kohtaamatta vastarintaa Italiasta Espanjaan. Espanjan rannikolla myös se toimi täysin aina siihen asti, kun nuorempi Scipio näki hyväksi tuoda laivasto maihin. Adrianmerellä laivueen asemat ja laivastotukikohta perustettiin Brindisiin pysäyttämään Makedonia, jonka tehtävän he tekivät niin hyvin, että yksikään makedonialainen falangiin kuuluva sotilas ei jalallaan astunut Italiaan, "Sotalaivaston puute", sanoo Monnsen, "lamautti Philipin kaikissa hänen aikeissaan." Siellä merivoimien vaikutus ei edes vaikuttanut tilanteeseen.

Sisiliassa kamppailu keskittyi Syrakusan ympärille. Karthagon ja Rooman laivastot kohtasivat siellä, mutta ylivoima oli selvästi jälkimmäisellä; sillä karthagolaiset onnistuivat ajoittain viemään huoltotarvikkeita kaupunkiin, kun he samaan aikaan välttelivät taistelua Rooman laivaston kanssa. Lilybaeum, Palermo ja Messina käsissään jälkimmäiset pitivät helposti hallussaan saaren pohjoista rannikkoa. Pääsy etelään oli jäänyt avoimeksi karthagolaisille ja siten he pystyivät pitämään yllä kapinaa.

Kun nämä tosiasiat kootaan, niin on järjenmukaista viitata ja tukea koko historian äänin, että Rooman merivoimat hallitsivat merta pohjoiseen linjasta, joka vedettiin Espanjan Tarragonasta Lilybaeumiin (nykyiseen Marsalaan) Sisilian länsipäätyyn, josta linja kulki sen saaren pohjoispäätyä Messinan salmeen ja sieltä Syrakusan kautta Brindisiin Adrianmerelle. Tämä hallinta kesti koettelemattomana koko sodan läpi. Se ei sulje pois iskuja mereltä, suuria tai pieniä, joista puhuttiin; mutta se esti ylläpitämästä kestäviä ja turvallisia yhteyksiä, joita Hannibal niin kipeästi kaipasi.

Toisaalta oli yhtä lailla selvää, että sodan ensimmäisten kymmenen vuoden Rooman laivasto ei ollut tarpeeksi vahva ylläpitämään sotatoimia merellä Sisilian ja Karthagon välissä, eikä tosiaankaan paljoakaan mainitun linjan eteläpuolella. Kun Hannibal lähti liikkeelle, niin hän määräsi itsellään olevat laivat ylläpitämään yhteyksiä Espanjan ja Afrikan välillä, joita roomalaiset eivät yrittäneet häiritä.

Rooman merivoimat siksi estivät Makedoniaa täysin osallistumasta sotaan. Ne eivät estäneet Karthagoa antamasta sille hyödyllistä ja heille häiritsevää haittaa Sisiliaan; mutta se esti heitä lähettämästä joukkoja, kun ne olisivat olleet mitä hyödyllisimpiä heidän kenraalillensa Italiassa. Mikä oli sitten Espanjan tilanne?

Espanja oli alue, jolle Hannibalin isä ja Hannibal itse olivat itse asettuneet tarkoituksenaan hyökätä sieltä Italiaan. Kahdeksanatoista aikaisempana vuonna se alkoi miehittämällä maata, laajentumalla ja vakauttamalla heidän valtaansa siellä niin poliittisesti kuin sotilaallisesti harvinaisella viisaudella. He olivat koonneet ja harjoituttaneet paikallisten sotien kautta suuren ja kokeneen armeijan. Lähtiessään sieltä Hannibal uskoi sen alueen hallinnon nuoremmalle veljellensä Hasdrubalille, joka osoitti häntä kohtaan loppuun asti uskollisuutta ja omistautuneisuutta, jota hänellä ei ollut mitään syytä toivoa emokaupungista Afrikasta.

Kun hän aloitti, niin karthagolaisten valta Espanjassa oli turvattu Cadizista Ebro-joelle. Alue sen joen ja Pyreneiden välillä oli heimojen maata, jotka olivat Roomalle ystävällisiä, mutta tämän ollessa poissa eivät pystyneet onnistuneesti vastustamaan Hannibalia. Hän kukisti heidät jättäen sinne yksitoistatuhatta miestä Hannon komennossa pitääkseen sen maan sotilaallisesti heidän hallussaan, että roomalaiset eivät voisi tukeutua siihen maa-alueeseen, ja siten häiritä hänen yhteyksiään tukialueeseensa.

Gnaeus Scipio kuitenkin saapui sinne mereltä samana vuonna mukanaan kaksikymmentätuhatta miestä lyöden Hannon ja miehittäen niin rannikon kuin myös sisämaan pohjoiseen Ebrosta. Siten roomalaiset hallitsivat maastoa, jolla he kokonaan sulkivat tien Hannibalin ja Hasdrubalin lähettämien täydennysvoimien väliltä, ja siten he pystyivät hyökkäämään karthagolaisten voimien kimppuun Espanjassa; kun samaan aikaan yhteytensä Italiaan vesitse oli turvattu laivastoylivoiman ansiosta. He rakensivat laivastotukikohdan Tarragonaan kohdaten sitten Hasdrubaln Cartagenassa, ja sitten hyökäten karthagolaisten maille. Sota Espanjassa tapahtui vanhempien Scipioiden komennossa silloin näyttäen olevan sivuasia, kun sotaonni vaihteli seitsemän vuoden aikana; lopulta Hasdrubal aiheutti heille murskaavan tappion tappaen kaksi veljestä ja karthagolaiset olivat melkein murtautumassa Pyreneiden läpi tuodakseen Hannibalille täydennysjoukkoja. Se yritys kuitenkin pysäytettiin viime hetkellä; ja ennen kuin se pystyttiin uusimaan, niin Capuan sortuminen vapautti kaksitoistatuhatta kokenutta roomalaista sotilasta, jotka lähetettiin Espanjaan Claudius Neron komennossa, joka oli erittäin kyvykäs mies, ja joka tulisi tekemään mitä ratkaisevimman liikkeen, minkä teki kukaan roomalainen kenraali toisen puunilaissodan aikana. Nämä kokeneet täydennysvoimat, jotka taas takasivat vakaan otteen Hasdrubalin reitistä, niin tulivat mereltä; tavalla, joka oli nopein ja helpoin tapa, jonka käyttämistä karthagolaisten toimesta esti Rooman laivasto.

Kaksi vuotta myöhemmin nuorempi Scipio, joka tulisi myöhemmin saamaan kunnianimen Africanus, otti komennon Espanjassa ja valloitti Cartagenan yhdistyneellä armeijan ja laivaston sotatoimella; jonka jälkeen hän teki mitä poikkeuksellisempia toimia purkaakseen laivastonsa ja siirtääkseen merimiehensä armeijaansa. Hän ei tyytynyt vain "estäämään" [6] Hasdrubalia sulkeakseen Pyreneiden solia, vaan hän työntyi eteläiseen Espanjaan ja taisteli ratkaisemattoman, mutta kiivaan taistelun Guadalquivirin luona, jonka jälkeen Hasdrubal pääsi häneltä pakoon kiirehtien pohjoiseen, ylittäen Pyreneiden vuoret niiden äärimmäisessä länsipäässä ja mennen kohti Italiaa, jossa Hannibalin tilanne oli päivittäin heikkenemässä. kun hänen armeijansa luonnollisia menetyksiä ei pystytty paikkaamaan.

Sotaa oli käyty kymmenen vuotta, kun Hasdrubal kärsittyään vähäisiä menetyksiä matkallaan, saapui pohjoiseen Italiaan. Joukot, jotka olivat hänen mukanaan, jos ne pystyisivät turvallisesti liittymään niihin voimiin, jotka olivat vastustamattoman Hannibalin komennossa, niin ne saattaisivat saada aikaan ratkaisevan käänteen sodassa, sillä Rooma itse oli melkein kuluttanut voimansa loppuun; rautaiset siteet, jotka sitoivat sitä sen siirtokuntiin ja liittolaisvaltioihin, niin oli rasitettu melkein äärimmäisyyksiin, ja jotkut olivat alkaneet jo katkeamaan. Mutta kahden veljeksen sotilaallinen tilanne oli myös äärimmäisen vaarallinen. Yksi heistä oli Metaurus-joella, toinen Apuliassa yli kolmensadan kilometrin päässä. jolloin kumpaakin heistä vastassa oli ylivoimainen vihollinen ja kumpikin näistä Rooman armeijoista oli heidän erillisten vihollisensa välissä. Tämä hankala tilanne kuin myös pitkä viivästys Hasdrubalin saapumisessa johtui siitä, että Rooma hallitsi merta, joka koko sodan ajan rajoitti keskinäistä tukea, jota karthagolaiset veljekset saattoivat antaa toisillensa Gallian reitin kautta. Samaan aikaan, kun Hasdrubal oli tekemässä pitkää ja vaarallista kiertomatkaansa maitse, niin Scipio lähetti yksitoistatuhatta miestä meritse Espanjasta vahvistamaan armeijaa, joka oli tätä vastassa. Hasdrubalin Hannibalille lähettämien sanansaattajien lopputulos oli se, että matkattuaan pitkän matkan vihamielisten maiden poikki, niin he joutuivat Claudius Neron käsiin, joka komensi Rooman eteläistä armeijaa, joka siten sai selville sen reitin, jota Hasdrubal aikoi käyttää. Nero oikeina arvioi tilanteen ja välttäen Hannibalin valppautta, niin nopeasti marssi kahdeksantuhannen parhaan miehensä kanssa liittyäkseen voimiin pohjoisessa. Kun tämä liittyminen oli tapahtunut, niin kaksi konsulia kävivät Hasdrubalin kimppuun ylivoimaisina ja tuhoten hänen armeijansa; karthagolainen kenraali itse kaatui taistelussa. Hannibalin saama ensimmäinen uutinen tästä katastrofista oli hänen veljensä pää, joka heitettiin hänen leiriinsä. Hänen väitetään sanoneen tuolloin, että Roomasta tulisi maailmanvaltias; ja Metauruksen taistelua on yleisesti pidetty ratkaisevana taisteluna kamppailussa näiden kahden valtion välillä.

Sotilaallinen tilanne, joka lopulta syntyi Metauruksen taistelun pohjalta ja Rooman riemuvoitto voidaan tiivistää seuraavasti: Rooman kukistamiseksi oli tarpeen hyökätä sitä vastaan Italiassa sen sydänalueilla, ja murskata se vahvat siteet liittoon, jota se johti. Tämä oli tavoite. Saavuttaakseen karthagolaisten tarvitsi saavuttaa vankka tuki sotatoimillensa ja turvata yhteytensä. Ensimmäinen näistä saavutettiin Espanjasta suuren Barcan perheen nerokkuuden ansiosta; jälkimmäistä ei koskaan saavutettu. Sen saavuttamiseksi oli kaksi mahdollista tapaa; yksi oli suoraan meren poikki ja toinen oli kiertotie Gallian kautta. Ensimmäisen tukki Rooman merivoimat, toinen oli vaarallinen ja lopulta sen katkaisi Rooman armeijan suorittama pohjoisen Espanjan miehitys. Sen miehityksen teki mahdolliseksi se, että Rooma hallitsi merta ja karthagolaiset eivät koskaan sitä kyseenalaistaneet. Koskien Hannibalia ja hänen tukikohtaansa siten, niin Rooma miehitti kahta keskeistä paikkaa; Roomaa itseään ja pohjoista Espanjaa, kun sillä oli hallussaan helpompi sisäinen yhteyslinja, meri; jota kautta vastavuoroista tukea oli mahdollista antaa.

Jos Välimeri olisi ollut tasaista maata aavikkona, jossa roomalaiset hallitsisivat voimakkaita Korsikan ja Sardinian vuoristoketjuja, linnoitettuja asemia Tarragonassa, Lilybaeumissa ja Messinassa, Italian rannikkoa lähellä Genovaa ja liittolaistensa linnoituksia Marseillesissa ja muissa paikoissa; jos heillä olisi ollut hallussaan myös aseellisia joukkoja, jotka luonteensa mukaisesti pystyisivät kulkemaan tahtonsa mukaisesti aavikolla, mutta jossa heidän vihollisensa olivat paljon heikompia ja siksi pakotettuja kulkemaan suuren kiertotien kautta keskittääkseen voimansa, niin sotilaallinen tilanne olisi heti tunnistettu ja mitkään sanat eivät olisi liian vahvoja ilmaistakseen tämän oudon sotavoiman arvon ja vaikutuksen.

Silloin myös havaittaisiin, että vihollisen samanlainen voima, joka olisi kuitenkin vahvuudeltansa heikompi, niin tekisi retkiään tai iskujaan alueilta, joita he hallitsisivat saattaen polttaa kylän tai hävittää muutaman kilometrin verran rajamaita, saattaisi jopa ajoittain katkaista saattueita ja jopa uhata sotilaallista merkitystä omaavia yhteyksiä. Sellaisia saalistavia sotatoimia tehtiin kaikkina aikoina heikompien merivaltojen toimesta, mutta ne eivät mitenkään taanneet puuttumista muuttumattomiin tunnettuihin tosiasioihin, "että ei Rooma tai Karthago voineet sanoa olevansa meren kiistattomia herroja", sillä "roomalaiset laivastot satunnaisesti vierailivat Afrikan rannikoilla ja karthagolaiset laivastot samalla tavalla ilmaantuivat Italian rannikolle." Tässä tapauksessa tulee ottaa huomioon, että laivastolla on ollut sellainen osa tällä oletetulla aavikolla; mutta sen toimet näissä olosuhteissa ovat olleet outoja suurimmalle osalle kirjoittajia, kun sen jäsenet ovat olleet ikimuistoisista ajoista lähtien omaa outoa joukkoaan ilman, että heillä olisi ollut omia viisaita miehiään itsensä keskuudesta tai niiden keskuudesta, jotka heitä ymmärtävät, niin heidän valtava vaikutuksensa sen ajan historiaan ja sen seurauksena koko maailmanhistoriaan, niin se helposti sivuutetaan. Jos aikaisempi argumentti oli järkevä, niin on virheellistä sivuuttaa merivoimat listalla keskeisiä tekijöitä lopputulosta tarkasteltaessa, niin kuin olisi naurettavaa väittää pelkästään sen vaikutusta.

Tapaukset, joihin on viitattu, niin ovat peräisin hyvin laajalti eri ajoilta niin ennen kuin sen ajan jälkeen, jota tässä teoksessa käsitellään, jotta ne erityisesti valaisisivat aihetta, sekä niiden opetuksien luonnetta, joita historia meille antaa. Kuten aikaisemmin huomattiin, niin ne tulevat useammin eteen strategian kuin taktiikan muodossa; ne enemmän sotaretken toteuttamista kuin taisteluita, ja siksi niillä ajatellaan olevan kestävämpää arvoa. Lainataksemme miestä, jolla on suurta vaikutusvaltaa näissä yhteyksissä, niin Jomini (Antoine-Henri Jomini, sveitsiläinen upseeri ja sotilasfilosofi (1779–1869)) sanoo: "Tapahtumat Pariisissa lähellä vuoden 1851 loppua, jolloin hyvin tunnettu henkilö teki minulle kunniaa kysymällä mielipidettäni siitä, että tulisiko viimeaikainen kehitys tuliaseissa saamaan aikaan mitään suuria muutoksia tavoissa käydä sotaa. Vastasin, että niiden vaikutus tulisi luultavasti olemaan taktiikan yksityiskohdissa, mutta suurissa strategisissa sotatoimissa ja merkittävissä yhdistelmissä taisteluita voitto tulisi olemaan, niin kuin aina, lopputulos periaatteiden soveltamisesta, joka on aina johtanut kaikkina aikoina suurten kenraalien menestykseen; Aleksanterista ja Caesarista Frederikiin ja Napoleoniin." Tämä tutkimus on tullut nyt aina tärkeämmäksi laivastoissa, sillä suuri ja vakaa voima liikkua on tullut nykyaikaisen höyrylaivan muodossa. Parhaat suunnitelmat saattavat epäonnistua sään takia kaleerien ja purjelaivojen ollessa käytössä aikoinaan; mutta nämä vaikeudet ovat nyt melkein kadonneet. Periaatteet, joiden pitäisi ohjata suuria merimahteja, ovat olleet käyttökelpoisia kaikkina aikoina, ja ovat johdettavissa historiasta; mutta voima toteuttaa niitä kiinnittäen vain vähän huomiota säähän on viimeaikainen saavutus.

Määritelmiä annetaan yleensä sanalle "strategia" koskien sotilaallisia toimia, jotka kuuluvat yhdelle tai useammalle sotatoimialueelle, jotka ovat joko täysin erillisiä tai keskenään riippuvaisia, mutta niitä pidetään aina todellisina tai läheisinä sodan näyttämöinä. Kuitenkin tässä kyseessä voi olla ranta, jolloin myöhäinen ranskalainen kirjailija on hyvin oikeassa huomauttaessaan, että sellainen määritelmä on liian kapea laivastostrategialle. "Tämä", hän sanoo, "eroaa sotilaallisesta strategiasta siinä, että se on tarpeellinen niin rauhan kuin sodan aikana. Tosiaan rauhan aikana voidaan saavuttaa mitä ratkaisevimpia voittoja miehittämällä maa joko ostaen se tai sopimuksen kautta, jolloin loistavat asemat, joita tuskin voidaan saavuttaa sotimalla, on mahdollista saavuttaa. Sitä kautta opitaan hyödyntämään kaikkia tilaisuuksia sopia jokin valittu paikka rannikolla ja saada se haltuun, joka on ensimmäiseksi vain väliaikaista." Sukupolvi, joka on nähnyt Englannin kymmenessä vuodessa miehittävän peräkkäin Kyprosin ja Egyptin käyttäen ehtoja ja vaatimuksia niitä kohtaan, joita pidettiin väliaikaisina, mutta jotka eivät johtaneet saavutettujen asemien hylkäämiseen, niitä voidaan pitää tätä huomausta tukevina; joka tosiaan saa jatkuvaa valaisua hiljaisesta kestävyydestä, jolla kaikki suuret merivallat ovat hankkimassa asemia toistensa jälkeen, niin se on vähemmän huomattua ja huomionarvoista kuin Kypros ja Egypti toisella merellä, jonne niiden kansat ja alukset menevät. "Laivastostrategia on tosiaan löytänyt päämääränsä perustaa, tukea ja kasvaa niin rauhan kuin sodan aikana ollen oman maansa merellistä voimaa", siksi sen tutkimisella on etua ja arvoa kaikille vapaan maan kansalaisille, mutta etenkin niille, joiden vastuulla on sen maan ulkomaan- ja sotilassuhteet.

Yleiset olosuhteet ovat joko keskeisiä tai ne voimakkaasti vaikuttavat kansakunnan suuruuteen, jota nyt tarkastellaan; sen jälkeen, kun merkittävämmät huomiot on tehty eri Euroopan merivalloista 1600-luvun puolivälissä, josta historiallinen tarkastelu alkaa, joka palvelee luodakseen heti kuvan ja antaakseen tarkat johtopäätökset yleisestä aiheesta.

HUOMAUTUS: Nelsonin loistava maine, joka himmentää kaikkia hänen aikalaisiansa ja suora luottamus, jota Englanti tunsi häntä kohtaan, kun yksi mies pystyi pelastamaan sen Napoleonin juonista, niin sen ei pitäisi hämärtää sitä tosiasiaa, että vain yksi osa sotatoimialuetta oli tai saattoi olla hänen käytössään. Napoleonin tavoite sotaretkellä, joka päättyi Trafalgariin, oli yhdistää Länsi-Intiassa Ranskan laivastot Brestistä, Toulonista ja Rochefortista yhdessä voimakkaan yksikön espanjalaisia laivoja kanssa muodostaen siten ylivoimaisen voiman, jolla hän aikoi palata Englannin kanaaliin ja turvata Ranskan armeijaa, kun kanaali ylitettäisiin. Hän luonnollisesti oletti, että Englannin edut olivat hajanaisina kaikkialla maailmalla, jolloin sekaannus ja harhaanjohtaminen tulisi kuvaan tietämättömyydestä koskien Ranskan laivastojen päämääriä ja Englannin laivasto vedettäisiin pois hänen tavoitteidensa läheisyydestä. Osa aluetta, jolla Nelson toimi, oli Välimeri, jossa hän vartioi suurta laivastotukikohtaa Toulonin edustalla ja yhteyksiä niin itään kuin Atlantille. Tämä ei ollut vähäisempi seuraus millekään muulle ja olettaen lisää tärkeyttä Nelsonin silmissä hänen vakaumuksellensa siihen, että aikaisemmat hankkeet Egyptiin saisivat jatkoa. Johtuen tämän näkökulman vaikutuksesta hän teki ensimmäisen harha-askeleensa, joka viivytti hänen takaa-ajoansa Toulonin laivastoa kohtaan, kun se purjehti Villeneuven komennossa; ja jälkimmäistä tämän lisäksi suosi pitkään jatkuneet suotuisat tuulet, kun englantilaiset joutuivat purjehtimaan vastatuuleen. Mutta kun kaikki tämä on totta, niin kun Napoleonin suunnitelmien epäonnistuminen täytyy laittaa Englannin tiukan saarron piikkiin, joka kohdistui Brestiin, *niin kuin myös* Nelsonin energiseen takaa-ajoon Toulonin laivastoa kohtaan, kun se pakeni Länsi-Intiaan ja sitten palasi nopeasti Eurooppaan, niin jälkimmäisen suhteen on oikeudenmukaista tehdä selkeä ero, joka on historiassa, ja johon tekstissä viitataan. Nelson ei todellakaan aavistanut Napoleonin aikeita. Tämä saattoi johtua siitä, kuten jotkut sanovat, että hänellä ei ollut tarpeeksi näkemystä; mutta se saattoi yksinkertaisemmin johtua tavallisesta haitallisemmasta asemasta, jossa puolustus on ennen kuin vihollinen iskee koskien tietämättömyyttä siitä, mihin isku tulee kohdistumaan. On tarpeeksi hyvä näkemys kiinnittäen huomiota tilanteeseen; ja sen Nelson oikein näki, oli laivasto, ei asema. Sen seurauksena hänen toimintansa saattoi sallia kuinka taisteluhengen tarkoitus ja väsymätön energia toteuttaa voi korjata ensimmäisen virheen ja sotkea hyvin tehdyt suunnitelmat. Hänen Välimeren laivastollaan oli monia velvollisuuksia ja huolia; mutta niiden keskellä ja

halliten niitä kaikkia hän näki selvästi, että Toulonin laivasto oli hallitseva
toimija siellä ja tärkeä toimija keisarin laivastosuunnitelmissa. Siksi hänen
huomionsa horjumatta kiinnittyi siihen; niin paljon, että hän kutsui sitä
"laivastokseen", sanonta, joka jonkin verran ärsytti ranskalaisten
kriitikkojensa tuntemuksia. Tämä yksinkertainen ja tarkka näkemys
sotilaallisesta tilanteesta vahvisti häntä tekemään pelottoman päätöksen ja
kantaa valtavaa vastuuta asemansa hylkäämisestä seuratessaan
"laivastoansa". Päättäen siten ajaa takaa kiistattomalla viisaudella, jonka ei
pitäisi hämärtää sen mielen suuruutta, joka sen toteutti, niin hän seurasi sitä
Cadiziin asti palatessaan viikkoa ennen kuin Villeneuve tuli Ferroliin
huolimatta väistämättömistä viivytyksistä, jotka aiheutuivat väärästä
tiedosta ja epävarmuudesta koskien vihollisen liikkeitä. Tämä sama
väsymätön into salli hänen tuoda omat laivansa Cadizista Brestiin ajoissa,
jolloin hänen laivastonsa oli suurempi kuin Villeneuven, kun tämä oli
koettanut pyrkiä sille alueelle. Englantilaiset, joilla oli hyvin selkeä
alivoima alusten määrässä liittolaisia vastaan, niin saivat siten huomattavia
täydennyksiä kahdeksan kokeneen laivan muodossa laittaen heidät
parhaaseen mahdolliseen asemaan strategisesti, kuten tullaan
huomauttamaan käsiteltäessä samankaltaista tilannetta Amerikan
vapaussodan ajalta. Heidän voimansa yhdistettiin yhteen suureen laivastoon
Biskajanlahdella, joka oli kahden vihollislaivaston välissä, jotka olivat
Brestissä ja Ferrolissa ollen ylivoimainen yksin kumpaa tahansa vastaan ja
omaten suuren todennäköisyyden sille, että se pystyisi hoitelemaan yhden
ennen kuin toinen ehtisi tulla apuun. Tämä johtui tavasta toimia osana
Englannin voimia; mutta ennen kaikkea se oli ylitse kaikkien muiden
seikkojen tuloksena Nelsonin yksituumaisuudesta ajaa takaa "laivastoansa".

      Tämä mielenkiintoinen sarja strategisia liikkeitä päättyi 14.
elokuuta, kun Villeneuve epätoivossaan päästäkseen Brestiin, suuntasi
Cadiziin, jossa hän laski ankkurin 20. päivä. Heti, kun Napoleon kuuli tästä,
niin hän sai raivokohtauksen amiraalia kohtaan, jolloin hän heti määräsi
tehtäväksi sarjan liikkeitä, jotka johtivat Ulmin ja Austerlitzin taisteluihin
hyläten aikeensa hyökätä Englantiin. Trafalgarin meritaistelu, joka käytiin
lokakuun 21. päivä, tapahtui siten erillisesti kahden kuukauden jälkeen
suurista liikkeistä, joilla oli epäilemättä vaikutusta lopputulokseen.
Erillisinä siitä hetkestä lähtien ne eivät saaneet aikaan mitään vähäisempää
kuin sinetöivät Nelsonin nerouden korjaten ne asiat, joiden suhteen hän oli
aikaisemmin tehnyt virheitä. Yhtä lailla totuus on sanoa, että Englanti
pelastui Trafalgarin ansiosta, vaikka keisari oli luopunut aikeistaan hyökätä;

tuho siellä korosti ja sinetöi strategisen riemuvoiton, joka äänettömästi
pilasi Napoleonin suunnitelmat.

Lähdeviitteet:

[1] Siten Syrakusan Hermocrates puhui toiminnan puolesta estääkseen
ateenalaisten sotaretkeä kaupunkiaan vastaa (e.Kr. 413) mennen rohkeasti
tapaamaan näitä ja pitäen heidän linjojensa sivustat ja sanoi: "Kun heidän
etenemisensä täytyy olla hidasta, niin meille tulee tuhansia tilaisuuksia
hyökätä heidän kimppuunsa; mutta jos he laittavat aluksensa toimintaan ja
lähtevät sotaretkelle meitä vastaan, niin heidän täytyy soutaa kovaa
airoillansa, ja sitten kun he ovat väsyneitä ponnisteluistansa, niin
hyökkäämme heidän kimppuunsa."

[2] Kirjoittajan täytyy itse vahtia sitä, mikä vaikuttaa olevan puolesta
puhumista monimutkaisille taktisille liikkeille hedelmättömissä
harhautuksissa. Hän uskoo, että laivasto hakiessaan ratkaisevaa taistelua,
niin sen täytyy pyrkiä lähelle vihollistansa, mutta ei ennen kuin jokin etu
saadaan törmäyksen kautta, joka yleensä hankitaan liikkeiden avulla, ja
tulee epäonnistumaan parhaiden harjoitettua ja johdettua laivastoa vastaan.
Tosiasiassa hedelmättömät lopputulokset usein seuraavat itsepäisistä
yhteenotoista läheisyydessä, joissa käytetään mitä varovaisimpia taktiikoita.

[3] Laivalla sanotaan olevan myötätuuli tai "tuulietu" tai myötäinen", kun
tuuli sallii sen ohjata sitä vastustajaansa kohden ja eikä salli jälkimmäistä
tulla sitä kohden. Äärimmäinen tapaus on, kun tuuli puhaltaa suoraan
yhdestä laivasto toiseen; mutta siellä oli suuri tila sen linjan kummallakin
puolella, kun käsitettä "myötätuuli" käytettiin. Jos vastatuulessa oleva laiva
laitetaan ympyrän keskelle, niin siellä oli melkein kolme kahdeksasosan
alue, jolla toinen alus saattoi olla ja silti pitää etunsa tuulessa suuremmassa
tai pienemmässä määrin. Vastatuuli on myötätuulen vastakohta.

[4] Katso Johdantokappaleen loppua.

[5] Navarinon meritaistelu (1827) Turkin ja länsimaiden välillä taisteltiin
siellä.

[6] Pysäyttävä sotavoima on se, joka sotasuunnitelmissa on määrätty
pysäyttämään tai viivyttämään osaa vihollisen voimista, kun taas
pääponnistelut, joita armeija tai armeijat tekevät, tapahtuu muualla.

Luku I: Keskustelua merivoimien koostumuksesta

Ensimmäinen ja mitä selkein näkemys, jota meri edustaa itse poliittisesta ja sosiaalisesta näkökulmasta, on suuri valtatie tai paremminkin kenties leveä yhteinen väylä, jota pitkin miehet voivat mennä kaikkiin suuntiin, mutta joka hyvin käytettynä näyttää hallitsevia syitä, jotka ovat johtaneet heidät mieluummin tiettyihin paikkoihin kuin toisiin paikkoihin. Näitä matkareittejä kutsutaan kauppareiteiksi; ja syyt, jotka ovat päättäneet niistä, niin niitä on tarkasteltu kautta koko maailmanhistorian.

Ottamatta huomioon mereen liittyvät tunnetut ja tuntemattomat vaarat, niin matkustaminen kuin liikenne vesitse on aina ollut helpompaa ja halvempaa kun maitse. Alankomaiden kaupallinen suuruus ei ole vain johtunut sen laivaustoiminnasta merellä, vaan myös lukuisilla rauhallisilla vesireiteillä, jotka ovat antaneet niin halvan ja helpon pääsyn sen omiin ja Saksan sisäosiin. Tämä etu kuljetuksessa vesitse maaliikenteen sijaan ei ollut enempää huomionarvoista aikana, jolloin teitä oli vähän ja ne olivat huonokuntoisia, sodat yleisiä ja yhteiskunta levoton niin kuin oli asiat kaksisataavuotta sitten. Meriliikenne toimi silloin riskeeraten ryöstäjien suhteen, mutta oli joka tapauksessa turvallisempaa ja nopeampaa kuin maitse. Hollantilainen kirjoittaja siltä ajalta arveli mahdollisuuksista maansa sodasta Englannin kanssa huomauttaen muiden asioiden ohella, että vesireitit Englannissa eivät menneet sisämaahan riittävästi; samalla, kun tiet olivat huonokuntoisia, niin hyödykkeet yhdestä osasta kuningaskuntaa piti kuljettaa toiseen osaan meritse ja ne olivat siten alttiina joutua sotasaaliiksi. Kun ajatellaan puhtaasti sisäistä kauppaa, niin tämä vaara on yleensä kadonnut nykyään. Kaikista sivistyneimmissä maissa, nyt tuhoutuminen tai katoaminen rannikkokaupassa on vain epäsopivaa, vaikka merikuljetukset ovatkin yhä halvempia. Joka tapauksessa niin myöhään kuin Ranskan tasavallan ja ensimmäisen keisarikunnan sodissa (1792–1815), niin ne, jotka tuntevat tuota ajanjaksoa historiassa, ja tuntien sen ympärille kasvanutta merellistä kirjallisuutta, niin tietävät kuinka jatkuvia ovat maininnat saattueiden ryöstämisestä paikasta toiseen Ranskan rannikolla, vaikka meri oli täynnä Englannin aluksia ja siellä oli hyvät tiet sisämaassa.

Nykyisissä olosuhteissa kuitenkin kotimaankauppa on osa liiketoimintaa, jota tapahtuu maissa, joilla on rannikkoa. Ulkomaiset välttämättömyys tarvikkeet tai ylellisyystuotteet täytyy tuoda sen satamiin joko sen omilla tai ulkomaalaisilla aluksilla, jotka sitten palaavat vieden vaihtokaupan jälkeen sen maan tuotteita olivat ne sitten kyseisen valtion maaperän tuottamia hedelmiä tai ihmisten käsien tuotoksia; ja on jokaisen kansakunnan toivomus, että tämä laivaustoiminta suoritettaisiin sen omilla aluksilla. Laivat, jotka silloin purjehtivat turvallisiin satamiin ja niistä pois, niin niiden täytyi vastineeksi siitä niin paljon kuin mahdollista olla oman maansa suojelun piirissä koko matkansa ajan.

Tämän suojelun täytyi sota-aikana ylettyä aseistettuun laivaustoimintaan. Laivaston tarve kyseisen sanan rajoitetussa muodossa on siksi peräisin rauhanomaisesta laivaustoiminnasta ja katoaa sen kanssa, paitsi silloin, kun on kyse valtiosta, jolla on aggressiivisia taipumuksia ja joka ylläpitää laivastoansa vain yhtenä sen asevoimien haarana. Kun Yhdysvalloilla ei ole nykyisin aggressiivisia taipumuksia, ja kun sen palvelut merikauppiaille on kadonnut, niin siitä on seurannut aseistetun laivaston pienentyminen ja yleinen puute mielenkiinnosta loogisena seurauksena. Kun mikä tahansa syy merikaupan tuottavuuteen taas löytyy, niin riittävät laivausintressit tulevat ilmaantumaan pakottaen elvyttämään sotalaivaston. On mahdollista, että kun kanava Keski-Amerikan kannaksen kautta nähdään lähes varmuudella, niin silloin aggressiivinen seuraus siitä voi olla tarpeeksi suuri johtamaan samaan lopputulokseen. Tämä on kuitenkin hyvin epävarmaa, sillä rauhaarakastava ja kunnioitusta haluava kansakunta ei ole kaukonäköinen ja kaukonäköisyyttä tarvitaan tehtäessä sotilaallisia valmisteluja etenkin näinä aikoina.

Kun kansakunnat niiden aseistamattoman ja aseistetun laivauksen suhteen lähtevät omilta rannoiltans, niin tarve tulee pian hankkia paikkoja, jossa laivat voivat käydä kauppaa rauhanomaisesti saaden myös turvaa ja huoltotarvikkeita. Nykyisin ystävällismielisiä, vaikkakin ulkomaiden satamia on löydettävissä kaikkialta maailmasta; ja niiden antama suoja on riittävää niin kauan kuin rauha vallitsee. Näin ei ole aina ollut, eikä rauha tule aina vallitsemaan, vaikka Yhdysvallat onkin sitä suosinut niin kauan olemassaolonsa aikana. Aikaisempina aikoina kauppalaivojen merimiehet etsiessään uutta kaupankäyntiä ja tutkimattomia alueita, niin laittoivat henkensä ja vapautensa alttiiksi mennessään epäluuloisiin tai vihamielisiin maihin, ja joutuivat kokemaan suuria viivytyksiä kootessaan täysiä ja tuottoisia lastikuormia. Siksi he vaistonvaraisesti etsivät kauppamatkansa toiseksi pääksi yhtä tai useampaa paikkaa antaakseen itsellensä voimaa tai suotuisuutta, jossa he itse tai heidän toimijansa saattoivat levätä turvallisesti, jossa heidän laivansa olivat turvassa, ja jossa sen maan kauppatavarat saatettiin kerätä jatkuvasti odottaen aluksien saapumista kotimaasta, jotka sitten kuljettaisivat sen emämaahan. Kun siellä oli paljon saatavissa suurten riskien ollessa olemassa, niin nämä aikaiset matkat, joiden määrä sitten moninkertaistui ja kasvoi, kunnes ne synnyttivät siirtokuntia; joiden lopullinen kehitys ja menestys riippui niitä perustaneiden kansakuntien nerokkuudesta ja politiikasta, josta ne olivat syntyneet ja muodostuneet suuren osan historiaansa aikana ja etenkin maailmalla merihistoriasta. Kaikki siirtokunnat eivät olleet kokeneet yksinkertaista ja luonnollista syntymää, joka kuvattiin yllä. Monet olivat muodollisempia ja puhtaan poliittisia muodostuessaan ja tullessaan perustetuiksi, jolloin ne olivat enemmän kansojensa hallitsijoiden kuin yksityisten ihmisten toimien lopputuloksia; mutta kauppa-asemat laajentumisensa jälkeen, jolloin seikkailijat hakivat hyötyjänsä, niin siihen oli syynsä ja perusteensa samalla tavalla kuin työläästi organisoituihin ja lupien kautta perustettuihin siirtokuntiin. Kummassakin tapauksessa emämaa oli saanut jalansijaa vieraalta maalta etsiessään uusia myyntipaikkoja, joista myydä hyödykkeitänsä, uutta aluetta kauppalaivoillensa, lisää työllisyyttä ihmisillensä, lisää turvaa ja vaurautta itsellensä.

Kaupankäynnin tarpeita ei kaikkia annettu, kun turvallisuus oli taattu merireitin toisessa päässä. Matkat olivat pitkiä ja vaarallisia, meri oli usein matkojen vihollinen. Siirtokuntien luomisen aktiivisimpina aikoina merellä vallitsi laittomuus, jonka muisto on nyt melkein kadonnut, ja sovitun rauhan aika merivaltojen välillä oli harvinaista ja niiden ajanjaksojen välit olivat pitkiä. Siten syntyi tarve asemista koko matkan varrella, joista olivat esimerkiksi Hyväntoivonniemi, St. Helena ja Mauritius, ei pääasiassa kaupankäynnille, vaan puolustukselle ja sodalle oli tarve saada haltuunsa tukikohtia kuten Gibraltar, Malta, Louisburg, St. Lawrencen lahden suu; paikkoja, joiden arvo oli pääasiassa strateginen, vaikka ei ollut kokonaan niin. Siirtokunnat ja siirtokuntien asemat olivat joskus kaupallisia, joskus sotilaallisia luonteeltansa; ja oli poikkeuksellista, että sama paikka oli yhtä tärkeä kummassakin mielessä niin kuin New York oli.

Näissä kolmessa asiassa; tuotannossa, joka oli tarpeen vaihtaa tuotteita; laivauksessa, jolla tuotteet vietiin päämääriinsä ja siirtokunnissa, jotka antoivat mahdollisuuden ja kasvattivat laivaustoimintaa, ja suojelivat sitä antaen käyttöön useita turvallisia paikkoja; niin ne ovat löydettävissä keskeisinä paikkoina historiassa kuin myös politiikassa rannikoiden kansakuntien suhteen. Politiikka on vaihdellut niin ajan hengen mukaisesti ja johtuen hallitsijoiden luonteista ja kaukonäköisyydestä; mutta rannikkomaiden historiaa on aina määritellyt vähemmän hallituksien oveluus ja kaukonäköisyys kuin sijainti, ulottuvuus, koostumus, kansan määrä ja luonne; joita kutsutaan sanoilla luonnolliset olosuhteet. Täytyy kuitenkin myöntää ja kuten tullaan näkemään, että viisas tai epäviisas toiminta yksittäisten miesten toimesta tiettyinä aikoina on omannut suuren muuttavan vaikutuksen merivoimien kasvuun laajemmassa mielessä, kun kyse ei ole vain käytössä olevista merivoimista, säännöistä merelle tai mistään kohtaa asevoimista, vaan myös rauhanmukaisesta kaupankäynnistä ja laivaustoiminnasta, joita yksin sotalaivasto luonnollisesti ja terveesti tukee ja joiden turvallisuus lepää sen varassa.

Keskeiset olosuhteen vaikuttaen kansakuntien merivoimiin voidaan luetteloida seuraavasti: I. Maantieteelliset olosuhteet. II. Fyysinen mukautuminen, johon kuuluu myös luonnollinen tuotanto ja ilmasto. III. Alueellinen laajuus IV. Väestön määrä V. Kansallinen luonne VI. Hallituksien luonne mukaan lukien kansalliset instituutiot.

I. Maantieteellinen asema. Voidaan näyttää ensiksi, että jos kansakunta on sijoittunut niin, että sitä ei ole pakotettu puolustamaan itseään maalla, eikä sen tarvitse hakea alueellista laajentumistansa maitse, niin sillä on hyvin suuri yksituumaisuus merelle etuna verrattaessa kansoihin, joiden rajat ovat mantereella. Tästä oli suuri etu Englannille suhteessa Ranskaan ja Hollantiin merivaltana. Jälkimmäisen voimat kulutettiin nopeasti loppuun tarpeena ylläpitää suurta armeijaa ja käyden kalliita sotia säilyttääkseen itsenäisyytensä; kun taas Ranskan politiikka oli aina vaihtelevaa, joskus viisasta ja joskus mitä typerintä siirtyen mereltä laajentumishankkeisiin mannermaalle. Nämä sotilaalliset hankkeet kuluttivat vaurautta; kun taas sen viisaampi ja pitkäjänteisempi maantieteellisen aseman käyttäminen olisi lisännyt niitä.

Maantieteellistä asemaa voidaan parantaa keskittämällä tai hajauttamalla tarpeen vaatiessa laivastovoimia. Taas siinä asiassa Britannialla oli etu Ranskaan verrattuna. Jälkimmäisen asema koskettaen Välimerta niin kuin myös valtamerta, vaikka sillä oli etuna, niin se oli sen merellisen sotilaallisen heikkouden lähde. Itäisen ja läntisen Ranskan laivastojen täytyi vain pystyä yhdistymään sen jälkeen, kun ne olivat purjehtineet Gibraltarin salmen läpi, jolloin se pyrkimys oli riskien ottamista ja joskus aiheutti menetyksiä. Yhdysvaltain asema kahdella valtamerellä olisi joko suuren heikkouden tai valtavien kustannuksien lähde, jos sillä on suurta merellistä kaupankäyntiä kummallakin rannikolla.

Englanti sen laajan siirtoimperiumin takia on uhrannut paljon voimien keskittämisen edusta omille rannoillensa; mutta se uhraus on tehty viisaasti, sillä se, mitä sillä on saatu, on enemmän kuin sillä on menetetty kuten tapahtumat ovat todistaneet. Sen siirtomaajärjestelmän kasvaessa sen sotalaivasto on myös kasvanut, mutta sen kauppalaivasto ja vauraus ovat kasvaneet silti sitä nopeammin. Silti niin Amerikan vapaussodassa ja Ranskan tasavallan, sekä keisarikunnan sodissa ranskalainen kirjailija käytti vahvaa ilmaisua, "Englanti huolimatta valtaisesta kehityksestänsä laivastonsa suhteen näyttäen aina olevan rikkauksien keskellä, niin tuntee kaikki köyhyyden nöyryytykset." Englannin mahti oli riittävä pitääkseen elossa sydämen ja kaikki ruumiinosat; kun taas yhtä lailla voimakas Espanjan siirtomaaimperiumi oman merellisen heikkoutensa kautta tarjosi niin monia kohtia, jota kautta sitä voitiin loukata ja vahingoittaa.

Kansakunnan maantieteellinen asema ei vain suosinut voimavarojen keskittämistä, vaan antoi lisää strategista etua keskeisellä asemalla ja hyvän tukikohdan vihamielisille toimille todennäköisiä vihollisia vastaan, Tämä oli tapaus Englannin suhteen; toisaalta sitä vastassa oli Hollanti ja pohjoismaat, toisaalta Ranska ja Atlantti. Kun sitä uhkasi liitto Ranskan ja Pohjanmeren, sekä Itämeren merivaltojen välillä, niin sillä oli sen laivastot Downsissa ja Englannin kanaalissa ja jopa Brestin edustalla miehittäen sisäpuolen asemia ja siten ollen valmiina asettumaan niiden yhdistyneiden voimien väliin joko yhtä vihollista vastaan, jos tämä pyrkisi pääsemään kanaalin lävitse liittyäkseen liittolaisiinsa. Toisaalta myös luonto antoi parhaita satamiaan ja turvallisen rannikon, jota lähestyä. Aikaisempi oli hyvin vakava osa pääsyssä kanaaliin; mutta jälkimmäinen höyryvoiman aikana ja parannettuaan satamiaan on vähentänyt haittoja, jotka kohdistuivat aikaisemmin Ranskaan. Purjelaivojen aikana Englannin laivasto tuomi Brestia vastaan käyttäen tukikohtinaan Torbayta ja Plymouthia. Suunnitelma oli yksinkertaisesti tämä; itäisessä tai kohtalaisessa säässä saartava laivasto piti asemansa vaikeuksitta; mutta läntisissä puuskissa, kun ne olivat liian voimakkaita, niin ne menivät englantilaisiin satamiin tietäen, että Ranskan laivasto ei voinut lähteä purjehtimaan ennen kuin tuuli oli kääntynyt, joka samalla toisi ne takaisin asemiinsa.

Etu maantieteessä koskien vihollisen läheisyyttä tai hyökkäyksen kohdetta, niin ei ollut missään selvempi kuin sodankäynnin muodossa, jota myöhemmin kutsuttiin merikaupan tuhoamiseksi, jota ranskalaiset kutsuivat termillä *guerre de course*. Näissä sotatoimissa, jotka ohjattiin rauhallisia kauppa-aluksia vastan, jotka olivat usein puolustuskyvyttömiä, niin niihin tarvittiin vain pieni määrä aluksia. Sellaiset laivat omaten vain vähän voimaa puolustaakseen itseään, niin tarvitsivat turvapaikan tai tukialueen lähelle; joka oli saatavissa joko tietyistä paikoista hallittua merta, joka oli niiden maamiesten sota-alusten hallinnassa tai ystävällisissä satamissa. Jälkimmäinen antoi vahvimman tuen, sillä ne olivat aina samassa paikassa ja niiden lähestymisreitit olivat kauppa-aluksille tutumpia kuin niiden kauppa-aluksia tuhoamaan pyrkivälle vihollisellensa. Ranskan läheisyys Englannista siten suuresti mahdollisti sen guerre de coursen kohdistettuna jälkimmäiseen. Omaten satamia Pohjanmerellä, kanaalissa ja Atlantilla, sen aluksilla oli lähtöpisteet paikoissa, jotka olivat lähellä englantilaisen kaupankäynnin keskuksia, joihin tuli, ja joista lähti kauppalaivoja. Etäisyys jokaisesta näistä satamista toisiinsa, tavallisten sotatoimien haitat, oli etu poikkeuksellisiin sotatoimiin; sillä keskeistä yhdessä oli ponnistelujen keskittäminen, kun taas kaupankäynnin tuhoamisessa hajauttaminen sai aikaan tehokkuutta. Nämä totuudet voidaan paljastaa historiassa tarkastelemalla suurten ranskalaisten kaapparien toimintaa, joiden tukikohdat ja toiminta-alueet olivat pääasiassa kanaalissa ja Pohjanmerellä tai muuten löydettävissä kaukaisilta siirtomaa-alueilta, kuten sellaisilta saarilta kuin Guadaloupe ja Martinique, jotka samalla tavalla antoivat läheistä suojaa. Tarve täydentää alusten hiilivaroja nykyään on tehnyt alukset yhä riippuvaisemmiksi tukikohdistansa kuin vanhan ajan aluksesta satamistansa. Yleinen mielipide Yhdysvalloissa omaa suuren luottamuksen sodankäyntiin vihollisen kaupankäyntiä vastaan; mutta täytyy muistaa, että tasavallallamme ei ole satamia kovinkaan lähellä suuria ulkomaisia kaupankäynnin keskuksia. Sen maantieteellinen asema on siten suoraan sanoen haitallinen toteuttaakseen onnistuneesti sotaa kaupankäyntiä vastaan, ellei se saa käyttöönsä liittolaistensa satamia.

Jos lisäksi mahdollistaen hyökkäystoimet, niin luonto on sijoittanut valtion niin, että sillä on helppo pääsy itse valtamerelle, niin samaan aikaan, kun se hallitse yhtä suurista kansainvälisen liikenteen reiteistä, niin on selvää, että sen aseman strateginen arvo on hyvin suuri. Sellainen taas on ja mitä suurimmassa määrin Englannin asema. Hollannin, Ruotsin, Venäjän, Tanskan kauppa ja se kauppa, joka tuli rannikolle suuria jokia pitkin Saksan sisäosista, niin sen täytyi mennä kanaalin lävitse, jolloin se pystyttiin sulkemaan; sillä purjealukset purjehtivat Englannin rannikkoa pitkin. Tämä pohjoinen kauppa oli enemmänkin poikkeus merivallalle; sillä

merelliset tarvikkeet, kuten niitä yleisesti kutsuttiin, niin hankittiin
pääasiassa Itämeren alueen maista.

Mutta koskien Gibraltarin menetystä, niin Espanjan asema
olisi ollut vertailtavissa Englantiin. Katsoen kerran Atlantille ja Välimerelle
Cadizin ollessa yhdellä ja Cartagenan toisella puolella, niin kaupankäynnin
Levanttiin täytyi pysähtyä sen käsiin ja se, joka meni Hyväntoivonniemen
ympäri, niin ei ollut kaukana sen käsistä. Mutta Gibraltar ei vain vienyt siltä
salmen hallintaa, vaan myös asetti esteen sen kahden eri laivaston helpolle
yhdistämiselle.

Nykyään tarkasteltaessa vain Italian maantieteellistä
asemaa, eikä muita olosuhteita, jotka vaikuttavat sen merivoimiin, niin
näyttäisi siltä, että se pitkän rantaviivansa ja hyvien satamiensa takia olisi
erittäin hyvin sijoitettu käyttämään ratkaisevaa vaikutusta kauppareittiin
Levanttiin ja Suezin kannaksen kautta. Tämä on totta tiettyyn pisteeseen
asti, ja olisi enemmän totta, jos Italia hallitsisi kaikkia saaria, jotka
luonnollisesti ovat italialaisia; mutta Malta on Englannin käsissä ja Korsika
on Ranskan käsissä, jolloin sen maantieteellinen asema on suurelta osin
neutralisoitu. Johtuen kansallisista sukulaisuussuhteista ja niiden kahden
saaren sijainnista, niin ne ovat yhtä paljon Italian mielenkiinnon kohteena
kuin on Gibraltar Espanjalle. Jos Adrianmeri olisi suuri kaupankäynnin
valtatie, niin Italian asema olisi yhä vaikutusvaltaisempi. Nämä heikkoudet
sen maantieteellisessä asemassa yhdessä muiden vahingollisten syiden
täysin ja varmasti vaikuttavat sen merivoimien kehitykseen, jolloin on
enemmän kuin epävarmaa, että tuleeko Italiasta jossain ajassa yksi eturivin
merenkulkijoiden kansakunta.

Tavoitteena tässä ei ole käydä väsyttävää keskustelua, vaan
vain yrittää näyttää osoittaen, että kuinka elintärkeätä on maan sijainti sen
tulevaisuudelle meren kautta, jolloin sen aiheen vaikutus voidaan jättää
suuremmin huomioitta; on olemassa enemmän tapauksia, jotka ovat tuoneet
esille tärkeyden jatkuvasti vaikuttaa siihen historialliseen käsittelyyn. Tässä
tilanteessa kaksi huomiota on kuitenkin sopivaa tehdä.

Olosuhteet ovat vaikuttaneet siihen, että Välimerellä on
ollut suurempi rooli maailmanhistoriassa niin kaupankäynnin kuin
sotilaallisesta näkökulmasta kuin millään muulla samankokoisella
merialueella. Kansakunta toisensa jälkeen on pyrkinyt hallitsemaan sitä ja
kamppailu siitä jatkuu edelleen. Siksi tarkastelu olosuhteista, jotka
vallitsivat suuressa osassa sen vesialueita ja nyt vallitsevat, sekä

suhteellisesta sotilaallisesta voimasta eri paikoissa sen rannikoilla, niin tulee olemaan opettavaisempaa kuin samanlaisien ponnisteluiden tekeminen toisella alueella Sen lisäksi sitä on nykyään hyvin paljon verrattu monessa mielessä Karibianmereen; vertaus, joka on yhä lähempänä, jos Panaman kanava koskaan saadaan valmiiksi. Tarkastelu strategisista olosuhteista Välimerellä, jotka ovat saaneet paljon huomiota, niin ovat loistava johdanto samanlaiseen tarkasteluun koskien Karibianmerta, jonka historia on siihen verrattuna paljon lyhyempi.

Toinen huomautus tulee Yhdysvaltain suhteellisesta asemasta Keski-Amerikan kanavaan. Jos se tehdään ja se täyttää rakentajiensa toiveet, niin Karibianmeri muuttuu pääteasemasta ja paikallisen liikenteen alueesta tai parhaimmillaan hajonneita ja epätäydellisiä matkareittejä omaavasta alueesta, joka se nyt on, niin yhdeksi suurista maailman valtateistä. Sitä kautta tulee kulkemaan suuri määrä kauppaa tuoden sinne muiden suurten maiden, eurooppalaisten kansakuntien etuja, lähelle rannikoitamme, niin kuin ei ole koskaan ollut aikaisemmin. Sen asian kanssa ei tule olemaan helppoa elää ollen jatkuvasti valppaana sen kansainvälisistä vaikutuksista. Viitaten Yhdysvaltain asemaan sen reitin suhteen se tulee olemaan samankaltainen kuin Englannilla on kanaalin suhteen ja Välimeren mailla Suezin reitin suhteen. Koskien sen vaikutusta ja hallintaa, niin riippuen maantieteellisestä asemasta, joka on tietenkin selvää kansallisen voiman keskuksissa, niin pysyvä tukikohta [7] on paljon lähempänä kuin muilla suurilla valtioilla. Asemat nyt tai tulevaisuudessa tulevat olemaan niillä saarilla tai mantereella ollen kuitenkin vahvoja toimien niiden voiman etuvartioina, kun taas kaikki koskien kaikkea sotilaallisen voiman raaka-aineita, niin mikään maa ei ole ylivoimainen suhteessa Yhdysvaltoihin. Se on kuitenkin heikko tietäen sen valmistautumattomuuden sotaan; ja sen maantieteellisen läheisyyden siihen pisteeseen, joka menettää jonkin verran arvostansa Meksikonlahden rannikon luonteen vuoksi, joka on puutteellista satamissa koskien turvallisuutta, jolla voidaan korjata parhaita sota-aluksia turvassa viholliselta ilman, että mikään muu voi pitää hallussaan mitään osaa siitä merestä. Siinä tapauksessa, että kamppailu Karibianmeren hallinnasta näyttäisi tulevan, niin on selvää, että Mississippin eteläpäädystä läheltä New Orleansia ja eduista, joita Mississippin laakso antaa vesiväylänä, niin maan pääponnistelut pitää laittaa siihen laaksoon ja saada sinne pysyviä tukikohtia. Mississippin suun puolustus asettaa kuitenkin outoja haasteita; sillä vain kaksi kilpailevaa satamaa, Key West ja Pensacola omaavat liian matalat vedet ja liian vähän suotuisia paikkoja viitata kansakunnan voimavaroihin. Saadakseen täyden hyödyn ylivoimaisesta maantieteellisestä asemasta, niin nämä puutteet täytyy korjata. Sen lisäksi, kun sen etäisyys kannakselle, vaikka onkin suhteellisesti katsottuna vähemmän, niin silti Yhdysvaltojen täytyy hankkia tukikohtia Karibianmereltä, jotka ovat sopivia sen voimille tai toissijaisia tukikohtia tukemaan sen toimia; jotka niiden luonnollisten etujen, puolustettavuuden ja keskeisten strategisten avainkohteiden läheisyys sallisi sen lähettää laivastonsa pysymään niin lähellä toiminta-aluetta kuin mikään vihollinen. Kun Mississippin alue on riittävästi suojeltu sellaisilla tukikohdilla, jotka ovat sen käsissä ja yhteydet niiden, sekä kotitukikohtien välissä on turvattu niin lyhyen asianmukaisesti sotilaallisin valmisteluin, joihin sillä on kaikki tarpeelliset keinot, niin Yhdysvaltain ylivoima tällä alueella seuraa sitä sen maantieteellisestä asemasta ja voimasta johtuen matemaattisella varmuudella.

II. Fyysinen mukautuminen. Meksikonlahden rannikon oudot piirteet, juuri viitaten niihin, astuvat kuvioihin maan fyysisenä mukautumisena, joka on laitettu toiseksi keskustelussa olosuhteista, jotka vaikuttavat merivoimien kehittymiseen.

Rannikko on yksi valtion rajoista; ja helpompi pääsy sille tarjoaa alueita sen takana, tässä tapauksessa meren, omaten suuremman taipumuksen ihmisillä kanssakäymiseen muun maailman kanssa. Jos maan ajatellaan omaavan pitkän rannikon, mutta niin että, siinä ei ole satamia, niin sellainen maa ei voi käydä merikauppaa itse, ilman kykyä laivata mitään tai omata laivastoa. Tämä oli käytännössä Belgian tilanne, kun se oli Espanjan ja Itävallan provinssi. Alankomaat vuonna 1648 rauhanehtona onnistuneen sodan jälkeen vaati, että Scheldt tulisi sulkea merikaupalta. Tämä sulki Antwerpenin sataman ja siirsi Belgian merikaupan Hollannille. Sen jälkeen Espanjan Alankomaat eivät enää olleet merimahti.

Useat ja syvät satamat ovat voiman ja rikkauden lähde, ja kaksinkertaisesti niin, jos ne ovat purjehdittavissa olevien jokien suilla, jolloin niihin keskittyy myös kyseisen maan sisäistä kauppaa; mutta helppo pääsy niihin on niiden heikkouden lähde sodassa, jos niitä ei puolusteta asianmukaisesti. Alankomailla oli vain vähän vaikeuksia vuonna 1667 tunkeutua Thames-joelle ja polttaa suuri osa Englannin laivastosta Lontoon näköpiirissä, kun taas muutama vuosi myöhemmin Englannin ja Ranskan yhdistyneet koettaessaan tehdä maihinnousua Hollantiin, niin niitä haittasivat yhtä paljon rannikon tuomat vaikeudet kuin alankomaalaisen laivaston urheus. Vuonna 1778 New Yorkin satama ja sen ympäristö kiistattomasti hallitsivat Hudson-jokea, niin se olisi menetetty englantilaisilta, joilla oli tilanteessa haittansa, mutta tämä ei tapahtunut ranskalaisen amiraalin empimisen vuoksi. Sen hallitsemisella Uusi Englanti olisi palautettu läheisiin ja turvallisiin yhteyksiin New Yorkin, New Jerseyn ja Pennsylvanian kanssa; ja se isku yhdessä Burgoynen kärsimän tappion jälkeen vuotta aikaisemmin (Saratogan taistelu 1777), niin olisi luultavasti saanut englantilaiset tekemään rauhan aikaisemmin. Mississippi on mahtava vaurauden ja voimanlähde Yhdysvalloille, mutta heikot puolustusasemat sen suulla ja useilla sen sivujoilla mahdollistivat maahantunkeutumisen tehden siitä heikkouden ja turman lähteen eteläiselle konfederaatiolle. Ja lopulta vuonna 1841 Chesapeaken miehitys ja Washingtonin tuho antoivat tiukan opetuksen vaaroista, joita on sattunut läpi parhaiden vesiväylien, jos niitä lähestymisreitteinä ei ole puolustettu; tämä opetus on helppo muistaa, mutta rannikkopuolustuksen nykyisissä olosuhteissa se on vielä helpompi unohtaa. Eikä pidä ajatella, että olosuhteet ovat muuttuneet, olosuhteet ja yksityiskohdat hyökkäämisessä ja puolustautumisessa muuttuvat näinä päivinä niin kuin aikaisemmin, mutta suuret olosuhteet pysyvät samoina.

Ennen ja suurten Napoleonin sotien aikana Ranskalla ei ollut satamia linjalaivoillensa Brestistä itään. Kuinka suuri etu oli Englannilla, jolla oli samaan aikaan kaksi suurta tukikohtaa, joista yksi oli Plymouthissa ja toinen Portsmouthissa, joiden lisäksi sillä oli muita satamia turvapaikoiksi ja huoltotukikohdiksi. Tämä heikkous sopeutumisessa on sittemmin korjattu rakentamalla tukikohta Cherbourgiin.

Rannikon kartoittamisen lisäksi turvatakseen helpon pääsyn merelle, niin on olemassa muita fyysisiä olosuhteita, jotka vievät ihmisiä merelle tai kääntävät heitä pois siltä. Vaikka Ranskalla oli puutteita sotilassatamissaan kanaalin rannalla, niin sillä oli niin siellä kuin valtamerellä niin kuin myös Välimerellä loistavia satamia, jotka sijaitsivat suotuisasti ulkomaankaupan suhteen ja olivat suurten jokien suilla, joista siten saattoi lähteä kauppaa sisämaahan, Kun Richelieu lopetti sisällissodan, niin ranskalaiset eivät menneet merelle samalla innokkuudella ja menestyksellä kuin englantilaiset ja alankomaalaiset. Keskeisin syy tähän on nähtävissä fyysisistä olosuhteista, jotka tekevät Ranskasta miellyttävän maan, jolla on ihana ilmasto, jonka ansiosta se tuottaa itse enemmän kuin sen kansa tarvitsee. Englanti toisaalta saa luonnosta vain vähän, ja ennen kuin sen teollisuus kehittyi, niin sillä oli vain vähän myytävää ulkomaille.

Sen monet puutteet yhdessä sen levottoman toiminnan ja muiden olosuhteiden kanssa, jotka suosivat merikauppaa, niin johti sen asukkaita ulkomaille; ja sieltä he löysivät maita, jotka olivat miellyttävämpiä ja rikkaampia kuin heidän oma maansa. Heidän tarpeensa ja nerokkuutensa tekivät heistä kauppiaita ja siirtomaiden asukkaita, jonka jälkeen heistä tuli niin teollisten tuotteiden valmistajia kuin maanviljelijöitä; ja tuotteiden ja siirtokuntiin laivauksen välissä on väistämätön linkki. Joten heidän merivoimansa kasvoivat. Mutta jos Englanti vedettiin merelle, niin Hollanti ajettiin sinne; ilman merta Englanti olisi kitunut, mutta Hollanti olisi kuollut pois. Sen suuruuden aikana, kun se oli yksi päätoimijoista Euroopan politiikassa, niin kyvykäs paikallinen virkamiehistö arveli, että Hollannin maaperä pystyi tukemaan vain joka kahdeksatta sen asukkaista. Sen maan teollisuus oli lukuisaa ja tärkeätä, mutta se oli kasvanut paljon myöhemmin kuin kyseisen maan merelliset edut. Maaperän köyhyys ja rannikon paljas luonne ajoivat alankomaalaiset ensiksi kalastajiksi. Sitten huomatessaan, että kalojen käsittely antoi heille tavaraa vientiin kuin myös kotimaiseen kulutukseen ja siten he loivat oman vaurautensa kulmakiven. Siten heistä oli tullut kauppiaita aikana, jolloin Italian tasavallat, turkkilaisen voiman painostuksesta ja sen jälkeen, kun oli pystytty kiertämään Hyväntoivonniemi, niin alkoivat rappeutua, ja heistä tuli suuren italialaisen kaupan perillisiä Levantin alueella. Sen lisäksi heitä suosi maantieteellinen asema, jolloin he olivat Itämeren, Ranskan ja Välimeren välissä, sekä saksalaisten jokien suilla, jolloin he nopeasti saivat haltuunsa kaiken kuljettamiseen liittyvän kaupankäynnin Euroopassa. Viljaa ja laivaston huoltotarvikkeita Itämereltä, Espanjan kauppaa sen siirtomaihin uudessa maailmassa, Ranskan viinejä ja Ranskan rannikkokauppaa hieman yli kaksisataa vuotta siteen kuljetettiin hollantilaisilla aluksilla. Suuri osa jopa Englannin kaupasta silloin kuljetettiin hollantilaisten toimesta. Ei voida teeskennellä, etteikä se kaikki vauraus olisi ollut peruja Hollannin köyhyydestä koskien sen luonnonvaroja. Mitään ei kasva tyhjästä. Se mikä on totta, niin on se, että sen kansa ajettiin merelle, ja siellä sen sai haltuunsa kauppatoiminnan ja laivastojensa koon avulla oli asemissa hyötyä nopeasti laajentaen kaupankäyntiänsä ja tutkimusmatkailun henkeä, joka seurasi Amerikan löytämisestä ja siitä, että Hyväntoivonniemi kierrettiin. Toiset syyt myös vaikuttivat asioihin, mutta heidän koko vaurautensa oli peräisin merestä, jonka heidän köyhyytensä synnytti. Heidän ruokansa, heidän vaatteensa, raaka-aineet heidän teollisuudellensa, puutavara ja köydet, joista he rakensivat ja takiloivat laivansa (ja he rakensivat melkein yhtä paljon kuin muu Eurooppa yhteensä), olivat tuontitavaraa; ja kun katastrofaalinen sota Englannin kanssa vuosina 1653 ja 1654 oli kestänyt kahdeksantoista kuukautta, ja heidän laivaustoimintansa oli loppunut, niin sanottiin "että tulojen lähteet, jotka olivat aina ylläpitäneet valtion rikkauksia, kuten kalastusta ja kauppaa, olivat melkein käytetty loppuun. Työpajat oli suljettu, työt lopetettu. Zuiderzeestä oli tullut mastojen metsä; maa oli täynnä kerjäläisiä, ruohoa kasvoi kaduilla ja Amsterdamissa 1500 taloa oli ilman vuokralaisia. Nöyryyttävä rauha yksin pelasti heidät raunioitumiselta.

Nämä surulliset lopputulokset osoittavat maan heikkouden, joka luottaa täysin sille ulkoisiin voimavaroihin osassa, joka sillä on maailmassa. Suurin vähennyksin johtuen olosuhteiden erilaisuudesta, josta ei ole tarpeen puhua täällä, niin Hollannin tapauksella oli suurta samankaltaisuutta siihen tilanteeseen, jossa Britannia nyt on; ja he ovat todellisia profeettoja, vaikka heillä näyttääkin olevan pieni kunnia maassaan, jotka varoittavat sitä, että sen jatkuva vauraus kotona riippuu pääasiassa siitä, miten se pystyy pitämään yllä voimaansa ulkomailla. Ihmiset saattoivat olla tyytymättömiä siihen, että heillä ei ollut poliittisia etuoikeuksia; he saattoivat olla vielä huolia siitä, että eivät saaneet leipää pöytään. On mielenkiintoisempaa amerikkalaisille huomata, että lopputulos Ranskalle koskien sen asemaa merivaltana, niin syyt sen kasvattamiseen olivat maan hyväluontoisuus ja rikkaus, joka on toistunut Yhdysvalloissa. Alussa heidän esi-isänsä pitivät hallussaan vain kapeata kaistaletta merenrannalla, jolloin hedelmälliset osat olivat vain vähän kehittyneitä koskien sen satamia ja läheisiä kalastusalueita. Nämä fyysiset olosuhteet yhdessä synnynnäisen rakkauden merta kohtaan, joka oli englantilaisen veren vaikutusta, joka yhä virtasi heidän suonissaan, niin piti elossa kaikkia taipumuksia ja pyrkimyksiä, joista terve merivalta oli riippuvainen. Melkein jokainen alkuperäisistä siirtokunnista oli meren tai yhden siihen laskevan joen rannalla. Kaikki vienti ja tuonti menivät kohti yhtä rannikkoa. Edut merellä ja älykäs sen kunnioittaminen olivat osa yleisessä hyvinvoinnissa, joka oli levinnyt helposti ja laajalle; ja motiivi olla vaikutusvaltaisempi huolehtien yleisistä eduista, oli myös aktiivista, sillä suuri saatavuus laivanrakennusmateriaalille ja vähäisyys muissa investoinneissa teki laivauksesta tuottavaa yksityistä toimintaa. Se kuinka erilaista tuo oli verrattuna nykyiseen tilanteeseen, niin se tietävät kaikki. Vallan keskus ei ollut enää rannikolla. Kirjat ja sanomalehdet yksi toisensa jälkeen kuvailivat ihanaa kasvua ja silti kehittymättömiä rikkauksia, joita oli sisämaassa. Pääoma siellä löysi parhaat investointikohteet, työ sen suurimmat mahdollisuudet. Rajat oli lyöty laimin ja olivat poliittisesti heikkoja;

Meksikonlahti ja Tyynenmeren rannikko olivat niin kuin Atlantin rannikko suhteessa Mississippin laakson keskustaan. Kun päivä tuli, niin laivaus oli taas tuottavaa, kun kolmen meren rannoilla huomattiin, että ne eivät olleet vain sotilaallisesti heikkoja, vaan köyhempiä siksi, että niillä ei ollut kansallista merellistä tukea, jolloin niiden yhdistyneet ponnistelut saattoivat taas toimia merivoimiemme perustana. Siihen asti ne, jotka seurasivat rajoituksia, joita merivoimien puute sai aikaan Ranskalle, niin voivat surra sitä, miten heidän omaa maatansa johdettiin niin kuin köyhdyttäen vaurautta kotimaassa ja samaan aikaan lyöden laimin suuria mahdollisuuksia.

Muutettujen fyysisten olosuhteiden joukosta voidaan kiinnittää huomiota Italiaan; pitkään niemimaahan, jossa keskellä vuoriketju jakaen sen kahteen kapeaan suikaleeseen, joita pitkin tiet kulkevat yhdistäen eri satamat toisiinsa. Vain meren täydellisellä hallitsemisella voidaan täysin turvata yhteydet, sillä on mahdotonta tietää, että mistä vihollinen on tulossa näkyvän horisontin takaa iskeäkseen; mutta silti riittävällä laivastovoimalla, joka on sijoitettu keskelle, niin on hyvää toivoa hyökätä sen laivaston kimppuun, joka toimii puolustajalle tukikohtanaan ja yhteyslinjana ennen kuin hyökkääjä ehtii tehdä vakavaa vahinkoa. Pitkä ja kapea Floridan niemimaa Key Westin ollessa sen ääripäässä, vaikka onkin matalaa maata ja harvaanasuttua, niin ensisilmäyksellä omaa samankaltaiset olosuhteet kuin Italia. Samankaltaisuus voi olla vain pinnallista, mutta on oletettavaa, että jos merisodan päänäyttämönä on Meksikonlahti, niin maayhteydet niemimaan kärkeen saattava tulla kohteiksi ja avoimiksi hyökkäykselle.

Kun meri ei ole vain rajana, tai ympäristönä, vaan myös erottaa maan kahteen tai useampaan osaan, niin meren hallitseminen tulee ei vain haluttavammaksi, vaan elintärkeän tarpeelliseksi. Sellainen fyysinen tila joko synnyttää ja kasvattaa merivoimia tai tekee maasta voimattoman. Sellainen tilanne on nykyisessä Italian kuningaskunnassa, jolla on hallussaan Sardinian ja Sisilian saaret; ja siten on yhä nuoruudessaan ja yhä omaten taloudellisen heikkoutensa, joka on nähty sen niin energisesti ja suurin ponnisteluin luodakseen sotilaallisen laivaston. On jopa väitetty, että laivastolla, joka olisi ratkaisevasti suurempi kuin sen vihollisilla, niin Italia olisi parempi tukikohta sen voimille sen saarilla kuin mannermaalla; sillä huoltoyhteyksien turvattomuus niemimaalla, kuten on jo osoitettu, niin olisi mitä vakavin nöyryytyksen aihe hyökkäävälle armeijalle, kun sen saartaisi vihamielinen väki ja sitä uhattaisiin mereltä.

Irlanninmeri joka erottaa Brittien saaret, pikemminkin muistuttaa enemmän suistoa kuin todellista jakoa; mutta historia on osoittanut vaaraan siitä Yhdistyneille Kuningaskunnille. Ludwig XIV:n aikana, jolloin Ranskan laivasto oli melkein yhtä suuri kuin yhdistyneet Englannin ja Hollannin laivastot, niin suurimmat vaikeudet olivat Irlannissa, joka joutui melkein kokonaan paikallisen väestön ja ranskalaisten hallintaan. Joka tapauksessa Irlanninmeri oli aika vaarallinen englantilaisille; heikko kohta heidän viestiyhteyksissään, josta oli etua Ranskalle. Jälkimmäinen taho ei tullut linjalaivoillaan kapeisiin vesiin ja retket, joiden tarkoituksena oli tulla maihin, niin tapahtuivat valtameren äärellä oleviin satamiin etelässä ja lännessä. Ylivoiman hetkellä suuri ranskalainen laivasto lähetettiin Englannin etelärannikolle, jossa se ratkaisevasti löi liittolaiset ja samaan aikaan kaksikymmentäviisi fregattia lähetettiin Pyhän Yrjön kanaaliin englantilaisten viestiyhteyksiä vastaan. Vihamielisen kansan ympäröimänä englantilainen armeija Irlannissa oli suuressa vaarassa, mutta sen pelasti Boynen taistelu ja James II:n pako. Tämä liike vihollisen huoltoyhteyksiä vastaan oli puhtaasti strateginen ja olisi yhtä vaarallinen Englannille nyt kuin se oli vuonna 1690.

Espanja samalla vuosisadalla saatuaan vaikuttavan opetuksen heikkoudesta, jonka sai aikaan sellainen ero, kun se osat eivät olleet sidottuna yhteen voimakkaalla merivoimalla. Sillä oli yhä hallussaan jäänteinä sen aikaisemmasta suuruudesta osa Alankomaista (nykyinen Belgia), Sisilia ja muita italialaisia alueita puhumattakaan sen laajoista siirtomaita uudessa maailmassa. Silti niin heikoksi oli Espanjan merimahti vajonnut, että hyvätietoinen ja järkevä hollantilainen siltä ajalta saattoi sanoa, että "Espanjan kaikilla rannikoilla purjehti muutamia hollantilaisia aluksia; ja vuoden 1648 rauhasta lähtien heidän laivansa ja merimiehensä olivat niin vähäisiä määrissä, että he olivat alkaneet julkisesti palkkaamaan laivojamme purjehtimaan Länsi-Intiaan, josta he aikaisemmin varovaisesti pyrkivät pitämään poissa kaikki ulkomaalaiset... Niin oli määrätty", hän jatkoi, "että Länsi-Intia ollen Espanjan vatsa (josta sille tuotiin sen melkein kaikki tulot), niin sen täytyi kuulua Espanjan ollessa merivoimien pää; ja että Napoli ja Alankomaat ollen kuin kaksi kättä, niin ne eivät voi saada voimiaan Espanjasta tai mistään muustakaan kuin laivaustoiminnasta; kaikki, joka voidaan helposti tehdä laivoillamme rauhan aikana ja estää sota-aikana." Puoli vuosisataa aikaisemmin Sully, Ranskan Henrik IV:n suuri ministeri oli kuvannut Espanjaa "niin kuin yhdeksi niistä maista, jonka jalat ja kädet ovat vahvat ja voimakkaat, mutta jonka sydän on määrättömän

heikko ja vähäpätöinen." Hänen päivistänsä lähtien Espanjan laivasto ei ole
kokenut vain katastrofeja, vaan tuhoa; eivät nöyryytyksiä, vaan
häpäisemistä. Sen seuraus oli ollut lyhyesti se, että kauppalaivasto oli
tuhottu; teollisuus katosi sen jälkeen. Hallinto oli riippuvainen sen tuesta, ei
vain laajasta vaikutuksesta terveeseen kaupankäyntiin ja teolliseen
toimintaan, joka voisi säilyä monesta kovasta iskusta, vaan kapeasta virrasta
hopeaa, jota tuli muutamien aarrelaivojen mukana Amerikasta, joka helposti
ja säännöllisesti joutui vihollisten aluksien pysäyttämäksi. Puolen tusinan
galleonin menettäminen enemmän kuin lamautti sen liikkeet merellä
vuodeksi. Kun sota Alankomaissa jatkui, niin alankomaalaisten hallinta
merellä pakotti Espanjan lähettämään joukkojaan pitkällä ja kalliilla
matkalla maitse sen sijaan, että se käyttäisi merta; ja sama syy heikensi sen
sellaiseen tilaan välttämättömien hyödykkeiden suhteen, että
molemminpuolisella järjestelyllä, joka on hyvin outo nykyaikaisille
ajatuksille, niin sen tarpeita hoidettiin alankomaalaisilla aluksilla, jotka siten
auttoivat maansa vihollista, mutta saivat vastapalvelukseksi korvauksia,
jotka olivat tervetulleita Amsterdamin pörssiin. Amerikassa espanjalaiset
suojelivat itse, miten parhaiten pystyivät kivimuurien takana ilman, että
saivat apua kotimaastaan; kun taas Välimerellä he välttivät loukkaukset ja
vahingot pääasiassa johtuen hollantilaisten, englantilaisten ja ranskalaisten
välinpitämättömyydestä, jotka eivät olleet alkaneet vielä siellä kilpailemaan
heidän kanssaan. Historian aikana Alankomaat, Napoli, Sisilia, Menorca,
Havanna, Manila ja Jamaika oli viety heiltä pois yhtenä tai toisena aikana,
kun he olivat valtakunta, jolla ei ollut merellistä voimaa. Lyhyesti sanottuna
Espanjan merellinen kyvyttömyys oli ollut pääoire sen yleisestä
rappeutumisesta, josta oli tullut merkittävä tekijä sen syöksymisessä
kuiluun, josta se ei ole vieläkään täysin noussut.

Pois lukien Alaska, niin Yhdysvalloille ei ole
mertentakaisia omistuksia (Yhdysvallat osti Alaskan 1867 ja Havaijista tuli
sen protektoraatti 1893, ja joutui Yhdysvaltojen hallintaan 1898. Tämä kirja
on alun perin julkaistu 1890.) ei jalansijaakaan maata. Sen alueiden korkeus
on sellainen nykyään, että muutamat paikat ovat erittäin heikkoja niiden
tärkeyden takia ja kaikki tärkeät paikat rajoilla ovat jo saavutettavissa;
halvalla käyttäen vesiteitä ja nopeasti käyttäen rautateitä. Heikoin raja,
Tyynivaltameri on kaukana sen vaarallisimmista mahdollisista vihollisista.
Sen sisäiset voimavarat ovat rajattomat verrattuna sen nykyisiin tarpeisiin;
voimme elättää itseämme loputtomiin "omassa pienessä
nurkkauksessamme", jota ilmaisua käytti ranskalainen upseeri tämän kirjan

kirjoittajalle. Silti siihen pieneen kulmaan voidaan hyökätä käyttämällä uutta kauppareittiä Panaman kannaksen läpi, jolloin Yhdysvallat voi saada tylyn herätyksen niiltä, jotka ovat hylänneet osansa kaikkien kansojen yleisestä syntyoikeudesta eli merestä.

III. Alueellinen laajuus. Viimeinen ehdoista vaikuttaen kansakunnan kehittymiseen merivaltana ja koskettaen maita itseään niin kuin myös erottaen ihmisiä, jotka asuvat siellä, on alueellinen laajuus. Se voidaan huomioita käyttäen vain muutamia sanoja.

Puhuttaessa merivoimien kehityksestä kyse ei ole vain siitä määrästä neliömaileja, joita siinä maassa on, vaan myös sen maan rannikon pituudesta ja sen käytössä olevista satamista, jotka on otettava huomioon. Kun nämä kaikki asiat on sanottu, että kun maantieteelliset ja fyysiset olosuhteet ovat samoja, niin rannikon pituus voi olla voima tai heikkous riippuen siitä, että onko väestö suuri tai pieni. Sellainen maa on kuin linnoitus; varuskunnan täytyy olla suhteessa linnoitteisiin. Äskettäinen tuttu tapaus on havaittavissa Amerikan sisällissodassa. Jos etelällä olisi ollut ihmisiä yhtä paljon kuin se oli sotaisa ja laivastoa suhteessa muihin voimavaroihin merivaltana johtuen sen pitkästä rannikosta ja lukuisista suistojen sisääntuloväylistä, niin ne olisivat olleet suuri voimanlähde. Yhdysvaltain kansa ja hallinto olivat silloin oikeudenmukaisen ylpeitä pitämästään koko etelän rannikon saarrosta. Se oli suuri saavutus, hyvin suuri saavutus; mutta se olisi ollut mahdoton saavutus, jos etelävaltiolaisia olisi ollut enemmän ja se olisi ollut merimiesten kansakunta. Mitä siellä oli näytettäväksi, niin sitä ei näytetty, kuten sanotaan, miten sellaista saartoa pidettiin yllä, vaan sitä miten sellainen saarto oli mahdollista väestön suhteen, joka ei ollut tottunut mereen, vaan jota oli myös vain vähäisiä määriä. Ne, jotka muistavat miten saartoa ylläpidettiin, ja alusluokat, joita käytettiin saarrossa suuren osan sotaa, niin tietävät, että suunnitelma, oikea niissä olosuhteissa, niin sitä ei olisi voinut toteuttaa oikeata laivastoa vastaan. Hajaantuneina pitkin rannikkoa Yhdysvaltain alukset pitivät asemansa yksin tai pieninä yksiköinä edessään laaja verkosto sisämaan vesiväyliä, jotka suosivat vihollisen tekemiä salaisia voimien keskittämisiä. Ensimmäisen vesiyhteyden takana oli pitkät suistot ja siellä sekä täällä vahvoja linnoituksia, joihin vihollisen alukset saattoivat pyrkiä välttääkseen takaa-ajoa tai saadakseen suojaa. Jos olisi ollut etelän laivasto, joka olisi pyrkinyt hyötymään sellaisista eduista tai Yhdysvaltain laivojen hajaantuneesta sijoittamisesta, niin jälkimmäinen ei olisi sijoittanut aluksiaan niin kuin se sijoitti ja se olisi ollut pakotettu turvautumaan molemminpuoliseen apuun, jolloin monia pieniä, mutta käytännöllisiä reittejä olisi jäänyt avoimeksi kaupankäynnille. Mutta etelän rannikko johtuen sen laajuudesta ja monista vesireiteistä, niin saattoi olla voimanlähde johtuen noista ominaisuuksista, mutta siitä tuli hedelmällinen vahingon aiheuttamisen aihe. Suuri tarina Mississippin avaamisesta on mitä valaisevin ilmaisu toimista, joita tapahtui kaikkialla etelässä. Jokaisen avoimeen kohtaan sen meririntamassa sotalaivat tulivat. Virrat, jotka olivat kuljettaneet vaurautta ja tukeneet eronneiden osavaltioiden kauppaa, niin kääntyivät niitä vastaan ja päästivät viholliset sydänmaillensa. Epäusko, turvattomuus ja lamaantuneisuus vallitsivat alueilla, jotka paremmissa olosuhteissa olisivat saattaneet pitää kansakunnan elossa läpi mitä väsyttävimmän sodan. Koskaan ei merivoimat olleet pitäneet tärkeämpää tai ratkaisevampaa osaa kuin kamppailussa, joka ratkaisi maailmanhistorian suunnan, joka olisi voinut muuttaa yhden sen tärkeimmistä valtioista olemassaoloa, jolloin sen sijaan olisi syntynyt useita kilpailevia valtioita Pohjois-Amerikan mantereelle. Mutta samalla kun tuntee oikeutettua ylpeyttä hyvin ansaitusta kunniasta niiltä päiviltä ja suuruutta johtuen laivaston myönnetystä ylivoimasta, niin amerikkalaiset, jotka ymmärtävät, että tosiasiat eivät saisi koskaan epäonnistua muistuttaessaan ylimielisestä varmuudesta siitä, että heidän maamiehillänsä etelässä ei ollut laivastoa eivätkä he olleet merenkulkijoita, eikä heidän väestönsä ollut riittävä niin pitkän merenrannan puolustamiseen, mitä heidän piti puolustaa.

IV. Väestön määrä. Kun huomioon on otettu luonnolliset maan luonnolliset olosuhteet tarkastelussa, niin se sitä seuraa sen väestön luonteenpiirteiden vaikutus merivoimaan, ensimmäisen otetaan huomioon alueen laajuus, josta on juuri keskusteltu ja se määrää ihmisiä, joka sillä alueella asuu. On sanottu koskien, että eri ulottuvuudet eivät ole vain neliömailien määriä, vaan rannikon laajuus ja luonne on otettava huomioon viitatessa merivoimiin ja siten väestökeskuksiin ei vain koskien kokonaismääriä, vaan määrää meren läheisyydessä tai ainakin valmiina käytettäväksi aluksissa ja tuottamaan laivastotarvikkeita, niin nämä tulee ottaa huomioon.

Esimerkiksi aikaisempi ja suurten Ranskan vallankumouksen sotien jälkeen, niin Ranskan väestö oli paljon suurempi Englannin; mutta koskien merivoimia yleensä niin rauhanomaista kaupankäyntiä kuin sotilaallista tehokkuutta, niin Ranska oli paljon Englantia heikompi. Sotilaallisen tehokkuuden suhteen tämä tosiasia on paljon huomattavampi, koska sotilaallisten valmistelujen suhteen Ranskalla oli etunsa; mutta sitä se ei pystynyt pitämään. Niin vuonna 1778, kun sota puhkesi, niin Ranska sen ansioista, että se oli panostanut merivoimiin, niin pystyi heti miehittämään viisikymmentä linjalaivaa. Englanti päinvastoin siksi, että se oli joutunut hajauttamaan voimiansa ympäri maailmaa suojellakseen niitä kauppa-aluksia, joiden toimet turvasivat sen merivoimien olemassaolon, sillä niiden varassa sen turvallisuus eli, niin sillä oli paljon vaikeuksia miehittää neljäkymmentä linjalaivaa kotimaassa; mutta vuonna 1782 sillä oli käytössään satakaksikymmentä linjalaivaa käytössä tai otettavissa käyttöön, kun taas Ranska ei koskaan pystynyt ylittämään seitsemänkymmenenyhden aluksen määrää. Taas niin myöhään kuin 1840, kun nämä kaksi maata olivat sodan partaalla Levantissa, niin sen ajan ylistetyin ranskalainen upseeri sanoi viitaten Ranskan laivaston korkeaan tehokkuuteen ja sen amiraalin suureen laatuun ja ilmaisi luottamusta lopputuloksista kohdattaessa tasaväkinen vihollinen niin sanoi: "Kahdenkymmenenyhden linjalaivan laivueen taakse, jonka pystymme kokoamaan, niin siellä ei ole reservejä; ei muita aluksia, jotka voitaisiin ottaa käyttöön kuudessa kuukaudessa." Ja tämä ei vain johtunut siitä, että ei ollut aluksia ja asianmukaisia laivastotarvikkeita, sillä kummastakin niistä oli pulaa. "Laivastotoimemme", hän jatkoi, "ovat olleet niin uuvuttavia siksi, mitä olemme tehneet [miehittäneet kaksikymmentäyksi alusta], että pysyvä palveluvelvoite luotiin kaikille, niin se ei auttanut miehiä, jotka olivat olleet jo yli kolme vuotta purjehtimassa."

Sellainen vastakkainasettelu osoittaa mikä ero on pysyvillä voimilla tai reservivoimilla, joka on jopa suurempi kuin pinnalta näyttää; sillä suureen laivauskykyyn välttämättä tarvitaan miehistöjen lisäksi suuri määrä ihmisiä huolehtimaan niistä laitoksista, jotka valmistavat ja korjaavat laivastomateriaalia tai seuraavat muita pyyntöjä enemmän tai vähemmän läheisesti yhteydessä veteen ja kaikenlaisiin aluksiin. Sellainen läheinen kutsumus antaa epäilemättä taitoa merelle läheisyydestä. Siellä on sanonta, joka näyttää mielenkiintoisia havaintoja koskien yhtä Englannin kuuluisimmista merimiehistä, Sir Edward Pellewiä. Kun sota puhkesi 1793, niin yleinen puute merimiehistä tuli eteen. Halukkaana lähtemään merelle ja kyvyttömänä täyttämään miehistöään muilla kuin maakravuilla niin hän määräsi upseereitansa etsimään kaivosmiehiä Cornwallin alueelta järkeillen, että heidän työskentelyolosuhteensa ja vaarat, joita he kokivat työssään, josta hänellä oli henkilökohtaista kokemusta, niin he nopeasti täyttäisivät merellisen elämän vaatimukset. Lopputulos näytti hänen viisautensa, kun hän siten vältti muuten väistämätöntä viivytystä, jolloin hän onnekas kaapatessaan sen sodan ensimmäisen fregatin kahden aluksen välisessä taistelussa, ja mikä oli erityisen kertovaa, vaikka olikin ollut vain muutaman viikon palveluksessa, niin hänen vastustajansa olivat palvelleet yli vuoden, niin menetyksien ollessa raskaat kummallekin osapuolelle, niin ne olivat melkein tasaiset.

Voidaan huomauttaa, että sellainen reservivoima on nyt melkein menettänyt merkityksensä, joka sillä kerran oli, sillä nykyaikaisten alusten ja aseiden valmistaminen kestää kauan ja modernit valtiot pyrkivät kehittämään koko aseellisen voimansa sodan syttyessä käyttöönsä niin nopeasti, että ne ehtivät antamaan viholliselle niin rampauttavan iskun ennen kuin vihollinen ehtii koota vastaavan voiman. Käyttääksemme tuttua sanontaa, niin ei ole aikaa, että koko kansallisen voiman vastarinta ehtii tulla mukaan; isku tulee kohdistumaan organisoituun sotilaalliseen laivastoon ja jos se lyödään, niin muin rakenteen tukea ei ole saatavissa. Tietyssä laajuudessa tämä on varmasti totta; mutta se on aina ollut totta tuolla tavalla, vaikka pienemmässä laajuudessa aikaisemmin kuin nyt. Kun ajatellaan kahden laivaston kohtaamista, jotka edustavat käytännössä koko olemassa olevaa niiden kansakuntien voimaa, niin jos yksi niistä tuhoutuu, kun taas toinen pysyy toimintakykyisenä, niin siellä tulee olemaan paljon vähemmän toivoa aikaisemmalla voittaa, sillä lyödyn täytyy koota laivastonsa sotaa varten; ja lopputulos tulee olemaan juuri niin katastrofaalinen kuin on kyseisen kansakunnan riippuvuus sen merivoimista. Trafalgar olisi ollut Englannille paljon tappavampi onnettomuus kuin Ranskalle, jos englantilaiselle laivastolle olisi käynyt niin kuin kävi liittolaisten laivastolle, kun se oli suuri osa kansansa voimaa. Trafalgar olisi ollut sellainen tapaus kuin Austerlitz oli Itävallalle, ja Jena Preussille; valtakunta olisi sen seurauksena tullut alttiiksi tuholle tai sen sotavoimien hajoamiselle, joka kuten sanottua, oli Napoleonin suosikkitavoite.

Mutta otetaanko ajatellessa sellaisia poikkeuksellisia katastrofeja menneisyydessä huomioon laivaston reservivoimien vähäinen arvo, joka perustuu tietynlaiseen sotilaselämään sopivien asukkaiden määrään, jotka otettaisiin täällä huomioon? Iskuja, jotka on mainittu, niin niitä antavat miehet, jotka ovat äärimmäisen nerokkaita komentaessaan aseellisia voimia, joilla on poikkeuksellinen koulutus, *esprit-de-corps*, ja arvovalta, jonka lisäksi he ovat aiheuttaneet vihollisillensa enemmän tai vähemmän lannistavia tappiota. Austerlitz seurasi pian Ulmin taistelua, jossa kolmekymmentätuhatta itävaltalaista antautui ilman taistelua; ja aikaisempien vuosien historia oli yksi pitkä lista Itävallan tappioista ja Ranskan menestyksistä. Trafalgar seurasi pian risteilyn jälkeen, jota voitiin oikeutetusti kutsua sotaretkeksi, joka oli melkein jatkuvasti epäonnistumisia; ja taaempana, mutta silti tuoreessa muistissa olivat St. Vincentin muistot espanjalaisilla ja Niilin meritaistelun muistot ranskalaisilla liittolaisten laivastoissa. Pois lukien Jenan taistelu, murskavoitot eivät ole yksittäisiä katastrofeja, vaan lopullisia iskuja; ja Jenan sotaretkellä oli epätasapaino koskien lukumääriä, varusteita, ja yleistä valmistautumista sotaan, joka oli vähemmän sovellettavissa kuin mikä saattaisi olla yksittäisen taistelun lopputulos.

Englanti on nykyään maailman voimakkain merivalta; höyryllä ja raudalla se on pitänyt ylivoimansa, jonka se hankki purjeiden ja puun aikakaudella. Ranska ja Englanti ovat kaksi valtiota, joilla oli suurimmat sotalaivastot; ja on niin paljon avoin kysymys, että kumpi niistä on voimakkaampi, kun niitä pidetään käytännössä tasaväkisinä koskien merisodan tarvikkeita. Yhteenoton tapauksessa voidaanko olettaa, että sellainen ero henkilöstössä tai valmisteluissa, niin saa aikaan luultavasti niin ratkaisen eron, joka voisi tulla yhdestä taistelusta tai sotaretkestä? Jos asia ei ole niin silloin reservivoima alkaa tulla kuvioon mukaan; organisoitu reservi ensiksi, sitten merenkulkua harrastavan kansanosan reservi, mekaanista taitoa omaava reservi, vaurauden reservi. Näyttää siltä, että nyt on jonkin verran unohdettu Englannin johtajuus mekaanisissa taidoissa antaen sille mekaanisen reservin, joka voi antaa sille helpon tavan tulla tutuiksi modernien rautalaivojen kanssa; ja sen kaupankäynti ja teollisuus tulevat tuntemaan sodan taakat, kun ylimääräiset merimiehet ja mekaanikot tulevat palvelemaan aseistetuissa aluksissa.

Koko kysymys reservin arvosta oli se sitten koulutettua tai kouluttamatonta, niin johtaa nyt tähän: Ovatko modernin sodankäynnin olosuhteet tulleet todennäköisesti sellaisiksi, että kaksi lähes tasaväkistä vastustajaa, niin yksi niistä tulee yhden sotaretken aikana saavuttamaan ratkaisevia tuloksia? Merisota ei anna siihen vastausta. Preussin murskaava voitto Itävallasta ja Saksan murskaava voitto Ranskasta näyttävät, että vahvempi valtio yli paljon heikomman valtion johtui sen heikkous sitten luonnollisista syistä tai johtajien epäpätevyydestä. Kuinka sellainen viivytys

kuin Plevna olisi vaikuttanut sotaonneen, jos Turkilla olisi ollut mitään
kansallisia reservejä, joita se olisi voinut kutsua käyttöönsä?

Jos asia on niin kuin kaikkialla myönnetään, että sotaan
tärkein vaikuttava tekijä tulee kansakunnista, joiden nerokkuus ei pääasiassa
sotilaallista, joiden kansat, niin kuin kaikki vapaat ihmiset, maksaa suurille
sotilaallisille järjestelmille, nähdäkseen heidän itsensä olevan ainakin yhtä
vahvoja saavuttaakseen tarpeellisena aikana hengen ja kyvyn alamaisilleen
uusiin toimiin, joita sota vaatii. Jos olemassa olevat voimat maalla tai
merellä ovat riittävän vahvoja pitääkseen asemansa, vaikka ollen
alakynnessä, niin se valtio voi luottaa luonnollisiin voimavarojensa ja
voimansa tulla mukaan sen mukaan kuinka arvokkaita ne ovat määrällisesti,
vaurauden suhteen ja koskien niiden kaikkia kykyjä. Jos toisaalla mikä
tahansa voima voidaan syöstä vallasta ja murskata nopeasti, niin mitkään
mahdolliset luonnolliset voimat eivät voi pelastaa sitä nöyryyttävistä
olosuhteista, eikä jos sen vihollinen on viisas, niin antaa takuita, jotka
tulevat viivyttämään kostoa kaukaiseen tulevaisuuteen. Tarina, jota
jatkuvasti toistetaan sotien pienemmillä taistelukentillä: "Jos voidaan pitää
asemat hieman kauemmin, niin tämä voidaan pelastaa tai tuo asia voidaan
tehdä"; niin kuin sairaus, josta usein sanotaan: "Jos potilas kestää vielä
hieman kauemmin, niin hänen kestävyytensä voima voi pelastaa hänet."

Englanti jossain määrin on nyt sellainen valtio. Hollanti oli
sellainen valtio; se ei maksaisi, ja jos se pelastuisi, niin se oli hiuskarvan
varassa. "Koskaan rauhan aikana ja pelosta joutua sotaan", kirjoitti heidän
suuri valtiomiehensä, De Witt, "tulevat he tekemään riittävän vahvoja
päätöksiä, jotka johtavat heidät ensiksi rahallisiin uhrauksiin. Hollantilaisten
luonne on sellainen, että ellei vaara katso heitä suoraan kasvoihin, niin he
ovat haluttomia laittamaan rahaa omaan puolustukseensa. Minun pitää tulla
toimeen ihmisten kanssa, jotka ovat vapaita törsäämään, kun heidän pitäisi
olla taloudellisia ja usein he ovat kitsaita, kun heidän tulisi käyttää rahaa."

Se, että oma maamme on avoin samalle kohtelulle, niin on
tavanomaista koko maailmalle. Yhdysvalloilla ei ole puolustuksellista
kilpeä, jonka takana se ajan kanssa kehittää reserviensä voimat.
Merenkulkua harjoittava väestö on riittävää sen mahdollisiin tarpeisiin, niin
missä se on? Sellainen voimavara suhteessa sen rannikoihin ja väestöön,
niin löytyy vain kansallisesta kauppalaivastosta ja siihen yhteydessä olevista
toimialoista, jotka nykyään tuskin ovat olemassa. Tulee olemaan vain vähän
merkitystä sille, että onko sellaisissa aluksissa miehistönä oman maan tai

muiden maiden asukkaita olettaen, että he ovat sitoutuneet palvelemaan sen lippua ja sen merivoimat ovat merellä riittävät mahdollistamaan suurimman osan niistä palaamisen, jos sota syttyy. Kun ulkomaalaisia on tuhansittain päästetty äänestämään, niin tulee kestämään vain vähän aikaan, niin heille annetaan taistelupaikat aluksista.

Vaikka alamaisten kohtelu on ollut vähän hajanaista, niin voidaan myöntää, että suurta väestöä seuraa kutsumus suhteessa mereen, joka nyt niin kuin aikaisemminkin on ollut osa suuria merivoimia; että Yhdysvallat on puutteellinen sen osan suhteen; ja sen perusta voidaan luoda vain omaten suuri kauppalaivasto sen lipun alla.

V. Kansallinen luonne. Kansallisen luonteen ja kykyjen vaikutuksesta merivoimiin keskustellaan seuraavaksi.

Jos merivoimat todellakin perustuvat rauhalliseen ja laajaan kaupankäyntiin, niin kyky tehdä kaupallisia toimia hyvin täytyy olla yksi piirre, joka erottuu kansojen keskuudessa, jotka ovat joskus olleet merkittäviä mahteja merellä. Historia melkein ilman poikkeuksia vahvistaa, että se on totta. Jos roomalaisia ei oteta huomioon, niin sen asian suhteen ei ole yhtään huomattavaa poikkeusta.

Kaikki miehet tavoittelevat enemmän tai vähemmän voittoa rakastaen rahaa; mutta tapa, jolla sitä pyritään saavuttamaan, niin sillä on merkittävä vaikutus kaupalliseen menestykseen ja kyseistä maata asuttavan kansan historiaan.

Jos historiaa voidaan uskoa, joka pitää paikkansa espanjalaisten ja heidän sukulaiskansansa portugalilaisten suhteen paikkansa, jotka pyrkivät vaurastumaan, ei vain sen tahrien heidän kansallista luonnettansa. vaan ollen myös vaarallista terveen kaupankäynnin kasvulle; ja sitä kautta tuotantoteollisuudelle, josta kaupankäynti sai voimansa ja lopulta kansalliselle vauraudelle, johon pyrittiin vääriä polkuja pitkin. Halu tehdä voittoa synnytti raivokkaan ahneuden; joten he pyrkivät juuri löydetyssä maailmassa, joka antoi sellaista tukea kaupallisille ja merenkulun kehittymiselle Euroopan maissa, ei vain koskien uusia tuotannonaloja, ei edes tervettä jännitystä, jota synnytti tutkimusmatkailu ja seikkailu, vaan kulta ja hopea. Heillä oli monia loistavia ominaisuuksia; he olivat rohkeita, yritteliäitä, kohtuullisia, kärsivällisiä kärsimyksien suhteen, innokkaita ja lahjakkaita omaten niihin toimiin suuren kansallisen halun.

Kun niihin ominaisuuksiin lisätään edut, joita toi Espanjan sijainti ja hyvin sijoitetut satamat, niin tosiasia, että se oli ensimmäinen maa, joka miehitti suuria ja rikkaita osia uudesta maailmasta ja pysyi pitkään siellä ilman kilpailijoita, ja sadan vuoden ajan Amerikan löytämisen jälkeen se oli Euroopan johtava valtio, niin se saattoi odottaa omaavansa keskeisen aseman merivaltojen keskuudessa. Lopputulos oli juuri päinvastainen. Lepanton meritaistelusta vuodesta 1571 lähtien vaikka se kävi monia sotia, niin minkäänlaisia merivoittoja, joilla olisi seurauksia, niin ei ole Espanjan historian sivuilla; ja sen kaupankäynnin rappeutuminen riittävästi kertoo kivullisesta ja joskus jopa naurettavasta epäpätevyydestä, jota sen sota-alusten kansilla tapahtui. Epäilemättä sellaiseen lopputulokseen ei voinut olla vain yksi syy. Epäilemättä Espanjan hallitus oli monessa mielessä sellaisessa tilassa ja haittana vapaalle ja terveelle yksityiselle kilpailulle, ja tuskin voidaan epäillä, että jos ihmisillä olisi ollut taipumuksia kaupankäyntiin, niin hallituksen toimet olisivat johtaneet samaan virtaan. Suurella siirtokuntien alueella myös, joka oli kaukana valtakeskuksien yksinvaltiudesta, joka haittaisi vanhan Espanjan kasvua. Tilanne oli se, että tuhannet espanjalaiset niin työläisistä kuin ylemmistä yhteiskuntaluokista, jättivät Espanjan ja ammattinsa mennen ulkomaille, josta he lähettivät hieman, mutta erityisiä tai muita kauppatavaroita vain pieniä määriä, jolloin ei tarvittu suurta tonnistoa niiden kuljettamiseen. Emämaa itse ei tuottanut paljon muuta kuin villaa, hedelmiä ja rautaa; sen tuotantolaitokset olivat vähäiset; sen elinkeinoelämä kärsi; sen väestö väheni vakaasti. Niin se kuin sen siirtokunnat olivat riippuvaisia alankomaalaisista niin monissa elämän välttämättömissä asioissa, että sen harvassa olevalla teollisuudella ei ollut varaa maksaa näille. ”Joten Hollannin kauppiaat”, kirjoittaa aikalainen, ”jotka kantavat rahaa suurimmassa osassa maailmaa, niin heidän täytyy huomioida tämä yksi Euroopan maa viedessään rahaa kotimaahansa, jossa he saavat maksun kauppatavaroistansa.” Siten heidän innokas etsintänsä johti siihen, että vauraus valui nopeasti heidän käsistänsä. On jo osoitettu, että kuinka heikko sotilaallisesti Espanja oli sen laivaston rappeutumisen myötä. Sen vauraus oli pientavaraa muutamissa aluksissa, jotka seurasivat enemmän tai vähemmän säännöllisiä reittejä, jolloin vihollinen saattoi pysäyttää ne helposti ja se lamautti sodan rahoittamisen; kun taas Englannin ja Hollaniin vauraus oli jakautunut tuhansiin aluksiin kaikkialle maailmaan saaden monia katkeria iskuja useissa väsyttävissä sodissa ilman, että niiden kasvu pysähtyisi, jolloin nämä kivuliaat toimet eivät vaikuttaneet niiden vakauteen. Portugalin kohtalo oli yhdistyä Espanjan kanssa sen historian kriittisimmässä vaiheessa, jolloin se seurasi samaa polkua alaspäin; vaikka se olikin ollut kansakunta, joka oli aloittanut kehityksen, niin se jäi täysin jälkeen. "Brasilian kaivokset olivat Portugalille turma siinä mielessä kuin Meksikon ja Perun kaivokset olivat olleet Espanjalle; monet tuotantolaitokset kokivat samaa mieletöntä halveksuntaa, pitkän aikaa englantilaiset toimittivat portugalilaisille ei vain vaatteita, vaan kaikkia kauppatavaroita, kaikkia hyödykkeitä, jopa suolattua kalaa ja viljaa. Mennessään kullan perään portugalilaiset olivat hylänneet maaperänsä; Porton viinitilat lopulta ostettiin englantilaisten toimesta brasilialaisella kullalla, joka oli vain mennyt Portugalin lävitse." Olemme vakuuttuneet, että viidessäkymmenessä vuodessa viidensadanmiljoonan dollarin arvosta kaivettiin "Brasilian kaivoksista, ja sen ajan loppuessa Portugalilla oli vain kahdenkymmenviiden miljoonan dollarin arvosta", ollen silmiinpistävä esimerkki todellisen ja kuvitellun vaurauden välistä.

Englantilaiset ja hollantilaiset eivät olleet yhtään vähemmän halukkaita tekemään voittoa kuin eteläiset valtiot. Kumpaakin niistä omalla vuorollaan kutsuttiin "kauppiaiden kansakunnaksi", mutta huomautus, joka oli niin oikeudenmukainen, antoi tunnustusta niiden viisaudelle ja oikeudenmukaisuudelle. Ne eivät olleet yhtään vähemmän rohkeita, yritteliäitä tai kärsivällisiä. Tosiasiassa ne olivat kärsivällisempiä, kun he hankkivat rikkauksia, ei miekalla, vaan omalla työllään, joka oli moite, jolla viitattiin lisänimeen; siten ne ottivat pisimmän tien sen sijaan, että olisivat ottaneet lyhimmän tien vaurauteen. Mutta nämä kaksi kansaa, jotka olivat vahvasti hyvin läheisiä sukulaisia, niin niillä oli muita ominaisuuksia, jotka eivät olleet yhtään vähäarvoisempia kuin ne, jotka on juuri nimetty, ja ne yhdessä näiden kansojen ympäristöjen olosuhteiden kanssa suosivat niiden kehittymistä merelle. Nämä kansat olivat luonnostaan liikemiehiä, kauppiaita, tuotteiden valmistajia ja neuvottelijoita. Sen vuoksi ne kummatkin omissa synnyinmaissaan ja ulkomailla joko asettuneina sivistyskansojen satamiin tai barbaaristen itäisten hallitsijoiden luona tai itseänsä perustamissa siirtokunnissa, niin kaikkialla he pyrkivät kamppailemaan saadakseen käyttöönsä kaikki maan voimavarat kehittääkseen ja kasvattaakseen niitä. Synnynnäisten kauppamatkustajien ja kauppiaiden nopeat vaistot, jos niin voidaan sanoa, niin etsivät jatkuvasti uusia kauppatavaroita, mitä vaihtaa; ja se etsintä yhdessä näiden tuotteliaan luonteen lisäksi oli kehittynyt sukupolvien työnteon seurauksena, jolloin se oli tehnyt heistä väistämättä tavaroiden tuottajia. Kotimaassaan heistä tuli suuria tavaroidentuottajia; ulkomailla, missä he hallitsivat, niin siellä maa vaurastui jatkuvasti, tuotemäärät moninkertaistuivat ja tarpeellinen tavaroiden vaihtaminen kotimaansa ja siirtokuntien välissä vaati yhä lisää laivoja. Heidän laivaustoimintansa siten lisääntyi kaupankäynnin vaatimuksien myötä ja kansakunnat, joilla oli vähemmän osaamista merellisiin toimiin, jopa Ranska itse, vaikka se olikin mahtava, niin hankki niiden tuotteita ja niiden aluksien palveluksia. Niin monella tavalla ne etenivät valta-asemaan merellä. Tämä luonnollinen taipumus ja kasvu olivat todella muuttuvia ja vakavasti otettavia niin, että muiden maiden hallitukset pyrkivät puuttumaan niihin kateudesta niiden maiden vaurauteen, johon niiden oma kansa pääsisi vain hyökkäämällä, jos ne saisivat ulkopuolista keinotekoista tukea; tukea, jota harkittaisiin hallituksien toimista pyrkiessä vaikuttamaan merivaltoihin.

Taipumus käydä kauppaa koskien tarpeellista tuotantoa, jolloin on kauppatavaraa, on kansallinen piirre, joka on mitä tärkein merivoimien kehittymiselle. Saaden sen ja hyvän rannikon, niin ei ollut todennäköistä, että meren vaarat tai niiden välttely pelottaisin ihmisiä pyrkimistä rikastua valtamerellä kaupankäynnillä. Missä rikkauksiin pyrittiin muilla keinoilla, niin sitä saatettiin saavuttaa, mutta se ei välttämättä johtanut merivoimien kehittymiseen. Otetaan esimerkiksi Ranska. Ranska on hieno maa, sillä on uutterat asukkaat ja ihailtava sijainti. Ranskan laivasto on tuntenut jaksoja suurta kunniaa ja heikoimmassa tilassaankaan se ei olo koskaan häpäissyt sotilaallista mainettaan, joka on niin rakas sille maalle. Silti merivaltana turvaten laajalti merikauppansa, Ranska silti verrattuna muihin historiallisiin merenkulkijakansoihin, ei ole koskaan ollut enempää kuin kunnioitetussa asemassa. Tärkein syy siihen on se, että niin paljon kuin kansalliset piirteet ovat kyseessä, niin kyse on tavasta, jolla rikkauksiin pyritään. Kun Espanja ja Portugali pyrkivät siihen kaivamalla kultaa maasta, niin Ranskan kansan luonne johti heidät hakemaan sitä ponnistelemalla taloudessa keräten sitä. Sanotaan, että on vaikeampaa säilyttää rikkauksia kuin rikastua. Mahdollisesti, mutta seikkailullinen luonne, joka vaarantaa enemmän kuin saavuttaa, niin on paljon yleisempää seikkailullisen hengen kanssa, jolla valloitetaan maailmoja kaupankäynnille. Taipumus säästää ja laittaa sivuun, mennä eteenpäin pienessä varovaisesti ja mittakaavassa, saattaa johtaa yleiseen vaurauden hajaantumiseen samalla tavalla pienessä mittakaavassa, mutta se ei vaaroihin ja ulkoisen kaupankäynnin kehittymiseen ja laivaustoiminnan etuihin. Kun kuvataan ja välikohtaus, joka voidaan antaa, niin on sen arvoinen; ranskalainen upseeri sanoi tämän teoksen kirjoittajalle Panaman kanavasta: ”Minulla kaksi osaketta siihen. Ranskassa emme toimi niin kuin teidän maanne, missä harvat ihmiset ottavat suuria määriä osakkeita itsellensä. Meillä suuri määrä ihmisiä ottaa yhden osakkeen tai vain muutamia osakkeita. Kun nämä olivat markkinoilla, niin vaimoni sanoi minulle, 'Ota kaksi osaketta, yksi sinulle ja yksi minulle.'" Kun kyse on ihmisen henkilökohtaisen omaisuuden vakaudesta, niin tällainen harkitsevaisuus on epäilemättä viisasta; mutta ylenpalttinen harkitsevaisuuden tai rahallisen varovaisuuden tullessa kansalliseksi piirteeksi, niin sen täytyy hidastaa kaupankäynnin laajentumista ja kansakunnan merellisiä etuja. Sama varovaisuus raha-asioissa merkitsee vaikuttaen elämän muihin suhteisiin, niin se pysäyttää lastensaannin ja pitää Ranskan väestön melkein vakaana.

Euroopan aatelisto peri keskiajalta ylimielisen halveksunnan rauhanomaista kaupankäyntiä kohtaan, jota on harjoitettu vaikuttaen sen kasvuun eri maiden omien kansallisten piirteiden kautta. Espanjalaisten ylpeys tuntui helposti siinä halveksunnan hengessä ja teki yhteistyötä katastrofaalisena haluttomuutena työskennellä ja odottaa vaurastumista, joka käänsi heidät pois kaupankäynnistä. Ranskassa turhamaisuus, joka vaikuttaa jopa olevan ranskalaisten kansallinen piirre, johti samaan lopputulokseen. Aateliston määrä ja nerokkuus, ja edut, joita he nauttivat, niin sinetöivät saman ylimielisyyden ammatteja kohtaan, joita he halveksivat. Rikkaat kauppiaat ja tuotantoteollisuuden omistajat huokaisivat aateliston aseman perään ja hankkiessaan niitä, niin hylkäsivät heidän tuottavat ammattinsa. Siksi, kun ihmisten ahkeruus ja maaperän hedelmällisyys pelastivat kaupankäynnin täydeltä rappiolta, niin sen tekemisessä oli nöyryytyksen tuntua, jolloin sen parhaat edustajat pakenivat niin pian kuin oli mahdollista ja he siihen pystyivät. Ludwig XIV Colbertin vaikutuksesta laittoi eteen määräyksen "käskeä kaikki aateliset ottamaan huomioon kauppa-aluksiin, hyödykkeisiin ja kaupankäyntiin liittyvät edut huomioimatta aateliston vähättelyä ottaen huomioon, että he eivät myyneet yhä eteenpäin"; ja syy, joka annettiin tähän toimeen oli, "että se mikä tuotiin alamaistemme ja omaksi hyväksemme, niin vaikuttaen yleisen mielipiteen jäänteisiin, niin yleisesti vaikuttaen, että merenkulun kaupankäynti oli yhteensopimatonta aateliston kanssa. Mutta ennakkoluulo, joka oli mukana, oli tietoista ja avointa ylimielisyyttä, niin se ei suoraan vaikuttanut määräyksien kautta, etenkin kun turhamaisuus oli silmiinpistävä kansallinen piirre; ja monia vuosia myöhemmin Montesquieu opetti, että päinvastoin monarkian hengessä aateliston pitäisi osallistua kaupankäyntiin.

Alankomaissa oli aatelistoa, mutta maa oli nimellisesti tasavalta sallien laajan henkilökohtaisen vapauden ja yritteliäisyyden ja sen valtakeskukset olivat suuria kaupunkeja. Kansallisen suuruuden perusta oli rahassa tai pikemminkin vauraudessa. Vauraus oli kansallisen eron lähde, joka myös toi valtaa valtiolle; ja vallan kanssa tuli sosiaalinen asema ja huomioonottaminen. Englannissa tapahtui samat asiat. Aatelisto oli ylpeätä; mutta edustuksellinen hallinto perustui vaurauteen, jota ei voinut lannistaa eikä ohittaa. Se oli selvää kaikille; sitä kunnioittivat kaikki; ja niin Englannissa kuin Hollannissa ammatit, jotka olivat vaurauden lähteitä, niin itse saivat kunniaa vaurauden kautta. Niin kaikissa maissa, sosiaalisissa tuntemuksissa, niin kansallisen luonteen piirteet vaikuttivat kansakunnan asenteeseen kaupankäyntiä kohtaan.

Silti toinen tapa kansallisen hengen kautta vaikuttaa merellisten voimien kasvuun laajemmassa mielessä; ja se on omata kyky perustaa terveitä siirtokuntia. Kolonisaation kautta kaikki muu kasvaa, sillä on totta, että se on mitä terveintä, kun se on luonnollista. Siksi siirtokunnat, jotka ovat syntyneet koko kansan tarpeista ja luonnollisista taipumuksista, niin ovat mitä vakaimmilla perusteilla ja niiden kasvu sen jälkeen tulee olemaan varminta, kun niitä vähiten häiritään kotimaasta, jos ihmisillä on henkeä itsenäiseen toimintaan. Ihmiset viimeisten kolmen vuosisadan aikana ovat terävästi tunteneet emämaan arvon siirtokunnillensa kotimaissa valmistettujen tuotteiden myyntipaikkoina ja kaupankäynnin, sekä laivaustoiminnan edistäjinä; mutta ponnistelut kolonisaatiossa eivät omanneet samoja yleisiä alkuperiä, eikä eri järjestelmillä kaikilla ole samaa menestystä. Valtiomiesten ponnistelut kuitenkin kaukonäköisesti ja huolellisesti eivät ole vain pystyneet poistamaan vahvan luonnollisen impulssiin puutetta; eivätkä mitä tarkin säätely kotimaan tuotteista hyvinä tuloksina saa aikaan onnellisempaa välinpitämättömyyttä, kun itsekehittämisen henki on osana kansallista luonnetta. Ei ole olemassa suurempaa näyttöä kansallisen hallinnon viisaudesta menestyvissä kuin epäonnistuneissa siirtokunnissa. Kenties jopa vähemmän niissä. Jos kehittynyt järjestelmä ja valvonta yhdessä huolella soveltamisen kanssa keinoina päämäärään, joka on ahkera huolehtiminen, niin voi edistää siirtokuntien kasvua, niin Englannin henki ei ollut vähemmän järjestelmällinen sen toteuttamisessa kuin Ranskan henki; mutta Englanti, ei Ranska, on ollut maailman suurin siirtokuntien perustaja. Onnistunut siirtokuntien perustaminen sen seurausvaikutusten kautta kaupankäyntiin ja merivoimiin, niin riippuu keskeisesti kansallisesta luonteesta, sillä siirtokunnat kasvavat parhaiten, kun ne kasvavat itse luonnollisesti. Siirtokuntien asukkaiden luonne, ei kotimaan hallituksen huolenpito, on siirtokuntien kasvun periaate.

Totuus on selvempi, koska yleinen asenne kaikissa kotimaiden hallituksissa niiden siirtokuntiin on täysin itsekäs. Kuitenkin perustettuna niin pian kuin tunnustetaan, niin siirtokunnista tulee kotimaan lypsylehmiä; niistä tietenkin huolehditaan, mutta pääasiassa ne ovat osa omaisuutta, jota arvostetaan siksi, että ne antavat tuottoa tehdyille sijoituksille. Lainsäädäntö on ohjattu kohti monopolia niiden ulkoisessa kaupassa; paikat, jotka niiden hallitus pitää arvokkaina asuttaa emämaasta; ja siirtokunnasta huolehditaan, niin meri usein on sopiva paikka niille, jotka ovat hallitsemattomia tai hyödyttömiä kotimaassa. Sotilashallinto kuitenkin, niin pitkään kuin se pysyy siirtokunnassa, on asianmukainen ja tarpeellinen ominaisuus kotimaan hallitukselle.

Tosiasia Englannin poikkeukselliseen ja loistavaan menestykseen siirtokuntia perustavana valtiona on liian selkeä tarkasteltavaksi ja syy siihen näyttää perustuvan pääasiassa kahteen ominaisuuteen heidän kansallisissa piirteissään. Englantilaiset siirtolaiset luonnollisesti ja valmiisti asettuivat uusin maihin tuntien etunsa siinä ja vaikka pitivätkin tunteelliset siteensä kotimaahansa, josta he tulivat, niin heillä ei ollut levotonta halua palata sinne. Toiseksi englantilaiset olivat heti ja vaistonvaraisesti pyrkineet kehittämään uuden kotimaansa voimavaroja tuon ajatuksen laajimmassa mielessä. Aikaisemman suhteen he eroavat ranskalaisista, jotka ovat aina kaivanneet paluutansa mukavan kotimaansa iloihin; jälkimmäisessä he eroavat espanjalaisista, joiden etujen ja kunnianhimon leveys oli liian kapea auttaakseen uuden kotimaansa mahdollisuuksia kehittyä.

Luonne ja tarpeet, jotka johtivat hollantilaiset luonnollisesti kehittämään siirtokuntiansa; ja vuoteen 1650 mennessä he olivat Itä-Intiassa, Afrikassa ja Amerikassa suurin joukoin, niin että heidän hallussaan olevien alueiden nimeäminen olisi työlästä. He olivat paljon Englantia edellä siinä asiassa. Mutta vaikka näiden siirtokuntien alkuperä olikin puhtaan kaupallinen luonteeltansa, mikä oli luonnollista, niin niillä ei näyttänyt olevan kasvamisen periaatetta. "Perustettaessa niitä he eivät koskaan pyrkineet laajentamaan valtakuntaansa, vaan vain hankkimaan itsellensä elinkeinoja ja kaupankäyntiä. He yrittivät valloittaa vain, kun heidät oli pakotettu siihen olosuhteiden pakosta. Yleensä he tyytyivät kaupankäyntiin kohdemaan hallitsijan suojeluksessa." Tämä levollinen tyytyväisyys saavutuksiinsa yksin ilman, että sen kanssa oli poliittista kunnianhimoa, niin sillä oli taipumus, niin kun despotismilla Ranskassa ja Espanjassa, pitää siirtokunnat vain kaupankäynnin kautta riippuvaisina emämaastaan ja niin se tappoi luonnollisen kasvun periaatteen.

Ennen tämän kasvun periaatetta, niin voidaan hyvin kysyä, että kuinka hyvin amerikkalaisten kansallinen luonne sopii merivallan kehittämiseen, jos muut olosuhteet tulevat sille suopeiksi.

Näyttä tuskin olevan tarpeellista, kuten voidaan enemmänkin vedota ei niin kovinkaan kaukaiseen menneisyyteen, että jos lakiasäätävät esteet poistetaan ja yhä tuottoisampia liiketoiminnan aloja täytetään, niin merivoimien kasvun tapahtumista ei kovinkaan kauaa voida viivytellä tapahtumasta. Kaupankäymisen vaisto, rohkeat liiketoimet hankkia voittoa, ja tarkka haju seurata jälkiä, jotka johtavat siihen, niin ne kaikki ovat olemassa ja jos tulevaisuudessa minkä tahansa alan suhteen kutsutaan siirtokuntia, niin ei voida epäillä, että amerikkalaiset tulevat tekemään niillä kaikkensa heille periytyneen itsehallitsemisen taidon ja itsenäisyyden kasvun kautta.

VI. Hallituksien luonne ja politiikka. Keskusteltaessa kansakunnan merivoimien kehitykseen tulevasta vaikutuksesta sen hallinnon ja järjestelmien kautta, niin tulee olemaan tarpeellista välttää taipumusta ylifilosofointiin rajaten huomio olennaisiin ja läheisiin syihin, sekä niiden suoriin lopputuloksiin ilman, että mennään liian pinnalta etäisten ja lopullisten vaikutuksien vuoksi.

Joka tapauksessa täytyy ottaa huomioon erityiset hallintomuodot niiden mukanaan tuoman järjestelmän lisäksi; ja vallanpitäjien luonne yhtenä tai toisena aikana, joilla on ollut hyvin huomattava vaikutus merivallan kehittymiseen. Eri ominaisuudet maassa ja sen kansassa, joita on siihen asti pidetty kyseisen kansakunnan luonnollisina piirteinä, jotka samalla tavalla kuin miehellä, joka aloittaa uraansa; niin saavat aikaan hallinnon vastaavan sen älyllisellä tahdonvoimalla, joka sen viisauden, energisyyden ja kestävyyden kautta tai ilman näitä ominaisuuksia, saa aikaan menestystä tai epäonnistumista ihmisen tai kansakunnan historiassa.

Näyttää olevan todennäköistä, että hallinto täysin sen luonnollisten ennakkokäsitysten mukaisesti kansansa suhteen tulisi mitä menestyksekkäämmin etenemään kasvussaan kaikissa suhteissa; ja asia koskien merivaltaa, niin loistavimpia menestyksiä on seurattu siellä, missä on ollut älykästä ohjausta hallinnon toimesta täysin täyttäen ihmisten hengen ja omantunnon niiden yleisten taipumusten mukaisesti. Sellainen hallinto tulee mitä varmimmin olemaan turvattu, kun ihmisten tahto tai heidän paras luontonsa korostuu omaten jonkin suuren saavutuksen; mutta sellaiset vapaat hallitukset joskus eivät saavuta tavoitteitansa, jotka on luotu suuren merellisen kaupankäynnin aikana ja loistavalla laivastolla omaten suuremman suoruuden kuin voidaan saavuttaa hitaammalla toiminnalla vapaan kansan keskuudessa. Vaikeus jälkimmäisessä tapauksessa on taata pysyvyys tietyn itsevaltaisen hallitsijan kuolemisen jälkeen.

Englanti epäilemättä saavutti suurimman aseman merivaltana kuin mikään muu moderni valtio, kun sen hallinto ensiksi käänsi siihen huomionsa. Yleisesti se toiminta oli johdonmukaista, vaikka usein se olikin kaukana kehuttavasta. Se tähtäsi vakaasti meren hallitsemiseen. Yksi mitä ylimielisin ilmaisu, joka johtaa takaisin niin kauas kuin kuningas James I:n aikaan, kun sillä oli tuskin mitään omistuksia omien saariensa ulkopuolella; ennen kuin Virginia tai Massachusetts oli asutettu. Tässä se on Richelieun kertomana:

"Sullyn herttua, Henrik IV:n ministeri [joka oli mitä ritarillisin ruhtinas, joka oli koskaan elänyt], noustuaan ranskalaiseen alukseen Calaisin luona, jonka päämastossa liehui Ranskan lippu, niin ei nopeammin kuin kanaalissa kohtasi englantilaisen viestiveneen, joka oli siellä ottamassa häntä vastaan, niin jälkimmäisen komentaja käski ranskalaisalusta laskemaan lippunsa. Herttua ottaen huomioon arvonsa vapauttaen itsensä sellaisesta loukkauksesta, niin kieltäytyi rohkeasti; mutta tätä kieltäytymistä seurasi kolme kanuunanlaukausta, jotka lävistivät hänen aluksensa lävistäen samalla tavalla kaikkien hyvien ranskalaismiesten sydämet. Voimalla hänet saatettiin pakottaa tekemään se, minkä oikeudenmukaisuus kielsi, ja kaikki valitukset, jotka hän teki, niin hän ei saanut niihin mitään parempaa vastausta englantilaiselta kapteenilta kuin tämän: 'Että oli hänen velvollisuutensa pakottaa tämä kunnioittamaan lähettilään arvoa, joka myös pakotti hänet osoittamaan kunniaa johtuen hänen herransa asemasta meren valtiaana.' Jos kuningas Jamesin itsensä sanat olivat kohteliaampia, niin niillä joka tapauksessa ei ollut muuta vaikutusta kuin pakottaa herttua ottamaan neuvo harkitsevaisuutensa kautta teeskennellen olevansa tyytyväinen, kun hänen saamansa haava oli kaiken aikaa polttava ja parantumaton. Henrik Suuren piti käyttää malttia tässä tapauksessa; mutta päättäväisyydellä toisena aikana koskien hänen kruununsa oikeuksiin liittyviä voimia, niin hän olisi ajan kanssa pystynyt laittamaan haasteen merelle."

Tämä armahtamaton julkeus nykyaikaisten näkemyksien pohjalta, ei ollut niin paljoa pois sen ajan kansojen hengen mukaisesti. On pääasiassa huomionarvoista kuin myös mitä silmiinpistävintä yhtenä ensimmäisistä viittauksista Englannin tarkoitukseen laittaa itsensä täysin vaaroille alttiiksi merellä; ja loukkaus annettiin aikana, jolloin sitä hallitsi yksi sen varovaisimmista hallitsijoista lähettiläälle, joka edusti yhtä urheimmista ja kyvykkäimmistä ranskalaisista kuninkaista. Tämä tyhjä kunnia lipulle, merkityksetön vaatimus paitsi ollen ulospäin hallituksen tarkoituksenmukainen julistus, niin se oli jäykästi pistetty toimeen niin Cromwellin kuin kuninkaiden aikana. Se oli yksi ehdoista, joilla rauha tehtiin alankomaalaisten kanssa sen vuoden 1654 katastrofaalisen sodan jälkeen. Cromwell, joka oli yksinvaltias kaikessa, paitsi nimessä, niin oli hyvin huolissaan Englannin kunniasta ja voimasta ja ei estänyt hedelmättömien tervehdysten käyttämistä niiden edistämiseen. Tuskin omaten valtaa, niin Englannin laivasto sai nopeasti uuden elämän ja elinvoiman hänen tiukan valtansa alla. Englannin oikeudet, tai korvaukset sen kärsimistä vääryyksistä, niin niitä vaativat sen laivastot kaikkialla maailmassa; Itämerellä, Välimerellä Berberivaltioita vastaan, Länsi-Intiassa; ja hänen aikanaan tapahtui Jamaikan valloitus aloittaen sen valtakunnan laajentamisen asein, joka on jatkunut tähän päivään asti. Eikä yhtä voimakkaita rauhanomaisia keinoja kasvattaa Englannin kauppaa ja kauppalaivastoa ollut unohdettu.

Cromwellin ylistetyssä Navigation Actissä julistettiin, että kaikki tuonti Englantiin tai sen siirtomaihin täytyy tapahtua pelkästään käyttäen aluksia, jotka kuuluvat suoraan Englannille tai maalle, jossa vietävät tuotteet ovat kasvaneet tai valmistettu. Tämä määräys, joka kohdistui etenkin alankomaalaisiin, jotka olivat pääasiallisia laivaajia Euroopassa, niin sitä halveksittiin läpi kauppaa käyvän maailman; mutta Englannin hyödyksi niinä kansallisen kiistan ja vihamielisyyden päivinä, niin oli aivan selvää, että se tulisi säilymään kauan monarkian alaisuudessa. Sitten 125 vuotta myöhemmin tapaamme Nelsonin ennen kuin hänen kuuluisa uransa alkoi näyttäen intoansa koskien Englannin kauppalaivaston hyvinvointia ottaen käyttöön saman lain Länsi-Intiassa amerikkalaisia kauppalaivoja vastaan. Kun Cromwell oli kuollut ja Charles II istui isänsä valtaistuimella, niin tämä kuningas, joka oli väärä Englannin kansalle, niin silti oli vilpitön Englannin suuruudelle ja sen perinteiselle politiikalle sen hallinnon kautta pyrkien merelle. Hänen petolliset juonittelunsa Ludwig XIV kanssa, joilla hän pyrki saamaan itsensä vapaaksi parlamentista ja kansasta, niin siksi hän kirjoitti Ludwigille: "On kaksi estettä täydelliselle liitolle. Ensimmäinen on se suuri huolenpito, jota Ranska nyt osoittaa kaupankäyntiä kohtaan ja pyrkien nousemaan merimahdiksi. Tämä on aiheuttanut niin suurta epäilystä keskuudessamme, että ne, jotka voivat pitää hallussaan vain kauppaamme ja merivoimiamme, niin jokainen askel, jonka Ranska ottaa tähän suuntaan, niin tulee luomaan pysyvää kateutta kansakuntiemme välille."

Neuvotteluiden keskellä, joka oli tapahtunut ennen kuin nämä kaksi kuningasta käynnistivät inhottavan hyökkäyksensä Hollannin tasavaltaa vastaan, niin tapahtui lämmin kiista siinä, että kuka komentaisi Ranskan ja Englannin yhdistyneitä laivastoja. Charles oli joustamaton tässä asiassa. "On ollut englantilaisille tapana", hän sanoi, "komentaa merellä"; ja hän sanoi Ranskan lähettiläälle suoraan sen, että jos hän antaisi periksi, niin hänen alamaisensa eivät tottelisi häntä. Suunnitellussa Alankomaiden jakamisessa hän varasi Englannille merellisen ryöstösaaliin paikoista, jotka hallitsivat Scheldt- ja Meuse-jokien suita. Laivasto Charlesin alamaisuudessa säilytti jonkin aikaa hengen ja kurin, jonka sille oli luonut Cromwellin rautainen hallinto; vaikka jälkimmäisen kanssa se jakoikin yleisen moraalin taantumisen, joka oli niin merkitsevää tälle pahalle hallinnolle.

Monk tehtyään suuren strategisen virheen lähetettyään pois neljänneksen laivastostansa, niin huomasi itse 1666 suuresti ylivoimaisen hollantilaisen laivaston läsnäolon. Huolimatta voimasuhteista hän hyökkäsi epäröimättä ja kolmen päivän ajan pystyi taistelemaan kunnialla vaikkakin kärsien kovia menetyksiä. Sellainen ei ole toimintaa sodassa; mutta yksisilmäisesti se oli huolenpitoa Englannin merellisestä kunniasta ja se saneli hänen toimensa, joka oli niin yleistä Englannin kansalle kuin myös sen hallinnolle, että sitä kautta oli tullut salainen lopullinen menestys, joka oli seurannut useita vuosisatojen aikana tehtyjä virheitä. Charlesin seuraaja James II, joka oli itse merimies ja oli komentanut kahta suurta meritaistelua. Kun William III tuli valtaistuimelle, niin Englannin ja Hollannin hallitukset olivat saman miehen käsissä ja jatkoivat yhdistyneinä tarkoituksenaan toimia Ludwig XIV vastaan, kunnes tehtiin Utrechtin rauha 1713; ja se aika kesti neljännesvuosisadan.

Englannin hallitus oli yhä enemmän vakaa ja sen silmiinpistävä tarkoitus tunkeutuen merelle laajentamaan sen merellistä valtaa ja kasvattamaan sen merivoimia. Kun se oli avoin vihollinen, niin se iski Ranskan kimppuun merellä, jolloin se oli niin taitavan teennäinen ystävä, että monet ainakin uskoivat, että se vei Hollannilta merellistä voimaa. Sopimus näiden kahden maan välillä määritti, että niiden pitäisi antaa merivoimia niin, että Hollanti varustaisi kolme kahdeksasosaa, Englanti viisi kahdeksasosaa tai melkein kaksinkertaisen määrän. Sellainen määräys. jonka kanssa Hollanti joutui pitämään yllä armeijaa, jonka vahvuus oli 102000 miestä, kun taas Englanti piti yllä 40000 miehen armeijaa, niin käytännössä veti yhden maan maasotaan ja toisen merisotaan.

Taipumus, joka saattoi olla suunniteltua, niin oli selvä; ja rauhassa, kun Hollanti sai maa-alueita korvauksena, niin Englanti sai kaupallisten etujen lisäksi Ranskaan, Espanjaan ja Espanjan Länsi-Intiaan merkittäviä merivoimiin liittyviä myönnytyksiä Gibraltarin ja Port Mahonin muodossa Välimerellä; Newfoundlandin, Nova Scotian ja Hudson Bayn Pohjois-Amerikassa. Ranskan ja Espanjan laivastovoimat siten katosivat ja Hollanti oli menossa vakaaseen laskuun. Asemoituaan itsensä siten Amerikkaan, Länsi-Intiaan ja Välimerelle Englannin hallitus siten kulki vahvasti tiellä, joka tekisi Englannin kuningaskunnasta Brittiläisen imperiumin. Seuraavien kahdenkymmenenviiden vuoden aikana, jotka seurasivat Utrechtin rauhasta, niin rauha oli niiden ministerien päätavoite, jotka ohjasivat kahden suuren merenkulkuvaltion, Ranskan ja Englannin politiikkaa; mutta kaikki muutokset politiikassa mannermaalla tuona mitä levottomimpana aikana johtuen sikäläisistä sodista ja ovelista sopimuksista, niin silloin Englannin katse oli vakaana pitääkseen yllä sen merivoimia.

Itämerellä sen laivastot koettivat pysäyttää Pietarin Suurta käymästä Ruotsin kimppuun ja siten säilyttäen tasapainon sillä merellä, jossa se kävi suuren osan kaupasta ja josta se hankki suurimman osan laivastotarvikkeistansa, ja josta tsaari aikoi tehdä venäläisen järven. Tanska pyrki perustamaan Itä-Intian komppaniansa, jota auttoi ulkomainen pääoma; Englanti ja Hollanti eivät vain kieltäneet alamaisiin liittymästä siihen, vaan uhkasivat Tanskaa, ja siten pysäyttivät hankkeen, jonka ajattelivat olevan heidän merellisten etujensa vastaisia. Alankomaiden eteläisissä osissa, jotka olivat Utrechtin sopimuksen kautta siirtyneet Itävallalle, niin samankaltainen Itä-Intian kauppakomppania, joka piti Ostendia satamanaan, perustettiin keisarin määräyksellä.

Tämä askel, jonka tarkoituksena oli palauttaa menetettyä Alankomaiden kauppaa niille läpi meriväylän, joka julki läpi Scheldt-joen luonnollisen suiston, niin sitä vastustivat merivallat Englanti ja Hollanti; ja niiden ahneus kaupan monopolisoinnissa auttoi tässä tapauksessa Ranskaa, joka auttoi tätä kauppakomppaniaa sen jälkeen, kun se oli kamppaillut muutaman vuoden ajan. Välimerellä Utrechtin sopimusta häiritsi myös Itävallan keisari, Englannin luonnollinen liittolainen olemassa olevassa Euroopan politiikassa. Häntä tuki Englanti, sillä hän saatuaan jo Napolin, niin vaati myös Sisiliaa vaihtokauppana Sardiniasta. Espanja vastusti tätä; ja sen laivasto, joka oli juuri alkanut toipua toimeliaan ministeri Alberonin toimesta, niin Englannin laivasto voitti ja murskasi sen Cape Passaron luona 1718; kun taas seuraavana vuonna Ranskan armeija Englannin pyynnöstä ylitti Pyreneet ja sai työn päätökseen tuhoten Espanjan telakat.

Niin Englanti sen lisäksi, että sillä oli hallussaan Gibraltar ja Mahon, niin näki Napolin ja Sisilian sille ystävällismielisissä käsissä, kun taas sen vihollinen oli murskattu. Espanjalaisessa Amerikassa, Englannin kaupalle tulleet rajoitetut etuoikeudet, jotka olivat johtuneet Espanjan välttämättömyyksistä, niin niitä käytettiin laajalti väärin ja tuskin naamioituneena salakuljetusjärjestelmänä; ja kun ärsyyntynyt Espanjan hallitus päätti alkaa poistamaan sen ylilyöntejä tukahduttaen tuota järjestelmää, niin ministeri, joka puhui rauhan puolesta kuin oppositio, joka halusi sotaa, niin puolusti mielipiteitänsä perustellen näiden toimien oletetusta vaikutuksesta Englannin merivoimiin ja kunniaan. Kun Englannin politiikka siten tähtäsi vakaasti laajentamaan ja vahvistamaan sen tukikohtia tuoden sille voimaa valtamerille, niin muut valtiot Euroopassa näyttivät olevan sokeita pelolle, jota sen merivoimien kasvaminen saisi aikaan.

Kurjuus, jota sai aikaan Espanjan ylivoima merellä, niin siitä oli jo niin kauan, että se aika oli unohtunut; unohtuneita olivat myös tuoreemmat opetukset verisistä ja kallista sodista, joita sai aikaan Ludwig XIV:n kunnianhimo ja vallantavoittelu. Europan valtiomiesten katseet olivat vakaasti ja näkyvästi rakentamassa kolmatta ylivoimaista mahtia, jota tultaisiin käyttämään itsekkään aggressiivisesti, vaikkakaan ei julmasti, ja joka oli paljon menestyksekkäämpi kuin mikään, mikä oli ollut sitä aikaisemmin. Se oli merimahti, jonka toiminta, vaikkakin hiljaisempaa kuin aseiden kalistelu, niin harvemmin herätti mielenkiintoa, vaikka tarpeeksi sitä olikin pinnalla.

Tuskin voidaan kieltää, että Englannin hallitsematon valta merillä, jolloin melkein koko ajanjakson, joka on aiheenamme, niin se oli pitkä vastakkainasettelu, joka lopulta ratkaistiin sotilaallisesti. [8] Niin kauan kuitenkin, kun tämä vaikutus oli nähtävissä Utrechtin jälkeen, niin Ranska kahdentoista vuoden ajan sen hallitsijoiden henkilökohtaisten halujensa vuoksi asettui Englannin puolelle Espanjaa vastaan; ja kuin Fleuri tuli valtaan 1726, niin vaikka tämä politiikka muuttui, niin Ranskan laivasto ei saanut huomiota, niin ainoa menetys Englannille oli se, että Bourbonin ruhtinas, heidän luonnollinen vihollisensa, niin nousi Kahden Sisilian valtaistuimelle 1736. Kun sota syttyi Espanjaa vastaan 1739, niin Englannin laivasto oli määrässä enemmän kuin tasaväkinen Espanjan ja Ranskan yhdistyneiden laivastojen kanssa; ja siitä seurasi neljännesvuosisata melkein keskeytymättömiä sota, jolloin tämä määrällinen epätasapaino vain kasvoi.

Näissä sodissa Englanti, ensiksi vaistomaisesti, myöhemmin tietoisen tarkoituksenmukaisesti hallituksensa toimesta tunnisti tilaisuutensa ja mahdollisuutensa nousta suureksi merivallaksi nopeasti rakentaen mahtavaa siirtomaaimperiumia, jonka perustukset olivat jo turvallisesti luotu sen siirtolaisten luonteen ja sen laivastojen vahvuuden pohjalle. Tiukasti eurooppalaisissa asioissa sen vauraus, sen merivallan aikaansaannos, sai aikaan sen, että sillä oli huomiota herättävä osa sen ajan tapahtumissa. Sen tukijärjestelmä, joka alkoi puolivuosisataa aikaisemmin Marlboroughin sodissa ja sai aikaan mitä laajimman kehityksensä puolivuosisataa myöhemmin Napoleonin sodissa, niin sillä se tuki liittolaistensa ponnisteluja, jotka olisivat rampautuneet, jos ei lamautuneet ilman sitä. Kuka voi kiistää, että hallitus, joka yhtäällä vahvisti sen heikentyviä liittolaisia mantereella rahan tuomalla elämänvirralla, ja toisaalla ajoi sen omia vihollisia pois mereltä ja otti haltuunsa niiden tärkeimpiä omistuksia, kuten Kanadan, Martiniquen, Guadeloupen, Havannan, Manilan, niin antoi sille maalle keskeisen roolin Euroopan politiikassa; ja kuka voi olla huomaamatta, että se voima, joka oli tuolla hallituksella, jonka oma maa oli kapeaa ja köyhää voimavaroista, niin nousi suoraan merestä?

Politiikka, jolla Englannin hallitus kävi sotia, niin on nähtävissä Pittin puheesta, joka oli sen toiminnan toteuttaja silloin, vaikka hän menettikin virkansa ennen kuin se päättyi. Hän tuomitsi rauhan vuonna

1763, jonka hänen poliittiset vastustajansa tekivät sanoen: "Ranska on pääasiassa, ellei yksinomaan meille voimakas meri- ja kauppamahti. Mitä saavutamme sitä kautta, joka on arvokasta meille loukkaamalla sitä, niin omaa taustansa noista asioista. Olette jättäneet Ranskalle mahdollisuuden elvyttää sen laivaston." Silti Englannin voitot olivat valtavat; sen valta Intiassa oli taattu, ja koko Pohjois-Amerikan rannikko itään Mississippistä oli sen käsissä.

Tästä hetkestä eteenpäin sen hallituksella oli selvästi merkitty tie, jolle sitä voi perinteiden voima ja jota seurattiin jatkuvasti. Amerikan vapaussota oli tosiaan suuri virhe, kun sitä katsotaan merivoiman näkökulmasta; mutta hallitus meni siihen tunteettomasti tehden sarjan luonnollisia virheitä. Laittaen sivuun poliittiset ja perustuslailliset huolet, ja katsoen asiaa puhtaan sotilaallisesti tai laivastollisesti, niin asia on tämä; Amerikan siirtokunnat olivat suuria ja kasvavia yhteisöjä kaukana Englannista. Niin kauan kuin ne säilyttivät siteensä emämaahan, niin ne olivat silloin innokkaita, jolloin ne muodostivat vakaat tukikohdat sen merivoimille siinä osassa maailmaa; mutta niiden laajuus ja väestö olivat liian suuret, kun otetaan huomioon etäisyys Englannista, jotta olisi mitään toivoa pitää niitä voimalla, *jos* mikä tahansa voimakas valtio olisi halukas auttamaan niitä. Tämä "jos" sisälsi kuitenkin pahantahtoisen mahdollisuuden; Ranskan ja Espanjan kokema nöyryytys oli niin katkera ja niin tuore, että ne varmasti pyrkisivät kostamaan, ja oli hyvin tunnettua, että Ranska etenkin oli huolellisesti ja nopeasti rakentanut laivastoansa.

Jos siirtokunnat olisivat olleet kolmetoista saarta, niin Englannin merivoimat olisivat ratkaisseet asiat nopeasti; mutta sen sijaan, että olisi olemassa sellainen fyysinen este, niitä erottivat vain paikalliset erimielisyydet, jotka niitä uhkaava yhteinen vaara riittävästi tukahdutti. Mennäkseen tarkoituksenmukaisesti sellaiseen kamppailuun koettaen voimalla säilyttää laajaa maa-aluetta, jolla on suuri vihamielinen väestö niin kaukana kotimaasta, niin se oli seitsemänvuotisen sodan uusinta Ranskan ja Espanjan sekä lisänä vihollisina amerikkalaiset Englannille.

Seitsemänvuotinen sota oli ollut niin kova taakka, että viisas hallitus olisi tiennyt, että lisätty taakka ei auttaisi ja olisi ollut tarpeellista tyynnytellä siirtomaiden asukkaita. Silloinen hallitus ei ollut viisas, ja suuri osa Englannin merivoimista uhrattiin; mutta virhe ei ollut tahdonmukainen, vaan ylimielinen ja se ei syntynyt heikkouden kautta.

Tämä vakaa yleinen politiikka oli ollut epäilemättä aikaansaanut helpon menestyksen useille peräkkäisille Englannin hallituksille omaten selvät viittauksen sen maan olosuhteisiin. Tarkoituksen yksimielisyys oli tiettyyn pisteeseen asti saavutettu. Sen merivallan vakaa säilyminen, ylimielinen päättäväisyys, jolla se tehtiin; viisas valmiustila, jolla sotilaallinen voima pidettiin koossa, silti omaten enemmän sen sotilaallisen järjestelmien piirteitä, jotka käytännössä antoivat hallitukselle sen aseman; aikana, joka oli kyseessä, niin hallitseva luokan, maata omistavan aristokratian käsissä. Sellainen luokka, mitä tahansa muita vikoja siinä muuten on, niin se on valmis ottamaan ja kantamaan järkeviä poliittisia perinteitä, joihin luonnollisesti kuuluu ylpeys oman maansa kunniasta, ja vertailtavissa välinpitämättömyys yhteisöstä, jonka kunniaa ollaan ylläpitämässä. Se on valmiina hyväksymään rahallisen taakan ja hyväksymään sodan jatkumisen. Kun se on rikas, niin se taakka tuntuu sille olevan kevyempi. Se ei ole kaupallinen taho, jolloin sen omat vauraudenlähteet eivät ole suoraan vaaran alla, ja se ei jaa poliittista varovaisuutta, joka on luonteenomaista niille, joiden omaisuus on alttiina vaaroille ja joiden liiketoimia uhataan; jotka ovat sanojen mukaisesti pääoman varovaisuutta. Silti Englannissa tämä yhteiskuntaluokka ei ollut välinpitämätöntä millekään, joka kosketti sen toimia hyvässä tai pahassa. Kumpikin kamari parlamentissa olivat huolellisen tarkastelevaisia sen laajenemisen ja suojelun suhteen, ja säännöllisyys niiden tiedusteluissa, jota laivastohistorioitsija pitää toimeenpanevan voiman kasvaneena tehokkuutena laivaston hallinnoinnissa. Sellainen luokka luonnollisesti omaksuu ja pitää yllä sotilaallisen kunnian henkeä, joka on ensimmäiseksi tärkeätä aikoina, jolloin sotilaalliset instituutiot eivät ole vielä antaneet riittää luonnollista henkeä sille, mitä kutsutaan termillä *esprit-de-corps*. Mutta vaikka täysi yhteiskuntaluokan tuntemus ja luokkaennakkoluulot, jotka itse tuntuivat niin laivastossa kuin kaikkialla muualla, niin niiden käytännöllinen järki pitivät tien auki ylennyksiin korkeimpiin asemiin niille, joilla oli alhaisempi syntyperä; ja jokainen aika näki amiraaleja, jotka olivat peräisin alemmista yhteiskuntaluokista. Tämä englantilaisen ylemmän yhteiskuntaluokan piirre erosi huomattavasti ranskalaisista. Niin myöhään kuin 1789 vallankumouksen puhjetessa, niin Ranskan laivaston listoilla oli yhä virkamiehiä, joiden velvollisuus oli vahvistaa todisteet aatelisesta syntyperästä niiden osalta, jotka aikoivat aloittaa opinnot laivaston upseerikouluissa.

Vuodesta 1815 ja etenkin omana aikanamme Englannin hallinto on hyvin paljon enemmän siirtynyt sen kansan käsiin. Se, että kärsiikö sen merimahti tuosta, niin se tullaan näkemään. Sen laaja perusta lepää yhä suuren kaupankäynnin, suuren mekaanisen teollisuuden ja laajan siirtomaaverkoston varassa. Pystyykö demokraattinen hallinto omaamaan näkemystä, herkkyyttä kansallisesta asemasta ja veloista, tahtoa taata sen vauraus antamalla sille riittävästi rahaa rauhan aikana, jotka kaikki ovat tarpeellisia sotilaallisia valmisteluja varten, niin se jää vielä avoimeksi kysymykseksi. Kansaan perustuvat hallinnot eivät yleensä ole suotuisia sotilasmenoille, vaikkakin ne olisivat tarpeellisia ja on olemassa merkkejä siitä, että Englanti olisi jäämässä jälkeen.

On jo nähty, että Alankomaiden tasavalta, jopa enemmän kuin englantilaisten kansakunta, niin saa kaiken vaurautensa ja jopa elämänsä merestä. Luonne ja politiikka, jota sen hallinto on noudattanut, niin on ollut paljon vähemmän suotuisa jatkuvalle merivoimien tukemiselle. Se koostuu seitsemästä maakunnasta, josta tulee sen poliittinen nimi Yhdistyneet maakunnat, jolloin todellinen vallan jakautuminen on suunnilleen kuvattu amerikkalaisille liioiteltuna esimerkkinä osavaltioiden oikeudesta. Jokaisella merenrantamaakunnalla oli sen oma laivasto ja sen oma amiraliteetti, joilla oli sen takia jatkuvia kateudesta johtuvia kiistoja. Tämä hajanainen taipumus organisaatioissa oli osaltansa vastapainona sille suurelle vaikutusvallalle, joka oli Hollannin maakunnalla, joka yksin varusti viisi kuudesosaa laivastosta ja viisikymmentäkahdeksan prosenttia veroista ja sen seurauksena sillä oli tuo suhteellinen osuus kansallisen politiikan ohjaamisessa. Vaikkakin kiihkeän isänmaallinen ja kyvykäs tekemään äärimmäisiä uhrauksia vapaudelle, niin kansan kaupallinen henki tunkeutui hallintoon, jota tosiaan voitaisiin kutsua kaupalliseksi aristokratiaksi, ja sai sen välttelemään sotia ja kuluja, jotka olivat tarpeellisia valmistauduttaessa sotaan. Kuten on sanottu aikaisemmin, ei ennen kuin vaara tuijotti heitä kasvoihin, niin pormestarit olivat valmiina maksamaan kansallisesta puolustuksestansa. Niin kauan kuin tasavaltalainen hallinto jatkui, niin tätä taloutta harjoitettiin kaikista vähiten laivastoon; ja Johan de Wittin kuolemasta lähtien 1672 ja rauhasata Englannin kanssa 1674, niin Alankomaiden laivasto oli määrässä ja varusteissa kyvykäs tekemään riittävää vastarintaa Englannin ja Ranskan yhdistyneitä laivastoja vastaan. Sen tehokkuus sinä aikana epäilemättä pelasti maan siltä tuholta, mitä kaksi kuningasta sille suunnittelivat. De Wittin kuoleman mukana tasavalta katosi ja sitä seurasi käytännössä kuninkaallinen hallinto, jota johti Orangen

William. Tämän ruhtinaan elinikäinen politiikka, kun hän oli silloin vasta kahdeksantoistavuotias, niin oli vastustaa Ludwig XIV:tä ja Ranskan vallan laajentumista. Tämä vastarinta sai muotonsa pikemminkin maalla kuin merellä; taipumus, jota edisti Englannin vetäytyminen sodasta. Niin aikaisin kuin 1676 amiraali De Ruyter huomasi, että hänen käytössään olevat voimat olivat riittämättömiä ranskalaisten lyömiseen yksin. Hallinnon käännettyä katseensa maarajaan, niin laivasto rappeutui nopeasti. Vuonna 1688, kun Orangen William tarvitsi saattuetta viedäkseen hänet Englantiin, niin Amsterdamin pormestarit esittivät vastalauseensa siksi, että laivasto oli heikentynyt huomattavasti vahvuudessaan kuin myös siinä, että siltä oli evätty sen parhaat komentajat. Kun hänestä tuli Englannin kuningas, niin William piti yhä asemansa stadholderina (Alankomaiden valtionhoitajana) ja se oli sopusoinnussa hänen eurooppalaisen politiikkansa kanssa. Hän huomasi, että Englanti oli merivalta, jota hän tarvitsi ja käytti Alankomaiden voimavaroja maasotaan. Tämä Alankomaiden ruhtinas suostui siihen, että liittolaisten laivastoissa ja sotakokouksissa alankomaalaiset amiraalit istuisivat alempana kuin nuoret englantilaiset kapteenit; ja Alankomaiden edut merellä uhrattaisiin niin kuin myös heidän ylpeytensä Englannin tarpeisiin. Kun William kuoli, niin hänen politiikkaansa noudatti hallinto, joka seurasi häntä. Sen tavoitteet olivat kokonaan maalla ja Utrechtin rauhassa, joka päätti sarjan sotia, jotka olivat kestäneet yli neljäkymmentä vuotta, niin Alankomaat, joka ei esittänyt ehtoja koskien merta, niin ei saanut mitään meren voimavaroja, siirtomaidensa laajentumista tai kaupankäyntiin liittyviä etuja.

Viimeisestä näistä sodista englantilainen historioitsija sanoo: "Alankomaiden talous koki suurta vahinkoa sen maineelle ja kaupankäynnille. Sen sotalaivat Välimerellä olivat aina heikkoja uhreja ja sen saattueet niin heikkoja ja huonosti varustettuja, että kun me menetimme yhden aluksen, niin he menettivät viisi, josta alkoi yleinen huomio, että olimme turvallisempia kaupan kuljettajia, jolla oli varmasti hyvä vaikutus. Sen takia kaupankäyntimme pikemminkin kasvoi kuin väheni tuon sodan seurauksena."

Siitä ajasta lähtien Alankomaat ei enää ollut suuri merimahti ja nopeasti menetti johtavan asemansa kansakuntien keskuudessa, jotka olivat rakentaneet itsellensä sellaista voimaa. Voidaan vain sanoa, että mikään politiikka ei olisi voinut pelastaa tätä pientä, mutta päättäväistä kansakuntaa rappiolta, kun se joutui kohtaamaan kuningas Ludwig XIV:n jatkuvan vihan. Ystävyys Ranskan kanssa, joka olisi taannut

rauhan sen maarajoille, niin olisi ainakin suonut sille lisää aikaa sen
kiistoihin Englannin kanssa koskien merien hallintaa; ja näiden kahden
mantereen valtioiden laivastot yhdessä olisivat saattaneet pysäyttää
Englannin merimahdin kasvun valtavaksi. Rauha merellä Englannin ja
Hollannin välillä oli mahdollista vain siten, että yksi tai toinen alistui toisen
tahtoon, sillä ne kumpikin pyrkivät samoihin tavoitteisiin. Ranskan ja
Hollannin välillä tilanne oli toisin; ja Hollannin sortuminen eteni ei
välttämättä sen pienemmästä koosta ja lukumääristä, vaan siitä
virheellisestä politiikasta, jota näiden kahden maan hallitukset harrastivat.
Ei ole meidän huolemme päättää kumpi niistä oli siihen enemmän syyllinen.

Ranska, joka oli ihailtavasti sijoittunut merivallan
kehittämisen kannalta, niin sai selkeää poliittista ohjausta sen hallintoon
kahdelta sen suurelta vallankäyttäjältä, Henrik IV:ltä ja Richeliueltä.
Yhdessä tiettyjen hyvin määriteltyjen laajentumishankkeiden kanssa itään
päin maille, niin se kohtasi vakaata vastarintaa Itävallan Habsburgien
suvulta, joka silloin hallitsi Itävaltaa ja Espanjaa ja samalla se kohtasi
samanlaista vastarintaa mereltä Englannin toimesta. Jatkaakseen tätä
jälkimmäistä päämäärää kuin myös muista syistä, niin Alankomaita
koetettiin saada liittolaiseksi. Kauppa ja kalastus olivat merivoimien
perusta, jota kannustettiin ja sotalaivastoa rakennettiin. Richelieu jätti, mitä
hän kutsui poliittiseksi testamentikseen, jossa hän osoitti Ranskan
tilaisuuksia saavuttaa merivalta perustuen sen asemaan ja voimavaroihin; ja
ranskalaiset kirjoittajat pitävät häntä tosiasiassa laivaston perustajana, ei
vain siksi, että hän varusti laivoja, vaan hänen näkemyksiensä laajuuden ja
hänen keinojensa takia taata terveet instituutiot ja vakaa kasvu. Hänen
kuolemansa jälkeen Mazarin peri hänen näkemyksensä ja yleisen
politiikkansa, mutta ei hänen ylevää ja sotaista henkeänsä ja hänen
valtakaudellansa juuri koottu laivasto katosi. Kun Ludwig XIV otti
hallintovallan omiin käsiinsä 1661, niin siinä oli vain kolmekymmentä
sotalaivaa, josta vain kolmessa oli niin paljon kuin kuusikymmentä tykkiä.
Sitten alkoi mitä hämmästyttävin julistus työhön, jota absolutismiin
perustuva hallinto kyvykkäästi ja systemaattisesti teki. Se osa hallintoa
käsitti kaupankäynnin, teollisuuden, laivaustoiminnan ja siirtomaat, jota
johti mies, joka oli suuri käytännön nero, Colbert, joka oli palvellut
Richelieuta ja oli täysin omaksunut hänen ajatuksensa ja politiikkansa. Hän
pyrki tavoitteisiinsa ranskalaisten hengen kautta. Kaikki oli organisoitua,
jolloin lähteenä oli ministerin toimisto. "Organisoida tuottajat ja kauppiaat
voimakkaaksi armeijaksi, joka on aktiivisessa ja älykkäässä ohjauksessa

turvatakseen Ranskan teollisen voiton järjestyksellä ja yhtenäisyyteen
ponnistellen ja saada parhaat tuotteet käyttämällä kaikkia työmiehiä
tuotantoprosesseissa, jotka tunnistetaan parhaiksi kyvykkäiden miesten
toimesta... Organisoidakseen merimiehiä ja kaukokauppaa suuriin
yksiköihin niin kuin tuottajia ja sisäistä kauppaa ja antaakseen tukea
Ranskan kaupalliselle voimalle, niin laivasto luotiin vakituiselle pohjalle ja
laajuuteen, joka oli aikaisemmin tuntematon", sellainen niin kuin meille on
kerrottu, niin oli Colbertin tavoite koskien kahta kolmesta ketjunpalasesta
merivoimissa. Sillä kolmas, siirtomaat ketjun toisessa päässä saman
hallinnon ohjauksessa ja organisaatiossa oli selvästi tarkoituksenmukaista;
sillä hallinto alkoi ostaa takaisin Kanadaa, Newfoundlandia, Nova Scotiaa
ja Ranskan Länsi-Intian saaria tahoilta, jotka ne silloin omistivat. Siellä
sitten on nähtävissä puhdas, absolutismiin perustuvat, hallitsematon valta
koottuna sen käsiin kaikki langat ohjaten maansa suuntaa ja ehdottaen
toimia niin suoraan, jolloin siitä muiden asioiden lisäksi tulisi suuri
merivalta.

Colbertin toiminnan tarkastelu yksityiskohtaisesti ei ole
tarkoituksenmukaista. On tarpeeksi huomauttaa, että pääosa siinä on
hallituksen toiminta rakentaa kansakunnalle merivoimia ja että tämä hyvin
suuri mies tarkasteli ei vain yhtä sen tukijaloista, joka lepää erossa muista,
vaan huolehti niistä kaikista omalla viisaalla ja tuottoisalla hallinnollaan.
Maanviljely, joka lisää maaperän tuotteiden määriä ja tehtaat, jotka
moninkertaistavat ihmisten ahkeruuden tulokset; sisäiset kauppareitit ja
sääntely, joka teki kauppatavaroiden vaihtamisen sisämaasta maan ulko-
osiin helpommaksi; laivaus ja tullisäätely jolla oli taipumus viedä
kauppatavaroiden kuljettaminen ranskalaisille ja siten kannustaa kotimaan
ja siirtokuntien tuotteiden kuljettamista edestakaisin; siirtomaahallinto ja
kehittäminen, jolloin kaukaiset markkinat saattoivat jatkuvasti kasvaa, niin
olivat kotimaankaupan monopolien piirissä; sopimukset ulkovaltojen kanssa
suosien ranskalaista kauppaa ja määräten ulkomaiden aluksien ja tuotteiden,
joka merkitsi sitä, että kilpailevien kansakuntien kauppa syrjäytyisi; kaikki
nämä keinot perustuen lukemattomiin yksityiskohtiin, niin niitä käytti
Ranska (1) tuotannossa, (2) laivauksessa, sekä (3) siirtokunnissa ja
markkinoissa, niin niitä yhdistää yksi sana ja se on merivoimat. Tämän
asian tarkastelu on yksinkertaisempaa ja helpompaa, kun sitä tekee yksi
mies, jonka toiminta perustuu loogiseen prosessiin, kun sen sijaan hitaasti
tuodaan esille monimutkaisen hallituksen ristiriitaiset edut. Muutamassa
vuodessa Colbertin hallinto oli nähtävissä kokonaisvaltaisena teoriana

merivallasta, mutta sitä pantiin toimeen järjestelmällisesti keskittäen ranskalaiseen tapaan; kun samaa teoriaa sovelletaan Englannin ja Alankomaiden historiaan, niin se levittäytyy sukupolvien aika-akselille. Sellainen kasvu, vaikka ollenkin pakotettu, ja riippuen absoluuttisen vallan kestävyydestä, niin kun siitä huolehditaan, ja Colbert ei ollut kuningas, jolloin hänen hallintansa kesti niin kauan, kunnes hän menetti kuninkaan suosion. On kuitenkin mitä mielenkiintoisin huomauttaa hänen työnsä lopputuloksista asianmukaisesti hallituksen toiminnassa laivaston suhteen. Sanottiin, että vuonna 1661, kun hän tuli virkaansa, siellä oli vain kolmekymmentä aseistettua alusta, joista van kolmessa oli yli kuusikymmentä tykkiä. Vuonna 1666 siellä oli seitsemänkymmentä, joista viisikymmentä oli linjalaivoja ja kaksikymmentä polttoaluksia; vuonna 1671 määrät olivat kasvaneet seitsemästäkymmenestä sataan ja yhdeksäänkymmeneenkuuteen. Vuonna 1683 siellä sataseitsemän alusta, joista kahdellakymmenelläneljällä oli satakaksikymmentä tykkiä, näiden lisäksi kahdellatoista yli seitsemänkymmentä tykkiä, joiden lisäksi oli monia pienempiä aluksia. Järjestys ja järjestelmä, joka otettiin käyttöön telakoilla, teki niistä paljon tehokkaampia kuin englantilaisten vastaavista. Englantilainen kapteeni, joka joutui ranskalaisten vangiksi Colbertin työn vaikutuksesta, niin lähetti pojallensa seuraavan viestin:

"Kun minut ensiksi tuotiin vankina sinne, niin olin neljä kuukautta sairaalassa Brestissä saaden hoitoa haavoihini. Kun olin siellä, niin olin hämmästynyt toimiin, joita käytettiin heidän alustensa miehittämiseen ja varustamiseen, joka kunnes ajattelin sitä, ei voitaisi tehdä missään nopeammin kuin Englannissa, jossa oli kymmenen kertaa enemmän laivoja ja sen seurauksena kymmenen kertaa enemmän merimiehiä kuin heillä on Ranskassa, mutta siellä näin kaksikymmentä linjalaivaa, joissa jokaisessa oli noin kuusikymmentä tykkiä tullen valmiiksi kahdessakymmenessä päivässä; he tuotiin paikalle ja miehet vapautettiin tehtävistänsä; ja saamiensa käskyjen pohjalta Pariisista niin, ne kallistettiin, kölit puhdistettiin, ne takiloitiin, ne muonitettiin, miehitettiin ja ne olivat taas poissa siinä sanotussa ajassa mitä helpoimmin mielikuvituksen mukaan. Samalla tavalla näin yhden laivan, jossa oli sata tykkiä, niin sen kaikki tykit otetiin pois neljässä tai viidessä tunnissa; jota en ole koskaan nähnyt tehtävän Englannissa alla 24 tunnissa, ja se tapahtui mitä helpoimmin ja pienimmällä vaaralla kuin kotimaassa. Tämän näin sairaalani ikkunasta."

Ranskalainen laivastohistorioitsija viittaa tiettyihin saavutuksiin, jotka olivat yksinkertaisesti uskomattomia, jotka ollen sellaisia, että kaleerin köli asetettiin paikallensa kello neljä ja kello yhdeksän se lähti satamasta täysin varustettuna. Tällaiset perinteet voidaan hyväksyä tiettyyn pisteeseen asti niin kuin sanottiin vakavammalla mielellä englantilaisen upseerin toimesta perustuen huomattavassa määrin järjestelmään ja järjestykseen, sekä laajoihin tukirakennelmiin, joissa voitiin työskennellä.

Silti kaikki tämä ihana kasvu, joka pakotettiin hallituksen toimesta, kuihtui pois niin kuin Joonan kaalit, kun hallituksen tuki vedettiin pois. Aika ei ollut sallinut sen juurtua syvään tullen osaksi kansakunnan elämää. Colbertin työ oli suoraa jatkumoa Richelieun politiikasta, ja silloin näytti, että se tulisi viemään toimintaan, joka tulisi tekemään Ranskasta merillä yhtä hallitsevan kuin se oli maalla. Syistä, joita ei ole tarpeellista antaa, niin Ludwigille tuli katkeran vihamielisiä tuntemuksia Alankomaita kohtaan; ja nämä tuntemukset jakoi Charles II, jolloin nämä kaksi kuningasta päättivät tuhota Alankomaat. Tämä sota, joka syttyi 1672, niin sen ajatellaan olevan vastoin Englannin osalta sen luonnollista toimintaa, niin se oli vähemmän poliittinen virhe siltä kuin Ranskalta ja etenkin koskien merivoimia. Ranska oli auttamassa tuhota todennäköisen ja varmasti korvaamattoman liittolaisen; Englanti oli auttamassa sen suurimman merellisen kilpailijan raunioittamisessa silloin, kun tämä tosiaan oli vielä kaupankäynnissä ylivoimainen. Ranska, joka horjui velkataakkansa alla ja oli täysin sekaisin raha-asioidensa kanssa, kun Ludwig nousi valtaistuimelle, niin oli juuri päässyt noista ongelmista eroon 1672 Colbertin uudistuksien ja niiden onnellisten lopputulosten ansiosta. Sota, joka kesti kuusi vuotta, niin purki suuren osan hänen työtänsä. Maanviljelijät, teollisuus, kaupankäynti ja siirtokunnat, niin ne kaikki kärsivät siitä; Colbertin luomat laitokset kituivat ja järjestys, joka oli saatu aikaan raha-asioihin, niin se heitettiin menemään. Sellaisella toimilla Ludwig ja hän yksin ohjasi Ranskan hallitusta; iskien omien merivoimiensa perustaan ja vieraannuttaen hänen parhaan merellisen liittolaisensa. Ranskan alueet ja sotilaallinen voima kasvoivat, mutta kaupankäynnin lähteet ja rauhanomainen kauppatoiminta loppui tämän toiminnan seurauksena; ja vaikka sotalaivastoa pidettiinkin joitakin vuosia yllä loistossa ja tehokkuudessa, niin se alkoi pian heikentyä ja hänen valtakautensa päättyessä se oli käytännössä kadonnut. Samaa virheellistä politiikkaa hän teki meriä koskien koko hänen jäljellä olleen viisikymmentäneljä vuotta kestäneet valtakautensa aikana. Ludwig vakaasti käänsi selkänsä Ranskan merellisille eduille paitsi koskien sota-aluksia ja ei pystynyt näkemään tai ei tullut näkemään, että jälkimmäisellä oli vain vähän käyttöä ja epävarma elämä, jos rauhanomainen kaupankäynti ja teollisuus, jotka sitä tukivat, niin katoaisivat. Hänen politiikkansa tähdäten Euroopassa johtavaan sotilaallisen voimaan ja alueelliseen laajentumiseen, niin pakotti Englannin ja Alankomaat liittoutumaan niin kuin aikaisemmin sanottiin suoraan ajaen Ranskan mereltä ja epäsuorasti heikensi Alankomaiden voimaa siellä. Colbertin laivasto katosi ja viimeisten kymmenen vuoden aikana Ludwigin Ranskalla ei ollut suurta laivastoa laittaa merelle, vaikka siellä olikin jatkuva sota. Absoluuttisen monarkian yksinkertainen muoto oli siten tullut vahvasti vaikuttamaan hallitukseen niin merivoimien kasvussa ja rappeutumisessa.

Jälkimmäinen osa Ludwigin elämästä siten todisti vallan katoavan siksi, että sen perustuksia oli heikennetty koskien kaupankäyntiä ja vaurautta, jota kaupankäynti toi. Hallitus seurasi niin ikään absoluuttisesti sille asetettuja tarkoitusperiä ja Englannin vaatimuksia luopuen kaikista syistä ylläpitää tehokasta laivastoa. Syy tähän oli se, että uusi kuningas oli alaikäinen ja sijaishallitsija, joka tunsi kovaa katkeruutta Espanjan kuningasta kohtaan, niin loukkasi tätä ja säilyttääkseen valtansa teki liiton Englannin kanssa. Hän auttoi sitä luomalla liiton Itävallan, Ranskan perinteisen vihollisen kanssa Napolissa ja Sisiliassa Espanjan haitaksi, ja liitossa sen kanssa tuhosi Espanjan laivaston ja telakat. Siinä on taas nähtävissä henkilökohtainen hallitsija, joka ei välitä Ranskan eduista raunioittaen luonnollisen liittolaisen ja suoraan auttaen niin kuin Ludwig XIV epäsuorasti ja ilman tarkoitusta auttoi merten hallitsijan kasvua. Tämä väliaikainen vaihe poistui sijaishallitsijan kuollessa 1726; mutta siitä ajasta vuoteen 1760 Ranskan hallitus jatkoi merellisten etujensa laiminlyöntiä. Sanottiin tosiaan, että johtuen joistakin viisaista muutoksista sen raha-asioiden säätelyssä mennen pääasiassa vapaakaupan suuntaan (ja johtuen laista, jonka sai aikaan ministeri, joka oli skottilaista syntyperää) niin kaupankäynti Itä- ja Länsi-Intiaan loistavasti kasvoi ja Guadeloupen ja Martiniquen saarista tuli hyvin rikkaita ja kukoistavia; mutta niin kaupankäynti kuin siirtokunnat olivat Englannin armoilla, kun sota alkoi, sillä laivasto oli rappeutunut. Vuonna 1756 kun asiat eivät enää olleet pahimmillaan, Ranskalla oli neljäkymmentäviisi linjalaivaa, kun taas Englannilla oli melkein satakolmekymmentä; ja kun neljäkymmentäviisi oli aseistettu ja varustettu, niin huomattiin, että ei ollut raaka-aineita, köysiä eikä huoltotarvikkeita, ei edes tarpeeksi tykkejä. Eikä siinä ollut kaikki.

"Järjestelmän puute hallituksessa," sanoo ranskalainen kirjoittaja, "toi välinpitämättömyyden ja avasi oven epäjärjestykselle ja kurittomuudelle. Koskaan eivät epäoikeudenmukaiset ylennykset olleet niin yleisiä; niin eivät koskaan ketkään olleet yleisesti tyytymättömämpiä. Raha ja juonittelut eivät sijan kaikelta muulta ja toivat niiden vaikutuksen harjoitettuihin yksiköihin ja sotilaalliseen voimaan. Aateliset ja nousukkaat, joille oli vaikutusvaltaa pääoman ja satamien omavaraisuuden ansiosta, ajattelivat itse olleensa ansioituneita. Valtion tulojen tuhlaaminen siellä ja telakoilla oli hyvin yleistä. Kunniaa ja vaatimattomuutta pidettiin naurettavana. Aivan kuin pahoja asioita ei olisi tarpeeksi, niin hallitus teki kipua pyyhkiessään pois sankarillisia perinteitä menneisyydestä, jotka olivat selviytyneet yleisestä alennustilaan romahtamisesta. Energisillä taisteluilla, joilla suuri valta oli onnistunut hovin käskyjen mukaisesti, niitä kutsuttiin käsitteellä 'harkitsevaiset asiat'. Säilyttääkseen tuhlattua materiaalia muutamiin aseistettuihin aluksiin parantuneita mahdollisuuksia annettiin viholliselle. Niistä epäonnisesta periaatteesta olimme joutuneet puolustautumaan yhtä edullisesti vihollista vastaan, oli se sitten ulkomainen taho tai oman kansamme henki. Tämä harkitsevaisuus vihollisen edessä tuotuna meille käskyjemme muodossa, niin petti pitkäaikaisen kansallisen luonteemme; ja järjestelmän väärinkäyttö johti kurittomuuteen ja puolen vaihtamiseen vihollisen tulituksen alla, jollaisesta olisi turhaan etsittävissä aikaisemmalta vuosisadalta."

Väärä politiikka mannermaisine laajentumisineen kulutti kansakunnan voimavaroja, ja oli kaksinkertaisesti vahingollista, sillä se jätti siirtokunnat ja niiden kaupan puolustuskyvyttömäksi, jolloin se jätti alttiiksi suurimman vauraudenlähteen katkaistavaksi pois, kuten tosiasiassa tapahtui. Pienet laivueet, jotka pääsivät merelle, niin tuhottiin huomattavasti suuremmalla ylivoimalla; kauppalaivasto pyyhkäistiin pois ja siirtokunnat, Kanada, Martinique, Guadeloupe, Intia, joutuivat Englannin käsiin. Jos se ei veisi liikaa tilaa, niin voitaisiin tehdä mielenkiintoisia huomautuksia Ranskan säälittävästi tilanteesta, kun Ranska oli hylännyt meren, ja Englannin kasvanut vauraus yhdessä sen tekemien uhrauksien ja ponnistelujen kanssa sai aikaan. Aikalainen kirjoittaja siten ilmaisee hänen näkemyksensä Ranskan politiikasta tuolta ajalta:

"Ranska osallistuessaan niin innokkaasti kuin se on tehnyt saksalaiseen sotaan, niin on kääntänyt paljon huomiotansa ja tulojansa pois laivastostansa, joka on antanut meille mahdollisuuden iskeä sen merelliseen voimaan niin pahasti, että ei mahdollisesti koskaan toivu siitä. Sen yhteenotot saksalaisessa sodassa ovat samalla tavalla vieneet sen pois siirtomaidensa puolustamisesta, jonka ansiosta olemme valloittaneet joitakin sen huomattavimmista omistuksista. Se on vetäytynyt kaupankäyntinsä suojelemisesta. joka on täysin tuhottu, kun taas Englannin kauppa ei ole syvimmänkään rauhan aikana koskaan kukoistanut niin. Joten se koskien tätä saksalaista sotaa, jossa Ranska on tehnyt itsensä toimintakyvyttömäksi koskien tiettyjä ja läheisiä kiistoja Englannin kanssa."

Seitsemänvuotisessa sodassa Ranska menetti kolmekymmentäseitsemän linjalaivaa ja viisikymmentäkuusi fregattia, joka oli kolminkertaisesti se määrä, joka oli koko Yhdysvaltain laivasto milloin tahansa purjealuksien aikana. "Ensimmäistä kertaa sitten keskiajan", sanoo ranskalainen historioitsija. puhuen samasta sodasta, "Englanti on yksin voittanut Ranskan melkein ilman liittolaisia, kun Ranskalla oli voimakasta apua. Se oli voittanut yksin sen oman hallinnon ylivoimaisuuden ansiosta." Kyllä, mutta se oli sen hallituksen ylivoimaisuutta käyttää sen merivoimia pelottavana aseena; joka oli palkkio johdonmukaisesta politiikasta pyrkien yhteen päämäärään.

Syvällinen Ranskan nöyryyttäminen, joka saavutti pohjansa vuosien 1760 ja 1763 välissä, jolloin jälkimmäisenä vuotena se teki rauhan, niin on ohjaava opetus Yhdysvalloille koskien oman aikamme kaupankäyntiä ja laivaston rappeutumista. Olemme säästyneet sen nöyryytyksiltä; toivotaan, että tulemme hyötymään sen tästä jatkuneesta esimerkistä. Samojen vuosien (1760 ja 1763) aikana Ranskan kansa nousi, niin kuin myös myöhemmin 1793 ja julisti, että sillä tulisi olemaan laivasto. "Kansallinen tunnelma, jota taidokkaasti hallitus ohjasi, niin otti huudon Ranskan yhdestä päästä toiseen, että 'laivasto pitää palauttaa'. Lahjakauppoja perustettiin kaupunkeihin järjestöjen toimesta ja yksityisin aloittein. Selkeätä toimintaa alkoi tapahtua äskettäin hiljaisissa satamissa; kaikkialla aluksia rakennettiin tai korjattiin." Tätä toimintaa pidettiin yllä; asevarastoja täydennettiin, kaikenlaiset raaka-aineet laitettiin tyydyttävään tilaan, tykistö organisoitiin uudestaan ja kymmenentuhatta tykkimiestä koulutettiin ja ylläpidettiin.

Äänensävy ja toiminta, joka laivastoupseereilla oli silloin, niin tuntui kansallisessa elämässä, jolla tosiaan oli jotain ylevämpää henkeä heidän keskuudessaan, jotka eivät vain halunneet odottaa, vaan työskennellä. Ei ollut aikaa, jolloin Ranskan laivaston upseerien keskuudessa olisi ollut suurempaa henkistä ja ammatillista toimintaa, kun juuri silloin, kun heidän aluksensa olivat kärsineet lahoamisesta pois hallituksensa toimettomuuden takia. Siten merkittävä ranskalainen upseeri omalta ajaltamme kirjoittaa:

"Laivaston surullinen tila Ludwig XV:n aikana sulkemalla loistavien upseerien urat rohkeisiin hankkeisiin ja menestyksekkäisiin taisteluihin, niin pakotti heidät vetäytymään takaisin. He saivat opin kautta tietoa, kun heille oli laitettu jotain todisteita muutamia vuosia myöhemmin, jolloin todeksi osoittautui Montesquieun sanonta, 'Vastoinkäyminen on äiti, kukoistus äitipuoli.' Vuoteen 1769 mennessä olemme nähneet kaiken sen loiston, jonka suuri määrä päteviä upseereita, joiden toiminta maan ääriin asti ja jotka omistautuvat töillensä ja joiden toiminta kattaa kaikki ihmisten tietämyksien kentät. Académie de Marine, joka perustettiin 1752, organisoitiin uudelleen." [9]

Académien ensimmäinen johtaja oli postimestari nimeltänsä Bigot de Morogues, kirjoitti hienostuneen teoksen laivaston taktiikoista, joka oli ensimmäinen teos aiheesta sitten Paul Hosten teoksen, jonka se oli suunniteltu syrjäyttävän. Moroguesin on täytynyt tutkia ja luoda ongelmansa sen päivän taktiikoista, kun Ranskalla ei ollut laivastoa ja se oli kyvytön niin paljon nostamaan päätänsä merellä vihollisilta kokemiensa iskujen takia. Samaan aikaan Englannilla ei ollut samankaltaista kirjaa; ja englantilainen luutnantti vuonna 1762, joka oli juuri kääntänyt osan Hosten suuresta teoksesta jätti pois suuremman osan siitä teoksesta. Kesti melkein yli kaksikymmentä vuotta myöhemmin ennen kuin Clerk, skottilainen yksityinen liikemies julkaisi nerokkaan teoksen laivastotaktiikoista, jossa hän osoitti englantilaisille amiraaleille järjestelmän, jonka ranskalaiset olivat estäneet omalla ajattelemattomuudellansa ja huonosti tehdyillä hyökkäyksellä. [10] Académie de Marinen tutkijat ja energinen vaikutus, jonka se antoi upseerien töihin, niin ei ollut, niin kuin toivomme näyttävämme myöhemmin, ilman vaikutusta sangen suotuisiin olosuhteisiin, joissa heidän laivastonsa oli Amerikan vapaussodan alussa."

Kuten on jo osoitettu, että Yhdysvaltain vapaussotaan kuului Englannin siirtyminen pois sen perinteisestä ja aidosta politiikasta käymällä kaukaisessa maassa sotaa, kun taas sen voimakkaat viholliset olivat odottamassa tilaisuutta hyökätä sen kimppuun merellä. Niin kuin Ranska aikaisemmissa sodissaan Saksassa, Napoleon myöhemmin sodassaan Espanjassa, Englanti johtuen omasta itseluottamuksestansa, niin muutti ystävän viholliseksi, ja niin altisti todellisen valtansa perustan, joka oli tämän tapahtuman julkea todiste. Ranskan hallitus toisaalla vältti ansan, johon se oli niin useasti pudonnut. Kääntäen selkänsä Euroopan mantereelle olettaen sen pysyvän puolueettomana ja varmuus, että sillä tulisi olemaan liitto Espanjan kanssa, niin Ranska eteni kamppailuun hienon laivastonsa kanssa ja käyttäen loistavaa, vaikkakin sangen kokematonta upseerikuntaansa. Atlantin toisella puolella sillä oli tukenaan ystävällinen kansa ja sen omat tai liittolaistensa satamat niin Länsi-Intiassa kuin mantereella. Tämän politiikan viisaus, sen toiminnan onnellinen vaikutus hallinnon toimien kautta sen merivoimiin on selvä; mutta sodan yksityiskohdat eivät kuulu tähän osaan aihetta. Amerikkalaisille tärkein aihe tässä sodassa oli maalla; mutta laivastoupseereille se oli merellä, sillä se oli keskeistä merisodassa. Älykkäät ja järjestelmälliset ponnistelut kahdenkymmenen vuoden ajalta olivat tuottaneet hedelmiä; vaikka sodankäynti merellä päättyikin suureen onnettomuuteen, niin yhdistynein ponnisteluin ranskalaiset ja espanjalaiset laivastot epäilemättä kuluttivat Englannin voimia ja veivät siltä sen siirtokuntia. Erilaisissa laivastojen yhteenotoissa ja taistelussa Ranskan kunniasta niin se säilytettiin kokonaisuudessaan; vaikka se olikin vaikeata, niin johtuen huomioista yleisesti aiheesta, niin välttääksemme johtopäätöstä ranskalaisten merimiesten kokemattomuudesta verrattuna englantilaisiin, niin kapea kateuden henki upseerikunnasta kohti niitä erilaisia edeltäjiä, ja ennen kaikkea, surkeita perinteitä, joiden oli annettu olla olemassa jo 75 vuoden ajan, hallituksen surkeata politiikkaa, joka opetti ensiksi pelastamaan aluksensa, olemaan taloudellisia materiaalien kanssa, esti ranskalaisia amiraaleja saavuttamasta ei vain kunniaa, vaan myös hyödyllisiä etuja, kun ne olivat heidän saavutettavissaan. Kun Monk sanoi, että kansakunta, joka hallitsee merta, niin sen tulisi aina hyökätä, niin hän teki siitä Englannin laivastopolitiikan kulmakiven; ja jos Ranskan hallituksen antamat ohjeet olisivat olleet johdonmukaisesti samanhenkisiä, niin vuonna 1778 sota olisi voinut päättyä aikaisemmin ja paremmin heille kuin se päättyi. Näyttää olevan tahditonta arvostella, kun se teki palveluksia, joilla Jumalan tahdon mukaisesti kansakuntamme syntymä ei epäonnistu; mutta kirjoittajat omissa maissaan runsaasti heijastelevat tätä henkeä huomautuksin. Ranskalainen

upseeri, joka palveli laivastossa sodan aikana, työskenteli viileään ja
asialliseen sävyyn, niin sanoo:

"Mitä pitää Nuorten uspeerien, jotka olivat Sandy Hookin
luona D'Estaingin kanssa. St. Christopherissa De Grassen kanssa, jopa ne,
jotka saapuivat Rhode Islandille De Ternayn kanssa, kun he näkivät, että
näitä upseereita ei viety oikeuteen heidän palatessaan kotimaahansa?" [11]

Toinen ranskalainen upseeri huomautti paljon myöhemmin
oikeuttaen mielipiteensä ilmaisulla puhuttaessa Amerikan vapaussodasta
käyttäen seuraavia sanoja:

"Oli tarpeen päästä eroon epäonnekkaista
ennakkoasenteista sijaishallitsijan ja Ludwig XV:n ajalta; mutta
onnettomuudet, jotka olivat aivan liian tuoreita, niin ministerimme
unohtivat ne. Kiitokset kurjan empimisen, niin laivastot, jotka oikeasti
huolestuttivat Englantia, niin niitä heikennettiin kokoon suhteellisesti.
Perustuen itse valheelliseen talouteen, niin ministeriö väitti, että syy
liiallisiin kuluihin oli tarpeellista laivaston ylläpitämiseksi, amiraalit täytyi
käskeä pitämään yllä 'mitä suurinta varovaisuutta' kun ajateltiin, että sota
puolikkain keinoin ei aina johtaisi onnettomuuksiin. Pian myös käskyt
annettiin laivueemme päälliköille olla merellä niin kauan kuin oli
mahdollista ilman, että yhteenotot, jotka saattaisivat saada aikaan aluksien
menetyksiä, joita oli vaikeata paikata; niin, että enemmän kuin täydelliset
voitot, jotka olisivat kruunanneet amiraaliemme taidot ja kapteeniemme
rohkeus, niin muuttuivat menestykseksi, jolla oli vain vähän merkitystä.
Järjestelmä, joka perustui periaatteeseen, että amiraalin ei pitäisi käyttää
käsissään olevaa voimaa, jonka kanssa hänet lähetettiin vihollista vastaan
tarkoituksenaan pikemminkin ottaa vastaan kuin tehdä hyökkäys, niin se
järjestelmä heikensi taistelumoraalin voimaa säästääkseen voimavaroja,
jolloin sen täytyi johtaa onnettomiin lopputuloksiin... On varmaa, että se
surkea järjestelmä oli yksi syy kurinpuutteeseen ja hätkähdyttäviin
puutteisiin, jotka olivat ominaisia Ludwig XVI:n, [ensimmäisen] tasavallan
ja [ensimmäisen] keisarikunnan ajalle."[12]

Kymmenessä vuodessa rauhasta, joka tehtiin 1783 niin tuli
Ranskan vallankumous; mutta se suuri muutos, joka järkytti valtioiden
perusteita, purki sosiaalista järjestystä, ja ajoi laivastosta pois melkein
kaikki koulutetut upseerit, jotka olivat tulleet sen palvelukseen monarkian
ajalta, niin se ei vapauttanut Ranskan laivastoa sen väärästä järjestelmästä.
Oli helpompaa muuttaa hallintomuotoa kuin repiä pois syvälle juurtuneita

perinteitä. Kun kuullaan kolmatta ranskalaista upseeria, jolla oli mitä
korkein arvo ja kirjalliset saavutukset puhuttaessa Villeneuven
toimettomuudesta, joka oli ranskalainen amiraali, joka komensi Ranskan
laivaston takaosaa Niilin meritaistelussa, ja joka ei määrännyt nostettavaksi
ankkureitansa, kun jonon kärkeä oltiin tuhoamassa:

"Tuli Trafalgarin päivä, jolloin Villeneuve vuorostansa niin
kuin De Grasse ennen häntä ja niin kuin Dychayla (Armand Blanquet du
Chayla (1759–1826), ranskalainen amiraali, joka oli Niilin meritaistelussa
1798 Ranskan laivaston varakomentajana siellä), valittaisi tulleensa
hylätyksi laivastonsa toimesta. Olemme alkaneet epäillä jotain salaista syytä
siihen tappavaan sattumukseen. Ei ole luonnollista niin monen kunniallisen
upseerin keskuudesta olisi niin usein amiraaleja ja kapteeneita, jotka
toimisiva sillä tavalla. Jos joidenkin niiden nimet tänä päivänä surullisesti
liitettäisiin katastrofiemme muistoon, niin voimme olla varmoja, että syy ei
ole yksin heidän. Meidän täytyy pikemmin laittaa syy silloin tehtyjen
operaatioiden luonteen piikkiin, ja järjestelmään puolustautua niin kuin oli
määrätty Ranskan hallinnon toimesta, jonka Pitt Englannin parlamentissa
julisti olevan tie varmaan rappioon. Se järjestelmä, jonka toivoimme
kieltävämme, niin on jo tunkeutunut tapoihimme; se on, kuten sanotaan,
heikentänyt käsiämme ja lamauttanut itseluottamuksemme. Liian usein
laivueemme lähtevät satamistamme suorittamaan erityistehtäviä ja
aikomuksenaan välttää vihollista; hänen kohtaamisensa heti olisi todella
huonoa onnea. Asia oli siten, että laivamme menivät sotatoimiin; jolloin ne
alistuivat taistelemisen sijaan… Onni olisi ollut epäröivämpi kahden
laivaston välillä ja se ei olisi ollut lopulta niin paljoa meitä vastaan, niin
Brueys (Francois-Paul Brueys d'Aigalliers (1753–1798), ranskalainen
amiraali, joka komensi Ranskan laivastoa Niilin meritaistelussa ja kaatui
siellä.) olisi tullut Nelsonia vastaan puoleen matkaan, jotta olisi voinut
taistella tätä vastaan. Tämä kahlittu ja varovainen sota, jota Villaret ja
Martin kävivät, niin oli kestänyt pitkän aikaa sen takia, että jotkut
Britannian amiraalit olivat varovaisia ja perinteisiä vanhojen taktiikoidensa
kanssa. Nämä vanhat perinteet murskaantuivat myös Niilin meritaistelussa;
oli tullut aika ratkaisevaan meritaisteluun." [13]

Joitakin vuosia myöhemmin tuli Trafalgar ja taas Ranskan
hallitus otti uuden politiikan laivaston suhteen. Äskeisen lainauksen sanoja
puhuu uudestaan:

"Keisari, jonka kotkankatse seurasi laivastojensa sotaretkiä niin myös armeijoidensa, niin oli väsynyt näihin odottamattomiin vastoinkäymisiin. Hään käänsi katseensa yhdelle taistelukentälle, jolla sotaonni ei ollut seurannut häntä ja päätti käydä Englannin kimppuun missä tahansa muualla kuin merillä; hän määräsi laivastonsa rakennettavaksi uudelleen, mutta antamatta siitä mitään osaa kamppailuun, josta tuli raivokkaampi kuin koskaan aikaisemmin... Joka tapauksessa sen sijaan, että telakoillamme olisi laiskoteltu, niin niillä tehtiin kaksinkertaista vuoroa. Joka vuosi linjalaivoja pistettiin rakenteille tai lisättiin laivastoon. Venetsia ja Genova hänen komennossaan näkivät niiden vanhan loiston taas nousevan, ja Elben rannoilta Adrianmeren kaikkiin satamiin mantereella epäilyttävästi seurattiin keisarin luovia ajatuksia. Useat laivueet koottiin Scheldtin suulle, Brestin redille ja Touloniin... Mutta lopulta keisari kielsi antamasta tälle laivastolle, joka oli täynnä intoa ja itseluottamusta, niin mahdollisuutta ottaa mittaa vihollisestansa... Kärsien jatkuvista vastoinkäymisistä, niin hän oli pitänyt aseistetut aluksemme vain pakottamassa vihollista ylläpitämässä saartoja, joiden massiivisten kulujen täytyisi lopulta kuluttaa pois heidän rahalliset voimavaransa."

Kun keisarikunta kaatui, niin Ranskalla oli satakolme linjalaivaa ja viisikymmentäviisi fregattia.

Käännyttäessä nyt tietyistä historiasta vedettävistä opetuksista yleisiin kysymyksiin koskien hallituksen vaikutusvaltaa niihin miehiin, joiden urat olivat merillä, niin on nähtävissä, että sen vaikutus voi toimia kahdella tavalla, jotka ovat läheisesti yhteydessä toisiinsa.

Ensimmäiseksi rauhan aikana hallitus politiikkansa avulla voi suosia kansakuntansa teollisuuden luonnollista kasvua ja sen taipumuksia hakea seikkailuja ja pyrkiä pääsemään merelle; tai se voi koettaa kehittää sellaisia teollisuudenaloja ja sellaista merenkulkua, joka kun se ei ole luonnollisesti olemassa tai toisaalta hallitus voi virheellisillä toimilla ja esteillä kansakuntansa kehitykselle jättää ihmiset itse tekemään näitä toimia. Missä tahansa näistä tavoista niin hallituksen vaikutus tuntuu auttaen tai haitaten maansa merivoimia koskien rauhanomaista kauppaa, jolle se yksinomaan perustuu, jota ei voida liian usein väittää, ja jolle voimakas laivasto tulee perustumaan.

Toiseksi sodassa hallituksen vaikutus tulee tuntumaan mitä hyväksyttävimmällä tavalla pidettäessä yllä aseistettua laivastoa, jonka koko on suhteessa kasvuun sen kauppalaivastosta ja tärkeydestä etuihin, jotka siihen yhtyvät. Jopa tärkeämpää kuin laivaston koko niin on kysymys sitä tukevista instituutioista suosien tervettä henkeä ja toimintaa, ja tukien nopeaa kehitystä sodan aikana käyttäen riittävää määrää miesreservejä ja laivoja, ja keinoja saada käyttöön yleistä reservivoimaa osoitettuna, kun otetaan huomioon kansakunnan luonne ja tavoitteet. Epäilemättä tämän toisen kohdan sotaan valmistautumisen täytyy tulla ylläpitäen sopivia laivastotukikohtia, jotka ovat kaukaisissa osissa maailmaa, joissa aseistetun kauppalaivaston tulee seurata rauhanomaisia rahtilaivoja. Sellaisten tukikohtien suojelu täytyy olla riippuvaista suorasta sotilaallisesta voimasta niin kuin Gibraltarilla ja Maltalla tai olla ystävällismielisen väestön ympäröimänä niin kuin amerikkalaiset siirtokuntalaiset olivat Englannille ja voidaan olettaa, että Australian siirtokuntalaiset nyt ovat. Sellainen ystävällismielinen ympäristö ja tuki, joiden lisäksi on riittävää sotilaallista tukea, ovat parhaita keinoja puolustaa ja kun lasketaan yhteen saadakseen ylivoima merellä, kun kyseessä on hajanainen ja laaja imperiumi, niin kuin Englannilla on, jotta se voidaan turvata, kun on totta, että odottamaton hyökkäys voi saada aikaan tuhoa, joka on yleistä tai korjaamatonta. Historia on riittävästi todistanut tätä. Englannin laivastotukikohdat ovat olleet kaikkialla maailmassa; ja sen laivastot ovat kerran suojelleet kaikkia niitä pitäen yhteydet avoimina niiden välillä ja luottaneet niihin saadakseen suojaa.

Siirtokunnat, joiden yhteydet emämaahan pidetään yllä, niin ovat varmin keino saada tukea ulkomailla merivoimille. Rauhan aikana hallituksen vaikutuksen pitäisi tuntua edistäen kaikin keinoin näitä siteitä lämpimästi ja yhtenäisyyttä eduista, jotka tulevat tekemään yhden hyvinvoinnista kaikkien hyvinvointia ja yhden riidoista kaikkien riitoja; ja sodassa tai pikemminkin sodan vuoksi johtuen sellaisista mitoista kuin organisaatiosta ja puolustuksesta, niin tulevat tuntemaan reilun taakanjaon, joista jokainen niistä hyötyy.

Sellaisia siirtokuntia ei Yhdysvalloilla ole ollut ja tuskin tulee olemaankaan. Koskien puhtaasti laivastotukikohtia, niin sen kansan tuntemukset ovat luultavasti ilmaistu tarkasti historioitsijan mukaan Englannin laivastosta sata vuotta sitten puhuen silloin Gibraltarista ja Port Mahonista. ”Sotilashallinnot”, hän sanoi, ”ovat niin vähän yksimielisiä kaupankäynnin alan ihmisten kanssa ja ovat itse niin vastenmielisiä brittiläisen kansan hengelle, että en ihmettele, että järkevät miehet ja kaikki osapuolet omaavat taipumuksen luopua niistä niin kuin Tangiersistä luovuttiin.” Siten ilman ulkomaisia tukikohtia siirtomaissa tai sotilaallisesti, niin Yhdysvaltain sota-alukset sodassa ovat kuin maalla eläviä lintuja, jotka eivät pysty lentämään kauas omilta rannoiltansa. Saadakseen niille lepopaikkoja, joissa ne voivat täydentää hiilivarojansa ja korjata itseänsä, niin se tulee olemaan yksi ensimmäisistä velvollisuuksista hallitukselle pyrkiessään itse kehittämään kansakunnan merellisiä voimia.

Käytännöllisenä tavoitteena tässä tarkastelussa on saada kuva historian antamista opetuksista, joita voidaan sisällyttää omaan maan sitä palvelemaan, sillä on asianmukaista nyt kysyä, että kuinka paljon Yhdysvaltain olosuhteisiin kuuluu vakavaa vaaraa ja kutsua toimintaan osaltansa hallitus rakentaakseen taas sen merellistä voima. Ei tule olemaan paljoakaan sanottua, että hallituksen toiminta sitten sisällissodan ja tähän päivään asti (vuoteen 1890), niin on käytännössä ohjattu yksin siihen, mitä voidaan kutsua ensimmäiseksi linkiksi ketjussa, jolla tehdään merellistä voimaa. Sisäinen kehitys, suuri tuotanto yhdessä tavoitteiden ja omavaraisuuden kehujen kanssa on ollut sellainen tavoite, johon jollain tavalla pyritään. Siinä asiassa hallitus on uskollisesti heijastellut pyrkimyksiä hallita joitakin aihepiirejä maasta, vaikka ei ole aina ollut helppoa tuntea sellaisten aihepiirien hallinnan todella olevan edustavia jopa vapaassa maassa. Kuitenkin voi olla, että ei ole epäilyksiä, että huolimatta siitä, että sillä ei ole siirtokuntia, niin keskivälin linkki koskien rauhanomaista kauppalaivastoa ja siihen liittyviä etuja, niin se on myös puutteellinen. Toisin sanoen Yhdysvalloilla on vain yksi linkki kolmesta.

Olosuhteet merisodassa ovat muuttuneet niin paljon viimeisen sadan vuoden aikana (vuoteen 1890 mennessä), joten voidaan olla epäilemättä niin katastrofaaliset vaikutukset yhtäällä tai sellainen loistava kukoistus toisaalla, niin kuin nähtiin sodissa Englannin ja Ranskan välillä, niin ne saattavat toistua. Oma turvallisuus ja ylimielinen valta merellä, niin Englanti voi käyttää voimaansa puolueettomiin tahoihin, jotka eivät tule enää nousemaan uudestaan ja periaate, että lippu suojaa heidän kauppatavaroitaan, on ikuisesti turvattu. Sotaa käyvien tahojen kaupankäynti on siten nyt turvattu kuljettamalla niitä puolueettomilla kauppa-aluksilla paitsi, kun kyseessä on kiellettyjä sotatarvikkeita tai saartaa satamia; ja kun kyse on jälkimmäisestä, niin on myös varmaa, niin ei ole enää teennäisiä saartoja. Laittaen sivuun siten kysymyksen kyvystä puolustaa sen omia satamia valloitukselta tai niiden vahingoittamiselta, joka on käytännöllisesti ylimielistä teoriassa ja täysin välinpitämätöntä, niin mikä on sitten Yhdysvaltojen merivoimien tarve? Sen kauppaa kuljettavat nyt muut tahot; miksi pitäisi sen kansan haluta sitä, jos sen olemassaoloa täytyy puolustaa suurella hinnalla? Tähän asti tämä kysymys on ollut taloudellinen, on tämän teoksen laajuuden ulkopuolella; mutta olosuhteet voivat sisältää kärsimyksiä ja menetyksiä maalle sodan kautta, jotka suoraan ohjataan sille. Myöntäen siten, että Yhdysvaltain ulkomaankauppaa, joka tulee ja menee aluksissa, joita vihollinen ei voi koskea paitsi saarretuissa satamissa, niin miten saadaan aikaan tehokas saarto? Nykyiset määritelmät, että niistä voi tulla niin julistettu vaaraa alukselle pyrkiessään tai lähtiessään satamassa. Tämä on selvästikin hyvin joustavaa. Monet voivat muistaa sisällissodan aikana sen jälkeen, kun Yhdysvaltain laivastoa vastaan yöllinen hyökkäys Charlestonin edustalla, niin konfederaatio lähetti höyrylaivalla seuraavana aamuna joitakin ulkomaisia diplomaatteja kyydissään, jotka siihen asti, että yksikään saartoa pitävä alus ei ollut näkyvissä pitämässä yllä saartoa niin, että se saatettaisiin toteuttaa. Vahvuus tässä julistuksessa on se, että jotkut etelän virkamiehet, niin saarto oli käytännössä murrettu ja sitä ei voitu uudestaan saada voiman ilman uusia ilmoituksia. On tarpeellista saada aikaan saada todellista vaaraa saarronmurrosta niin, että saartavan laivaston tulisi olla näkyvissä? Puolen tusinaa nopeita höyrylaivoja, jotka risteilevät muutamien kymmenien kilometrien päässä New Jerseyn ja Long Islandin rannikolta, niin ne olisivat hyvin todellinen uhka laivoille, jotka pyrkisivät sisään tai ulos New Yorkin pääsatamasta, ja samanlaisesta paikasta voitaisiin tehokkaasti saartaa Boston, Delaware-joen suu ja Chespeaken lahti. Pääosa saartavaa laivastoa, niin sen ei tarvitsisi olla vain kaappaamaan rahtilaivoja, vaan estämään sotilaallisia pyrkimyksiä murtaa saarto, kun sen ei tarvitsisi olla näkyvillä tai paikassa, josta se olisi nähtävissä rannikolta. Pääosa Nelsonin laivastosta oli kahdeksankymmenen kilometrin päässä Cadizista kaksi päivää ennen Trafalgarin meritaistelua pienen osaston vahtiessa läheltä satamaa. Liittolaisten laivasto alkoi lähteä liikkeelle kello seitsemän aikaan aamulla ja Nelson, jopa niissä olosuhteissa niinä päivinä sai sen selville kello puolikymmeneen mennessä. Englantilainen laivasto oli sillä etäisyydellä hyvin todellinen uhka vihollisellensa. Näytti olevan mahdollista, että näinä päivinä, kun on merenalaisia kaapeleita, että saartavat voimat maalla ja merellä ja satamasta toiseen, saattavat olla keskenään viestiyhteyksissä sähkeiden avulla pitkin koko Yhdysvaltain rannikkoa antaen valmiina tukea toisillensa; ja jos jonkin onnekkaan sotatoimen kautta, niin yksi yksikkö joutuu voimakkaan hyökkäyksen kohteeksi, niin se pystyy varoittamaan muita ja pakenemaan. Myönnettäköön, että sellaisen saarron murtaminen yhden sataman luona yhtenä päivänä ajamalla pois alukset, jotka pitävät sitä yllä, niin ilmoitus sen jatkumisesta uudelleen annettaisiin kaapeleita pitkin kaikkialle maailmaan. Välttääksemme sellaisia saartoja täytyy olla olemassa sotilaallista voimaa merellä, joka pystyy kaikkina aikoina vaarantamaan saartavan laivaston niin, että sillä ei ole keinoja pitää asemiaan. Sitten puolueettomat alukset, paitsi ne, joissa on sotatarvikkeita, niin voivat tulla ja mennä vapaasti ja ylläpitää maan kauppayhteyksiä ulkopuoliseen maailmaan.

Voidaan vedota siihen, että Yhdysvaltain mittavan rannikon takia saarto ei tulisi olemaan täysin tehokkaasti pidettävissä yllä. Kukaan ei ole tule olemaan valmiimpi myöntämään tätä kuin upseerit, jotka muistavat kuinka etelän rannikon saarto yksin pidettiin yllä. Mutta laivaston nykyisessä tilassa ja tähän voidaan lisätä, että mitkään lisäykset, jotka eivät ylitä sitä, mitä hallitus on ehdottanut [14], niin pyrkimys saada aikaan saarto Bostonia, New Yorkia, Delaware-joen suuta, Chesapeaken lahtea ja Mississippin suut, niin toisin sanoen suuria viennin ja tuonnin keskuksia, niin sitä ei voisi tehdä kuin suuri merenkulkuvaltio suuremmin ponnisteluin kuin koskaan aikaisemmin on tehty. Englanti yhtä aikaa saartoi Brestiä, Biskajanlahtea, Toulonia ja Cadizia, kun niissä satamiss oli voimakkaita laivueita paikalla. On totta, että kaupankäynti puolueettomilla aluksilla voi tulla Yhdysvaltain muihin satamiin kuin niihin, jotka on mainittu; mutta entä sitten oman kansakunnan meriliikenteen uudelleenjärjestely, entä sitten epäonnistuminen huoltaa ajoissa, entä sitten puutteet kuljettaa tavaraa rautateitse tai vesitse hyödyntäen telakoita, majakoita, varastoja, niin tulevat kuvaan pakotettuna muutoksena koskien sisääntulosatamia! Eikö tule olemaan rahallisia menetyksiä ja kärsimyksiä tämän kaiken seurauksena? Ja kun on niin paljon kipua ja kustannuksia, että nämä menetykset voitaisiin osittain korvata, niin vihollinen saattaa tulla saartamaan myös uudet sisääntuloväylät niin kuin se saartoi vanhat. Yhdysvaltain kansa ei varmasti tule kuolemaan nälkään, mutta se voi kärsiä paljon. Koskien sotatarvikkeita, niin eikö ole mitään syytä pelätä, että Yhdysvallat ei pystyisi toimimaan niiden suhteen yksin, jos siihen tulisi tarvetta?

Kysymys on keskeisesti se, miten hallituksen vaikutuksen pitäisi tuntua, kun rakennetaan kansakunnan laivastoa, joka jos ei pysty saavuttamaan kaukaisia maita, niin ainakin pystyy pitämään sen pääkauppareitit sen omassa valvonnassa. Kansakunnan katse on neljännesvuosisadan aikana käännetty pois mereltä; lopputuloksena on ollut sellainen politiikka ja sen vastustus, joka on näkynyt Ranskan ja Englannin tapauksissa. Ilman pakottavaa kapeaa vertailemista Yhdysvaltain tapauksen ja näiden kahden välillä, niin voidaan turvallisesti sanoa, että on keskeistä koko maan hyvinvoinnin kannalta, että kaupankäynnin olosuhteet ja kauppa säilyvät niin paljon kuin on mahdollista niin, että niihin ei vaikuta ulkopuolinen sota. Saavuttaakseen tämän vihollinen ei tule pitää vain poissa satamistamme, vaan myös kaukana rannikoistamme. [15]

Voiko tämä laivasto olla olemassa ilman, että olisi kauppalaivastoa? Se on epätodennäköistä. Historia on osoittanut, että sellainen puhtaasti sotilaallinen merivoima, jonka joku despootti rakentaa niin kuin Ludwig XIV teki, niin näyttää olevan reilua sanoa kokemusten kautta, että hänen laivastonsa kasvoi ilman, että sillä oli mitään juuria, jonka takia se pian myös kuihtui pois. Mutta edustuksellisessa hallinnossa mitkä tahansa sotilasmenot täytyy saada vahvasti edustamaan sen maan etuja vakuuttuen niiden tarpeellisuudesta. Sellaista etua merivoimiin ei ole olemassa, eikä voi olla olemassa ilman sen maan hallituksen toimia. Kuinka sellainen kauppalaivasto pitäisi rakentaa joko tukien avulla tai hyödyntämällä vapaakauppaa hallinnon avulla tai vapaalla liikkuvuudella vapaassa tilassa, niin se ei ole sotilaallinen, vaan taloudellinen kysymys. Jopa Yhdysvaloilla on suuri kansallinen kauppalaivasto, mutta voidaan kysyä, että seuraako siitä riittävä laivasto; etäisyys, joka erottaa sen muista suurvalloista, on yhtäällä suoja, mutta toisaalla on ansa. Motiivi, jos sellainen on olemassa, joka antaa Yhdysvalloille laivaston, niin on luultavasti Keski-Amerikan kannaksen tilanteen kehitys. Toivotaan nyt, että laivasto ei tule syntymään liian myöhään.

Tähän päättyy yleinen keskustelu pääasioista, joihin vaikutetaan suotuisasti tai epäsuotuisasti kasvattaen kansakuntien merivoimia. Tavoite on ollut ensiksi ottaa huomioon ne elementit kansallisista taipumuksista puolesta tai vastaan, ja sitten kuvailla tiettyjä esimerkkejä ja menneisyyden kokemuksia käyttäen tilanteita. Sellaiset keskustelut, vaikkakin epäilemättä tukeutuvat laajemmalle alueelle, niin ne silti pääasiassa kuuluvat strategian piiriin erottaen ne taktiikasta. Huomiot ja periaatteet, jotka kuuluvat niiden kanssa yhteen, ovat muuttumattomat tai säilyvät muuttumattomina asioiden tilan pysyessä saman syiden ja vaikutusten suhteen ajasta toiseen. Ne kuuluvat, niin kuin ovat kuuluneet, luonnolliseen järjestykseen, jonka vakaudesta on kuultu niin paljon omana aikanamme; kun taas taktiikt käyttäen niitä välineinä aseiden käytöstä, jotka ihmiset ovat tehneet, niin jakaa muutoksia ja edistystä ihmiskunnan yhdeltä sukupolvelta toiselle. Ajasta toiseen taktiikan rakenteet ovat muuttuneet tai ne on purettu pois; mutta vanhat strategian perusteet ovat tähän asti pysyneet samoina aivan kuin ne olisi hakattu kiveen. Seuraavaksi tulee olemaan Euroopan ja Amerikan historian yleistä tarkastelua etenkin viitaten vaikutuksiin siitä historiasta ja ihmisten hyvinvointiin merivoimien kautta laajassa mielessä. Ajasta toiseen, kuten joskus tapahtuu, niin tarkoituksen tulee olla kutsua ja vahvistaa yleisiä oppeja, jotka ovat jo olemassa, niin tietyin kuvauksin. Yleinen äänensävy tarkastelussa tulee siten olemaan strateginen laivastostrategian laajassa mielessä, johon on aikaisemmin viitattu lainauksin ja joka on hyväksytty: "Laivastostrategian päämäärä on löytää, tukea ja kasvattaa niin rauhan aikana kuin sodassa kansakunnan merellistä voimaa." Asia koskee etenkin taisteluita, kun taas vapaasti myönnetään, että yksityiskohtien muutokset ovat tehneet paljon heidän opetuksista vanhanaikaisia, kun on yritetty osoittaa, missä voidaan hyödyntää tai laiminlyödä aitojaa yleisiä periaatteita, jotka ovat tuottaneet ratkaisevia vaikutuksia; ja kun muut asiat ovat tasaväkisiä, niin ne toimet, joita pidetään parempina, niin niiden yhteydestä mitä kunnostautuneimpien upseerien nimiin, niin voidaan näyttää kuinka kauas juuri taktiset ideat ovat kehittyneet tiettynä aikana tai tietyissä toimissa. Tulee myös olevan haluttava siellä, missä tehdään vertauksia muinaisten ja nykyisten aseiden välillä etenkin pinnallisesti, niin johtaa todennäköiset opetukset siitä, mitä tarjotaan ilman, että tulisi olemaan perusteetonta huolta samankaltaisuudesta. Lopulta on muistettava, että kaikkien muutosten keskuudessa ihmisen luonteenpiirteet pysyvät pääasiassa samoina; henkilökohtainen vaikutus, vaikkakin epävarma määrän ja laadun suhteen etenkin tässä tapauksessa tullaan aina huomamaan.

Lähdeviitteet;

[7] Pysyvien operaatioiden tukikohta "ymmärretään maa-alueena, jolta tulevat kaikki voimavarat, jossa yhtyy suuret huoltolinjat maitse ja vesitse kuin myös jossa ovat asevarastot ja aseistetut asemat.

[8] Mielenkiintoinen todiste ominaisuuksien vaikutuksesta Ison-Britannian laivaston voimaan voidaan löytää suuren sotilaskirjoittaja Jominin aloituskappaleesta teoksessa "Ranskan vallankumouksen sotien historia eng. "History of the Wars of the French Revolution."" Hän esittää siinä Euroopan politiikan keskeisenä periaatteen, että laivastovoimien rajoittamatonta laajentamista ei pitäisi sallia millekään maalle, jota ei voitaisi lähestyä maitse; se on kuvaus, jota voidaan soveltaa vain Isoon-Britanniaan.

[9] Gougeard: Le Marine de Guerre; Richelieu et Colbert.

[10] Mitä tahansa voidaan ajatellakin Clerkin väitteiden alkuperästä laivaston järjestelmien rakentamisesta ja sitä on vakavasti moitittu, niin ei voi epäillä, etteikö hänen kritiikillänsä menneisyyden suhteen olisi perusteita. Sen verran mitä kirjoittaja tietää, niin tässä mielessä hän ansaitsee kiitosta alkuperäisyydestä, joka on huomattavaa siksi, että hän ei ole merimies tai ammattisotilas.

[11] La Serre: Essais Hist. et. Crit. sur 1 Marine Francaise.

[12] Lapeyrouse-Bonfils: Hist. de la Francaise.

[13] Jurien de la Graviére: Guerres Maritimes.

[14] Kuten yllä on kirjoitettu, niin laivastoministeri raportissaan 1889 suositteli, että laivasto, joka tekisi sellaisen saarron kuten täällä on ehdotettu, niin olisi hyvin vaarallinen.

[15] Sanaan "puolustus" sodassa kuuluu kaksi asiaa, jotka on ilmaisun tarkkuuden vuoksi pidettävä erillään toisistansa. On olemassa puolustus puhtaasti ja yksinkertaisesti, jolloin vahvistetaan itseään ja odotetaan hyökkäystä. Tätä voidaan kutsua passiiviseksi puolustukseksi. Toisaalta on olemassa näkemys puolustukseen, joka painottaa oman puolen turvallisuutta, jolloin todellinen tavoite on puolustuksellinen valmistautuminen parhaaksi turvaksi vihollisen hyökkäystä vastaan. Kun kyseessä on meren rannan puolustus, niin aikaisempaa toimintatapaa edustavat kiinteät linnoitukset, vedenalaiset miinat ja yleisesti kaikki liikkumattomat rakenteet, joiden tarkoitus on yksinkertaisesti pysäyttää vihollinen, jos hän tulee sinne. Toinen tapa koostuu kaikista niistä keinoista ja aseista, joiden kanssa ei odoteta sellaista hyökkäystä, vaan mennään kohtaamaan vihollisen laivasto, oli se sitten muutamien kilometrien päässä tai sen omilla rannoilla. Sellaista puolustusta voidaan pitää todellisena hyökkäyssotana, mutta sitä se ei ole; siitä tulee hyökkäyssota, kun se tavoite muuttuu vihollisen laivastosta vihollisen maahan. Englanti puolusti omia rantojaan ja siirtokuntiaan sijoittamalla laivastojaan lähelle ranskalaisia satamia taistellakseen Ranskan laivaston kanssa, jos se lähtisi merelle. Yhdysvallat sisällissodassa sijoitti laivastojaan etelän satamien edustalle ei siksi, että se pelkäsi niitä, vaan siksi, että se pyrki murtamaan konfederaation eristämällä sen muusta maailmasta ja lopulta hyökkäämällä sen satamiin. Keinot olivat samat; mutta yhdessä tarkoitus oli puolustuksellinen ja toisessa hyökkäyksellinen.

Sekavuus näiden kahden asian suhteen johtaa paljoon
tarpeettomaan vääntelemiseen koskien asianmukaisia armeijan ja laivaston
toimialueita rannikkopuolustuksessa. Passiivinen puolustus kuuluu
armeijalle; kaikki muu mikä liikkuu vedessä, niin kuuluu laivastolle, jolla
on etuoikeus hyökkäykselliseen puolustukseen. Jos merimiehiä käytetään
linnoituksien varuskuntin, niin heistä tulee maavoimia yhtä samalla tavalla
kuin joukot, jotka nousevat laivoihin osana niiden miehistöä, niin niistä
tulee merivoimia.

Luku II; Euroopan tilanne 1660; Toinen sotaa Englannin ja Hollannin välillä 1665–1667; Lowestoftin ja neljän päivän meritaistelut.

Ajanjakso, josta historiallinen tarkastelumme alkaa, niin sen on suunnilleen määritelty alkavan 1600-luvun puolivälistä. Vuosi 1660 on nyt otettu määritellyksi päivämääräksi, jolloin se alkaa. Sen vuoden toukokuussa kuningas Charles II palautettiin valtaan Englannin valtaistuimelle kansan yleisen ilonpidon keskellä, Seuraavan vuoden maaliskuussa kardinaali Mazarinin kuoltua Ludwig XIV kokosi ministerinsä ja sanoi heille: "Olen kutsunut teidät kertoakseni teille, että minua on miellyttänyt suuresti sallia edesmenneen kardinaalin hoitaa asioitani; tulevaisuudessa tulen itse olemaan oma pääministerini. Annan määräyksen, että mitään käskyjä ei annetta paitsi niitä, jotka tulevat minulta ja määrään valtion ministerit ja budjetin tarkastajat olemaan hyväksymättä mitään muuta kuin antamiani käskyjä." Niin henkilökohtainen valta säilytettiin tuolla tavalla yli puolen vuosisadan ajan.

Yhden kahdentoista kuukauden aikana silloin nähtiin järjestettävän kansallinen elämä sekasorron ajanjakson jälkeen, joka oli enemmän tai vähemmän häirinnyt kahta kansakuntaa, jotka minkä tahansa eriarvoisuuden keskellä olivat ottaneet kärkipaikat modernin Euroopan ja Amerikan merihistoriassa, sekä laajemmin maailmalla. Merihistoria on kuitenkin vain yksi tekijä yleisessä kehityksessä ja kansakuntien rappeutumisessa, jota kutsutaan niiden historiaksi; ja jos ei huomata muita tekijöitä, jotka ovat niin läheisessä yhteydessä niihin, niin vääristyneet näkemykset joko liioittelun tai vähättelyn takia, niin aiheuttavat niiden kadottamisen. On olemassa uskomus, että tärkeät asiat ovat hyvin paljon aliarvostettuja, jos ne on menettänyt sellainen kansa, jolla ei ole yhteyksiä mereen ja etenkin Yhdysvaltain kansa omana aikanamme, jolloin tämä tutkimus on tehty.

Otettu aloituspäivämäärä 1660, niin se seuraa läheisesti toista päivämäärää, joka merkitsi suurta sovintoa Euroopan asioissa, jolloin tehtiin sovinto suuren sodan jälkeen, joka historiassa tunnetaan nimellä kolmekymmenvuotinen sota. Tämä toinen päivämäärä perustuu Westfalenin tai Münsterin sopimuksiin vuodelta 1648. Niissä Alankomaiden itsenäisyys, joka oli ollut jo kauan käytännössä varma, tunnustettiin muodollisesti Espanjan toimesta; ja sitä seurasi vuonna 1659 Pyreneiden sopimus Ranskan ja Espanjan välillä, jossa nämä kaksi maata antoivat Euroopalle yleisen ulkoisen rauhan, jonka kohtalona olisi se, että sitä tulisi seuraamaan

sarja melkein maailmanlaajuisia sotia, jotka niin kauan kuin Ludwig XIV
eli, niin ne sodat tulisivat syvällisesti muuttamaan Euroopan karttaa; jolloin
uusia kansakuntia tulisi syntymään, toiset kansakunnat rappeutuisivat, ja
kaikki kansakunnat tulisivat kokemaan suuria muutoksi joko niiden
hallinnon laajuuteen tai poliittiseen voimaan. Näiden vaikutus merivoimiin
suoraan ja epäsuorasti oli hyvin suurta.

Meidän täytyy ensiksi katsoa Euroopan valtioiden yleistä
tilaa aikana, josta kerronta alkaa. Kamppailut, jotka olivat jatkuneet melkein
vuosisadan päättyen Westfalenin rauhaan, niin kuninkaallinen suku, joka
tunnetaan nimellä Habsburgien suku, niin sillä oli niin paljon valtaa, että
kaikki muut pelkäsivät sitä. Keisari Kaarle V:n pitkän valtakauden aikana,
joka päättyi, kun hän sata vuotta aikaisemmin luopui vallasta, niin silloin
henkilö, joka oli yhdistänyt itse Itävallan ja Espanjan kruunut pitäen niitä
kaikkien muiden omistuksiensa kanssa, jotka nyt tunnemme Alankomaina
ja Belgiana yhdessä huomattavan vaikutusvallan kanssa Italiassa. Sen
jälkeen, kun hän luopui vallasta, niin kaksi suurta kuningaskuntaa; Itävalta
ja Espanja erotettiin toisistansa; mutta vaikka niitä hallitsivatkin eri
henkilöt, niin ne silti olivat samaa sukua ja niillä oli taipumus toisiaan
kohtaan yhtenäisyyteen ja sympatiaan, joka oli merkitsevää niiden
dynastioiden sukuyhteyksille sille ja seuraavalle vuosisadalle. Tätä
yhtenäisyyden sidettä vahvisti yhteinen uskonto. Sadan vuoden aikana
ennen Westfalenin rauhaa suvun laajennettu valta ja sen tunnustaman
uskonnon levittäminen olivat kaksi voimakkainta syytä poliittisille toimille.
Se oli suurten uskonnollisten sotien aikaa, joka sai kansakunnan toista
kansakuntaa vastaan, ruhtinaskunnan toista ruhtinaskuntaa vastaan ja usein
saman maan sisällä ryhmittymät toisiaan vastaan. Uskonnollinen vaino sai
aikaan kapinan protestanttisissa Alankomaissa Espanjaa vastaan, joka
alettuaan ketsi kahdeksankymmentä vuotta enemmän tai vähemmän
jatkuvaa sotimista ennen kuin heidän itsenäisyytensä tunnustettiin.
Uskonnollinen eripura, joka sai aikaan silloin sisällissotia, niin vei Ranskan
huomion suurimman osan sitä samaa aikaa syvällisesti vaikuttaen ei vain
sen sisäiseen, vaan myös sen ulkoiseen politiikkaan. Niinä päivinä tapahtui
Pärttylinyön verilöyly, kuningas Henrik IV:n uskonnollinen murha, La
Rochellen piiritys, sekä silloin oli jatkuvaa juonittelua roomalaiskatolisen
Espanjan ja roomalaiskatolisten ranskalaisten välillä. Uskonnollisena
motiivina toimia alueella, jolle se ei luonnollisesti kuulunut ja jossa sillä ei
ollut oikeudenmukaista paikkaa, niin se kuoli pois, kun kansakuntien tarpeet
ja intressit alkoivat saada oikeudenmukaisempaa painoarvoa; ei ollut niin,

että kansakunnat olisivat menettäneet huomionsa näihin asioihin, vaan uskonnolliset vihamielisyydet olivat joko sokaisseet silmät tai kahlinneet valtiomiesten toimia. Oli luonnollista, että Ranska, joka oli uskonnollisten intohimojen yksi suurimmista kärsijöistä sen protestanttisen vähemmistön määrästä ja koosta, niin tämän reaktion pitäisi olla ensiksi ja mitä suurimmassa määrin nähtävissä siinä. Sen sijainti Espanjan ja saksalaisten valtioiden välissä, joiden joukossa oli Itävalta ilman kilpailijoita, niin sisäinen yhtenäisyys ja esteet Habsburgien suvun vallalle olivat poliittisia välttämättömyyksiä. Onnekkaasti kohtalo antoi sille kaksi suurta hallitsijaa, Henrik IV:n ja Richelieun melkein peräkkäin; nämä miehet eivät sortuneet uskonnolliseen kiihkoiluun ja jotka pakotettuna tunnustamaan politiikan toimivalta, tekivät sen tuon alan herroina, eivät sen orjina. Heidän komennossaan ranskalainen valtiomiestaito sai ohjausta, josta Richelieu muodosti perinteen, ja joka toimi noudattaen seuraavia yleisiä ohjeita: (1) valtakunnan sisäisen yhtenäisyyden nimissä laannutettaisiin tai tukahdutettaisiin uskonnolliset erimielisyydet ja keskusvalta annettaisiin kuninkaalle; (2) Tehtäisiin vastarintaa Habsburgin sukua vastaan, johon pyrittäisiin ja jota toteutettaisiin tarpeen vaatiessa liitossa protestanttisten saksalaisvaltioiden ja Alankomaiden kanssa; (3) Ranskan rajoja pyrittäisiin laajentamaan itään päin pääasiassa Espanjan kustannuksella, jolla ei silloin ollut vain hallussaan Belgiaa, vaan myös muita maakuntia, jotka olivat kauan aikaa olleet osa Ranskan kuningaskuntaa; ja (4) suuren merivallan luominen ja kehittäminen, joka kasvattaisi valtakunnan vaurautta ja jonka tarkoituksena oli haastaa Ranskan vanha vihollinen Englanti; jonka takia yksi näkyvissä oleva päämäärä olisi liitto Alankomaiden kanssa. Sellaiset laajat politiikan linjaukset asetti valtiomiesten eteen ensiluokkainen nero, jonka ohjauksessa sen kansakunta, jonka ihmiset olivat hyvästä syystä pitäneet itseään eurooppalaisen sivistyksen tärkeimpinä edistäjinä yhdistäen poliittisten etujen ajamisen yksilölliseen kehittämiseen. Tämä perinne, jota jatkoi Mazarin, niin sen häneltä sai Ludwig XIV; jolloin tullaan näkemään, kuinka uskollinen hän oli sille, ja mitkä olivat hänen toimiensa vaikutukset Ranskalle. Samaan aikaan voidaan huomata, että näistä neljästä osasta oli tarpeellinen Ranskan suuruudelle merivalta ykkösenä; ja toinen, sekä kolmas olivat käytännössä samaa, kun tarkastellaan keinoja, jolloin voidaan sanoa, että merivalta oli yksi kahdesta suuresta keinosta, joilla Ranska pyrki säilyttämään ulkoista suuruuttansa. Englanti merellä ja Itävalta maalla viittasivat ponnistelujen suuntaan, joita Ranskan olisi tehtävä.

Koskien Ranskan olosuhteita 1660 ja sen valmiutta mennä eteenpäin Richelieun määrittelemällä tiellä, niin voidaan sanoa, että sisäinen rauha oli turvattu, aateliston valta oli kokonaan murskattu, uskonnolliset riidat oli saatu päätökseen; suvaitsevainen Nantesin edikti oli yhä voimassa, kun taas jäljellä oleva protestanttinen tyytymättömyys oli tukahdutettu asein. Kaikki valta oli täysin keskitetty valtaistuimelle. Toisin sanoen, vaikka kuningaskunnassa oli rauha, niin olosuhteet olivat vähemmän tyytyväiset. Sillä ei ollut käytännössä laivastoa; sisäinen ja ulkoinen kauppa eivät kukoistaneet; valtion rahatilanne oli kaaoksessa ja sen armeijat olivat pienikokoiset.

Espanja, joka oli kansakunta, jonka edessä kaikki muut maat olivat vapisseet alle vuosisata aikaisemmin, niin oli ollut pitkään rappiolla ja se oli tuskin voimakas; sen keskusvallan heikkous oli levinnyt kaikkiin osiin sen hallintoa. Sen alueiden laajuus oli kuitenkin vielä suuri. Espanjan Alankomaat kuuluivat yhä sille; se piti hallussaan Napolia, Sisiliaa ja Sardiniaa; Gibraltar ei ollut vielä joutunut englantilaisten käsiin; sillä oli laajat alueet hallussaan Amerikassa koskemattomina. Olosuhteet koskien sen merivoimia niin rauhan kuin sodan aikana, niin niihin on jo viitattu. Monia vuosia aikaisemmin Richelieu oli tehnyt väliaikaisen liiton Espanjan kanssa, jonka perusteella se antoi hänen käyttöönsä neljäkymmentä laivaa; mutta alusten huono kunto, jonka lisäksi ne olivat huonosti aseistettuja ja johdettuja, niin pakotti vetämään ne pois. Espanjan laivasto oli siitä lähtien ollut täysin rappeutuva ja sen heikkous ei jäänyt huomaamatta kardinaalin läpäisevältä katseelta. Yhteenotto, joka tapahtui espanjalaisten ja hollantilaisten laivastojen välillä 1639 näytti mitä selvimmin tilan, johon sen kerran niin ylpeä laivasto oli joutunut.

”Sen laivasto silloin”, sanoo kertova viittaus, “kohtasi yhden niistä shokeista, jotka olivat peräkkäin heikentäneet sitä sen mahtavasta asemasta merten valtiaana kummallakin pallonpuoliskolla halveksittavaan asemaan merivaltojen keskuudessa. Kuningas oli varustamassa voimakasta laivastoa käydäkseen sotaa Ruotsin rannikoilla ja sen laivaston varusteet oli siten määrätty täydentämään laivastoa miehin ja huoltotarvikkein Dunkirkistä. Käskyjensä mukaan laivasto lähti merelle, mutta se joutui pian Van Trompin voimien hyökkäyksen kohteeksi, jotka saivat sotasaaliiksi joitakin aluksia, kun taas muut alukset oli pakotettu vetäytymään taas satamaan. Pian tämän jälkeen Tromp kaappasi kolme englantilaista [puolueetonta alusta], jotka kuljettivat 1070 espanjalaista sotilasta Cadizista Dunkirkiin; hän otti joukot vangeikseen, mutta antoi alusten päästä pois. Jättäen seitsemäntoista alusta saartamaan Dunkirkiä Tromp jäljelle jääneiden kahdentoista aluksen kanssa eteni kohdatakseen vihollisen laivaston sen saapuessa. Sen nähtiin pian saapuvan Doverin salmeen kuudenkymmenenseitsemän aluksen voimin ja mukanaan kaksituhatta sotilasta. Saatuaan mukaansa De Wittin neljä laivaa lisää, niin Tromp oman pienen yksikkönsä kanssa teki päättäväisen hyökkäyksen vihollisen kimppuun. Taistelu kesti kello neljään asti aamulla, kun espanjalainen amiraali turvaa Englannin rannikolta. Tromp päätti hyökätä, jos vihollinen purjehtisi merelle; mutta Oquendo voimakkaan laivastonsa kanssa, jonka monissa aluksissa oli kuudestakymmenestä sataan tykkiä, niin kärsi itse saartoa; ja englantilainen amiraali kertoi Trompille, että hänen oli käsketty tukea espanjalaisia, jos vihollisuudet alkaisivat. Tromp lähetti kysymyksen toimintaohjeistansa kotimaahansa ja Englannin toimet vain palvelivat kutsua ottaa käyttöön Alankomaiden laajat merelliset voimat. Tromp sai pian täydennysvoimia yhdeksänkymmenenkuuden purjealuksen ja kahdentoista polttolaivan muodossa ja määräsi tehtäväksi hyökkäyksen. Jättäen laivasto-osaston tarkkailemaan englantilaisia ja hyökkäämään heidän kimppuunsa, jos he auttaisivat espanjalaisia, niin hän aloitti taistelun, mutta paksun sumun turvin, jonka suojassa espanjalaiset katkaisivat ankkuriköytensä päästäkseen pakoon. Moni heidän aluksensa purjehti liian lähelle rannikkoa ajaen kiville ja suurin osa koettaessaan paeta upotettiin, saatiin sotasaaliiksi tai ajettiin Ranskan rannikolle. Koskaan ei voitto ollut täydellisempi." [16]

Kun laivasto alistuu sellaiseen toimintaan, niin kaiken kurin ja ylpeyden on täytynyt kadota; mutta laivasto kärsi vain osaansa yleisestä rappiosta, joka oli silloin aina heikentänyt Espanjan painoarvoa Euroopan yleisessä politiikassa.

"Keskellä sen hovin ja kielen loistoa", sanoo Guizot, "Espanjan hallinto tunsi itsensä heikoksi ja pyrki kätkemään omaa heikkouttaan sen järkähtämättömyyteensä. Philip IV ministereineen oli väsynyt kamppaillakseen ja tullakseen lyödyksi, niin pyrki turvaaman rauhaan ja vain laittoi sivuun kaikki kysymykset, jotka olisivat ponnisteluja, joihin hänen maansa tuntui olevan kyvytön. Jakautuneena ja heikentyneenä Habsburgin suvulla oli jopa vähemmän kunnianhimoa kuin valtaa ja paitsi, kun se oli aivan pakotettuna, niin mahtipontisesta vastahakoisuudesta tuli Kaarle V:n seuraajien politiikkaa." [17]

Sellainen oli Espanja silloin. Se oli Espanjan valtakuntaa, joka silloin tunnettiin nimellä Alankomaat tai Roomalaiskatoliset Alankomaat [nykyajan Belgia], niin oli hedelmällinen lähde eripuraan Ranskan ja sen luonnollisen liittolaisen Alankomaiden tasavallan välillä. Se valtio, jonka poliittinen nimi oli Yhdistyneet Alankomaat, oli nyt saavuttanut vaikutusvaltansa ja voimansa huipun; voiman, joka perustui, kuten on jo selitetty, niin kokonaan mereen ja käyttääkseen niitä kykyjä rakentaakseen suuren merellisen ja kaupallisen valtakunnan perustuen Alankomaiden ihmisten nerouteen. Taannoinen ranskalainen kirjailija siten kuvasi kaupallisia ja siirtokunnan olosuhteita; Ludwig XIV nousua valtaan; sitä kansaa, joka kaikkina nykyisinä aikoina pois lukien Englanti, niin on näyttänyt, kuinka meren antimista voidaan saada vaurautta ja voimaa maalle, joka on sisäisesti heikko ja ilman voimavaroja:

"Hollannista on tullut nykyajan Foinikia. Scheldt-joen hallitsemisen kautta Yhdistyneet Alankomaat sulki väylät Antwerpenin ja meren välillä ja peri sen rikkaan kaupungin kaupallisen voiman, jota 1400-luvulla Venetsian lähettiläs vertasi itse Venetsiaan. He saivat sen lisäksi tärkeimpiin kaupunkeihinsa alankomaalaisia työmiehiä, jotka olivat paenneet espanjalaisten harjoittamaa tyrannia heidän omaatuntoansa kohtaan. Vaatetehtaat, pellavakankaat etc. joiden valmistamiseen tarvittiin kuusituhatta henkeä, niin siitä tuli uusi tulonlähde ihmisille, jotka aikaisemmin kävivät kauppaa juustolla ja kalalla. Kalastus yksin oli jo rikastuttanut heitä. Sillin kalastus elätti melkein viidennestä Hollannin väestöstä tuottaen kolmesataatuhatta tonnia suolakalaa ja tuoden tuloja yli kahdeksan miljoonaa frangia vuodessa.

Laivaston ja kaupankäynnin voima, joka tuolla tasavallalla oli, niin kasvoi nopeasti. Alankomaiden kauppalaivaston vahvuus yksin oli 10000 alusta, 168000 merimiestä ja se elätti 260000 asukasta. Se oli ottanut haltuunsa suuremman osan eurooppalaisesta kaupankäynnistä ja siten rauhan tultua ottanut haltuunsa kaiken kaupankäynnin Amerikan ja Espanjan välillä, jolloin se teki samoja toimia ranskalaisiin satamiin ja piti yllä tärkeätä kauppaliikennettä, jonka arvo oli kolmekymmentäkuusi miljoonaa frangia. Pohjoiset valtiot Brandenburg, Tanska, Ruotsi, Moskova, Puola, niin pääsy, joka avautui Itämerelle Hollannille, niin siellä oli niille loppumattomat markkinat käydä kauppaa. He elivät tuotteilla, joita he myivät sinne ja ostamalla pohjoisten maiden tuotteita; vehnää, puutavaraa, kuparia, hamppua ja turkiksia. Tämän kaupankäynnin vuosittaisen arvon, joka kuljetettiin alankomaalaisilla aluksilla, niin se ylitti tuhat miljoonaa frangia. Alankomaalaiset tekivät siten itsestänsä käyttäen oman aikamme sanontaa, niin kaikkien merien vankkurikuskeja." [18]

Oli sen omien siirtomaidensa kautta, että tasavalta siten pysyi kehittämään merikauppaansa. Sillä oli hallussaan monopoli kaikkiin tuotteisiin idästä. Kauppatavarat ja mausteet Aasiasta, joita se toi Eurooppaan, niin niiden vuosittainen arvo oli kuusitoistamiljoonaa frangia. Voimakas Itä-Intian kauppakomppania, joka perustettiin 1602, niin se oli rakentanut Aasiaan imperiumin, joka oli ottanut haltuunsa Portugalin omistuksia. Siitä oli tullut 1650 Hyväntoivonniemen omistaja, joka takasi sen aluksille pysähdyspaikan, se hallitsi Ceylonia suvereenista ja Malabarin, sekä Coromandelin rannikoita. Se oli tehnyt Bataviasta hallintonsa pääpaikan ja sen liikenne ylettyi Kiinaan ja Japaniin asti. Samaan aikaan Länsi-Intian kauppakomppania, joka nousi nopeammin, mutta oli vähemmän kestävä, niin se käytti kahdeksaasataa kauppa- ja sotalaivaa. Se oli käyttänyt niitä ottaakseen haltuunsa Portugalin valta-asemaa Guinean ja Brasiliaan rannikoilla.

Siten Yhdistyneistä Alankomaista oli tullut varasto, jonne kerättiin kaikkien kansakuntien valmistamia tuotteita.

Alankomaiden siirtokunnat ulottuivat silloin läpi itäisten merien Intiaan, Malakalle, Jaavalle, Molukkien saarille ja useisiin eri paikkoihin laajassa saaristossa, joka on Pohjoiseen Australiasta. Heillä oli hallussaan Afrikan länsirannikko ja niin myös yhä New Amsterdamin [tunnetaan nykyään nimellä New York] siirtokunta oli yhä heidän käsissään. Etelä-Amerikassa Alankomaiden Länsi-Intian kauppakomppania omisti melkein kolmensadan peninkulman verran rannikkoa Bahiasta Brasilian pohjoisosiin; mutta paljon oli päässyt pakoon heidän käsistänsä aikaisemmin.

Yhdistyneet Alankomaat olivat velkaa asemansa ja voimansa omalle vauraudellensa ja laivastoillensa. Meri, joka hakkasi heidän rantojansa kuin leppymätön vihollinen, oli kesytetty ja siitä oli tehty hyödyllinen palvelija; maa tulisi todistamaan heidän tuhoansa. Pitkä ja kiivas taistelu, jota oli käyty vihollista vastaan, joka oli paljon julmempi kuin meri; kyseessä oli Espanjan kuningaskuntaa, niin se oli saatu onnistuneesti päätökseen harhaanjohtavalla lupauksella levosta ja rauhasta, mutta se oli saanut Alankomaiden tasavallan vaikeuksiin. Niin kauan kuin Espanjan mahti pysyi vertaansa vailla olevana tai ainakin niin vahvana, että se pystyisi pitämään yllä pelkoa, jota se oli saanut aikaan kauan, niin oli

Englannin ja Ranskan etujen mukaista, jotka kummatkin kärsivät Espanjan metkuista ja juonista, että Yhdistyneiden Alankomaiden tulisi olla vahvat ja itsenäiset. Kun Espanja sortui ja toistuvat nöyryytykset osoittivat sen heikkouden olevan totta, eikä vain näennäistä, niin muut motiivit ottivat asemansa pelolta sitä kohtaan. Englanti himoitsi Alankomaiden kauppavaltaa ja asemaa meren valtiaana; Ranska himoitsi Espanjan Alankomaita. Yhdistyneillä Alankomailla oli syy vastustaa näistä niin jälkimmäistä kuin etummaista.

Joutuessaan kahden kilpailevan valtion yhdistyneen hyökkäyksen kohteeksi niin Yhdistyneiden Alankomaiden sisäiset heikkoudet alkoivat pian tuntua ja näkyä. Avoimena hyökkäykselle maitse vähäisin joukoin ja hallituksella, joka oli huonosti sopeutunut edistämään kansansa yhtenäisyyttä ennen kaikkea ollen kykenemätön ylläpitämään riittävää valmistautumista sotaan, niin tasavallan ja kansan taantuminen olivat silmin pistävämpää ja nopeampaa kuin sen nousu. Silti kuitenkaan vuonna 1660 ei ollut nähtävissä mitään merkkejä tulevasta sortumisesta. Tasavalta oli edelleen eurooppalaisten suurvaltojen eturivissä. Jos vuonna 1654 sota Englantia vastaan osoitti valmiuden puutetta sen loistavassa laivastossa, joka oli nöyryyttänyt Espanjan ylpeyttä merillä, niin toisaalta Alankomaat oli tehokkaasti lopettanut loukkaukset, jotka olivat kohdistuneet sen kaupankäyntiin Ranskan toimesta ja vuotta myöhemmin "viittauksena Itämereen Tanskan ja Ruotsin välissä, niin se oli estänyt Ruotsia nousemasta valta-asemaan pohjoisessa, joka olisi ollut sille niin katastrofaalista. Alankomaat pakotti Ruotsin jättämään auki pääsyn Itämerelle, jota se edelleen hallitsi, kun yksikään muu laivasto ei pystynyt kyseenalaistamaan sen kykyä hallita sitä. Laivaston ylivoima, sen joukkojen urheus, sen diplomatian kyvykkyys ja vakaus, niin se toivat sen hallinnolle tunnustettava arvovaltaa. Heikentyneenä ja nöyryytettynä viimeisestä sodasta, niin se palauttaneet itsensä suurvaltojen joukkoon. Juuri silloin Kaarle II palautettiin valtaan."

Yleinen luonne hallituksesta on aikaisemmin mainittu ja siihen on vain vähän tarvetta kiinnittää huomiota. Se oli löysästi yhteen koottu liitto, jota hallinnoi taho, jota saatettiin kuvailla kohtuullisen tarkasti kaupalliseksi aristokratiaksi, jolle oli luonteenomaista varovaisuus, sillä heillä oli paljon menetettävää, jos maa joutuisi sotiin. Niiden kahden seikan vaikutuksesta, jotka olivat ryhmittymien keskinäinen kateus ja kaupallinen henki, niin ne olivat sotalaivastolle hyvin haitallisia. Sitä ei ollut pidetty yllä asianmukaisesti rauhan aikana, jolloin oli olemassa väistämätöntä kilpailua laivastossa pikemminkin kuin merellistä liittolaisuutta, joka kuuluisi yhdistyneeseen laivastoon ja siellä oli liian vähän todellista sotilaallista henkeä upseeriston keskuudessa. Rohkeampaa kansaa kuin alankomaalaiset ei ole koskaan ollut olemassa; kertomukset alankomaalaisten meritaisteluista antavat viitteitä epätoivoisista hankkeista ja kestävyydestä, jossa he eivät vain loistaneet, vaan olivat lyömättömiä, mutta he myös näyttivät tehneen laiminlyöntejä ja niskurointia, joka osoitti sotilaallisen hengen puutetta osoittaen selvästi ammatillisen ylpeyden ja koulutuksen puutetta. Se ammatillinen koulutus, jota hädin tuskin oli olemassa laivastossa silloin, mutta sen sijaan oli paljon saatavilla sotilaallisen väen tuntemuksia monarkistisissa maissa. Jää otettavaksi huomioon, että hallitus, joka oli tarpeeksi heikko mainituista syistä, niin heikentyi vielä sen takia, että sitä kansaa jakoi kahtia kaksi suurta ryhmittymää, jotka vihasivat toisiansa. Yksi niistä oli kauppiaiden (burgomasters) puolue ja kun se nyt oli vallassa, niin se suosi liittomuotoista tasavaltaa; toinen taas halusi monarkistista hallintoa Orangen suvun vallassa. Tasavaltalainen puolue toivoi liittoa Ranskan kanssa, jos mahdollista ja voimakasta laivasto; Orangen puolue suosi Englantia, jonka kuningassuvun lähisukulaisia oli Orangen suku, ja voimakasta armeijaa. Niissä olosuhteissa hallitus ja heikkona määrällisesti Yhdistyneet Alankomaat olivat 1660 omaten kuitenkin suuren vaurauden ja ulkoisia toimia, jolloin se muistutti miestä, joka toimi piristeiden vaikutuksen alaisena. Ryhmittymien voima ei voi säilyä loputtomasti; mutta on ihmeellistä nähdä, että tämä pieni valtio, joka oli määrällisesti paljon heikompi kuin Englanti tai Ranska, niin kesti niiden hyökkäyksen eivät yhtä niistä vastaan, vaan kahden vuoden ajan kummankin liittoa vastaan niin, että se ei tuhoutunut, eikä edes menettänyt asemiaan Euroopassa. Se oli osaltansa velkaa tästä ihmeellisestä lopputuloksesta yhdelle tai kahdelle miehelle, mutta pääasiassa sen omille merivoimillensa.

Olosuhteet Englannissa viitaten sen kykyyn liittyä olemassa olevaan kiistaan, niin eroavat niin Alankomaista kuin Ranskasta. Vaikka sillä olikin monarkistinen hallinto ja siellä oli kuninkaan käsissä paljon todellista valtaa, niin jälkimmäinen ei pystynyt ohjaamaan kuningaskunnan politiikkaa täysin oman tahtonsa mukaisesti. Hänen täytyi tunnustaa toisin kuin Ludwigin oman kansansa luonne ja toiveet. Se, mitä Ludwig oli saavuttanut Ranskassa, niin hän oli saavuttanut sen itsellensä; Ranskan kunnia oli hänen kunniaansa. Kaarle ajoi ensiksi omaa etuansa, sitten vasta Englannin etua; mutta muistot menneisyydestä olivat aina hänen edessään, sillä hän oli ennen kaikkea päättänyt, että hän ei tulisi kokemaan isänsä kohtaloa (hänen isänsä Kaarle I mestattiin) tai oman maanpakonsa toistumista. Siksi, kun vaara tuli selkeäksi, niin hän antoi tilaa Englannin kansan tuntemuksille. Kaarle itse vihasi Alankomaita; hän vihasi sen tasavaltaa; hän vihasi vallassa olevaa hallintoa, koska se vastusti hänen yhteyksiänsä sukulaisiinsa Orangen sukuun; ja hän vihasi sitä vielä enemmän oman maanpakonsa ajalta, kun tasavalta oli yhtenä rauhanehtona Cromwelliltä ajanut hänet pois maasta. Häntä veti Ranskaan poliittinen sympatia, sillä hän tahtoi olla absoluuttinen itsevaltias, mahdollisesti hänen sympatiansa roomalaiskatolilaisuutta kohtaan ja hyvin suuressa määrin rahat, jotka Ludwig maksoi hänelle, jotka osittain vapauttivat hänet parlamentin valvonnasta. Seuraten näitä taipumuksiansa Kaarlen täytyi ottaa huomioon tietyt oman kansansa toiveet. Englantilaiset olivat alankomaalaisten sukulaiskansaa ja samankaltaisissa olosuhteissa olivat julistautuneet meren ja kaupankäynnin valtiaiksi; ja kun silloin alankomaalaiset olivat johtava kansakunta, niin englantilaiset olivat heitä vastaan innokkaita ja katkeria. Erityinen syy moitteille oli olemassa Alankomaiden Itä-Intian kauppakomppanian toimissa, "joissa se vaati itsellensä monopolia Itään ja oli pakottanut kaukaiset ruhtinaat, joita se kohteli sulkeakseen niiden valtiot vierailta kansoilta, jotka siten pidettiin poissa ei vain alankomaalaisten siirtokunnista, vaan koko Itä-Intian alueelta." Tietoisena suuremmasta voimastansa englantilaiset myös toivoivat saavansa hallintaansa Alankomaiden politiikan ja jopa pyrkivät luomaan liiton näiden kahden maan hallintojen välille. Ensiksi sen vuoksi, että suosittu kilpailu ja vihanpito tuki kuninkaan toiveita; enemmän kuin Ranskan, joka oli ollut jo joitakin vuosia mahtava mantereella. Kuitenkin niin pian kuin Ludwig XIV aggressiivinen politiikka yleisesti havaittiin, niin Englannin kansa, niin aatelisto kuin rahvas tunsivat siellä olevan suuren vaaran kuin oli ollut sata vuotta aikaisemmin Espanjan taholta. Espanjan Alankomaiden siirtyminen Ranskalle olisi ollut askel kohti Euroopan alistamista ja etenkin se olisi ollut isku sellaisia merivaltoja kuin Alankomaita ja Englantia kohtaan; sillä ei voitu olettaa, että Ludwig olisi sallinut Scheldt-joen ja Antwerpenin sataman pysyvän suljettuina niin kuin ne olivat olleet sopimuksen mukaan, jossa alankomaalaiset olivat hyödyntäneet Espanjan heikkoutta. Kaupankäynnin avaaminen tähän suureen kaupunkiin olisi ollut isku niin Amsterdamia kuin Lontoota kohtaan. Herättämällä henkiin synnynnäisen vastustuksen Ranskaa kohtaan, niin kansojen sukulaisuussuhteet alkoivat vaikuttamaan; muistot aikaisemmasta liitosta Espanjan tyranniaa kohtaan herätettiin henkiin; ja samankaltainen uskonto oli yhä voimakas motiivi toimia yhdistäen näitä kahta kansaa. Samaan aikaan suuret ja järjestelmälliset toimet Colbertin toimesta kehittäen kaupankäyntiä ja Ranskan laivastoa saivat aikaan kateutta kummassakin merivallassa; vaikka ne olivatkin kilpailijoita keskenään, niin ne vaistomaisesti kääntyivät kolmatta osapuolta vastaan, joka oli tunkeutumassa niiden alueelle. Kaarle oli kyvytön estämään kansalaistensa muodostamaa painetta, joka perustui kaikkiin näihin syihin; sodat Englannin ja Hollannin välillä loppuivat ja niitä seurasi Kaarlen kuoleman jälkeen läheinen liitto.

Vaikka sen kaupankäynti oli vähemmän kattavaa, niin Englannin laivasto oli vuonna 1660 ylivoimainen Alankomaiden laivastoon verrattuna etenkin organisaation ja tehokkuuden suhteen. Tiukan uskonnollisen innostunut Cromwellin hallinto, joka perustui sotilaalliseen voimaan, niin jätti merkkinsä niin laivastoon kuin armeijaan. Niiden upseerien keskuudessa, jotka palvelivat sinä protektoraatin aikana, niin Monk oli tunnetuin esiintyen kertomuksissa ensimmäisissä sodissa Kaarlen alaisuudessa Alankomaita vastaan. Tämä ylivoimaisuus sävyissä ja kurissa asteittain katosi hovin turmelevan vaikutuksen takia suosien irstasta hallintoa; ja Hollanti, joka oli koko ajan kärsinyt tappioita yksin Englannin takia merellä vuonna 1665, niin onnistuneesti vastusti Englannin ja Ranskan yhdistyneitä laivastoja 1672. Koskien kolmen laivaston raaka-aineita, niin meille on kerrottu, että ranskalaisissa aluksissa oli enemmän uppoumaa kuin englantilaisissa suhteessa niiden tykistöjen painoon. Niiden kyljet olivat myös virtaviivaisemmat. Nämä edut luonnollisesti seurasivat sitä, että Ranskan laivasto oli palautettu rappion tilasta ja se on opetus toivosta laivastollemme vertauksena sen nykyiseen tilaan. Alankomaalaiset alukset niiden rannikon luonteen takia olivat tasapohjaisia ja omasivat pienemmän syväyksen ja siten niiden oli mahdollista kokiessaan painetta, niin löytää turvaa rannikkonsa matalikoilta; mutta tuon takia ne olivat vähemmän merikelpoisia ja yleensä kevyempiä kuin näiden kahden muun maan alukset.

Siten niin lyhyesti kuin on ollut mahdollista, niin on kuvattu olosuhteet, käytössä olevat voimat ja tavoitteet, jotka muovasivat ja hallitsivat neljän tärkeimmän rannikkovaltion sen ajan toimia; nämä maat olivat Espanja, Ranska, Englanti ja Hollanti. Tuosta historian näkökulmasta nämä maat ovat tulleet mitä vaikutusvaltaisimmiksi ja saaneet mitä enemmän huomiota; mutta muilla mailla on ollut myös merkittävä vaikutus tapahtumien kulkuun, ja tavoitteemme ei ole vain merihistoriallinen, vaan tarkoituksena on tarkastella laivaston ja kaupallisen merenkulun merkitystä yleiseen historian, niin on tarpeen lyhyesti tarkastella muuta Eurooppaa. Amerikka ei ollut vielä alkanut ottaa itsellensä merkittävää osaa historian lehdillä tai hallituksien politiikassa.

Saksa oli silloin jakautunut useiksi pieniksi valtioiksi, joiden joukossa oli Itävallan voimakas imperiumi. Pienempien valtioiden politiikat vaihtuivat ja oli Ranskan tavoitteena saada niistä mahdollisimman monta oman vaikutusvaltansa alle pyrkiessään toimimaan perinteistä vihollistansa Itävaltaa vastaan. Ranskan toimiessa yhdellä sivulla sitä vastaan, niin Itävalta oli alttiina jatkuville ja äärimmäisen vaarallisille hyökkäyksille turkkilaisen imperiumin (Ottomaanien imperiumi) suunnalta, joka oli edelleen elinvoimainen, vaikka se olikin kokemassa rappeutumista. Ranskan politiikka oli ollut pitkään pitää ystävällisiä suhteita Turkkiin, ei vain pitääkseen Itävalta aisoissa, vaan myös omien toiveidensa mukaan kehittää kaupankäyntiä Levantin suuntaan. Colbert hänen äärimmäisessä innokkuudessaan koskien Ranskan merivoimia, niin suosi tuota liittoa. Tulee muistaa, että silloin niin Kreikka kuin Egypti olivat osia turkkilaisesta imperiumista.

Preussi niin kuin se tunnettiin myöhemmin, niin ei ollut vielä olemassa. Tämän tulevan kuningaskunnan perustuksia oli valmistelemassa Brandenburgin vaaliruhtinas, jolla oli hallussaan voimakas pienempi valtio, joka ei vielä pystynyt seisomaan omillaan, mutta huolellisesti vältteli muodollisen alamaista asemaa. Puolan kuningaskunta oli vielä olemassa ollen mitä häiritsevin ja tärkein tekijä eurooppalaisessa politiikassa sen heikon ja levottoman hallinnon takia, joka piti jokaisen muun maan huolestuneena ennustamattomista tapahtumista, jotka saattaisivat antaa etua sen kilpailijoille. Oli Ranskan politiikkaa pyrkiä pitämään Puola vahvana ja voimakkaana. Venäjä oli vielä horisontin alla; se oli tulossa, mutta ei ollut vielä tullut näkyviin eurooppalaisten valtioiden piiriin ja niiden eläviin etuihin. Se ja muut maat, jotka olivat Itämeren rannikolla, niin olivat luonnollisesti kilpailijoita koskien ylivoimaa, sillä merellä, josta muut maat ja etenkin kaikki merivallat omasivat määrättyjä intressejä, sillä se oli niiden erilaisten laivastotarvikkeiden pääasiallinen lähde. Ruotsi ja Tanska olivat silloin jatkuvasti vihanpidossa keskenään, ja ne olivat nähtävissä vastakkaisilla puolilla silloin tapahtuneissa riidoissa. Monien vuosien ajan aikaisemmin, ja Ludwig XIV:n valtakauden aikaisemmissa sodissa, niin Ruotsi oli ollut liitossa Ranskan kanssa, mutta sen ennakkoasenne oli siihen suuntaan.

Yleinen tila Euroopassa oli tuollainen, jolloin se toimi voimanlähteenä erilaisille pyörille, jotka lähtivät pyörimään Ludwig XIV:n toimien seurauksena. Hänen läheisten naapuriensa heikkous, hänen kuningaskuntansa suuret voimavarat, jotka odottivat vain kehittymistä, yhtenäisyys johtaen hänen absoluuttiseen yksinvaltiuteensa, hänen omat käytännön taitonsa ja väsymätön ahkeruutensa, niin auttoivat hänen valtakautensa ensimmäisellä puoliskolla yhdessä kyvykkäiden ministerien kanssa, jolloin kaikki vaikutti siihen, että jokainen hallitus Euroopassa oli enemmän tai vähemmän riippuvainen hänen toimistansa, ja saattoi olla kohteena, vaikka se ei seuraisikaan häntä. Ranskan suuruus oli hänen tavoitteensa ja hänellä oli siihen kaksi tietä; maitse tai meritse; se ei kuitenkaan tarkoittanut, että yksi tie estäisi toisen, mutta Ranskalle, joka oli silloin ylivoimaisen voimakas, niin edes sillä ei ollut voimaa samaan aikaan edetä tasatahtia kumpaakin tietä pitkin.

Ludwig valitsi laajalti edetä maalla. Hän oli mennyt naimisiin kuningas Philip IV:n tyttären kanssa, joka oli silloin Espanjan hallitseva kuningas ja vaikka sopimus avioliitosta kielsi prinsessalta kaikki oikeuden isänsä perintöön, niin ei ollut vaikeata löytää syitä olla välittämättä näistä määräyksistä. Tekniset perusteet löydettiin laittamalla sivuun tietyt osat Alankomaista ja Franche-Comten alueesta ja neuvottelut aloitettiin Espanjan hovin kanssa kumotakseen se kokonaan. Asia oli sitäkin tärkeämpi, sillä miespuolinen vallanperijä valtaistuimelle oli niin heikko ja oli selvää, että Habsburgien suvun espanjalainen haara päättyisi häneen. Halu saada ranskalainen prinssi Espanjan valtaistuimelle; joko hänet itsensä yhdistäen kaksi kruunu tai joko joku hänen suvustansa laittaen siten Bourbonin suvulle käskyvaltaa Pyreneiden kummallekin puolelle; tämä oli harhaanjohtava valo, joka vei Ludwigin turmioon hänen valtakautensa lopulla johtaen Ranskan merivoimien lopulliseen tuhoon ja köyhyyteen, sekä kurjuuteen sen kansalle. Ludwig ei ymmärtänyt, että hänen piti selvittää välinsä koko Euroopan kanssa. Suora hanke odottaa Espanjan valtaistuimen tyhjentymistä; mutta hän oli valmiina heti menemään Espanjan omistuksille itään Ranskasta.

Ollakseen siinä tehokkaampi hän eristi Espanjan kaikista mahdollisista liittolaisista taidokkailla diplomaattisillaa juonilla, joiden tarkastelu antaisi hyödyllistä tietoa kuvaten strategioita valtakunnanpolitiikassa, mutta hän teki kaksi vakavaa virhettä vahingoittaen Ranskan merivoimia. Portugali oli ollut vielä kaksikymmentä vuotta aikaisemmin saman hallitsijan alamaisuudessa kuin Espanja ja vaatimuksesta sen kruunuun ei ollut luovuttu. Ludwig ajatteli, että jos Espanja saisi tämän kuningaskunnan, niin Espanja olisi liian vahva, että hän voisi helposti toteuttaa tavoitteitansa. Muiden estämisen keinojen joukossa hän edisti Kaarle II:n ja Portugalin Infantan (prinsessan) avioliittoa, jonka seurauksena Portugali luovutti Englannille Bombayn Intiassa ja Tangiersin Gibraltarin salmessa, jolla oli erinomaisen sataman maine. Tässä näemme Ranskan kuninkaan, joka omaa intoaan laajentaa maitansa kutsui Englannin Välimerelle ja edisti sen liittoa Portugalin kanssa. Jälkimmäinen oli oudompi, sillä Ludwig jo näki ennalta Espanjan kuningassuvun kaatumisen, ja hänen olisi pikemminkin pitänyt toivoa niemimaan kuningaskuntien liittoa. Näiden tapahtumien takia Portugalista tuli riippuvainen Englannista ja sen tukialue, josta se tuli niemimaalle Napoleonin aikana. Tosiaan itsenäisenä Espanjasta se liian heikko olemaan joutumatta merivallan hallintaan ja sillä oli suorin pääsy merelle. Ludwig jatkoi Portugalille tukea Espanjaa vastaan ja turvasi sen itsenäisyyden. Hän myös puuttui Alankomaiden asioihin ja pakotti nämä palauttamaan sille Brasilian, jonka ne olivat ottaneet Portugalilta.

Toisaalta Ludwig sai Kaarle II:lta Dunkirkin (Dunkirk oli Englannin hallussa vuodesta 1658 vuoteen 1662.) kanaalin rannalta, joka oli valloitettu ja otettu Englannin haltuun Cromwellin toimesta. Dunkirk oli Englannin sillanpääasema Ranskaan. Sitten Ranskan käsissä siitä tuli kaapparien turvasatama, jotka olivat vakava uhka Englannin kaupalle Kanaalissa ja Pohjanmerellä. Kun Ranskan merivoimat rappeutuivat, niin Englanti sopimuksen toisensa jälkeen pyrki purkamaan Dunkirkin linnoitteita, sillä sen sanottiin olevan Jean Bartin ja muiden suurteen ranskalaisten kaapparien kotisatama.

Samaan aikaan suurin ja viisain Ludwigin ministereistä, Colbert, oli ahkerasti rakentamassa hallinnointijärjestelmää, joka kasvattamalla ja vahvasti tukemalla valtion vaurautta, niin sen pitäisi varmemmin tukea suuruutta ja vaurautta näyttävimpiin hankkeisiin. Ne yksityiskohdat koskien kuningaskunnan sisäistä kehitystä eivät kuulu tämän teoksen aihepiiriin sen enempää kuin mainiten, että tuotanto niin maataloudesta ja teollisuudesta sai hänen huolellisen huomionsa; mutta koskien merta tässä taidokkaan aggression politiikassa, jonka kohteena olivat laivaustoiminta ja kaupankäynti, jota harjoittivat alankomaalaiset ja englantilaiset, niin se alkoi ja sitä inhottiin heti. Suuria kauppakomppanioita perustettiin suoraan ranskalaisiksi hankkeiksi Itämerelle, Levanttiin, sekä Itä- ja Länsi-Intiaan; tullien säätelyä laajennettiin kannustamaan ranskalaisia valmistajia ja sallimaan hyödykkeiden varastoinnin suuriin kaupunkeihin, joilla tavoilla toivottiin, että Ranska ottaisi Alankomaiden paikan Euroopassa sen varastona, johon se sopi erinomaisesti sen loistavan maantieteellisen sijainnin ansiosta; kun tonnistovero ulkomaiselle laivaustoiminnalle, suorat tuet kotimaassa tehdyille aluksille ja huolellisen tiukat siirtokuntia koskevat määräykset, jotka antoivat ranskalaisille aluksille monopolin kaupankäyntiin siirtokuntiin ja sieltä pois yhdessä kannustivat sen kauppalaivaston kasvattamiseen. Englanti kosti heti; alankomaalaiset, joita tämä uhkasi enemmän, sillä heidän kaupankäyntinsä tavaroiden kuljettamisena oli suurempaa ja heidän kotimaiset voimavaransa vähäisemmät, niin silloin vain tekivät vetoomuksia; mutta kolmen vuoden jälkeen he myös kostivat. Colbert luottaen Ranskan suureen ylivoimaisuuteen tosiasiallisena ja yhä edemmän mahdollisena valmistajana, niin ei pelännyt edetä vakaasti merkittyä polkua pitkin; joka rakentaen suurta kauppalaivastoa, niin loisi leveän pohjan sotalaivastolle, joita toimia ei vielä silloin ollut kansakunta ollut pakotettu ottamaan. Kahdenkymmenen vuoden päästä kaikki kukoisti, kaikki oli vaurasta valtiossa, joka oli ollut täyden sekasorron vallassa, kun hän otti vastuullensa sen raha-asiat ja merelliset toimet.

"Hänen käskyvallassaan", sanoo ranskalainen historioitsija, "Ranska kasvoi rauhan aikana niin kuin se oli kasvanut sodassa... sodankäyntiä tuontitullein ja tukia käyttämällä toteutettiin taidokkaasti hänen toimestansa poistaakseen edessä olevia rajoituksia suurelle kasvulle kaupankäynnissä ja kauppalaivastossa, joita Alankomaat oli kehittänyt muiden maiden kustannuksella; ja pidätelläkseen Englantia, jolla oli suuri halu riistää tämä herruus Alankomailta käyttääkseen sitä tavalla, joka olisi paljon vaarallisempi Euroopalle. Ranskan edun mukaista näytti olevan rauha Euroopassa ja Amerikassa; salaperäinen ääni, joka oli heti ääni menneisyydestä ja tulevaisuudesta kutsuen sen sotaisia toimia muille rannoille." [19]

Tämä ääni löysi tien ilmaista itseään Leibnitzin suun kautta, joka yhtenä maailman suurmiehistä osoittaen Ludwigille kääntämään Ranskan aseet Egyptiin, jolloin se tulisi saamaan haltuunsa Välimeren ja itäisen kaupankäynnin hallinnan, joka oli voittona Hollannista suurempi kuin mitä menestyneimmät sotaretket maalla; ja samalla se takaisi paljon tarvitun rauhan hänen kuningaskunnassaan, jolloin se voisi rakentaa merellisiä voimiansa taatakseen sille ylivoiman merellä. Tämä muistio kannusti Ludwigia olemaan tavoittelematta kunniaa maalla pyrkiessään

Ranskan kestävämpään suuruuteen omaamalla suuren merimahdin, jonka osat Colbertin nerokkuutta kiittäen hänellä oli silloin käsissään. Sata vuotta myöhemmin suurempi mies kuin Ludwig pyrki korottamaan itsensä ja Ranskan Liebnitzin merkitsemälle tielle; mutta ei Napoleonilla kuin ennen häntä Ludwigilla ollut riittävää laivastoa sitä tehtävää varten. Tähän Liebnitzin osoittamaan hankkeeseen viitataan enemmän, kun kerronta saavuttaa sen merkittävän päivämäärän, jolloin se tehtiin; kun Ludwig kuningaskuntansa ja laivastonsa kanssa omaten mitä suurimman tehokkuuden, niin seisoi siellä, missä tiet erosivat ja sitten valitsi niistä sen, jonka mukaan Ranskasta ei pitäisi tulla merivalta. Tämä päätös, joka tappoi Colbertin ja raunioitti Ranskan kukoistuksen, niin tuntui sen seurauksien kautta sukupolvesta toiseen, kun Englannin suuri laivasto sodasta toiseen puhdisti meret sen vihollisista taaten vaurauden kasvun saarikuningaskunnalle tukahduttamalla kiistat, kun taas tyhjentäen ranskalaisen kaupankäynnin ulkoiset lähteet ja aiheuttaen sen seurauksena kurjuutta. Tämä väärä toimintalinja politiikassa alkoi Ludwig XIV:n aikana, joka myös käänsi Ranskan pois lupaavasta tulevaisuudesta Intiassa hänen seuraajansa aikana.

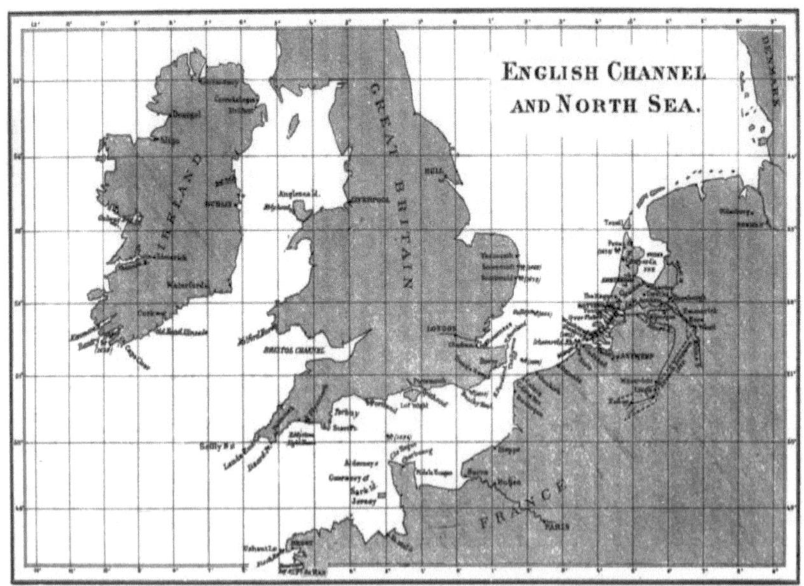

ENGLANNIN KANAALI JA POHJANMERI

Samaan aikaan kaksi merivaltaa, Englanti ja Alankomaat, niin tarkastelivat Ranskan toimia suuren epäluottamuksen silmin omaten suurempia ja kasvavia kaunoja toisiansa kohtaan, niin Kaarle II lietsovat toimet johtivat sotaan niiden kahden välillä. Todellinen syy siihen oli epäilemättä kaupallinen kateus ja konflikti syntyi heti törmäyksestä kauppakomppanioiden välillä. Vihamielisyydet alkoivat Afrikan länsirannikolla; ja englantilainen laivue vuonna 1664 sen jälkeen, kun oli valloittanut siellä useita alankomaalaisia kauppa-asemia, niin purjehti New Amsterdamiin (nykyiseen New Yorkiin), ja valloitti sen. Tämä sota oli epäilemättä suosittu Englannissa; vaisto, joka oli ihmisillä, on havaittavissa ilmaisusta, joka tuli Monkin huulista, jonka kerrotaan sanoneen, "Mitä merkitsee tuo tai tämä syy? Se, mitä haluamme, on enemmän kaupankäyntiä kuin alankomaalaisilla on nyt hallussaan." Oli vain vähän syytä epäillä sitä huolimatta kauppakomppanioiden teeskentelystä, niin Alankomaiden hallitus olisi mieluusti välttänyt sodan; kyvykäs mies, joka oli heidän johdossaan, niin näki liian selvästi herkän aseman, jossa he olivat Englannin ja Ranskan välissä. He väittivät kuitenkin tukevansa jälkimmäistä puolustuksellisen sopimuksen takia, joka oli tehty vuonna 1662. Ludwig salli tämän väitteen, mutta tahtonsa vastaisesti; ja yhä nuori Ranskan laivasto ei käytännössä antanut apua.

Sota kahden meri valtion välillä, jotka olivat täysin merivaltoja ja ottaen huomioon kaikkien sellaisten sotien yleiset piirteet. Kolme suurta taistelua käytiin; ensimmäinen käytiin Lowestoftin edustalla Norfolkin rannikolla kesäkuun 13. 1665; toinen, joka tunnetaan nimellä neljän päivän taistelu, käytiin Doverin salmessa, josta ranskalaiset kirjoittajat usein puhuvat nimellä Pas de Calais, niin se alkoi 11. ja päättyi 14. kesäkuut 1666; ja kolmas käytiin North Forelandin edustalla elokuun 4. päivä samana vuonna. Ensimmäisessä ja viimeisessä näistä englantilaisilla oli ratkaisevaa menestystä; toisessa etu pysyi alankomaalaisilla. Sitä voidaan vain kuvailla pitkälti, sillä se yksin on nähtävissä niin täysin ja johdonmukaisen kertomuksen kautta, että se sallii puhtaan ja tarkan taktisen kertomuksen annettavaksi. Siellä oli näissä taisteluissa mielenkiintoisia kohtia yleisemmin kerrottavaksi nykyaikana kuin yksityiskohtia joistakin vanhentuneista taktisista liikkeistä.

Ensimmäisessä taistelussa Lowestoftin edustalla näytti siltä, että alankomaalaisten komentajalla Opdam, joka ei ollut merimies, vaan ratsuväen upseeri, niin oli hyvin halukkaat käskyt taistella; asianmukainen harkinta, joka kuuluu ylipäällikölle, niin sitä ei ollut uskottu hänelle. Puuttuen siten ylipäällikön toimintaan kentällä tai merellä on yksi houkuttelevimpia asioita, joita hallitus voi tehdä ja se on yleensä katastrofaalista. Tourville, suurin Ludwig XIV:n amiraaleista pakotettiin siten vaarantamaan koko Ranskan laivasto vastoin hänen omaa harkintakykyänsä; ja vuosisata myöhemmin suuri ranskalainen laivasto pääsi pakoon englantilaiselta amiraali Keithiltä hänen tottelevaisuutensa ansiosta koskien tärkeitä käskyjä hänen suoralta esimieheltänsä, joka oli sairaana satamassa.

Lowestoftissa alankomaalaisten laivaston etujoukot antoivat tilaa; ja hieman myöhemmin yksi nuoremmista amiraaleista keskustassa Opdamin omasta laivueesta tapettiin, jolloin miehistöön levisi paniikki ottaen komentoonsa aluksen sen upseereilta ja vieden sen pois taistelusta. Tätä liikettä seurasi kaksitoista tai kolmetoista muuta laivaa jättäen suuren aukon alankomaalaisten linjoihin. Tämä tapaus näyttää niin kuin voidaan osoittaa aikaisemmin, että alankomaalaisten laivaston kuri ja heidän upseeriensa toimien sävy eivät olleet korkeatasoisia huolimatta kansakunnan suurista taisteluominaisuuksista, ja vaikka olikin luultavasti totta, että siellä oli enemmän hyviä merimiehiä alankomaalaisten kuin englantilaisten kapteenien joukossa. Luontainen lujuus ja sankaruus alankomaalaisilla ei täysin täydentänyt ammatillista ylpeyttä ja sotilaallisen kunnian tunnetta, jota järkevät sotilaalliset järjestelmät kannustavat. Suosittu tunne Yhdysvalloissa on meren juuri tällainen tuntemus; siellä ei ole väliaskelta henkilökohtaisen sankaruuden aseen kanssa ja koskien koko sotilaallista tehokkuutta.

Opdam nähdessään taistelun kääntyvän häntä vastaan näytti antautuvan lannistumisen tuntemukseen. Hän pyrki pääsemään lähitaisteluun entraten englantilaisten ylipäällikön aluksen kanssa, joka silloin oli Yorkin herttua, kuninkaan veli. Siinä hän epäonnistui ja seuranneessa epätoivoisessa taistelussa hänen aluksensa räjähti. Pian tämän jälkeen kolme tai yhden silminnäkijän mukaan neljä alankomaalaista alustaa törmäsi toisiinsa ja tämä alusryhmä poltettiin yhdellä polttolaivalla; kolme tai neljä muuta alusta kohtasi saman kohtalon yksittäin hieman myöhemmin. Alankomaalaisten laivasto oli nyt sekasorrossa ja pakeni Van Trompin laivueen suojaamana, joka oli kuuluisan vanhan amiraalin poika, joka oli protektoraatin päivien aikana purjehtinut kanaalin läpi luuta sidottuna hänen aluksensa päämaston huipulle.

Polttolaivoilla oli siellä hyvin keskeinen osa, enemmän kuin varmuudella vuoden 1653 sodassa, vaikka kummassa aikakaudessa ne muodostivat osan laivastosta. On pinnallista selvää eroa roolissa, joka oli polttolaivalla ja niissä tehtävissä, jotka on annettu modernissa sodankäynnissä torpedoristeilijälle (Ensimmäiset itsestään liikkuvat ns. Whitehead torpedot keksittiin 1866). Hyökkäyksen kauhea luonne suhteellisen pienen aluksen tekemänä ja suuret vaatimukset hyökkääjän hermoissa niin ovat tärkeimmät samankaltaisuudet; suuret asiat eroissa ovat vertaileva varmuus, jolla modernia alusta voidaan käsitellä, joka osaltansa kohdataan raudalla panssaroitua alusta verrattaessa vanhaan linjalaivaan ja välittömyyttä, jolla torpedo aiheuttaa vahingon, kun hyökkäys onnistuu tai epäonnistuu yhdellä kertaa, kun taas polttolaiva tarvitsee aikaa vaikuttaakseen hyökkäyksen kohteeseen, jolloin kummassakin tapauksessa tavoitteena on vihollisaluksen täysi tuho sen sijaan, että se rampautettaisiin tai sitä muuten heikennettäisiin. Polttoalusten luonteen arvostukseen olosuhteissa, joissa ne ovat kaikista hyödyllisimpiä ja syistä, jotka ovat johtaneet niiden katoamiseen, niin voidaan kenties havaita päätös, jolla kansakunnat ovat ottaneet käyttöönsä torpedoristeilijöitä suoraan ja yksinkertaisesti aseeksi laivastojensa selviytymiseksi.

Ranskalainen upseeri, joka tarkasteli Ranskan laivaston historiaa, niin sanoo, että ensimmäinen polttolaiva otettiin käyttöön osana laivastoa 1636:

"Joko juuri sitä tarkoitusta varten rakennettuna tai muutettuna muistaa tarkoituksista sopivaksi juuri sitä tarkoitusta varten, niin ne saivat erityiset varusteet. Käskyvalta annettiin upseereille, jotka eivät olleet aatelista syntyperää ja joiden sotilasarvona oli polttolaivaan kapteenin asema. Viisi alaista upseeria ja kaksikymmentäviisi merimiestä muodostivat miehistön. Helposti tiedettiin tarttumahaat, jotka niihin aina varustettiin niiden telakoilla, jolloin polttolaivat näkivät niiden roolin kasvavan vähemmän 1700-luvun alkuvuosina. Lopulta ne katosivat laivastoista, *joiden nopeutta ne hidastivat ja joiden kehittymisen ne tekivät monimutkaisemmaksi.* Kun sotalaivat kasvoivat suuremmiksi, niin toiminnan keskittyminen polttolaivoihin tuli joka päivä yhä hankalammaksi. Toisaalta oli jo hylätty ajatus käyttää niitä yhdessä taistelevien alusten kanssa muodostaen niistä muutamia ryhmiä, joissa jokainen antoi kaikki keinot hyökkäykseen ja puolustukseen. Muodostelma lähitaistelussa, johon oli määrätty polttolaivoja toiseen linjaan sijoitettuna puolen peninkulman päähän kauemmaksi vihollisesta, niin teki niistä yhä enemmän epäsopivia täyttää tehtäviänsä. Virallinen suunnitelma Malagan meritaistelussa (1704), joka tehtiin heti taistelun jälkeen, niin osoitti, että polttolaivat oli laitettu siihen asemaan Paul Hosten toimesta. Lopulta ammuksien käyttäminen kuulien sijasta sai laivat sytyttämään tulipaloja varmemmin ja nopeammin sekä esitteli alukset ajanjaksoon, jota olemme nyt käsittelemässä, vaikka yleistä käyttöä tapahtuikin vasta paljon myöhemmin, niin se oli polttolaivojen viimeinen käyttö." [20]

Ne, jotka tuntevat teorioita ja keskusteluita omalta ajaltamme, joiden aiheena ovat laivaston taktiikat ja aseet, niin tunnistavat nopeasti pitkään vanhentuneet tietynlaiset ajatukset niistä, jotka eivät ole vanhentuneita. Polttolaivat katosivat laivastoista, "joiden nopeutta ne hidastivat". Huonossa säässä pienien alusten täytyi aina liikkua sangen hitaalla nopeudella. Kohtuullisessa merenkäynnissä, niin kuin meille on kerrottu, niin torpedoveneen nopeus putoa kahdestakymmenestä solmusta viiteentoista tai sen alle, ja seitsemästätoista yhdeksääntoista solmuun risteilijöillä, jotka voivat joko paeta takaa-ajavia veneitä tai muuten pitää ne etäällä hyödyntäen tykkiensä ja konekivääriensä tulitusta. Nämä veneet ovat merikelpoisia, "ja niiden on ajateltu pysyvän merellä kaikissa sääolosuhteissa; mutta kun on 34 metriä pitkän torpedoveneen kyydissä, kun merellä on huono sää, niin se on kaukana hyvistä olosuhteista. Kuumuus, meteli ja nopeat värähtelyt moottoreista ovat jatkuvia. Ruuanlaitto ei näyttäisi tulevan kyseeseen ja sanotaan, että jos ruoka laitetaan hyvin, niin vain muutamat voisivat sitä arvostaa. Saadakseen tarpeellista lepoa niissä olosuhteissa, niin täytyy myös ottaa huomioon veneen nopeat liikkeet, jotka ovat kaikista vaikeimpia." Suurempia veneitä rakennetaan; mutta nopeuden menetys kovassa säässä pysyy, ellei torpedoristeilijöiden kokoa kasvateta pisteeseen, joka johtaa siihen, että niillä tulee olemaan jotain muutakin kuin torpedoja. Niin kuin polttolaivat, niin pienet torpedoristeilijät hidastavat ja monimutkaistavat laivastojen kehitystä, joiden mukana ne ovat. [21] Polttolaivojen katoamista on myös nopeuttanut, kuten meille on kerrottu, niin ammusten tai polttoammusten ottaminen käyttöön; ja ei ole epätodennäköistä, että avomerellä taisteleminen siirtää torpedot suurempiin aluksiin lopettaen pelkät torpedoristeilijät. Polttolaivojen käyttöä jatkettiin ankkurissa olevia laivastoja vastaan aina Yhdysvaltain sisällissotaan asti ja torpedoveneet tulevat aina olemaan hyödyllisiä satamien lyhyiltä etäisyyksiltä.

Kolmas vaihe laivaston käyttämisessä kaksisataa vuotta sitten, joka on mainittu lainauksessa, niin sisälsi hyvin tutun ajatuksen nykyaikaisiin keskusteluihin; nimittäin ryhmämuodostelmat. "Ajatus yhdistää polttolaivat ja taistelualukset muodostamaan muutamia ryhmiä, joista jokaisella olisi kaikki keinot hyökkäykseen ja puolustukseen", oli ajatus, jota silloin edistettiin; meille kerrotaan, että se ajatus hylättiin myöhemmin. Yhdistäen laivaston aluksia kahden, kolmen tai neljän aluksen ryhmiksi tarkoitti toimea, joka etenkin suuresti suosittiin Englannissa; vähemmän niin tapahtui Ranskassa, jossa se kohtasi vahvaa vastarintaa. Ei ollut sellaista kysymystä, jota kyvykkäästi kumpi tahansa puoli edisti, että se olisi voitu ratkaista yhden miehen harkinnalla, eikä kunnes aikaa ja kokemuksia oli käytetty heidän erehtymättömissä kokeissaan. Voidaan huomauttaa kuitenkin, että kyseessä oli hyvin organisoitu laivasto, jolla oli kaksi komentamisen astetta, jotka itse olivat luonnollisia ja tarpeellisia, että niitä ei voida sivuuttaa, eikä jättää huomioitta; nämä komentamisen tasot olivat koko laivasto yhtenä yksikkönä ja jokaisen yksittäisen aluksen komentaminen itsessään. Kun laivastosta tuli liian suuri, että sitä voisi komentaa yksi mies, niin se täytyi jakaa pienempiin yksiköihin, ja taistelun tiimellyksessä tuli käytännössä tilanteita, joissa kaksi laivastoa toimi yhden ja saman tavoitteen puolesta; näin toimi Nelson antaessaan jalon käskynsä Trafalgarilla sanoen, "Kakkosmies komentoketjussa tulee sen *jälkeen*, kun olen sanonut aikeeni, niin sanomaan omat aikeensa" (huomatkaa korostus sanalla "jälkeen", jolla niin hyvin suojataan niin komentajaa kuin kakkosmiestä), "oma suorat käskyt alaisilleen käskien näiden hyökätä vihollisen kimppuun ja toimia tällä tavoin, kunnes vihollisalukset olisi kaapattu tai tuhottu."

Koko ja hinta, joka on yhdellä raudalla panssaroidulla aluksella nykyään, niin se tekee epätodennäköiseksi sen, että laivastojen määrät tulisivat olemaan niin suuret, että ne tulisivat nykyään vaatimaan aliyksiköitä; mutta joko ne vaativat tai eivät vaadi, niin se ei vaikutu päätökseen koskien alusryhmiä. Katsoen asiaa yksinkertaisesti periaatteena, joka on peräisin alla vaikuttavasta teoriasta, ja ottamatta huomioon taktista kömpelyyttä, jolla erityisiä ryhmiä on ehdotettu, niin kysymys tulee olemaan; tullaanko esittelemään ero amiraalin luonnollisen komentajuuden ja kapteenien yksilöllisen komentajuuden väliin kolmanneksi keinotekoiseksi päähänpistoksi, joka yhtäällä vaikuttaa osaltansa korkeamman käskyvallan ohittamiseen ja toisaalla tulee osittain sitomaan yksittäisten alusten komentajien harkintavaltaa? Lisävaikeus tulee nousemaan siitä, että kapea tukemisen periaate, joka johtuu etenkin tietyistä aluksista, jonka varassa ryhmäjärjestelmä lepää, on tämä: kun signaaleita enää nähdä, niin kapteenin velvollisuus omassa aluksessaan ja laivastossa kokonaisuudessaan tulee olemaan monimutkainen siksi, että hänen velvollisuutensa on tarkkailla tiettyjä suhteita etenkin aluksissa; jolloin tiettyjen aluksien täytyy tulla aika ajoin hänen huomionsa eteen. Ryhmämuodostelmalla oli sen koettamisessa vanhana aikana ja katoamisessa ennen kuin siitä tehtiin kokemusperäisiä testejä; niin se, että tullaanko siihen palaamaan, niin aika tulee sen näyttämään. Voidaan sanoa ennen kuin lopetetaan tästä aiheesta, että järjestys purjehtimisessa vastaa askelreittiä armeijan marssimisessa, kun avoimella muodostelmalla on joitakin etuja; jonkinlaisen järjestyksen säilyttäminen edellyttää tiukkaa täsmällisyyttä sijainnissa, jota noudatetaan päivällä ja yön täytyy olla kova taakka kapteenille ja kansiupseereille. Sellaista reitti järjestystä ei pitäisi olla kuitenkaan ennen kuin laivasto on saavuttanut suuren taktisen täsmällisyyden.

Palatessamme kysymykseen polttolaivoista ja torpedoveneistä, niin jälkimmäisen rooli, kuten usein sanotaan, niin on lähietäisyydellä, jota aina seuraa muutama onnistunut ohitus vastustavien laivastojen välillä. Savussa ja sekasorrossa silloin on torpedoveneen mahdollisuus. Tämä varmasti kuulostaa käyttökelpoiselta ja torpedoveneellä varmasti on liikevoimaa, jota ei ollut polttoaluksella. Taistelu kahden laivaston välillä kuitenkaan ei ollut olosuhde, joka oli mitä suotuisin polttoalukselle. Lainaan tässä kohtaa toiselta ranskalaiselta upseerilta englantilaisten ja alankomaalaisten meritaisteluista myöhäisemmältä ajalta, joka yksinkertaisen selkeä ja ehdottava. Hän sanoo:

"Kun kyse on käskyistä suoraan toimintaan polttoaluksilla, joka oli melkein olematonta tai melkein niin sekavaa taisteluissa vuoden 1652 sodassa, niin säännönmukaisuus ja uusien koottujen laivueiden liikkeet näyttivät pikemminkin suosivan sitä. Polttolaivoilla oli hyvin tärkeä osa taisteluissa Lowestoftin, Pas de Calaisin ja North Forelandin luona. Kiitos hyvän järjestyksen säilymisellä linjalaivojen toimesta, niin näitä polttoaluksia voidaan tosiaan paremmin suojata tykistön toimesta; paljon tehokkaammin ohjattuna kuin aikaisemmin kohti erillistä ja päätettyä päämäärää." [22]

Keskellä sekavaa lähitaistelua 1652 polttolaivat "toimivat niin sanotusti yksin etsien mahdollisuutta käydä kiinni viholliseen entraamalla hyväksyen riskit virheistä ilman suojaa vihollisen tykkejä vastaan, jotka melkein varmasti upottaisivat ne tai muuten ne palaisivat käyttökelvottomiksi. Kaikki oli silloin 1665 muuttunut toisenlaiseksi. Niiden saalis oli selvästi osoitettu; se tiedettiin, josta seurasi helposti, että sillä oli kiinteä asema suhteessa vihollisen linjoihin. Toisaalta alukset sen omassa yksikössä eivät menettäneet näköyhteyttä polttolaivaan. Ne olivat sen kanssa niin kauan kuin oli mahdollista suojaten sitä tykistöllään sen matkan loppuvaiheisiin asti ja estivät sitä palamasta etukäteen, jos aikeen hedelmättömyys oli nähtävissä tarpeeksi aikaisin. Ilmeisesti sellaisissa toimintaolosuhteissa, jotka olivat aina epävarmoja (asia ei voisi olla toisin), niin joka tapauksessa saatiin suuremmat mahdollisuudet menestykselle." Nämä ohjeistavat kommentit tarvitsevat kenties laadun arviointia, tai lisäksi huomautusta sekasorrosta vihollisen muodostelmassa aikana, jolloin oma muodostelma tulee pysymään hyvässä järjestyksessä antaen parhaan mahdollisuuden epätoivoiselle hyökkäykselle. Kirjoittaja jatkaa kertoen polttoalusten katoamisesta:

"Siinä, kun näemme polttoalukset niiden tärkeimmässä asemassaan. Tärkeys tulee vähenemään, kun polttoalukset itse tulevat lopulta katoamaan yhteenotoista avomerellä, kun laivaston tykistö tulee olemaan tehokkaampaa omaten pidemmän kantaman ollen tarkempaa ja omaten suuremman tulinopeuden; [23] kun alukset ovat paremmissa muodostelmissa omaten paremman kyvyn kääntyä, laajemman ja paremmin tasapainotetun purjevoiman, joiden ansiosta ne pystyvät paremmin olemaan nopeampia ja omaamaan paremman kyvyn kääntyä, jolloin ne pystyvät melkein varmasti välttämään niitä vastaan lähetetyt polttolaivat; kun lopulta laivastojen taktiikkojen periaatteet ovat yhtä taidokkaita kuin ne olivat varovaisia, niin taktiikat, jotka tulevat hallitsemaan vuosisata myöhemmin koko Amerikan vapaussodan aikana, jolloin nämä laivastot, jotta ne eivät vaarantaisi taistelujärjestyksensä täydellistä säännönmukaisuutta, niin välttävät tulemista lähietäisyydelle ja antavat vain kanuunoiden päättää taistelun lopputuloksen."

Tässä keskustelussa kirjoittajalla on näkyvillä tärkeimmät piirteet, jotka auttaessaan polttolaivoja, niin myös antavat tähän vuoden 1665 sotaan siihen kohdistuvan oudon mielenkiinnon koskien laivastojen taktiikoiden historiaa. On nähty ensimmäistä kertaa, että lähelle vietyä taistelulinjaa kiistämättä käytettiin laivastojen taistelujärjestelmänä. On aivan selvää, että kun ne laivastot oli huomioitu niin kuin usein tehtiin, niin kahdeksastakymmenestä sataan laivaan, niin sellainen linja olisi hyvin puutteellisesti muodostettu joka kerta tosiasiassa niin linjana ja väleinä; mutta yleinen tavoite oli selvä, vaikkakin sen toteutus olikin puutteellinen. Kunnia tästä kehityksestä annetaan yleensä Yorkin herttualle, josta tuli myöhemmin James II; mutta kysymys kenen ansiosta tämä parannus tapahtui, niin sillä on vain vähän merkitystä meriupseereille nykyään, kun verrataan ohjeistettuja tosiasioita, kun niin paljon aikaa on kulunut suurten purjealusten ilmaantumisesta niiden kylkitykistöjen kanssa ja järjestelmällisestä siirtymisestä taistelujärjestelmään, joka parhaiten sopi käyttämään laivaston koko voimaa sen yksiköiden molemminpuoliseksi tukemiseksi. Meille omaten ongelman osia käsissämme, niin yhdessä lopputuloksen kanssa, johon lopulta päästään, niin se lopputulos tulee olemaan riittävän yksinkertainen ja melkein itsestäänselvyys. Miksi kesti niin kauan kyvykkäiltä miehiltä silloin päästä siihen? Syy siihen ja siinä oleva opetus nykyajan upseereille on epäilemättä sama, joka jättää taistelujärjestyksen niin epävarmaksi nykyään; nimittäin se, että sodan välttämättömyys ei pakota miehiä tekemään päätöksiä ennen kuin alankomaalaiset lopulta kohtasivat englantilaiset tasaväkisesti merellä. Seuraavat ajatukset, jotka johtivat linjataisteluun, niin olivat selkeitä ja loogisia. Vaikka ne ovatkin tarpeeksi tuttuja merimiehille, niin ne tullaan sanomaan tässä kirjoittajan sanoin lopulta lainattuina, sillä niillä siisteys ja täsmällisyys täysin ranskaksi:

"Kasvanut sota-alusten voima ja niiden merikelpoisuuden ja sotilaallisen kyvykkyyden ominaisuuksien parantuminen ovat yhtä lailla edistäneet taitoa käyttää niitä; kun laivaston kehittämisestä on tullut taidokkaampaa, niin niiden tärkeys kasvaa päivittäin. Tälle kehitykselle tarvitaan tukijalka, paikka, josta se lähtee ja johon se palaa. Laivaston sota-aluksia täytyy aina olla valmiina kohtaamaan vihollinen; loogisesti sen vuoksi tästä lähtökohdasta laivaston kehittymiseen täytyy siirtyä taistelujärjestykseen. Kun sen jälkeen, kun kaleerit katosivat, niin melkein kaikki tykistö sotalaivoissa oli niiden kyljissä. Siksi niiden sivun täytyi aina tarpeen vaatiessa olla käännettynä vihollista kohden. Toisaalta oli tarpeellista, että sen näkymistä ei koskaan häiritsisi ystävällismielinen alus. Vain yksi muodostelma sallii aluksien samassa laivastossa täysin tyydyttää nämä ehdot. Se on linjamuodostelma [jono]. Tämä linja siksi on annettuna ainoaksi taistelujärjestelmäksi ja sen takia se on kaikkien laivastotaktiikoiden perusta. Tässä taistelujärjestyksessä pitkä ohut linja tykkejä, niin sitä ei voida vahingoittaa tai rikkoa jostain heikommasta kohdasta kuin muita, jolloin sama tuntuu olevan tarpeen laittaa vain laivoja siihen, joilla jos niillä ei ole yhtä suurta voimaa, niin ne ovat ainakin melkein yhtä vahvoja. Loogisesti tästä seuraa, että samalla hetkellä, kun linjasta tuli tärkein taistelujärjestys, niin silloin tehtiin ero koskien linjalaivoja, jotka vain olisivat siinä ja kevyempiä aluksia, jotka oli tarkoitettu muuhun käyttöön."

Jos lisäämme näihin huomiot, jotka ovat johtaneet taistelulinjasta tehtäväksi tiiviin linjan, niin olemme saaneet ongelman kokonaan työstettyä. Mutta päättelyketju on yhtä selvä nyt kuin se oli kaksisataaviisikymmentä vuotta sitten; miksi sitten kesti niin kauan työstää sitä? Osittain epäilemättä johtuen vanhoista perinteistä, jotka ovat peräisin ajalta, jolloin kaleerit taistelivat keskenään; oli pysähdyksissä olevien ja hämmentyneiden miesten mielissä; pääasiassa siksi, että miehet olivat liian velttoja etsiäkseen perusteita heidän sen hetkiseen tilanteeseensa silloin ja kehittääkseen todellisen teorian toimintaa varten perusteista lähtien. Harvoin selkeästi nähtiin tunnistaen sellaiset keskeiset muutokset olosuhteissa ja ennustaen lopputuloksia käyttäen amiraali Labroussen sanoja Ranskan laivastosta, jotka kirjoitettiin 1840 ja olivat mitä opettavaisimpia. "Kiitokset höyryn", hän kirjoitti, "laivat tulevat liikkumaan joka suuntaan sellaisella nopeudella, että törmäyksien vaikutukset voivat ja todellakin niiden täytyy niin kuin ne aikaisemmin tekivät, ottaa lentävien ammusten paikka ja nollata laskelmat kyvykkäistä manöövereistä. Törmääminen tulee olemaan suotuisaa nopeasti tuhoamatta aluksen merikelpoisuutta. Niin pian kuin yksi merivalta tulee saamaan käyttöönsä tämän pelottavan aseen, niin kaikkien muiden täytyy hyväksyä se siinä pelossa, että niistä tulee heikompia ja siten taistelusta tulee taistelua törmäystaktiikkaa vastaan." Kun puhutaan ehdottomasta törmäyspiikin lisäämisestä sen päivän aseisiin, joita Ranskan laivasto käytti, niin yllä oleva argumentti voidaan hyvin ottaa tapaukseksi, jota tutkitaan nähdäksemme, miten sen ajan taistelujärjestyksen piti toimia. Ranskalainen kirjailija kommentoidessaan Labroussen kirjoitusta sanoi seuraavaa:

"Kaksikymmentäseitsemän vuotta oli tuskin tarpeeksi isillemme vuodesta 1638 siihen asti, kun 'Couronne' rakennettiin 1665 muuttaen taktisen järjestyksen kaleerin käyttämästä rintamamuodosta jonomuotoon. Olemme itse tarvinneet kaksikymmentäyhdeksän vuotta vuodesta 1830, kun ensimmäinen höyrylaiva otettiin laivastoomme vuoteen 1859, kun sovellettiin törmäyssodankäynnin periaatteita rakennettaessa 'Solferino' ja 'Magenta', jotka vallankumouksellisesti toimivat päinvastaiseen suuntaan; joten totuus on se, että totta olevat asiat on aina vaikeata saada esiin... Tämä muutos ei ollut yllättävä, ei siksi, että uudet materiaalit vaativat aikaa, että niitä voidaan hyvin käyttää rakentamisessa ja aseistamisessa, mutta ennen kaikkea siksi on surullista sanoa, että tarve tulee olemaan seurausta uudesta liikevoimasta, joka välttää useimmat mielet." [24]

Tulemme nyt oikeudenmukaisesti juhlistamaan neljän päivän taistelua kesäkuussa 1666, joka vaatii erityistä huomiota, ei vain siksi, että siihen osallistui suuri määrä aluksia kummallakin puolella, eikä vain siksi, että se vaati poikkeuksellista fyysistä kestävyyttä miehiltä, jotka pitivät yllä kuumia meritaistelutoimia niin monena peräkkäisenä päivänä, mutta myös siksi, että ylipäälliköt kummallakin puolella, Monk ja De Ruyter, olivat mitä kunnostautuneimpia merimiehiä tai pikemminkin merikomentajia, joita heidän omat maansa tuottivat 1600-luvulla. Monk oli mahdollisesti heikompi kuin Blake Englannin laivaston kertomuksissa; mutta on olemassa yleinen yhteisymmärrys, että De Ruyter oli keskeinen hahmo ei vain alankomaalaisten palveluksessa, vaan myös kaikkien sen ajan laivastoupseerien keskuudessa. Kertomus, joka annetaan, niin se on pääasiassa peräisin äskettäisestä "Revue Maritime et Coloniale" lehden numerosta [25] ja sillä on julkaistu kirje, joka löydettiin äskettäin, jonka kirjoitti alankomaalainen herrasmies, joka palveli vapaaehtoisena De Ruyterin aluksessa ystävällensä Ranskaan. Kertomus on ihanan selkeä ja todennäköinen; ominaisuuksia, joita ei yleensä löydetä kuvauksista, joissa kerrotaan kaukaisista taisteluista; ja tyytyväisyydestä, joka syntyi löydettäessä kuvaus kreivi de Guichen muistelmista, joka myös palveli vapaaehtoisena laivastossa ja joka vietiin De Ruyterin alukselle sen jälkeen, kun hänen oman aluksensa oli polttoalus tuhonnut, jonka kertomuksen aikaisempi kertomus vahvistaa koskien sen tärkeimpiä yksityiskohtia. [26] Tätä iloista lisäasiaa epäonnekkaasti heikentää se, että kummastakin tarinasta tunnistetaan tiettyjä lauseita; ja vertailemalla osoitetaan, että niitä kahta ei voida pitää itsenäisinä lähteinä. Siellä on kuitenkin kohtia, jotka ovat sisäisesti erilaisia, jolloin on mahdollista, että ne ovat kaksi kertomusta eri silminnäkijöiltä, jotka vertailivat ja korjasivat omia versioitansa ennen kuin lähettivät niitä ystävillensä tai kirjoittivat niistä päiväkirjoihinsa.

Laivastojen vahvuudet olivat seuraavat: englantilaisilla oli noin kahdeksankymmentä laivaa ja alankomaalaisilla oli noin sata alusta; mutta epätasapainoa alusten määrissä suuresti tasapainotti useiden englantilaisten alusten suurempi koko. Suuren strategisen virheen teki Lontoon hallitus juuri ennen taistelua. Kuninkaalle kerrottiin, että ranskalainen laivasto-osasto oli matkalla Atlantilta liittyäkseen alankomaalaisiin. Hän jakoi heti laivastonsa lähettäen kaksikymmentä alusta prinssi Rupertin komennossa länteen kohtaamaan ranskalaiset, kun taas jäljelle jääneet alukset Monkin komennossa purjehtivat itään kohtaamaan alankomaalaisia.

Sellaisessa tilanteessa, jossa englantilainen laivasto oli, kun sitä uhkasi hyökkäys kahdelta suunnalta, niin sen komentajalle tuli yksi hienovaraisimmista houkutuksista. Halu oli hyvin vahva mennä kohtaamaan kummatkin jakamalla omat voimansa niin kuin Charles teki; mutta ellei komennossa ollut murskaavaa ylivoimaa, niin se olisi virhe, joka mahdollistaisi, että kumpikin osasto voitettaisiin erillisesti, jonka tulemme näkemään tapahtuvan tässä tapauksessa. Tulos oli ensimmäisten kahden päivän ajalta katastrofaalinen suuremmalle englantilaiselle laivastolle Monkin komennossa, joka oli silloin pakotettu vetäytymään kohti Rupertia; ja luultavasti mahdollisuus palata jälkimmäisen luokse pelasti englantilaisen laivaston hyvin suurilta menetyksiltä tai ainakin siltä, että se suljettaisiin sen omiin satamiinsa. Sataneljäkymmentä vuotta myöhemmin jännittää strategista peliä käytiin Biskajanlahdella ennen Trafalgaria, kun englantilainen amiraali Cornwallis teki tismalleen saman virheen jakaen laivastonsa kahteen yhtä suureen osaan, jotka olivat liian kaukana, että ne voisivat tukea toisiaan, jota Napoleon silloin luonnehti silmiinpistäväksi typeryydeksi. Tämä opetus pysyy samana kaikkina aikakausina.

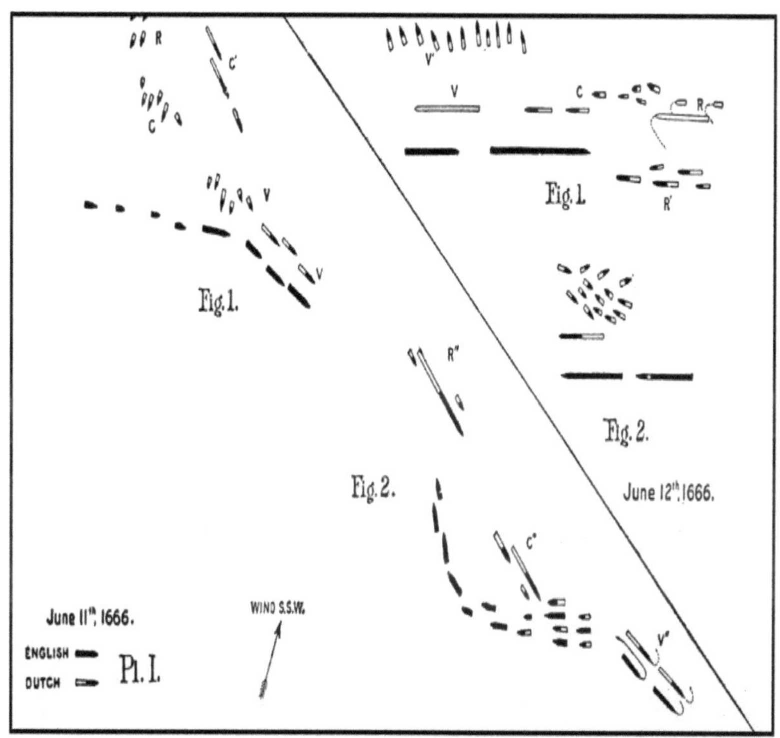

Kuva I, Neljän päivän taistelu vuodelta 1666.

Alankomaalaiset olivat purjehtineet Englannin rannikolle aika itäisen tuulen avulla, mutta sen kääntyi myöhemmin puhaltamaan lounaasta kovassa säässä ja vahvistuen, jolloin De Ruyter välttääkseen ajautumasta liian kauas, niin käski laskea ankkurit Dunkirkin ja Downsin väliin. [27] Laivasto sitten suuntasi kulkunsa etelälounaaseen ja sen etujoukko oli oikealla; samaan aikaan Tromp, joka komensi jälkijoukkoa luonnollisessa järjestyksessä, oli vasemmalla. Jonkin aikaa tämä vasen oli eniten tuulen puolella, kun taas laivue keskustassa Ruyterin komennossa oli suojanpuolella ja oikealla tai edessä keskustasta suojanpuolella. [28] Tämä oli alankomaalaisen laivaston asema kesäkuun 11. päivä 1666; ja vaikka ei olekaan suoraan ilmaistu, niin on todennäköistä kaikkien kertomusten mukaan, että se ei ollut hyvässä järjestyksessä.

Samana aamuna Monk, joka oli ankkurissa, niin meni alankomaalaisen laivaston suojanpuolelle ja vaikka hänellä olikin vähemmän aluksia, niin hän päätti hyökätä heti toivoen pitävänsä tuuliedun, että hän voisi käyttää omia voimiensa niin kuin parhaiten pystyi siihen. Siksi hän oli alankomaalaisen linjasta myötäpäivään jättäen oikean ja keskustan tykinkantaman ulkopuolelle, kunnes hän oli rinnakkain vasemmalla Trompin laivueen kanssa. Monkilla oli silloin kolmekymmentäviisi alusta käytössään; mutta selusta oli avoimena ja se laahusti perässä, kuten on tapana pitkien jonojen ollessa kyseessä. Kolmellakymmenelläviidellä aluksella hän sitten käänsi ruorinsa ja tuli kohti Trompia, jonka laivue katkaisi ankkuriköytensä ja laski purjeensa samaan takilaan (V'); kaksi linjaa ottivat yhteen siten ollen kohti Ranskan rannikkoa ja tuuli puhalsi aluksiin niin, että englantilaiset eivät voineet käyttää alempia tykkejään (Kuva 2, V''). Alankomaalaiset keskustassa ja takana myös katkaisivat (Kuva 1, C'), ja seurasi liikettä, mutta ollen niin kaukana suojanpuolella, että niiltä kestäisi aikaa päästä mukaan taisteluun. Silloin tapahtui niin, että suuri alankomaalainen alus joutui eroon omasta laivastostansa syttyen palamaan ja paloi, jolloin tämä alus oli epäilemättä kreivi de Guichen laiva.

Kun he lähestyivät Dunkirkiä, niin englantilaisalukset etenivät jonossa luultavasti kaikki yhdessä; sillä palatessaan pohjoisen ja lännen suuntaan asianmukainen englantilaisten etujoukko joutui alankomaalaisten keskustan käsiin ja sai kovaa kohtelua itse Ruyterilta (Kuva 2, C''). Tämä kohtalo olisi todennäköisempi jälkijoukolle ja viittasi yhtäaikaiseen liikkeeseen, jolla oli muutettu taistelujärjestystä. Taisteluun joutuneet alukset olivat luonnollisesti suojan puolelle, joka salli Ruyterin hakea ne. Kaksi englantilaisten lippulaivoista tehtiin siten liikuntakelvottomiksi ja pysäytettiin; yksi niistä oli "Swiftsure", joka laski lippunsa sen jälkeen, kun amiraali, joka oli vain kaksikymmentäseitsemänvuotias nuori mies, oli tapettu. "Hyvin ihailtu", sanoo aikalaiskirjoittaja, "oli päättäväinen vara-amiraali Berkeley, joka vaikka olikin erillään linjasta vihollisen saartamana suuren määrän hänen miehiään tultua tapetuiksi, hänen aluksensa tultua liikuntakyvyttömäksi ja siihen noustiin joka suunnalta silti jatkoi taistelua melkein yksin tappaen useita miehiä omin käsin, eikä hyväksynyt armoa; kunnes häntä ammuttiin kurkkuun musketinkuulalla, jolloin hän vetäytyi kapteenin hyttiin, josta hänet löydettiin kuolleena ylettäen koko pituutensa pöydälle ja melkein kokonaan oman verensä peitossa." Aivan yhtä sankarillisesti, mutta onnekkaampaa oli toisen englantilaisen amiraalin toiminta, joka oli joutunut erilleen päävoimista; ja välikohtaukset hänen kamppailustansa, vaikka eivät olleetkaan erityisen opettavaisia, niin ovat lainauksien tekemisen arvoisia antaen elävän kuvan tapahtumista, joita tapahtui niiden päivien kuumissa kamppailuissa ja siten värittäen kuivia yksityiskohtia.

"Ollen lyhyen aikaa täysin liikuntakyvyttömänä yksi vihollisen polttolaiva tarttui hänen aluksensa tyyrpuurin (oikean) puoleen; hän kuitenkin pääsi siitä vapaaksi melkein uskomattomien ponnistelujen ansiosta, joita hänen alipäällikkönsä teki liekkien keskellä heikentäen tarttumahakojen otetta ja kaatuen takaisin omaan laivaansa vahingoittumattomana. Alankomaalaiset, jotka olivat päättäväisiä tuhotakseen tämän epäonnisen aluksen, niin lähettivät toisen aluksen, jonka tarttumahaat iskivät englantilaisaluksen paapuurin (vasemmalle) puolelle ja suuremmalla menestyksellä kuin aikaisempi laiva; sillä purjeisiin tarttui heti tuli, jolloin miehistö pelästyi niin, että melkein viisikymmentä heistä hyppäsi yli laidan. Amiraali, Sir John Harman, nähdessään tämän sekasorron juoksi miekka kädessä niiden keskuuteen, jotka olivat jääneet alukseen ja uhkasi välittömällä kuolemalla ensimmäistä miestä, joka koettaisi hylätä aluksen tai ei itse koettaisi tukahduttaa liekkejä. Miehistö palasi sitten tekemään velvollisuutensa ja sai tulipalon hallintaansa; mutta suuri osa köysistöstä oli palanut, yksi ylämasto purjeineen romahti ja murskasi Sir Johnin jalan. Keskellä tätä kasvanutta hätää kolmas polttolaiva valmistautui tarttumaan hänen alukseensa, mutta se upotettiin tykein ennen kuin se pystyi toteuttamaan aikeensa. Alankomaalainen vara-amiraali Evertzen tuli nyt aluksineen hänen luoksensa ja tarjosi armoa; mutta Sir John vastasi, 'Ei, ei, tilanne ei ole vielä tullut siihen,' ja antoi hänen laivallensa täyslaidallisen tappaen alankomaalaisen komentajan, jolloin muut vihollisen väistyivät pois." [29]

Siten ei ole yllättävää, että kertomuksessa, jota olemme seuranneet, niin ilmoitettiin, että kaksi englantilaisten lippulaivaa menetettiin, yksi polttolaivalle. "Englantilainen päällikkö jatkoi silti paapuurin puolella ja", sanoo kirjoittajaa, "kun yö tuli, niin saatoimme nähdä hänen ylpeästi johtavan linjaansa ohitse Pohjois-Hollannin ja Zeelandin laivueen [tosiasiallinen takajoukko, mutta asianmukainen etujoukko], joka aamupäivään mennessä ei ollut pystynyt saavuttamaan vihollista [Kuva 2, R''] sen suojanpuoleisesta asemastansa." Monkin hyökkäyksen ansio osana suurempaa taktiikkaa on selvä ja se muistuttaa suuresti Nelsonin tekemää hyökkäystä Niilin meritaistelussa. Huomaten nopeasti heikkouden alankomaalaisten muodostelmassa, niin hän oli hyökännyt paljon suuremman voiman kimppuun sellaisella tavalla, että vain osa sitä saattoi tulla taisteluun; ja vaikka englantilaiset tosiasiassa kärsivät kovempia tappioita, niin he hankkivat loistavaa mainetta ja heidän täytyi saada aikaan paljon masennusta ja sydämenpolttoa alankomaalaisten keskuuteen. Silminnäkijä jatkaa: "Sotatoimet jatkuivat iltakymmeneen, kun ystävät ja viholliset olivat menneet sekaisin ja yhtä todennäköisesti saivat vahinkoa toisiltansa kuin viholliselta. Tuli olemaan huomattavaa, että sen päivän menestys ja epäonni englantilaisille tuli siksi, että he olivat liian hajaantuneita liian pitkälle ulottaen taistelulinjaansa; mutta mistä emme voi koskaan oikaista heidän tapauksessaan niin kuin toimimme. Monkin virhe ei ollut se, että hän piti aluksensa paremmin yhdessä", joka tarkoitti pitäen niitä liki toisissaan. Huomautus on oikeudenmukainen, jota kritiikki harvoin on; että linjan avaaminen, kun on kyseessä pitkä jono purjealuksia ja oli yksi riskeistä, joita Monk otti, kun hän halusi taistella.

Englantilaiset olivat paapuurin puolelta länteen tai länsiluoteeseen, ja seuraavana päivänä palasivat taistelemaan. Alankomaalaiset olivat nyt paapuurin puolella luonnollisessa järjestyksessä oikea siipi johtaen ja olivat tuulen puolella; mutta vihollinen ollen enemmän sään koettelema ja kurinalaisempi, niin pian sai itsellensä tuuliedun. Sinä päivänä englantilaisilla oli neljäkymmentäneljä alusta taistelussa, alankomaalaisilla noin kahdeksankymmentä; monet englantilaiset alukset olivat suurempi kuten aikaisemmin sanottiin. Kaksi laivastoa ohittivat vastakkaiset etukulmat englantilaisten ollessa tuulenpuolella; [30] mutta Tromp jälkijoukoissa nähdessään, että alankomaalaisten taistelujärjestys oli huonosti muodostettu, kun alukset olivat kahdessa tai kolmessa jonossa ollen toistensa tiellä ja siten estäen toisiaan tulittamasta vihollista, niin meni eteenpäin ja saavutti vihollisen etujoukon tuuliedun (R'); jonka hän pystyi tekemään koko linjan mitalta ja siksi, että englantilaisten muodostelma, joka oli rinnakkain alankomaalaisten muodostelman kanssa, niin oli poissa tuulesta. "Sillä hetkellä kaksi lippu-upseeria alankomaalaisten keulassa pitivät sivut poissa näyttäen peränsä englantilaisille (V'). Ruyter oli hyvin ihmeissään koettaen pysäyttää heitä, mutta se oli turhaa ja siksi tunsi olevansa pakotettu matkimaan liikettä pitääkseen laivueensa yhdessä; mutta hän toimi niin pitäen yllä jonkinlaista taistelujärjestystä pitäen joitakin aluksia lähellään, ja häneen liittyi yksi etujoukon aluksista, jonka upseeristoa inhotti nähdä lähimpien esimiestensä toiminta. Tromp oli nyt suuressa vaarassa eristettynä [ensiksi hänen omien toimiensa ja nyt etujoukon toimien takia] omasta laivastostansa englantilaisten toimesta ja hänet olisi tuhottu, mutta Ruyter nähdessään tilanteen kiireellisyyden kääntyi häntä kohden", jolloin etujoukko ja keskusta siten olivat takajoukkoa varten vastakkaisessa kulmassa, jolla ne olivat menneet taisteluun. Se esti englantilaisia hyökkäämästä Trompia vastaan, kun Ruyter pyrki saamaan heiltä tuuliedun, jota heillä ei ollut varaa antaa pois, sillä he olivat hyvin alivoimaisia. Kummassakin tapauksessa Tromp ja alemmat upseerit etujoukossa näyttivät hyvin erilaista aste-eroa sotaisuudessa tuoden esille vahvasti niskoittelun puutteen ja sotilaallisen tuntemuksen, jonka puutteesta alankomaalaista upseeristoa on syytetty; merkkejä siitä ei näkynyt silloin englantilaisten keskuudessa.

Se, kuinka syvällisen vaikutuksen hänen alaistensa toiminta sai aikaan Ruyteriin, niin se nähtiin, kun "Tromp heti tämän toiminnan jälkeen tuli hänen lippulaivallensa. Merimiehet hurrasivat hänelle; mutta Ruyter sanoi, 'Nyt ei ole aika iloita, vaan pikemminkin itkeä.' Tosiaan asemamme oli paha, jokainen laivue toimi erilailla, ei ollut taistelulinjaa ja kaikki laivat olivat kokoontuneet yhteen kuin lammaslauma, joka oli niin yhteen kasautunut, että englantilaiset saattaisivat saartaa heidät neljälläkymmenellä aluksellaan [kesäkuun 12, Kuvaa 2.]. Englantilaiset olivat ihailtavassa järjestyksessä, mutta eivät hyödyntäneet etujaan niin kuin olisi pitänyt jostain syystä." Syy siihen oli epäilemättä sama, joka niin usein esti purjelaivoja hyödyntämästä saamiaan etuja; vauriot mastoissa ja köysistössä, joka rampautti ne, jonka lisäksi niiden paljon pienempi määrä esti ottamasta riskiä ratkaisevasta taistelusta.

Ruyter oli silloin kykenevä järjestämään laivastonsa taas linjaan, vaikka englantilaiset olivatkin kohdelleet hänen aluksiansa kaltoin, ja kaksi laivastoa kohtasivat taas vastakkaisin kohtauskulmin, jolloin alankomaalaiset olivat suojan puolella ja Ruyterin alus oli hänen jononsa viimeisenä. Kun hän ohitti englantilaisten jälkimmäiset alukset, niin hän menetti päämastonsa huipun ja päämaston purjeen tukirakenteet. Sen jälkeen, kun oli käyty toinen osittainen yhteenotto, niin englantilaiset vetäytyivät pois luoteeseen kohti omaa rannikkoansa, jolloin alankomaalaiset seurasivat heitä; tuuli oli edelleen lounaasta, mutta se oli heikkoa. Englantilaiset olivat nyt selkeästi pakenemassa ja takaa-ajo jatkui koko yön, jolloin Ruyterin alus katosi näkyvistä sen rampautuneen tilan takia.

Kolmantena päivänä Monk jatkoi pakoaan länteen. Hän poltti englantilaisten kuvausten mukaan kolme rampautunutta alustansa, lähetti eteen pahiten kärsineet aluksensa ja itse asettui jälkijoukkoon alusten kanssa, jotka olivat taistelukykyisiä, jolloin näiden alusten tila vaihteli paljon ja niiden määrä oli kahdestakymmenestäkahdeksasta kuuteentoista (Kuva 2, kesäkuun 13). Yksi suurimmista ja hienoimmista aluksista englantilaisten laivastossa oli 'Royal Prince', jossa oli yhdeksänkymmentätykkiä, mutta se ajoi kiville Galloper Shoalin luona ja Tromp sai sen sotasaaliiksi; mutta Monkin pako oli niin vakaata ja järjestys niin hyvää, että hän pääsi muuten pakoon vahingoittumattomana. Tämä näyttää sen, että alankomaalaisten alukset olivat kärsineet hyvin pahasti. Iltaa kohden nähtiin Rupertin laivue; ja kaikki englantilaisten laivaston alukset, paitsi ne, jotka olivat rampautuneet taistelussa, niin olivat taas yhdessä.

Seuraavana päivänä tuuli taas puhalsi hyvin raikkaasti lounaasta antaen alankomaalaisille tuuliedun. Englantilaiset sen sijaan, että pyrkisivät luovimaan vastakkaiseen suuntaan, niin tulivat paikalle jonossa luottaen nopeuteensa ja alustensa käsittelyyn. Niin kauan, kun taistelua käytiin jonossa paapuurin puolella, niin englantilaiset olivat suojan puolella. [31] Alankomaalaisten polttolaivoja käsiteltiin kovin ottein ja ne eivät pystyneet tekemään mitään vahinkoa, kun taas englantilaiset polttivat kaksi vihollistensa alusta. Kaksi laivastoa kohtasi siten toisensa vaihtaen täyslaidallisia kahden tunnin ajan, jonka päättyessä pääosa englantilaisten laivastosta oli läpäissyt alankomaalaisten taistelulinjan. [32] Kaikki sääntöjenmukainen järjestys oli siten menetetty. "Sillä hetkellä", sanoo silminnäkijä, "tarkastelu oli poikkeuksellista, kun kaikki olivat erillään, niin englantilaiset kuin me. Mutta onni oli niin, että suurinta osaa laivoistamme komentava amiraali jäi tuulenpuolelle, kun taas suurin osaa englantilaisia aluksia yhdessä heitä komentavan amiraalin kanssa jäivät suojan puolelle [Kuvat 1 ja 2, C ja C'). Se oli syy voittoomme ja heidän tappioonsa. Amiraalimme oli mukanaan kolmekymmentäviisi tai neljäkymmentä alusta omassaan ja muissa laivueissa, sillä laivueet olivat hajaantuneet ja suuri osa taistelujärjestyksestä oli menetetty. Loput alankomaalaisten aluksista olivat jättäneet hänet. Etujoukon johtaja Van Ness oli lähtenyt pois neljäntoista aluksen kanssa ajamaan takaa kolmea tai neljää englantilaista alusta, jotka käyttäen purjeitansa olivat saaneet tuuliedun suhteessa alankomaalaisten etujoukkoon [Kuva 1, V]. Van Tromp oli jälkimmäisen laivueen kanssa joutunut suojan puolelle ja joutui pysymään siellä [Suojan puolellaa Ruyteriin ja englantilaisten pääjoukkoon, Kuva 1, R] sen jälkeen, kun Van

Ness liittyäkseen amiraalin voimiin oli kiertänyt englantilaisten keskustan." De Ruyter ja englantilaisten pääjoukko kävivät keskenään kovaa kamppailua pyrkien kokoajan tuulenpuolelle. Tromp käytettyään purjeitansa sai kiinni Van Nessin ja palasi tuoden etujoukon mukanaan [V', R'); mutta johtuen jatkuvasta pyrkimisestä tuulen puolelle englantilaisten pääjoukon takia, niin hän tuli sen tuulen puolelle, eikä pystynyt liittymään Ruyteriin, joka oli tuulenpuolella (Kuva 3, V'', R''). Ruyter nähdessään tämän antoi merkkejä aluksille ympärillään ja alankomaalaisten pääjoukko pysyi poissa tuulen edestä (Kuva 3, C''), joka oli silloin hyvin vahva. "Siten ei kestänyt hetkeään, kun näimme olevamme englantilaisten keskellä, joiden kimppuun käytiin kummaltakin puolelta, jolloin he joutuivat sekasortoon ja he näkivät koko taistelujärjestyksensä tuhoutuvan samalla, kun taistelun tiimellyksessä puhalsi voimakas tuuli. Se oli kovin taistelu [Kuva 3.]. Näimme Englannin pääamiraalin olevan erillään laivastonsa, jolloin häntä seurasi vain yksi polttolaiva. Kun hän pääsi tuulenpuolelle ja purjehti läpi Pohjois-Hollannin laivueen, niin hän pääsi taas johtamaan viittätoista tai kahtakymmentä alusta, jotka kokoontuivat hänen tueksensa.

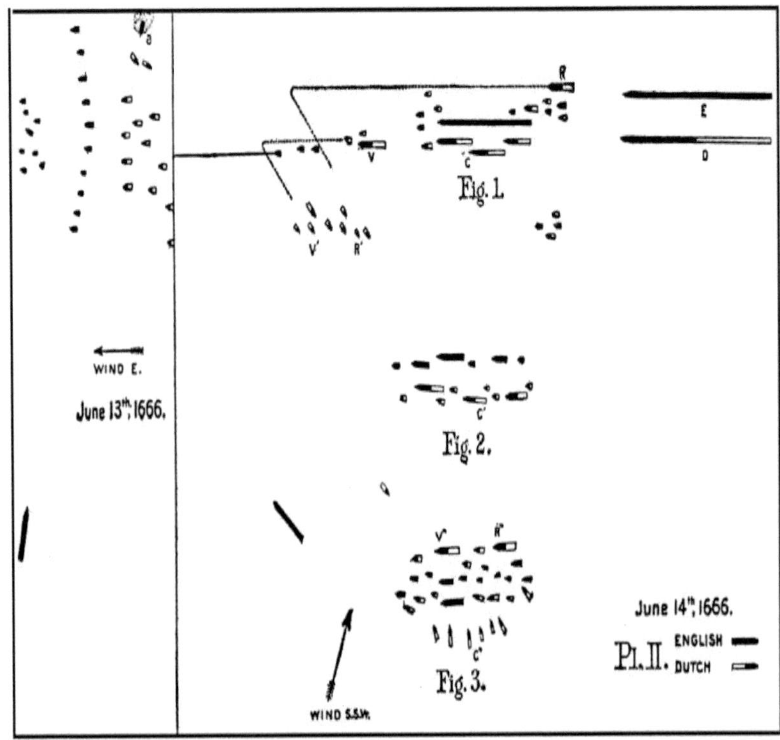

Kuva 2.

Niin päättyi tämä suuri meritaistelu, joka oli mitä huomattavin joissakin sen ominaisuuksista, joita oli koskaan taisteltu valtamerellä. Keskellä ristiriitaisia raportteja ei ole mahdollista enempää kuin arvioida lopputulosta. Sangen puolueeton yhteenveto sanoo: "Alankomaalaiset menettivät näissä taisteluissa kolme vara-amiraalia, kaksituhatta miestä ja neljä laivaa. Englantilaiset menettivät kaatuneina viisituhatta miestä ja vankeina kolmetuhatta; ja he menettivät seitsemäntoista laivaa, joista yhdeksän jäi voittajien käsiin." [33] Ei ollut epäilystäkään siitä, etteikö englantilaiset olleet kärsineet pahemmin ja se johtui kokonaan siitä, että heidän alkuperäinen virheensä oli heikentää laivastoansa lähettämällä suuren osan siitä toiseen suuntaan. Suurien yksiköiden lähettäminen toisaalle on joskus välttämätön paha, mutta tässä tapauksessa siihen ei ollut tarvetta. Antamalla pääsyn ranskalaisille olisi ollut englantilaisille oikea tapa toimia, jolloin he olisivat voineet käyttää koko laivastoansa alankomaalaisia vastaan

146

ennen kuin näiden liittolaiset tulisivat paikalle. Tätä opetusta voidaan hyödyntää nykyäänkin kuin aikoinaan. Toinen opetus on nykyisen soveltamisen lisäksi tarve järkeviin sotilaallisiin järjestelmiin, jotka luovat oikeata sotilaallisuutta, ylpeyttä ja kurinalaisuutta. Niin suuri kun olikin englantilaisten ensimmäinen virhe ja niin vakavaa kuin oli katastrofina, niin ei voi olla epäilystä, että sen seuraukset olisivat olleet paljon pahempia, jos ei olisi ollut hyvää henkeä ja taitoja, joilla Monkin suunnitelmat toteutettiin hänen alaistensa toimesta ja samaan aikaan samanlaisen tuen puuttumista Ruyterilta hänen alankomaalaisten alaistensa toimesta. Englantilaisten liike, josta emme kuule mitään kahdesta alaisesta, jotka kääntyvät pois kriittisellä hetkellä, emmekä kolmannesta, jolla on harhaanjohdettua intoa joutuen vihollislaivaston väärälle puolelle. Heidän harjoittelunsa, heidän taktinen tarkkuutensa oli myös huomattavaa. Ranskalainen De Guiche todistettuaan neljän päivän meritaistelun kirjoitti seuraavaa:

"Mikään ei vedä vertoja englantilaisten taistelujärjestykselle merellä. Koskaan eivät linjat ole olleet suorempia kuin heidän aluksiensa muodostamana; siten he toivat kaiken tulituksen niihin, jotka tulivat heidän lähellensä... He taistelivat niin kuin ratsuväkilinja, jota ohjattiin sen sääntöjen mukaisesti ja käytettiin itse pelkästään ajamaan takaisin ne, jotka vastustivat, kun taas alankomaalaiset etenivät kuin ratsuväki, jonka eskadroonat jättivät rivistönsä ja tekivät erillisiä rynnäköitä." [34]

Alankomaiden hallitus pyrkiessään välttämään kustannuksia, ollen epäsotilaallinen luonteeltansa ja varomaton siksi, että se saavutti helpon voiton Espanjan rappeutuneesta laivastosta, oli antanut oman laivastonsa vajota pelkiksi aseistetuiksi kauppa-aluksiksi. Asiat olivat huonoimmillaan Cromwellin aikana. He oppivat useita asioita sodasta ja etenkin sen, että Yhdistyneet Alankomaat kyvykkään hallitsijan käsissä pystyi korjaamaan paljon asioita, mutta täyttä tehokkuutta vielä ollut saavutettu.

"Niin vuonna 1666 kuin 1653", sanoo ranskalainen laivastokirjailija, "sotaonni näytti olevan englantilaisten puolella. Kolmesta suuresta taistelusta kaksi oli heidän ratkaisevia voittojaan; ja kolmas, vaikkakin takaisku, niin silti se paransi heidän merimiestensä kunniaa. Tämä johtui Monkin ja Rupertin älykkäästä rohkeudesta, sekä taidoista, joita heidän amiraalinsa ja kapteeninsa osoittivat ja heidän alaisinaan olevien merimiesten ja sotilaiden taidoista. Viisaat ja elinvoimaiset ponnistelut, joita Yhdistyneiden Alankomaiden hallitus teki ja Ruyterin kiistämätön ylivoimaisuus kokemuksessa ja nerokkuudessa suhteessa keneen tahansa hänen vastustajaansa, niin ei voinut korvata heikkoutta tai kyvyttömyyttä alankomaalaisten upseerien osalta ja todistettua alemmuutta heidän alaistensa miesten keskuudessa." [35]

Englanti, kuten on sanottu aikaisemmin, niin hyvä tunsi Cromwellin rautaisen käden otteen sotilasjärjestelmissään; mutta se ote oli heikkenemässä. Ennen seuraavaa sotaa Alankomaita vastaan Monk oli kuollut ja hänen tilallensa surkeasti tullut ylimielinen Rupert. Hovin tuhlailevaisuuden takia laivaston varustelua vähennettiin ja sitä heikensi myös kaupunkien pormestareiden kitsaus, ja hovin turmeltuneisuus nakersi kuria aivan samalla tavalla kuin kaupallinen piittaamattomuus. Todisteet tästä tulivat selväksi, kun näiden kahden maan laivastot kohtasivat uudelleen kuusi vuotta myöhemmin.

On olemassa yksi hyvin tunnettu piirre kaikissa sen ajan sotalaivastoissa, jota on syytä kommentoida; sillä sen oikeata merkitystä ja arvoa ei aina tunneta, eikä sitä kenties yleensä nähdä. Laivastojen ja yksittäisten alusten komentajuus annetaan usein sotilaille, vaikka sotilaat eivät ole tottuneita mereen ja he ovat tietämättömiä siitä, miten alusta käsitellään ollen velvollisuus, joka annetaan toisen tyyppisille ihmisille. Tarkastellen läheisesti tosiasioita, niin nähdään, että tämä sai aikaan selvän eron koskien taistelua ja motivoivaa voimaa aluksissa. Tämä on keskeistä tässä asiassa ja periaate on sama, vaikka kyseessä olisi mikä tahansa motivoiva voima. Epämukavuus ja tehottomuus missä tahansa sellaisessa järjestelmässä oli niin selvää silloin kuin se on nyt ja tosiasioiden logiikka asteittain vei nämä toiminnot yhden upseeriluokan käsiin, josta syntyivät modernit laivastoupseerit niin kuin ne yleensä ymmärretään. [36] Epäonneksi tässä sekoittumisprosessissa vähemmän tärkeän toiminnon annettiin saada yliote; laivastoupseereista tuli yhä ylpeämpiä johtuen heidän omasta ketteryydestänsä käsitellä aluksiaan kuin taidoistansa kehittää sotilaallista tehokkuutta. Sen huonot vaikutukset eivät saaneet kiinnostusta sotatieteistä, sillä oli selvää, että kun se kohta laivastojen käsittelytaidossa saavutettiin, niin sotilaallinen taito merkitsi eniten, ja aikaisempi tutkimus oli mitä tärkeintä; mutta se tuntui myös yksittäisessä aluksessa. Niin se tuli säilymään ja etenkin englantilaisten laivastossa, että merimiesten ylpeys otti paikan sotilaiden ylpeydeltä. Englantilainen laivastoupseeri ajatteli pikemminkin olevansa lähempänä kauppa-aluksen kapteenia kuin sitä, että hän olisi ollut sotilas. Ranskan laivastossa tulos ei ollut näin yleinen johtuen luultavasti sen hallinnon suuremmasta sotilaallisuudesta, ja etenkin aatelistosta, jonka riveistä upseerit valittiin. Ei ollut mahdollista miehille, joilla oli sotilaallisia yhteyksiä ja joiden kaikki ystävät kantoivat aseita, niin ajatella enemmän purjeita ja köysistöjä kuin tykkejä ja laivastoja. Englantilainen upseerikunta oli alkuperältänsä erilaista. Se oli ennen kuin kirjoittaja ajattelee Macaulaayn hyvin tunnettua sanontaa: "Siellä oli merimiehiä ja siellä oli herrasmiehiä Charles II:n laivastossa; mutta merimiehet eivät olleet herrasmiehiä ja herrasmiehet eivät olleet merimiehiä." Ongelma ei ollut herrasmiesten poissaolo tai läsnäolo sellaisenaan, vaan se tosiasia, että sen ajan olosuhteissa herrasmiehet olivat yhteiskunnan keskeisin sotilaallinen elementti; ja että merimiehet Alankomaiden kanssa käytyjen sotien jälkeen asteittain muuttuivat herrasmiehiksi ja omaksuivat näiden sotilaallisen luonteen ja hengen erotuksena yksinkertaisesta rohkeudesta poissa palveluksesta. Jopa "sellaiset suvut kuin Herbert ja Russell, William III:n amiraalit", sanoo lordi Hawken elämänkerran kirjoittaja, "olivat tosiaan merimiehiä, mutta vain pystyivät pitämään puolensa kuin omaksumalla kovien suojapeitteiden lailla riehakkaat tavat." Sama kansallinen piirre, joka teki ranskalaisista huonompia merimiehiä, niin teki heistä parempia sotilaita; ei rohkeudessa, mutta taidossa. Tähän päivään asti tämä sama taipumus on olemassa; motivoivan voiman suunnassa ei oteta huomioon laivaston sotilaallisia toimintoja latinalaisten kulttuurien maissa. Opinhaluinen ja järjestelmällinen puoli ranskalaisessa luonteessa oli myös osana ranskalaisten upseerien taipumuksia, kun ei ollut kyse pikkujutuista, niin harkita ja kehittää taktisia kysymyksiä loogisilla tavoilla; valmistaen itsensä käsittelemään laivastoja ei vain merimiehenä, vaan myös sotilaana. Tulokset näyttivät, että Amerikan vapaussodassa huolimatta surullista historiaa hallituksen laiminlyönneistä, niin miehet, jotka olivat ensiksi kaikki sotilaita, niin vaikka he olivatkin heikompia tarttumaan tilaisuuksiin merimiehinä kuin vihollisensa, niin he pystyivät kohtaamaan nämä enemmän kuin tasaväkisinä taktisella taidolla ja olivat käytännössä ylivoimaisia käsitellessään laivastojansa. Väärä teoria on jo osoitettu, joka ohjasi Ranskan laivaston toimintaa ei murskaamaan vihollista, vaan johonkin muuhun tavoitteeseen; mutta se ei vaikuta siihen tosiasiaan, että sotilaiden taktinen taito on parempaa kuin pelkkien merimiesten, vaikkakin taktista taitoa käytettiin virheellisesti päästäkseen strategisiin tavoitteisiin. Lähteenä mistä alankomaalaiset hankkivat pääasiassa upseerinsa, niin sitä varmuudella tiedetä; sillä kun englantilainen laivastohistorioitsija vuodesta 1666 sanoo, että suurin osa heidän laivastonsa kapteeneista oli rikkaiden porvarien poikia, niin valtiohoitajan poliittiset syyt ja kokemattomuus saivat Duquesnen, sen ajan kyvykkäimmän ranskalaisamiraalin kommentoimaan vuonna 1676 tarkkuutta ja taitoa, joka oli alankomaalaisilla kapteeneilla suhteessa hänen omiin kapteeneihinsa. On todennäköistä monien viittauksien kautta, että he olivat pääasiassa kauppalaivaston merimiehiä, joilla oli vain vähän sotilaallista henkeä; mutta ankaruus, joilla laiminlyönneistä rankaistiin niin valtion kuin väestön innokkuuden toimesta, niin se näytti ajavan näitä upseereita, joilla ei ollut puutetta henkilökohtaisesta rohkeudesta, niin tuntemuksiin, joita tarvittiin sotilaallisen uskollisuuden ja alaisuuden suhteen. He toimivat hyvin eri tavoin vuonna 1672 kuin 1666.

Ennen kuin jätämme neljän päivän taistelun, niin sen johtopäätökset voidaan esittää hyvinkin toisen kirjoittajan lainauksien kautta:

"Sellainen oli verinen neljän päivän tai Calaisin salmen taistelu, joka oli mitä tunnetuin taistelu modernilta ajalta; jos ei tosiaan johtuen sen lopputuloksesta, niin näkökulmista sen eri vaiheista; raivosta, jolla sen osapuolet kävivät kyseisen taistelun; rohkeudesta ja taidosta, jota johtajat siinä osoittivat; ja uudesta luonteesta, jonka se antoi merisodalle. Enemmän kuin mikään muu meritaistelu, niin se merkitsi siirtymistä aikaisemmista toimintatavoista taktiikoihin, joita käytettiin 1600-luvun lopulla. Sillä ensimmäistä kertaa voimme seurata kuin tehdyn suunnitelman mukaisesti siihen taisteluun osallistuneiden laivastojen tärkeimpiä liikkeitä. Näytti olevan aika selvää, että alankomaalaiset niin kuin brititkin olivat saaneet taktiikkakirjan ja koodisignaalit; tai ainakin kirjalliset ohjeet, jotka olivat kattavia ja tarkkoja, joita heidän tuli noudattaa pelkän toimintatavan sijaan. Näemme, että jokaisella amiraalilla oli silloin laivue komennossaan ja jopa ylipäällikkö käytti tahtoaan taistelun aikana useisiin laivastonsa alempiin yksiköihin. Kun verrataan näitä taktiikoita niihin, mitä käytettiin 1652, niin yksi selvä tosiasia katsoo meitä silmiin, joka on se, että näiden päivämäärien välillä laivaston taktiikat olivat kokeneet vallankumouksen.

Sellaisia olivat nämä muutokset, jotka erottivat vuoden 1665 sodan vuoden 1652 sodasta. Kun jälkimmäisellä ajanjaksolla amiraali yhä ajatteli myötätuulta etuna laivastollensa; mutta se ei enää ollut sitä taktisesta näkökulmasta, kuten voimme sanoa, pelkästään päähänpiintymä. Silloin hän toivoi ylitse kaiken pitävän laivastonsa hyvässä järjestyksessä ja kiinteästi yhdessä niin kauan kuin oli mahdollista, jolloin *yhdistynyt* voima taistelun aikana tulee eri laivueiden liikkeistä. Katsotaan Ruyteriä neljän päivän meritaistelun lopuksi; jolloin hän oli pysynyt suurella vaikeudella tuulenpuolella englantilaisten laivastosta, mutta hän ei epäröinyt jättää tätä etua yhdistääkseen laivastonsa kaksi osaa, jotka vihollinen erotti. Jos jälkimmäisessä taistelussa North Forelandin luona oli suuria välejä alankomaalaisten laivueiden välillä, jos jälkijoukko myöhemmin jatkoi vetäytymistä keskustasta, niin Ruyter piti sellaista asiaa pääsyynä tappioonsa. Hän puhui siitä niin virallisessa raportissaan; hän jopa syytti Trompia [joka oli hänen henkilökohtainen vihollisensa] petoksesta tai pelkuruudesta; tämä oli epäoikeudenmukainen syytös, mutta se joka tapauksessa osoitti suunnattomaan tärkeyden, joka tähän taisteluun silloin liitettiin taistelun aikana laivaston yhdistämiseen, jota tultaisiin tiukasti ja säännönmukaisesti ylläpitämään." [37]

Tätä kommentointia on oikeutettu osoittamalla yleisiä päämääriä ja taipumuksia; mutta lopputulokset eivät ole olleet niin täydellisiä kuin niihin olisi saatettu viitata.

Englantilaiset huolimatta heidän raskaista tappioistansa neljän päivänä taistelussa olivat merellä taas kahdessa kuukaudessa alankomaalaisten suureksi yllätykseksi; ja neljäs elokuuta toinen kiivas taistelu käytiin North Forelandin luona, joka päättyi jälkimmäisen täydelliseen tappioon, jolloin nämä vetäytyivät omalle rannikollensa. Englantilaiset seurasivat ja tehokkaasti iskivät yhteen alankomaalaisten satamaan, jolloin he tuhosivat suuren laivaston kauppa-aluksia kuin myös kaupungin, joka oli sangen tärkeä. Vuoden 1666 lopun lähestyessä kumpikin osapuoli oli väsynyt sotaan, joka oli aiheuttanut suurta vahinkoa kaupankäynnille ja heikentänyt kummankin maan laivastoja vieden edun siten Ranskan kasvavalle merimahdille. Rauhanneuvottelut siten alkoivat; mutta Kaarle II, joka suhtautui Yhdistyneisiin Alankomaihin nihkeästi, niin suhtautui luottavaisesti Ludwig XIV:n mahtailuun, että Espanjan Alankomaat tulisivat rikkomaan liiton Alankomaiden ja Ranskan välillä ja luottaen myös koviin vastoinkäymisiin, joita alankomaalaiset kokivat merellä, niin oli tiukka ja vaativa vaatimuksissaan. Oikeuttaakseen ja pitääkseen yllä tätä toimintatapaa, niin hänen olisi pitänyt pitää yllä laivastoaan, jonka arvovalta oli siten kasvanut voittojensa myötä. Sen sijaan köyhyys, joka johtui tuhlailevaisuudesta ja hänen sisäpolitiikastansa, niin niiden takia hän salli sen alkaa rappeutumaan; suuri määrä aluksia laitettiin reserviin ja hän omaksui valmiiksi mielipiteen, joka oli peräisin hänen köyhyydestänsä ja jonka puolesta on puhuttu kaikkina merihistorian aikoina, johon pitäisi kiinnittää huomiota ja se pitäisi tuomita tässä. Se mielipide, jota Monk kiivaasti vastusti, oli:

"Että alankomaalaiset saivat pääasiassa tukea kaupankäynnistä, jolloin heidän laivastonsa huoltaminen riippui kaupankäynnistä ja kuten kokemus osoittaa, niin mikään ei provosoi ihmisiä niin paljon heidän kaupankäyntinsä vahingoittaminen, jolloin hänen majesteettinsa pitäisi siten itse hyödyntää sitä, joka tulisi käytännössä samaan aikaan vähemmän väsyttämään englantilaisia kuin sellaiset mahtavat laivastot, joita oli pidetty merillä joka kesä... Näistä syistä johtuen kuningas teki vaarallisen päätöksen laittaa reserviin suuret aluksensa ja pitää vain muutamia fregatteja purjehtimassa." [38]

Seurauksena tälle taloudelliselle teorialle käydä sotaa, niin Alankomaiden valtionhoitaja De Witt, joka oli vuotta aikaisemmin kääntänyt katseensa Thamesin suuntaan, niin lähetti sille joelle De Ruyterin komennossa kuusi- tai seitsemänkymmentä linjalaivaa, jotka 14. kesäkuuta 1667 purjehtivat aina Gravesendiin asti tuhoten aluksia Chathamissä ja Medwayssä, ja ottivat haltuunsa Sheernessin. Tulipalojen leimu näkyi aina Lontooseen asti ja alankomaaalainen laivasto pysyi joen suulla aina kuun loppuun asti. Tämä isku, joka seurasi suurta ruttoepidemiaa ja Lontoon suurta tulipaloa, niin saivat aikaan sen, että Charles suostui rauhaan, joka allekirjoitettiin heinäkuun 31. 1667, ja joka tunnetaan nimellä Bredan rauha. Sodan pysyvin lopputulos oli New Yorkin ja New Jerseyn siirtokuntien siirtäminen Englannille, jolloin sen eteläiset ja pohjoiset siirtokunnat Pohjois-Amerikassa [Suom. huom. tällä tarkoitetaan 13 siirtokuntaa, jotka tulisivat muodostamaan Yhdysvallat.] yhdistyivät.

Ennen kuin siirrymme taas sen ajan historian yleiseen kulkuun, niin on hyvä miettiä hetki teoriaa, joka toimi niin katastrofaalisesti Englannille 1667; joka nimittäin kävi merisotaa pääasiassa pyrkien käymään vihollisensa kaupankäynnin kimppuun. Tämä suunnitelma, johon kuului vain muutamien nopeiden risteilijöiden ylläpitäminen ja sitä saattoi tukea oman kansakunnan ahne henki, jolloin kaappareita varustettiin ilman valtion suoraa rahoitusta, jollaa oli oma houkuttelevuutensa, kun taloudellisuus on aina läsnä. Suurta vahinkoa tehtiin vihollisen vauraudelle ja kukoistukselle kiistatta; ja vaikka jossain määrin sen kauppalaivat saattoivat hakea kunniattomasti turvaa vieraiden lippujen alla sodan jatkuessa, niin tämä *guerre de course*, niin kuin ranskalaiset sitä kutsuivat, tämä sota kauppalaivastoa vastaan, kun käytämme oman kielemme ilmaisuja, niin jos se on menestyksekästä, niin se suuresti häpäisee vieraan maan hallituksen ja sen kansan. Sellainen sota yksin ei kuitenkaan voi onnistua; sitä täytyy tukea käyttääksemme sotilaallista sanontaa; ilman tukea ja aivan yksin sillä ei voi päästä kauas tukikohdistaan. Nämä tukikohdat ovat joko kotimaan satamia tai muita kiinteitä etuvartioasemia rannikoilla tai merellä; kaukaisia vasalleja tai voimakas laivasto. Jos sellaista tukea ei saada, niin risteilijä voi vain mennä nopeasti merelle lyhyen matkan päähän kotoa ja iskeä vaikkakin kivuliaasti, mutta ei tappavasti. Se ei ollut vuoden 1667 toimintatapa, mutta Cromwellin voimakkaat laivastot, jotka koostuivat linjalaivoista, niin vuonna 1652 sulkivat alankomaalaisten kauppalaivat satamiinsa ja aiheuttivat sen, että ruohoa kasvoi Amsterdamin kaduilla. Kun ne oli määrätty aiheuttamaan kärsimystä, niin alankomaalaiset pitivät suuria laivastoja merellä kahdessa väsyttävässä sodassa, vaikka heidän kaupankäyntinsä kärsi suuresti, niin he kantoivat sen taakan kiistoissaan Englannin ja Ranskan yhdistyneitä voimia vastaan. Neljäkymmentä vuotta myöhemmin Ludwig XIV oli ajettu väsymyksen kautta toimintatapoihin, joita Charles II käytti, niin säästäväisyyden takia. Se oli suurten ranskalaisten kaapparien Jean Bart, Forbin, Duguay-Trouin, Du Casse ja muiden aikaa. Ranskan laivaston vakinaiset alukset oli käytännössä vedetty pois valtamereltä suuren Espanjan perimyssodan (1702–1712) aikana. Ranskalainen laivastohistorioitsija sanoi tästä:

"Kyvyttömänä uudistamaan laivastonsa aseistusta Ludwig XIV kasvatti risteilijöidensä määriä yleisesti käytetyillä merillä etenkin kanaalissa ja saksalaisilla merillä [ei kaukana kotoa, kuten voidaan huomata]. Niissä erilaisissa paikoissa risteilijöitä oli aina asemissa pysäyttääkseen tai haitatakseen kuljetusaluksia, joihin oli lastattu joukkoja ja useita saattueita, joilla oli mukanaan kaikenlaisia hyödykkeitä. Näillä merillä keskellä kaupankäyntiä ja poliittista maailmaa, niin siellä oli aina työtä risteilijöille. Huolimatta vaikeuksista, joita ne kohtasivat; huolimatta suurten ystävällismielisten laivastojen poissaolosta, niin ne palvelivat hyödyllisesti kahden kansan [ranskalaisten ja espanjalaisten] etuja. Nämä risteilijät kohdatessaan englantilaisten ja alankomaalaisten voiman, niin ne tarvitsivat hyvää onnea, rohkeutta ja taitoa. Näitä kolmea asiaa ei merimiehiltämme puuttunut; mutta sitten millaisia päälliköitä ja kapteeneita heillä oli!" [39]

Englantilainen historioitsija toisaalta, vaikka myöntäessään kuinka ankarasti Englannin kansa ja kaupankäynti kärsivät risteilijöistä katkerasti viitaten sen ajan hallintoon, niin silti viittasi yhä uudelleen koko maan kasvavaan vaurauteen ja etenkin sen kaupalliseen puoleen. Aikaisemmassa sodassa päinvastoin kuin sodasta vuodesta 1689 vuoteen 1697, kun Ranska lähetti suuria laivastoja merelle ja kiisti valtameren herruuden, niin kuin erilainen lopputulos olisi voinut olla! Sama englantilainen kirjoittaja sanoi siitä ajasta:

"Koskien kaupankäyntiämme niin oli varmaa, että kärsimme paljon enemmän eikä vain siksi, että ranskalaiset, jotka olettivat suurempaa määrää kauppa-aluksiamme, vaan sen vuoksi mitä olimme tehneet aikaisemmissa sodissa... Tähän oli suuri merkitys kaikella valppaudella, joka ranskalaisilla oli käydessään sotaa merirosvomaisesti. On epäilemättä selvää ottaen kaiken huomioon, että meriliikenteemme kärsi todella paljon; monet kauppiaistamme kokivat konkurssin." [40]

Macaulay sanoo siitä ajanjaksosta: "Monien kuukausien aikana 1693 Englannin kauppa Välimerellä oli melkein täysin keskeytetty. Ei ollut mahdollisuutta siihen, että kauppa-alus Lontoosta tai Amsterdamista pystyisi purjehtimaan ilman suojaa Herkuleen pilarien (Gibraltarin) luokse joutumatta ranskalaisen kaapparin hyökkäyksen kohteeksi niin, että kaappari astuisi siihen alukseen; ja aseistettujen aluksien suoja ei ollut helposti saatavissa." Miksi? Siksi, että Englannin laivastoa työllisti Ranskan laivaston tarkkailu ja tämä oli harhautus, joka auttoi heidän risteilijöitänsä ja kaappareitansa antaen heille tukea, jota tarvittiin sodassa kauppalaivastoa vastaan. Ranskalainen historioitsija puhuessaan saman ajanjakson Englannista (1696) sanoo: "Valtion rahatilanne oli surkea; rahaa oli vähän, meriliikenteen vakuutuksien hinta oli kolmekymmentä prosenttia, Navigation Act (laki, joka suojeli englantilaista merenkulkua ulkomaiselta kilpailulta) oli melkein täysin kumottu, ja englantilainen meriliikenne oli vähentynyt sen tarpeen vuoksi, kun purjehdittiin Ruotsin ja Tanskan lippujen alla." [41] Puoli vuosisataa myöhemmin Ranskan hallitus oli taas heikentänyt pitkän laiminlyöntiajan vuoksi laivastonsa risteilijöiksi kauppasotaa varten. Millä lopputuloksilla? Ensiksi ranskalainen historioitsija sanoo: "Kesäkuusta 1756 kesäkuuhun 1760 ranskalaiset kaapparit kaappasivat englantilaisilta yli 2500 kauppalaivaa. Vuonna 1761 vaikka Ranskalla ei ollutkaan silloin yhtäkään linjalaivaa merellä ja vaikka Englanti olikin poistanut pelistä 240 kaapparimme, niin heidän toverinsa silti pysäyttivät 812 alusta. Mutta," hän jatkaa sanoen, "ilmiömäinen kasvu Englannin kauppalaivastossa selittää näiden saalisalusten määrät." [42] Toisin sanoen kärsimys, joka kosketti Englantia niin lukuisten kaappauksien vuoksi, niin sen on varmasti täytynyt aiheuttaa suurta yksityistä kärsimystä ja tyytymättömyyttä, mutta se ei estänyt valtion ja yhteiskunnan vaurauden kasvua kokonaisuudessaan. Englantilainen laivastohistorioitsija puhuessaan samasta ajasta sanoo: "Kun Ranskan kaupankäynti oli melkein tuhottu, niin Englannin kauppalaivasto kattoi meret. Joka vuosi sen kaupankäynti kasvoi; raha, jolla sotaa rahoitettiin, niin palasi sen teollisuuden tuotteiden muodossa. Englannin kauppiaat varustivat kahdeksantuhatta kauppa-alusta." Ja taas laskien sodan tuloksia sen jälkeen, kun on otettu huomioon suuri määrä tavaroita, joita on tuotu sinne ulkomaisten valloituksien seurauksen, niin hän sanoo: "Englannin kauppa kasvoi joka vuosi asteittain ja sellainen näkymä kansallisessa vauraudessa samaan aikaan, kun käytiin pitkää, veristä ja kallista sotaa, niin sitä ei ollut koskaan aikaisemmin nähty minkään kansan keskuudessa maailmassa." Toisaalta Ranskan laivaston historioitsija puhuessaan saman sodan alkuvaiheista sanoo: "Englannin laivastot, kun mikään ei niitä vastustanut, niin puhdistivat meret vihollisvoimista. Kaapparimme ja yksittäiset risteilijät, kun niillä ei ollut laivastovoimia suojanaan, niin niiden urat olivat lyhyitä. Kaksikymmentätuhatta ranskalaista merimiestä joutui englantilaisiin vankiloihin. [43] Kun toisaalta Amerikan vapaussodan aikana Ranska jatkoi Colbertin ja Ludwig XIV:n valtakauden alkupuolen politiikkaa ja piti käytössään suuria laivastoja, niin samoja lopputuloksia nähtiin kuin Tourvillen aikana. "Ensimmäistä kertaa", sanoo Annual Register unohtaen tai sivuuttaen vuoden 1693 kokemukset, ja muistaen vain myöhempien sotien kunniaa, "englantilaiset kauppa-alukset ajettiin hakemaan suojaa vieraiden valtojen lippujen alta." [44] Lopulta lopettaessamme tästä aiheesta, niin voidaan huomauttaa, että Martiniquen saarella Ranskalla oli voimakas ja kaukainen siirtokunta, joka toimi risteilijöiden sodankäynnin tukikohtana; ja seitsemänvuotisen sodan aikana kuin myös ensimmäisen keisarikunnan aikana se yhdessä Guadeloupen kanssa oli turvasatama useille kaappareille. "Englannin laivaston rekisterien mukaan englantilaisten tappiot Länsi-Intian alueella seitsemänvuotisen sodan ensimmäisinä vuosina olivat 1400 kauppalaivaa kaapattuina tai tuhottuina." Englannin laivasto oli siten lähetetty saaria vastaan, joista kumpikin valloitettiin, joka aiheutti suuremman tappion Ranskan kaupankäynnille kuin sen risteilijät olivat aiheuttaneet Englannin kaupankäynnille, jonka lisäksi rikkoivat Ranskan oman järjestelmän; mutta vuoden 1778 sodassa suuret laivastot suojelivat saaria, jolloin niitä ei uhattu uudestaan.

Tähän asti olemme tarkastelleet vain risteilijäsodankäynnin vaikutuksia, jotka eivät perustu voimakkaisiin laivueisiin, jolloin vain tietty osa vihollisen voimaasta on teoriassa voitu ohjata niitä vastaan; koskien heidän kaupankäyntiänsä ja yleistä vaurauttansa, joka oli sodankäynnin tärkeä tukipilari. Todisteet näyttivät osoittavan, että vaikka heillä olikin omat erityiset päämääränsä, niin sellainen tapa käydä sotaa on ratkaisematon ja huolestuttava, mutta ei tappava; voidaan melkein sanoa, että se aiheutti tarpeetonta kärsimystä. Mikä kuitenkin oli vaikutus tällä politiikalla sodan yleisiin päämääriin, joista yksi keinot ja miten niitä tuettiin? Kuinka se taas reagoi aikaan, niin se täytyy tässä vain tiivistää. Lopputulos Englannille oli Charles II:n aikana nähty, että sen rannikkoa loukattiin, sen laivasto poltettiin melkein näköetäisyydellä pääkaupungista. Espanjan perimyssodassa, jolloin Espanjan hallitseminen oli sotilaallinen tavoite, kun ranskalaiset luottivat risteilijäsotaan kauppalaivastoa vastaan, niin Englannin ja Alankomaiden laivastot hallitsivat estelemättä niemimaan rannikoita, saartoivat Toulonin sataman, pakottivat ranskalaiset ylittävän Pyreneet mennäkseen niemimaalle ja pitivät hallussaan meren valtateitä eliminoiden Ranskan maantieteellisen läheisyyden sodankäynnistä. Heidän laivastonsa ottivat haltuunsa Gibraltarin, Barcelonan ja Minorcan ja yhteistyö Itävallan armeijan kanssa epäonnistui Toulonin valloituksessa. Seitsemänvuotisessa sodassa Englannin laivasto otti haltuunsa tai auttoi valloittamaan kaikki Ranskan ja Espanjan tärkeimmät siirtokunnat ja teki jatkuvia iskuja Ranskan rannikolle. Amerikan vapaussota ei anna opetusta, sillä laivastot olivat melkein tasaväkiset. Seuraava mikä merkittävin välikohtaus amerikkalaisille oli vuoden 1812 sota. Kaikki tietävät kuinka kaapparimme parveilivat merillä ja johtuen laivastomme pienuudesta, niin sota oli tosiaan pelkästään risteilijäsotaa. Paitsi koskien Suuria Järviä, niin on epävarmaa, että toimiko enemmän kuin kaksi alustamme yhdessä samaan aikaan. Vahinko, jota tehtiin Englannin kaupankäynnille, jonka kimppuun yllättäen hyökkäsi kaukainen vihollinen, jota oli aliarvioitu, niin se täytyi täysin myöntää; mutta toisaalta amerikkalaisia risteilijöitä tuki vahvasti Ranskan laivasto, joka koottuna suuremmiksi tai pienemmiksi yksiköiksi moniin satamiin keisarin hallinnassa Antwerpenista Venetsiaan sitoi Englannin laivastot saartotoimiin; ja toisaalta, kun keisari luopui vallasta, niin ne vapautettiin meitä vastaan loukaten rannikkoamme kaikkialla, jolloin ne tunkeutuivat Chesapeaken alueelle halliten sitä ja hävittäen sen rantoja tullen Potomacille ja polttaen Washingtonin. Pohjoinen rintama pysyi hälytystilassa, vaikka laivueet siellä olivatkin heikkoja, mutta suhteellisen voimakkaita suhteessa yleiseen puolustukseen; kun taas etelässä Mississippi joutui hyökkäyksen kohteeksi ilman vastarintaa ja New Orleans pystyttiin tuskin pelastamaan. Kun rauhanneuvottelut alkoivat, niin englantilaisten tuntemukset amerikkalaisia kohtaan eivät olleet sellaisten miesten, jotka olisivat uhanneet näiden kotimaata kestämättömällä pahuudella. Sisällissodan loppupuolella "Alabaman" ja "Sumterin" risteilyt yhdessä niiden saattajien kanssa elvyttivät kaapparisodan perinteen kauppalaivaston tuhoamisessa. Siihen pisteeseen asti tämä oli yksi keino yleiseen päämäärään ja se perustui laivastoa vastaan, joka oli muuten voimakas; mutta meidän ei tarvitse odottaa näkevämme, että näiden alusten uroteot toistetaan suurta merivaltaa vastaan. Ensimmäiseksi nämä risteilyt saivat voimakasta tukea sitä saartoa vastaan, johon Yhdysvaltain merisota perustui ei pelkästään estäen kaupan etelän tärkeimpiin keskuksiin, vaan jokaista väylää pitkin rannikolla, jolloin vain joitakin aluksia jäi käytettäväksi takaa-ajossa; toiseksi jos olisi ollut käytössä kymmenen tuollaista risteilijää yhden sijasta, niin ne eivät olisi pystyneet pysäyttämään unionin laivaston tunkeutumista etelän vesille, joka tunkeutui jokaiseen paikkaan minne oli mahdollista tulla meritse; ja kolmanneksi se kiistämätön vahinko suorana ja epäsuorana, jota aiheutettiin yksilöille ja yhdelle osalle kansakunnan elinkeinoelämää (ja kuinka paljon laivaustoimintaa kärsi, niin sitä kirjoittajan mielestä ei ole syytä toistaa), eikä vähiten vaikuttanut tai estänyt sodan tapahtumia. Sellaiset vahingot yhdessä muiden kanssa ovat enemmän ärsyttäviä kuin heikentäviä. Toisaalta kiistääkö kukaan, että suuret unionin laivastot voimakkaasti muuttivat ja kiirehtivät loppua, joka oli luultavasti väistämätön tässä tilanteessa? Kun etelän merivoimien tilanne oli kuin Ranskan niissä sodista, joita olemme tarkastelleet, niin unionin tilanne muistutti Englannin tilannetta; ja niin Ranskassa kuin konfederaation suhteen kärsijänä ei ollut yhteiskuntaluokka, vaan hallitus ja kansakunta kokonaisuudessaan. Kyse ei ollut yksittäisten alusten tai saattueiden kaappaamisesta oli niitä sitten vain muutamia tai useita, niin iskut kohdistuivat siihen rahalliseen voimaan, joka liikutti kansakuntaa; se tarkoitti sen suuren voiman haltuun ottamista merellä ajaen vihollisen lipun sieltä pois tai sallien se siellä vain pakenevan; ja silloin halliten sitä yleisesti sulkien valtatiet, joilla kauppa kulki vihollisen rannoille ja sieltä pois. Tätä ylivoimaa voivat vain käyttää suuret laivastot ja ne (avomerellä) ovat tehottomampia nyt kun aikana, jolloin puolueettomat liput eivät tuoneet suojaa. Ei ole epätodennäköistä, että kun sota syttyy merivaltojen välillä, niin suuri merivalta koettaessaan ja toivoessaan murtavansa vihollisensa kaupankäynnin, niin tulkitsee sanontaa "tehokas saarto" tavalla, joka parhaiten tukee sen silloisia tavoitteita; saadakseen tarvittavan nopeuden ja alukset, jotta saarrosta tulisi niin tehokas suuremmilla matkoilla ja käyttäen vähemmän aluksia kuin aikaisemmin. Päättäväisyys sellaisissa asioissa riippuu ei vain heikommasta vihollisesta, vaan puolueettomista merivalloista; se synnyttää kiistan sotaa käyvän merivallan ja puolueettomien maiden oikeuksien välille; ja jos sotaa käyvällä merivallalla on ylivoimainen laivasto niin kuin Englannilla, kun se pitää hallussaan merten herruutta, niin kauan kiistetään myöntyväisyys siihen, että puolueeton lippu suojaisi kauppatavaroita.

Lähdeviitteet:

[16] Davies: History of Holland.

[17] Republique d´Angleterre

[18] Lefèvre-Pontalis: Jean de Witt

[19] Martin: History of France

[20] Gougeard: Marine de Guerre

[21] Sen jälkeen, kun yllä oleva kirjoitettiin, niin kokemus englantilaisten syksyn sotaharjoituksesta vuodelta 1888 on vahvistanut tämän toteamuksen; tosiaan mitään sellaista koetta ei tarvittu todistamaan selvää tosiasiaa.

[22] Chabaud-Arnault: Revue Mar. et. Col. 1885

[23] Äskettäinen kehitys nopeasti ampuvista ja konekivääreistä, joiden kaliiberi on suuresti kasvanut ja sen seurauksena myös etäisyys ja läpäisykyky, niin tuottaa saman askeleen kehityskaarta.

[24] Gougeard: Marine de Guerre.

[25] Vol. LXXXII. s. 137.

[26] Mémoires du Cte. de Guiche. A Londres, chez P. Changuion. 1743. s. 234-264.

[27] Katso karttaa Englannin kanaalista ja Pohjanmereltä s. ?.

[28] Kuva I, kesäkuun 11, 1666 kuvio I; V, etujoukko; C, keskusta; R, takajoukko: tässä osassa taistelua alankomaalaisten taistelujärjestys oli käännetty ympäri niin, että käytännössä etujoukko oli tosiasiassa jälkijoukko. Suuri määrä laivoja osallistui laivastojen taisteluihin näissä englantilaisten ja alankomaalaisten välisissä sodissa, joka tekee mahdottomaksi esittää jokaisen aluksen ja samaan aikaan säilyttää tapahtumien selkeys. Sen vuoksi jokainen laivamerkki kuvaa pienempää tai suurempaa joukkoa aluksia.

[29] Campbell: Lives of the Admirals.

[30] Kuva I, kesäkuun 12, kuviot I, V, C, R.

[31] Kuva II, kesäkuun 14, kuviot I, E, D.

[32] Kuva I, V, C, R. Tämä lopputulos luultavasti johtui yksinkertaisesti englantilaisten alusten paremmasta merikelpoisuudesta. Olisi kenties totuudenmukaisempaa sanoa, että alankomaalaiset oli jääneet suojanpuolelle, jolloin he ajelehtivat läpi englantilaisten linjan.

[33] Lefèvre-Pontalis: Jean de Witt.

[34] Mémoires, s. 249, 251, 266, 267.

[35] Chabaud-Arnault: Revue Mar. et. Col. 1885.

[36] Tämän muutoksen todellinen merkitys usein ymmärretään väärin, ja siitä seuraa virheellinen viittaus tulevaisuuteen. Ei ole niin, että uudet asiat syrjäyttävät vanhat, vaan sotilaalliset osat sotilaallisessa organisaatiossa luodaan niiden tarpeen ja välttämättömyyden mukaan muiden toimintojen hallitsemiseksi.

[37] Chabaud-Arnault: Revue Mar. et. Col. 1885.

[38] Campbell: Lives of the Admirals.

[39] Lapeyrouse-Bonfils: Hist. de la Marine Francaise.

[40] Campbell: Lives of the Admirals.

[41] Martin: History of France.

[42] Martin: History of France.

[43] Lapeyrouse-Bonfils.

[44] Annual Reg, Vol. XXVII, s. 10.

Luku III: Englannin ja Ranskan liiton sota Alankomaita vastaan 1672–1674; Lopulta Ranska vastaan yhdistynyt Eurooppaa 1674–1678; Solebayn, Texelin ja Strombolin meritaistelut.

Pian ennen päätöstä Bredan rauhassa, niin Ludwig XIV otti ensimmäiset askeleensa pyrkiessään ottamaan haltuunsa Espanjan Alankomaat ja Franche-Comté. Samaan aikaan hänen armeijansa marssivat eteenpäin, kun hän lähetti ulos julistuksen edistääkseen vaatimuksiansa kyseessä oleviin alueisiin. Se julistus osoitti virheettömästi hänen kunnianhimoisen luonteensa nuorena kuninkaana luoden ahdistusta Euroopassa ja epäilemättä kasvatti rauhan kannattajien voimaa Englannissa. Alankomaiden johtajuudessa, mutta hyvässä yhteistyössä Englannin ministerien kanssa syntyi liitto näiden kahden maan ja Ruotsin kesken, vaikka se olikin Ranskan ystävä pysäyttääkseen Ludwigin etenemisen ennen kuin hänen vallastansa olisi liian suurta. Hyökkäys ensiksi Alankomaihin 1667 ja sitten Franche-Comtéen 1668 osoittivat Espanjan toivottoman heikkouden puolustaa omistuksiaan; ne kaatuivat melkein ilman taisteluita.

Yhdistyneiden Alankomaiden politiikka suhteessa Ludwigin vaatimuksiin silloin oli tiivistettynä sanontaan, että ”Ranska oli hyvä ystävä, mutta ei hyvä naapuri.” He olivat haluttomia rikkomaan perinteisiä liittojansa, mutta silti vielä haluttomampia pysymään omien rajojensa sisällä. Englannin kansan politiikka, vaikkakin ei heidän kuninkaansa, kääntyi kohti Alankomaita. Ludwigin kasvaneessa suuruudessa he näkivät uhkan koko Euroopalle; heille itsellensä etenkin, jos asettunut ylivoima mantereella, jolloin hänen kätensä olisivat vapaat kehittämään hänen merivoimiansa. ”Flanderin joutuessa Ludwig XIV:n käsiin”, kirjoitti englantilainen lähettiläs Temple, ”sai aikaan sen, että alankomaalaiset tunsivat olevansa vain Ranskan merellinen provinssi”; ja jakaen tämän mielipiteen, ”hän kannatti politiikkaa, joka vastusti jälkimmäistä maata, jonka valtaa Alankomaissa hän piti uhkana koko Euroopalle. Hän ei koskaan lopettanut kertomasta hallituksellensa kuinka vaarallista olisi Englannille se, että Ranska onnistuisi valloittaman rannikon maakunnat ja kiireellisesti osoitti tarvetta ymmärtää alankomaalaisia. ’Tämä olisi paras kosto’, hän sanoi, ’Ranskan temppu on ollut käyttää meitä viimeisessä sodassaan Alankomaita vastaan.’” Nämä huomiot toivat kaksi maata yhteen kolmiliittoon Ruotsin kanssa, joka mainittiin, ja joka aikanaan pyrkisi pysäyttämään Ludwigin. Mutta sodat kahden maan välillä olivat liian tuoreita, Englannin kokema nöyryytys Thamesilla liian kitkerä ja vastakkainasettelu oli liian todellista, liian syvään asettunutta luonnollisten asioiden keskelle, jotta liitosta voisi tulla kestävä.

Tarvittiin Ludwigin vaarallinen voima, ja hänen jatkuva suuntansa uhata kumpaakin osapuolta, jotta liitto syntyisi näiden kahden luonnollisen vihollisen välille. Se ei voisi syntyä ilman toista veristä yhteenottoa.

Ludwig oli täysin raivoissaan kolmiliitosta, ja hänen vihansa kääntyi pääasiassa Alankomaihin, jonka sen oman tarpeellisen asemansa vuoksi hän tunnisti kovimmaksi vastustajaksensa. Silloin kuitenkin hän näytti luovuttavan; enemmänkin hän oli valmiina lähestyvän Espanjan kuningassuvun katkeamisen vuoksi, ja kunnianhimon, jolla hän pyrki saamaan enemmän kuin vain alueita, joita oli itään Ranskasta, kun valtaistuin tulisi tyhjäksi. Vaikka hän teeskenteli ja antoi periksi, niin silloin hänen mielessään oli aikomus tasavallan tuhosta. Se oli politiikkaa, joka oli suoraan vastaan sitä, mitä Richelieu oli luonut, ja Ranskan todellista hyvinvointia. Oli Englannin etu, aikakin silloin, että Yhdistyneet Alankomaat eivät joutuisi Ranskan haltuun; mutta oli paljon enemmän Ranskan etu, että niistä ei tulisi Englannin alamaisia. Englanti, joka oli vapaa mantereen velvoitteista, niin saattoi seistä yksin meren ääressä kilpaillen Ranskan kanssa; mutta Ranska, jota haittasi sen politiikka mantereella, niin ei voinut toivoakaan riistävänsä merten hallintaa Englannilta ilman liittolaista. Tämän liittolaisen Ludwig aikoi tuhota ja hän pyysi siihen apua Englannilta. Lopullisen tuloksen jo tiedämme, mutta kamppailun linjauksia täytyy seurata.

Ennen kuin kuninkaalliset tarkoitusperät olivat saaneet aikaan toimintaa ja oli vielä aikaa kääntää Ranskan energia muualle, niin toista toimintatapaa ehdotettiin kuninkaalle. Se oli Leibnitzin projekti, josta on puhuttu aikaisemmin, josta oli tullut erityisen mielenkiintoinen aihe meille, sillä ehdottaessaan päinvastaista toimintaa, jota Ludwig aikoi tehdä, joka tarkoittaisi sitä, että laajeneminen mantereella olisi sekundaarista ja tarve saada aikaan suuruutta maalleen tulisi meren hallinnasta ja kaupankäynnistä. Sinä päivänä suoraa tavoitetta tarjottiin Ranskalle, jonka saavuttamiseksi se ei kuitenkaan voisi pysähtyä kesken, niin oli Egyptin valloitus; sillä se oli maa, joka oli niin Välimerellä ja itäisillä merillä antaen hallinnan suurelle kauppareitille, joka meidän aikanamme tuli valmiiksi Suezin kanavan myötä. Se reitti menetti paljon arvostansa, kun löydettiin reitti Hyväntoivonniemen ympäri; ja silti enemmän levottomat ja merirosvoukseen taipuvaiset olosuhteet merellä, jossa se kulki; mutta jos se olisi todellisen laivastomahdin hallussa, niin se olisi avain, jolla kyseinen merireitti voitaisiin palauttaa toimintaan. Sellainen valta olisi Egyptin asemalla jo silloin rappeutuvassa Ottomaanien imperiumissa hallita kauppaa ei vain Intiaan ja Kauko-Itään, vaan myös Levanttiin; mutta hanke ei tulisi pysähtymään sinne. Tarve ottaa haltuun Välimeri ja avata Punainenmeri, jonka kristityiltä aluksilta oli sulkenut islamilainen kiihko, niin pakottaisi miehittämään asemia Egyptin kummaltakin puolelta; ja Ranska tulisi toimimaan askel askeleelta, niin kuin Englanti toimi ottaessaan haltuunsa Intian, ja pyrkiessään ottamaan haltuunsa Maltan, Kyproksen ja Adenin luodakseen suuren merivallan. Se oli selvää nyt; mutta tulee olemaan mielenkiintoista kuulla väitteitä, joilla Leibnitz pyrki vakuuttamaan Ranskan kuninkaan kaksisataa vuotta ennen tämän kirjan kirjoittamista.

Osoitettuaan turkkilaisen imperiumin heikkouden, ja valmiuden, jolla voitaisiin enemmän lietsoa Itävaltaa ja Puolaa, joista jälkimmäinen oli Ranskan perinteinen liittolainen; sen jälkeen osoittaen, että Ranskalla ei olisi aseellista vihollista Välimerellä, ja että Egyptin toisella puolella se kohtaisi Portugalin siirtokunnat, jotka pyrkivät saamaan suojelua Intiassa olevia alankomaalaisia vastaan, niin kyseinen muistio jatkoi:

"Egyptin valloitus, joka on itäinen Alankomaat, tulee olemaan helpompaa kuin valloittaa Yhdistyneet Alankomaat. Ranska tarvitsee rauhaa lännessä, sotaa kaukana. Sota Alankomaiden kanssa tulee luultavasti raunioittamaan uudet Intian kauppakomppaniat niin kuin myös siirtokunnat ja kaupankäynnin, jonka äskettäin Ranska elvytti ja kasvattamaan ihmisten taakkaa samalla vähentäen heidän voimavarojansa. Alankomaalaiset tulevat perääntymään rannikkokaupunkeihinsa pysyen siellä puolustuksessa täydellisesti turvassa ja olettaen, että hyökkäykset merellä omaavat suuret mahdollisuudet onnistua. Jos Ranska ei tule saamaan heistä täydellistä voittoa, niin se menettää kaiken vaikutusvaltansa Euroopassa ja voittamalla se vaarantaa tuon vaikutusvallan. Egyptissä sen sijaan tappio on melkein mahdoton, sillä ei tule olemaan suuria seurauksia, ja voitto tulee antamaan merten herruuden, kaupankäynnin itään ja Intiaan, ylivoiman kristinuskolle, ja jopa imperiumin itään Ottomaanien valtakunnan raunioille. Egyptin hallinta avaisi tien valloituksille, jotka olisivat Aleksanteri Suuren arvoisia; äärimmäinen heikkous, jota itämaalaiset omaavat, niin se ei enää ole salaisuus. Kenellä tahansa onkin Egypti, niin hän saa kaikki rannikot ja saaret Intian valtamereltä. Egyptissä Alankomaat tullaan kukistamaan; siellä siltä tullaan viemään se, mikä yksin poistaa siltä idän kukoistavat aarteet. Sitä tullaan iskemään ilman, että se tulisi pääsemään suojaan. Jos sillä olisi aikeita estää Ranskan suunnitelmia Egyptissä, niin se tulisi saamaan siitä kristittyjen yleisen vihan niskaansa; hyökkäykset kotimaassa päinvastoin se ei vain torjuisi aggressiona, vaan se voisi kostaa ne itse maailmanlaajuisen yleisen mielipiteen auttamana, joilla olisi epäilyksiä Ranskan kunnianhimon suuntaan." [45]

Muistiolla ei ollut vaikutusta. "Kaikki, mitä kunnianhimon ja inhimillisen ponnistelun harkitsevaisuus pystyi tekemään, niin oli luoda perusteet kansakunnan tuholle niin kuin Ludwig XIV silloin teki. Diplomaattinen strategia laajassa kokonaisuudessa oli käytössä eristääkseen ja saartaakseen Alankomaat. Ludwig, joka ei pystynyt saamaan Eurooppaa hyväksymään Belgian valloitusta Ranskan toimesta, niin nyt toivoi saavansa sen näkemään Alankomaiden horjuvan sortumisen." Hänen ponnistelunsa olivat pääasiassa onnistuneita. Kolmiliitto rikottiin; Englannin kuningas, vaikkakin vastoin kansansa toiveita, teki hyökkäysliiton Ludwigin kanssa; ja Alankomaat, kun sota alkoi, huomasi, että sillä ei ollut Euroopassa liittolaisia pois lukien heikentynyt Espanjan kuningaskunta ja Brandenburgin vaaliruhtinas, jonka valtio silloin ei missään nimessä ollut ensiluokkainen valtio. Mutta saadakseen apua Charles II:lta, niin Ludwig ei pelkästään maksanut hänelle suuria summia rahaa, vaan antoi Englannille myös Alankomailta ja Belgialta saadusta sotasaaliista Walcherenin, Sluysin ja Cadsandin, ja jopa Goreen jaa Voornin saaret; hallitakseen kahden suuren joen, Scheldtin ja Meusen suita. Ottaen huomioon kahden kansakunnan yhdistyneet laivastot, niin sovittiin, että upseeri, joka kantoi Englannin amiraalin lippua, toimisi ylipäällikkönä. Kysymys laivaston arvojärjestyksestä oli varattu siten, jolloin Ranskan amiraalia ei lähetetty merelle; mutta siitä oli käytännössä luovuttu. On selvää, että hänen innokkuutensa raunioittaa Alankomaat ja hänen oma laajentumisensa mannermaalla johti siihen, että Ludwig pelasi suoraan Englannin käsiin merivaltana. Ranskalainen historioitsija on oikeutettu, kun hän sanoo: "Näitä neuvotteluja on tuomittu väärin. Nämä olivat totta vain sisäpolitiikkana. Charles tosiaan juonitteli Englannin poliittista ja uskonnollista alistamista vieraan vallan avulla; mutta ulkoisia etuja koskien hän ei myynyt niitä suuremmasta osuudesta voittoa, joka Alankomaiden raunioituessa menisi Englannille." [46]

Vuosien aikana ennen sotaa Alankomaat teki kaikki diplomaattiset ponnistelut välttääkseen sodan, mutta viha, jota Charles ja Ludwig tunsivat sitä kohtaan, niin esti hyväksymästä mitään myönnytyksiä. Englantilainen kuninkaallinen jahti määrättiin ohittamaan alankomaalaiset sota-alukset läheltä kanaalissa ja ampumaan niitä, jos ne eivät laskisi lippujaan. Tammikuussa 1672 Englanti lähetti uhkavaatimuksen vaatien Alankomaita tunnustamaan Englannin kruunun oikeuden brittiläisiin meriin

163

ja määräsi sen laivaston laskemaan lippunsa pienimmille englantilaisille sota-aluksille, ja vaatimukset sellaisinaan saivat Ranskan kuninkaan tuen. Alankomaalaiset jatkoivat myönnytysten tekemistä, mutta nähdessään, että kaikki myönnytykset olivat turhia, niin he helmikuussa käskivät ottaa käyttöön seitsemänkymmentäviisi linjalaivaa, joiden lisäksi he ottivat käyttöönsä myös pienempiä aluksia. Maaliskuun 23. sotaa julistamatta englantilaiset hyökkäsivät alankomaalaisen kauppalaivaston osaston kimppuun; ja 29. päivä kuningas julisti sodan. Sitä seurasi 6. huhtikuuta sodanjulistus Ludwig XIV:n toimesta ja 28. samaa kuuta hän lähti ottaakseen armeijansa henkilökohtaiseen komentoonsa.

Sota, joka oli nyt alkanut, niin se oli kolmas ja viimeinen suurista yhteenotoista englantilaisten ja alankomaalaisten välillä valtamerillä, mutta toisin kuin aikaisemmat sodat, niin se ei ollut puhtaasti merisota; ja tulee olemaan tarpeellista mainita sen tärkeimmät tapahtumat myös maalla, ei vain antaaksemme tarkemman kuvan, vaan myös kertoaksemme kuin epätoivoiseen paikkaan tasavalta oli joutunut ja sen viimeisestä pelastumisesta merivoimien toimesta suuren amiraali De Ruyterin käsissä.

Merisota poikkesi aikaisemmista sodista enemmän kuin yhden seikan vuoksi; mutta keskeisin ero siinä oli se, että alankomaalaiset, paitsi yhdessä tapauksessa hyvin alussa, niin eivät lähettäneet laivastoansa kohtaamaan vihollista, vaan toimivat tavalla, jota saatetaan kutsua vaarallisen rannikon ja matalikkojen hyödyntämiseksi, johon heidän merelliset sotatoimensa perustuivat. Siihen tapaan toimiminen oli pakotettua heille johtuen epätoivoisista voimasuhteista, joiden mukaan he taistelivat; mutta he eivät käyttäneet matalikkoja vain suojana; sodankäyntiä, jota he kävivät, niin se oli puolustushyökkäyksellistä. Kun tuuli oli suotuisa liittolaisille hyökätä, niin Ruyter pysyi suojassa saartensa luona tai ainakin maastossa, jonne vihollinen ei uskaltanut seurata häntä; mutta kun tuuli oli niin, että se mahdollisti hyökkäykset, niin hän saattoi hyökätä omatoimisesti, jolloin hän kääntyi ja hyökkäsi heitä vastaan. Siellä oli myös selviä viittauksia taktisiin kuvioihin hänen osaltansa suurimmassa määrin, mitä oli siihen mennessä nähty; vaikka olikin mahdollista viitatessa tiettyihin tapahtumiin, niin jatkuvat pienen mittakaavan hyökkäykset saivat aikaan vain hieman enemmän kuin harhautuksen ranskalaisia joukkoja vastaan, jolloin niiden toimien alkuperä saattoi olla poliittinen. Se ratkaisu johtui siitä kiistämättömästä tosiasiasta, että alankomaalaiset hyökkäsivät ranskalaisten kimppuun kevyesti, niin sitä ei ole kirjoittaja muualla kohdannut; mutta näyttää olevan mahdollista Yhdistyneiden Alankomaiden Maakunnille, että ne toivoivat olevansa kasvattamatta vaarallisimman vihollisensa ärtymystä nöyryyttämällä sen laivastoa ja siten vaikuttamasta sen ylpeyteen olla hyväksymättä heidän tarjouksiansa. Siinä on kuitenkin yhtäläinen tyydyttävä sotilaallinen perustelu oletuksena, että ranskalaiset olivat vielä kokemattomia, jolloin Ruyter ajatteli, että olisi tarpeellista vain saartaa heidät samaan aikaan, kun hän kävisi voimillaan englantilaisten kimppuun. Jälkimmäinen taisteli läpi heidän vanhalla urheudellansa, mutta vähemmän heidän kurillansa; kun taas alankomaalaisten hyökkäykset tehtiin kestävällä ja yksimielisellä innolla, joka näytti suurta sotilaallista edistyksellisyyttä. Ranskalaisten toiminta silloin oli epäilyttävää; on väitetty, että Ludwig määräsi amiraalinsa käyttämään laivastoansa taloudellisesti ja on hyvä syy uskoa, että kohti toisen vuoden loppua, jolloin Englanti oli hänen liittolaisensa, niin hän toimi sillä tavalla.

Alankomaalaisten virkamiehet tietäessään, että ranskalainen laivasto Brestistä oli liittymässä englantilaiseen laivastoon Thamesillä, niin teki suuria ponnisteluja järjestääkseen laivueensa niin, että jälkimmäisen kimppuun voitaisiin käydä ennen kuin laivastot yhdistyisivät; mutta kurjasti keskittämisen puute heidän laivastonsa hallinnossa aiheutti tämän hankkeen epäonnistumisen. Zeelandin maakunta oli niin takapajuinen yksikköjensä kanssa, että suuri määrä niitä kokonaisuudesta ei ollut valmiina ajoissa; ja on esitetty syytöksiä, että se viivytys johtui ei vain huonosta hallinnosta, vaan tyytymättömyydestä vallassa olevan puolueeseen. Isku Englannin laivastoa vastaan sen omilla vesillä ylivoimalla ennen kuin sen liittolainen saapuisi paikalle, niin oli oikea sotilaallinen toimi; tarkasteltaessa sen sodan jälkeistä historiaa, niin se saattoi tuottaa syvällisen vaikutuksen koko käytävään kamppailuun. Ruyter lopulta lähti merelle ja hyökkäsi liittoutuneita laivastoja vastaan, mutta vaikka tarkoituksena oli täysin taistella, niin hän vetäytyi takaisin omalle rannikollensa ennen heitä. Liittolaiset eivät seuranneet häntä sinne, vaan vetäytyivät ilmeisesti täysin turvallisesti Southwold Bayhin Englannin itärannikolle noin 145 kilometriä pohjoiseen Thamesin suulta. Sinne he ankkuroituvat kolmena osastona; kahtena englantilaisena takajoukkoina ja keskustassa pohjoiseen ja etujoukkona, joka koostui ranskalaisista aluksista etelän puolelle. Ruyter seurasi heitä ja aikaisin aamulla 7. kesäkuutaa 1672 alankomaalaisen laivaston havaitsi ranskalainen vartiofregatti pohjoisen suunnalta ja idästä; saaden voimaa koillistuulesta, jolloin suuri määrä veneitä ja miehiä oli maissa hakemassa juomavettä. Alankomaalaisten taistelujärjestys oli kaksi linjaa, joista ensimmäisessä oli kahdeksantoista polttolaivaa (Kuva III, A). Heidän koko voimansa vahvuus oli yhdeksänkymmentäyksi linjalaivaa, kun taas liittolaisilla oli satayksi linjalaivaa.

Tuuli puhalsi kohti rannikkoa ollen silloin lähellä pohjoista ja etelää, ja silloin liittolaiset olivat hankalassa asemassa. Heidän piti ensimmäiseksi päästä liikkeelle ja sitten he eivät voineet jäädä taakse saadakseen aikaa tai tilaa luodakseen taistelujärjestyksensä. Suurin osa aluksista katkaisi köytensä ja englantilaiset käänsivät purjeensa myötäpäivään kulmaan purjehtien pohjoisluoteeseen; suuntaan, johon heidät oli pakotettu silloin purjehtimaan; kun taas ranskalainen laivasto otti toisen kulman (Kuva III, B). Taistelu alkoi siten liittolaisten laivastojen erottautumisella. Ruyter lähetti yhden divisioonan hyökkäämään ranskalaisia vastaan tai pikemminkin eristämään heidät; sillä nämä vastustajat pelkästään tulittivat toisiaan tykeillä kaukaa, vaikka alankomaalaiset omasivat tuuliedun, jolloin he olisivat halutessaan voineet mennä lähemmäksi. Heidän komentajaansa Bankertia ei tästä moitittu, joten voidaan olettaa, että hän toimi saamiensa käskyjen mukaisesti; ja hän oli varmasti komentamassa vuotta myöhemmin toimien suurella harkinnalla ja urheudella Texelin meritaistelussa. Samaan aikaan Ruyter kävi raivokkaasti kahden englantilaisen divisioonan kimppuun ja ilmeisesti ylivoimalla; sillä englantilaiset merihistorioitsijat väittivät, että alankomaalaisilla oli kolmen etu kahteen. [47] Jos tämä hyväksytään, niin se on huomattava todiste Ruyterin korkeista kyvyistä komentavana upseerina ennen kuin ketään ilmestyi niihin tehtäviin sillä vuosisadalla.

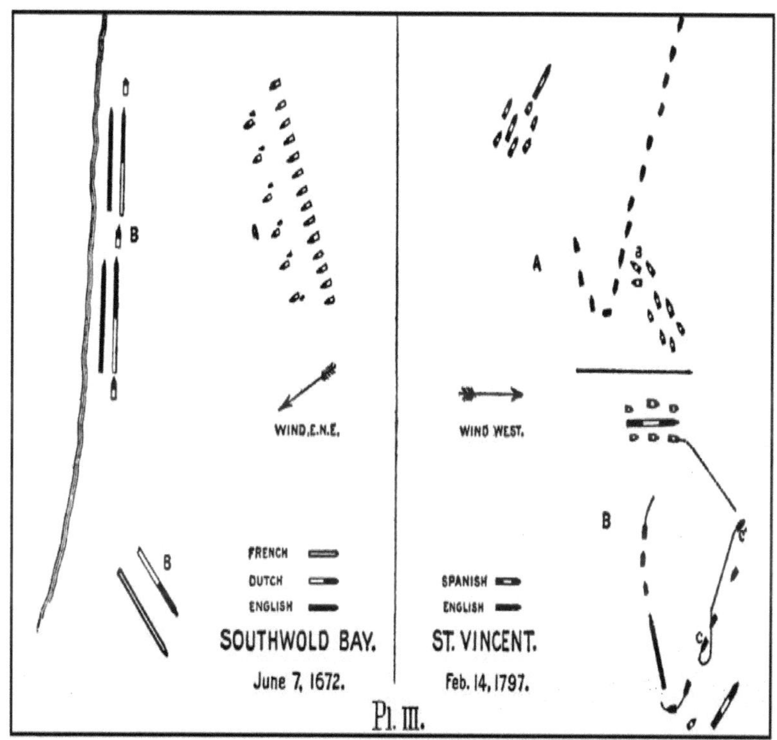

Kuva III.

Taistelun lopputulos, jota pidettiin yksinkertaisesti yhteenottona, niin oli ratkaisematon; kumpikin osapuoli kärsivät raskaita tappioita, mutta kunnianosoitukset ja huomattavat edut menivät kaikki alankomaalaisille tai pikemminkin de Ruyterille. Hän oli ollut parempi kenraali kuin liittolaiset näennäisen pakenemisensa ja sitten palaamisensa kanssa yllättäen heidät täysin valmistautumattomina. Tämä hämäysliike, jonka vuoksi englantilaiset, joista kaksi kolmasosaa voimista koostui, niin olivat pohjoisen ja lännen suunnalla, kun taas yksi kolmannes, ranskalaiset, menivät itään ja etelään erottaen liittolaisten laivaston: Ruyter heitti koko voimansa siihen väliin näyttäen etujoukkojaan ranskalaisille divisioonan muodossa, joka oli luultavasti vähäisempi kuin ranskalaisten voimat, mutta jolla oli tuulietu, jolloin se saattoi päättää, että tulisiko se lähelle, kun taas päävoimien kanssa hän hyökkäsi paljon suuremmalla voimalla englantilaisten kimppuun (Kuva

167

III, B). Paul Hoste sanoo [48], että vara-amiraali d'Estrées, joka komensi ranskalaisia, niin oli käyttänyt keinoinaan kääntymissuuntaa ja murtautumista häntä vastustavan alankomaalaisen divisioonan läpi yhdistääkseen voimansa Yorkin herttuan kanssa, joka oli liittolaisten ylipäällikkö. Saattoi olla niin, sillä d'Estrées oli hyvin urhea mies ja hän ei ollut tarpeeksi merimies ymmärtääkseen sellaisen toiminnan vaaroja; mutta sellaista liikettä ei tapahtunut ja niin englantilaiset kuin Ruyter ajattelivat, että ranskalaiset mieluummin välttelivät taistelua kuin kävivät siihen. Jos d'Estrées olisi kuitenkin käynyt taisteluun ja koettanut murtautua kokeneiden alankomaalaisten linjojen läpi tuuliedun turvin, niin hänen kokemattomien ranskalaisten merimiesten kanssa, niin lopputulos olisi ollut samanlainen katastrofi, joka kävi espanjalaiselle amiraalille St Vincentin taistelussa 125 vuotta myöhemmin, kun hän koetti yhdistää hajaantuneen laivastonsa pyrkien murtautumaan Jervisin ja Nelsonin tiiviiden muodostelmien lävitse (Katso Kuva III, a.) Totuus, joka asteittain valkeni läpi suuren määrän ristiriitaisia toteamuksia, on se, että Yorkin herttua, vaikka olikin keskinkertainen merimies ja urhea mies, niin ei ollut kyvykäs; että hänen laivastonsa ei ollut riittävän hyvässä järjestyksessä ja oli siten yllätetty; että hänen käskynsä etukäteen eivät olleet niin tarkkoja, että ne teknisesti saivat ranskalaisen amiraalin käyttäytymään tottelemattomasti ottaen päinvastaisen kääntymissuunnan kuin ylipäällikkö ja erottaen laivueet; ja että Ruyter hyötyi mitä suurimmassa määrin yllätyksestä, jonka hän itse oli valmistanut ja lisätilaisuuden hänelle antoi vihollistensa kyvyttömyys taistelussa. Ellei olosuhteita ole sanottu, niin ranskalainen amiraali otti oikean kääntymissuuntaan koillistuulella mennen ulos merelle ja antaen tilaa sen manöövereille; jos Yorkin herttua olisi toiminut samalla tavalla, niin liittoutuneiden laivasto olisi pysynyt yhdessä, jolloin ainoina haittoina olisivat olleet tuuli ja huono järjestys. Siinä tapauksessa kuitenkin Ruyter olisi voinut ja luultavasti olisi toiminut niin kuin hän toimi Texelissä vuotta myöhemmin; pysäyttäen ranskalaisen etujoukon pienellä yksiköllä ja käynyt laivastonsa päävoimin vihollisen keskustan ja jälkijoukon kimppuun. Se oli samankaltaista hänen toimissaan kummassakin tapauksessa hyvin erilaisissa tilanteissa, joka todistaa sen, että hänen aikomuksensa Southwold Bayssa oli vain pitää ranskalaiset aisoissa, kun hän tuhoaisi englantilaiset.

Tässä taistelussa, jota kutsutaan välinpitämättömästi Southwold Bayn ja Solebayn taisteluksi, niin Ruyter näytti sellaista määrä taitoa yhdessä innokkuuden kanssa, että sitä ei nähty merellä hänen kuolemansa jälkeen ennen kuin Suffrenin ja Nelsonin aikana. Hänen taistelunsa vuoden 1672 sodassa eivät olleet "varovaisia asioita", vaikka ne olikin taisteltu varovaisesti; hänen aikeensa eivät olleet sen vähempää kuin vihollisen täydellinen voittaminen liittämällä hyvät liikkeet taistelun raivoon. Solebayssa oli jonkin verran, ei kuitenkaan paljoa heikompi suhteessa viholliseensa; myöhemmin hän oli paljon heikompi.

Huomattavat tuloksen Solebayn taistelussa olivat täysin suotuisia alankomaalaisille. Liittolaisten laivastojen piti auttaa Ranskan armeijan sotatoimia pyrkien hyökkäämään Zeelandin rannikolle. Ruyterin hyökkäys oli aiheuttanut niin paljon vahinkoa ja kuluttanut niin paljon ammuksia, että se viivytti laivaston purjehtimista pohjoiseen kuukauden verran; se oli harhautus, mutta ei vain tärkeä, vaan elintärkeä melkein epätoivoisessa tilanteessa, johon Yhdistyneet Alankomaat oli ajettu. Voidaan sanoa neuvoa-antavana kommenttina kauppalaivaston tuhoamiseksi, että tämän vihollisen ylivoimaisten voimien pysäyttämisen jälkeen Ruyter kohtasi ja saattoi turvallisesti satamaan laivaston alankomaalaisia kauppa-aluksia.

Maasodan edistymistä täytyy nyt hieman kuvailla. [49] Aikaisin toukokuussa ranskalainen armeija useine osastoineen eteni mennen läpi Espanjan Alankomaiden ja suuntasi hyökkäyksensä Alankomaihin etelästä ja idästä. Tasavaltalainen puolue, joka oli vallassa Alankomaissa, niin oli lyönyt laimin armeijan ja oli nyt tekemässä virhettä hajasijoittaessaan voimiansa niin moniin linnoitettuihin kaupunkeihin luottaen, että jokainen niistä voisi tehdä jotain viivyttääkseen ranskalaisten etenemistä. Ludwig kuitenkin toimien Turennen neuvon mukaisesti yksinkertaisesti kiinnitti huomion tärkeimpiin paikkoihin, kun taas toisarvoiset kaupungin antautuivat melkein niin nopeasti, kun niihin otettiin yhteyttä; Yhdistyneiden maakuntien armeija niin kuin myös heidän maansa siten nopeasti osina siirtyivät vihollisen käsiin. Kuukaudessa ranskalaiset olivat maan sydämessä ottaen haltuunsa kaiken edestänsä ja mitään organisoitua joukkoa ei enää ollut heidän edessään heidän pysäyttämiseksensä. Kahdessa viikossa Solebayn taistelun jälkeen pelko ja sekasorto levisivät läpi tasavallan. Kesäkuun 15. päivä valtiohoitaja sai säädyiltä luvan lähettää edustajan Ludwig XIV:n luokse pyytäen tältä ehtoja, joilla hän hyväksyisi rauhan; mikä tahansa nöyryytys ulkomailta olisi poliitikon silmissä parempi kuin nähdä vastustava puolue, Orangen suku, tulevan valtaan hänen menettäessään valtansa. Kun neuvotteluja käytiin, niin alankomaalaiset kaupungit jatkoivat antautumistansa; ja 20. kesäkuuta muutamia ranskalaisia sotilaita saapui Muydeniin, joka oli avain Amsterdamiin. He olivat vain harhailijoita, vaikka suuri sotajoukko, johon he kuuluivat, niin olikin lähellä; ja kaupunkilaiset, jotka olivat päästäneet heidät sisään pakokauhun vallitessa, joka oli koko maassa, niin nähdessään, että he olivat yksin, niin pian juottivat heidät humalaan ja heittivät heidät ulos. Jalompi henki heräsi nyt Amsterdamissa, joka tuntui myös Muydenissa; joukko sotilaita kiirehti sinne pääkaupungista ja pienempi kaupunki oli pelastettu. "Sijaiten Zuyderzeen rannalla kahden tunnissa päässä Amsterdamista paikassa, jossa useat joet ja kanaalit kohtaavat, niin Muyden ei ollut pidettävä vain Amsterdamin tärkeiden vallien takia, joiden kautta Amsterdam voitaisiin saartaa, vaan myös se oli keskeinen satama tälle suurelle kaupungille, josta kaikki alukset menivät Pohjanmereltä Amsterdamiin Zuyderzeeltä sen tykkien ohitse. Muyden oli pelastettu ja sen vallit olivat hallussa, jolloin Amsterdamilla oli aikaa henkäistä helpotuksesta, ja pysyä vapaana katkaisemaan yhteytensä maalle ja pitää niitä yllä merellä." [50] Se oli hyökkäyksen käännekohta; mutta miten se tulisi vaikuttamaan alankomaalaisten henkeen, jota lannistivat tappiot ja johti harhaan neuvosto, jos kohtalokkaana kahden viikon aikana, joka oli aikaisemmin, niin liittolaisten laivasto olisi hyökännyt heidän rannikollensa? Tältä heidät pelasti Solebayn meritaistelu.

Neuvottelut jatkuivat. Pormestarit; puolue, joka edusti vaurautta ja kaupankäyntiä; suositteli alistumista; he pelkäsivät omaisuutensa ja kaupankäynnin tuhoutumista. Uusia edistysaskeleita otettiin; mutta samaan aikaan lähettiläät olivat yhä Ludwigin leirissä, jolloin väestö ja Orangen puolue nousivat ja heidän kanssaan vastarinnan henki. Kesäkuun 25. Amsterdamissa avattiin padot ja sen esimerkkiä seurasivat muut kaupungin Hollannin maakunnassa; siitä seurasi valtavia menetyksiä, mutta tulvan alle jäänyt maa ja kaupungit sen ympäröiminä siellä olivat kuin saaria veden keskellä turvassa maajoukkojen hyökkäyksiltä, kunnes sää alkaisi muuttumaan jäätäväksi. Vallankumous jatkui. Orangen Wilhelm, josta tulisi myöhemmin Englannin William III, tuli heinäkuun 8. päivä valtionhoitajaksi, ja hänestä tehtiin armeijan ja laivaston ylipäällikkö; ja kaksi De Wittiä, jotka olivat republikaanisen puolueen johtajia, niin väkijoukko murhasi heidät muutamia viikkoja myöhemmin.

Vastarinta syntyi yleisestä innosta ja ylpeydestä omaan maahan, jota kannustivat eteenpäin Ludwig XIV:n ylimitoitetut vaatimukset. Oli selvää, että maakuntien täytyi voittaa tai tulla tuhotuiksi. Samaan aikaan muut Euroopan valtiot olivat heräämässä vaaraan, ja Saksan keisari, Brandenburgin vaaliruhtinas ja Espanjan kuningas julistivat tukensa Alankomaille; kun taas Ruotsi, joka oli nimellisesti liitossa Ranskan kanssa, niin oli haluton näkemään Yhdistyneiden Alankomaiden tuhoa, sillä se siirtäisi edun merivallan suhteen Englannille. Joka tapauksessa seuraavana vuonna 1673, niin se alkoi lupaavasti Ranskalle ja Englannin kuningas valmistautui täyttämään osansa sopimuksesta merillä; mutta alankomaalaiset Wilhelm Orangen tiukan johtajuuden alla ja heidän otteensa pysyi merestä horjumattomana, niin silloin kieltäytyivät hyväksymästä rauhanehtoja, joita he itse olivat tarjonneet vuotta aikaisemmin.

Kolme meritaistelua käytiin 1673, joista kaikki käytiin lähellä Alankomaiden rannikkoa; kaksi ensimmäistä 7. ja 14. kesäkuuta Schoneveldtin edustalla, josta ovat ottaneet nimensä; kolmas, joka tunnetaan nimellä Texelin meritaistelu, käytiin 21. elokuut. Kaikissa kolmessa Ruyter hyökkäsi valitsemallaan hetkellä ja vetäytyi, kun se palveli hänen tarkoitusperiänsä oman rannikkonsa suojaan. Liittolaiset toteuttivat omia tavoitteitansa ja tekivät mitä tahansa harhautuksia rannikon luona tai toisaalta pyrkivät vahingoittamaan kovassa paineessa olevien maakuntien merellisiä voimavaroja, jolloin oli tarpeen ensiksi tehdä selvää Ruyterin laivastosta. Suuri amiraali ja hänen hallituksensa kumpikin tiesivät tämän ja tekivät päätöksen, että "laivaston täytyisi olla Schoneveldtin salmessa tai hieman etelään kohti Ostendia tarkkaillakseen vihollista ja jos sen kimppuun hyökätään tai jos se näkee vihollisen laivaston tulevan Alankomaiden rannikolle, niin sen täytyisi vastustaa sitä energisesti estämällä sen aikeita ja tuhoamalla sen aluksia." [51] Siitä asemasta hyvän tähystyksen ansiosta mikä tahansa liittolaisten liike huomattaisiin.

Englantilaiset ja ranskalaiset lähtivät merellä kesäkuun 1. päivänä komentajanaan prinssi Rupert, joka oli kuninkaan serkku, sillä Yorkin herttua oli joutunut eroamaan virastansa siksi, että Test Act, joka oli suunnattu lakina katolilaisia vastaan valtion viroissa, oli hyväksytty. Ranskalaisia komensi vara-amiraali d'Estrées, joka oli sama mies, joka oli komentanut heitä Solebayn meritaistelussa. Kuudentuhannen englantilaisen sotilaan joukko oli valmiina lähtemään merelle Yarmouthissa, jos De Ruyter lyötäisiin merellä. Kesäkuun 7. päivä alankomaalaiset lähtivät merelle tullen Schoneveldtin hiekkarantojen edustalle. Erillinen laivue lähetettiin ajamaan ne pois, mutta Ruyter ei tarvinnut kutsua; tuuli auttoi ja hän seurasi erillistä laivuetta sellaisella kärsimättömyydellä hyökätä ennen kuin liittolaisten taistelulinja oli muodostettu. Sillä kertaa ranskalaiset muodostivat keskustaan. Taistelu oli ratkaisematon, jos taisteluksi voidaan kutsua sellaista, jossa alivoimainen joukko hyökkää ylivoiman kimppuun aiheuttaen yhtäläisiä menetyksiä ja estäen vihollisen päätavoitteen. Viikkoa myöhemmin Ruyter hyökkäsi taas taistelun lopputulosten ollessa ratkaisemattomia niin kuin aikaisemmassakin taistelussa, joka pakotti liittolaisten laivaston Englannin rannikolle tekemään korjaustöitä ja täydentämään varastojansa. Alankomaalaisilla oli näissä taisteluissa viisikymmentäviisi alusta; heidän vihollisillansa oli kahdeksankymmentäyksi, joista viisikymmentäneljä oli englantilaisia.

Liittolaisten laivastot eivät menneet takaisin merelle ennen kuin heinäkuun loppupuolella, ja sillä kertaa niillä oli mukanaan joukkoja maihinnousua varten. Elokuun 20. päivä alankomaalaisten laivasto nähtiin liikkeessä Texelin ja Meusen välissä. Rupert oli heti valmiina taisteluun; mutta tuuli oli pohjoisesta ja lännestä antaen liittolaisille tuuliedun, ja valinnan miten hyökätä, kun taas Ruyterillä oli käytössään paikallistuntemus pysyen niin lähellä rannikkoa, että vihollinen ei uskaltanut lähestyä; enemmän niin kuin myöhemmin päivällä. Yön aikana tuuli kääntyi itäkaakkoon ja päivän valjetessa käyttäen ranskalaisten virallista kertomusta, niin alankomaalaiset "ottivat käyttöönsä kaikki purjeensa ja urheasti purjehtivat taisteluun."

Liittolaisten laivasto oli suojan puolella vasemmalla kääntymissuunnalla suunnatessaan etelään; ranskalaiset olivat etujoukoissa, Rupert oli keskustassa ja Sir Edward Spragge komensi jälkijoukkoja. De Ryuter jakoi laivastonsa kolmeen laivueeseen lähettäen yhden niistä, jossa oli kymmenestä kahteentoista laivaa vain, ranskalaisia vastaan; kun taas muut hänen voimansa hyökkäsivät englantilaisia vastaan keskustassa ja selustassa (Kuva IV, A, A', A''). Jos hyväksymme englantilaisten arvion voimista, joka antaa englantilaisille kuusikymmentä laivaa, ranskalaisille kolmekymmentä ja alankomaalaisille seitsemänkymmentä, niin Ruyterin hyökkäyssuunnitelma yksinkertaisesti pitäen ranskalaiset aisoissa niin kuin tapahtui Solebayssa, niin salli hänen taistella englantilaisten kanssa tasaväkisesti. Taistelu käytiin useissa erillisissä vaiheissa, joita seurataan ohjeellisesti. M. de Martel, joka komensi ranskalaisten etujoukkoa ja sen seurauksena johti liittolaisten alempaa yksikköä, niin oli määrätty levittäytymään eteen, menemään ja ottamaan tuulietu alankomaalaisten etujoukolta ottaen siten paikkansa kahden tulen välissä. Sen hän teki (B); mutta niin pian kuin Bankert, sama joka oli tehnyt niin huolellisia manöövereitä Solebayssa vuotta aikaisemmin näki vaaran, niin hän käänsi ruorinsa ja purjehti jäljelle jääneiden kahdenkymmenen aluksen muodostelman lävitse, jotka muodostivat d'Estréesin laivueen omilla kahdellatoista aluksellansa (C); tämä uroteko oli yhtä rohkea häneltä kuin se oli lannistava ranskalaisille; ja sitten tullen tukemaan De Ruyteriä, joka kävi kiivasta taistelu Rupertin (C') kanssa. Häntä ei d'Estrées seurannut, joka salli hänen tuoda tärkeitä täydennyksiä häiritsemättä alankomaalaisten päähyökkäykselle. Tämä käytännössä lopetti ranskalaisten osuuden taistelussa.

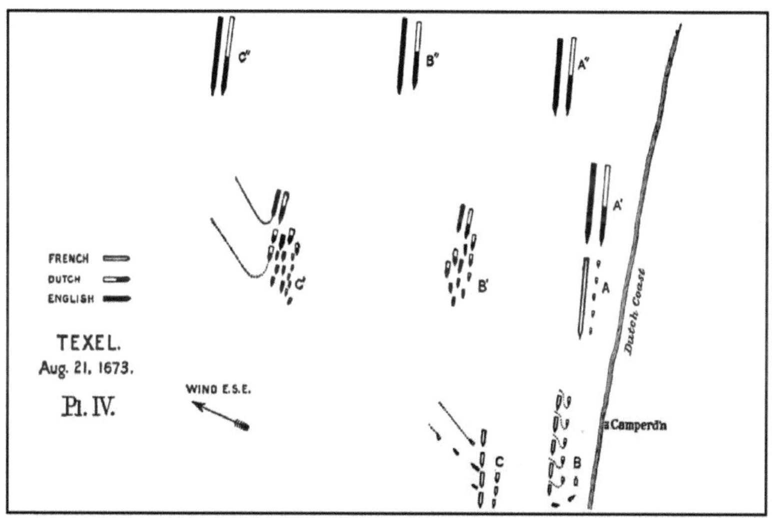

Kuva IV.

Rupert taistelutoimiensa aikana De Ruyteriä vastaan pysyi poissa jatkuvasti pyrkien ajamaan alankomaalaiset kauemmaksi rannikoltansa, sillä jos tuuli kääntyisi, niin he eivät kenties pystyisi pääsemään taas sen suojaan. De Ruyter seurasi häntä ja sen seurauksena tapahtui ero keskustan ja etujoukon välillä (B, B'), joka oli yksi väitetty syy d'Estréesiin viivyttelyyn. Se ei kuitenkaan estänyt Bankertia tulemasta tukemaan komentajaansa.

Jälkijoukoissa käytiin poikkeuksellista taistelua Sir. Edward Spraggen toimesta, joka kasvatti sekasortoa liittolaisten laivastossa. Jostain syystä tämä upseeri piti Trompia, joka komensi alankomaalaisten jälkijoukkoa, niin henkilökohtaisena vihamiehenänsä ja pyrkiessään saamaan jälkimmäisen taisteluun, niin hän laski purjeet (pysäytti) koko englantilaisten jälkijoukon odottamaan häntä. Tämä huonosti ajoitettu kunnia Spraggen osalta näytti olevan peräisin lupauksesta, jonka hän oli tehnyt kuninkaalle, että hän toisi mukanaan Trompin elävänä tai kuolleena, tai muuten menettäisi henkensä. Pysähtyminen, joka muistetaan vastuuttomana niskoitteluna toimintana alempien alankomaalaisten lippu-upseerien toimesta aikaisemmasta sodasta, niin se tietenkin erotti jälkijoukot (A'', B'', C''), jotka myös ajelehtivat nopeasti suojan puolelle, kun Spragge ja Tromp kävivät kiivasta omaa yhteenottoansa omiin lukuihinsa. Nämä kaksi alempaa amiraalia etsivät toisensa henkilökohtaisesti ja taistelu heidän kahden välillä oli niin ankaraa, että Spragge joutui kaksi kertaa siirtymään omasta aluksestansa toiseen laivaan; toisella kerralla vene, jossa hän oli, joutui tulituksen kohteeksi ja hän itse hukkui.

Rupert sen jälkeen, kun hänen etujoukkonsa ja jälkijoukkonsa olivat hylänneet hänet, niin huomasi olevansa yksi Ruyteriä (B') vastaan; joka sai täydennyksiksi omat etujoukkonsa ja käski sen lisäksi jälkijoukkojaan katkaisemaan liittolaisten keskustan pakoreitin ja saartamaan jäljelle jääneet kaksikymmentä laivaa luultavasti kolmellakymmenellä tai neljälläkymmenellä omalla aluksellansa (C'). Ei ole uskottavaa, että sen ajan tykistötaidolla olisi saatu aikaan selvempiä lopputuloksia; mutta täytyy muistaa, että kaikki taito, jonka Ruyter pystyi kokoamaan, paitsi luultavasti erittäin lyhyeksi ajaksi, niin taistelu oli kaikin puolin tasaväkistä englantilaisten kanssa; hänen täysi alivoimansa määrässä ei siten ollut lyötävissä. Vahinko, jonka englantilainen ja alankomaalainen laivasto siten kärsivät, oli suurta ja luultavasti lähes tasaväkistä.

Rupert pääsi lopulta eroon taistelusta ja nähdessään, että englantilaisten jälkijoukko (C'') ei ollut vastaamassa hyvin sen läheiseen viholliseen, niin pyrki sitä kohden, jolloin Ruyter seurasi häntä; kaksi vastustavaa keskustaa purjehtivat rinnakkaisilla kursseilla, ja tykinkantaman päässä, mutta yhteisellä suostumuksella, kenties siksi, että ammukset olivat käyneet vähiin, niin eivät ampuneet toisiansa. Kello neljä keskustat ja jälkijoukot yhtyivät ja viiden lähestyessä taistelu alkoi uudestaan, joka kesti seitsemään asti, kunnes Ruyter vetäytyi luultavasti siksi, että ranskalaiset olivat lähestymässä, jotka sitten oman kertomansa mukaan liittyivät Rupertin voimiin juuri ajoissa. Taistelu päättyi tähän, jota silloin kuten kaikkia aikaisempia taisteluita siinä sodassa, voidaan kutsua tasapeliksi, mutta jonka suhteen englantilaisen laivastohistorioitsijan tuomio on epäilemättä oikea: "Tämän seuraukset, jotka johtuivat harkitsevaisesta alankomaalaisesta amiraalista, tulivat tästä taistelusta ollen hyvin suuret; sillä he avasivat satamat, jotka olivat olleet saarrettuina ja lopettivat kaikki ajatukset poistaen maihinnousun mahdollisuuden." [52]

Sotilaallisia piirteitä taistelussa on riittävästi kuvattu sen mukaan, kun niistä on ollut kyse; De Ruyterin taidot, Bankertin tiukkuus ja täsmällisyys ensiksi pysäyttämässä ja sitten purjehtimassa ranskalaisen divisioonan lävitse; mahdollinen uskottomuus tai parhaimmillaankin jälkimmäisen tehottomuus; Spraggen niskoittelu ja sotilaallisten virheiden tekeminen; puute kaikesta muusta paitsi tiukasta taistelemisesta Rupertin osalta. Liittolaiset vastaavasti näkivät vikoja toistensa toimissa. Rupert syytti niin d'Estréesiä kuin Spraggea; d'Estrées näki vikaa Rupertissa, joka oli purjehtinut suojan puolella; ja d'Estréesin lähin alamainen Martel suoraan syytti päällikköään pelkuriksi kirjeessä, joka johti hänen vangitsemiseensa Bastiljiin. Ranskan kuningas määräsi tutkinnan tehtäväksi Brestin laivastotarkastajan toimesta, joka teki siitä raportin [53], jonka mukaisesti pääasiallisesti toimittiin ja joka jättää vain hieman epäilyjä koskien Ranskan voimien kunniattomuudesta tässä taistelussa. "M. d´Estrées antoi ymmärtää", sanoi ranskalainen laivastohistorioitsija, "että kuningas toivoi hänen laivastonsa säästyvän ja, että englantilaisiin ei pitäisi luottaa. Oliko hän väärässä, kun hän ei luottanut englantilaisten vilpittömyyteen liitossa, kun hän sai kaikkialta varoituksia siitä, että kansa ja aatelisto siellä valitteli sitä liittoa ja Charles II luultavasti yksin kuningaskunnassaan toivoi sitä liittoa?" [54] Mahdollisesti ei; mutta hän oli varmasti väärässä, jos hän toivoi, että kuka tahansa sotilas tai joukko ihmisiä toimiessaan samanlaisissa tehtävissä kuin ranskalainen amiraali silloin; laivaston menetys olisi ollut pienempi katastrofi. Niin selvää oli silminnäkijöiden mukaan paha tahto tai pelkuruus (ja jälkimmäistä oletusta ei myönnetty), että yksi alankomaalaisista merimiehistä sanoi: "Te hölmöt! He ovat palkanneet englantilaiset taistelemaan puolestansa ja kaikki heidän toimensa täällä ovat sitä, että he ansaitsevat palkkansa." Selväjärkisempi ja merkittävämpi huomautus on se, mitä Brestin tarkastaja mainitsee ennen kuin lopettaa virallisen raporttinsa: "Näyttää siltä, että kaikissa näissä meritaisteluissa Ruyter ei ikinä aikonut hyökätä ranskalaisen laivueen kimppuun ja tässä viimeisessä taistelussa hän lähetti kymmenen laivaa Zeelandin laivueesta pitääkseen sen aisoissa." [55] Mitään vahvempaa todistusta ei tarvita Ruyterin mielipiteestä koskien liittolaisvoimien yksiköiden tehottomuutta tai epäluottamusta.

Toinen luku merisodan liittoja päättyi 21. elokuuta 1673 Texelin meritaistelussa. Siitä, niin kuin muistakin sanottiin paljon oikeutettuja sanoja, joista nykyajan ranskalainen laivastoupseeri on sanonut seuraavaa: "Yhdistyneinä johtuen hyvin suurista poliittisista eduista, mutta jakautuneina melkein vihan takia eivät koskaan seuranneet samaa polkua neuvojen suhteen tai taistelussa, niin ne eivät koskaan tuottaneet hyviä tuloksia tai ainakaan suhteellisia ponnisteluja liittolaisten toimesta yhteistä vihollista vastaan. Ranskan, Espanjan ja Alankomaiden laivastot näyttivät useina eri aikoina vain yhtyneen siksi, että brittiläisten aseiden voitto tulisi olemaan täydellisempi." [56] Kun tämä hyvin tunnettu taipumus liittoihin lisätään yhtä hyvin tunnettuun kateuteen, jota jokainen valtio tuntee, kun sen naapurin voima kasvaa, ja sen seurauksena on haluton näkemään sellaisen voiman hankkimisen murskaamalla taas toisen jäsenen kansojen perheessä, niin lähestymistapaa mitataan laivaston voimalla, joka on tarpeellista kansakunnalle. Ei ole tarpeen kohdata kaikkia muita yhdistyneinä, kun jotkut englantilaiset näyttävät ajattelevan; on tarpeen kohdata vain vahvin itselle suotuisissa olosuhteissa ollen varma, että muut eivät liity tuhoamaan poliittista tasapainoa, vaikka ne olisivatkin valppaina. Englanti ja Espanja olivat liittolaisia 1793 Toulonissa, kun vallankumouksellisen Ranskan oikut näyttivät uhkaavan Euroopan sosiaalista järjestystä; mutta espanjalainen amiraali sanoi suoraan englantilaisille, että Ranskan laivaston tuho, josta suurin osa oli heidän käsissään, tulisi olemaan suuri vahinko Espanjan eduille ja siksi osa ranskalaisista laivoista säästyi hänen toimiensa takia, jota on kuvattu oikeudenmukaisesti puutteelliseksi tiukkuudessa, mutta sen myös saneli tärkein poliittinen perustelu. [57]

Texelin taistelu lopettaessaan pitkän sarjan sotia, joissa alankomaalaiset ja englantilaiset ottivat tasaväkisesti yhteen meren herruudesta, niin näki alankomaalaisten laivaston tehokkaimmillaan ja sen suurimman koristeen, De Ruyterin, kunniansa huipulla. Oli ollut jo pitkään vanha ollessaan iältänsä silloin kuusikymmentäkuusi, mutta hän ei ollut menettänyt sotilaallista intoansa; hänen hyökkäyksensä oli yhtä raivokas kuin kahdeksan vuotta aikaisemmin, ja hänen harkintakykynsä oli kypsynyt nopeasti aikaisemman sodan kokemuksien kautta, sillä siellä oli paljon enemmän todisteita suunnitelmasta ja sotilaallisesta näkemyksestä kuin aikaisemmin. Hänelle toimiminen hallinnon alaisuudessa, jota johti suuri valtionhoitaja De Witt, jota kohtaan hän tunsi suurta sympatiaa, niin kurin kasvaminen ja järkevä sotilaallinen toiminta olivat nyt selviä alankomaalaisten laivastossa suurelta osin. Hän meni tähän viimeiseen taisteluun kahden suuren merenkulkijakansan kesken täysin oman nerokkuutensa varassa omaten ihailtavasti kootun työvälineen käsissään ja kunniakkaan alivoimaisena määrältänsä pelastaakseen maansa. Tehtävä täytettiin ei pelkästään rohkeudella, vaan rohkeudella yhdessä hyvän ennakoinnin ja taidon kanssa. Hyökkäys Texelissä oli yleisesti ottaen samanlainen kuin Trafalgarissa, jossa vihollisen etujoukko laiminlöi tilaisuutensa hyökätä keskustaa ja selustaa vastaan, ja niin kuin Trafalgarissa, etujoukko laiminlöi velvollisuutensa enemmän oikeutetusti sanottuna käsitteenä; mutta voimasuhteet De Ruyteriä vastaan olivat suuremmat kuin Nelsonia vastaan, jolloin hänen menestyksensä oli vähäisempää. Bankertin osa Solebayssä oli tosiasiassa sama kuin oli ollut Nelsonilla St. Vincentin meritaistelussa, jossa hän heitti itsensä espanjalaisen divisioonan tiellä yhdellä laivalla (katso Kuva III, c, c'); mutta Nelson otti kurssinsa ilman käskyjä Jervisiltä, kun taas Bankert toimi Ruyterin suunnitelman mukaisesti. Taas kerran hän otti suuntansa, mutta valitettavasti muuttuneissa olosuhteissa tämä yksinkertainen jaa sankarillinen mies tulee eteemme; ja siellä vastakohtana hänen kunniallensa näyttää olevan pieni kuvaus Comte de Guichelta [58] hänen toimistansa neljän päivän taistelusta, joka tuo esille hänen luoteensa huonoimmat ja sankarillisemmat piirteet.

"En koskaan nähnyt häntä [niiden kolmen päivän aikana] mitenkään muuten kuin viileän rauhallisena; ja kun voitto oli varma sanoen aina, että hyvä Jumala antoi sen meille. Keskellä laivaston epäjärjestystä ja näyttävästi tulevaa tappiota, niin hän näytti liikuttuvan vain maansa epäonnesta, mutta aina alistuvan Jumalan tahtoon. Lopulta voidaan sanoa, että hän oli enemmän rehellinen, eikä hänellä ollut miespuolisten johtajiemme kiiltoa; ja siten lopetan, mitä olen sanonut hänestä, kun viittaan päivään voiton jälkeen, löysin hänet siivoamasta huonettansa ja syöttämästä kanojansa."

Yhdeksän päivää Texelin meritaistelun jälkeen elokuun 30. päivä 1673 tehtiin muodollinen liitto yhtäällä Alankomaiden ja toisaalla Espanjan, Lorrainen ja Saksan keisarin kesken, ja Ranskan suurlähettiläs määrättiin lähtemään Wienistä. Louis melkein heti tarjosi Alankomaille sangen kohtuullisia rauhanehtoja; mutta Yhdistyneet Alankomaat uusien liittolaistensa rinnalla ja heidän selkänsä vahvasti tuettuina merellä, joka oli suosinut ja auttanut heitä, niin käänsivät katseensa vakaasti häntä vastaan. Englannissa ihmisen ja parlamentin huoli tulivat yhä kovaäänisemmiksi; protestanttien tuntemukset ja vanha vihanpito Ranskan suuntaan päivittäin kasvoivat niin kuin myös kansallinen epäluottamus kuninkaaseen. Charles, vaikka hän ei ollutkaan menettänyt yhtään vihastansa tasavaltaa kohtaan, niin hänen täytyi antaa periksi. Ludwig nähdessään myrskyn syntyvän, niin teki päätöksensä kysymällä neuvoa Turennelta vetäytyen pois vaarallisista etulinjan asemistansa evakuoimalla Hollannin ja koettamalla tehdä erillisen rauhan Alankomaiden kanssa samalla jatkaen sotaa Itävallan hallitsijasukua vastaan Espanjassa ja Saksassa. Niin hän palasi Richelieun politiikkaan ja Alankomaat pelastuivat. Helmikuun 19. 1674 tehtiin rauha Englannin ja Alankomaiden välillä. Jälkimmäinen tunnusti Englannin lipun absoluuttisen ylivallan Cape Finisterrestä Espanjasta Norjaan ja maksoi sotakorvauksia.

Englannin vetäytyminen, joka pysyi puolueettomana sodan jäljellä olleiden neljän vuoden aikana, niin teki siitä väistämättä vähemmän merellisen. Ranskan kuningas ei ajatellut laivastoansa, ei sen määrää tai tehokkuutta, että se olisi tarpeeksi yksin pitääkseen Alankomaat aisoissa; hän siksi veti sen pois valtamereltä ja sulki merellisen hankkeensa Välimerelle, jonka lisäksi tehtiin yksi tai kaksi puoliksi yksityistä hanketta Länsi-Intiaan. Yhdistyneet Alankomaat olivat omalta osaltansa vapaita vaaroista merenpuolelta ja ilman, että niillä olisi ollut, paitsi lyhyen aikaa, mitään vaarallisia ajatuksia toimia Ranskan rannikkoa vastaan, niin heikensivät omaa laivastoansa. Sodasta tuli yhä enemmän mannermainen ja se veti puoleensa yhä enemmän muita Euroopan valtioita. Asteittain Saksan valtiot antoivat tukensa Itävallalle ja toukokuun 28. 1674, valtiopäivät julistivat sodan Ranskalle. Suuri työ Ranskan politiikassa viimeisten sukupolvien oli purkaantunut, Itävalta jatkoi herruuttansa Saksassa ja Alankomaita ei tuhottu. Itämerellä Tanska nähdessään Ruotsin taipuvan Ranskan suuntaan, niin kiirehti yhteisiin päämääriin saksalaisen keisarikunnan kanssa lähettäen viisitoistatuhatta miestä. Saksassa vain Baijeri, Hannover ja Würtemberg pysyivät uskollisina liitolleen Ranskan kanssa. Maasotaan olivat siten joutuneet melkein kaikki Euroopan valtiot, ja sen luonteesta tässä tapauksessa sen pääsotatoimialue oli Ranskan rajojen itäpuolella kohti Reiniä ja Espanjan Alankomaita; mutta kun se riehui, niin merellinen tapahtumasarja tapahtui tosiasiassa Tanskan ja Ruotsin välillä niiden ollessa vastakkaisilla puolilla. Siitä ei ole tarvetta puhua sen enempää kuin mainita, että alankomaalaiset lähettivät sinne laivueen Trompin komennossa tukemaan tanskalaisia ja yhdistyneet laivastot saavuttivat suuren voiton ruotsalaisia vastaan 1676 ottaen heiltä sotasaaliiksi kymmenen laivaa (Öölannin meritaistelu 1676). Tuon vuoksi on selvää, että Alankomaiden meriherruus suuresti heikensi Ruotsin arvoa Ludwig XIV:n liittolaisena.

Toinen merellinen kiista syntyi Välimerellä, kun sisilialaiset aloittivat kapinan Espanjan valtaa vastaan. [59] He pyysivät apua Ranskalta, joka suostui siihen, sillä se toimisi harhautuksena Espanjaa vastaan, mutta sisilialaisesta hankkeesta ei koskaan tullut muuta kuin sodan sivutoimialue. Sen laivastoon liittyvät intressit syntyivät siitä, että Ruyter tuli vielä kerran taistelualueelle ja hänen vastustajanaan oli Duquesne, hänen vertaisensa ja joidenkin mielestä häntä parempi, sekä Tourville, jonka nimi on aina paljon arvostetumpi kuin kenen muun tahansa Ranskan laivastossa siltä ajalta.

Messina kapinoi heinäkuussa 1674 ja Ranskan kuningas otti sen heti suojelukseensa. Espanjan laivasto näytti täysin käyttäytyneen huonosti, sekä varmuudella tehottomasti; ja aikaisin 1675 ranskalaiset olivat turvallisesti saaneet kaupungin haltuunsa. Sen vuoden aikana merivoimien vahvuus Välimerellä kasvoi paljon, ja kun Espanja oli itse kyvytön puolustamaan sitä saarta, niin se käytti siihen Alankomaiden laivastoa maksaen kulut, jotka se itse pystyisi maksamaan. Alankomaat, "joita sota oli väsyttänyt myös velkojen muodossa, niin he kärsivät kaupankäyntinsä takia julmasti, niin he olivat väsyneitä tarpeesta maksaa keisarille ja kaikille saksalaisille ruhtinaille, jolloin he eivät enää pystyneet varustamaan valtavia laivastoja, joilla he olivat kerran vastustaneet Ranskaa ja Englantia." He kuitenkin kuulivat Espanjan hädän ja lähettivät De Ruyterin auttamaan mukanaan vain kahdeksantoista laivaa ja neljä polttolaivaa. Amiraali, joka oli kiinnittänyt huomiota Ranskan laivaston kasvuun, niin sanoi, että se sotavoima oli liian vähäinen ja lähti lannistetuin mielin, mutta rauhallisen luovuttaneena, kuten oli hänelle tyypillistä. Hän saapui Cadiziin syyskuussa ja samaan aikaan ranskalaiset olivat lisää vahvistaneet asemiansa valloittamalla Agostan, joka oli satamakaupunki, joka hallitsi Sisilian kaakkoisosia. De Ruyteriä taas viivytti Espanjan hallitus, ja hän ei päässyt saaren pohjoisrannikolle ennen kuin joulukuun lopussa, kun tuulet estivät häntä purjehtimastaa Messinan salmeen. Hän risteili Messinan ja Liparin saarten välissä ollen asemassa pysäyttää ranskalainen laivasto, joka suojasi joukkojen ja huollon tuomista, jonka oletettiin olevan Duquesnen komennossa.

Tammikuun 7. päivä 1676 ranskalaiset tulivat näkyviin kahdellakymmenellä linjalaivalla ja kuudella polttolaivalla; alankomaalaisilla oli yhdeksäntoista laivaa, josta yksi oli espanjalainen ja neljä polttolaivaa; ja täytyy muistaa se, että vaikka ei ole olemassa yksityiskohtaista kertomusta alankomaalaisista aluksista tässä taistelussa, niin ne olivat säännönmukaisesti kehnompia kuin englantilaiset alukset ja vielä enemmän kehnoja kuin ranskalaiset laivat. Ensimmäinen päivä käytettiin manöövereihin, jolloin alankomaalaiset saivat tuuliedun; mutta yön aikana, jolloin puheksi yllättävä myrsky ja ajoi espanjalaiset kaleerit, jotka olivat olleet alankomaalaisten kanssa, hakemaan suojaa Liparista, niin tuuli kääntyi ja tuli sitten länsilounaasta antaen ranskalaisille tuuliedun ja voiman hyökätä. Duquesne päätti käyttää sitä ja lähettäen saattueen edelle muodosti linjansa myötäpäivään kohti etelää; alankomaalaiset toimivat samalla tavaalla ja odottivat häntä. (Kuva V, A, A, A).

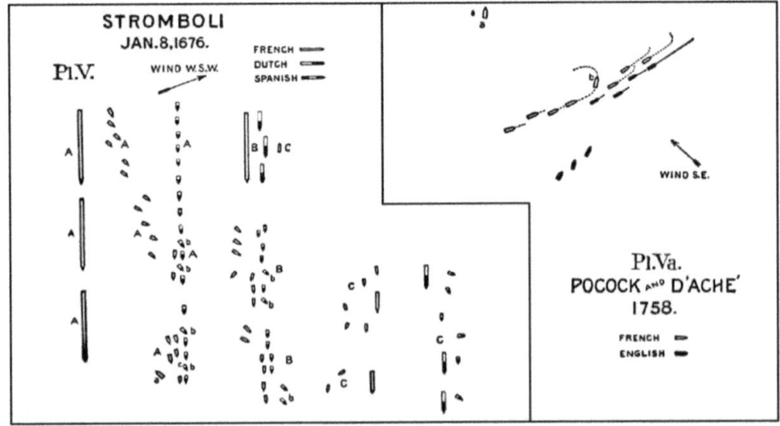

Kuva V, ja Kuva Va.

Yllätyksen tunteen täytyi tuntua suuren alankomaalaisen amiraalin mielessä joutua hyökkäyksen kohteeksi 7. päivä. Sen päivän aamun valjetessa hän näki vihollisen ja purjehti sitä kohden; kello kolme, sanoo ranskalainen kertomus, hän sai tuulen samaan kulman itsensä kanssa, mutta oli tuulenpuolella poissa tykinkantaman päästä. Kuinka kertomus kuvaa miestä, joka kolme vuotta aikaisemmin teki epätoivoisia hyökkäyksiä Solebayn ja Texelin luona? Hänen syitänsä toimia ei ole kerrottu; mutta siihen saattoi olla syynä suojanpuolen puolustuksellinen etu, jonka hän tunnisti ajattelevana merimiehenä yhdessä vihollisen kärsimättömän urheuden ja epätäydellisen merimiestaidon kanssa. Jos sellaiset ajatukset olivat hänen mielessään, niin ne olivat oikeutettuja lopputuloksen takia. Strombolin meritaistelu esittää osittaista odotusta taktiikoista, joita ranskalaiset ja englantilaiset käyttivät sata vuotta myöhemmin; mutta tässä tapauksessa ranskalaiset pyrkivät saamaan tuuliedun ja hyökkäämään raivokkaasti, kun taas alankomaalaiset taistelivat puolustuksellisesti. Lopputulokset olivat hyvin paljon sellaisia kuin Clerk osoitti niiden olevan hänen tunnetussa teoksessaan laivastotaktiikoista, kun kertomukset, joita täällä seurataan, niin ne olivat täysin ranskankielisiä. [60]

180

Kaksi laivastoa järjestäytyi taistelulinjaan oikealle puolelle pyrkien etelään, kuten sanottiin, jolloin De Ruyter odotti hyökkäystä, jonka tekemisestä hän oli kieltäytynyt. Ollessaan ranskalaisten ja heidän satamansa välissä hän tunsi, että heidän täytyi taistella. Kello yhdeksän aikaan aamulla ranskalaisten linja pysyi etäällä kokonaan ja kulki sitten viistosti suhteessa alankomaalaisiin, joka oli liike, jota oli vaikeata suorittaa tarkasti ja jonka aikana hyökkääjä ottaa vihollisen tulta vastaan epäsuotuisassa asemassa (A', A'', A'''). Sen aikana kaksi ranskalaisten aluksista tehtiin heidän etujoukoissaan melkein liikuntakyvyttömiksi. "M. de la Faytte, jonka 'Prudente'" aloitti taistelun, mutta heittäen itsensä uhkarohkeasti vihollisen etujoukon keskelle, niin hänen aluksensa mastoja ammuttiin alas ja hänen pakotettiin siirtymään pois (a). Sekasorto vallitsi ranskalaisten linjoissa johtuen manööverin vaikeasta luonteesta. "Vara-amiraali de Preuilli, joka komensi etujoukkoja, niin pysyessään etäällä otti liian vähän tilaa, jolloin kun tuuli taas alkoi puhaltamaan, niin alukset olivat liian lähellä toisiaan taistelujärjestyksessä tullen toistensa eteen ja häiriten toistensa tulitusta [A']. M. de la Faytten poissaolo laittoi "Parfaitin" vaaraan. Sen kimppuun hyökkäsi kaksi laivaa, se menetti päämastonsa huipun ja sen myös piti kääntyä pois korjauksia varten." Taas ranskalaiset tulivat taisteluun peräkkäin sen sijaan, että olisivat tulleet kaikki yhdessä, kuten oli tavallinen ja melkein väistämätön lopputulos sellaisesta manööveristä. "*Keskellä* kauhistuttavaa tykkitulta", joka tapahtui sen jälkeen, kun alukset olivat alkaneet ottamaan yhteen", "Duquesne komentaen keskustaa, otti paikkansa Ruyterin divisioonan rinnalta." Ranskalaisten jälkijoukot tulivat taisteluun keskustan jälkeen (A'', A'''). Langeron ja Bethune komentaen ranskalaisten laivaston keskustan keulimmaisia aluksia, niin heidän murskattiin ylivoimalla." Kuinka näin saattoi tapahtua, vaikka ranskalaisilla oli enemmän laivoja? Se johtui siitä, kuten kertomus kertoo meille, "että ranskalaiset eivät olleet vielä korjanneet ensimmäisen liikkeensä epäjärjestystä." Kuitenkin lopulta kaikki pääsivät taisteluun (B, B, B) ja Duquesne saai lopulta järjestyksen palautettua. Alankomaalaiset taistelivat koko linjan mitalla tehden vastarintaa kaikkialla, ja kun ei ollut yhtään heidän alustansa, joiden kimppuun ei käyty lähietäisyydeltä; enempää ei voida sanoa amiraalista ja kapteeneista, joilla oli käytössään heikompi laivasto. Jäljelle jäänyttä osaa taistelusta ei ole selkeästi kuvattu. Ruyterin on sanottu antaneen jatkuvasti tilaa kahdella johtavalla divisioonallansa; mutta oliko se sitten tunnustus heikkoudesta vai taktinen liike, niin sitä ei tiedetä. Jälkijoukko oli eristetty (C'), joka oli joko Ryuterin tai näiden alusten suoran komentajan syy; mutta yritykset ranskalaisten toimesta saartaa ja eristää ne epäonnistuivat luultavasti kärsittyjen vahinkojen takia, sillä vain yksi ranskalainen alus kiersi koko eristetyn divisioonan. Taistelu päättyi iltapäivällä puoli viiden aikaan paitsi jälkijoukoissa ja espanjalaiset kaleerit tulivat pian paikalle ja hinasivat liikuntakyvyttömät alankomaalaiset alukset pois. Heidän pakonsa osoittaa kuin paljon ranskalaisten on täytynyt kärsiä vahinkoa. Asemien C ja C' tarkoitus on näyttää, kuinka kauas alankomaalaisten jälkijoukko etääntyi ja epäjärjestys, jossa laivasto taistelussa purjehti, ja joka päättyi joko menetyksien tai mastojen vahingoittumisen takia.

Ne, jotka tuntevat Clerkin teoksen laivastotaktiikoista, joka julkaistiin suunnilleen 1780, niin huomaavat, että tässä kertomuksessa Strombolin taistelusta kaikissa sen piirteissä, joihin hän kutsuu englantilaisia merimiehiä kiinnittämään huomionsa teoksensa keinoissa käyttämään niitä ja heidän vastustajiansa silloin ja ennen hänen aikaansa. Clerkin teos alkaa esittämällä, että englantilaiset merimiehet ja upseerit olivat parempia taidoissa tai taisteluhengessä tai kummassakin kuin ranskalaiset ja heidän aluksensa olivat kokonaisuudessaan nopeita; että he olivat tietoisia tästä ylivoimasta ja siksi halukkaita hyökkäämään, kun taas ranskalaiset olivat yhtälailla tietoisi heikkoudestansa tai muista syistä olivat halukkaita välttämään taisteluita. Näistä lähtökohdista jälkimmäiset tuntien, että he voisivat luottaa sokeasti englantilaisten tekemiin raivokkaisiin hyökkäyksiin, niin he kehittivät ovelan suunnitelman, joka näytti taistelemiselta, vaikka he tosiasiassa pyrkivät välttämään toimimasta sillä tavalla ja samaan aikaan tekivät viholliselle suurta vahinkoa. Tämä suunnitelma oli mennä suojanpuolelle, jonka luonteenpiirre on, kuten on aikaisemmin osoitettu, että se on puolustuksellinen ja hyökkäystä odottava asema. Englantilaisten virhe Clerkin mukaan oli siinä, että ranskalaiset oppiessaan virheistänsä kokemuksiensa kautta, johon he saattoivat aina luottaa, niin järjestivät linjansa rinnakkain vihollisen kanssa tai lähelle sitä ja sitten pitivät sen poissa kokonaan hyökätäkseen laiva laivaa vastaan jokaisen omaten kohteensa vihollisen linjassa. Toimimalla tällä tavalla hyökkääjä menetti kykynsä käyttää suurinta osaa tykistöstänsä, kun taas se altistui vihollisensa koko tulivoimalle ja joutui väistämättä sekasortoon, sillä hyökkäysjärjestys on hyvin vaikea ylläpidettävä milloin tahansa ja paljon enemmän silloin, kun tulitus synnyttää savua, purjeet repeytyvät ja mastot kaatuvat. Juuri tällaisen hyökkäyksen Duquesne teki Strombolissa ja sillä oli juuri ne seuraukset, jotka Clerk ottaa esille; sekasorto linjassa, etujoukko saapui ensiksi ja kärsi puolustajien tulituksesta, liikuntakyvyttömiä aluksia etujoukoissa saaden aikaan sekasortoa taaemmissa aluksissa etc. Clerk sen lisäksi esittää ja hän näyttäisi olevan oikeassa, että kun taistelu kiihtyi, niin ranskalaiset joutuessaan suojanpuolelle omalla vuorollaan, niin johtivat englantilaiset hyökkäämään samalla tavalla [61] ja huomaamme, että Strombolissa Ruyter antoi tilaa, vaikka hänen motiivinsa toimia sillä tavalla eivät olekaan selvät. Clerk myös osoittaa, että tarpeellinen päättely suojanpuolesta olettaen taktisista syistä on tähdätä hyökkäähän mastoihin, häntä liikuttavaan voimaan, jolloin hänen hyökkäyksensä ei voi jatkua kauempaa kuin puolustaja haluaa, ja Strombolissa ranskalaisten rampauttavat olosuhteet olivat selvät; sillä sen jälkeen, kun Ruyter oli joutunut suojanpuolelle, eikä enää voinut auttaa erilleen joutunutta jälkijoukkoaan, niin se käytännössä selvisi joutumatta ranskalaisten moukaroinnin kohteeksi, vaikka yhtään heidän alustansa ei ollut upotettu. Kun sen vuoksi ei voida varmuudella olettaa, että se oli Ryuterin harkittu valintaa, sillä siitä ei vielä silloin ollut ennakkotapausta, niin on selvää, että hän pyrki saamaan siitä kaiken mahdollisen hyödyn ja sen ajan ranskalaisten upseerien luonne oli, että he olivat kokemattomia merimiehiä ja kärsimättömiä urheuden perään tarjoten juuri oikeita olosuhteita, jotka olivat mitä edullisimpia heikommalle joukolle jäädä puolustuskannalle. Laatu ja luonteenpiirteet, jotka vihollisella ovat, niin ne ovat keskeisiä ominaisuuksia, joita nerokkaat ihmiset ajattelevat ja ne ovat yhtä paljon kuin mikään muu yksittäinen ominaisuus, jolle Nelson oli velkaa oman loistavan menestyksensä. Toisaalta ranskalainen amiraali hyökkäsi täysin epätieteellisellä tavalla alus alusta vastaan ilman, että hän olisi keskittynyt osaan vihollisia tai edes yrittänyt pitää häntä mukana, kunnes ranskalainen kahdeksan linjalaivan laivue olisi tullut Messinasta, sillä se oli niin lähellä, että se olisi voinut liittyä taisteluun. Sellaisten taktiikoiden käyttöä ei voida nimetä poislukien Solebay tai Texel; mutta Duquesne oli sen vuosisadan paras ranskalainen laivastoupseeri pois lukien kenties Tourville, niin tällä taistelulla on oma arvonsa taktiikoiden historiassa ja sen takia sitä ei missään nimessä pitäisi sivuuttaa. Korkeimman komentajan asema on taata korkein taito, jonka ranskalaiset laivastotaktiikat ovat siihen mennessä saavuttaneet. Ennen kuin lopetamme tämän keskustelun, niin voidaan huomauttaa, että korjaus, jota Clerk ehdottaa, on hyökätä vihollisen linjan jälkimmäisten alusten kimppuun ja mieluusti suojanpuolelt; silloin muun osan laivastoa täytyy joko hylätä ne tai kääntyi takaisin yleiseen taisteluun, joka hänen oletuksensa mukaan on se, mitä englantilaiset merimiehet haluavat.

Taistelun jälkeen De Ruyter purjehti Palermoon, jolloin yksi hänen laivoistansa upposi matkan aikana. Duquesne sai täydennysvoimia

Messinan ulkopuolella ranskalaisen divisioonan muodossa, joka oli ollut siellä. Jäljelle jääneet välikohtaukset Sisilian sodasta olivat merkityksettömiä välikohtauksia suhteessa yleiseen aiheeseen. Huhtikuun 22. päivä De Ruyter ja Duquesne kohtasivat taas Agostan edustalla. Duquesnella oli komennossaan kaksikymmentäyhdeksän laivaa, kun taas liittoutuneilla espanjalaisilla ja alankomaalaisilla oli kaksikymmentäseitsemän, joista kymmenen oli espanjalaisia. Epäonneksi espanjalaisilla oli ylipäällikkyys ja he olivat keskellä linjaa oman maansa aluksin vastoin Ruyterin neuvoa, joka tiesi kuinka tehottomia hänen liittolaisensa olivat toivoen, että heidän aluksensa olisi sijoitettu pitkin linjaa ja siten niitä oli tuettu paremmin. Ruyter itse otti etujoukon komentoonsa ja liittolaistensa kanssa saatuaan tuulen taakse, hyökkäsi; mutta espanjalainen keskusta pysyi vain pitkän matkan tykkien kantamalla jättäen taistelun taakan alankomaalaisten etujoukolle. Jälkijoukko, joka seurasi ylipäällikön liikkeitä, niin oli taistelussa vain vähän. Tässä surullisessa, mutta silti kunniallisesti täyttäen velvollisuutensa De Ruyter, joka ei koskaan aikaisemmin pitkän uransa aikana ollut saanut osumaa vihollisen tulituksesta, niin sai kuolettavan haavan. Hän kuoli viikkoa myöhemmin Syrakusassa ja hänen kuollessaan katosi myös viimeinen toivo vastarinnasta merellä. Kuukautta myöhemmin espanjalaisen ja alankomaalaisen laivaston kimppuun hyökättiin sen ollessa ankkurissa Palermon edustallaa ja monia aluksia tuhottiin; kun taas Alankomaista lähetetty divisioona vahvistamaan Välimeren laivastoa kohtasi ranskalaisen laivueen Gibraltarin salmessa ja se oli pakotettu hakeutumaan turvaan Cadiziin.

Sisilian hanke jatkui vain harhautuksena ja vähäarvoisena osoittaen selvästi, kuinka täysin Ludwig XIV oli halukas käymään sotaa mantereella. Kuinka erilainen olisi ollut Sisilian arvo hänelle, jos hän olisi kääntänyt katseens Egyptiin ja laajemmin merelle. Kun vuodet kuluivat, niin Englannin kansa tuli yhä enemmän Ranskaa vastaan; kilpailu kaupankäynnissä Alankomaiden kanssa näytti jäävän taka-alalle ja tuli yhä selvemmäksi, että Englanti, joka oli aloittanut sodan Ludwigin liittolaisena, niin ennen kuin se päättyi, niin kääntyi häntä vastaan. Sen lisäksi muuna syynä sen kateuteen oli se, että Englanti näki, että Ranskan laivasto oli määrältänsä kasvanut sen omaa laivastoa suuremmaksi. Charles pyrki jonkin aikaa vastustamaan parlamentin painetta, mutta tammikuussa 1678 tehtiin sopimus liitosta hyökkäyksessä ja puolustuksessa kahden merenkulkijakansakunnan välillä; kuningas kutsui takaisin englantilaiset sotilaat, jotka siihen asti olivat palvelleet osana Ranskan armeijaa ja kun parlamentti alkoi taas helmikuussa, niin se pyysi rahaa varustaakseen yhdeksänkymmentä laivaa ja kolmekymmentätuhatta sotilasta. Ludwig, oli odottamassa tuloksia, niin määräsi heti Sisilian evakuoitavaksi. Hän ei pelännyt Englantia maalla, mutta merellä hän ei pystynyt pitämään puoliansa kahden merivallan liittoa vastaan. Samaan aikaan hän vahvisti hyökkäyksiään Espanjan Alankomaita vastaan. Niin kauan kuin oli toivoa pitää Englannin alukset poissa taistelusta, niin hän oli välttänyt koskemasta Englannin kansan heikkouksiin Belgian merirannikolla; mutta nyt heitä ei voitu enää lepytellä, niin hän ajatteli, että olisi parasta pelotella Alankomaita hyökkäyksensä terävyydellä paikassa, jossa se pelkäsi häntä eniten.

Yhdistyneet Alankomaat oli tosiasiassa liiton pääasiallinen lähde. Vaikka joukossa oli pieni määrä valtioita Ludwigia vastaan, niin ne olivat vahvoja luonteeltansa ja niiden hallitsija, Orangen prinssi, ja käyttäen vaurautta, jolla tuettiin liiton armeijoita, niin piti köyhät ja ahneet saksalaiset ruhtinaat uskollisina liitollensa. Melkein yksin naarmuuntunein merivalloin omaten kaupallisen ja merellisen kyvyn, niin he kantoivat sodan taakan; ja vaikka he horjuivat ja valittivat, niin he silti kantoivat sen. Kun myöhempinä vuosisatoina Englanti samalla tavalla, kun puhumme Alankomaista, niin oli suuri merivalta tukien sotaa kunnianhimoista Ranskaa vastaan; mutta sen kärsimykset olivat suuret. Sen kaupankäyntiä saalistivat ranskalaiset kaapparit, jolloin se kärsi raskaasti; ja siihen lisäten se kärsi epäsuorasti kuljetuksien menetyksellä vieraiden valtojen välillä, joka oli tuonut niin paljon vaurautta Alankomaille. Kun Englannin lipusta tuli puolueeton, niin tämä rikas liiketoiminta siirtyi sen aluksille, jotka ylittäessään meriä turvallisemmin siksi, että Ludwig halusi lepytellä Englannin kansakuntaa. Tämä halu johti hänet myös tekemään suuria myönnytyksiä englantilaisille tahoille kaupankäyntiä koskevissa asioissa purkaen paljon suojelua, jollaa Colbert oli pyrkinyt tukemaan vaatimatonta ranskalaista merenkulkua. Nämä toimet kuitenkin vain hetkellisesti vaikuttivat Englantiin; kyse ei ollut omista eduista, vaan vahvemmista motiiveista sille rikkoa sen välit Ranskaan.

Silti vähemmän intressejä oli Alankomailla pitkittää sotaa sen jälkeen, kun Ludwig esitti toiveen rauhasta. Sora mantereella olisi parhaimmillaan väistämätön paha ja heikkouden lähde sille. Rahat, jotka se käytti omaan ja liittolaistensa armeijoihin oli pois sen laivastosta ja sen vauraudenlähteenä meri oli kulutettu loppuun. Kuinka pitkälle Orangen prinssi oli oikeutettu toimimaan suhteessa Ludwig XIV:n toimiin, niin vastustava asenne tätä kohtaan, jonka hän aina säilytti, niin saattoi olla epävarmaa ja ei ollut tarvetta päättää kysymystä; mutta voidaan olla epäilemättä varmoja, että tuon kiistan takia Alankomaiden merivalta uhrattiin suuren väsymyksen takia ja se tuhosi sen aseman maailman kansakuntien keskuudessa. "Sijaiten Ranskan ja Englannin välissä", sanoo Alankomaiden historioitsija, "yhdelle tai toiselle niistä olivat Alankomaat sen jälkeen, kun ne olivat saavuttaneet itsenäisyytensä Espanjasta, joutuneet jatkuvasti sotiin, jotka kuluttivat loppuun niiden taloudelliset voimavarat, tuhosivat niiden laivaston, ja aiheuttivat niiden kaupankäynnin, tuotannon ja merenkulun nopean rappion; ja siten rauhaarakastava kansakunta huomasi, että sitä oli murskaamassa paino, joka oli peräisin provosoimattomasta ja pitkään jatkuneesta vihanpidosta. Usein myös ystävyys Englannin kanssa oli Alankomaille tuskin vähemmän harmillista kuin vihanpito sen kanssa. Kun yksi kasvoi ja toinen heikkeni, niin siitä tuli jättiläisen ja kääpiön liitto." [62] Siten olemme nähneet, että Alankomaat oli Englannille avoin vihollinen tai vakaa kilpailija; sen vuoksi, kun se ilmaantui liittolaiseksi, niin kummassakin tapauksessa se kärsi pienestä koostaan, pienemmästä vahvuudestansa ja huonommasta sijainnistansa.

Alankomaiden väsymys ja sen kauppiaiden valitus ja rauhanpuolue yhtäällä, joita auttoivat kärsimykset, joita Ranska sai aikaan nöyryyttäen sen taloutta ja uhkaamalla lisäksi Englannin laivastolla sen jo lukuisia vihollisia, jolloin sillä oli taipumus rauhaan kahden pääosapuolen välillä tässä pitkässä sodassa. Ludwig oli ollut pitkään halukas tekemään rauhan yksin Alankomaiden kanssa; mutta Alankomaat oli pysynyt ensiksi uskollisuudesta niille, jotka olivat liittyneet sotaan heidän vaikeimpana aikanaan auttamaan heitä ja myöhemmin toimien Orangen Williamin tiukkojen tarkoituksien mukaisesti. Vaikeudet alkoivat asteittain katoaman ja Njimegenin rauhassa Alankomaiden ja Ranskan välissä, joka solmittiin elokuun 11. 1678. Muut valtiot liittyivät siihen pian. Suurin kärsijä oli luonnollisesti ylikasvanut, mutta heikko monarkia, jonka keskus oli Espanjassa, joka antoi Ranskalle France-Comten ja lukuisia muita linnoitettuja kaupunkeja Espanjan Alankomaista siten laajentaen Ranskan rajoja itään ja koilliseen. Alankomaat, joiden tuhoamiseksi Ludwig aloitti sodan, niin ei menettänyt yhtään maata Euroopassa; ja merten takana vain siirtokuntansa Afrikan länsirannikolla ja Guayanassa. Se oli velkaa turvallisuudestansa ensiksi ja lopulta onnistuneesti merivoimillensa. Ne pelastivat sen äärimmäisestä vaarasta ja sallivat sen myöhemmin pysyä mukana yleisessä sodassa. Voidaan sanoa, että se oli yksi päätekijä ja eikä yhtään vähemmin päättäessään suuren sodan kulkua, joka päättyi muodollisesti Nijmegenissa.

Ponnistelut joka tapauksessa kuluttivat sen voimia ja niitä seurannut monien vuosien samanlainen taakka murskasi sen selän. Mutta mikä oli vaikutus huomattavasti suurempaan valtioon, jonka kuninkaan äärimmäinen kunnianhimo oli keskeinen syy sen ajan väsyttäviin sotiin? Monien toimien joukossa, jotka kuvaavat loistavasti tämän nuorekkaan kuninkaan valtakauden alkua, niin mikään ei ole niin älykkäästi johdettu kuin Colbertin toimet, joilla hän pyrki ensiksi palauttamaan valtion rahatilanteen sekasorrosta, johon ne olivat joutuneet ja sitten luomaan niiden avulla tukevan pohjan kansalliselle vauraudelle. Tämä vauraus, joka aikanaan oli täysin Ranskan mahdollisuuksien tavoiteltavissa, niin se kehittyi linjassa tuotantokyvyn kannustamiseen, kaupankäynnin saamiseen terveen aktiiviseksi suuren kauppalaivaston, suuren laivaston ja siirtokuntien laajentamisen kautta. Jotkut näistä ovat lähteitä, toiset tosiasiallisia merivallan osia, joista voidaan sanoa, että merenkulkukansakunta tulee olemaan niiden kanssa poikkeuksetta, jos ne eivät silti ole sen voiman pääasiallinen lähde. Lähes kahdentoista vuoden ajan kaikki meni hyvin; Ranskan suuruuden kehittäminen kaikkiin näihin suuntiin eteni nopeasti, jos ei kuitenkaan tasaisin ponnisteluin, ja kuninkaan tulojen rajat kasvoivat. Sitten tuli aika, jolloin hän päätti miten ponnistella luonnollisen kunnianhimonsa kanssa kenties asianmukaisesti ottaen suunnan, joka kun käytetään suuria ponnisteluja, niin ei auttanut kestämään, vaan pikemmin haittaamaan ihmisten luonnollista toimintaa, ja rikkoi kaupankäynnin muuttaen merten hallinnan epävarmaksi; tai jos hänen pitäisi aloittaa toimet, joihin liittyi kustannuksia, niin ne tulisivat pysymään hänen rajojensa sisällä johtaen meren hallintaan ja tukien kaupankäyntiä, ja kaikkea sitä, mikä riippui kaupankäynnistä, joka toisi rahaa melkein, jos ei aivan yhtä paljon kuin valtio kulutti. Tämä ei ollut kuviteltu kuva; asenteellansa Alankomaita kohtaan ja sen seurauksena Ludwig antoi ensimmäisen askeleen Englannille polulla, jolle se meni hänen omana aikanaan tuloksilla, joiden Colbert ja Leibnitz olisivat toivoneet hyödyttävän Ranskaa. Hän ajoi alankomaalaisten kuljetusliiketoiminnan Englannin laivoihin; salli sen rauhanomaisesti asuttaa Pennsylvanian ja Carolinan alueet, ja ottaa haltuunsa New Yorkin ja New Jerseyn; ja hän uhrasi saavuttaakseen sen puolueettomuuden, niin Ranskan kasvavan kaupankäynnin. Kaikki ei tapahtunut yhtä aikaa, mutta hyvin nopeasti Englanti nousi ensiluokkaiseksi merivallaksi; ja vaikka se kärsikin paljon ja yksittäisten englantilaisten kärsimykset, niin se pysyi uskollisena itsellensä jopa sodassa, jolloin sen vauraus oli suurta. Epäilemättä Ranska ei voinut unohtaa asemaansa mannermaalla, eikä kokonaan päästä vapaaksi mantereen sodista; mutta se saattoi uskoa, että jos se olisi valinnut polun merivallaksi, niin se olisi saattanut välttää monia konflikteja ja niistä, joihin se olisi joutunut, niin se olisi selvinnyt vähemmällä. Njimegenin rauhassa vahingot olivat korjaamattomat, mutta "yhteiskuntaluokat koskien maataloutta, kaupankäyntiä, tuotantoa ja siirtokuntia olivat kärsineet sodasta samalla tavalla; ja rauhanehdot, jotka olivat niin edulliset alueellisesti ja sotilasvoiman suhteen Ranskalle, niin suosivat paljon vähemmän tuotantoa, sillä tuontitulleja laskettiin Englannin ja Alankomaiden hyväksi", [63] auttaen näitä kahta merivaltaa. Kauppalaivasto kärsi ja sotalaivaston loistava kasvu, joka oli aiheuttanut kateutta Englannissa, niin oli kuin puu ilman juuria; pian se tulisi kaatumaan sodan iskujen takia.

Ennen kuin lopetamme tästä sodasta Alankomaita vastaan, niin lyhyt huomio Comte d'Estréesistä, jonka Ludwig nimitti komentamaan ranskalaista yksikköä liittolaisten laivastossa ja joka komensi sitä Solebayn ja Texelin meritaisteluissa antaen jotain valaistuista ranskalaisten laivastoupseerien laadusta ajalta ennen kuin kokemus oli tehnyt monista heistä merimiehiä. d'Estrées meni merelle ensimmäistä kertaa 1667, jolloin hän oli jo aikuinen mies; mutta vuonna 1672 näemme hänen olevan tärkeän laivueen komentaja, jolloin hänen alaisenaan oli Duquesne, joka oli merimies ja oli ollut melkein neljäkymmentä vuotta. Vuonna 1677, d'Estrées sai kuninkaalta kahdeksan aluksen osaston, jonka hän otti komentoonsa pitäen sitä yllä omalla kustannuksellansa sillä ehdolla, että hän saisi puolet sen ottamista sotasaaliista. Sen laivueen kanssa hän hyökkäsi alankomaalaisten saarelle Tobagoon, jonka uhkarohkeus, joka osoitti, että rohkeudesta hänellä ei ollut puutetta Texelin luona. Seuraavana vuonna hän meni taas merelle ja joutui vaikeuksiin, kun koko laivue törmäsi maihin Avesin saarten luona. Kertomus, jonka antoi hänen lippulaivansa kapteeni tästä tapahtumasta, on yhtä aikaa huvittava ja opettavainen. Raportissaan hän sanoo seuraavaa:

"Päivänä, jolloin laivue menetettiin, niin aurinko oli väsyttänyt luotseja, niin vara-amiraali, kuten tavallista, oli vienyt heidät maaten hyttiinsä. Kun sain selville mitä oli tapahtumassa, niin kohtasin kolmannen luotsin, Bourdalouen, joka oli menossa itkien. Kysyin häneltä mistä oli kyse ja hän vastasi: 'Koska näen enemmän ajautumista kuin muut luotsit, niin amiraali on uhkaamassa minua ja kohtelemassa minua kaltoin; silti olen vain raukka, joka tekee työnsä parhaiden kykyjensä mukaisesti.' Kun menin hyttiin, niin amiraali, joka oli hyvin vihainen, sanoi minulle, 'Se roisto Bourdaloue tulee aina luokseni jonkinlaisen hölynpölyn takia; tulen ajamaan hänet laivasta. Hän tulee viemään meidät mihin tahansa suuntaan, jonka vain piru itse tietää.' Kun en tiennyt mikä oli oikein, " sanoo kapteeni aika lapsellisesti, "niin en uskaltanut sanoa mitään pelosta, että se olisi tuonut myrskyn kohti omaa päätäni." [64]

Joitakin tunteja tämän kohtauksen jälkeen, kuten ranskalainen upseeri, jolta tämä kohtaus on otettu, sanoo, "Silloin ilmaantui melkein irvokas, mutta silloin ainoa tarkka kuvaus merestä siltä ajalta, kun koko laivue menetettiin kivirykelmän takia, joka tunnetaan nimellä Avesin saaret. Sellaisia olivat upseerit." Lippulaivan kapteeni toisessa osassaan raporttia sanoo: "Haaksirikko johtui yleisestä tavasta toimia vara-amiraali d'Estréesin toimesta. Oli aina hänen palvelijoidensa tai muiden kuin aluksen asianmukaisten upseerien mielipide, joka voitti. Sillä tavalla toimiminen voidaan ymmärtää Comte d'Estréesiltä, joka ilman ammatin vaatimaa riittävää tietämystä harjoitti sitä aina niin, että hänellä oli haitalliset neuvonantajat, joiden asianmukainen mielipide, jonka he antoivat hänelle, niin teki hänet sokeaksi laivan väestä hänen virassaan." [65] d'Estréesistä tehtiin vara-amiraali kaksi vuotta sen jälkeen, kun hän meni ensimmäistä kertaa laivaan.

Lähdeviitteet:

[45] Martin: History of France

[46] Martin: History of France

[47] Ledyard: Vol II. s.599; Campbell: Lives of the Admirals. Katso myös Sir Richard Haddockin kirjettä, Naval Chronicle, Vol. XVII. s. 121.

[48] Hoste: Naval Tactics.

[49] Katso kartta, s. 107?

[50] Martin: History of France

[51] Brandt: Life of De Ruyter

[52] Campbell: Lives of the Admirals

[53] Troude: Batailles Navales de la France, year 1673.

[54] Ibid.

[55] Troude: Batailles Navales de la France, year 1673.

[56] Chabaud-Arnault: Revue Mar. et. Col. July 1885.

[57] Jurien de la Graviére: Guerres Maritimes.

[58] Mémoires.

[59] Katso Välimeren karttaa s. 15?

[60] Lapeyrouse-Bonfils. Hist. de la Marine Francaise.

[61] Tämä like Clerkin mukaan ei tehty koko Ranskan linjan toimesta yhdessä, mutta tavalla, joka oli paljon tieteellisempi ja sotilaallisempi. Ryhmä, jossa oli kaksi tai kolme laivaa, vetäytyivät ajan kanssa savun suojaamina ja jatkoivat tulitusta muun linjansa kanssa. Aikana, jolloin toinen linja osittain muodostettiin, joka omalla vuorollaan suojeli aluksia, jotka olivat jääneet ensimmäiseksi, kun ne toteuttivat jonkin verran alttiin liikkeen taaksepäin. Kuvassa V alankomaalaiset alukset kohdissa b, b, b edustavat tätä vetäytymistä. Englantilaisten viralliset raportit 1700-luvulta usein puhuvat ranskalaisten alusten toimivan tällä tavalla; englantilaiset upseerit antoivat oman suuremman rohkeutensa liikkeelle, jota Clerk pitää sopivampana ottaen huomioon taidokkaat sotilaalliset liikkeet, hyvin laskettuna antaen puolustukselle useita tilaisuuksia tehdä hyökkääjät liikuntakyvyttömiksi siten estäen niitä käyttämästä tykkejään. Vuonna 1812 fregatti "United States", jota komensi Decatur, käytti samoja taktiikoita taistelussaan "Macedonian" vastaan; ja konfederaation tykkiveneet Mobilen luona samaa keinoa käyttäen aiheuttivat Farragutin lippulaivalle suurimman osan vahingoista, joita se kärsi. Oleellista piirrettä tässä linjan taistelussa voidaan seurata puolustajaa saaden suuremman nopeuden, kun hyökkäyksen into ja tarpeet siinä tapauksessa, että hyökkääjä omaa suoran lähestymisreitin. Epäsuoraa syytä suojan puolen linjasta kauempana ei ole koskaan huomattu. Kun laiva siinä linjassa (kuten kohdassa c) löytää itsensä ilman vihollista suoraan sivulla ja seuraava edessä on kenties kiivaassa taistelussa, niin luonnollinen halu olisi tarttua ruoriin, jotta voisi antaa koko täyslaidallisen. Se etu voitaisiin saavuttaa menettämällä tilaa suojan puolelta ja sen seurauksena koko linja joutuisi sekasortoon; jolloin jos sen toimen torjuisi useampi laiva, niin se voitaisiin palauttaa vain pitämällä koko linja poissa.

[62] Davies: History of Holland

[63] Martin: History of France

[64] Gougeard: Marine de Guerre.

[65] Troude: Batailles Navales

Luku IV; Englannin vallankumous, Augsburgin liiton sota 1688–1697; meritaistelut Beachy Headin ja La Hoguen luona

Njimegenin rauhaa seurasi kymmenen vuoden ajanjakso, jonka aikana ei puhjennut mitään suurempaa sotaa. Ne vuodet eivät kuitenkaan olleet poliittisesti hiljaisia. Ludwig XIV;n aikeina oli tunkea rajojaan itään niin rauhan aikanaa kuin sodassa ja otti haltuunsa nopeasti sirpaleisia alueita, joita ei ollut annettu hänelle rauhassa. Vaatien sitä ja tätä perustuen muinaisiin feodaalisiin siteisiin; alueet, joihin viitattiin, niin ne perustuivat sopimuksiin, sillä riippuvaisina jostain muusta kuin siitä, minkä perusteella ne luovutettiin; ostamalla yhdellä kertaa, käyttäen raa'alla voimalla uhkaamista toisissa tapauksissa ja perustaen kaiken niin kutsuttuihin rauhanomaisiin keinoihin saada se, johon hän katsoi olleensa oikeutettu, niin hän toteutti tuollaista laajenemista vuosien 1679 ja 1682 välissä. Tämä aggressiivisuus oli mitä hämmentävintä Euroopalle ja ennen kaikkea Saksalaiselle keisarikunnalle, jolta otettiin haltuun Strasbourgin kaupunki syyskuun 30. 1681; ja samana päivänä Casale Italiassa myytiin hänelle Mantuan herttuan toimesta näyttäen, että hänen kunnianhimonsa oli kääntynyt siihen suuntaan kuin myös pohjoiseen ja itään. Kummallakin näistä paikoista oli suurta strategista merkitystä, joista yhdellä uhattiin Saksaa ja toisella Italiaa sodassa.

Jännitys kautta Euroopan oli hyvin suurta; joka suuntaan Ludwig vakaasti uskoen valtaansa, niin hankki uusia vihollisia ja vieraannutti aikaisempia ystäviänsä. Ruotsin kuningas, jota loukattiin suoraan ja pahasti Deux-Pontin (Zweibrücken) herttuakuntansa suhteen, niin kääntyi häntä vastaan kuin myös tekivät Italian valtiot; ja paavi itse asettui kuninkaan viholliseksi, joka kuninkaana osoitti intoaan käännyttää protestantteja ja oli valmiina poistamaan Nantesin ediktin (joka turvasi protestanttien oikeudet Ranskassa). Tyytymättömyys, joka oli syvää ja yleistä, niin sen piti olla organisoitua ja ohjattua; tarpeellinen henki antoi sille muodon ja lopullisen tehokkaan tavan ilmaista se löysi Alankomaista Orangen Williamin toimesta. Aikaa kuitenkin tarvittiin, että se kypsyisi. "Kukaan ei ole aseistanut itseänsä vielä; mutta jokainen puhuu, kirjoittaa, yllyttää Tukholmasta Madridiin... Kynän sota edeltää monen vuoden ajan sotaa miekalla; jatkuvia vetoomuksia tehtiin Euroopan mielipiteeseen väsymättömien julkaisijoiden toimesta; kaikissa muodoissa toden pelon Uudesta Universaalista Monarkiasta", jolla pyrittiin ottamaan paikka, johon kerran pyrki Itävallan Habsburgien suku. Tiedettiin, että Ludwig pyrki tekemään itsestänsä tai pojastansa Saksan keisaria. Mutta oli olemassa monenlaisia vaikeuksia, yksityisiä etuja, rahanpuutetta, jotka kaikki estivät näitä aikeita. Yhdistyneet Alankomaat huolimatta Williamin toiveista, niin eivät taas halunneet toimia pankkiireina liitolle ja keisari niin uhattuna itärajallaan kapinallisten unkarilaisten ja turkkilaisten takia, että hän ei halunnut myös läntistä sotaa (Ottomaanit piirittivät Wieniä 1683).

Samaan aikaan Ranskan sotalaivasto kasvoi päivittäin vahvuudessaan ja tehokkuudessaan Colbertin huolenpidossa ja hankki sodankäynnin tapoja taisteluissaan berbeerimerirosvoja ja heidän satamiaan vastaan Pohjois-Afrikassa. Samojen vuosien aikana niin Englannin kuin Alankomaiden laivastot rappeutuivat lukumäärissä ja tehokkuudessa. Jo vuonna 1688 sanottiin, kun William tarvitsi alankomaalaisia aluksia retkeään varten Englantiin, että sitä vastustettiin siksi, että laivasto oli aivan toisessa kunnossa kuin 1672, "ollen laskennallisesti paljon heikompi vahvuudessa, eikä sillä ollut useimpia sen kyvykkäimmistä komentajistansa." Englannissa heikentymistä kurissa oli seurausta talouspolitiikasta koskien raaka-aineita, joka asteittain heikensi määriä ja vahingoitti sen laivaston tilaa; ja pienen kiistelyn ja odotetun sodan takia Ranskaa vastaan 1678, niin kuningas antoi laivaston huolenpidon uudelle joukolle miehiä, joista englantilainen laivastohistorioitsija sanoo: "tämä uusi hallinto kesti viisi vuotta ja jos se olisi jatkunut viisi vuotta, niin se olisi kaikella todennäköisyydellä korjannut useat ja suuret heikkoudet, joita sille oli esitelty ja jotka kuluttivat kuninkaallista laivastoa pois, eivätkä jättäneet tilaa tulevaisuuden virheille. Kuitenkin tällainen oikeudenmukaisuus oli saamassa aikaan sen, että vuonna 1684 kuningas otti laivaston hoitamisen omiin käsiinsä palauttaen suurimman osan vanhoista upseereista, mutta ennen kuin mitään suurta edistystä voitiin tehdä, niin hänen majesteettinsa kuoli," [66] vuonna 1685. Hallitsijoiden vaihtumisella oli suuria merkityksiä, ei vain Englannin laivastoon, vaan myös lopulta Ludwig XIV:n suunnitelmiin ja onneen koskien suurta sotaa, johon oltiin valmistautumassa hänen aggressioidensa takia. James II oli oudon kiinnostunut laivastosta ollen itse merimies ja toimittuaan komentajana Lowestoftissa ja Southwold Bayssa. Hän tiesi todelliset lannistavat olosuhteet; ja keinot, jotka hän otti heti palauttaakseen niin vahvuudet ja tehokkuuden, olivat ajattelevaisia ja huolellisia. Kolmen vuoden ajan hänen valtakaudellaan oli tehty valmistellakseen asetta, jota ensiksi käytettiin häntä ja hänen parasta ystäväänsä vastaan.

James II:n valtaannousu, joka lupasi hyvää Ludwigille, sai myös aikaan toimintaa Euroopassa häntä vastaan. Stuartien suku, joka oli läheisesti liittoutunut Ranskan kuninkaan kanssa, ja tunsi myötätuntoa hänen absolutistista hallintoansa kohtaan, niin yhä käytti suurta hallitsijan valtaa pitääkseen aisoissa poliittisen ja uskonnollisen vihamielisyyden Englannin kansalta Ranskaa kohtaan. James II lisäsi samoja poliittisia sympatioita vahvistamalla roomalaiskatolista kiihkoa, joka sai hänet toimimaan niin omituisesti, että vallankumoukselliset tuntemukset täyttivät Englannin kansan, jonka lopputuloksena hänet syöstiin valtaistuimeltansa ja sen jälkeen parlamentin äänellä kutsuttiin hallitsijaksi hänen tyttärensä Mary, jonka aviomies oli Orangen William.

Samana vuonna kuin Jamesista tuli kuningas, niin laaja diplomaattinen liittoutuminen Ranskaa vastaan alkoi. Sillä liikehdinnällä oli kaksi puolta; uskonnollinen ja poliittinen. Protestanttiset valtiot olivat raivoissan kasvaneista vainoista Ranskassa, jotka kohdistuivat protestantteihin ja heidän tuntemuksensa kasvoivat, kun Englannin Jamesin politiikka näytti itse yhä enemmän ja enemmän tukeutuvan Roomaan. Protestanttiset pohjoiset valtiot Alankomaat, Ruotsi ja Brandenburg tekivät yhdessä liiton; ja ne luottivat Itävallan keisarin tukeen ja Saksaan, kun taas Espanja ja muut roomalaiskatoliset valtiot, joiden motiivit olivat poliittinen jännitys ja suuttumus. Keisari oli äskettäin käynyt menestyksekästä sotaa turkkilaisia vastaan, jolloin hänen kätensä olivat vapautuneet toimimaan Ranskaa vastaan. Heinäkuun 9. 1686 tehtiin Augsburgissa salainen sopimus keisarin, Espanjan ja Ruotsin kuninkaiden ja useiden saksalaisten ruhtinaiden välillä. Sen tavoitteena oli ensiksi vain puolustuksellinen liitto Ranskaa vastaan, mutta sillä oli kaikki valmiudet muuttua hyökkäysliitoksi. Sen liiton nimeksi tuli Augsburgin liitto, ja siitä seurasi kahta vuotta myöhemmin sota, jota kutsutaan Augsburgin liiton sodaksi.

Seuraavana vuonna, 1687, nähtiin vielä suurempaa menestystä keisarilta turkkilaisia ja unkarilaisia vastaan. Oli selvää, että Ranska ei voinut odottaa enempää harhautuksia siltä suunnalta. Samaan aikaan englantilaisten tyytymättömyys ja Orangen prinssin kunnianhimo, joka toivoi nousevansa Englannin valtaistuimelle, niin ei ollut tavanomaista laajentumista, vaan se oli hänen suurimman poliittisen toiveensa ja vakaumuksensa täyttymistä samalla ikuisesti hilliten Ludwig XIV:n vallanhimoa tullen yhä enemmän selväksi. Mutta hänen retkensä Englantiin William tarvitsi laivoja, rahaa ja miehiä Yhdistyneistä Alankomaista; ja ne eivät olleet siihen halukkaita tietäen, että se johtaisi sotaan Ranskan kuningasta vastaan, joka piti Jamesia hänen liittolaisenaan. Heidän toimintansa lopulta päätti Ludwigin toiminta, kun hän päätti sanoa irti myönnytykset, jotka oli tehty Alankomaiden kaupankäynnille Njimegenissä. Siten Alankomaiden aineellisia oikeuksia oli vakavasti loukattu kääntäen horjuvan vaa´an. "Tämä loukkaus Njimegenin sopimusta kohtaan", sanoo ranskalainen historioitsija, [67] "antamalla vakavan iskun alankomaalaiselle kaupankäynnille, niin heikensi sen eurooppalaista kauppaa neljänneksellä poistaen esteitä, kun uskonnolliset intohimot yhä kohtasivat materiaaliset edut, ja antoivat koko Alankomaat Williamin käyttöön, kun kenelläkään ei ollut enää syitä tyynnytellä Ranskaa." Silloin oli vuoden 1687 marraskuu. Seuraavan vuoden kesällä syntyi perijä Englannin valtaistuimelle vieden asioita eteenpäin. Englantilaisten uskollisuus saattoi sietää isän valtakautta, kun hän oli jo ikääntynyt, mutta se ei sietänyt oletusta jatkuvasta roomalaiskatolisesta kuningassuvusta.

Asiat lopulta muuttuivat kriisiksi, johon ne olivat menneet vuosien ajan. Ludwig ja Orangen William, jotka olivat pitkäaikaisia vihollisia, ja sinä hetkenä kaksi tärkeintä hahmoa eurooppalaisessa politiikassa johtuen heidän vahvoista persoonistansa ja syistä, joita he kaksi edustivat ollen siten suurten tekojen edessä, joiden vaikutukset tultaisiin tuntemaan monien sukupolvien päähän. William, yksinvaltainen luonteeltansa, seisoi Alankomaiden rannalla katsoen toiveikkaana kohti vapaata Englantia, josta hänet erotti vain kapea kaistale vettä, joka toimi saarikuningaskunnan puolustuksena ja saattoi silti olla läpäisemätön este hänen omille kunnianhimoisille tavoitteillensa; sillä Ranskan kuningas saattoi hallita silloin merta tahtonsa mukaisesti. Ludwig pitäen kaikkea valtaa Ranskassa silloin omissa käsissään katsoi itään päin, kuten aikaisemminkin nähdessään mantereen liittoutuvan häntä vastaan; kun taas hänen sivustassaan Englanti oli selkeän vihamielinen haluten aloittamaan riidan hänen kanssaan, mutta sillä ei vielä ollut johtajaa. Oli yhä hänen käsissään päättää jättäisikö hän avoimen tien, jolloin pää voisi liittyä odottavaan kehoon ja tuoda Alankomaat ja Englannin, kaksi merivaltaa, saman tahon hallittavaksi. Jos hän hyökkäisi Alankomaihin maitse ja laittaisi ylivoimaisen laivastonsa Kanaaliin, niin hän voisi hyvinkin pitää Williamin omassa maassaan; enemmän kuin Englannin laivasto, jota sen kuningas rakasti ja piti hellänä, niin oli todennäköisempää merimiesten tavanomainen uskollisuus päällikkönsä suuntaan. Uskollisena elämänsä ennakkoluuloille ja kenties kyvyttömänä vapauttamaan itseään, niin hän kääntyi kohti manteretta ja syyskuun 24. 1688 julisti sodan Saksaa vastaan ja siirsi armeijansa Reinille. William oli tästä hyvin iloinen, sillä se poisti viimeisen esteen hänen kunnianhimoltansa. Häntä viivytti joidenkin viikkojen ajan vastatuuli, mutta hän purjehti lopulta Alankomaista 30. lokakuuta. Enemmän kuin viisisataa kuljetusalusta, joissa oli viisitoistatuhatta sotilasta, ja joita saattoi

194

viisikymmentä sotalaivaa, niin muodostivat sotaretken; ja tyypillisesti siinä sekoittivat poliittinen ja uskonnollinen luonne, sillä suuri osa armeijan upseereista olivat ranskalaisia protestantteja, jotka oli ajettu Ranskasta viime sodan jälkeen, ja ylipäällikkönä Williamin alaisuudessa oli hugenotti Schomberg, aikaisemmin Ranskan marsalkka. Ensimmäisen lähdön pilasi voimakas myrsky; mutta uudelleen lähteminen, joka tapahtui marraskuun 10. päivä, jolloin tuore ja voimakas tuulenhenki vei alukset Doverin salmen lävitse ja kanaaliin ja William nousi maihin 15. päivä Torbayssa. Ennen vuoden päättymistä James oli paennut kuningaskunnastansa. Seuraavan vuoden maaliskuun 21. William ja Mary julistettiin Ison-Britannian hallitsijoiksi, ja Englanti ja Alankomaat olivat yhtenäisinä sodassa, jonka Ludwig oli julistanut Alankomaita vastaan heti, kun hän oli kuullut Williamin hyökkäyksestä. Kaikkien niiden viikkojen aikana jolloin sotaretkeä valmisteltiin ja sen kanssa viivyteltiin, niin Ranskan lähettiläs Haagissa ja laivastoministeri rukoilivat kuningasta pysäyttämään sen käyttämällä suurta merivoimaansa; voimaa, joka oli niin suuri, että Ranskan laivasto oli sodan ensimmäisinä vuosina suurempi kuin Englannin ja Alankomaiden yhteensä; mutta Ludwig ei toiminut. Sokeus näytti iskeneen niin Englannin kuin Ranskan kuninkaaseen; sillä James keskellä kaikkia toimiaan vakaasti kieltäytyi mistään avusta Ranskan laivastolta luottaen englantilaisten merimiesten uskollisuuteen häneen henkilökohtaisesti, vaikka hänen yrityksensä järjestää messu laivoilla sai aikaan suuttumusta ja kapinan, joka melkein päättyi siihen, että alusten miehistöt olisivat heittäneet papit yli laidan.

Ranska siten aloitti Augsburgin liiton sodan ilman yhtään liittolaista. "Se, mitä se oli eniten pelännyt, mitä se oli pitkään vältellyt, niin oli tapahtunut. Englanti ja Alankomaat eivät olleet vain liittolaisia, vaan niillä oli sama päällikkö; ja Englanti liittyi liittoon kaikella innokkaalla intohimolla, jota Stuartien politiikka oli pitkän aikaa hillinnyt." Koskien merisotaa, niin eri taisteluiden arvo taktisesti oli paljon vähäisempi kuin niiden taisteluiden, jotka De Ruyter kävi. Tärkeimmät kohdat strategisissa eduissa olivat Ludwigin epäonnistuminen ratkaistuaan ylivoiman merellä tukea James II: Irlannissa, joka pysyi hänelle uskollisena ja asteittainen Ranskan suurten laivastojen katoaminen valtamereltä, jota Ludwig XIV ei voinut enää pitää yllä johtuen mannermaan politiikan kustannuksista, jotka hän oli valinnut itsellensä. Kolmas kohtaa on sangen vähäpätöinen johtuen kummallisesta luonteesta ja suurista osista, joita merikaupan tuhoaminen ja ranskalaisten kaapparisota sai aikaan, kun heidän suuret laivastonsa katosivat. Tämä ja suuret vaikutukset, jotka se sai aikaan, niin tulevat ensiksi kyseenalaistamaan sen, mitä yleisesti sanotaan sellaisen sodankäynnin riittämättömyydestä, kun sitä ei tueta laivastoin; mutta olosuhteiden tarkastelu, jota tehtiin myöhemmin, niin näyttää, että se kiistäminen on enemmän selvä kuin todellinen.

Viime konfliktin kokemuksien opettamana Ranskan kuninkaan pääponnistelut sodassa, jonka hän itse aiheutti, niin olisi pitänyt suunnata merivaltoja vastaan; niiden kohteena olisi pitänyt olla Orangen William ja Englannin, sekä Alankomaiden liiton. Heikoin paikka Williamin asemissa oli Irlanti; vaikka Englannissa itsessään ei ollutkaan moni maanpakoon ajetun kuninkaan tukijoita, mutta jopa ne, joita siellä oli, niin niitä vastaan William oli padonnut kuninkaanasemansa kateellisin rajoituksin. Hänen valtansa ei ollut turvattu niin kauan kuin Irlantia ei ollut alistettu. James paettuaan Englannista tammikuussa 1689 nousi maihin Irlannissa seuraavassa maaliskuussa mukanaan ranskalaisia joukkoja ja ranskalainen laivue, ja hänet otettiin innokkaasti vastaan kaikkialla paitsi protestanttisessa pohjoisosassa. Hän teki Dublinista pääkaupunkinsa ja pysyi maassa seuraavan vuoden heinäkuuhun. Niiden viidentoista kuukauden aikana ranskalaisilla oli meriherruus; he laskivat joukkojaan Irlantiin useammassa kuin yhdessä tapauksessa; ja englantilaiset koettaessaan estää tätä, niin heidät lyötiin Bantry Bayn meritaistelussa. [68] Mutta vaikka James olikin niin hyvin asemissaan ja oli äärimmäisen tärkeätä pitää ne asemat; vaikka oli yhtä lailla tärkeätä estää Williamia saamasta jalansijaa, kunnes James olisi vahvistunut ja Londonderry, joka oli silloin kokemassa kuuluisaa piiritystänsä, niin olisi alistettu; ja vaikka ranskalaiset olivatkin ylivoimaisia yhdistyneitä englantilaisia ja alankomaalaisia laivastoja vastaan merellä vuosina 1689 ja 1690; niin joka tapauksessa englantilainen amiraali Rooke pystyi estämättä viemään huoltoa ja joukkoja Londonderryyn ja myöhemmin laskemaan maihin marsalkka Schombergin pienen armeijan kanssa lähelle Carrickfergusia. Rooke pysäytti kanssakäymisen Irlannin ja Skotlannin välillä, jossa oli paljon Stuartien tukijoita, ja sitten hänen pieni laivueensa purjehti pitkin Irlannin itärannikkoa koettaen polttaa aluksia Dublinin satamassa, mutta epäonnistuen vain siksi, että ei ollut tuulta ja tullen lopulta Corkiin, joka oli silloin Jamesin voimien käsissä, jolloin he ottivat haltuunsa saaren satamasta ja palasivat turvallisesti Downsiin (ankkuripaikka Kentin maakunnan rannikolla) lokakuussa. Näistä palveluksista, jotka lopettivat Londonderryn piirityksen ja pitivät yhteydet avoimina Englannin ja Irlannin välillä ylettyen läpi kesän kuukausien; eivätkä ranskalaiset koettaneet estää niitä millään tavalla. On vain vähän epäilyksiä, että tehokas yhteistyö Ranskan laivastojen välillä kesällä 1689 olisi murtanut kaiken vastarinnan Jamesia vastaan Irlannissa eristämällä sen maan Englannista samalla heikentämällä Williamin valtaa.

Seuraavana vuonna tehtiin sama strateginen ja poliittinen virhe. Sellaisen hankkeen kuin James oli toteuttamassa, niin se riippuu heikoimmista ihmisistä ja ulkomaisesta avusta, jolloin se menettää voimaansa, jos se ei edisty, mutta todennäköisyydet olivat yhä sen puolella edellyttäen Ranskan halukasta yhteistyötä ja ennen kaikkea sen laivastoa. On yhtä lailla luonteenomaista puhtaasti sotilaalliselle laivastolle, niin kuin Ranskan laivastolle, että se oli vahvimmillaan vihollisuuksien alkaessa; kun taas liittolaisten merivoimat kasvoivat vahvemmiksi päivittäin ottaen käyttöönsä valtavia voimavaroja ja kauppalaivastostansa ja vauraudestansa. Voimien epätasapaino yhä suosi Ranskaa vuonna 1690, mutta se ei ollut niin suuri kuin se oli ollut vuotta aikaisemmin. Kaikista tärkein kysymys oli miten käyttää sitä voimaa. Oli olemassa kaksi pääasiallista tapaa toimia liittyen kahteen erilaiseen laivastostrategiaan. Yksi oli käyttää sitä liittolaisten laivastoa vastaan, jonka tappio, jos se olisi tarpeeksi vakava, niin saattaisi saada aikaan sen, että William syöstäisiin Englannin valtaistuimelta; toinen oli käyttää laivastoa Irlannin sotaretken tukena. Ranskan kuningas päätti toimia aikaisemman mukaan, joka epäilemättä oli oikea tapa toimia; mutta ei ollut mitään syytä lyödä laimin, kuten hän teki, tärkeää velvollisuutta katkaista yhteydet kahden saaren välillä. Niin aikaisin kuin maaliskuussa hän lähetti suuren laivaston, jonka mukana oli kuusituhatta sotilasta ja huoltotarvikkeita, jotka laskettiin maihin ilman mitään vaikeuksia Irlannin eteläisissä satamissa; mutta tehtyään sen palveluksen, niin laivat palasivat Brestiin ja pysyivät siellä käyttämättöminä touko- ja kesäkuun, kun taas suurta laivastoa koottiin Comte de Tourvillen alaisuuteen. Noiden kahden kuukauden aikana englantilaiset kokosivat armeijaa länsirannikollensa ja 21. kesäkuuta William nousi joukkoineen Chesterissä laivoihin, joita oli kaksisataakahdeksankymmentäkahdeksan kuljetus alusta, joita saattoi vain kuusi sotalaivaa. Kesäkuun 24. hän nousi maihin Carrickfergusissa, ja sotalaivat lähetettiin liittymään englantilaiseen suureen laivastoon, mitä ne eivät pystyneet tekemään; Tourvillen laivat menivät samaan aikaan merellä ja pitivät hallussaan kanaalin itäpäätä. Siellä ei ollut mitään silmiinpistävämpää kuin huolimattomuus, jota kumpikin sotaa käyvä osapuoli osoitti sinä aikana, kun Irlannissa oli kiista koskien heidän vihollistensa yhteyksiä saarelle; mutta oli etenkin outoa ranskalaisista, että heillä oli suuremmat voimat ja heidän on täytynyt saada sangen tarkkaa tietoa mitä oli tapahtumassa tyytymättömiltä ihmisiltä Englannista. Näyttää siltä, että laivue, jossa oli kaksikymmentäviisi fregattia, jotka saivat linjalaivojen tukea, niin ne käskettiin tekemään velvollisuutensa St. Georgen kanaaliin; mutta ne eivät koskaan saapuneet asemapaikallensa ja vain kymmenen fregattia pääsi niin pitkälle kuin Kinsaleen siihen mennessä, kun James oli menettänyt kaiken Boynen taistelussa. Englantilaisten yhteydet eivät olleet uhattuina tuntiakaan.

Tourvillen laivasto, jossa oli täydessä vahvuudessaan seitsemänkymmentäkahdeksan laivaa, joista seitsemänkymmentä oli linjalaivoja yhdessä kahdenkymmenenkahden polttolaivan kanssa, lähtivät merelle 22. kesäkuuta, päivä sen jälkeen, kun William oli lähtenyt merelle. Kesäkuun 30. päivä ranskalaiset olivat Lizardin (niemi Cornwallissa) edustalla englantilaisen amiraalin harmiksi, joka oli Isle of Wightin luona niin valmistautumattomana, että hänellä ei edes ollut vartiolaivoja länteen päin. Hän pääsi liikkeelle olleen rannikolta kaakkoon ja ajan kuluessa seuraavan kymmenen päivän aikana häneen liittyivät muut englantilaiset ja alankomaalaiset alukset. Kaksi laivastoa jatkoi kulkemistansa itään päin nähden toisiaan aika ajoin.

Poliittinen tilanne Englannissa oli kriittinen. Jakobiittien suosio kasvoi yhä enemmän ja tuli avoimemmaksi, kun Irlanti oli ollut onnistuneessa kapinassa yli vuoden ja William oli nyt siellä jättäen kuningattaren Lontooseen. Kiireellisyys tämän asian suhteen oli sellaista, että neuvosto päätti, että ranskalaista laivastoa vastaan tulisi taistella ja määräykset annettiin englantilaiselle amiraali Herbertille. Hän totteli saamiaan käskyjä lähtien merelle 10. heinäkuuta päästen tuulenpuolelle, kun tuuli oli koillisesta ja muodosti taistelulinjansa ja sitten oli hyökkäämässä ranskalaisia vastaan, jotka odottivat häntä heidän etumastojensa huiput [69] käännettynä myötäpäivään ja purjehtien pohjoiseen ja länteen.

Taistelu, joka tästä seurasi, tunnetaan Beachy Headin taisteluna. Siellä taisteli seitsemänkymmentä ranskalaista alusta, kun taas englantilaisten ja alankomaalaisten mukaan heillä oli yhteensä viisikymmentäkuusi alusta, mutta ranskalaisten mukaan heillä oli kuusikymmentä laivaa. Liittolaisten taistelulinjassa alankomaalaiset olivat kärjessä; englantilaisia komensi henkilökohtaisesti Herbert keskustassa; ja jälkijoukot koostuivat osittain englantilaisista ja osittain alankomaalaisista aluksista. Taistelun vaiheet olivat seuraavat:

1. Liittolaiset, jotka olivat tuulen puolella, niin olivat yhdessä rinnakkain. Kuten tavallista, niin tämä liike oli huonosti tehty ja kuten usein tapahtuu, niin etujoukot joutuivat tulituksen kohteiksi ennen keskustaa ja jälkijoukkoa ottaen siten vastaan taistelun kovimman taakan.

2. Amiraali Herbert, vaikkakin oli ylipäällikkö, niin hänen ei onnistunut hyökätä energisesti keskeltä pitäen etäisyyttä viholliseen. Liittolaisten etujoukot ja jälkijoukot tulivat taisteluun läheltä (Kuva VI, A). Paul Hosten [70] kertomus tästä liittolaisten liikkeestä oli se, että amiraali aikoi pääasiassa käydä ranskalaisten kimppuun takaapäin. Lopussa hän sulki keskustan takaapäin ja piti sen tuulenpuolella pitkän matkan tykkitulen kantaman päässä (kieltäytyen taistelusta), joten hän siten esti ranskalaisia kääntymästä ja tulemasta kimppuun takaapäin. Jos se oli hänen aikeensa, hänen suunnitelmansa, niin vaikka se olikin siedettävä ajatus pääasiassa, niin sen heikkous oli yksityiskohdissa, sillä se liike jätti keskustan vasemmalle puolelle suuren aukon sen ja etujoukkojen väliin. Hänen olisi pitänyt pikemminkin hyökätä niin kuin Ruyter teki Texelissä niin monella jälkijoukon aluksella kuin hän ajatteli pystyvänsä käsittelemään ja kääntäen etujoukkonsa antaen niille tehtävän pysäyttää ranskalaisten etujoukon. Voidaan myöntää, että amiraali, jonka voimat ovat alivoimaiset, niin ei pysty levittäytymään niin laajaan ja läheiseen linjaan kuin hänen vihollisensa, jolloin hänen ei pidä antaa jälkimmäisen päästä oman laivastonsa sivujen äärilaidoille, mutta hänen tulisi huolehtia laivastojensa päädyistä ei niin kuin Herbert tekijä jättämällä suuren aukon keskustaan, vaan lisäämällä välejä alusten suhteen, jotka ovat kääntyneet. Liittolaisten laivasto oli siten uhattuna kahdessa pisteessä niin etujoukoissa kuin keskustassa; ja kumpaakin kohtaa vastaan hyökättiin.

3. Ranskalaisten etujoukkojen komentaja nähdessään alankomaalaisten olevan lähellä linjaansa ja enemmän liikuntakyvyttöminä kuin hän, niin painoi eteenpäin kuudella keulimmaisella aluksellaan, jotka sitten kiersivät ja laittoivat alankomaalaiset kahden tulen väliin. [Kuva VI. B).

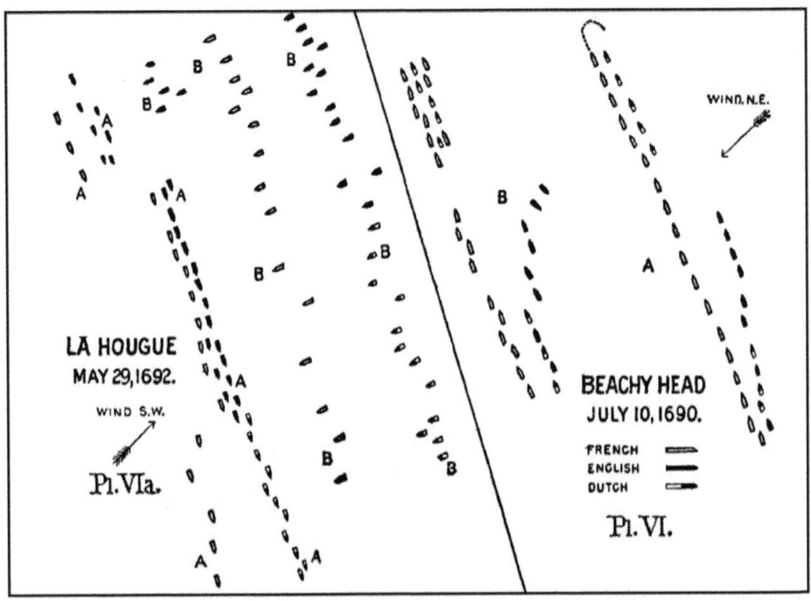

Kuva VI. ja kuva Via.

Samaan aikaan Tourville huomattuaan, että hänellä ei ollut vastustajaa keskustassa, niin ajettuaan pois vihollisen kärkidivisioonan keskustasta, niin tunkeutui eteenpäin omilla keulimmaisilla aluksillaan, jotka Herbertin sijoittelu oli jättänyt ilman vastustajia; ja nämä tuoreet alukset vahvistavat hyökkäystä alankomaalaisia vastaan etujoukoissa (B).

Tämä johti lähitaisteluun kummankin linjan keulojen kanssa, jolloin alankomaalaiset, jotka olivat heikompia, niin kärsivät raskaasti. Liittolaisten onneksi tuuli tyyntyi; ja kun Tourville itse ja muut ranskalaiset alukset laskivat veneitä vesille hinatakseen laivat taas taisteluun, niin liittolaiset olivat tarpeeksi ovelia laskeakseen ankkurit kaikki purjeet alhaalla ja ennen kuin Tourville otti tilanteen haltuunsa ennen veden laskemista laskuvedeksi, niin sen virtauksen ansiosta laivasto ajelehti pois taistelusta. Hän lopulta laski ankkurit peninkulman päähän vihollisesta.

Yhdeksän aikaan illalla, kun vuorovesi kääntyi, niin liittolaiset kääntyivät ja purjehtivat kohti itää. Niin pahasti he olivat kärsineet, että englantilaisen kertomuksen mukaan päätettiin pikemminkin tuhota liikuntakyvyttömät alukset kuin riskeerata joutumista yleiseen taisteluun niiden pelastamiseksi.

Tourville ajoi takaa; mutta sen sijaan, että hän olisi määrännyt yleistä takaa-ajoa, niin hän piti taistelulinjansa koossa vähentäen laivastonsa nopeuden hitaimpien alusten vauhtiin. Tämä oli juuri sellainen tilanne, jossa lähitaistelu ei ollut vain sallittua, vaan pakollista. Vihollinen oli lyöty ja ajettu pakosalle, jolloin sitä pitäisi ajaa takaa energisesti ja vain niin paljon kiinnittäen huomiota järjestykseen, että sen tulee estää takaa-ajavia aluksia menettämästä keskinäistä tukeaan; olosuhdetta, joka ei millään tavalla viittaa sellaisiin yleisiin suuntiin ja etäisyyksiin, jotka ovat tarpeen alussa tai kiivaasti käydyn taistelun keskivaiheilla. Epäonnistuminen sellaisen järjestyksen ylläpitämisessä viittaa siihen, että Tourvillen sotilaallisessa luonteessa oli puutteita; ja epäonnistuminen näyttää itse niin kuin tässä tapauksessa merkittävimmän hetken hänen uraltansa. Hän ei koskaan tullut saamaan vastaavaa tilaisuutta kuin tässä, ensimmäisessä suuressa taistelussa, jossa hän komensi ylipäällikkönä, ja josta Hoste, joka oli mukana lippulaivalla, niin kutsuu sitä täydellisimmäksi laivastovoitoksi, joka koskaan saavutettiin. Se oli tosiaan silloin mitä täydellisin, mutta ei mitä ratkaisevin niin kuin se olisi voinut olla. Ranskalaiset Hosten mukaan eivät menettäneet venettäkään eivätkä laivaakaan, joka jos on totta, niin viittaa paljon enemmän takaa-ajon hitauteen; kun liittolaiset pakenivat ajaen kuusitoista laivaansa rantaan ja polttaen ne vihollistensa nähdessä sen, joka ajoi heitä aina Downsille asti. Englantilaiset tosiaan kertovat liittolaisten menettäneen vain kahdeksan laivaa; arvio, joka on luultavasti yhtä tyhjentävä heidän puoleltansa kuin ranskalaisten vastaavat arviot. Herbert vei laivastonsa Thamesille ja ällistytti vihollista jatkamasta takaa-ajoa poistamalla poijuja. [71]

Tourville on ainoa suuri historiallinen nimi merimiesten joukossa tässä sodassa, jos jätämme huomioitta tunnetut kaapparit, joiden johtajana oli Jean Bart. Englantilaisten keskuudessa poikkeuksellisia ansioita ei voida myöntää kenellekään miehelle urheudesta ja yritteliäisyydestä, joka komensi laivuetta sotalaivoja. Tourville, joka siihen mennessä oli palvellut laivastossa melkein kolmekymmentä vuotta, niin oli samaan aikaan merimies ja sotilas. Ylivoimaisella urheudella, josta hän oli antanut nuoruudessaan häikäiseviä esimerkkejä, niin hän oli palvellut Ranskan laivastoissa siellä missä ne olivat taistelleet; englantilaisten ja alankomaalaisten välisissä sodissa, Välimerellä ja berberimerirosvoja vastaan. Saavutettuaan amiraalin arvon hän henkilökohtaisesti komensi kaikkia suurempia laivastoja, jotka lähetettiin merille sen sodan aikaisempina vuosina ja hän toi komentajan tehtäviin taktiikoiden tieteellistä tietoa perustuen niin teorioihin kuin kokemukseen, johon yhdistyi käytännön taktiikoiden tuntemus merimiehen työstä ollen tarpeen voidakseen käyttää taktisia periaatteita valtamerillä parhaiten hyödyksi. Mutta kaikissa näissä korkealaatuisissa asioissa hän näytti epäonnistuneen niin kuin monet soturit epäonnistuvat kyvyssä kantaa suurta vastuuta. [72] Varovaisuus, jolla hän ajoi takaa liittolaisten aluksia Beachy Headin jälkeen näytti olemukseltansa niin erilaiselta tullen samasta ominaisuudesta, jolla hän kaksi vuotta myöhemmin johti laivastonsa melkein varmaan tuhoon La Houguen luona, sillä hänellä oli taskussaan kuninkaan käsky. Hän oli tarpeeksi urhea tehdäkseen jotain, mutta ei tarpeeksi vahva kantaakseen raskaimpia taakkoja. Tourville oli tosiasiassa edelläkävijä tulevan ajan huolellisille ja taitaville taktikoille, mutta hänessä oli silti kärsimättömän kovaa taistelijaa, jolla luonnehditaan 1600-luvun merikomentajia. Hän epäilemättä tunsi Beachy Headin jälkeen, että hän oli toiminut erittäin hyvin ja oli tyytyväinen; mutta hän ei olisi voinut toimia niin kuin hän toimi, jos hän olisi käyttänyt Nelsonin sanoja, että "jos olemme ottaneet kymmenen vihollisen yhdestätoista laivasta ja päästäneet yhdennentoista pakoon, vaikka olisimme pystyneet myös ottamaan sen, niin en kutsuisi sitä niin hyväksi päiväksi."

   Päivä Beachy Headin meritaistelun jälkeen sen suuret, mutta yhä osittaisten tulosten kanssa, niin James II:n tukijat kärsivät tappion Irlannissa. Armeija, joka Williamin oli sallittu kuljettaa tappioitta sinne, oli lukumääräisesti ja laadullisesti suurempi kuin Jamesin armeija, jonka lisäksi William itse oli parempi johtaja kuin ex-kuningas. Ludwig XIV:n neuvo, jonka mukaan Jamesin tulisi välttää ratkaisevaa taistelua ja vetäytyä, jos oli tarpeen, niin Shannon-joelle, joka oli keskellä valtiota, joka oli täysin omistautunut hänelle. Oli kuitenkin hyviä syitä kysyä, että tämä pääkaupungin hylkääminen sen jälkeen, kun sitä oli käytetty yli vuoden, niin sen kokonaisvaikutuksella taistelumoraaliin; niin sillä olisi ollut paljon enemmän tarkoitusta estää Williamia nousemasta maihin. James päätti suojata Dublinia asettaen linjansa Boyne-joelle ja siellä heinäkuun 11. päivä kaksi armeijaa kohtasivat toisensa, jolloin James kärsi täydellisen tappion. Kuningas itse pakeni Kinsaleen, jossa hän löysi kymmenen niistä fregateista, jotka oli tarkoitettu hallitsemaan St. Georgen kanaalia. Hän nousi niihin ja haki taas turvaa Ranskasta pyytäen Ludwigia hyödyntämään ranskalaisten voittoa Beachy Headissä laskemalla toinen ranskalainen armeija Englantiin.

Ludwig kieltäytyi vihaisesti ja määräsi, että joukot, jotka olivat yhä Irlannissa, niin niiden pitäisi heti vetäytyä sieltä.

Mahdollisuudet kapinasta Jamesin hyväksi ainakin Kanaalin rannoilla, jos niitä oli olemassakaan, niin ne olivat suuresti liioiteltuja hänen omassa mielikuvituksessaan. Sen jälkeen, kun liittolaisten laivasto oli turvallisesti paennut Thamesille, niin Tourville hänen omien käskyjensä mukaisesti teki useita harhautuksia eteläiseen Englantiin; mutta ne olivat täysin hedelmättömiä niin, että niillä ei saatu aikaan mitään tuen osoituksia Stuarteille.

Irlanti oli toinen juttu. Irlantilainen armeija ranskalaisten tukijoukkojen kanssa vetäytyi taaksepäin Boynen taistelun jälkeen Shannon-joelle ja asettui sinne puolustusasemiin; samaan aikaan Ludwig toivuttuaan hänen ensimmäisestä vihaisesta reaktiostansa, niin jatkoi sinne täydennysvoimien ja huollon lähettämistä. Mutta kasvanut kiireellisyys koskien sotaa mannermaalla piti hänet lähettämästä sinne riittävästi huoltoa, ja sota Irlannissa tuli päätökseen vähän yli vuoden päästä sen jälkeen, kun oli kärsitty tappio Aghrimissä ja Limerick oli antautunut. Boynen taistelu, joka oli tunnettu sen oudosta uskonnollisesta luonteestansa, niin oli saavuttanut jonkinlaisen tosiasiallisen tunnettavuuden, sillä siitä voitiin ottaa päivämäärä, jonka jälkeen Englannin kruunu oli tiukasti kiinni Williamin päässä. Silti voidaan tarkemmin sanoa, että Williamin ja Euroopan menestys Ludwig XIV:st vastaan Augsburgin liiton sodassa johtui siitä, että ranskalaiset tekivät virheitä ja epäonnistumisia vuoden 1690 merisotaretkellään; jolloin sotaretki olisi voitu voittaa yhdellä mitä huomattavimmalla voitolla, jonka ranskalaiset koskaan saavuttivat englantilaisista. Koskien mitä huomattavimpia sotilasoperaatioita, niin on mielenkiintoista huomauttaa, että Tourville lähti merellä päivä sen jälkeen, kun William lähti Chesteristä ja voitti Beachy Headin meritaistelun päivää ennen Boynen taistelua; mutta todellinen epäonnistuminen oli sallia Williamin kuljettaa vakaa joukko miehiä ilman esteitä. Se saattoi olla suotuisaa ranskalaisten politiikalle sallia hänen päästä Irlantiin, mutta ei mukanaan sellaista armeijaa. Irlannin sotaretken lopputulos salli Williamin turvallisesti ottaa haltuunsa Englannin valtaistuin ja luoda englantilais-alankomaalainen liitto; ja yhdistää kaksi merenkulkijakansaa yhden kruunun alle tukeutuen näiden kaupallisiin ja merenkulullisiin kykyihin ja vaurauteen, jonka nämä hankkivat merestä käyden sotaa onnistuneesti tukien liittolaisiaan mantereella.

Vuonna 1691 tapahtui vaian yksi muista erottuva suuri merellinen tapahtuma. Se tunnettiin aina sen jälkeen Ranskassa Tourvillen "avomeri" tai "rantojen ulkopuolisena" risteilynä; ja muisto siitä loistavana strategisena ja taktisena toimena on Ranskan laivastossa vielä tänäkin päivänä. Toimintakyky, josta on puhuttu erillisenä kansakunnista, joiden merivoimat eivät ole vain sotilaallisia järjestelmiä, vaan perustuvat sen kansan luonteenpiirteisiin ja tavoitteisiin, niin olivat nyt tulleet mukaan kuvaan liittolaisten keskuudessa. Huolimatta tappiosta ja menetyksistä Beachy Headissä, niin yhdistyneet laivastot lähtivät 1691 merelle omaten sata linjalaivaa amiraali Russellin komennossa. Tourville pystyi vain kokoamaan seitsemänkymmentäkaksi, joka oli sama määrä kuin vuotta aikaisemmin. "Niiden kanssa hän lähti Brestistä kesäkuun 25. Kun vihollinen ei vielä ollut kanaalin rannoilla, niin hän purjehti sen suulle lähettäen aluksia joka suuntaa sieltä. Saatuaan tiedon, että liittolaiset olivat asettuneet lähelle Scillyn saaria suojatakseen saattueen kulkua, jonka odotettiin tulevan Levantista, niin Tourville ei epäröinyt kääntyä kohti Englannin rannikoita, jonne odotettiin toisen kauppalaivasaattueen saapumista samalla tavalla Jamaikalta. Huijattuaan Englannin risteilijöitä väärillä kursseilla, niin hän saavutti jälkimmäisen saattueen ottaen haltuunsa useita aluksia ja hajottaen sen muodostelman ennen kuin Russell ehti tulla taistelemaan häntä vastaan. Kun lopulta Tourville oli liittolaisten laivaston läheisyydessä, niin hän teki niin taitavia manöövereitä, että hän piti suojan puolen aina niin, että vihollinen ajautui sen takia kauas valtamerelle menettäen viisikymmentä päivää koettaessaan käydä hänen kimppuunsa. Sinä aikana ranskalaiset kaapparit levittäytyivät ympäri kanaalia häiriten vihollisen kaupankäyntiä ja suojasivat saattueita Irlantiin. Väsyneenä hedelmättömiin ponnisteluihin Russell kääntyi kohti Irlannin rannikkoa. Tourville sen jälkeen, kun hän oli suojannut saattueiden palaamista, niin ankkuroitui taas Brestin redille."

Todelliset kaappaukset, joita Tourvillen oma laivasto teki, olivat vähäiset, mutta sen palvelukset ranskalaisten käymälle sodalle kaupankäyntiä vastaan vieden liittolaisten huomion, oli selvä; joka tapauksessa englantilaisten kärsimät menetykset sinä vuonna kaupankäynnissä eivät olleet yhtä suuret kuin seuraavana vuonna. Suurimpia menetyksiä liittolaisten puolella kärsi alankomaalaisten Pohjanmeren kauppa.

Kaksi sotaa, yhtä mantereella ja toista merellä käytiin samaan aikaan, mutta silti ne olivat itsenäisiä toisistansa. On tarpeetonta yhdistää kaikkia aiheinamme mainittuja operaatioita ensimmäiseen näistä.

Vuonna 1692 tapahtui suuri katastrofi Ranskan laivastolle La Hoguen meritaistelun muodossa. Itsessään sitä pidetään taktisena ja sillä on vain vähän merkitystä ja todellisia tuloksia on liioiteltu paljon; mutta kansanomaisissa raporteissa siitä on tehty yksi maailman kuuluisista meritaisteluista, ja siksi sitä ei voida kokonaan ohittaa.

Harhaanjohdettuna raporttien takia Englannista ja vielä enemmän Jamesin edustajien toimesta, jotka hellästi tukivat hänen uskomustansa useiden englantilaisten laivastoupseerien kiintymyksestä enemmän hänen henkilöönsä kuin rakkauteensa tai uskollisuuteensa maatansa kohtaan, niin Ludwig XIV päätti koettaa hyökkäystä Englannin eteläiselle rannikolle, jota James johtaisi henkilökohtaisesti. Ensimmäisenä askeleena sinne Tourville menisi merelle mukanaan viidestäkymmenestä kuuteenkymmeneen linjalaivaa, joista kolmetoista olisi peräisin Toulonista käydäkseen Englannin laivaston kimppuun; jolloin odotettiin tapahtuvan monia loikkauksia, joiden seurauksena tapahtuisi taistelumoraalin romahtaminen antaen ranskalaisille helpon ja täydellisen voiton. Ensimmäinen kolhu oli Toulonin laivasto, jota viivytti vastakkaiset tuulet liittymästä häneen ja Tourville meni merelle mukanaan vain neljäkymmentäviisi laivaa, mutta mukanaan käsky kuninkaalta käydä vihollisen kimppuun oli näitä sitten vain muutamia tai useampia, ja katsoa mitä tulisi tapahtumaan.

Toukokuun 29. Tourville näki liittolaiset pohjoisessa ja idässä; niiden vahvuus oli yhdeksänkymmentäyhdeksän linjalaivaa. Tuuli oli lounaasta, joten hän saattoi päättää, että kävisikö hyökkäykseen, mutta ensiksi hän kutsui kaikki lippu-upseerit aluksellensa ja kysyi heiltä, pitäisikö heidän taistella. Kaikki sanoivat, että heidän ei pitäisi ja sitten hän ojensi heille kuninkaan käskyn. [73] Kukaan ei uskaltanut kyseenalaistaa sitä; vaikka he olivat tienneet, että kevyet alukset vastakkaisin käskyin olivat tiedustelemassa koko laivastolle. Muut upseerit palasivat sitten aluksillensa ja koko laivasto pysyi yhdessä liittolaisten edessä, jotka odottivat heitä oikean puolen kääntymissuunnassa suunnaten eteläkaakkoon alankomaalaisten ollessa keulassa, sekä englantilaisten ollessa keskellä ja jälkijoukoissa. Kun he sitten olivat lähietäisyydellä, niin ranskalaiset laskivat purjeensa pitäen tuulietunsa. Tourville, joka oli määrällisesti alakynnessä, ei voinut täysin välttää vihollisen linjan pidentymistä oman linjansa selustaan, joka oli sen vuoksi pakosti heikko, että se oli äärimmäisen pitkä; mutta hän poltti Herbertin virheen Beachy Headissä pitäen etujoukkonsa kääntyneinä omaten pitkät välit alustensa välissä pysäyttääkseen vihollisen etujoukot ja käyden tiukasti taistelua heidän keskustaansa ja jälkijoukkojansa vastaan (Kuv Via. A, A, A). Ei ole tarpeen seurata vaiheita tässä epätasaisessa taistelussa; äärimmäiset tulokset olivat sellaiset, että kun tulitus lakkasi yön tulemisen myötä, niin sen seurauksena oli paksu sumu ja tyyni vesi, jolloin yksikään ranskalainen alus ei ollut antautunut tai uponnut. Suurempaa todistusta ei voida antaa taisteluhengestä ja tehokkuudesta missään laivastossa, ja Tourvillen merimiestaidot ja taktinen kyvykkyys vaikuttivat suuresti tähän lopputulokseen, josta täytyy myöntää, että se ei ollut liittolaisia kohtaan luottamusta herättävä. Kaksi laivastoaa ankkuroitui yöksi (B, B, B) jolloin ryhmä englantilaisia aluksia (B') jäi etelään ja länteen ranskalaisista. Myöhemmin nämä katkaisivat ankkuriköytensä ja antoivat itsensä ajelehtia läpi ranskalaisten linjan pyrkiessään liittymään päävoimiinsa; toimiessaan niin ne saivat kova käsittelyä ranskalaisilta.

Menetettyään kunnolla laivastonsa kunniaa ja tajuttuaan, että enempi taistelu tulisi olemaan turhaa, niin Tourville ajatteli silloin pakenemista, joka alkoi keskiyöllä kevyessä koillistuulessa ja jatkui koko seuraavan päivän. Liittolaiset ajoivat häntä takaa, jolloin ranskalaisten liikkeitä häiritsi suuresti heidän lippulaivansa "Soleil Royal", Ranskan laivaston hienoin alus, jonka suhteen amiraali ei pystynyt päättämään sen tuhoamisesta. Suunta päävetäytymiselle oli Kanaalisaaret, jolloin kolmekymmentäviisi laivaa oli amiraalin mukana; niistä kaksikymmentä oli virtauksen mukana läpi vaarallisen salmen, joka tunnetaan nimellä "the Race of Alderney", joka oli kyseisen saaren ja mannermaan välissä, ja päässeet turvaan St. Maloon. Ennen kuin jäljelle jääneet viisitoista laivaa saattoivat seurata, niin virtaus muuttui; ja ankkurit, jotka olivat lopettaneet ajelehtimisen, niin näitä aluksia se kuljetti kohti itää ja vihollisesta suojanpuolelle. Kolme alusta pyrki turvaan Cherbourgiin, jossa ei ollut silloin aallonmurtajaa eikä satamaa, kun taas jäljelle jääneet kaksitoista olivat Cape La Hoguen luona; ja ne kaikki poltettiin niiden omien miehistöjen tai liittolaisten toimesta. Siten ranskalaiset menettivät viisitoista hienointa alusta laivastostansa, joista jokainen kantoi ainakin kuuttakymmentä tykkiä; mutta se oli vain hieman enemmän kuin liittolaiset olivat kärsineet Beachy Headissä. Vaikutus, jonka se sai aikaan yleiseen mieleen, joka oli niin tottunut Ludwig XIV:n kunniaan ja onnistumisiin, niin se oli täysin suhteetonta verrattuna taistelun lopputulokseen, ja se tahrasi loistavan omistautuneen Tourvillen ja hänen seuraajiensa maineen. La Hogue oli myös viimeinen yleinen taistelu, jonka Ranskan laivasto kävi, jonka jälkeen se alkoi nopeasti heikentymään pois seuraavina vuosina, jolloin tuo katastrofi näyttää kuoliniskulta. Tosiasiassa kuitenkin Tourville lähti merelle seuraavana vuonna mukanaan seitsemänkymmentä laivaa ja menetykset oli siihen mennessä korjattu. Ranskan laivaston rappio ei johtunut mistään yksittäisestä tappiosta, vaan Ranskan väsymyksestä ja mannermaan sodan suurista kuluista; ja tätä sotaa kävivät pääasiassa kaksi merenkulkijakansaa, joiden liiton oli turvannut Williamin onnistunut sotaretki Irlantiin. Olettamatta, että tulos tulisi olemaan toisenlainen kuin Ranskan laivasto-operaatioissa olisi muuten ollut 1690, niin voidaan turvallisesti sanoa, että heidän menemisensä harhaan oli suora syy siihen, että asioiden suhteen kävi niin kuin kävi, ja se oli ensimmäinen syy Ranskan laivaston rappioon.

Viiden jäljellä olevan vuoden aikana Augsburgin liiton sodassa, jossa koko Eurooppa oli aseissa Ranskaa vastaan, niin silloin ei käyty suuria meritaisteluita, eikä yhtään merkittävää merellistä tapahtumaa. Arvostaakseen liittolaisten merivoimien merkitystä, niin on tarpeen laskea yhteen ja tiivistää kertomus hiljaiseksi vakaaksi paineeksi, joka tuotiin kestämään ja ylläpidettäväksi Ranskaa vastaan joka puolelta. Juuri tällä tavalla merivoimat tavallisesti toimii, ja juuri siksi se on toimiessaan niin hiljaista, kun on todennäköisempää, että sitä ei huomata ja sen olemassaoloa täytyy jonkin verran huolellisesti osoittaa.

Ludwig XIV:n kohtaaman vastarinnan johtaja oli William III ja hänen halunsa olla pikemminkin sotilaallinen kuin laivastollinen yhdistyi Ludwigin politiikan ohjaukseen käydä aktiivista sotaa pikemminkin mantereella kuin merellä; kun suuret ranskalaiset laivastot asteittain vetäytyivät jättäen liittolaisten laivastot ilman vihollisia merellä toimien samalla tavalla. Sen lisäksi Englannin laivaston tehokkuus, jonka vahvuus oli kaksinkertainen suhteessa alankomaalaisiin, niin se oli silloin heikossa kunnossa; taistelumoraalia heikentäneet tapahtumat Charles II:n valtakauden aikana, niin niitä ollut selätetty täysin hänen veljensä kolmen vuoden valtakauden aikana ja siksi oli yhä vakava syy, joka kasvoi Englannin poliittisesta valtiosta. On sanottu, että James uskoi laivaston upseerien ja merimiesten olleen kiintyneitä hänen persoonaansa; ja oli se sitten oikeutettua tai ei, niin se ajatus oli myös aikamme hallitsijoiden mielessä kyseenalaistaen monien upseerien uskollisuuden ja luotettavuuden ja saaden siten aikaan sekasortoa laivaston hallinnointiin. Meille on kerrottu "että valituksia tehneet kauppiaat olivat erittäin hyvin tuettuja ja he osoittivat virheen siinä, että kouluttamattomia miehiä pidettiin parempina laivaston hallinnolle, joka ohjasi Englannin merivoimia; ja silti syntynyttä vahinkoa ei voitu lieventää, koska useimmat kokeneimmat miehet, jotka olivat olleet kauan palveluksessa, niin heidän ajateltiin olevan tyytymättömiä ja vaikutti siltä, että sen parantaminen tulisi olemaan pahempaa kuin itse sairaus." [74] Epäilys hallitsi hallintoa ja kaupunkia; ryhmittymät ja päättämättömyys vallitsi upseerien keskuudessa; ja ihmiset, jotka olivat onnettomia tai kyvyttömiä toimintaan, niin tiesivät, että vakavampia syytteitä petoksista saattaisi seurata heidän epäonnistuneista seikkailuistansa.

La Hoguen jälkeen suoraa laivaston toimintaa liittolaisten suunnalta käytettiin kolmella päätavalla, josta ensimmäinen oli hyökätä ranskalaisten satamiin, etenkin niihin satamiin, jotka olivat kanaalin rannalla ja lähellä Brestiä. Ne saivat harvoin aikaan enempää kuin paikallista vahinko ja kauppa-alusten tuhoamista etenkin satamista, joista ranskalaiset kaapparit lähtivät; ja vaikka joissakin tapauksissa maihinnousun tehneiden joukkojen määrä oli suuri, niin William itse ehdotti enemmänkin harhautuksia kuin sellaisia uhkia, jotka pakottaisivat Ludwigin ottamaan joukkoja kentältä rannikkopuolustusta varten. Voidaan yleisesti sanoa, että kaikki nämä toimet Ranskan rannikkoa vastaan silloin ja myöhemmissä sodissa, niin niillä oli vain vähän vaikutusta ja jopa harhautuksina ne eivät heikentäneet Ranskan armeijoita mitenkään merkittävästi. Jos Ranskan satamat olisivat olleet huonosti puolustettuja tai Ranskan vesiväylät avoimia maan sydämeen niin kuin meillä ovat Chesapeaken ja Delawaren lahdet ja eteläiset matalikot, niin lopputulos olisi hyvinkin voinut olla erilainen.

Toiseksi liittolaisten laivastoilla oli suurta suoraa sotilaallista arvoa, vaikka ne eivät käyneetkään taisteluita, kun Ludwig XIV päätti 1694 tehdä sodassaan Espanjaa vastaan hyökkäyksen. Espanja, vaikka se olikin itse heikko, niin sen sijainti Ranskan selustassa oli ongelmallinen; ja Ludwig lopulta päätti pakottaa sen tekemään rauhan viemällä sodan Kataloniaan sen koillisrannikolle. Hänen armeijoidensa liikettä suojasi hänen laivastonsa Tourvillen komennossa; ja sen vaikean maakunnan alistaminen tapahtui nopeasti, kunnes liittolaisten laivastojen paljon suurempi voima pakotti Tourvillen vetäytymään Touloniin. Se pelasti Barcelonan; ja siitä hetkestä siihen asti, kunnes kaksi merenkulkijakansaa päättivät tehdä rauhan, niin ne pitivät laivastojansa Espanjan rannikolla ja estivät Ranskan etenemistä. Kun vuonna 1697 William teki rauhan ja Espanja kieltäytyi siitä, niin Ludwig hyökkäsi taas, jolloin liittolaisten laivasto ei ilmestynyt paikalle ja Barcelona sortui. Samaan aikaan Ranskan laivaston sotaretki onnistui Cartagenaa vastaan Etelä-Amerikassa ja kahdella iskulla, jotka riippuivat meren hallitsemisesta, niin se sai Espanjan antautumaan.

Kolmas sotilaallinen toiminto liittolaisten laivastojen suhteen oli heidän oman merikauppansa suojelu; ja sen suhteen, jos historioitsijoita on uskominen, niin siinä he epäonnistuivat pahasti. Milloinkaan sodassa kaupankäyntiä ei tehty suuremmassa mittakaavassa ja suuremmin tuloksin kuin sen ajanjakson aikana; ja ne toimet olivat laajempia ja tuhoisimpia samaan aikaan, kun suuret ranskalaiset laivastot katosivat vuosina La Hoguen jälkeen, joka nähtävästi on ristiriidassa sen oletuksen kanssa, että sellaisien sotatoimien tulisi perustua voimakkaisiin laivastoihin tai lähellä oleviin satamiin. Siitä olisi keskusteltava jonkin verran, sillä kaapparien aikaansaama hätä oli suuri tekijä, jolla merenkulkijakansat saatiin toivomaan rauhaa; niin kuin tukiaiset, joilla niiden kaupankäynti mahdollisti mannermaan armeijoiden rahoittamisen niiden itsensä lisäksi, niin ne olivat tärkeimpiä keinoja, joilla sotaa pitkitettiin ja Ranska saatiin suostumaan rauhaan. Hyökkäykset ja puolustukset kaupankäynnin suhteen ovat edelleenkin elossa olevia kysymyksiä.

Ensimmäiseksi on huomattava, että Ranskan laivaston rappeutuminen tapahtui asteittain ja taistelumoraalinen vaikutus sen läsnäoloon kanaalissa, sen voittoon Beachy Headissä ja sen urheaan taisteluun sai joksikin aikaa vaikutuksen liittolaisten mieliin. Se vaikutus sai heidät pitämään aluksensa yhdessä laivastoissa sen sijaan, että he hajaannuttaisivat nämä ajamaan takaa vihollisen risteilijöitä ja siten sai jälkimmäisille melkein tasaväkisen tuen aktiivisiin sotatoimiin merillä. Taas Englannin laivaston tehokkuus, kuten on sanottu, oli heikko ja sen hallinto oli kenties pahempi, kun taas petos Englannissa antoi Ranskalle edun paremmasta tiedosta. Siten vuosi La Hoguen jälkeen ranskalaiset saatuaan tarkkaa tietoa koskien suuresta saattueesta Smyrnaan, niin lähettivät Tourvillen vesille toukokuussa saaden hänet merille ennen kuin liittolaiset olivat valmiina saartamaan hänet Brestiin kuten he olivat aikoneet tehdä. Tämä viivytys johtui huonosta hallinnosta, jonka lisäksi oli lisää epäonnea siinä, että Englannin hallinto ei saanut selville Tourvillen lähtöä ennen kuin sen oma laivasto oli lähtenyt käymään kauppaa. Tourville yllätti saattueen lähellä Gibraltarin salmea tuhoten tai ottaen sotasaaliiksi sata sen neljästäsadasta kauppalaivasta ja pakottaen muut hajaantumaan. Tässä ei ollut kyse yksinkertaisesta risteilijäsodankäynnistä, sillä Tourvillen laivastossa oli seitsemänkymmentäyksi laivaa; mutta se osoittaa Englannin hallinnon epäpätevyyden. Tosiasiassa heti La Hoguen jälkeen risteilijöiden ryöstelystä tuli mitä haitallisinta; ja siihen oli kaksi syytä: ensiksi liittolaisten laivasto pidettiin yhdessä Spitheadissä yli kahden kuukauden ajan kooten joukkoja maihinnousuun mantereelle jättäen siten risteilijät rauhaan; ja toiseksi ranskalaiset, jotka eivät pystyneet lähettämään laivastoaan taas merelle sinä kesänä, niin sallivat ottaa merimiehiä palvelemaan yksityisillä aluksilla siten suuresto kasvattaen jälkimmäisten määriä. Nämä kaksi syytä toimivat yhdessä rankaisematta ja laajensivat kaupankäynnin tuhoamista, joka sai aikaan Englannissa valtavaa tyytymättömyyttä. "Täytyy tunnustaa", sanoo englantilainen laivastohistorioitsija, "että kaupankäyntimme kärsi paljon vähemmän aikaisempana vuonna, kun ranskalaiset hallitsivat merta kuin nyt, kun heidän suuri laivastonsa oli saarrettuna satamaan." Mutta syy oli se, että ranskalaisilla oli vain vähän merikauppaa ja suhteellisen paljon merimiehiä, jotka oli pääasiassa työllistetty laivastoon, jotka pystyivät sitä kautta päästämään nämä risteilijöihin. Kun sodan paine kasvoi suuremmaksi ja Ludwig jatkoi käytössä olevien aluksien määrän pienentämistä, niin se taas kasvatti kaupankäynnin tuhoamiseen tarkoitettujen aluksien voimaa. "Laivat ja upseerit kuninkaallisesta laivastosta lainattiin tietyin ehdoin yksityisille yrityksille tai yhtiöille, jotka toivoivat voivansa toteuttaa kaapparisotaa, josta edes hallituksen ministerit eivät häikäilleet ottaa osaansa itsellensä"; tosiaan heitä kannustettiin toimimaan tuolla tavalla miellyttääkseen kuningasta. Olosuhteet yleensä sallivat sen, että tietty osa voitosta menisi kuninkaalle vastikkeena alusten käyttämisestä. Sellaisen toiminnan pitäisi olla lannistavaa mille tahansa sotilaalliselle palvelemiselle, mutta ei välttämättä kaikille heti; ja olosuhteet erosivat sen ajan sävyssä ja energiassa kaapparitoiminnassa, että niin ei voi aina tapahtua. Tosiasiassa julkiset varat, joilla ei voitu ylläpitää laivastoa, yhdessä yksityisen pääoman kanssa vaaransi vain materiaalin, joka oli muuten käyttökelvotonta ja pyrki vastikkeeksi ryöstämään vihollista. Kaupankäynnin tuhoaminen tässä sodassa ei ollut vain yksittäisten risteilijöiden tehtävä; laivueet, joissa oli kolme tai neljä alusta, niin siitä puoleen tusinaan laivaan toimivat yhdessä yhden miehen alaisuudessa ja voidaan vain sanoa, että sellaisten merimiesten kuin Jean Bartin, Forbinin tai Duguay-Trouinin komennossa, niin ne olivat enemmän valmiina taistelemaan kuin ryöstelemään. Suurin näistä yksityisistä ryöstöretkistä ja ainoa, joka meni kauas Ranskan rannikoista, niin ohjattiin vuonna 1697 Cartagenaa vastaan Espanjan omistamalla Amerikan mantereella. Sen vahvuus oli seitsemän linjalaivaa ja kuusi fregattia, joiden lisäksi siellä oli pienempiä aluksia ja niiden mukana oli 2800 sotilasta. Päätavoitteena valloittaa Cartagenan kaupunki; mutta sen vaikutus Espanjan politiikkaan oli merkitty ja se johti rauhaan. Sellainen vaikutus ja toiminnan keskitys vaikutti paljon huoltopaikkoihin tukea laivastoja, mutta sitä ei voitu tehdä täysin; ja vaikka liittolaiset jatkoivat suurten laivastojen pitämistä yhdessä, niin silti sota jatkui ja hallinnon tehokkuus parani, sekä kaupankäynnin tuhoamista pystyttiin rajoittamaan. Samaan aikaan todisteet siitä kuinka paljon risteilijät ilman tukea kärsivät, niin jopa näissä suotuisissa olosuhteissa, niin voidaan mainita, että englantilaisten raportin mukaan viisikymmentäyhdeksän linjalaivaa ottivat haltuunsa kahdeksantoista alusta, joiden myönnettiin olevan ranskalaisia, sodan aikana; ero, jonka ranskalainen laivastohistorioitsija suuntaa suurella todennäköisyydellä siihen, että englantilaiset eivät onnistuneet erottamaan sota-aluksia niistä aluksista, joita oli lainattu yksityisille yrityksille. Todellisten kaapparien pysäyttämistä ei siksi ole listattu lainaukseen. "Kaupankäynnin tuhoaminen tässä sodassa siten merkitsi tietynlaista luonnetta risteilijöille, jotka toimivat laivueessa ei niin kaukana tukikohdastansa, kun taas vihollinen ajatteli olevan parasta pitää laivastonsa keskitettynä muulla; sen takia ja Englannin laivaston huonosta hallinnosta, niin risteilijöistä tuli yhä hallitsevampia, kun suuret ranskalaiset laivastot katosivat." Vuosien 1689–1697 sodasta ei sen takia voida vetää yleistä johtopäätöstä, että "risteilysodankäynti kaupankäynnin tuhoamiseksi, niin sen tulisi olla tuhoisaa antaen sen laivueiden sodankäynniksi ja divisioonille linjalaivoja; jolloin pakottaen vihollista yhdistämään voimansa sallien risteilijöiden tehdä onnekkaita hyökkäyksiä tämän kaupankäyntiä vastaan. Ilman sellaista tukea tuo toiminta tulee yksinkertaisesti johtamaan siihen, että vihollinen saa risteilijät sotasaaliiksi. Tämän sodan loppua kohden todellinen taipumus tuli tunnetuksi ja oli yhä enemmän selvästi nähtävissä, kun Ranskan laivasto oli vajonnut yhä pahemman heikkouden tilaan.

Riippumatta tappioistansa merenkulkijakansat taistelivat hyvin omien syidensä takia. Sota, joka alkoi Ranskan hyökkäyksenä, niin päättyi siihen, että he joutuivat kaikkialla puolustuskannalle, ja pakotti Ludwigin tekemään väkivaltaa omille vahvimmille ennakkoluuloillensa ja hänen mitä järkevimmille poliittisille toiveillensa tunnustamalla Englannin kuninkaaksi miehen, jota hän piti vallankaappaajana kuin myös omana leppymättömänä vihamiehenään. Pinnallisesti ja kokonaisuutena tarkasteltuna sota vaikutti melkein kokonaan olevan kamppailua maalla ylettyen Espanjan Alankomaista etelään Reiniä pitkin Italian Savoijiin ja Espanjan Kataloniaan. Taistelut kanaalissa, irlantilaisten kamppailu kauempana näyttivät vain olevan vain lyhyitä tapahtumia; kun taas toimet koskien kaupankäyntiä ja kauppalaivastoa kohtaan sivuutetaan täysin tai niihin kiinnitetään huomiota vain kertoakseen niiden kärsimyksistä. Silti kaupankäynti ja kauppalaivasto eivät vain kantaneet kärsimyksen taakkaa, vaan pääasiallisesti maksoivat armeijoiden ylläpidon, jotka olivat taistelemassa ranskalaisia vastaan; ja se käänne vaurauden virroissa kummaltakin merenkulkijakansalta niiden liittolaisten aarrekammioihin oli kenties päätetty ennalta ja sen suhteen varmasti kiirehdittiin menemällä harhaan siinä, että Ranska pystyisi pitämään itsellään merien herruuden, joka sillä oli sodan alussa. Silloin oli mahdollista niin kuin yleensä on mahdollista, että todella hieno sotalaivasto, joka on ylivoimainen iskemään vähemmän valmistautunutta kilpailijaansa; mutta sen mahdollisuuden annettiin mennä sivu suun, ja tosiasiallisesti vahvemmat merivoimat omaten paremmat perusteet liittolaisten keskuudessa sai aikaa koota voimansa.

Rauha, joka tehtiin Rijswijkissä, oli mitä haitallisin Ranskalle; se menetti kaiken, mitä se oli saavuttanut Njimegenin rauhan jälkeen yhdeksäntoista vuotta aikaisemmin pois lukien Strasbourgin. Kaikki, mitä Ludwig XIV oli saanut haltuunsa juonittelulla tai käyttämällä voimaa rauhanvuosien aikana, niin siitä luovuttiin. Valtavat korvaukset maksettiin Saksalle ja Espanjalle. Kun jälkimmäiset sovittiin Alankomaissa, niin niistä tuli heti etua Yhdistyneille Provinsseille, ja tosiaan koko Euroopalle kuin myös Espanjalle. Kahdelle merenkulkijakansalle sopimus antoi kaupallisia etuja, jotka paransivat niiden omaa merellistä voimaa ja samalla heikensivät Ranskan vastaavia voimia.

Ranska oli käynyt valtaisan kamppailun; se oli taistellut yksin niin kuin se oli toiminut ja kun oli tehnyt tuon enemmän kuin kerran, niin taistelu koko Eurooppaa vastaan oli suuri uroteko. Silti voidaan sanoa, että Yhdistyneet Maakunnat antoi tuolle maalle, joka oli aktiivinen ja yritteliäs, niin opetuksen, joka ei voi tukeutua vain ulkoisiin voimavaroihin, jos on sisäisesti määrällisesti ja alueellisesti heikko, joten Ranskan mittaaminen osoitti, että se kansa ei voi jatkuvasti pitää itseään yllä, vaikka se olisi määrällisesti voimakas ja omaisi suuret sisäiset voimavarat.

Sanotaan, että kerran ystävä löysi Colbertin katsomassa unelmoivasti ikkunasta ja kysyen tältä siitä aiheesta, josta hän unelmoi, jolloin tämä vastasi seuraavasti: ”Ajattelen hedelmällisiä peltoja silmieni edessä, jolloin kutsun mieleeni niitä, joita olen nähnyt muualla; kuinka rikas maa Ranska onkaan!” Tämä vakaumus tuki häntä keskellä monia pettymyksiä hänen virallisessa elämässään, kun kamppailu kohtasi rahalliset vaikeudet, joita syntyi tuhlailevaisuudesta ja kuninkaan sodista; ja sitä oikeutettiin kokonaisella kansankunnan historian tarkastelulla hänen ajoistansa lähtien. Ranska on rikas luonnonvaroissa kuin myös teollisuudessa ja sen kansan säästäväisyydessä. Mutta ei kansakunta eikä ihmiset pysty menestymään, kun heiltä on katkaistu kanssakäyminen muiden ihmisten kanssa; mitä tahansa alkuperäinen ponnistelu vaatii terveellisen ympäristön ja vapauden vetää itsensä luokse läheltä ja kaukaa siten edistäen kasvua, voimaa ja yleistä hyvinvointia. Ei vain täydy sisäisten osien toimia tyydyttävästi, vaan rappioituvien prosessien ja uudistumisen kautta liikkeeseen ja kiertämiseen mennään helposti, mutta ulkoiset lähteet, joista niin mielen kuin kehon täytyy saada terveellistä ja vaihtelevaa ravitsemusta. Kaikki luonnon antamat lahjansa Ranska tuhlasi pois, koska sillä oli puutetta elävästä kanssakäymisestä sen oman alueen eri osien välillä ja jatkuvaa vaihtokauppaa muiden kansojen kanssa, joka tunnetaan kaupankäyntinä, on sitten sisäistä tai ulkoista. Kun sanotaan, että sota aiheutti nämä heikkoudet valtiossa, niin se on ainakin osatotuus; mutta se ei kerro koko totuutta. Sota sen monien tunnustettujen kärsimystensä kautta on ennen kaikkea vahingollinen, kun se erottaa valtion muista valtioista ja asettaa sen takaisin tukeutuen vain itseensä. Voi olla aikoja, jolloin sellaiset pahat shokit saavat aikaan iskeviä vaikutuksia, mutta ne ovat poikkeuksellisia kestäen vain vähän aikaa, ja ne eivät vaikuta yleiseen asioiden tilaan. Sellainen eristäytyneisyys oli Ranskan osa Ludwig XIV:n myöhemmissä sodissa ja se melkein tuhosi kyseisen maan; kun taas sen pelastaminen taantumisen mahdollisuudelta oli Colbertin elämän suuri tavoite.

Sota yksin ei pystynyt vaikuttamaan siihen, jos sotaa voitaisiin viivyttää, kunnes kiertoprosessit kuningaskunnan sisällä ja ulkona voitaisiin luoda ja laittaa elinvoimaisesti toimimaan. Niitä ei ollut olemassa, kun hän tuli virkaansa; ne täytyi ensiksi luoda ja vahvasti juurruttaa, että ne kestäisivät sodan iskut. Aikaa ei annettu suorittaa tuota suurta työtä, eikä Ludwig XIV tukenut ministerinsä toimia kääntää sen syntyvä energia hänen rauhallisille ja omistautuneille alamaisillensa antaen heille siihen suotuisan tien. Kun suuri paine tuli kansakunnan voimaa kohtaan sen sijaan, että vedettäisiin voimaa kaikkialta ja kaikkia kanavia pitkin ja asetettaisiin koko ulkopuolinen maailma sellaisen voiman kohteeksi sen kauppiaiden ja merimiesten toimesta niin kuin Englanti oli tehnyt omissa vaikeuksissaan, niin se ajettiin takaisin niin, että sen yhteydet maailmaan katkaisivat Englannin ja Alankomaiden laivastot ja vihollisten otteet, jotka saartoivat sitä koko mantereella. Ainoa pakoreitti siitä prosessista, joka johtaisin asteittaiseen nääntymiseen meren tehokkaan hallitsemisen takia; luomalla vahvat merivoimat, jotka takaisivat vapaan toiminnan maan vaurauteen ja ihmisten ahkeruuteen. Sillä siten myös Ranskalla oli suuri luonnollinen etu johtuen sen kolmesta rannikosta kanaalia, Atlantin valtamertaa ja Välimerta vasten; ja poliittisesti sillä oli ollut reilu mahdollisuus liittää omat merelliset voimansa Alankomaihin ystävällisen liiton kautta ollen vihamielinen tai ennakkoluuloinen Englantia kohtaan. Omassa ylpeydessään voimistaan ja tietoisena täydellisestä kuningaskuntansa hallinnasta Ludwig heitti pois nämä vahvat vahvistukset omalle voimallensa ja eteni, jolloin Eurooppa nousi hänen jatkuvia aggressioitansa vastaan. Ajanjakso, johon kiinnitämme huomiomme, niin silloin Ranska oikeutti hänen luottamuksensa mahtavuudellansa ja ollen täysin onnistunut toimissaan pitäen yllä hänen asennettansa koko Eurooppaa kohtaan; se ei edennyt, mutta ei se myöskään pahasti taantunut. Kuitenkin tämän voimannäyttö oli väsyttävää; se söi pois kansakunnan voimavaroja, sillä se veti ne kokonaan itsestänsä, eikä ympäröivästä maailmasta, jota se olisi pystynyt tekemään, jos se olisi pitänyt yllä meriyhteyksiään. Sodassa, joka tuli seuraavaksi, niin nähtiin samaa energiaa, mutta ei samaa elinvoimaa; ja Ranska lyötiin takaisin kaikkialla ja sitä uhkasi raunioituminen. Opetus kummassakin asiassa on sama; kansakunnat niin kuin ihmiset, ovat he kuinka vahvoja tahansa, niin rappeutuvat, kun niiltä viedään pois ulkoiset toiminnat ja voimavarat, joihin ne kerran tukeutuvat ja niiden tuki heidän sisäisille voimillensa. Kansakunta, niin kuin on jo näytetty, niin ei voi loputtomiin elää yksin ja helpoin tapa, jolla se on yhteydessä toisiin kansoihin ja vahvistaa omaa voimaansa on meri.

Lähdeviitteet:

[66] Campbell: Lives of the Admirals

[67] Martin: History of France

[68] Katso Englannin kanaalin karttaa s.?

[69] Se tarkoittaa lähes liikkumatonta.

[70] Hoste: Naval Tactics

[71] Ledyard sanoo, että käskyä poistaa poijut ei toteltu (Naval History, Vol. II s. 636).

[72] Seignelay, Ranskan laivastoministeri kutsui häntä silloin "poltron de téte, mais pas de coeur." (pelkuri päässä, mutta ei sydämessä.

[73] Kirjoittaja on seurannut kirjoitusta ja yleisesti hyväksyttyä kertomusta Tourvillen käskyistä ja motiiveista toimillensa. Ranskalainen kirjoittaja M. de Crisenoy, jonka hyvin mielenkiintoinen kirjoitus koskien salaista historiaa

ennen tapahtumia ja niiden kanssa, niin siinä on monia näitä perinteisiä toteamuksia. Hänen mukaansa Ludwig XIV:sta ei ollut mitään harhakuvaa koskien englantilaisten upseerien uskollisuutta lipullensa; ja käskyt, jotka annettiin Tourvillelle, niin olivat ehdottomia tietyissä oloissa, mutta ne eivät pakottaneet häntä taistelemaan Ranskan laivaston olosuhteissa sinä päivänä. Ohjeiden äänensävy viittasi tyytymättömyyteen amiraalin toimista aikaisempien purjehduksien aikana, luultavasti tarkoittaen takaa-ajoa Beachy Headin jälkeen ja sen seurauksena kyseenalaisti hänen innokkuuttansa sotaretken alussa. Tyytymättömyys siten pakotti hänet epätoivoiseen hyökkäykseen liittolaisten laivastoa vastaan ja M. de Crisenoyn mukaan sotaneuvostosta amiraalin hytissä ja kuninkaan käskyjen dramaattisesta esittämisestä ei ole tosiasiallisia todisteita.

[74] Campbell: Lives of the Admirals

Luku V; Espanjan perimyssota 1702–1713; Malagan meritaistelu

Viimeisten kolmenkymmenen vuoden ajan 1600-luvulla keskellä kaikkia aseellisia ja diplomaattisia kiistoja, niin oli tullut selväksi ennustaa tulevia tapahtumia, jotka voisivat saada aikaan uusia ja suuria tapahtumia. Tällainen oli Habsburgien suvun Espanjan suoran haaran päättyminen, joka oli silloin Espanjan valtaistuimella; ja asiat, jotka päätti silloin vallassa oleva kuningas, joka oli sairas niin mieleltänsä kuin hengeltänsä, että jos hän kuolisi, niin tulisiko seuraava kuningas Bourbonin suvusta tai Habsburgien itävaltalaisesta haarasta; ja kun tämä tapahtuisi, niin nousisiko tämä hallitsija koko valtakunnan hallitsijaksi koskien myös Espanjan imperiumia tai jaettaisiinko tämä valtava perintö jollain tavalla, joka tehtäisiin eurooppalaisten valtojen vallan tasapainon vuoksi. Mutta tätä vallan tasapainoa ei enää ymmärretty vain kapeassa mielessä koskien omistuksia mannermaalla; uusien järjestelyjen vaikutus tulisi olemaan kaupankäynnissä, kauppalaivastossa ja kummankin valtameren, sekä Välimeren hallinnan tarkastelussa. Kahden merivallan ja niiden etujen luonne tulee tätä kautta selvemmäksi.

On tarpeen muistaa eri maat, joita Espanja silloin hallitsi, jotta voitaisiin ymmärtää strategiset kysymykset niin kuin niitä voitaisiin kutsua, jotka sitten piti ratkaista. Niitä olivat Euroopassa Alankomaat (nykyinen Belgia); Napoli ja eteläinen Italia; Milano ja muut pohjoiset maakunnat; ja Välimerellä Sisilian, Sardinian ja Baleaarien saaret. Korsika kuului silloin Genovalle. Läntisellä pallonpuoliskolla kyseeseen tulivat myös Kuuba ja Puerto Rico, joiden lisäksi Espanja silloin hallitsi sitä osaa mantereesta, joka on nyt jakautunut espanjaa puhuvien amerikkalaisten valtioiden kesken, jolla alueella ymmärrettiin olevan valtavia kaupallisia mahdollisuuksia; ja aasialaista saaristoa, jossa heillä oli suuria omistuksia, jotka myös tulivat mukaan nykyisiin kiistoihin. Tämän valtakunnan laaja heikkous johtuen sen keskeisen valtakunnan rappeutumisesta, niin sillä oli vaikutusta muihin valtioihin, joilla oli omat läheisemmät etunsa koskien välinpitämättömyydestä sen suurta laajuutta kohtaan. Tämä välinpitämättömyys ei voinut kestää, kun tuli olemaan näkemys vahvemmasta hallinnosta, jota tulisi tukemaan mahdollisuus liitosta yhden Euroopan suurvallan kanssa.

Tulisi olemaan vierasta aiheellemme mennä diplomaattisten järjestelyiden yksityiskohtiin, jotka vaihtoivat kansoja ja alueita yhdeltä hallitsijalta toiselle pyrkien saavuttamaan poliittisen tasapainon rauhanomaisesti. Keskeiset kohdat minkä tahansa valtion politiikassa voidaan sanoa lyhyesti. Espanjan hallitus ja kansa vastusti mitä tahansa toimea, joka jakaisi heidän valtakuntaansa. Englantilaiset ja alankomaalaiset vastustivat mitä tahansa Ranskan laajentumista Espanjan Alankomaihin ja Ranskan monopolia kaupankäyntiin koskien Espanjan Amerikkaa, sillä ne kummatkin pelkäsivät mitä seuraisi siitä, että Bourbon-suvun edustaja laitettaisiin Espanjan valtaistuimelle. Ludwig XIV halusi Napolin ja Sisilian yhdelle pojistaan, jos jokin jako tapahtuisi; siten Ranska saisi vahvan aseman Välimerellä, mutta se asema tulisi olemaan merivaltojen armoilla; tosiasia, joka sai William III:n suostumaan tähän vaatimukseen. Itävallan keisari etenkin vastusti näitä asemia Välimerellä, kun ne siirtyisivät pois hänen suvultansa ja kieltäytyi suostumasta mihinkään sopimukseen jaosta. Ennen kuin mitään sopimuksia oli saatu täydennettyä, niin Espanjan kuningas kuoli, mutta ennen hänen kuolemaansa hän allekirjoitti ministeriensä vaikutuksesta testamenttinsa, jossa hän antoi kaikki valtionsa Ludwig XIV:n pojanpojalle, joka oli silloin Anjoun herttua ja joka myöhemmin tunnettiin nimellä Espanjan Filip V. Tällä toimella toivottiin pidettävän valtakunta yhtenäisenä ja saavan sen puolustusta auttamaan läheisin ja yksi Euroopan voimakkaimmista valtioista; läheisin jos ei oteta huomioon merivaltoja, jotka ovat aina lähellä mitä tahansa valtiota, jonka satamat ovat avoimina niiden laivoille.

Ludwig XIV hyväksyi tämän pyynnön ja toimiessaan niin hän tunsi olevansa kunniansa kautta sitoutunut vastustamaan kaikkia jakopyrkimyksiä. Unioni kahden kuningaskunnan kesken yhden suvun alaisuudessa lupasi tärkeitä etuja Ranskalle, sillä se veisi siltä pois vanhan vihollisen sen selustasta, joka oli häirinnyt niin monia sen ponnisteluja laajentua kohti itää. Tosiasiassa silloin harvinaisesti oli olemassa liitto kahden kuningaskunnan kesken, joka oli sukulaisuussuhteiden lopputulosta, jolla vain Espanjan heikkouden estettiin olevan vaarallista koko Euroopalle. Muut maat ymmärsivät heti tilanteen ja mikään ei voinut estää sotaa kuin se, että Ranskan kuningas ottaisi joitakin askeleita taaksepäin. Englannin ja Alankomaiden valtiomiehet, joiden vaurautta sota uhkasi, niin ne ehdottivat, että italialaiset valtiot menisivät Itävallan keisarin pojalle, ne miehittäisivät Belgian ja uudelle Espanjan kuninkaalle ei annettaisi kaupallisia etuoikeuksia Länsi-Intiaan niin, että Ranskaa suosittaisiin yli muiden valtioiden. Tunnustuksena niiden viisaudesta täytyy sanoa, että tämä kompromissi oli se, johon päädyttäisiin kymmenen vuoden sotimisen jälkeen, jolloin se oli kokonaisuutena paras; ja se on nähty kasvavan merkitystä laajentumisesta merille. Ludwig kuitenkaan ei antanut periksi; päinvastoin hän miehitti vehkeillen espanjalaisten kuvernöörien kanssa kaupunkeja, jotka olivat sopimuksissa Yhdistyneiden Alankomaiden ja Espanjan välillä annettu alankomaalaisten miehitettäviksi. Pian tämän jälkeen helmikuussa 1701 Englannin parlamentti kokoontui ja kieltäytyi mistä tahansa sopimuksesta, joka lupasi Ranskalle herruutta Välimerellä. Alankomaat alkoi aseistautua ja Itävallan keisari lähetti joukkojansa pohjoiseen Italiaan, jossa alkoi sotaretki, joka oli hyvin haitallinen Ludwigille.

Saman vuoden, 1701, syyskuussa kaksi merivaltaa ja Itävallan keisari tekivät salaisen sopimuksen, jolla luotiin päätoimintalinjat tulevaan sotaan poikkeuksena se osa sotaa, joka tultaisiin käymään Espanjan niemimaalla. Siinä liittolaiset ottivat hankkeekseen valloittaa Espanjan Alankomaat, jotta siitä tehtäisiin este Ranskan ja Yhdistyneiden Alankomaiden väliin, sekä valloittaa Milano turvatakseen keisarin muut maakunnat; ja valloittaa Napoli ja Sisilia samoista turvallisuussyistä, ja myös turvata merenkulku ja kaupankäynti Hänen Brittiläisen ja Yhdistyneiden Alankomaiden Majesteetin alamaisille. Merivalloilla pitäisi olla oikeus valloittaa auttaakseen kyseistä merenkulkua ja kaupankäyntiä, niin maita ja kaupunkeja Espanjan Länsi-Intiassa; ja niillä tulisi olla oikeus ottaa ne haltuunsa ja jäädä niiden omistajiksi. Sota alkoi, jolloin kukaan liittolaisista ei voinut toimia ilman muita, tai ilman, että olisi ottanut käyttöönsä oikeudenmukaiset toimet; ensiksi estää Ranskan ja Espanjan kuningaskuntien yhdistyminen koskaan saman kuninkaan alaisuuteen; toiseksi estää ranskalaisia tekemästä itsestään Espanjan Länsi-Intian hallitsijoita tai lähettämästä sinne aluksiaan käymään suoraan tai epäsuoraan sotaa kaupankäyntiä vastaan; kolmanneksi turvata Hänen Majesteettinsa Britannian ja Yhdistyneiden Alankomaiden hallitsijan kaupalliset etuoikeudet, joista hänen valtionsa nautti Espanjan valtioiden edesmenneen kuninkaan aikana.

Tullaan huomaamaan, että ei ole ehdotusta, jonka mukaan tulisi vastustaa Bourbon-suvun kuninkaan valtaannousua Espanjan valtaistuimelle, jonne hänet kutsui Espanjan hallitus ja sen ensiksi tunnustivat Englanti ja Hollanti; mutta toisaalta Itävallan keisari ei vedä pois Itävallan vaatimusta kruunuun, joka keskittyy hänen omaan henkilöönsä ja sukutaustaansa. Merivaltojen ääni oli keskeinen tässä liitossa, kun sopimuksen ehtojen tarkoituksena oli turvata niiden kaupalliset edut, vaikka niillä olikin aikomus käyttää saksalaisia armeijoita maasodassa, niin saksalaisia vaatimuksia myös harkittiin. Kuten ranskalainen historioitsija osoittaa:

"Tämä oli tosiasiassa uusi jakosopimus... William III, joka oli tehnyt kaiken, niin ei halunnut väsyttää Englantia ja Hollantia palauttaakseen espanjalaisen monarkian naarmuttomasti keisarille; hänen viimeinen ehtonsa heikensi uutta kuningasta Filip V:tä Espanjan alueelle ja turvasi Englannin ja Hollannin kaupalliset edut kaikilla alueilla, jotka olivat espanjalaisen monarkian vallan alla yhdessä tärkeiden sotilaallisten ja merenkulkuun liittyvien asemien kanssa Ranskaa vastaan." [75]

Mutta vaikka sota oli uhkaava, niin kansakunnat epäröivät aloittaa sitä. Alankomaat eivät toimisi ilman Englantia, ja vaikka vahvat tuntemukset jälkimmäisessä maassa olivatkin Ranskaa vastaan, niin teolliset valmistajat ja kauppiaat yhä muistivat aikaisemman sodan kauheat kärsimykset. Juuri silloin vaaka alkoi heilua, sillä James II kuoli. Ludwig antaen sympatian tunnetta ja hänen läheistensä pyynnöstä muodollisesti tunnusti Jamesin pojan Englannin kuninkaaksi ja Englannin kansa raivoissaan siitä, mitä he näkivät uhkana ja loukkauksena, niin heittivät sivuun kaikki harkitsevaiset toimintatavat. Lordien ylähuone julisti, että "ei voi olla turvallisuutta, kunnes espanjalaisen monarkian vallankaappaajalle olisi tuotu järkeä"; ja alahuone äänesti, että viisikymmentätuhatta sotilasta ja kolmekymmentäviisituhatta merimiestä tulisi koota yhdessä saksalaisille ja tanskalaisille apujoukoille annettavan tuen lisäksi. William III kuoli pian tämän jälkeen maaliskuussa 1702, mutta kuningatar Anne jatkoi hänen politiikkaansa, jonka Englannin ja Alankomaiden kansat olivat hyväksyneet.

Ludwig XIV koetti murtaa osaa uhkaavasta myrskystä muodostamalla puolueettomien maiden liiton saksalaisten valtioiden kanssa; mutta keisari käytti tehokkaasti hyväkseen saksalaisten tuntemuksia ja voitti puolellensa Brandenburgin vaaliruhtinaan tunnustamalla tämän kuninkaaksi Preussissa ja siten luomalla pohjoissaksalaisen protestanttisen kuningassuvun, jonka ympärille luonnollisesti muut protestanttiset valtion kerääntyivät ja josta tulisi tulevaisuudessa tulemaan pelottava kilpailija Itävallalle. Suora tulos oli se, että Ranska ja Espanja, joiden syy sotaan silloin tunnettiin kahtena kruununa, niin menivät ilman mitään muuta liittolaista kuin Baijeri. Sota julistettiin toukokuussa Alankomaiden toimesta Ranskan ja Espanjan kuninkaita vastaan; Englannin toimesta Ranskaa ja Espanjaa vastaan, sillä Anne kieltäytyi tunnustamasta Filip V:ttä jopa julistaen sodan, sillä tämä oli tunnustanut James III:n Englannin kuninkaaksi; kun taas keisari

219

oli yhä suorapuheisempi ja julisti sodan Ranskan kuninkaalle ja Anjoun herttualle. Niin alkoi suuri Espanjan perimyssota.

Ei tule olemaan helppoa tarkastella sotaa, jolla on sellaiset mittasuhteet, ja joka tulisi kestämään enemmän kuin kymmenen vuotta erossa yleisestä kerronnasta, joka etenkin koskettaa aihettamme ilman, että samalla menetetään näkymä suhteessa yhtäältä sen eri osiin ja toisaalta sen kokonaisuuteen. Sellainen menetys on kuitenkin tappava loppujen lopulta, jolloin kyse ei ole vain kertomuksesta merellisistä tapahtumista, eikä edes taktisesta tai strategisesta keskustelusta koskien tiettyjä laivasto-ongelmia erossa ne aiheuttaneista syistä ja vaikutuksista yleiseen historiaan, vaan arvostuksesta, jota osoitetaan merivoimien vaikutukseen koskien sodan lopputulosta ja kansakuntien kukoistusta. Tullaan osoittamaan suoraan taas, että William III:n tavoitteena ei ollut kiistää Philip V:n oikeutta valtaistuimeen; asia, joka oli sangen merkityksetön merivalloille, vaan ottaa haltuunsa hyöty sen kaupankäynnistä ja siirtomaaimperiumista koskien sellaisia osia Espanjan omistuksista Amerikasta kuin hän pystyi ja samaan aikaan asettaa sellaiset ehdot uudelle monarkialle, että se ainakin estäisi mitä tahansa menetyksiä englantilaiselle tai alankomaalaiselle kaupankäynnille pitäen yllä etuoikeuksia, jotka niillä oli ollut Habsburgien suvun ollessa vallassa Espanjassa. Sellainen politiikka ei ohjaisi merivaltojen pääponnisteluja Espanjan niemimaalle, vaan Amerikkaan; ja liittolaisten laivastot eivät saapuisi salmeen. Sisilia ja Napoli otettaisiin pois, ei Englannille, vaan Itävallalle. Tätä seuranneet tapahtumat olivat syy muutoksiin koko tässä yleisessä suunnitelmassa. Uusi ehdokas, Saksan keisarin poika, tuotiin esille 1703 liittolaisten toimesta nimellä Carlos III, ja niemimaasta tuli näyttämö odottamattomalle ja veriselle sodalle pitäen englantilais-alankomaalaisen laivaston pyörimässä ympäri rannikoita; tästä seurasi se koskien merivaltoja, että mitään ratkaisevaa ei tapahtunut Espanjan Amerikassa, mutta Englanti aloitti kiistan saadakseen käsiinsä Gibraltarin ja Port Mahonin, sekä tullen siten Välimerellä vallaksi. Samaan aikaan kun Carlos III julistettiin, niin tehtiin sopimus Portugalin kanssa, joka tunnetaan nimellä Methuenin sopimus (Methuen Treaty), joka antoi Englannille käytännössä monopolin Portugalin kauppaan ja lähetti Brasilian kullan Lissabonin kautta Lontooseen; etu tästä oli niin suuri, että se auttoi materiaalisesti ylläpitämään sotatoimia mantereella niin kuin myös ylläpitämään laivastoaa. Samaan aikaan jälkimmäisen tehokkuus kasvoi niin, että ranskalaisten risteilijöiden tappiot, vaikkakin olivat suuret, niin eivät milloinkaan olleet kestämättömät.

Kun sota syttyi, niin toteuttaakseen alkuperäistä politiikkaa, niin Sir George Rooke mukanaan viisikymmentä linjalaivaa ja kuljetusaluksia, jotka kuljettivat neljätoistatuhatta miestä, lähetettiin Cadizia vastaan, joka oli suuri eurooppalainen Espanjan ja Amerikan välisen kaupan keskus; sinne tuli lajeja ja tuotteita lännestä ja sieltä niitä lähetettiin ympäri Eurooppaa. William III:lle oli ehdotettu, että myös Cartagena, joka oli yksi saman kaupankäynnin tärkeimpiä keskuksia toisella pallonpuoliskolla, otettaisiin haltuun; ja lopulta kuusi kuukautta ennen kuolemaansa syyskuussa 1701 hän oli lähettänyt sinne laivueen, jota komensi vanhan ajan perinteinen merimies Benbow. Benbow kohtasi ranskalaisen laivueen, joka oli lähetetty tuomaan huoltoa ja vahvistamaan sitä paikkaa ja aloitti taistelun pohjoiseen Cartagenasta; mutta vaikka hänellä olikin ylivoima, niin useiden hänen kapteeniensa petoksen takia, jotka pysyivät poissa taistelusta, niin löi hänen tarkoituksensa ja taisteltuaan kunnes hänen aluksensa oli avuton ja hän itse sai kuolettavan haavan, niin ranskalaiset pakenivat ja Cartagena pelastui. Ennen kuolemaansa Benbow sai kirjeen ranskalaiselta kommodorilta tästä asiasta: "Eilen aamulla minulla ei ollut muuta toivoa kuin se, että olisin syönyt lounaan hytissäsi. Ja ne pelkurikapteenisi, niin hirtä heidät, sillä Jumalan nimeen he ansaitsevat sen." Ja hän hirtti kaksi heistä. Rooken sotaretki Cadizia vastaan myös epäonnistui, kuten se melkein varmasti olisi tapahtunut; sillä hänen käskynsä olivat toimia sovittelevasti Espanjan kansaa kohtaan ja saada heidät olemaan vastahakoisia Bourbonin kuningasta kohtaan. Sellaiset ristiriitaiset käskyt sitoivat hänen kätensä; mutta epäonnistuttuaan siellä hän sai selville, että galeonit Espanjan Länsi-Intiasta, jotka oli lastattu hopealla ja kauppatavaroilla, niin olivat tulleet Vigonlahdelle saattajinaan ranskalaisia sotalaivoja. Hän meni sinne heti ja löysi vihollisen satamasta, jonka suu oli noin 1,2 kilometriä leveä ja jota puolustivat linnoitukset ja raskas puomi; mutta kulku sisään pakotettiin puomin läpi kovassa tulituksessa, paikka otettiin haltuun ja kaikki kauppalaivat, joissa oli paljon lastia, niin joko otettiin haltuun tai upotettiin. Tämä toimi, joka historiassa tunnetaan nimellä Vigon galeonit, niin oli loistava ja mielenkiintoinen uroteko, mutta sillä ei ollut mainittavia sotilaallisia piirteitä paitsi, että se oli isku kahden kuningaskunnan rahoitukselle ja arvovallalle.

Vigon tapahtumat kuitenkin saivat aikaan tärkeitä poliittisia tuloksia ja auttoivat muuttamaan merivaltojen yleisiä suunnitelmia niin kuin on mainittu. Portugalin kuningas pelosta Ranskaa kohtaan oli tunnustanut Filip V:nen; mutta hänen sydämensä oli tätä vastaan, sillä hän pelkäsi

Ranskan vaikutusvaltaa ja voimaa niin lähellä hänen pientä ja eristettyä kuningaskuntaansa. Oli ollut Rooken tehtävän osana saada hänet irrottautumaan liitosta kahden kuningaskunnan kanssa; ja Vigon tapahtumat, jotka tapahtuivat niin lähellä hänen valtakuntansa rajoja, niin vakuuttivat hänet voimasta, joka oli liittolaisten laivastolla. Tosiasiassa Portugali oli lähempänä merta kuin Espanja ja sen täytyi luonnollisesti tuntea mereltä tuleva vaikutusvalta. Palkkioita tarjottiin; Itävallan keisarin toimesta Espanjan alueista merivaltojen tuella; mutta kuningas oli haluton julistautumaan itse itävaltalaisen vallantavoittelijan taakse, kunnes hän nousisi maihin Lissabonissa, jolloin hän osallistuisi liittoon niin niemimaalla kuin myös mantereen sodassa. Keisari siirsi vaatimuksensa kruunusta toiselle pojalleen Kaarlelle; ja jälkimmäinen sen jälkeen, kun hänet oli julistettu Wienissä ja tunnustettu Englannissa ja Alankomaissa, niin vietiin liittolaisten laivastolla Lissaboniin, jossa hän nousi maihin maaliskuussa 1704. Tämä pakotti tekemään tärkeitä muutoksia merivaltojen suunnitelmiin. Ne vannoivat tukensa Kaarlelle, jonka jälkeen niiden laivastot olivat sidottuja niemimaahan ja kaupankäynnin suojeluun; kun taas sota Länsi-Intiassa muuttui sivuasiaksi pienessä mittakaavassa niin, että se ei johtanut lopputuloksiin. Siitä lähtien Portugali oli Englannin uskollinen liittolainen, jonka merivoimat tämän sodan aikana saavuttivat suuren ylivoiman suhteessa sen kaikkiin kilpailijoihin. Sen satamat olivat turvapaikkoja ja tuki Englannin laivastoille, ja Portugali tulisi myöhemmin olemaan niemimaan sodassa Napoleonia vastaan Britannian tuki. Kaiken kaikkiaan Portugalilla oli sadan vuoden aikana enemmän saavutettavaa ja pelättävää Englannin suunnalta kuin minkään muun valtion taholta.

Niin suuria kuin vaikutukset olivat kahden merivallan ylivoimaan koskien sodan yleistä lopputulosta ja etenkin kiistatonta valtaa merillä, jota Englanti piti vuosisadan verran kiistatta, niin tässä kamppailussa ei ollut sotilaallisesti kiinnostavia meritaisteluita. Kerran suuret laivastot kohtasivat ja silloinkin lopputulokset olivat ratkaisemattomia; sen jälkeen, kun Ranska oli luopunut kamppailusta merellä sulkien itsensä täysin sodankäyntiin kaupankäynnin tuhoamiseksi. Tämä piirre Espanjan perimyssodassa luonnehtii melkein koko 1700-lukua, jolloin poikkeuksena oli Amerikan vapaussota. Äänetön, vakaa, väsyttävä paine, jolla merivallat toimivat, niin leikkaa kaikkia vihollisen voimavaroja, kun taas ne ylläpitävät omia voimiaan tukien sodan tapahtumia, joihin ne itse eivät osallistu tai ovat vain taustalla ja iskevät avoimesti harvoin, jolloin suurin osa ei huomaa niiden roolia, joka korostuu sillä, että huolellinen lukija, joka perehtyy tämän sodan ja sitä seuranneen puolen vuosisadan tapahtumiin, niin huomaa ne. Englannin ylivoimainen merivalta oli ratkaiseva tekijä Euroopan historiassa sinä ajankohtana pitäen yllä sotaa ulkomailla samaan aikaan taaten kukoistuksen kotimaassa ja rakentaen suurta valtakuntaa, joka tultaisiin nyt näkemään; mutta suuri tämä suuruus toimissa paeten vastustusta, niin se pakenee myös huomiota. Muutamassa tapahtumassa, joita kutsutaan yhteenotoiksi, niin ylivoima oli niin huomattavaa, että niitä tuskin voitiin kutsua taisteluiksi; poikkeuksina olivat Byngin toimet Minorcalla ja Hawken Quiberoninlahdella (eng Quiberon Bay), joista jälkimmäinen oli yksi mitä loistavimpia tapahtumia merihistoriassa, niin ratkaisevaa taistelua tasaväkisten voimien kanssa, jossa olisi sotilaallista mielenkiintoa, niin ei tapahtunut vuosien 1700 ja 1778 välisenä aikana.

Johtuen näistä luonteenpiirteistä Espanjan perimyssota katsottuna aiheemme näkökulmasta tullaan sulkemaan pois yleisestä linjauksesta välttäen kerrontaa ja viitaten sen yleisiin ominaisuuksiin etenkin koskien laivastojen toimia. Sodalla Flanderissa, Saksassa ja Italiassa laivastoilla ei ollut niihin luonnollisesti mitään osaa; kun niillä oli toimia, joilla ne suojelivat liittolaisten kaupankäyntiä, että ei olisi vakavia esteitä, jotka pysäyttäisivät tukivirrat, joista maasota oli riippuvainen, niin ne tekivät sen omalta osaltansa. Espanjan niemimaalla tilanne oli toinen. Heti Kaarle III:n noustua maihin Lissabonissa niin Sir George Rooke purjehti Barcelonaan. josta oletettiin, että se alistuisi kuin laivastot saapuisivat paikalle; mutta kuvernööri oli uskollinen kuninkaallensa ja piti itävaltalaisen puolueen kurissa. Rooke purjehti sitten Touloniin, jossa ranskalainen laivasto oli ankkurissa. Hänen matkallaan hän näki toisen ranskalaisen laivaston tulevan Brestistä, jota hän ajoi takaa saamatta sitä kiinni; jolloin kumpikin ranskalainen laivasto yhdistyivät satamassa. On merkityksellistä huomauttaa tässä, että Englannin laivasto ei koettanut saartaa Ranskan satamia talven aikana niin kuin he tekivät myöhemmissä sodissa. Silloin laivastot niin kuin armeijat menivät talvehtimaan. Toinen englantilainen amiraali, Sir Cloudesley Shovel, oli lähetetty saartamaan Brestiä; mutta hän saapui liian myöhään ja nähdessään, että hänen lintunsa oli lentänyt pois, niin jatkoi heti Välimerelle. Rooke, joka ei ajatellut, että hän olisi tarpeeksi vahva taistelemaan yhdistyneitä ranskalaisia laivueita vastaan, niin perääntyi kohti Gibraltarin salmea; sillä silloin Englannilla ei ollut satamia tai tukikohtia eikä hyödyllisiä liittolaisia Välimerellä, vaan Lissabon oli läheisin turvapaikka. Rooke ja Shovel kohtasivat Lagosin (kaupunki eteläisessä Portugalissa) edustalla ja pitivät siellä sotakokouksen, jossa aikaisempi heistä, joka oli korkea-arvoisempi, niin julisti, että hänen käskynsä kielsivät häntä tekemästä mitään ilman Espanjan ja Portugalin kuninkaiden suostumusta. Tämä tosiaan sitoi merivaltojen käsiä; mutta Rooke lopulta myöntyen toimettomuuden olevan nöyryyttävää ja tuntien häpeää palata kotiin tekemättä mitään, niin päätti hyökätä Gibraltariin kolmesta syystä: sillä hän oli kuullut, että siellä ei ollut riittävää varuskuntaa, koska se oli äärimmäisen tärkeä satama nykyisen sodan kannalta ja sen valloittaminen heijastuisi luottamukseen kuningattaren suunnalta. Englantilaisten omistajuus Gibraltarilla alkoi elokuun 4. 1704 ja se tosiaan pitää elossa Rooken nimeä, jonka harkintakyvyn ja pelottomuuden ansiosta Englannilla on hallussaan avaimet Välimerelle.

Espanjan Bourbon-suvun kuningas koetti heti ottaa sen paikan takaisin ja pyysi apua ranskalaiselta laivastolta Toulonista saadakseen tukea hyökkäykselleen. Tourville oli kuollut 1701 ja laivastoa komensi Toulousen kreivi, joka oli Ludwig XIV:n laillistettu poika rakastajattarensa kanssa, joka oli iältänsä vain 26-vuotias. Rooke myös purjehti itään ja kaksi laivastoa kohtasi 24. elokuuta Velez Malagan edustalla. Liittolaiset olivat tuulen puolella koillistuulen ansiosta, jolloin kummankin laivaston kääntymissuunta oli myötäpäivään purjehtien etelään ja itään. On olemassa epävarmuuksia lukumääristä; ranskalaisilla oli viisikymmentäkaksi linjalaivaa, kun taas heidän vihollisillaan oli luultavasti puolisen tusina enemmän niitä. Liittolaiset pitivät aluksensa erillään toisistaan sangen lähellä jokaisen aluksen vastaparia; ilmeisesti siellä Rookella ei ollut mitään taktisia juonia. Malagan taistelussa ei tosiaan ole mitään sotilaallisesti mielenkiintoista, paitsi se, että se on ensimmäinen kerta, kun näemme englantilaisten täysin kehittyneesti hyökkäävän epätieteellisesti, jota Clerk kritisoi ja joka tapana vallitsi koko vuosisadan. On ohjeistavaa huomata, että tulos oli saman kuin kaikissa muissa taisteluissa, jotka käytiin samalla periaatteella. Etujoukot etääntyivät keskustasta jättäen jälkeensä aika suuren välin; ja tehtiin yritys tunkeutua tämän välin läpi pyrkien eristämään etujoukot, joka oli ranskalaisten ainoa taktinen liike. Huomaamme, että heillä ei ollut jälkeäkään varovaisista ja taidokkaista taktiikoista, jotka Clerk oikein tunnistaa myöhäisemmiltä päiviltä. Rappeutuneisuus kyvykkäistä taktiikoista, joita käyttivät Monk, Ruyter ja Tourville aikaisemmin, niin niiden jäljet ovat selvästi nähtävissä Malagan taistelussa, ja sen antaa sille sen ainoan historiallisen merkityksen. Tuo havaittiin alkeellisessa tavassa taistella, kuten Macaulay oli laulanut, ja joka oli jäänyt monen vuoden ajaksi ideaaliseksi tavaksi Englannin laivastolle:

"Silloin kummankin osapuolen johtajat antoivat hyökkäyskäskyn; Ja kummankin puolen jalkamiehet marssivat eteenpäin keihäät ja kilvet käsissään; Ja kummankin puolen ratsumiehet iskivät kannuksensa syvälle hevosiinsa; ja *rinta rinnan* kohtasivat toisensa mahtavasti karjuen."

Ihmiset eivät aina etene; ja on olemassa samankaltaisia merkkejä samoista ajatuksista laivaston aikakausilehdissä omalta ajaltamme. Taistelu oli tiukkaa kestäen aamu kymmenestä aina iltapäivällä viiteen, mutta se oli täysin ratkaisematonta. Seuraavana päivänä tuuli kääntyi antaen tuuliedun ranskalaisille, mutta he eivät käyttäneet sitä hyökätäkseen; joka on paljon heidän syytänsä, jos heillä oli etua päivää aikaisemmin hyvin perusteluin. Rooke ei olisi voinut taistella; melkein puolet hänen laivastostansa kaksikymmentäviisi laivaa, kuten on sanottu, niin olivat käyttäneet kaikki ammuksensa. Jopa itse taistelun aikana useita liittolaisten aluksia hinattiin pois linjasta, sillä niillä ei ollut enää ruutia ja kanuunankuulia yhteenkään täyslaidalliseen. Tämä epäilemättä johtui hyökkäyksestä Gibraltaria vastaan, jolloin ammuttiin viisitoistatuhatta laukausta kanuunoilla ja ei ollut mitään satamaa, joka olisi voinut toimittaa huoltoa; puute, jonka uusi haltuunotto sen jälkeen tulisi poistamaan. Rooke ottaessaan haltuunsa Gibraltarin omasi saman tavoitteen kuin Yhdysvallat valloittaessaan Port Royalin sisällissodan alussa ja joka pyydettiin Parman herttua kuninkaan toimesta ennen kuin Espanjan voittamaton armada lähetettiin, että hän ottaisi haltuunsa Flushingin Hollannin rannikolta; neuvo, jos sitä olisi noudatettu, niin se olisi tehnyt tarpeettomaksi ankean ja katastrofaalisen matkan Brittein saarten ympäri. Samat syyt epäilemättä vaikuttaisivat minkä tahansa kansakunnan sotatoimiin rannikoitamme vastaan ottaakseen haltuunsa kaukaisia paikkoja kaukana suurista keskuksista ja joita on vaikea puolustaa, kuten Gardiner's Bay tai Port Royal, joita heidän laivastonsa pystyisi pitämään hallussaan nykytilassaan kehnossa kunnossa olevaa laivastoamme vastaan.

Rooke perääntyi Lissabonin rauhaan toimittaen matkallaan Gibraltarille kaikki elintarvikkeet ja ammukset, jotka hän saattoi laivastostansa antaa. Toulouse sen sijaan, että olisi hyödyntänet voittoansa, niin palasi Touloniin lähettäen vain kymmenen linjalaivaa tukemaan hyökkäystä Gibraltaria vastaan. Kaikki ranskalaisten yrityksen sitä paikkaa vastaan toteutettiin niin, että ne olivat turhia; piirittävä laivue oli lopulta tuhottu ja maahyökkäys muuttui saarroksi. "Tällä vastoinkäymisellä", sanoo ranskalainen laivastoupseeri, "alkoi Ranskan kansan valitettava reaktio laivastoa vastaan. Ihmeet, joita se oli saanut aikaan valtavien palveluksiensa kautta, unohdettiin. Sen arvoon ei enää uskottu. Armeija, joka oli suoremmin yhteydessä kansakunnan kanssa, niin se sai kaikki edut ja sympatiat. Vallitseva virhe oli se, että Ranskan suuruus riippui sen omistuksista Reinin alueella, niin tällaisten ajatusten suosiminen oli haitallista merivoimille, jotka olivat Englannin suuruuden takana ja omana heikkoutenamme." [76]

Sinä vuonna, 1704, käytiin Blenheimin taistelu, jossa ranskalaiset ja baijerilaiset joukot lyötiin täysin englantilaisten ja saksalaisten toimesta, joita johtivat Marlborough ja ruhtinas Eugene. Tämän taistelun lopputulos oli se, että Baijeri hylkäsi liittonsa Ranskan kanssa ja Saksasta tuli toissijainen sotatoimialue yleiselle sodalle, jota sen jälkeen käytiin pääasiassa Alankomaissa, Italiassa ja Espanjan niemimaalla.

Seuraavana vuonna, 1705, liittolaiset kävivät Filip V:ttä vastaan kahta reittiä; Lissabonista Madridiin ja Barcelonan kautta. Ensimmäistä hyökkäys, jota tuettiin meritse, niin tapahtui pääasiassa maitse ja sillä ei saavutettu tuloksia; Espanjan kansa sillä suunnalla osoitti erehtymättömästi, että he eivät ota vastaan kuningasta, jonka asettaisivat valtaan vieraat vallat. Tilanne oli toinen Kataloniassa, jonne Kaarle III meni henkilökohtaisesti liittolaisten laivaston kanssa. Ranskan laivasto, joka oli vahvuudeltansa heikompi, pysyi satamassa. Myöskään Ranskan armeija ei ilmestynyt paikalle. Liittolaiset saartoivat kaupungin saadessaan apua kolmeltatuhannelta merimieheltä ja tukivat huollon kautta laivastolla maihin laskettuja joukkoja, jolloin niillä oli niin huoltotukikohta ja huoltolinja kunnossa. Barcelona antautui 9. lokakuuta; koko Katalonia otti vastaan Kaarlen ja liike levisi Aragoniin ja Valenciaan, jolloin jälkimmäisen maakunnan pääkaupunki julisti hänelle tukensa.

Seuraavana vuonna 1706, ranskalaiset hyökkäsivät Espanjaan Kataloniaan samaan aikaan, kun he puolustivat vuoristosolia Portugaliin. Kun liittolaisten laivasto oli poissa ja menestys, jota se oli saavuttanut ja ylläpitänyt, niin vastarinta oli heikkoa ja Barcelona oli taas piirityksen kohteena, mutta tällä kertaa ranskalaista osapuolta tuki ranskalainen laivasto, jonka vahvuus oli kolmekymmentä linjalaivaa ja useita kuljetusaluksia, jotka kuljettivat huoltoa läheisestä Toulonin satamasta. Piiritys, joka alkoi huhtikuun 5, niin oli toiveikas; itävaltalainen vallantavoittelija itse oli muurien sisällä ollen menestyksen tavoite; mutta 10. toukokuuta liittolaisten alukset ilmaantuivat paikalle, jolloin ranskalaisten laivat perääntyivät ja piiritys lopetettiin epäjärjestyksessä. Bourbonin suvun vallantavoittelija ei uskaltanut perääntyä Aragoniin, ja siten hän siirtyi Roussilloniin Ranskassa jättäen kilpailijansa pitämään sitä hallussaan. Samaan aikaan tapahtui hyökkäys Portugalista; joka oli toinen tukikohta, jota Englannin ja Alankomaiden merivoimat hallitsivat ja hyödynsivät; toista armeijaa pidettiin yllä rahallisella tuella, jota saatiin valtamerestä. Tällä kertaa läntinen hyökkäys oli onnistuneempi; monia kaupunkeja Estremaduran ja Leonin alueella sortui, ja niin pian kuin liittolaisten kenraalit saivat selville Barcelonan piirityksen päätymisestä niin pyrkivät etenemään Salamancan kautta Madridiin. Filip V paettuaan Ranskaan, niin palasi läntisten Pyreneiden kautta; mutta liittolaisten lähestyessä hänen täytyi taas paeta jättäen pääkaupungin heidän käsiinsä. Portugalin ja liittolaisten joukot saapuivat Madridiin kesäkuun 26, 1706. Liittolaisten laivasto Barcelonan valloittamisen jälkeen valloitti Alicanten ja Cartagenan.

Siihen saakka oli tullut menestystä; mutta Espanjan kansan taipumukset oli ymmärretty väärin, ja heidän voimaansa, joka perustui heidän näkemyksiinsä ja ylpeyteensä, jota tukivat heidän maansa luonnolliset olosuhteet, niin niitä ei vielä ymmärretty. Luonnollista vihaa portugalilaisia kohtaan lietsottiin niin kuin myös uskonnollisia erimielisyyksiä kerettiläisiä kohtaan, sillä englantilainen kenraali itse oli hugenottipakolainen. Madrid ja sitä ympäröivä maaseutu sai näitä vaikutteita ja etelä lähetti Bourbonin suvun kuninkaalle vakuutuksensa uskollisuudestansa. Liittolaiset eivät pystyneet pitämään hallussaan vihamielistä pääkaupunkia etenkin, kun alueella sen ympäristössä ei ollut huoltotarvikkeita ja se oli täynnä sissejä. He vetäytyivät kohti itää edeten kohti itävaltalaista vallantavoittelijaa Aragonissa. Takaisku seurasi toista ja 25. huhtikuuta 1707, liittolaisten armeija kärsi katastrofaalisen tappion Almansan luona menettäen viisitoistatuhatta miestä. Koko Espanja oli taas Filip V:n käsissä pois lukien Katalonian maakunta, josta myös osa oli alistettu. Seuraavana vuonna, 1708, ranskalaiset etenivät jonkin verran tuolla alueella, mutta eivät pystyneet hyökkäämään Barcelonaa vastaan; sen sijaan Valencia ja Alicante valloitettiin.

Vuonna 1707 ei tapahtunut mitään tärkeitä laivastotapahtumia. Kesän aikana liittolaisten laivastot Välimerellä siirrettiin Espanjan rannikolta tukemaan hyökkäystä Toulonia vastaan, jonka tekivät itävaltalaiset ja piedmontilaiset. Jälkimmäiset liikkuivat Italiasta Välimeren rannikkoa pitkin, jolloin laivasto tuki heidän merenpuoleista sivustaansa ja toimitti huoltoa. Piiritys kuitenkin epäonnistui ja sotaretki oli ratkaisematon. Palatessaan kotiin amiraali Sir Cloudesley Shovel yhdessä useiden linjalaivojen kanssa menetettiin Scillyn saarten luona ja yhdestä noista hylyistä on tullut historiallisesti merkittävä.

Vuonna 1708 liittolaisten laivasto valloitti Sardinian, jonka hedelmällisyys ja läheisyys Barcelonaan teki siitä rikkaan varaston itävaltalaiselle vallantavoittelijalle niin kauan kuin liittolaiset hallitsivat merta. Samana vuonna Menorca, mukaan lukien sen arvokas satama Port Mahon myös otettiin haltuun ja se pysyi englantilaisten käsissä viisikymmentä vuotta. Saartamalla Cadizin ja Cartagenan omistamalla Gibraltarin ja kohdistuen Toulonia vastaan Port Mahonísta, Iso-Britannia (Vuoden 1707 Act of Union yhdisti Englannin ja Skotlannin synnyttäen Iso-Britannian.) omasi nyt vahvat asemat Välimerellä niin Ranskaa kuin Espanjaa vastaan; tämän lisäksi Portugali oli sen liittolainen, niin se hallitsi kahta tukikohtaa, Lissabonia ja Gibraltaria vartioiden kauppareittejä niin valtamerellä ja sisämerellä. Vuoden 1708 loppuun mennessä Ranskan onnettomuudet maalla ja merellä, jotka aiheuttivat pelottavia kärsimyksiä kuningaskunnalle, ja melkein toivottomuutta jatkaa sotaa, joka oli tuhoamassa Ranskaa ja jota Englanti tuki helposti, niin sai Ludwig XIV:n tarjoamaan mitä nöyryyttävimpiä myönnytyksiä saadakseen rauhan. Hän suostui antamaan pois koko Espanjan monarkian jättäen vain Napolin Bourbon-suvun kuninkaalle. Liittolaiset kieltäytyivät tästä; he vaativat koko Espanjan imperiumin hylkäämistä ilman mitään poikkeuksia Anjoun herttuan toimesta kieltäytyen kutsumasta häntä kuninkaaksi ja lisäsivät siten Ranskan itsensä vahingollisia olosuhteita. Ludwig ei suostunut noihin vaatimuksiin ja sota jatkui.

Jäljellä olevien vuosien aikana työläin toimin liittolaismerivallat, joista oli silloin tullut yksin Iso-Britannia saaden hieman apua Alankomailta, oli vähemmän häiritsevä, mutta tosiasiassa sen toimien vaikutuksen jäivät elämään. Itävaltalainen vallantavoittelija oli pääasiallisesti suljettu Kataloniaan, johon yhteyksiä Sardiniasta ja Saksan italialaisista maakunnista vartioi Englannin laivasto; mutta täysi Ranskan laivaston katoaminen ja jotkut todisteet aikomuksista Ludwigin osalta olla pitämättä laivueita merellä, niin sallivat Välimeren laivaston pienentyä tuoden siten parempaa suojaa liittolaisten kaupankäynnille. Vuosina 1710 ja 1711 sotaretkiä myös tehtiin ranskalaisia siirtokuntia vastaan Pohjois-Amerikassa. Nova Scotia valloitettiin, mutta yritys valloittaa Quebec epäonnistui.

Talven 1709 ja 1710 aikana Ludwig veti pois kaikki ranskalaiset joukot Espanjasta siten hyläten pojanpoikansa puolustamisen.

Mutta silloin, kun Ranskan sotaonni oli mitä heikoin ja näytti siltä, että se tulisi olemaan pakotettu tekemään myönnytyksiä, jotka tekisivät siitä toisluokkaisen vallan, niin koalition olemassaoloa uhkasi Marlboroughin häpeä, joka edusti Englantia siinä. Hän suosionsa menetys kuningattaren silmissä johti siihen seuraukseen, että valta siirtyi sotaa vastustavalle puolueelle tai tämä puolue pikemminkin vastusti sen jatkamista. Tämä muutos tapahtui kesällä 1710, ja taipumusta kohti rauhaa vahvisti niin se suotuisa asema, jossa Englanti oli silloin sodan suhteen ja se raskas taakka, jota se kantoi; josta oli käymässä selväksi se, että siitä ei tulisi olemaan sille enempää hyötyä suhteessa sen painavuuteen. Heikompi liittolainen, Alankomaat, oli asteittain lopettanut panostamisen sille määrättyyn osaan merivoimista; ja vaikka kaukonäköiset englantilaiset saattoivat katsoa välinpitämättömästi heidän kilpailijansa katoamista meriltä, niin suorien kulujen kasvaminen saattoi tuntua enemmän ja vaikuttaa sen ajan miehiin. Hinta, joka maksettiin niin mantereen kuin Espanjan sodista oli suurelta osin Englannin maksamien tukien varassa; ja vaikka mantereen tapahtumat eivät toisi sille enempää etuja, niin nähtiin, että sympatiat Espanjan kansaa kohden eivät menisi Kaarle III:n hyväksi ilman, että siitä oltaisiin valmiina maksamaan lisämaksuja. Salaiset neuvottelut alkoivat pian Englannin ja Ranskan välillä ja ne saivat lisäpontta, kun Saksan keisari odottamatta kuoli, sillä hän oli itävaltalaisen vallantavoittelijan veli. Ei ollut muuta miespuolista vallanperillistä, jolloin Kaarlesta tuli Itävallan keisari ja hänet pian valittiin Saksan keisariksi. Englanti ei halunnut yhtään sen enempää nähdä kahta kruunua itävaltalaisessa päässä kuin Bourbon-suvun edustajan päässä.

Englannin vaatimukset rauhalle vuodelta 1711 osoittavat, että siitä oli tullut merivalta kyseisen sanan puhtaimmassa muodossa ei vain tosiasiana, vaan myös sen omassa tietoisuudessa. Se vaati, että sama henkilö ei ikinä voisi olla niin Ranskan kuin Espanjan kuningas; suojaa linnoitettuja kaupunkeja annettavaksi sen liittolaisille Alankomaille ja Saksalle puolustuslinjaksi Ranskaa vastaan; Ranskan tekemät valloitukset sen liittolaisia vastaan pitäisi palauttaa; ja se vaati itsellensä muodollisesti annettavaksi Gibraltaria ja Port Mahonia, joiden strateginen ja merenkulkuun liittyvä arvo oli osoitettu, Dunkirkin sataman hävittämistä, sillä se oli kaapparien tukikohta, jotka saalistivat englantilaisia kauppa-aluksia, Ranskan siirtokuntien rakentamisen keskeyttämistä Newfoundlandissa, Hudsoninlahdella ja Nova Scotiassa, joista viimeistä se piti silloin hallussaan ja lopulta kauppasopimuksia Ranskan ja Espanjan kanssa, ja myönnytyksiä antaa sille monopoli orjakauppaan Espanjan Amerikassa, joka tunnettiin nimellä Asiento, jonka Espanja oli myöntänyt Ranskalle 1701.

Neuvottelut jatkuivat, vaikka vihollisuudet eivät keskeytyneetkään; ja kesäkuussa 1712 neljän kuukauden tulitauko Ison-Britannian ja Ranskan välillä poisti englantilaiset joukot liittolaisten armeijoista mannermaalta, kun heidän suuri johtajansa Marlborough oli poistettu niiden johtajuudesta vuotta aikaisemmin. Vuoden 1712 sotaretki oli suotuisa Ranskalle; mutta melkein joka tapauksessa Ison-Britannian vetäytyminen sai aikaan kysymyksen sodan päättymisestä lyhyessä ajassa. Alankomaalaisten vetoomuksiin vastattiin, että vuodesta 1707 lähtien alankomaalaiset olivat varustaneet ei sen enempää kuin kolmanneksen heille kiintiöidyistä laivoista, ja vieneet sotaan ei sen enempää kuin puolet niistä. Alahuone vetoomuksessaan hallitsijalle vuonna 1712 valitti seuraavaa:

"Palvelua merellä on toteutettu koko sodan ajan tavalla, joka on hyvin haitallista Hänen Majesteettinsa kuningaskunnalle koskien tarvetta varustaa suuria laivastoja joka vuosi ylläpitämään herruutta Välimerellä ja mitä tahansa voimia, joita vihollinen saattaa valmistella Dunkirkissä tai läntisen Ranskan satamissa; Hänen Majesteettinsa valmius varustaa teidän suhteellinen määränne aluksia kaikin tavoin palvelukseen, joka ei ollut riittävää Alankomaissa, missä on ollut suurta puutteellisuutta joka vuosi koskien suhteellisuutta, jolla Teidän Majesteetillenne on varustettu aluksia; Siksi teidän Majesteetin tulisi olisi olla pakotettu huolehtimaan näistä puutteista ylimääräisillä täydennyksillä aluksilla, ja teidän Majesteettiinen alukset tulisi olla pakotettu suuremmissa määrin jatkamaan kaukaisille merille, ja eri aikoihin vuodesta, vaikka se aiheuttaisi suurta vahinkoa laivastolle. Se myös suojaisi kauppasaattueita; rannikot ovat olleet alttiita risteilijöille; ja olette tehneet pahaa haittaa vihollisen kaupankäynnille Länsi-Intiaan, josta he ovat saaneet suuria määriä vaurautta, jota ilman he eivät olisi voineet kustantaa sodankäyntinsä kuluja."

Tosiasiassa vuodesta 1701 vuoteen 1716 kaupankäynti Espanjan Amerikkaan oli tuonut Ranskalle vaurautta yhteensä 40 miljoonan dollarin arvosta. Näihin valituksiin Alankomaiden lähettiläs Englannissa saattoi vain vastata, että Alankomaat eivät olleet siinä kunnossa, että se voisi täyttää sopimuksen sille asettamat velvollisuudet. Vastaiskut vuodelta 1712 lisäsivät Ison-Britannian pyrkimystä rauhaan, jolloin Alankomaat halusivat samaa asiaa ja englantilaiset edelleen pitivät yllä vanhoja tuntemuksiin keskellä tyytymättömyyttänsä liittolaisiinsa niin paljon, että heidän vastustuksensa Ranskaa kohtaan tukeakseen kaikkia Alankomaiden järkeviä vaatimuksia. Huhtikuun 11. 1713 melkein yleinen rauha, joka tunnetaan nimellä Utrechtin rauha, joka oli yksi historian merkkipaalu, tehtiin yhtäällä Ranskan ja toisaalla Englannin, Alankomaiden, Preussin, Portugalin ja Savoijin välillä. Keisari jatkoi yhä taistelua, mutta menetettyään brittien rahallisen tuen armeijoidensa sotatoimille ja merivaltojen vetäydyttyä mannermaan sota tuli täysin hänen vastuullensa; mutta Ranska sai kätensä vapaiksi vuoden 1713 loistavan sotaretken ansiosta. Maaliskuun 7. 1714 tehtiin rauha Ranskan ja Itävallan välillä. Jotkut sodan kipinät jatkoivat palamistansa Kataloniassa ja Baleaarien saarilla, jotka jatkoivat kapinaansa Filip V:ttä vastaan; mutta kapina kukistettiin niin nopeasti, kun Ranskan aseet kääntyivät sitä vastaan. Barcelona valloitettiin rynnäköllä syyskuussa 1714 ja saaret alistettiin seuraavana kesänä.

Muutokset, joihin pitkä sota ja saneltu rauha vaikuttivat lyöden laimin vähäisemmät yksityiskohdat tai ohittaen tärkeimmät, sanotaan seuraavassa: 1. Bourbonin suku saa haltuunsa Espanjan valtaistuimen ja Espanjan valtakunta pitää hallussaan Länsi-Intian ja Amerikan omistuksensa; tarkoitus, joka oli William III:lla sen valtakuntaa vastaan kärsi siitä, että Englanti tuki itävaltalaista prinssiä ja siten sitoi suuremman osan laivastostansa Välimerelle. 2. Espanjan valtakunta menettää omistuksensa Alankomaissa Gelderlandin mennessä Preussin kuningaskunnalle ja Belgian keisarille; Espanjan Alankomaista tulee Itävallan Alankomaat. 3. Espanja menetti myös tärkeitä saaria Välimerellä; Sardinia annettiin Itävallalle, Menorca loistavan satamansa kanssa Isolle-Britannialle ja Sisilia Savoijin herttualle. 4. Espanja menetti myös omistuksensa Italiassa, jolloin Milano ja Napoli annettiin keisarille. Sellaiset olivat sodan tulokset Espanjalle, kun taisteltiin sen valtaistuimen perimisestä.

Ranska, joka tuki voitokasta vallantavoittelijaa, tuli taistelusta väsyneenä ja menettäen huomattavan määrän maa-alueitansa. Se oli onnistunut laittamaan oman kuningassukunsa naapurimaan valtaistuimelle, mutta sen merivoimat oli käytetty loppuun, sen väestö oli pienentynyt, sen talous oli raunioina. Eurooppalaisia annettiin pois sen pohjoisilla ja itäisillä rajoilla; ja se hylkäsi Dunkirkin sataman käyttämisen, joka oli ollut englantilaisten kauppiaiden niin pelkäämän kaapparisodankäynnin keskus. Amerikassa se luovutti Nova Scotian ja Newfoundlandin ensimmäisenä askeleena, joka johtaisi koko Kanadan menettämiseen, joka tapahtuisi puoli vuosisataa myöhemmin; mutta tässä tilanteessa se piti hallussaan Cape Bretonin saaren, jonka satama on Louisburg, joka hallitsi St. Lawrencen lahtea ja jokea.

Englannin valloitukset, jotka se sai sopimuksen ja sodan kautta, niin melkein täysin vastaavat Ranskan ja Espanjan menetyksiä, ja ne kaikki oli ohjattu laajentamaan ja kasvattamaan sen merellistä voimaa. Gibraltar ja Port Mahon Välimerellä ja siirtokunnat Pohjois-Amerikassa on jo mainittu, joista tuli sen voimille uusi tukikohtia laajentaen ja suojellen sen kaupankäyntiä. Toinen asia sen oman laajentumisen lisäksi oli vahingoittaa Ranskan ja Alankomaiden merivaltoja rappeuttamalla niiden laivastoja siksi, että maasota veti niiltä huomattavia voimavaroja; lisähuomioita tästä rappeutumisesta annetaan myöhemmin. Juuri laiminlyönti koskien Alankomaita täyttää sen laivakiintiöt ja huono kunto niissä aluksissa, joita se lähetti, niin toi ylimääräistä taakkaa Englannille, niin sitä voidaan ajatella hyötynä, joka pakotti brittien laivaston suurempaan kehitystyöhön ja ponnisteluihin. Epätasapaino merellä kasvoi lisää Dunkirkin sataman tuhoamisen myötä; vaikka se ei ollutkaan ensiluokkainen satama, eikä se ollut kovinkaan syvä, niin sillä oli suuri keinotekoinen sotilaallinen voima, ja sen sijaintia käytettiin oudosti haittaamaan Englannin kaupankäyntiä. Se oli vain noin 64 kilometriä Forelandistä ja Downsista ja kanaalin toisella puolella, jossa kanaali oli 32 kilometriä leveä Dunkirk oli Ludwigin yksi ensimmäisistä valloituksista ja sen kehittäminen oli ollut kuin hänen oma lapsensa; sen purkaminen ja sataman täyttäminen osoitti hänen kärsimänsä nöyryytyksen syvyyttä siinä asiassa. Mutta oli Englannin viisautta, että se ei perustanut merivoimiaaan puhtaasti sotilaallisiin asemiin tai edes polttolaivoihin ja kaupallisiin etuihin, joita se oli saavuttanut sodassa ja jotka olivat hyvin suuret. Lupa orjakauppaan Espanjan Amerikassa oli itsessään tuottavaa, jolloin siitä tuli perusta yhä laajemmalle salakuljetustoiminnalle kanssakäymisessä näiden maiden kanssa, joka antoi englantilaisille osittaisen korvauksen siitä, että he eivät onnistuneet saamaan alueellisia valloituksia; kun taas Ranska teki Portugalille myönnytyksiä Etelä-Amerikassa, jotka olivat pääasiassa Englannin etujen mukaisia, joka oli saanut hallintaansa Portugalin kaupankäynnin sopimuksella 1703. Pohjois-Amerikan luovutetut siirtokunnat olivat arvokkaita, ei vain pääasiallisesti sotilastukikohtina, vaan myös kaupallisesti; ja suotuisin ehdoin tehtiin kauppasopimukset Ranskan ja Espanjan kanssa. Silloinen ministeri puolustaessaan sopimusta parlamentille sanoi: "Hyödyt rauhasta näyttävät lisäksi kasvattavan vaurauttamme; suuria määriä kultaharkkoja äskettäin lyötiin kolikoiksi; kasvattamalla suurella määrällä kauppalaivastomme toimintaa rauhasta lähtien, kalastamalla ja kaupankäynnillä; ja huomattavalla kasvulla tullituloihin koskien tuontitavaroita, ja tuotantoamme, ja kasvua maamme viennissä;" olivat sanoja, jotka antoivat tukea kaupankäynnille sen kaikilla osa-alueilla.

Kun Englanti tuli sodasta hyvässä toimivassa kunnossa ja sangen hyvissä asemissa pitääkseen merellisen herruuden, niin sen vanha kilpailija kaupankäynnissä ja sodassa jäi toivottomasti sen taakse. Sodan lopputuloksena Alankomaat eivät saavuttaneet mitään mereltä; ei siirtokuntia, eikä uusia asemapaikkoja. Kauppasopimuksessa Ranskan kanssa se sai samat ehdot kuin Englanti, mutta sille ei tehty mitään myönnytyksiä koskien jalansijaa Espanjan Amerikassa niin kuin sen liittolainen oli saanut. Tosiaan joitakin vuosia ennen rauhaa, kun vielä liittoutuma oli pitämässä Kaarlea aisoissa, niin tehtiin jälkimmäisen kanssa sopimus brittiläisen ministerin kanssa, joka oli tuntematon alankomaalaisille käytännössä antaen briteille monopolin Espanjan kaupankäyntiin Amerikassa; he jakoivat sen vain espanjalaisten kanssa, joka oli melkein sama asia kuin se, että he eivät jakaneet sitä keneenkään kanssa. Tämä sopimus tuli vahingossa julkisuuteen ja sillä oli suuri vaikutus alankomaalaisiin; mutta Englanti oli silloin niin tärkeä liittoutumalle, että muut liittoutuman jäsenet eivät voineet jättää sitä liittoutuman ulkopuolelle. Se, mitä Alankomaat saavuttivat maalla, niin oli vain sotilaallinen miehitys koskien tiettyjä linnoitettuja osia Itävallan Alankomaista, jotka tunnetaan historiassa nimellä "estekaupungit" (eng. barrier towns); mitään ei lisätty sen tuloihin, väestöön tai voimavaroihin; mitään sellaista, joka kasvattaisi sen olemassa olevien sotilaallisten instituutioiden voimaa. Alankomaat olivat hylänneet, kenties väistämättä tien, jota pitkin se oli edennyt vaurauteen ja johtajuuteen kansakuntien keskuudessa. Sen mantereellisen aseman tuoma taakka oli johtanut sen laiminlyömään laivastoaan, joka niinä päivinä ja kauppasotaa käyden sai aikaan menetyksiä merellisissä kuljetuksissa ja kaupankäynnissä; ja vaikka se piti tahtonsa korkealla sodan läpi, niin oireet sen heikkoudesta olivat selviä johtuen sen heikentyvästä aseistuksesta. Siksi vaikka Yhdistyneet Alankomaat saavuttivatkin tärkeän tavoitteen, jolla ne aloittivat sodan ja pelastivat Espanjan Alankomaat Ranskan käsistä, niin tämä menestys ei ollut sen vaatiman hinnan arvoista. Sen vuoksi he peräntyivät pitkäksi aikaa Euroopan sodista ja diplomatiasta; osaltansa kenties siksi, että he näkivät, kuinka vähän sitä kautta oli saavutettavissa, mutta enemmän silti siksi, että se johtui heidän omasta heikkoudestansa ja kyvyttömyydestänsä. Sodan raskaat ponnistelut saivat aikaan reaktion, joka näytti kivuliaasti valtion heikkouden johtuen sen pienestä maa-alasta ja vähäisestä määrästä väestöä. Alankomaiden rappeutuminen alkaa Utrechtin rauhasta; mutta todellinen rappeutuminen alkoi aikaisemmin. Alankomaat ei enää kuulunut Euroopan suurvaltoihin, sen laivasto ei enää ollut tekijä diplomatiassa, ja sen kaupankäynti myös kärsi osansa valtion yleisestä rappeutumisesta.

Jäljelle jää lyhyt huomio sodan lopputuloksista Itävaltaan ja Saksaan yleisesti ottaen. Ranska luopui esteestä Reinillä yhdessä linnoitettujen paikkojen kanssa sen itärannalla. Itävalta sai, kuten on mainittu, niin Belgian, Sardinian, Napolin ja Espanjan omistukset pohjoisessa Italiassa; tyytymättömänä muilta osin Itävalta oli erittäin tyytymätön siihen, että se ei onnistunut saamaan Sisiliaa ja ei lopettanut neuvotteluja ennen kuin se oli turvannut saaren. Olosuhteet olivat tärkeämpiä Saksalle ja koko Euroopalle kuin tämä muutos Itävallalle kaukaisissa ja vieraissa maissa, niin oli Preussin nousu, joka alkaa tästä sodasta protestanttisena valtana ja sotilaallisena kuningaskuntana, jonka kohtalona on tulla olemaan vastapaino Itävaltaa vastaan.

Sellaiset Espanjan perimyssodan lopputulokset, "joka oli maantieteellisesti laajin siihen mennessä ollut sota sitten ristiretkien". Se oli sota, jonka pääasiallinen sotilaallinen mielenkiinto oli maalla, sillä siinä sodassa taisteli kaksi kaikkien aikojen huomattavinta kenraalia; Marlborough ja ruhtinas Eugene, joiden nimet muistetaan Blenheimin, Ramilliesin, Malplaquetin ja Torinon taisteluista, jotka ovat tunnettuja suurimmalle osalle historiaan perehtyneistä lukijoista; kun taas suuri määrä kyvykkäitä miehiä kunnostautui muilla sotatoimialueilla Flanderissa, Saksassa, Italiassa, Espanjassa. Merellä käytiin vain yksi suuri taistelu ja tuskin on mainitsemisen tai nimeämisen arvoinen. Silti katsoen hetken suoria ja selviä tuloksia kysyen, että kuka hyötyi siitä? Oliko se Ranska, jonka ainoa saavutus oli saada Bourbon-suvun edustaja Espanjan valtaistuimelle? Oliko se Espanja, jonka ainoa saavutus oli saada Bourbon-suvun kuningas itävaltalaisen kuninkaan sijaan ja siten läheisempi liitto Ranskan kanssa? Oliko se Alankomaat, joka sai suojaksensa linnoitetut kaupungit, rappeutuneen laivaston ja väsyneen kansan? Lopulta, oliko se Itävalta, joka vaikka taisteli merivaltojen rahoilla ja sai haltuunsa sellaisia merellisiä alueita kuin Espanjan Alankomaat ja Napolin? Oliko se nämä maat, jotka olivat käyneet sota enemmän ja enemmän yksinoman maasta ja kääntäneet katseensa saadakseen lisää maata vai oliko se Englanti, joka oli tosiaan rahoittanut sotaa mannermaalla ja jopa tukenut sitä joukoillansa, mutta joka oli samaan aikaan rakentanut laivastoansa vahvistaen, laajentaen ja suojellen kaupankäyntiänsä, sekä ottaen haltuunsa merellisiä asemia; toisin sanoen luonut perustaa ja suojellut kaupankäyntiänsä, kun sen kilpailijat, ystävät ja viholliset rappeutuivat yhtä lailla? Ei ollut alentavaa toisen maiden saavutuksien suhteen kääntää katseita Englannin laivaston kasvuun; sen saavutuksiin, jotka yhä selvemmin toivat esille sen vahvuuksia. Oli saavutus Ranskalle omata ystävä enemmin kuin vihollinen selustassaan, vaikka sen laivasto ja kauppalaivasto olivatkin rappiolla. Oli Espanjan saavutus tulla läheiseen kanssakäymiseen sellaisen elävän maan kuin Ranskan kanssa vuosisadan poliittisen kuolemisen jälkeen ja se pelasti suurimman osan sen uhatuista omistuksista. Oli Alankomaiden saavutus olla varmasti vapaa Ranskan aggressioista, kun Belgia oli pikemminkin vahvan kuin heikon valtion omistuksessa. Ja epäilemättä oli Itävallan saavutus ei vain pysäyttää, pääasiassa muiden kustannuksella, sen perinteisen vihollisen eteneminen, vaan myös saada sellaiset maakunnat kuin Sisilia ja Napolia, joista viisaan hallinnon käsissä saattaisi tulla perusta kunnioitetulle merivallalle. Mutta yksikään näistä saavutuksista tai ne kaikki yhdessä eivät vetäneet vertoja suuruudelle ja paljon vähemmän vakaudelle, jota kautta Englannista oli tullut vertaansa vailla oleva merivalta, kun tuo kehitys oli alkanut Augsburgin liiton sodasta ja saavuttanut täydellisyytensä ja sinettinsä Espanjan perimyssodassa. Hallitsemalla suurta kaupankäyntiä avomerellä sotalaivastollaan, kun sillä ei ollut kilpailijoita ja muiden maiden sotaväsymyksen vuoksi ne eivät voineet tehdä mitään; ja kauppalaivaston käyttäminen oli nyt turvattu vahvojen asemien ansiosta, joita oli kaikilla kiistellyillä alueilla eri puolella maailmaa. Vaikka sen intialainen valtakunta ei ollutkaan vielä syntynyt, niin sen laivaston valtava laajuus salli sen hallita yhteyksiä muihin maihin rikkailla ja kaukaisilla alueilla, ja toteuttaa sen tahtoa missä tahansa kiistassa, joka syntyi kauppapaikoista muiden maiden kesken. Kaupankäynti oli ylläpitänyt sen vaurautta ja sen liittolaisten sotilaallista tehokkuutta sodan aikana, vaikka vihollinen sen pysäytti ja sitä häiritsi risteilijöillään (joihin se saattoi kiinnittää vain osittaista huomiota keskellä sen monia omia tavoitteitansa), niin se alkoi saamaan uutta elämää, kun sota oli ohitse. Kaikkialla maailmassa väsyneenä taakastansa yleisestä kärsimyksestä, niin ihmiset kaipasivat vaurauden palaamista ja rauhanomaista kaupankäyntiä; ja siellä ei ollut maata, joka olisi ollut siihen valmiimpi kuin Englanti vaurauden, pääoman ja kauppalaivaston osalta saadakseen hyödyt jokaisesta hankkeesta, joilla kauppatavaroiden vaihtoa edistettiin joko laillisesti tai laittomin keinoin. Espanjan perimyssodassa sen oman viisaan asioidenhoitamisen ja muiden maiden täydellisen väsymyksen takia ei vain sen laivasto, vaan myös sen kaupankäynti kasvoivat vakaasti; ja tosiaan niissä vaarallisissa olosuhteissa merillä kulkivat jotkut hurjimmista ja levottomimmista risteilijöistä, joita Ranska oli koskaan lähettänyt merille, jolloin laivaston tehokkuus tarkoitti turvallisempia matkoja ja enemmän käyttöä kauppalaivoille. Brittiläiset kauppalaivat, jotka olivat paremmin suojattuja kuin alankomaalaiset, niin saivat maineen olla paljon turvallisempia lastien kuljettajia, ja kaupankäynti kuljettaa lastia siirtyi yhä enemmän heidän käsiinsä; kun taas tapa käyttää mieluummin niitä, kun se kerran oli syntynyt, niin luultavasti jatkui.

"Ottaen huomioon kaikki asiat", sanoo Britannian laivaston historioitsija, "en epäile, että ansio Englannin kansakunnasta olisi koskaan ollut korkeammalla sinä aikana tai henkenä ihmisten keskuudessa. Voimiemme menestys merellä, joka on tarpeellista kauppamme suojaamiseksi ja suosio jokaisella otetulla askeleella kasvatti merellistä voimaamme, jota satunnaisesti mitattiin pyrkimällä vuosittain kasvattamaan voimiamme. Siksi syntyi suuri ero vuoden 1706 päättyessä kuninkaallisen laivastoon; se, ei ollut vain lukumäärissä, vaan alusten laadussa ollen paljon suurempi kuin se oli ollut mainion vallankumouksen (eng. Glorious Revolution) aikana tai aikaisemmin. Siitä lähtien kaupankäyntimme pikemminkin kasvoi kuin väheni viimeisen sodan aikana ja silloin saavutimme tiukan kanssakäymisemme Portugalin kanssa." [77]

Englannin merellinen voima ei siten vain perustunut suureen laivastoon, johon me sen liian usein ja, yksin yhdistämme mielissämme; Ranskalla oli ollut sellainen laivasto 1688 ja se oli heittänyt sen pois kuin lehden tuleen. Eikä ollut kukoistava aika yksin; muutamia vuosia myöhemmin, kun olimme tulleet, niin Ranskan kaupankäynti oli ottanut haltuunsa suuria osia, mutta ensimmäinen isku sodassa oli pyyhkinyt sen meriltä samalla tavalla kuin Cromwellin laivasto oli kerran pyyhkinyt pois alankomaalaiset. Se oli kahden liitto, josta oli pidetty hyvää huolta, jolloin Englanti sai haltuunsa merien vallan muiden maiden ympärillä ja niiden takaa; ja tämä etu oli selvästi yhdistettynä Espanjan perimyssodan aikaan. Ennen sotaa Englanti oli ollut yksi merivalloista; sodan jälkeen se oli *tärkein* merivalta ilman kunnon kilpailijoita. Sitä valtaa se myös käytti yksin jakamatta sitä ystävien kanssa ja ilman vihollisen estelyä. Se yksin oli rikas ja se hallitsi meriä ja sen kattavat kauppareitit olivat rikkauden lähteitä niin paljon sen käsissä, että sillä ei ollut läsnäolevia kilpailijoita valtamerillä. Siten se oli saanut haltuunsa merien valtiuden ja vaurauden, joka ei ollut vain suurta, vaan myös vakaata sen omissa käsissä; kun taas muiden maiden saavutukset olivat asteiltansa vähäisempiä, mutta luonteeltansa heikompia niin, että ne riippuivat enemmän tai vähemmän muiden kansojen hyvästä tahdosta.

Voidaankin kysyä, että ovatko merelliset voimat yksin tie suuruuteen tai vaurauteen minkään kansakunnan kohdalla? Asia ei ole varmasti näin. Merten käyttö ja hallinta on vain yksi linkki ketjussa, joka kehittää vaurautta; mutta se on keskeinen linkki, joka on yhteydessä muihin kansakuntiin sen eduksi, joka sitä hallitsee ja joka niin kuin historia näyttää osoittavan, niin hankkii itsellänsä kaikki rikkaudet. Englanti sitä hallintaa ja meriä käyttäen näyttää luonnollisesti nousseen useiden olosuhteiden avustamana; vuodet suoraan ennen Espanjan perimyssotaa olivat enemmänkin kasvattamassa sen vaurautta sarjalla rahoituksellisia toimia, joista Macaulay puhuu "syvinä ja vakaina perustoina, joille syntyi mitä suurin kudelma kaupallista kukoistusta, jonka maailma on koskaan nähnyt." Voidaan kyseenalaistaa kuitenkin ihmisten nerokkuus taipumuksena ja kehittyneenä kaupankäynnin perustana, joka ei helpota ottaa käyttöön sellaisia keinoja; jolloin sellaiset toimet eivät osaltansa ole peräisin lähteestä, jonka voidaan sanoa olevan kansakunnan merellinen mahti. Kuitenkin voi olla, kuten on nähty, että kanaalin toisella puolella kansakunta, joka on suoraan Englannin edessä kilpailussa; niin se kansakunta on oudon hyvin sijoittunut maantieteellisesti ja voimavarojensa suhteen hallitsemaan merta niin sodassa kuin kaupankäynnissä. Ranskan asema siinä oli niin outo, että kaikista suurvalloista vain sillä yksin oli valinnanvaraa; muut olivat enemmän tai vähemmän sidoksissa pääosin maahan tai mereen tehdessään mitä tahansa liikkeitä omien rajojensa ulkopuolella; mutta sillä oli pitkä raja mantereella, jonka lisäksi sillä oli kolme eri rannikkoa. Vuonna 1672 se päätti laajentua maitse. Siihen aikaan Colbert oli hallinnut sen budjettia kahdentoista vuoden ajan ja saanut maan pois hirvittävästä sekasorrosta palauttaen Ranskan kuninkaan tulot tasolle, joka oli kaksinkertainen verrattuna Englannin kuninkaaseen. Silloin Ranska maksoi tukijaisia Euroopalle; mutta Colbertin suunnitelma ja toivo Ranskan suhteen lepäsi ajatukselle tehdä siitä merellisesti voimakas maa. Sota Alankomaita vastaan pysäytti nämä suunnitelmat, jolloin liike kohti vaurautta keskeytyi, kun kansakunta heitettiin takaisin itseensä sulkeutuen ulkopuoliselta maailmalta. Monet syyt epäilemättä toimivat yhdessä katastrofaaliseen lopputulokseen, joka merkitsi Ludwig XIV:n valtakauden loppua; jatkuvat sodat, huono hallinto jälkimmäisellä puoliskolla, suuri tuhlailevaisuus; mutta Ranskaan ei koskaan käytännössä hyökätty, vaan sota pidettiin tai pysyi sen rajojen toisella puolella lievin poikkeuksin, jolloin sen kotimaan teollisuus kärsi vain vähän suorista vihollisuuksista. Näiden asioiden suhteen sen tilanne oli melkein sama kuin Englannin ja se oli paremmassa tilanteessa kuin sen muut viholliset. Mikä sai aikaan erot lopputuloksissa? Miksi Ranska oli niin surkea ja väsynyt, kun Englanti oli onnellinen ja kukoistava? Miksi Englanti saneli ja Ranska hyväksyi rauhanehdot? Syyt siihen olivat ilmeisesti erot vauraudessa ja luottamuksessa. Ranska yksin taisteli monia vihollisia vastaan; mutta sen vihollisia vahvistettiin ja liikuteltiin Englannin rahallisen tuen turvin. Englannin varainhoitaja (Lord Treasurer of England) kirjoitti 1706 Marlboroughille sanoen:

"Vaikka maa ja kaupankäynti niin Englannissa ja Alankomaissa ovat tuoneet niille suurta taakkaa, niin silti luottamus on pysynyt hyvänä kumpaankin niistä ja meihin; kun taas Ranskan rahoitus on ollut paljon enemmän kulunut loppuun, kun heidät on pakotettu antamaan kaksikymmentä tai kaksikymmentäviisi prosenttia jokaisesta pennistä, jonka he lähettävät pois valtakunnastansa, elleivät he lähetä sitä rahallisesti."

"Vuonna 1712 Ranskan kulut olivat 240 miljoonaa frangia, kun taas verot toivat kokoon yhteensä vain 113 miljoonaa frangia, josta sen jälkeen, kun siitä oli vähennetty tappiot ja tarpeelliset kulut, niin siitä jäi vain 37 miljoonaa frangia valtiolle; alijäämä katettiin silloin odotuksilla osasta tulevien vuosien kuluja ja sarjasta poikkeuksellisen työläitä toimia nimetä tai ymmärtää.

"Kesällä 1715 [kaksi vuotta rauhantekemisen jälkeen] näytti siltä, että jos tilanne ei pahenisi; eli ei tulisi enempää julkista tai yksityistä velkaa; ei olisi selviä tuloja valtiolle; osaa tuloista ei olisi luvattu odottaa seuraavina vuosina. Eikä työ tai kulutus voisi jatkua ilman talouden kiertokulkua; koronkiskonta oli hallitsemassa raunioittaen yhteiskuntaa. Vaihtoehdot korkeille hinnoille ja kauppatavaroiden puutteelle murskasivat kansaa. Ruokamellakoita tapahtui sen keskuudessa, ja jopa armeijassa. Tehtaat kituivat tai työt niissä keskeytettiin: pakotettu epärehellisyys kasvoi kaupungeissa. Pellot oli hylätty, maalla ei ollut työvälineitä, oli pulaa lannoitteista, karjasta; talot olivat rappeutumassa. Ranskan kuningaskunta näytti olevan valmiina kuolemaan sen ikääntyneen kuninkaan kanssa." [78]

Sellaista oli Ranskassa, jonka väestö oli yhdeksäntoista miljoonaa silloin, kun koko Brittein saarten asukasmäärä oli kahdeksan miljoonaa; vaikka sen maat olivatkin paljon hedelmällisemmät ja tuottavammat; ennen suuria päiviä myös hiilessä ja raudassa. "Englannissa päinvastoin suuret avustukset parlamentilta 1710 löivät ranskalaiset ällikällä;

silloin heidän luottokelpoisuutensa oli matala tai tosiasiassa mennyt, niin se oli meillä huipussaan." Saman sodan aikana " sinne ilmaantui mahtava henki kauppiaidemme keskuuteen, joka mahdollisti heidän toteuttaa kaikki juonensa innokkuudella, joka piti rahan jatkuvasti liikkeessä läpi koko kuningaskunnan, ja salli sellaisia mahtavia kannusteita kaikille tehtaille, että niistä olivat kiitollisia ihmiset noin hankalina aikoina."

"Sopimuksella Portugalin kanssa olimme selviä hyötyjiä. Portugalilaiset alkoivat tuntea mukavia vaikutuksia Brasilian kultakaivoksistansa, ja siitä huomattavasta kaupankäynnistä, joka seurasi meitä saaden heidän hyvän onnensa suuressa mitassa omaksi onneksemme; ja niin on ollut siitä lähtien; muuten en tiedä kuinka sodan vaatimat kulut olisi katettu. Rahavirta kuningaskuntaan kasvoi hyvin huomattavasti, josta voidaan hyvin suuressa määrin kiittää kauppaamme portugalilaisten kanssa; ja se, kuten olen sanonut, niin sen olemme kokonaan velkaa voimallemme merellä [joka vei Portugalin pois liitostaan kahden kruunun kanssa ja heitti sen merivaltojen suojelukseen]. Kaupankäyntimme Espanjan Länsi-Intiaan Cadizin kautta oli varmasti paljon keskeytyksissä tämän sodan alussa; mutta myöhemmin se palasi suuressa mittakaavassa kuin myös suorat yhteydet useisiin maakuntiin, jotka olivat arkkiherttuan alaisuudessa kuin myös Portugaliin, vaikka se tapahtuikin hyvin suuressa määrin salakuljetuksen kautta. Olimme samaan aikaan hyvin suuria hyötyjiä kaupastamme espanjalaisten kanssa Länsi-Intiassa [myös salakuljetusta]. Siirtokuntamme, vaikka valittivatkin laiminlyönneistä, niin rikastuivat ja saivat uusia asukkaita, ja veivät kauppaansa kauemmaksi kuin aikaisemmin. Kansallinen päämäärä koskien Englantia oli tässä sodassa etenkin suuressa mittakaavassa saanut vastauksensa; tarkoitan Ranskan voimien tuhoamista merellä, sillä Malagan taistelun jälkeen emme kuulleet enää suurista laivastoista; ja vaikka heidän kaappariensa määrä olikin hyvin paljon kasvanut, niin silti menetykset kauppiaillemme olivat paljon vähäisemmät kuin aikaisemmalle mahdille. On todellakin suuren tyytyväisyyden määrä, että ottaen ensiksi tähtäimeensä niin suuren laivastomahdin kuin Ranskan kuningas oli koonnut 1688, niin kun kamppailimme sellaisissa olosuhteissa, ja kun kävimme hankalaa sotaa 1697, niin huomasimme, että velkataakka on liian raskas, että sen saisi pois lyhyen välirauhan aikana, niin silti 1706 sen sijaan, että Ranskan laivasto oli purjehtinut pitkin rannikoitamme, niin lähetimme joka vuosi voimakkaan laivaston loukkaamaan heitä, niin ylivoima heistä ei ollut vain valtamerellä, vaan Välimerellä pakottaen heidät kokonaan pois mereltä vain nähdessään lippumme. Mutta se ei vain turvannut kauppaamme Levanttiin ja vahvistanut etujamme kaikkien Italian ruhtinaiden kanssa, vaan iski berberivaltioihin pelon ja vaikutti siihen, että sulttaani ei kuunnellut mitään ehdotuksia Ranskasta. Sellaisia olivat kasvaneiden merivoimiemme hedelmät, ja tavalla, jolla niitä käytettiin, niin sellaiset laivastot olivat tarpeellisia; ne heti suojasivat lippujamme ja liittolaisiamme ja saivat ne tukeutumaan etuihimme; ja mikä oli tärkeämpää kaikessa, niin se loi maineemme merivaltana niin tehokkaasti, että se tuntuu vielä tähänkin päivänä [1740], sillä niin onnellisia olivat siten nämä maineen tuomat vaikutukset." [79]

On tarpeetonta lisätä mitään muuta. Sellainen oli valtatilanne merillä, josta ranskalaiset historioitsijat kertovat meille, että heidän risteilijänsä vahvistivat sen kaupankäyntiä. Englantilainen kirjoittaja myöntää suuret menetykset. Vuonna 1707, jolloin viiden vuoden aikana tuotto ylähuoneen komitean mukaan kertoi, että "sodan alusta lähtien Englanti oli menettänyt 30 sotalaivaa ja 1146 kauppalaivaa, josta 300 on otettu takaisin; kun se olemme ottaneet heiltä tai tuhonneet 80 sotalaivaa ja 1346 kauppalaivaa; olemme myös poistaneet pelistä 175 kaapparilaivaa." Suurempi määrä sota-aluksia oli luultavasti yksityisiltä tahoilta niin kuin on selitetty. Mutta suhteelliset luvut voivat olla mitä ovat, sillä mitään kiistaa ei tarvitse osoittaa enempää koskien lausuntoja, vaan näyttääkseen pelkän kaapparisodankäynnin tehottomuuden, kun sitä ei tueta suurin laivastoin, kun pyritään voittamaan suuri merivalta. Jean Bart kuoli 1702; mutta Forbin, Du Casse ja muut, etenkin Duguay-Trouin, olivat hänelle arvokkaita seuraajia ollen tasaväkisiä kenelle tahansa kauppasodan kävijälle, jonka maailma on koskaan nähnyt.

Nimi Duguay-Trouin vihjaa sen mainitsemisen, että ennen kuin lopulta Espanjan perimyssota päättyi, niin hänen suurin yksityinen kaappariretkensä ulottui etäisyydelle kotoa, jolle merimiehet harvoin joutuivat työssään ja joka osoittaa mielenkiintoisesti sellaisien päivien henkeä ja käänteitä, kun Ranskan hallitus oli heikentynyt. Pieni ranskalainen laivue hyökkäsi Rio de Janeiroa vastaan 1710, mutta se torjuttiin saaden joitakin vankeja, jotka sanottiin sitten teloitetun. Duguay-Trouin pyrki saamaan luvan kostaa tämä Ranskaan kohdistunut loukkaus. Kuninkaalta saatuaan luvan hän hankki alukset ja varusti ne miehistöin; ja normaali sopimus tehtiin yhtäällä kuninkaan kanssa ja toisaalla yhtiön kanssa, jota Duguay-Trouin palveli mainiten syntyneet kulut ja hankitun huollon; niiden mukaan tulemme pitämään outona liikemiesmäisenä käytäntönä, että jokaisesta mukaan tulleesta sotilaasta, joka tulisi kuolemaan tai hylkäämään paikkansa risteilyn aikana, niin yhtiö maksaisi kolmekymmentä frangia.

Kuningas sai viidenneksen nettovoitoista ja kantaisi vastuun mistä tahansa aluksesta, joka haaksirikkoutuisi tai tuhoutuisi tuossa toiminnassa. Näiden ehtojen mukaisesti luetteloituina pitkään sopimukseen, niin Duguay-Trouin sai käyttöönsä voiman, jossa oli kuusi linjalaivaa, seitsemän fregattia ja yli kaksituhatta sotilasta, joilla hän purjehti Rio de Janeiroon 1711; hän otti sen kaupungin haltuunsa tehtyään sarjan sotatoimia ja salli sen maksaa lunnaat, joiden arvo oli jotain alle 400,000 dollaria (Tuon arvon laskeminen nykyrahassa äärimmäisen haastavaa riippuen kuluneesta ajasta ja laskutavoista. Nykyarvo laskutavasta riippuen on jotain 33 miljoonan ja 1,67 miljardin dollarin välissä), joka vastaa suunnilleen nykyään (1890) miljoonaa dollaria, jonka lisäksi hän sai viisisataa tynnyriä sokeria. Kaappariyhtiö sai 92 % tuoton hankkeestansa. Kun kahdesta linjalaivasta ei myöhemmin kuultu mitään, niin kuninkaan voitot olivat luultavasti pienet.

Kun Espanjan perimyssotaa käytiin kaikkialla läntisessä Euroopassa, niin kiista, jolla tulisi olemaan syvällisiä vaikutuksia, niin oli käynnissä idässä. Ruotsi ja Venäjä olivat sodassa, unkarilaiset kapinoivat Itävaltaa vastaan ja Turkki oli lopulta vedetty sotaan, mutta se tapahtui vasta vuoden 1710 päättyessä. Jos Turkki olisin auttanut unkarilaisia, niin siitä olisi tullut vahva harhautus, eikä se olisi ollut sitä ensimmäistä kertaa historiassa Ranskan hyväksi. Englantilainen historioitsija ehdottaa, että Turkkia piti aisoissa Englannin laivaston pelko; joka tapauksessa se ei toiminut ja unkarilaiset alistettiin tottelemaan. Sota Ruotsin ja Venäjän välillä johtui jälkimmäisen halusta nousta Itämerellä ylivoimaiseen asemaan heikentäen Ruotsia, joka oli Ranskan vanha liittolaisen, toissijaiseksi valtioksi, ja sitä kautta Venäjä tuli varmasti mukaan Euroopan politiikkaan.

Lähdeviitteet:

[75] Martin: History of France.

[76] Lapeyrouse-Bonfils: Hist. de la Marine Francaise.

[77] Campbell: Lives of Admirals.

[78] Martin: History of France.

[79] Campbell: Lives of the Admirals.

Luku VI; Ranskan sijaishallitsija; Alberoni Espanjassa; Walpolen ja Fleurin politiikat; Puolan perimyssota; Englantilainen kielletty kaupankäynti Espanjan Amerikassa; Iso-Britannia julistaa sodan Espanjalle; 1715–1739.

Utrechtin rauhaa seurasi pian kahden valtion hallitsijoiden kuolemat ja nämä hallitsijat olivat olleet keskeisessä osassa Espanjan perimyssotaa. Kuningatar Anne kuoli elokuun 1. päivä 1714; Ludwig XIV kuoli syyskuun 1. 1715.

Perillinen Englannin valtaistuimelle oli saksalainen George I, vaikka hän epäilemättä olikin Englannin kansan valinta, niin hän oli kaukana siitä, että hän olisi heidän suosikkinsa, ja hänet pikemminkin nähtiin välttämättömänä pahana antaen heille protestanttisen kuninkaan roomalaiskatolisen sijaan. Yhdessä kylmyyden ja inhon, jota tunnettiin hänen tukijoitansa kohtaan, niin hän huomasi, että oli hyvin suuri huomattava joukko tyytymättömiä miehiä, jotka tahtoivat nostaa James II:n pojan valtaistuimelle. Siellä ei ollut vakautta, joka oli enemmän ilmeistä kuin selvää, mutta se kuitenkin selvästi vaaransi hänen asemansa. Ranskassa päinvastoin vallanperimys oli kiistaton; mutta vallanperijä oli viisivuotias lapsi ja siellä oli paljon kateutta koskien sijaishallitsijaa, jonka valta oli absoluuttisempaa kuin Englannin kuninkaan. Sijaishallitsijan aseman sai ja sitä käytti seuraavana vallanperimyksessä oleva Philip, joka oli Orleansin herttua; mutta häntä pidättivät toimissaan ei vain osaltansa Ranskan kilpailijoiden aikeet, vaan myös Espanjan Bourbon-sukuisen kuningas Philip V:n aktiivinen vihamielisyys, joka näytti olevan peräisin Orleansin juonista myöhään sodasta korvata Philip Espanjan valtaistuimelta. Siellä oli siten tunnetta epävakaudesta, joka pidätteli Englantia ja Ranskaa vaikuttaen kummankin niistä politiikkaan. Koskien Ranskan ja Espanjan suhdetta, niin keskinäinen vihamielisyys todellisten hallitsijoiden välillä, kun taas aikaisemmin Ludwig XIV:n toivoi ystävällistä sopusointua sukulaissuhteiden takia ja se oli vahingollista kummankin kansakunnan todellisille eduille.

Sijaishallitsija Orleans, sen ajan Ranskan kyvykkäimmän ja tunnetuimman valtiomies Abbe Duboisin neuvosta teki liiton Ison-Britannian kuninkaan kanssa. Hän teki ensiksi kaupallisia myönnytyksiä, sillä sellaiset yleensä hyväksyttiin englantilaisten toimesta kieltäen ranskalaisten kauppalaivat eteläisillä merillä kuolemanrangaistuksen uhalla ja laskien tulleja, joita oli määrätty englantilaiselle hiilelle. Englanti otti ensiksi nämä myönnytykset vastaan epäluuloisesti; mutta sijaishallitsija ei lannistunut ja tarjosi niiden lisäksi sitä, että vallantavoittelija James III joutuisi vetäytymään Alppien taakse. Hän myös aloitti hankkeen Mardyckin sataman täyttämisestä, jonka rakentamista Ranskan hallitus oli koettanut selittää itsellensä menettämällä Dunkirkin. Nämä myönnytykset, joista kaikki paitsi yksi, kuten huomataan, tehtiin Ranskan merivoimien tai kaupallisten etujen kustannuksella, niin saivat aikaan sopimuksen Englannin kanssa, jossa nämä kaksi maata vastavuoroisesti turvasivat Utrechtin sopimuksen toteuttamisen, kun niiden edut olivat kyseessä; etenkin lause, jonka mukaan Orleansin suku nousisi Ranskan valtaistuimelle, jos Ludwig XV kuolisi lapsettomana. Englannin protestanttinen vallanperimys taattiin samalla tavalla. Alankomaat, joka oli väsynyt sotaan, niin oli haluton uusiin yhteenottoihin, mutta lopulta se saatiin tähän mukaan antamalla sen tietyille kauppatavaroille pääsy Ranskaan. Sopimus allekirjoitettiin tammikuussa 1717, ja se tunnettiin nimellä kolmiliitto (eng. Triple Alliance), ja sitoi Ranskan Englantiin joiksikin tuleviksi vuosiksi.

Kun Ranska suostutteli Englantia, niin Espanja, jota johti toinen kyvykäs kirkonmies, niin oli etsimässä samaa liittoa ja samaan aikaan kasvatti kansallista voimaansa toivoessaan saavansa takaisin menettämänsä valtiot Italiassa. Uusi ministeri, kardinaali Alberoni, lupasi Filip V:lle, että hän pistäisi tämän asemaan, jossa Sisilia ja Napoli voitaisiin valloittaa takaisin, jos siihen annettaisiin viiden vuoden rauhankausi. Hän työskenteli kovaa kasvattaakseen tuloja, rakentaakseen laivastoa ja varustaakseen armeijaa uudestaan, kun taas hän samaan aikaan edisti tuotantopajojen toimintaa, kaupankäyntiä ja laivaustoimintaa, ja edistys näissä kaikissa oli huomattava; mutta enemmän Espanjan hyväksytty kunnianhimo saada takaisin menettämänsä alueensa ja niiden lisäksi luoda voimansa Välimerelle, jota niin pahasti oli haavoittanut Gibraltarin menetys, niin sitä haittaisi Filipin huonosti ajoitettu aikomus syöstä Orleans sijaishallitsijan asemasta Ranskassa. Alberoni oli pakotettu hylkäämään Ranska, jonka merivoimat, niin kuin myös Espanjan, olivat pakotettuja näkemään Sisilian pysyvän ystävällisissä käsissä ja sen luonnollisen liittolaisen sijaan oli pakotettu lepyttämään merivaltoja, jotka olivat Englanti ja Alankomaat. Siinä hän myös teki kaupallisia myönnytyksiä; hän lupasi antaa englantilaisille haltuunsa etuoikeudet, jotka heille oli myönnetty Utrechtin sopimuksessa koskien Espanjaa, joita oli niin paljon viivytelty. Vastikkeeksi hän kysyi suotuisia toimia niiltä Italian suuntaan. George I, joka oli sydämeltänsä saksalainen, otti vastaan lähentymisen kylmästi, sillä ne olivat vihamielisiä Saksan keisarin italialaisia omistuksia kohtaan; ja Alberoni loukkaantuneena veti ne pois. Kolmiliitto takaamalla olemassa olevat järjestelyt Ranskan valtaistuimen perimyksessä lisää loukkasi Filip V:ttä, joka uneksi omien vaatimuksiensa toteuttamista. Lopputulos näistä kaikista neuvotteluista oli Englannin ja Ranskan sitoutuminen yhdessä Espanjaa vastaan, joka oli kahden Bourbon-suvun kuninkaan sokean politiikan lopputulosta.

Tilanteen ydin sai aikaan nämä eri päämäärät ja tuntemukset, niin oli se, että niin Itävallan keisari kuin Espanjan kuningas kumpikin halusivat Sisiliaa, joka oli Utrechtin sopimuksessa luvattu Savoijin herttualle; ja niin Ranska kuin Englanti kumpikin tahtoivat rauhaa läntiseen Eurooppaan, sillä sota voisi antaa tilaisuuden tyytymättömille tahoille kummassakin kuningaskunnassa. Georgen asema oli kuitenkin turvatumpi kuin Orleansin, jolloin jälkimmäisen politiikka oli tehdä myönnytyksiä ensimmäiselle ja tätä taipumusta kasvatti Espanjan kuninkaan aktiivinen pahantahtoisuus. George saksalaisena toivoi keisarin menestystä; ja englantilaiset valtiomiehet mieluummin näkivät Sisilian aikaisemman liittolaisensa ja hyvän ystävänsä kuin Espanjan käsissä. Ranska vastoin sen todellista politiikkaa, mutta sen sijaishallitsijan kiireellisen aseman vuoksi, niin tunnusti samoja näkemyksiä, ja ehdotettiin, että muutettaisiin Utrechtin sopimusta niin, että Sisilia siirrettäisiin Savoijilta Itävallalle antaen ensimmäiselle näistä Sardinia sen sijaan. Oli tarpeen kuitenkin ottaa huomioon Espanja, joka Alberonin alaisuudessa oli jo pystynyt jossain määrin kokoamaan sotilaallista voimaa, joka hämmästytti niitä, jotka olivat tunteneet sen sotilaallisen heikkouden aikaisemmasta sodasta. Se ei ollut vielä valmis taistelemaan, sillä vain puolet kardinaalin pyytämästä viidestä vuodesta oli kulunut; mutta se oli vähemmän halukas unohtamaan omia kunnianhimoisia tavoitteitansa. Mitätön välikohtaus sytytti vihollisuudet. Korkea-arvoinen espanjalainen virkamies matkusti Roomasta Espanjaan maitse ja niin matkasi keisarin hallussa olevien italialaisten maiden läpi, jolloin hänet pidätti jälkimmäisen kapinallinen alamainen, joka vielä kutsui itseään Espanjan kuninkaaksi. Tämän loukkauksen suhteen Alberoni ei voinut hillitä Filipiä. Sotaretki, jossa oli kaksitoista sotalaivaa ja kahdeksantuhattakuusisataa sotilasta, lähetettiin Sardiniaa vastaan, jota ei ollut vielä siirretty Savoijille, ja ne valloittivat saaren muutamassa kuukaudessa. Tämä tapahtui 1717.

Epäilemättä espanjalaiset olisivat heti menneet Sisiliaa vastaan; mutta Ranska ja Englanti puuttuivat nyt tilanteeseen aktiivisemmin estääkseen yleisen sodan, joka näytti uhkaavan. Englanti lähetti laivaston

Välimerelle, ja neuvottelut alkoivat Pariisissa, Wienissä ja Madridissa. Niiden kokouksien lopputulos oli sopimus Englannin ja Ranskan välillä toteuttaa mainittu Sardinian ja Sisilian vaihtaminen, korvata se antamalla Espanjalle Parma ja Toscana Pohjois-Italiasta ja määräämällä, että keisari tulisi ikuisesti luopumaan naurettavasta vaatimuksestansa Espanjan kruunuun. Tämä järjestely toteutettaisiin asein, jos se olisi tarpeellista. Ensiksi keisari kieltäytyi suostumasta tähän; mutta Alberonin valmistelujen kasvava suuruus sai hänet lopulta hyväksymään niin edullisen tarjouksen, ja Alankomaiden liittyminen siihen mukaan antoi sille historiallisen nimen neliliitto (eng. Quadruple Alliance). Espanja oli itsepäinen; ja oli merkittävää, että Alberonin saavutukset kasvattivat sen voimaa ja halukkuutta puhumattakaan George I:n huolta, kun hänelle tehtiin tarjous ostaa pois Gibraltar. Jos sijaishallitsija Orleans tiesi tästä, niin se osaltansa oikeuttaisi häntä jatkamaan neuvottelujansa.

Alberoni kasvattaa sotilaallista voimaan diplomaattisin ponnisteluin, jotka kattoivat koko Euroopan. Venäjä ja Ruotsi tuotiin yhteen hankkeeseen, jonka tarkoituksena oli hyökätä Englantiin Stuartien edun mukaisesti; liittymällä neliliittoon Alankomaat viivyttivät hänen agenttiensa toimia; salaliitto alkoi Ranskassa sijaishallitsijaa vastaan; turkkilaiset lietsoivat levottomuuksia keisaria vastaan; tyytymättömyyttä luotiin läpi koko Britannian; ja tehtiin yritys saada Savoijin herttua omalle puolelle, sillä hän oli vihoissaan Sisilian menetyksestä. Heinäkuun 1. päivä 1718 espanjalainen armeija, jossa oli kolmekymmentätuhatta miestä ja jota saattoi kaksikymmentäkaksi linjalaivaa, niin ilmaantui Palermoon. Savoijin joukot evakuoitiin kaupungista ja hyvin pian melkein koko saari oli heidän hallinnassaan pois lukien Messinan linnoitus, jonne vastarinta keskittyi. Huoli tuntui itse Napolissa, kunnes englantilainen amiraali Byng [80] ankkuroi sinne päivä Messinan piirityksen alkamisen jälkeen. Sisilian kuningas oli nyt suostunut neliliiton ehtoihin, kun Byng sai aluksiinsa kaksituhatta itävaltalaista sotilasta, jotka piti laskea maihin Messinassa. Kun hän saapui sinne, niin hän huomasi, että sitä piiritettiin, jolloin hän kirjoitti espanjalaiselle kenraalille ehdottaen kahden kuukauden aselepoa. Tästä tietenkin kieltäydyttiin; jolloin itävaltalaiset taas laskettiin maihin Reggiossa Italiassa, Byng purjehti Messinansalmen läpi etsien Espanjan laivastoa, joka oli mennyt etelään.

Yhteenotto, joka syntyi, niin sitä tuskin voi taisteluksi kutsua, ja kun sellaisia asioita tapahtuu osapuolten välillä, jotka ovat sodan partaalla, mutta sotaa ei ole tosiasiallisesti julistettu, niin silloin voidaan epäillä, että kuinka pitkälle moraalisesti englantilaiset olivat oikeutettuja toimimaan. Näyttää olevan aika varmaa, että Byng oli etukäteen päättänyt ottaa haltuunsa tai tuhota espanjalaisen laivaston, ja että sotilaana hänen toimensa olivat oikeutettuja saamiensa käskyjen perusteella. Espanjalaiset laivastoupseerit eivät olleet päättäneet mitään tapaa toimia; he olivat hyvin paljon alakynnessä ja niin kuin on aina tuollaisissa tapauksissa, kun Alberoni päätti nopeasti elvyttää laivaston, niin samassa ajassa ei ollut saavuttanut läheskään hänen armeijansa tehokkuutta. Englantilaiset lähestyivät uhkaavasti, jolloin yksi tai kaksi espanjalaista laivaa avasi tulen, jolloin englantilaiset, jotka olivat tuulen puolella, niin he pysähtyivät ja tekivät niistä selvää; vain harva pääsi pakoon Valettan satamaan. Espanjan laivasto oli käytännössä tuhottu. On vaikeata ymmärtää tehokkuutta, jonka jotkut kirjoittajat liittävät Byngin toimintaan silloin hänen hyökätessään ilman asianmukaista linjamuodostelmaa. Hänellä oli edessään kuriton joukko, joka oli paljon alivoimaisempi lukumäärässä ja kurissa. Hänen ansionsa pikemminkin olivat valmiudessa ottaa vastuu, jota tunnollisempi mies oli saattanut karttaa; mutta siinä ja koko sotaretken ajan hän palveli Englantia hyvin, jonka merimahti taas vahvistui, kun tuhottiin, ei tosiasiallisen, vaan mahdollisen kilpailijan voimat ja hänen palveluksensa palkittiin päärin arvolla. Yhteydestä sen päivän työhön kirjoitettiin viesti, josta tuli olemaan paljon hyötyä englantilaisille historioitsijoille. Yksi vanhemmista kapteeneista lähetettiin ajamaan takaa joitakin pakenevia vihollisen aluksia. Hänen raporttinsa amiraalille oli seuraava: "Olemme ottaneet haltuumme tai tuhonneet kaikki espanjalaisalukset tällä rannikolla niin kuin on määrätty. Kunnioitettavasti teidän, G. Walton." Yksi englantilainen kirjoittaja tekee ja toinen kannustaa perusteettoman, mutta luonteenomaisen heiton ranskalaisten suuntaan, että laivat siten työntyivät sivuun ranskalaisten kertomuksen sivuilla. [81] Voidaan sanoa, että niin kutsuttu "taistelu" Cape Passaron luona ei anna suuriakaan kuvauksia ansioista ja kapteeni Walton mahdollisesti tiesi sen; mutta jos kaikki raportit laivastojen toiminnasta tehdään hänen mallinsa mukaisesti, niin laivastohistoria ei voisi luottaa virallisiin papereihin.

Siten espanjalainen laivasto oli lyöty 11. elokuuta 1718 Cape Passaron edustalla. Se sinetöi Sisilian kohtalon, jos tuo aihe oli kyseenalainen aikaisemmin. Englantilainen laivasto kiersi saaren tukien itävaltalaisia ja saartaen espanjalaiset, joista yhdenkään ei annettu vetäytyä ennen kuin rauha oli tehty. Alberonin diplomaattiset hankkeet epäonnistuivat yksi toisensa jälkeen oudon tappavasti. Seuraavana vuonna ranskalaiset toimiessaan liiton ehtojen mukaisesti hyökkäsivät Espanjan pohjoisosiin tuhoten telakat; he polttivat yhdeksän suurta laivaa satamaan, joiden lisäksi paloi materiaalia rakentaa seitsemän muuta laivaa, kun englantilainen yhteysupseeri ranskalaisten päämajassa kannusti heitä toimimaan tällä tavalla. Siten Espanjan laivaston tuho oli suoritettu kokonaan, josta englantilainen historioitsija sanoo seuraavaa kuvaten Englannin mustasukkaisuutta merellisissä asioissa. "Se on tehty", kirjoitti ranskalainen komentaja, Berwickin herttua, joka oli Stuart-suvun äpärä, "Englannin hallituksen käskystä näyttämään seuraavalle parlamentille, että mitään ei lyödä laimin heikennettäessä Espanjan laivastoa." Sir George Byngin toimet, joista englantilainen laivastohistorioitsija sanoo seuraavaa, niin kertovat Englannin aikeista silloin. Kun Messinan kaupunki ja linnoitus olivat piirityksen kohtein itävaltalaisten, englantilaisten ja sardinialaisten toimesta, niin kiista syntyi espanjalaisen sota-aluksen omistajuudesta satamassa. Byng, "viitaten itse mahdollisuuteen, että varuskunta saattaisi antautua, jos se saisi turvallisen paluun laivoilla Espanjaan, jota hän päätti olla häiritsemättä; että toisaalta oikeus omistaa saattaisi synnyttää epäsopivan kiistan kriittisellä hetkellä ruhtinaiden keskuuteen, ja jos päätettäisiin, että se ei kuulu Englannille, niin olisi parempi, että se ei kuuluisi kenellekään muulle ehdottaen kreivi de Mercille, itävaltalaiselle kenraalille koota tykkipatteri ja tuhota ne siellä, missä ne olivatkin." [82] Sen jälkeen, kun jotkut johtajista olivat esittäneet tyytymättömyyttä, niin se tehtiin. Jos jatkuvalla huolenpidolla ja valppaudella ansaitaan menestystä, niin Englanti varmasti ansaitsi merivaltansa; mutta mitä voidaan sanoa ranskalaisten virheestä tällöin ja näissä yhteyksissä?

Vakaa virta vastoinkäymisiä ja avuttomuus turvata kaukaiset merelliset omistukset ilman laivastoa mursivat Espanjan vastarinnan. Englanti ja Ranska vaativat Alberonin eroa ja Filip suostui neliliiton vaatimuksiin. Itävallan voima, joka oli tarpeen mukaan ystävällistä Englannille, niin oli vahvasti asetettu keskiselle Välimerelle Napoliin ja Sisiliaan, kun taas Englanti oli itse asettunut Gibraltarille ja Port Mahoniin Menorcalle. Sir Robert Walpole, joka oli valtaan tuleva ministeri Englannissa, niin ei onnistunut myöhemmin tukemaan tätä suotuisaa yhteistyötä ja siten petti maansa perinteisen politiikan. Savoijin suvun hallinta Sardiniassa, joka alkoi silloin, on kestänyt; vasta omana aikanamme tapahtui, että Sardinian kuningaskunta yhdistyi yhdeksi ja laajemmaksi Italian kuningaskunnaksi (Tämä tapahtui etenkin 1860-luvun aikana).

Samaan aikaan näiden tapahtumien kanssa ja hieman Alberonin ministerinviran ja Espanjan kunnianhimon kanssa kamppailu käytiin Itämeren rannoilla, joka täytyy mainita siksi, että siitä tulee toinen vaikuttava näytös Englannin merivoimista, jotka tulivat niin pohjoiseen kuin etelään helposti näyttämään kykynsä, josta tulee mieleen tarinat tiikerin tassun naputtamisesta. Pitkä kamppailu Ruotsin ja Venäjän välillä (suuri pohjan sota) keskeytyi hetkellisesti 1718 neuvotteluihin rauhasta ja liitosta kahden maan välillä käsittäen sovinnon Puolan vallanperimyksestä ja Stuartien palauttamisesta valtaistuimelle. Se hanke, jossa lepäsi Alberonin toiveet, niin lopulta päättyi, kun Ruotsin kuningas (Kaarle XII) kaatui taistelussa. Sota jatkui; ja tsaari nähdessään Ruotsin olevan täysin väsynyt, niin pyrki alistamaan sen kokonaan. Se vallantasapainon tuhoutuminen Itämerellä tekisi siitä käytännössä venäläisen järven, joka ei sopinut Englannille eikä Ranskalle; etenkään ensimmäisellä näistä, jonka merivoimat niin rauhan kuin sodan aikana olivat riippuvaisia laivastotarvikkeista, joita tuli pääasiassa näiltä alueilta. Kaksi länsimaista kuningaskuntaa puuttuivat diplomatiaa käyttäen, jonka lisäksi Englanti lähetti laivastonsa. Tanska, joka oli myös sodassa sen perinteistä vihollista Ruotsia vastaan (Vuodesta 1523 lähtien Ruotsi ja Tanska kävivät 11 sotaa.), niin se suostui heti rauhaan; mutta Pietari Suuri ei alistunut kovan painostuksen alla, kunnes lopulta tuli käsky englantilaiselle amiraalille liittää laivastonsa ruotsalaisten laivastoon ja toistaa Itämerellä Cape Passaron historia. Tsaari veti huolissaan laivastonsa takaisin. Tämä tapahtui 1719; mutta Pietari vaikkakin oli hämmentynyt, niin ei vielä alistunut. Seuraavana vuonna Englannin puuttuminen asioihin toteutettiin suuremmalla voimalla, vaikka se ehtinytkään pelasta Ruotsin rannikoita vakavilta vahingoilta; mutta tsaari huomatessaan kiinteät ongelmat, joista hänen tulisi selviytyä ja tietäessään henkilökohtaisista havainnoistansa ja käytännön kokemuksestansa Englannin merivoimien tehokkuuden, niin lopulta suostui rauhaan. Ranskalaiset vaativat, että paljon tästä onnellisesta lopputuloksesta perustui heidän omaan diplomatiansa, ja sanoivat, että Englanti tuki Ruotsia heikosti; ollen halukas, että sen pitäisi menettää maakuntansa Itämeren itärannikolla, sillä siten Venäjä pääsi meren rannalle, joka olisi helpommin avoinna englantilaiselle kaupankäynnille sen sisämaan laajoihin voimaavaroihin. Tämä voi hyvinkin olla totta ja varmasti se tuntui brittien eduissa etenkin koskien kaupankäyntiä ja merivoimia, joista he huolehtivat; mutta Pietari Suuren hahmo on takuu, että väittelyssä painoi eniten hänelle brittien sotilaallinen tehokkuus ja heidän kykynsä tulla hänen oviensa eteen. Uudenkaupungin rauhassa elokuun 30. 1721 Ruotsi menetti Liivinmaan, Viron ja muut maakuntansa Itämeren itärannalla. Tämä lopputulos oli väistämätön; vuosien kuluessa oli tullut yhä mahdottomammaksi pienten valtioiden pitää puoliansa.

Voidaan selvästi ymmärtää, että Espanja oli täysin tyytymätön ehtoihin, joihin se pakotettiin neliliiton toimesta. Seuraavat kaksitoista vuotta, jotka seurasivat, niin olivat rauhanvuosia, mutta rauha oli hyvin epävarma, ja hauras tulevaisuuden sotien osille. Kolme suurta vääryyttä Espanjalle olivat seuraavat; Sisilia ja Napoli olivat yhä Itävallan käsissä, Gibraltar ja Menorca olivat Englannin käsissä ja lopulta laaja salakuljetukseen perustuva kaupankäynti englantilaisten kauppiaiden ja laivojen toimesta Espanjan Amerikkaan. Silloin nähtiin, että Englanti oli näiden kaikkien loukkauksien aktiivinen tukija; Englanti oli siksi erityinen vihollinen Espanjalle, mutta Espanja ei ollut Englannin ainoa vihollinen.

Hiljaisuus sellaisena kuin se oli, niin jatkui Alberonin kaatumisen jälkeen pääasiassa johtuen luonteesta ja politiikasta, jota harjoittivat kaksi ministeriä Ranskasta ja Englannista, jotka toivoivat yleistä rauhaa. Politiikka ja syyt, joiden perusteella ranskalainen sijaishallitsija toimi, niin tunnetaan jo. Samoista syistä ja poistaakseen satunnaiset loukkaukset Englannin suuntaan, niin Dubois sai sille lisämyönnytyksiä Espanjalta niiden lisäksi, joita sille oli myönnetty Utrechtin sopimuksen perusteella lähettäen joka vuosi laiva käymään kauppaa Länsi-Intiaan. Sanotaan, että tämä laiva ankkurissa ollessaan sai huoltoa muilta, joten tuore lasti tuli sisään yhdeltä puolelta yhtä nopeasti kuin toiselta puolelta vanha lasti meni maihin. Dubois ja sijaishallitsija kumpikin kuolivat vuoden 1723 jälkimmäisellä puolella hallittuaan kahdeksan vuotta, jolloin he käänsivät ympäri Richelieun politiikan liitolla Englannin ja Itävallan kanssa, sekä uhraten Ranskan etuja.

Sijaishallitsijan asema ja Ranskan nimellinen hallinta siirtyi kuningassuvun toiselle jäsenelle; mutta todellinen hallitsija oli kardinaali Fleuri, nuoren kuninkaan, joka oli nyt kolmetoistavuotias, opettaja. Ponnistelut sysätä syrjään tämä opettaja johtivat vain siihen, että hän sai virallisen aseman ja ministerinvallan 1726. Siihen aikaan Sir Robert Walpolesta oli tullut Englannin pääministeri, joka omasi valtaa ja vaikutusvaltaa, jolla hän käytännössä pystyi ohjaamaan valtion koko politiikkaa. Päätoive niin Fleurilla kuin Walpolella oli rauha ennen kaikkea läntisessä Euroopassa. Ranska ja Englanti jatkoivat siksi toimintaansa yhdessä sitä tarkoitusta varten ja vaikka ne eivät pystyneetkään täysin hoitamaan pois jokaista valitusta, niin pystyivät useiden vuosien ajan estämään ongelmien puhkeamisen. Mutta kun kahden ministerin tavoitteet olivat siten sovittu, niin motiivit, jotka kannustivat heitä, olivat erilaiset. Walpole halusi rauhaa siksi, että Englannin vallanperimys oli yhä ratkaisematta; sillä rauhanomainen kasvu Englannin kaupankäynnissä, jota hän aina näki silmiensä edessä; ja luultavasti hänen hengessään kärsimättömänä yhdenvertaisen hallituksen kanssa, niin kutistui sodassa, joka voisi nostaa valtaan vahvempia miehiä kuin hänet. Fleuri, joka oli sangen turvassa kiitos valtaistuimen ja oman valtansa, niin toivoi kuten Walpole rauhanomaista kehitystä maahansa ja vältteli sotaa rakkaudesta olla luonnollinen vanhana miehenä; hän oli seitsemänkymmentäkolme, kun hän tuli virkaansa ja yhdeksänkymmentä, kun hän kohtasi kuolemansa. Hänen lievän hallinnon aikana Ranskan kukoistus elpyi; maan läpi kulkevat matkaajat eivät voineet olla huomaamatta muutosta maassa ja sen kansassa; silti voidaan epäillä, että johtuiko tämä muutos vanhan hiljaisen miehen hallinnosta vai vain kansan luontaisesta kyvystä joustaa, kun sitä ei enää sota rasittanut, eikä se ollut eristyksissä muusta maailmasta. Ranskan viranomaiset sanoivat, että maatalous ei ollut toipunut läpi koko maan. On varmaa, että Ranskan merellinen kukoistus edistyi loistavasti, jota osaltansa johtui kaupallisten rajoituksien poistamisesta, jotka tulivat voimaan seuraavina vuosina Ludwig XIV:n kuoleman jälkeen. Länsi-Intian saaret etenkin kukoistivat suuresti ja niiden hyvinvointia luonnollisesti jaettiin kotisatamien kanssa, jotka kävivät kauppaa niiden kanssa. Trooppinen ilmasto, joka oli Martiniquella, Guadeloupessa ja Louisianassa, ja jossa viljeltiin käyttäen orjia, niin antoi itsensä isälliselle ja puolisotilaalliselle hallinnolle, joka toimi kaikissa Ranskan siirtomaissa, mutta joka tuotti vähemmän onnellisia tuloksia Kanadan kirpeässä säässä. Länsi-Intiassa Ranska oli silloin saanut ratkaisevan ylivoiman suhteessa Englantiin; Ranskan puolikkaan arvo Haitissa oli yksin yhtä suuri kuin koko englantilaisten hallussa olleen Länsi-Intian, ja ranskalainen kahvi ja sokeri olivat ajamassa englantilaisia kilpailijoitansa Euroopan markkinoilta. Samalla tavalla toimi etu Englantia vastaan Välimeren ja Levantin kaupankäynnin suhteen ranskalaisten historioitsijoiden mukaan. Samaan aikaan Itä-Intian kauppakomppania herätettiin henkiin ja sen ranskalainen varikko, jonka nimi kertoo sen yhteyksistä itään, niin bretagnelaisesta L'Orientin kaupungista tuli nopeasti loistava kaupunki. Pondicherry Coromandelin rannikolla ja Chandernagore Gangesissa olivat ranskalaisen voiman ja kaupankäynnin päätukikohtia Intiassa ja ne kasvoivat nopeasti; Isle of Bourbon ja Isle of France, nykyinen Mauritius, joiden sijainti on niin sopiva hallitakseen Intian valtamerta, niin yhdestä niistä tuli yksi rikas maataloussiirtokunta ja toisesta voimakas laivastotukikohta. Suuren yhtiön monopoli oli suljettu kaupankäyntiin kotimaan ja tärkeiden intialaisten tukikohtien välillä; kauppaliikenne Intian merillä oli avointa yksityisille yrityksille ja se kasvoi nopeammin. Se suuri liike, joka oli täysin omatoiminen ja jota jopa hallitus katsoi epäluuloisesti, niin se ruumiillistui kahteen mieheen; Dupleixiin ja La Bourdonnaisiin; joista ensimmäinen oli Chandernagoressa ja jälkimmäinen Isle of Francessä osoittaen ja johtaen näitä kaikkia hankkeita, joilla rakennettiin Ranskan voimaa ja kunniaa itäisille merille. Liike oli alkanut sen jälkeen, kun Ranska, joka oli Englannin kilpailija, niin oli Hindustanin niemimaalla ja antaen sille hetken lupauksen suureen valtakuntaan, josta oli tullut uusi arvonimi Ison-Britannian kuningatar, niin tämän valtakunnan kohtalona tulisi olemaan sortua ja kadota Englannin merellisen voiman edessä. Ranskan kaupan laajuus rauhan seurauksena ja rajoituksien poistamisen jälkeen ja ilman minkäänlaista suojelua hallitukselta, niin oli selvä todiste Ranskan kauppalaivaston kasvusta vain kolmestasadasta aluksesta Ludwig XIV:n kuollessa tuhanteen ja kahdeksaansataan kaksikymmentä vuotta myöhemmin. Tämä ranskalaisen historioitsijan sanojen mukaan kiistää "surkeat ennakkoluulot, jotka syntyivät kurjuudestamme, että Ranska ei olisi sopiva merikauppaan, että vain kauppa äärettömästi laajentaa kansakunnan voimaa sen omalla toiminta-alueella." [83]

Tämä vapaa ja onnellinen liike oli kaukana siitä, mikä oli hyväksyttävää Fleurille, joka näytti tuntevan sitä kohtaan epäluottamusta samalla tavalla kuin kanaan, joka oli hautonut ankanmunia. Walpole ja hän suostuivat rakastamaan rauhaa; mutta Walpole oli pakotettu ottamaan huomioon Englannin kansan, ja he tunsivat heti vastenmielisyyttä kilpailijaansa kohtaan merellä ja kaupankäynnissä, jota kuitenkin saatiin. Sen lisäksi Fleuri peri Ludwig XIV:n epäonnisen politiikan; hän katseensa oli kääntynyt mantereelle. Hän ei halunnut todellakaan jatkaa sijaishallitsijan toimia riidellä Espanjan kanssa, vaan pyrkiä lähestymään sitä; ja vaikka hän ei pystynytkään silloin saavuttamaan sitä, koska Espanja tunsi levotonta vihamielisyyttä Englantia kohtaan, niin silti hänen mielensä oli pääasiassa pyrkiä vahvistamaan Ranskan asemia mantereella asettamalla Bourbon-suvun ruhtinaita valtaan, missä hän pystyi siihen, ja vetämään ne yhteen muodostaakseen sukunsa kesken liiton. Laivaston annettiin rappeutua yhä enemmän. "Ranskan hallitus oli hylännyt meren juuri sillä hetkellä, kun kansakunta sen kaappariyksilöiden avulla oli ponnistellut saadakseen sen takaisin." Materiaaliin perustuva voima laskin viiteenkymmeneenneljään linjalaivaan ja fregattiin, jotka olivat pääasiassa huonossa kunnossa; ja jopa kun sota Englantia vastaan oli ollut uhkaavana viiden vuoden ajan, niin Ranskalla oli vain viisikymmentäviisi linjalaivaa Englannin yhdeksääkymmentä vastaan. Tämä ero tulisi ennustamaan tulevan neljännesvuosisadan sotien lopputuloksia.

Samaan aikaan Walpole luottaen Fleurin yhteistyöhön, niin päättäväisesti käänsi katseensa avoimeen sotaan Englannin ja Espanjan välillä. Vaikeuksia aiheutti jälkimmäisen valtion uhkaavat ja ärsyttävät toimet, ja sellaiset liittolaiset, joita se aika ajoin hankki, kohdata ja vaikka ne kohdattiinkin onnistuneesti laivastovoimien toimesta näytösmäisesti; niin se kuitenkin muistutti merivallalle, mitä kansakunta toisensa jälkeen oli tuntenut ja mille se oli joutunut alistumaan. Vuonna 1725 Espanjan kuningas ja keisari suostuivat lopettamaan pitkäaikaiset kiistansa ja solmimaan Wienissä sopimuksen, jossa oli salainen lause, joka lupasi keisarin tuen Espanjan vaatimuksille saada takaisin Gibraltar ja Port Mahon aseellisesti, jos se olisi välttämätöntä. Venäjä näytti omaavan halua liittyä tähän liittoon. Vastaliiton muodostivat Englanti, Ranska ja Preussi; ja englantilaisia laivastoista lähetettiin yksi Itämerelle pelottelemaan keisarinnaa, toinen Espanjan rannikolle pitääkseen aisoissa sen maan hallitusta ja kolmas Porto Belloon uhatakseen Espanjan hallussa olevia siirtomaita ja saartaakseen sille kootut galeonit ja katkaistakseen sieltä huollon siten muistuttaen Espanjan kuningasta heti hänen riippuvuudestansa alamaisiinsa Amerikassa ja siitä, että Englanti hallitsi valtatietä, jota pitkin hän saavuttaisi heidät. Walpolen sodanvälttely merkitsi sitä, että Porto Bellon menneelle amiraalille annettiin mitä tiukimmat käskyt olla taistelematta ja vain saartaa, jonka seuraus oli, että pitkän viivyttelyn takia laivue pysyi sairaalla rannikolla, jolloin kuolleisuus miehistöjen keskuudessa järkytti kansakuntaa ja johti muiden syiden kanssa siihen, että ministeri syöstiin vallasta monien vuosien päästä. Kolmestatuhannesta neljäntuhanteen miestä mukaan lukien amiraali Hosier itse kuolivat siellä. Walpolen tavoite kuitenkin saavutettiin; vaikka espanjalaiset tekivätkin hölmön hyökkäyksen maitse Gibraltaria vastaan, niin englantilainen laivasto pystyi takaamaan sinne huollon ja elintarvikkeet ja välttämään sodan muodollisen syttymisen. Keisari vetäytyi liitosta ja englantilaisten paineen alla myös mitätöi Itä-Intian kauppakomppaniansa lupakirjan, joka oli annettu Itävallan Alankomaille ja joka oli saanut nimensä Ostendin kaupungista. Englantilaiset kauppiaat vaativat tämän kilpailijan poistamista ja myös samanlaisen kilpailijan, joka oli perustettu Tanskaan; kummatkin näistä olivat myönnytyksiä Englannin hallitukselle, joita Alankomaat tuki ja jotka saavutettiin. Niin kauan kuin kaupankäyntiä ei vakavasti häiritty, niin Walpolen rauhanpolitiikka yhdessä oli saavuttaman luonnollisuuden kanssa runsauden vuosina ja yleisen tyytyväisyyden vallitessa pystyttiin pitämään helposti, vaikka Espanja jatkoikin uhkauksiaan ja ylimielisesti vaati itsellensä Gibraltaria; mutta epäonneksi se nyt alkoi syvällisemmin häiritä englantilaista kaupankäyntiä. Myönnytykset asienton tai orjakaupan muodossa ja vuosittainen laiva Etelä-Amerikkaan mainittiin; mutta nämä etuoikeudet olivat osa englantilaista kaupankäyntiä noille alueille. Espanjan järjestelmä kaupankäynnin suhteen siirtomaihinsa oli kapein ja poissulkevin luonteeltansa; mutta vaikka se koettikin sulkea ne ulkomaiselta kauppaliikenteeltä, niin se löi laimin täyttää itse niiden kysynnän. Seuraus tästä oli suuri salakuljetus tai kielletty kauppa, jota tapahtui läpi sen amerikkalaisten alueiden, jota toteuttivat pääasiassa englantilaiset, jotka hyödynsivät laillista kauppaliikennettä asienton muodossa ja vuosittainen laiva palveli myös laittomasti; tai ainakin luvatonta kaupankäyntiä. Tällä järjestelmällä oli epäilemättä etunsa suureen määrään espanjalaisia siirtolaisia ja he kannustivat sitä, kun taas siirtokuntien kuvernöörit vehkeilivät sen kanssa joskus rahan takia ja joskus lepytelläkseen paikallisia mielipiteitä, sekä oman tietämyksensä mukaisesti vaikeuksista niissä tapauksissa; mutta oli olemassa Espanjan alamaisia, jotka näkivät omien liiketoimiensa vahingoittuvan siitä, kun englantilaiset käyttivät ja väärinkäyttivät saamiaan etuoikeuksia, ja kansallinen hallitus kärsi niin rahallisesti kuin ylpeytensä suhteen näistä toimista, joilla vähennettiin niiden verotuloja. Silloin se alkoi tiukentaa toimiansa. Vanhoiksi muuttuneet säännöt uudistettiin ja niitä pantiin toimeen. Sanat, joilla Espanjan toimia tämän vanhan riidan suhteen kuvattiin, niin ovat oudosti sopia tiettyihin äskettäisiin riitoihin, joissa Yhdysvallat on ollut osallisena. ”Sopimuksen kirjaimia nyt seurattiin, vaikka henki, jonka mukaan se saneltiin, niin oli kadonnut. Vaikka englantilaiset alukset yhä nauttivat etuoikeutta mennä espanjalaisiin satamiin tarkoituksenaan varustautua ja täydentää varastojansa, niin ne eivät enää nauttineet samoista eduista toteuttaa ystävyyttä ja kanssakäymistä kaupankäynnissä. Niitä nyt tarkkailtiin ahkeralla kateudella ja niiden luona vieraili guarda-costas (rannikkovartiosto) ja jokainen tehokas keino otettiin käyttöön estääkseen mikä tahansa kaupankäynti siirtomaiden kanssa, paitsi se, mikä sallittiin vuotuiselta alukselta.” Tämä järjestelmä oli epäilemättä hyödyllinen suurelle määrällä espanjalaisia siirtolaisia ja jos Espanja olisi pystynyt sulkemaan itsensä tiukempaan vartiointiin ja panemaan toimeen omien vesiensä tiukemmat tullilait, jotka eivät olleet pääasiassa erilaisia kuin ne, jotka määrättiin perustuen sen ajan kaupallisiin ajatuksiin, niin kenties mitään enempää vahinkoja ei olisi syntynyt; mutta olosuhteet ja sen hallituksen luonne eivät pysäyttäneet sitä tähän. Ei ollut mahdollista vartioida ja tehokkaasti sinetöidä rannikkoa, joka ulottui satojen mailien matkoja, ja jossa oli lukematon määrä suojaisia lahtia; eikä pystyttäisi kauppiaita ja merimiehiä, jotka pyrkivät saamaan sen, mitä pitivät omana oikeutenaan pelottelemaan rangaistuksilla tai espanjalaisten heikkouksilla. Espanjan voima ei ollut tarpeeksi suurta pakottaa Englannin hallitusta mihinkään säätelyyn koskien sen laivaustoimintaa tai lopettamaan sopimuksen etuoikeuksien väärinkäytön sen kauppiaiden toimesta; ja niin heikompi valtio, jolle oli tehty vääryyttä ja jota oli kohdeltu kaltoin, niin oli pakotettu käyttämään täysin laittomia keinoja. Sotalaivat ja rannikkovartioston alukset saivat ohjeet tai niiden ainakin sallittiin pysäyttää ja tutkia englantilaisia aluksia avoimilla merillä Espanjan valtapiirin ulkopuolella ja ylimielinen espanjalainen luonne, jota heikko keskushallinto ei saanut aisoihin, niin silloin monet näistä toimista, niin lainmukaiset kuin laittomat, saivat aikaan loukkauksia ja jopa väkivaltaa. Samankaltaisin tuloksin ollen peräisin syistä, jotka eivät olet täysin erilaisia, niin on tapahtunut espanjalaisten virkamiesten toimesta Yhdysvaltojen ja amerikkalaisten kauppa-alusten suuntaan omana aikanamme. Tarinat näiden toimien väkivallasta tulevat takaisin Englantiin yhdessä tapausten kanssa, joissa on kärsitty menetyksiä takavarikkojen ja kaupankäynnin loukkausten takia, niin ne suututtivat ihmisiä. Vuonna 1737 Länsi-Intian kauppiaat vetosivat alahuoneeseen sanoen:

"Sillä monien vuosien ajan heidän laivansa eivät vain jatkuvasti pysäyttäneet ja tarkastaneet, vaan myös voimallisesti ja mielivaltaisesti ottivat aluksia haltuunsa avomerellä espanjalaisten alusten toimesta, jotka oli varustettu purjehtimaan ja käyttivät sopivana tekosyynä oman rannikkonsa valvontaa; komentajat siksi miehistöjensä kanssa saivat epäinhimillistä kohtelua ja heidän aluksensa vietiin johonkin espanjalaiseen satamaan ja siellä tuomittiin lastinsa kanssa julistuksella rikkoneeksi sopimuksia, jotka ovat olemassa kahden kuningaskunnan välillä; siitä valitettiin, että hänen majesteettinsa ministerit Madridissa eivät huomioineet tätä asiaa ja näiden loukkauksien ja ryöstelyn tulee pian tuhota heidän kaupankäyntinsä."

Walpole kamppaili kovaa kymmenen vuoden ajan vuodesta 1729 eteenpäin estääkseen sodan. Sinä vuonna allekirjoitettiin sopimus Sevillassa, jonka tunnustettiin säätelevän näitä asioita palauttaen kaupankäynnin olosuhteet siihen, mitä ne olivat neljä vuotta aikaisemmin ja antaen kuusituhatta espanjalaissotilasta heti miehittämään Toskanan ja Parman alueet. Walpole väitti, että hänen oma kansansa tulisi menettämään ne kaupalliset etuoikeudet sodassa, joista he jo nauttivat Espanjan alueilla;

kun taas Espanjan kanssa hän kävi jatkuvia neuvotteluja pyrkien saamaan myönnytyksiä ja korvauksia hiljentämään valitukset kotimaassaan. Keskellä tätä ajanjaksoa puhkesi Puolan perimyssota. Ranskan kuninkaan appiukko oli yksi vallantavoittelija; Itävalta tuki hänen kilpailijaansa. Yhteinen vihamielisyys Itävaltaa kohtaan taas yhdisti Ranskaa ja Espanjaa, ja niihin liittyi Sardinian kuningaskunta, joka toivoi liiton kautta voivansa riistää Milanon Itävallalta ja liittävänsä sen omiin Piedmontin alueisiinsa. Englannin ja Alankomaiden puolueettomuus turvattiin lupauksella olla hyökkäämättä Itävallan Alankomaihin, joiden minkä tahansa alueen joutuminen Ranskan haltuun tulkittiin vaaraksi Englannin merivallalle. Liittoutuneet valtiot julistivat sodan Itävallalle lokakuussa 1733, ja niiden armeijat menivät Italiaan yhdessä; mutta espanjalaiset, joiden aikomuksena oli jatkaa pitkiä hankkeitansa Napolia ja Sisiliaa vastaan, niin jättivät muut ja kääntyivät etelään. Kaksi kuningaskuntaa valloitettiin helposti ja nopeasti, kun hyökkääjät hallitsivat merta ja heillä oli takanaan kansan tuki. Espanjan kuninkaan toinen poika julistettiin kuninkaaksi nimellä Kaarle III ja Kahden Sisilian Bourbonien kuningaskunta oli syntynyt. Walpolen halu välttää sota oli johtanut hänet hylkäämään pitkäaikaisen liittolaisen, jonka seurauksena vallan tasapaino Välimerellä oli mennyt Britannian kannalta vihamieliseen suuntaan.

   Mutta kun Walpole siten hylkäsi keisarin, niin hänet itsensä petti hänen vanha ystävänsä Fleuri. Kun hän oli tekemässä liittoa Espanjan kanssa Itävaltaa vastaan, niin Ranskan hallitus suostui salaiseen lausekkeeseen Englantia vastaan. Tämä lauseke kuului seuraavasti: "Kun tulee olemaan sopivaa kummallekin kansakunnalle, niin väärinkäytökset, joita tehdään kaupankäynnissä etenkin englantilaisten toimesta, niin tullaan poistamaan; ja jos englantilaiset esittävät tästä vastalauseita, niin Ranska tulee poistamaan heidän vihamielisyytensä kaikin maa- ja merivoimin." "Ja tämä sopimus tehtiin", kuten Lord Hawken elämänkerran tekijä osoittaa, "aikana, jolloin oli läheinen ja ylitsevuotavainen liitto itse Englannin kanssa." [84] "Siten politiikka, jota vastaan William III oli kutsunut Englannin ja Euroopan aseistautumaan, oli lopulta syntynyt." Jos Walpole olisi tiennyt tästä salaisesta sopimuksesta, niin se olisi saattanut olla hänellä lisäargumentti rauhan puolesta; sillä hänen tarkka poliittinen viisautensa varoitti häntä olemassa olevasta vaarasta, jota hän ei pystynyt näkemään ja josta hän puhui alahuoneessa, "jos espanjalaiset eivät ole yksityisesti saaneet kannustusta heitä huomattavammilta kansakunnilta, niin he eivät olisi koskaan tehneet loukkauksia ja vahinkoja, joita he ovat teille tehneet;" ja hän ilmaisi mielipiteen, että "Englannista ei ollut vastusta Ranskalle ja Espanjalle".

Fleuri oli tosiaan pettänyt vanhan ystävänsä ja toisen valtiomiehen ikävällä tavalla. Etenkin kysymys, joka nosti jännitystä Puolan perimyssodan suhteen oli hallitsijan valinta harhaanjohdetulle kuningaskunnalle, jonka kohtalona tulisi pian olemaan katoaminen Euroopan valtioiden joukosta, niin se näytti olevan pikkujuttu; mutta käänne, joka vaikutti eurooppalaiseen politiikkaan siihen osallistuneiden valtioiden toimesta, niin antaa sille aivan toisen tärkeyden. Ranska ja Itävalta tekivät sopimuksen lokakuussa 1735, jonka ehdoissa, johon Sardinia ja Espanja myöhemmin liittyivät, niin tärkeimmät kohdat olivat seuraavat: Ranskan vallantavoittelija Puolan valtaistuimelle luopui vaateistaan siihen ja sai sen sijaan Barroisin ja Lothringenin herttuakunnat Ranskasta itään siten, että hänen kuoltuaan ne siirtyisivät hänen vävypojallensa Ranskan kuninkaalle täysin suvereenisti: Sisilian ja Napolin kuningaskuntien olemassaolo vahvistettiin espanjalaisen Bourbon-suvun prinssin Don Carlosin alaisuudessa; ja Itävalta sai takaisin Parman. Sardinian kuningaskunta myös kasvatti italialaisia alueitansa. Ranska siten rauhanhaluisen Fleurin toimesta sai Barroisin ja Lothringenin herttuakuntien liittämisen voimalla, kun taas sotaisammat hallitsijat himoitsivat niitä turhaan; ja samaan aikaan sen ulkoista asemaa vahvistettiin Englannin kustannuksella siirtämällä hallitsevia asemia Välimerellä sen liittolaiselle. Silti sydämessään Fleuri saattoi hyvin pettää hänet, sillä hän muisti salaisen sopimuksen hillitä Englannin kaupankäyntiä ja ajatteli, että sen mahtavaa laivastoa verrattuna Ranskan rappeutuvaan laivastoon. Tämä sopimus Ranskan ja Espanjan välillä, johon Kaksi Sisiliaa myöhemmin liittyi, niin se rasitti Englannin ja Espanjan välejä ollen siten aiheuttamassa suuria sotia Englannin ja Bourbonin suvun välillä, joka oli vaikuttamassa brittiläisen imperiumin syntymiseen ja Yhdysvaltain itsenäistymiseen.

Valitus Englannissa espanjalaisten rikkomuksista jatkui ja sitä ruokki huolellisesti Walpolea vastustava oppositio. Ministeri oli nyt yli kuusikymmentävuotias ja tuskin pystyvä muuttamaan vakaumustansa ja politiikkaansa parhailta päiviltänsä. Hän oli kasvokkain niiden niistä konfliktien kanssa, joita syntyy valtioiden ja kansojen välillä johtuen sortopolitiikasta ja kompromisseista, joihin voidaan turvautua vain lyhyellä aikavälillä. Englantilaiset halusivat Länsi-Intian ja Espanjan avaamista heille, kun taas Espanjan hallitus oli yhtä päättäväisesti sen sulkemisen kannalla. Epäonneksi heidän estopolitiikkansa kautta he vahvistivat Walpolen vihollisia tekemällä laittomia etsintöjä englantilaisiss aluksissa avomerellä ja mahdollisesti myös loukkasivat englantilaisia merimiehiä. Jotkut jälkimmäisistä tuotiin alahuoneen eteen ja he todistivat, että kyse ei ollut vain ryöstelemisestä, vaan myös kiduttamisesta, sulkemisesta vankilaan ja pakottamisesta elämään ja työskentelemään halveksuttavissa olosuhteissa. Kaikista tunnetuin tapaus on eräs Jenkins, joka oli kauppa-alusprikin kapteeni, joka kertoi, että espanjalainen upseeri oli leikannut pois toisen hänen korvistansa, jotta hän voisi viedä sen herrallensa kuninkaalle ja sanoa tälle, että jos hän olisi ollut paikalla siellä, niin hän olisi saanut samanlaisen kohtalon. Kun häneltä kysyttiin tuntemuksiaan sellaisen vaaran ja kärsimyksen hetkeä kohtaan, niin hänen sanotaan vastanneen siihen, "Olen antanut sieluni Jumalalle ja omat etuni maalleni." Tämä hyvin valittu dramaattinen käänne sellaisen miehen suusta heittää epäilyn, että koko tarina oli suuresti väritetty; mutta sitä voidaan ajatella osana suurta kampanjaa, joka tulisi sytyttämään toimintaan suositun liikkeen. Sen ajan tuntemukset pyyhkivät pois Walpolen kompromissien tilkkutäkin ja sota julistettiin Espanjaa vastaan Britannian toimesta lokakuun 19. 1739. Englantilaisten uhkavaatimus sisälsi kieltäytymisen muodollisesta oikeudesta tutkia niin kuin espanjalaiset vaativat ja käyttivät, ja erillisesti tunnustaa Britannian oikeudet Pohjois-Amerikkaan. Niiden vaatimusten joukossa oli yksi, joka koski Georgian rajoja, joka oli äskettäin muodostettu siirtokunta, joka oli Espanjan hallussa olevan Floridan alueen naapurissa.

Kuinka paljon sotaa siten haluttiin ja se syttyi Englannin toimesta vastoin sen kyvykkään ministerin harkintaa, niin on moraalisesti oikeutettua lämpimästi väittää kummankin osapuolen englantilaisten kirjoittajien toimesta. Espanjan lait koskien kauppaa sen siirtomaiden kanssa eivät eronneet hengeltänsä Englannin vastaavien lakien kanssa, joista se käytti nimitystä Navigation Act ja espanjalaiset laivastoupseerit löysivät itsensä melkein samanlaisesta asemasta kuin Nelson tulisi olemaan fregatin kapteenina Länsi-Intiassa puoli vuosisataa myöhemmin. Amerikkalaiset laivat ja kauppiaat silloin erotettuina emämaastaan jatkoivat kaupankäyntiä, josta he nauttivat siirtolaisina; Nelson innokkaana Englannin kaupallisten etujen vuoksi niin kuin ne ymmärrettiin, niin aloitti lain toimeenpanon ja toimiessaan niin huomasi itseään vastaan Länsi-Intian ja siirtomaavirkailijoiden tuntemukset. Ei näytä siltä, että hän tai ne, jotka tukivat häntä hänen laittomissa etsinnöissään, sillä silloin Englannin voima oli tarpeeksi suuri suojelemaan sen kauppalaivaston etuja käyttämättä laittomia keinoja; kun taas Espanja vuosien 1730 ja 1740 välissä oli heikko, vaikka sen tunsikin kiusausta, jota sillä oli aina ollut, ottaa haltuunsa niiden omaisuuden, joiden se tiesi loukkaavan itseään missä tahansa se saattoi niitä löytää ja jopa sen vallankäytön ulkopuolella.

Luettuaan kokonaan myötätuntoisen esityksen Walpolen vastustajien esityksestä haluten sotaa, jonka antoi professori Burrows teoksessaan "Life of Lord Hawke", niin ulkomaalainen voi tuskin olla tulematta johtopäätökseen, että espanjalaisia kohdeltiin väärin sen mukaan, mitä oikeuksia emämaalla oli suhteessa siirtokuntiin, kuten silloin yleisesti myönnettiin; vaikka mikään maa ei siedä oikeutta tutkia niin kuin heiltä vaadittiin. Oli yleinen huoli aiheemme kesken, että kiista oli radikaalisti merellinen kysymys, että se kasvoi siitä Englannin kansan hallitsemattomien tuntemuksien vuoksi kattaen heidän kaupankäyntinsä ja siirtomaidensa edut. On mahdollista, että Ranska oli toimimassa samanlaisten tuntemuksien pohjalta, kuten englantilaiset kirjoittajat ovat väittäneet; mutta Fleurin luonne ja yleinen politiikka, kuten myös Ranskan kansan henki tekivät siitä epätodennäköistä. Siellä ei ollut parlamenttia ja oppositiota tekemään tiettäväksi yleisen mielipiteen silloin Ranskassa ja hyvin erilaisia arvioita on tehty Fleurin luonteest ja hallinnosta siitä lähtien. Englantilaiset katsoivat pikemminkin kykyä, jolla Lothringen hankittiin Ranskalle ja Sisilia Bourbonin suvulle ja syyttivät Walpolea siitä, että hän ei sitä estänyt. Ranskalaiset sanoivat Fleurista, että "hän eli päivästä toiseen vain pyrkien saamaan hiljaisuutta vanhaan ikäänsä. Hän oli nukuttanut Ranskan huumausaineen sen sijaan, että pyrkisi työskentelemään parantaakseen sen. Hän ei voinut edes pitkittää tätä hiljaista unta omalla kuolemallansa." [85] Kun sota puhkesi Englannin ja Espanjan välillä, "jälkimmäinen vetosi etuun, joka sillä oli puolustuksellisessa liitossaan Ranskan kanssa. Fleuri vakavasti vastoin tahtoaan oli pakotettu varustamaan laivueen; hän teki sen niin saidalla tavalla." Tämä laivue, jossa oli kaksikymmentäkaksi laivaa, niin saattoi Amerikkaan espanjalaisen laivaston, joka oli koottu Ferroliin ja nämä täydennykset estivät englantilaisia hyökkäämästä. [86] Silti Fleuri selitti Walpolelle ja toivoi kompromissiä, joka oli huonosti perusteltu toive, jolla oli katastrofaaliset vaikutukset merellisiin etuihimme ja esti käyttämästä keinoja, joita oli annettu Ranskalle sodan alussa, jolloin sillä oli herruus itäisillä merillä." Mutta "Walpolen vallasta syöksemisen jälkeen", sanoo toinen ranskalainen, "Fleuri huomasi virheensä antaa laivaston rappeutua. Sen tärkeys oli äskettäin osunut häneen. Hän tiesi, että Napolin ja Sardinian kuninkaat pyrkivät liittoon Ranskan kanssa vain siksi, että englantilainen laivue oli uhannut pommittaa Napolia ja Genovaa ja tuoda armeijan Italiaan.

Sen suuruuden osan puuttumisen vuoksi Ranska hiljaa nielli suurimmat nöyryytykset ja saattoi vain valittaa englantilaisten risteilijöiden väkivaltaa, kun ne ryöstelivät kaupankäyntiämme loukaten kansojen lakeja," [87] nimellisen rauhan vuosina, joita kului siitä hetkestä, kun ranskalainen laivasto suojasi espanjalaisia englantilaisia vastaan aina muodollisen sodan syttymiseen. Selitys näistä kahdesta erilaisesta näkemyksestä ei ole vaikea ymmärtää. Kaksi ministeriä sopi hienovaraisesti noudattavansa toimintalinjoja, joita he eivät ylittäisi. Ranska jäi vapaaksi laajentua maitse sillä ehdolla, että se ei synnytä kateutta Englannin kansassa ja Walpolen oma järki englantilaisten eduista oli kilpailua merellä. Tämä sopi Fleurin näkemyksiin ja toiveisiin. Yksi pyrki hankkimaan valtaa merellä, toinen maalla. Kumpi oli viisaampi, niin sen sota näytti; sillä Espanja oli toisen osapuolen liittolainen, kun sota syttyi ja sitä käytiin merellä. Kumpikaan ministeri ei elänyt nähdäkseen politiikkansa lopputulokset. Walpole syöstiin vallasta 1742 ja hän kuoli maaliskuussa 1745. Fleuri kuoli virassaan tammikuun 29. 1743.

Lähdeviitteet:

[80] Myöhemmin lordi Torrington, joka oli vuonna 1757 teloitetun amiraali John Byngin isä.

[81] Campbell: Lives of the Admirals; jota lainasi lordi Mahon teoksessaan History of England.

[82] Lives of the Admirals.

[83] Martin: History of France.

[84] Burrows: Life of Lord Hawke.

[85] Martin: History of France

[86] Outo poliittinen suhde, jota Ranska tunsi Englannin suuntaan vuodesta 1739 vuoteen 1744, kun taas jälkimmäinen maa oli sodassa Espanjan kanssa, niin se täytyy selittää siten, että se riippui näkemyksistä kansainvälisiin velvoitteisiin, jotka olivat käytännössä vanhentuneet. Sillä oli puolustuksekseen liitto Espanjan kanssa, jolloin Ranska oli sitoutunut itse varustamaan määrätyn yksikön aluksia Espanjan laivaston käyttöön, kun se oli joutunut tietynlaiseen sotaan. Se kuitenkin väitti, että niiden lähettäminen ei ollut sinällään vihamielinen toimi Englantia kohtaan siten, että se rikkoisi

rauhan näiden kahden kansakunnan välillä. Ranskalaiset sotalaivat, kun ne sitten palvelivat Espanjan laivaston kanssa sopimuksen ehtojen mukaisesti, niin olivat vihollisia; mutta Ranskan kansakunta ja muut Ranskan asevoimat merellä ja maalla olivat puolueettomia, joilla oli kaikki puolueettomuuden etuoikeudet. Tietenkään Englanti ei ollut sitoutunut hyväksymään tätä näkökulmaa asioihin, ja saattoi tehdä tästä Ranskan toimesta *casus bellin* (sodan aiheuttama tapahtuma); mutta Ranska väitti, että asia ei ollut juuri tuolla tavalla, ja Englanti käytännössä luopui vaatimuksestansa, vaikka suhteet olivatkin todennäköisesti johtamassa muodolliseen sotaan niin kuin ne johtivat vuonna 1744. Muutamaa vuotta myöhemmin alankomaalaiset esittivät samanlaisen vaatimuksen samoista etuoikeuksista puolueettomuuteen, kun he samaan aikaan olivat varustamassa suurta sotajoukkoa Itävallan armeijalle Ranskaa vastaan.

[87] Lapeyrouse-Bonfils: Hist. de la Marine Francaise.

Luku VII. Sota Ison-Britannian ja Espanjan välillä 1739; Itävallan perimyssota 1740; Ranska liittyy tukemaan Espanjaa Isoa-Britanniaa vastaan 1744; Matthewsin, Ansonin ja Howen meritaistelut; Aachenin rauha 1748.

Olemme nyt tulleet suurien sotien sarjan alkuun, jotka tulevat lyhyiden rauhankausien ollessa välissä kestämään melkein puoli vuosisataa ja joilla tulee olemaan monia harhaanjohtavia yksityiskohtia, jolloin yksi laajaa luonteenpiirre erottaa ne aikaisemmista ja monista myöhemmistä sodista. Nämä sodat käsittävät koko maailman ja ne eivät ole vain sivuasioita siellä ja täällä, vaikka pääsotaa käydäänkin Euroopassa; sillä suuret kysymykset tullaan päättämään koskien maailmanhistoria meriherruuden ja kaukaisten maiden hallitsemisen kautta omistamalla siirtokuntia ja alusmaita, jotka kasvattavat vaurautta. Yksin se ei ole tarpeeksi, että puhutaan suurten laivastojen välisistä pitkistä kamppailuista ja yhteenotot on siirretty niiden asianmukaiselle kentälle eli merelle. Merivallan toiminta on riittävän selvää, jolloin suoraan viitataan alkuun; mutta pitkään aikaan millään merisodalla ei ole ollut mitään seurauksia, koska totuutta ei ole Ranskan hallitus tunnustanut. Liike kohti Ranskan siirtomaiden laajentumista on täysin suosittu, vaikkakin sitä edustavat muutamat suuret nimet; hallitsijoiden asenne sitä kohtaan on kylmä ja epäluottavainen; siksi laivastoa on lyöty laimin, jonka johtopäätös tulee olemaan pääkysymyksen tappio ja ajan kanssa sen laivaston tuho.

Sellainen on tulevien sotien luonne, jolloin on tärkeätä tajuta kolmen suurvallan suhteelliset asemat niillä maailman kolkilla Euroopan ulkopuolella, missä sotaa käytiin.

Pohjois-Amerikassa Englanti piti nyt hallussaan kolmeatoista siirtokuntaa, jotka olivat alkuperäinen Yhdysvallat Mainesta Georgiaan. Näissä siirtokunnissa oli korkeimmalle kehittynyt kolonialismin muoto Englannille, joka tarkoitti vapaiden miesten tosiasiallista itsehallintoa ja riippumattomuutta, vaikkakin ne olivat innokkaan uskollisia ja niissä ammatteina olivat maanviljely, kaupankäynti ja merenkulku. Maansa luonteen ja niiden valmistamien tuotteiden takia niiden pitkillä rannikoilla ja suojaisissa satamissa ja niiden itsensä luona niillä oli hallussaan kaikki merivoimien osaset, jotka oli jo saatu suuren kehityksen aikana. Sellaiseen maahan ja sellaiseen kansaan kuninkaallinen laivasto ja armeija tukeutuivat läntisellä pallonpuoliskolla. Englantilaiset siirtolaiset olivat voimakkaan kateellisia ranskalaisille ja kanadalaisille.

Ranska piti hallussaan Kanadaa ja Lousianaa, joka oli silloin alueena paljon laajempi kuin se on nyt ja se esitti vaatimuksiaan koko Ohio- ja Mississippi-jokien laaksoihin, sillä perusteella, että se oli löytänyt ne ja ne olivat tarpeellinen linkki St. Lawrencen ja Meksikonlahden välillä. Sillä ei ollut silloin riittävää asutusta tällä välialueella eikä Englanti hyväksynyt tuota vaatimusta, sillä sen siirtolaisille oli annettu oikeus laajentua äärettömästi länteen. Ranskan voimakkain paikka oli Kanada; St. Lawrence antoi heille pääsyn maan sisäosiin ja vaikka Newfoundland ja Nova Scotia olikin menetetty, niin Cape Breton Island silti hallitsi lahtea ja jokea. Kanadalla oli ranskalaisen siirtokuntajärjestelmän piirteet asetettuina ilmastoon, johon ne heikoiten sopivat. Hallinnollinen holhous, sotilaallinen ja uskonnollinen lannistivat halua kehittää yksilöllistä yritteliäisyyttä ja vapaata liiketoimintaa yhteiseksi hyväksi. Siirtolaiset hylkäsivät maanviljelyn ja kaupankäynnin hankkien vain riittävästi ruokaa välittömään kulutukseen ja heille annettiin aseet metsästystä varten. Heidän tärkein kauppatavaransa olivat turkikset. Siellä oli niin vähän mekaanista osaamista, että he ostivat englantilaisten siirtokunnista osan aluksistansa omaan sisäiseen merenkulkuunsa. Voiman tärkein osa oli sotilaallisuus, jonka luonne oli aseistautuneessa väestössä; jokainen mies oli sotilas.

Sen lisäksi vihollisuudet periytyivät emämailta, niin oli olemassa tarpeellista vihamielisyyttä kahden sosiaalisen ja poliittisen järjestelmän välissä, jotka suoraan vastustivat toisiansa ja olivat toistensa läheisyydessä. Kanadan syrjäisyys Länsi-Intiasta ja vihamielinen talvinen ilmasto tekivät siitä laivaston näkökulmasta paljon vähemmän arvokkaan Ranskalle kuin englantilaiset siirtokunnat olivat Englannille; tämän lisäksi sen voimavarat ja väestö olivat paljon pienempiä. Vuonna 1750 Kanadan väestö oli 80,000 henkeä, kun englantilaisten siirtokuntien väestö oli 1,200,000 henkeä. Sellaisen epätasapainon ollessa kyseessä voimassa ja voimavaroissa, niin Kanadan ainoa mahdollisuus oli Ranskan merivoimien tuessa joko suoraan halliten viereisiä merialueita tai luomalla niin voimakkaan harhautuksen muualla, että se lievittäisi siihen kohdistuvaa painetta.

Pohjois-Amerikan mantereella, kun siihen lisätään Meksiko ja maat siitä etelään, niin ne olivat Floridan lisäksi Espanjan hallussa; jonka nimissä oli otettu haltuun suuria alueita sen niemimaan takaa vaikka niitä ei ollutkaan tarkkaan määritelty, ja ne omasivat vain vähän tärkeyttä millä tahansa ajankohdilla näissä pitkissä sodissa.

Länsi-Intiassa ja Etelä-Amerikassa Espanja piti hallussaan pääasiassa maita, jotka yhä tunnetaan espanjalaisen Amerikan maita, joihin lisäksi kuuluivat Kuuba, Puerto Rico ja osa Haitia (Vuoden 1898 sodassa Yhdysvallat sai Espanjalta Puerto Ricon ja Filippiinit, sekä Kuuban protektoraatikseen. Amerikan mantereen valtiot, jotka olivat olleet Espanjan siirtomaita Meksikosta Chileen ja Argentiinaan itsenäistyivät pääasiassa 1820- ja 1830-luvuilla); Ranskalla oli hallussaan Guadeloupe, Martinique ja läntinen puolisko Haitista; Englannilla oli Jamaika, Barbados ja joitakin pienempiä saaria. Maaperän hedelmällinen luonne, kaupalliset tuotteet, ja vähemmän rankaiseva ilmasto näyttivät tekevän näistä saarista erityisiä kohteita siirtomaasodille; mutta sitä asiaa koettu muuten kuin Jamaikan ollen poikkeus, jonka Espanja tahtoi saada takaisin, niin se oli ainoa ajateltu aikomus valloittaa mitä tahansa suurempia saaria. Syy siihen oli luultavasti Englanti, jonka merivoimat tekivät siitä pääasiallisen hyökkääjän, niin sen toimiin vaikutti sen ponnistelut saada suuri määrä englantilaisia Pohjois-Amerikan mantereelle. Pienemmän Länsi-Intian saaret olivat yksittäin liian pieniä pitää hallussa vahvasti paitsi siten, että niitä ympäröiviä meriä hallittaisiin. Niillä oli kaksitahoinen arvo sodassa; yhtäällä ne tarjosivat sotilaallisia asemia sellaisille voimille; toinen oli kaupallinen arvo, jolla joko kasvatettiin omia voimavaroja tai heikennettiin vihollisen voimavaroja. Sota, joka ohjattiin niitä vastaan, niin sitä voitiin ajatella kaupankäyntiin kohdistuvaksi sodaksi ja saaret itse olivat kuin laivoja tai saattueita, joihin oli lastattu vihollisen vaurautta. Sieltä saattoi siten löytää niiden vaihtavan omistajia kuin pelimerkkien ja yleensä ne palautettiin, kun rauha palasi; vaikka lopullinen päätös jättikin useimmat niistä Englannin käsiin. Joka tapauksessa jokaisella suurvallalla oli osansa siinä kohdistuen kaupankäyntiin, joka rahoitti niin suuret laivastot kuin pienet laivueet, joka taipumuksena auttoi suhteessa epäsuotuisiin vuodenaikoihin sotilasoperaatioihin mantereella; ja Länsi-Intiassa tapahtui suurempi määrä laivastojen yhteenottoja tässä pitkässä sarjassa sotia.

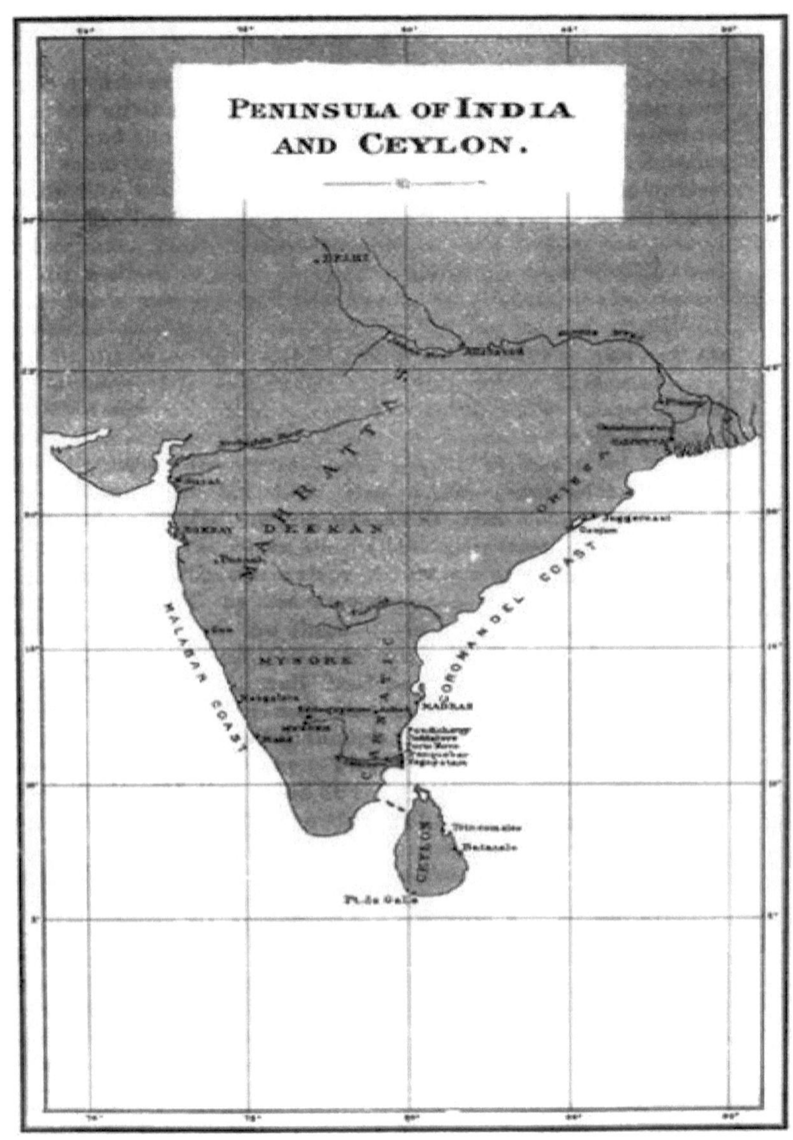

Intian niemimaa ja Ceylon.

Toisella syrjäisellä alueella kiistaa käytiin Englannin ja Ranskan välillä, ja siellä niin kuin myös Pohjois-Amerikassa, se lopulta ratkaistiin näiden sotien avulla. Intiassa kilpailevia valtioita edustivat niiden Itä-Intian kauppakomppaniat, jotka suoraan hallinnoivat niin hallintoa kuin kaupankäyntiä. Niitä tietenkin tukivat niiden emämaat; mutta suorassa yhteydessä paikallisiin hallitsijoihin olivat niiden johtajat ja virkamiehet, jotka komppaniat itse nimittivät. Silloin englantilaisten tärkeimmät tukikohdat olivat länsirannikolla Bombay (nyk. Mumbai); idässä Gangesin luona oli Kalkutta, joka oli jonkin matkaa mereltä ja Madras; kun taas hieman Madrasista etelään oli toinen kaupunki ja tukikohta, joka yleisesti englantilaisten keskuudessa tunnettiin nimellä Fort. St. David, vaikka sitä joskus kutsuttiin Cuddaloreksi, joka oli perustettu myöhemmin. Kolme keskusta, jotka olivat Bombay, Kalkutta ja Madras, niin olivat silloin vastavuoroisesti itsenäisiä ja ne olivat vastuussa Englannissa olevalle kauppakomppanian johdolle (Court of Directors).

Ranskalaiset olivat perustaneet tukikohdat Chandernagoreen Gangesille pohjoiseen Kalkuttasta; Pondicherryyn itärannikolle noin 128 kilometriä etelään Madrasista; ja länsirannikolle kauas etelään Bombaysta ja sillä oli kolmas tukikohta, joka oli merkitykseltään vähäisempi, ja jonka nimi oli Mahé. Ranskalaisilla oli kuitenkin suuri etu, sillä heillä oli välittäjän asema Intian valtamerellä, sillä he omistivat Isle de Francen (nyk. Mauritius) ja Bourbonin. Silti he eivät voineet olla onnekkaampia saadessaan kahden miehen henkilökohtaisen luonteen, jotka hoitivat heidän asioitansa silloin Intian niemimaalla ja saarilla, ja nämä kaksi miestä olivat nimeltänsä Dupleix ja La Bourdonnais; heillä ei ollut kilpailijoita kykyjensä tai luonteenlujuutensa suhteen englantilaisten virkamiesten keskuudessa, jotka toimivat Intian alueella. Silti nämä kaksi miestä, joiden lämmin yhteistyö saattaisi raunioittaa englantilaiset siirtokunnat Intiassa, niin heillä näytti taas olevan ristiriita ideoista toimia, jolloin he epäröivät miten he käyttäisivät maa- ja merivoimia voimanlähteenä, joka on ennuste, joka myös sulkee Ranskan maantieteellisen asema itsessään. Dupleixin mielessä, vaikka hän ei ollutkaan välinpitämätön kaupallisten etujen suhteen, niin se oli keskittynyt suuren imperiumin rakentamiseen, jolloin Ranskan pitäisi hallita useita alkuasukasruhtinaita vasalleinaan. Sen toteuttamiseksi hän osoitti suurta tahdikkuutta ja väsymätöntä toimintaa jonka lisäksi hänellä jonkin verran nousevaa ja fantastista mielikuvitusta; mutta kun hän kohtasi La Bourdonnaisin, jonka yksinkertainen ja järkevämpi ajattelu tähtäsi meriherruuteen, jolloin siirtokunnat olisivat vapaita ja niillä olisi tietyt yhteydet kotimaahan sen sijaan, että ne tukeutuisivat muuttuviin itäisiin juonitteluihin ja liittoihin, niin syntyi erimielisyyksiä. "Laivaston alivoima", sanoo ranskalainen historioitsija, jonka mielestä Dupleixillä olisi pitänyt olla suuremmat tavoitteet, "oli tärkein syy, joka pidätteli hänen edistystänsä"; [88] mutta laivaston ylivoima oli juuri se seikka, johon La Bourdonnais, joka oli itse merimies ja saaren kuvernööri, pyrki. Saattoi olla niin, että Kanadan heikkous englantilaisia siirtokuntia vastaan oli seikka, jonka suhteen merivoimat eivät pystyneet muuttamaan tilannetta; mutta olosuhteet kilpailevien valtioiden kesken Intiassa riippuivat täysin siitä, kuka hallitsi meriä.

Sellaiset olivat kolmen valtion suhteelliset asemat tärkeimmillä sotatoimialueilla. Mitään mainintaa ei ole tehty siirtokunnista Afrikan länsirannikolla, koska ne olivat vain kauppa-asemia, joilla ei ollut sotilaallista merkitystä. Hyväntoivonniemi oli alankomaalaisten hallussa, jotka eivät olleet ottaneet osaa aikaisempiin sotiin, mutta jotka olivat pitkän aikaa pitäneet yllä hyväntahtoista puolueettomuutta Englantia kohtaan, joka oli säilynyt liitosta heidän välillään vuosisadan aikaisemmista sodista. On tarpeen mainita lyhyesti olosuhteet sotalaivastoissa, jotka olivat tärkeitä, vaikka sitä ei ollutkaan vielä ymmärretty täysin. Tarkkoja lukuja tai tarkkaa kertomus alusten kunnosta ei voida antaa; mutta suhteellinen tehokkuus voidaan arvioida sangen tarkasti. Campbell, tämän ajan (1890-livun) englantilainen laivastohistorioitsija sanoo, että 1727 Englannin laivastolla oli kahdeksankymmentäneljä linjalaivaa, joissa oli ainakin kuusikymmentä tykkiä; neljäkymmentä viisikymmentätykkistä alusta ja viisikymmentäneljä fregattia ja pienempää laivaa. Vuonna 1734 tämä lukumäärä oli laskenut seitsemäänkymmeneen linjalaivaan ja yhdeksääntoista 50-tykkiseen alukseen. Vuonna 1744, sen jälkeen, kun sotaa oli käyty neljä vuotta pelkästään Espanjaa vastaan, niin lukumäärä oli yhdeksänkymmentä linjalaivaa ja kahdeksankymmentäneljä fregattia. Ranskan laivastossa oli samaan aikaan hänen arvionsa mukaan neljäkymmentäviisi linjalaivaa ja kuusikymmentäseitsemän fregattia. Vuonna 1747, lähellä ensimmäisen sodan päätöstä, niin hänen mukaansa Espanjan kuninkaallinen laivasto oli heikentynyt kahteenkymmeneenkahteen linjalaivaan ja Ranskan laivasto kolmeenkymmeneenyhteen, kun taas Englannin laivasto oli kasvanut 126 linjalaivaan. Ranskalaiset kirjoittajat olivat kertoneet vähemmän tarkasti luvuistaan, mutta ovat samaa mieltä siitä, että laivasto ei ollut vain heikentynyt säälittäviin lukuihin, vaan nämä alukset olivat myös huonossa kunnossa ja telakoilla oli pulaa. Tämä laivaston laiminlyöminen kesti enemmän tai vähemmän niiden sotien läpi, kunnes vuonna 1760, kun kansakunnan järkiintyi ymmärtäen niiden tärkeyden ja haluten palauttaa ne kuntoon; se oli kuitenkin liian myöhäistä estää ranskalaisten vakavimmat tappiot. Englannissa niin kuin myös Ranskassa pitkä rauhankausi oli heikentänyt kuria ja hallintoa; aseistuksen tehottomuus oli huonomaineista, ja muistuttaa skandaaleista, joihin kiinnitettiin huomiota Krimin sodan alkaessa; kun taas juuri ranskalaisten alusten katoaminen johti tarpeeseen korvata ne laskemalla vesille aluksia, jotka olisivat ylivoimaisia siksi, että ne olivat uudempia ja tieteellisempiä kuin saman luokan vanhemmat alukset Englannissa. Huolellisuutta täytyi olla kuitenkin hyväksyttäessä liian helposti yksittäisten kirjoittajien valitukset; ranskalaiset kirjoittajat väittävät, että englantilaiset alukset olivat nopeampia, kun taas saman ajan englantilaiset kirjoittajat valittavat, että ne olivat hitaampia. Voidaan hyväksyä yleisenä totuutena se, että ranskalaiset alukset, jotka oli rakennettu vuosien 1740 ja 1800 välisenä aikana, että ne olivat paremmin suunniteltuja ja suurempia luokissaan kuin englantilaiset alukset. Jälkimmäisillä aluksilla oli epäilemättä etua niin suuremmasta määrästä kuin merimiesten ja upseerien laadusta. Pidettäessä jotkut laivastot aina kellumassa niin paremmissa kuin huonommissa olosuhteissa, niin upseerit eivät voi menettää kosketustansa ammattiinsa; jolloin Ranskasta sanottiin, että viidennes siellä olleista upseereista eivät olleet työssä vuonna 1744. Tämä ylivoima säilyi ja kasvoi käytännön ansiosta; vihollisen laivueet, kun ne lähtivät merelle, niin huomasivat itse olevansa alakynnessä käsiteltäessä käytännöllisiä taitoja. Toisaalta niin suuri kuin englantilaisten merimiesten määrä olikin, niin kaupankäynnin tarve oli niin suuri, että sodassa niiden huomattiin hajaantuneen ympäri maailmaa ja osa laivastosta oli aina lamaantunut miehistöpulan takia. Tämä jatkuva työllistäminen takasi hyvät merimiestaidot, mutta niin monien miesten poissaolot täytyi paikata pakottamalla umpimähkäisesti palvelukseen miehiä, jotka olivat kurjista yhteiskuntaluokista ja jotka olivat sairaita, niin se surullista kyllä heikensi miehistön kokonaislaatua. Tajutaksemme olosuhteet laivojen miehistöjen keskuudessa silloin, niin oli tarpeen vain lukea niitä kertomuksia, joita lähetettiin Ansonille, kun lähdettiin risteilemään ympäri maailmaa tai Hawkelle, kun varustauduttiin sotapalvelukseen; lausunnot ovat melkein uskomattomia ja lopputulokset mitä surkeimpia. Ei ollut kysymys vain puhtaanapidosta; lähetetty materiaali oli täysin sopimatonta meren olosuhteisiin jopa kaikista suotuisimmissa olosuhteissa. Niin englantilaisten kuin ranskalaisten keskuudessa oli tarpeen tehdä paljon töitä huonoimpien upseerien karsimisessa pois. Ne, joilla oli valtaa hoviin ja poliittista vaikutusvaltaa; ja sen lisäksi ei ollut mahdollista pitkän rauhan jälkeen heti valita parhaimpia miehiä, jotka parhaiten kestäisivät tulevat koettelemukset ja altistumisen sodan tuomille vastuille. Siellä oli kummankin kansakunnan keskuudessa taipumus luottaa upseereihin, jotka olivat nähneet parhaat päivänsä sukupolvea aikaisemmin ja lopputulokset eivät olleet onnekkaita.

Julistettuaan sodan Espanjaa vastaan lokakuussa 1739 Englanti koetti ensimmäiseksi suunnata sotatoimensa Espanjan siirtomaita vastaan Amerikassa, jotka olivat näiden kahden maan välisten riitojen syy ja siksi, että sieltä he odottivat löytävänsä helppoja ja rikkaita kohteita. Ensimmäiselle sotaretkelle he lähtivät amiraali Vernonin komennossa saman vuoden marraskuussa ja he ottivat haltuunsa Puerto Bellon äkillisellä ja yllättävällä hyökkäyksellä, mutta huomasivat, että saivat sieltä vain mitättömän summan, joka vastasi 10000 dollaria sen jälkeen, kun galleonit olivat purjehtineet satamasta. Palattuaan Jamaikalle Vernon sai suuren määrän täydennyslaivoja ja hänen voimiinsa liittyi kaksitoistatuhatta maavoimien sotilasta. Tällä kasvatetulla voimalla hyökkäysyrityksiä tehtiin niin Cartagenaa kuin Santiago de Cubaa vastan vuosina 1741 ja 1742, mutta kumpikin näistä yrityksistä epäonnistuivat surkeasti; amiraali ja kenraali riitelivät, kun ei ollut epätavallista niinä päivinä, että kummallakaan heistä ei ollut älyllistä ymmärtämystä toistensa työtehtävistä. Marryatt luonnehtiessaan sellaista ymmärtämättömyyttä huumorintajuisesti liioitellen näytti omaavan tämän näkemyksen Cartagenasta: "Armeija ajatteli, että laivasto saattaisi lyödä alas kivimuurit, jotka olivat kolmen metrin paksuiset; ja laivasto ihmetteli, että armeija ei ollut kävellyt samoille muureille, jotka olivat kymmenisen metriä korkeat."

Toinen sotaretki, joka on tunnettu kestävyydestänsä ja sitkeydestänsä, niin näytti sen johtajan ja hyvin tunnettujen vaikeuksien kautta saavan selvää ja yksilöityä lopullista menestystä, kun se oli lähetetty matkaan vuonna 1740 Ansonin komennossa. Sen tehtävä oli kiertää Hyväntoivonniemi ja hyökätä Espanjan siirtokuntiin Etelä-Amerikan länsirannikolla. Monien viivytyksien jälkeen johtuen huonosta hallinnosta, niin tämä laivue pääsi lopulta matkaan vuoden 1740 loppupuolella. Ohitettuaan Hyväntoivonniemen vuoden huonoimpaan aikaan, niin laivat kohtasivat sarjan mitä voimakkaampia myrskyjä; laivue hajaantui niin, että kaikkia sen aluksia ei enää saataisi kokoon ja Anson ollessaan jatkuvasti vaarassa, niin onnistui kokoamaan osan sitä Juan Fernandezin luokse. Kaksi laivaa lähetettiin takaisin Englantiin ja kolmas menetettiin Chilen eteläpuolella. Kolmella jäljellä olevalla aluksellaan hän purjehti Etelä-

Amerikan rannikkoa pitkin ottaen haltuunsa joitakin aluksia saaliinaan ja ryöstäen Paytan kaupungin tarkoituksenaan nousta maihin lähellä Panamaa ja liittyä Vernoniin valloittaakseen sen paikan ja ottaakseen Panaman kannaksen haltuunsa, jos se olisi mahdollista. Saatuaan selville katastrofin Cartagenaa vastaan, niin hän sitten aikoi ylittää Tyynenmeren poikki ja ottaa haltuunsa kaksi galleonia, jotka vuosittain purjehtivat Acapulcosta Manilaan. Purjehtiessaan sen poikki, niin yksi hänen kahdesta laivastansa, joita hänellä oli, niin huomattiin olevan niin huonossa kunnossa, että se täytyi tuhota. Kun toisen kanssa hän lopulta onnistui hankkeessaan ottaa haltuunsa suuri galleoni, jonka lastin arvo oli puolitoista miljoonaa dollaria. Tämä sotaretki sen monien epäonnistumisten jälkeen, niin sillä ei ollut sotilaallisia tuloksia pois lukien pelko ja nöyryytys, jota se sai aikaan espanjalaisissa siirtokunnissa; mutta sen kova epäonni ja tyyni sitkeys, jolla se toimi saadakseen suuren menestyksen, niin antoi sille sen hyvin ansaitseman tunnettavuuden.

Vuoden 1740 aikana tapahtui kaksi asiaa, jotka johtivat suuren sotaan Euroopassa, joka puhkesi sen jälkeen, kun Espanja ja Englanti olivat jo sodassa. Toukokuussa sinä vuonna Fredrik Suuresta tuli Preussin kuningas ja sen vuoden lokakuussa keisari Kaarle VI, joka oli ollut aikaisemmin Espanjan valtaistuimen itävaltalainen vallantavoittelija, kuoli. Hänellä ei ollut poikia ja hän jätti testamentissaan maansa vanhimmalle tyttärellensä Maria Theresalle turvatakseen tämän vallanperimyksen diplomatiansa kautta, johon hän oli pyrkinyt monien vuosien ajan. Tämän vallanperimyksen tulla taatuksi Euroopan suurvaltojen kautta; mutta keisarinnan ilmeinen heikkous asemassaan sai aikaan jännitteitä muissa hallitsijoissa. Baijerin vaaliruhtinas vaati koko vallanperimystä itsellensä, jossa asiassa häntä tuki Ranska, kun taas Preussin kuningas vaati ja otti haltuunsa Sleesian maakunnan. Muut valtiot; suuret tai pienet, antoivat tukensa yhdelle tai toiselle osapuolelle; kun taas Englannin asema oli hankala, sillä sen kuningas oli myös Hannoverin vaaliruhtinas ja siinä asemassa kiirehti vakuuttamaan vaaliruhtinaskunnan puolueettomuutta, vaikka englantilaiset silloin vahvasti suosivatkin Itävaltaa. Samaan aikaan epäonnistuminen sotaretkissä Espanjan amerikkalaisia siirtokuntia vastaan ja kovat menetykset Englannin kaupankäynnille kasvattivat yleistä valitusta Walpolea kohtaan, joka erosi aikaisin vuoden 1742 puolella. Englannista tuli uuden ministerin alaisuudessa Itävallan avoin liittolainen; ja parlamentti äänesti ei vain taloudellisesta tuesta keisarinnalle, vaan myös joukkojen lähettämisestä apuvoimina Itävallan Alankomaihin. Samaan aikaan

Alankomaat Englannin vaikutuksen alaisina ja sitoutuneena niin kuin Englanti aikaisempien sopimusten kautta tukemaan Maria Theresiaa, niin myös äänesti taloudellisesta tuesta. Siellä taas tapahtui mielenkiintoinen tapaus kansainvälisten suhteiden kannalta, joka on mainittu aikaisemmin. Kumpikin näistä maista siten liittyivät sotaan Ranskaa vastaan, mutta vain auttaakseen keisarinnaa, eivät pääsotijoina; kansakuntina, joiden joukot olivat taistelukentällä, mutta ne itse näkivät olevansa rauhantilassa. Sellainen poikkeuksellinen tilanne saattoi loppua vain yhdellä tavalla. Merellä Ranska oli jo ottanut saman aseman auttajana Espanjan suuntaan johtuen sen puolustuksellisesta liitosta kahden kuningaskunnan välillä, joka sitten vaikutti sen rauhaan Englannin kanssa; ja on mielenkiintoista nähdä meren vetovoima, kun ranskalaiset kirjoittajat valittavat ranskalaisiin kohdistuneista hyökkäyksistä englantilaisten laivojen toimesta vedoten siihen, että avointa sotaa ei ollut kahden valtion välillä. On jo mainittu, että vuonna 1740 ranskalainen laivue tuki osastoa espanjalaisia laivoja näiden matkalla Amerikkaan. Vuonna 1741 Espanja liityttyään mantereen sotaan Itävallan vihollisena lähetti viisitoistatuhatta miestä hyökkäämään Barcelonasta Itävallan maita vastaan Italiassa. Englantilainen amiraali Haddock Välimerellä etsi ja löysi espanjalaisen laivaston, mutta silloin oli ranskalaisen laivasto-osaston, jonka vahvuus oli kaksitoista linjalaivaa, komentaja saanut tiedon, että Haddock tulisi hyökkäämään saman retkikunnan kimppuun ja oli saanut käskyn taistella, jos espanjalaisten kimppuun hyökättäisiin, vaikka he olivatkin muodollisesti sodassa Englannin kanssa. Kun liittolaisilla oli melkein kaksinkertainen vahvuus hänen voimiinsa, niin englantilainen amiraali oli pakotettu palaamaan Port Mahoniin. Pian hänet vapautettiin tehtävistänsä ja uusi amiraali, Matthews, otti haltuunsa heti kaksi virkaa, jotka olivat Välimeren voimien ylipäällikkö ja Englannin suurlähettiläs Torinoon, joka oli Sardinian kuningaskunnan pääkaupunki. Vuonna 1742 Englannin laivaston johtaja ajaessaan takaa joitakin espanjalaisia galleoneja, jotka pakenivat ranskalaiseen St. Tropezin satamaan ja seuraten niitä satamaan, niin poltti ne huolimatta Ranskan niin sanotusta puolueettomuudesta. Samana vuonna Matthews lähetti osaston aluksia kommodori Martinin komennossa Napoliin pakottaakseen Bourbon-suvun kuninkaan vetämään pois kahdenkymmenentuhannen miehen joukkonsa, joka palveli Espanjan armeijassa pohjoisessa Italiassa Itävaltaa vastaan. Yrityksiin neuvotella Martin vastasi vain vetämällä esiin kellonsa ja antamalla hallitukselle tunnin aikaa suostua ehtoihin. Siinä ei ollut kyse mistään muusta kuin alistamisesta; ja englantilainen laivasto lähti satamasta oltuaan siellä kaksikymmentäneljä tuntia ja autettuaan keisarinnaa vaarallista vihollista vastaan. Sen jälkeen oli selvää, että Espanja saattoi käydä sotaa Italiassa vain lähettämällä joukkoja Ranskan poikki; Englanti hallitsi merta ja toimintaa Napolissa. Nämä kaksi tapahtumaa St. Tropezissa ja Napolissa saivat aikaan suuren vaikutuksen ikääntyvään Fleuriin, joka tajusi myös niiden laajuuden ja hyvin rakennetun merivallan tärkeyden. Syyt valituksiin moninkertaistuivat kummaltakin osapuolelta ja liike oli nopeasti lähestymässä, kun niin Ranskan kuin Englannin täytyi lopettaa teeskentely siitä, että ne olivat vain apuvoimia sodassa. Ennen kuin se tapahtui, niin kuitenkin hallitsevana merivaltana ja vaurautensa kautta Englanti pystyi saamaan Sardinian kuningaskunnan tukemaan Itävaltaa. Ajatellessaan vaaroja ja etuja liitosta Ranskan tai Englannin kanssa kuninkaan toimet ratkaisi taloudellinen tuki ja lupaus vahvasti englantilaisesta laivastosta Välimerellä; vastineeksi hän kävi sotaan käytössään 45000 miehen armeija. Tämä liitto tehtiin syyskuussa 1743. Lokakuussa, kun Fleuri oli jo kuollut, niin Ludwig XV teki Espanjan kanssa sopimuksen, jonka mukaan hän kävi Englantia ja Sardiniaa vastaan julistaen niille sodan ja tuki Espanjan vaatimuksia Italiaan, Gibraltariin, Mahoniin ja Georgiaan. Avoin sota oli siten melkein käsillä, mutta sodanjulistukset vielä uupuivat. Suurin meritaistelu tapahtui, kun vielä elettiin nimellisen rauhan tilassa.

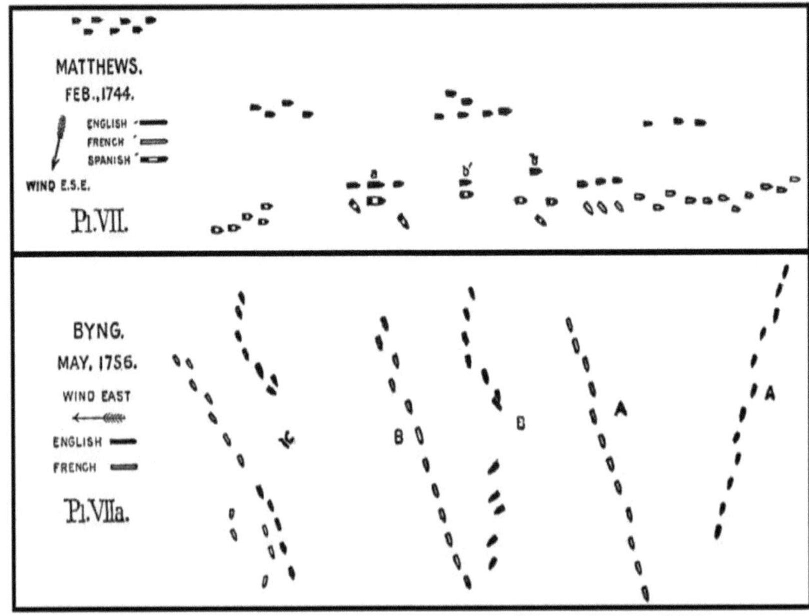

Kuvat VII. ja VIIa.

Vuoden 1743 jälkimmäisellä puoliskolla Espanjan Infante (prinssi) Filip oli pyrkinyt ottamaan haltuunsa Genovan tasavallan rannikkoa, joka oli epäystävällismielistä Itävallalle; mutta sen yrityksen oli Englannin laivasto estänyt ja espanjalaiset laivat oli pakotettu vetäytymään Touloniin. Siellä ne olivat neljä kuukautta pystymättä tekemään mitään englantilaisten ylivoiman takia. Sen ongelman takia Espanjan hovi vetosi Ludwig XV:iin ja tämä antoi käskyn Ranskan laivastolle, jota komensi amiraali de Court, vanha mies, jolla oli ikää kahdeksankymmentä vuotta ja joka oli Ludwig XIV:n päivien veteraani, niin saattaa espanjalaiset joko Genovanlahdelle tai heidän omiin satamiinsa, mutta ei ole selvyyttä kummasta näistä oli kyse. Ranskalainen amiraali sai käskyn olla ampumatta, ellei hänen kimppuunsa hyökättäisi. Käsky oli turvata paras yhteistyö espanjalaisten kanssa, joihin tehokkuuteen hän ei luultavasti luottanut, jolloin de Court ehdotti niin kuin Ruyter oli tehnyt aikoja sitten hajaannuttaa heidän laivansa pitkin hänen omaa linjaansa; mutta espanjalainen amiraali Navarro kieltäytyi tästä, jolloin taistelulinjassa oli yhdeksän ranskalaista laivaa kärjessä, keskustassa kuusi ranskalaista ja kolme espanjalaista laivaa ja jälkijoukossa yhdeksän espanjalaista laivaa;

tällöin laivoja oli yhteensä kaksikymmentäseitsemän. Näillä käskyillä yhdistynyt laivasto purjehti Toulonista helmikuun 19. 1744. Englantilaisten laivasto, joka oli risteillyt Hyéresin edustalla tarkkaillen, niin lähti takaa-ajoon ja 22. päivä sen kärki ja keskusta tulivat näkösälle liittolaisille; mutta jälkijoukot olivat usean mailin päässä tuulenpuolella ja jonossa riittävän etäisyyden päässä, että ne voisivat antaa tukea (Kuva VII, r). Tuuli oli idän puolelta ja kumpikin laivasto olivat purjehtimassa etelän suuntaan, ja englantilaisilla oli tuulietu. Vahvuudet olivat melkein tasan, kun englantilaisilla oli kaksikymmentäyhdeksän laivaa liittolaisten kahtakymmentäseitsemää vastaan; mutta tämä etu kääntyi päinvastaiseksi siksi, että englantilaisten jälkijoukot eivät onnistuneet liittymään taisteluun. Tämän toiminnan syyksi on usein sanottu, että kontra-amiraalilla oli pahaa tahtoa Matthewsin suuntaan; vaikka hän osoitti, että hänen erillisestä asemastansa hän teki kaikkensa pyrkiäkseen mukaan taisteluun, niin hän ei hyökännyt ennen kuin hän teki niin, kun pyyntö esitettiin viestilipulla linjataistelussa liehuen samaan aikaan, kun annettiin viesti hyökätä; tarkoittaen sitä, että hän ei voinut jättää linjaa taistellakseen rikkomatta käskyä muodostaa linja. Tämä tekninen syy kuitenkin myöhemmin hyväksyttiin sotaoikeudessa. Todellisissa olosuhteissa Matthews, joka oli suuttunut ja järkyttynyt alaisensa toimettomuudesta ja pelätessään, että vihollinen pääsisi pakoon, jos hän viivyttelisi kauemmin, niin antoi viestin käydä kimppuun, kun hänen oma kärkensä oli rinnakkain vihollisen keskustan kanssa ja heti kävi itse linjasta ja hyökkäsi lippulaivallansa, jossa oli yhdeksänkymmentä tykkiä, niin vihollisen linjan suurimman aluksen "Real Felipen" (eng. Royal Philip) kanssa, jossa oli satakymmenen tykkiä ja jolla oli mukanaan espanjalaisen amiraalin lippu (a). Toimiessaan näin häntä urheasti tukivat hänen edessään ja takanaan olevat alukset. Hyökkäyksen hetki näytti olevan harkitusti valittu; viisi espanjalaista laivaa olivat ajautuneet kauas eteen jättäen amiraalille tueksi vain hänen edessään ja takanaan olevat laivat, kun taas kolme muuta espanjalaista laivaa jatkoi ranskalaisten kanssa. Englantilaisten etujoukko tuli eteen käyden liittolaisten keskustan kimppuun, kun taas liittolaisten kärki oli ilman vastustajia. Siten ollessaan erossa taistelusta, niin jälkimmäiset halusivat kääntyä tuulen puolelle englantilaisten linjan eteen laittaen sen kahden tulen väliin, mutta sen esti kolmen kärjessä olevan englantilaisten laivan kapteenien älykäs toiminta, jotka välittämättä annetuista viesteistä pitivät hallitsevan asemansa ja estivät vihollisen aikeet nopeasti. Sen takia heidät erotettiin sotaoikeuden päätöksellä, mutta heidät myöhemmin palautettiin tehtäviinsä. Tämä selkeä, mutta oikeutettu piittaamattomuus viesteistä toistui ilman mitään oikeutusta kaikkien englantilaisten kapteenien keskuudessa keskustassa paitsi amiraalia lähellä olevien niin kuin on mainittu kuin myös niiden keskuudessa, jotka olivat kärjessä ja jotka jatkoivat tykistötaistelua pitkältä matkalta, kun taas heidän ylipäällikkönsä oli läheisesti ja jopa raivokkaasti taistelussa. Yksi huomattava poikkeus oli kapteeni Hawke, josta myöhemmin tuli huomattava amiraali, joka matki päällikkönsä esimerkkiä ja myöhemmin ajoi ensimmäisen vastustajansa asemistansa jättäen paikkansa kärjessä (b), tullen lähietäisyydellä (b') hienon espanjalaisen laivan kanssa, jota hän piti pinteessä viiden muun englantilaisen laivan kanssa ja otti sen haltuunsa; tämä laiva oli sen päivän ainoa sotasaalis. Englantilaisten kärjen komentaja kapteeniensa kanssa myös käyttäytyi tällä hengellä ja tuli lähitaisteluun. On tarpeetonta kuvata taistelua enempää; sillä sotilaallisena asiana se ei ansaitse huomiota ja sen tärkein lopputulos oli tuoda ansiota Hawkelle, josta kuningas ja hallitus aina muistivat hänen osuuttansa siinä. Yleinen tehottomuus ja laaja tottelemattomuus englantilaisten kapteenien keskuudessa viisi vuotta sodan julistamisen jälkeen osaltansa selittää miksi Englannin ei onnistunut saavuttaa sen epäilemätöntä meriherruutta tuloksin, joita se saattoi odottaa tästä sodasta; ensimmäisestä näytöksestä draamasta, joka tulisi kestämään neljäkymmentä vuotta ja se antoi upseereille opetuksen tarpeesta varustaa mielensä ja varustautua opiskelemalla sodan olosuhteita omana aikanaan, jotta he eivät olisi valmistautumattomia ja kenties toimisi häpeällisesti taistelun aikana. [89] Ei voida olettaa, että niin moni englantilainen merimies olisi toiminut rahvaanomaisesti ja niin viallisesti pelkästä pelkuruudesta; se oli valmistautumattomuutta mielen suhteen ja puutetta sotilaallisesta tehokkuudesta kapteenien keskuudessa yhdistettynä huonoon johtajuuteen amiraalin osalta, jolloin oli mahdollista, että oli pahaa tahtoa häntä kohtaan, sillä hän oli käytökseltänsä karkea ja hallitsevan ylimielinen, joka sai aikaan tämän fiaskon. Huomiota voidaan täällä asianmukaisesti kiinnittää tiettyyn ystävällisyyteen ja hyvään tahtoon esimiesten osalta alaisiin kohtaan. Se ei ole kenties keskeistä sotilaalliselle menestykselle, mutta epäilemättä tukee muita menestyksen osa-alueita hengessä, elämän hengityksessä, jotka tekevät mahdollisiksi sen, mikä muuten olisi mahdotonta; jolla saavutetaan omistautuen korkein omistautuneisuus ja päämäärä, joka voidaan saavuttaa tiukimmalla kurilla eikä niin sitä voida muulla tavalla sytyttää hengeksi. Epävarmuuden puute on luonnollinen lahja. Suurin esimerkki, joka mahdollisesti koskaan tunnetaan merimiesten keskuudessa, oli Nelson. Kun hän liittyi laivastoon juuri ennen Trafalgaria, niin kapteenit, jotka olivat kokoontuneet lippulaivaan, niin näyttivät unohtaneen amiraalinsa aseman halutessaan todistaa iloista hetkeä tavata hänet. "Tämä Nelson", kirjoitti kapteeni Duff, joka kaatui tuossa taistelussa, "on niin rakastettava ja loistava mies, niin ystävällinen johtaja, että me kaikki toivoimme ylittävämme hänen halunsa ja odotuksensa hänen antamiensa käskyjen suhteen." Hän itse oli tietoinen tästä ihailusta ja sen arvosta, kun hän kirjoitti Niilin taistelusta lordi Howelle, jolloin hän sanoi, "Minulla oli ilo komentaa joukkoa aseveljiä." (Kyseessä oli Toulonin meritaistelu vuodelta 1744. ks. eng. wikipedia.)

Tunnettavuus, joka tuli Matthewsin sotatoimien johdosta varmasti johtumatta kyvyistä, joilla sitä käsiteltiin tai lopputuloksesta niin sai aikaan valituksia kotimaassa ja pääasiassa siitä määrästä ja havainnoista, joita tehtiin sen jälkeisissä sotaoikeuden istunnoissa. Niin amiraali ja hänen varakomentajansa kuin myös yksitoista kapteenia kahdestakymmenestäyhdeksästä koki syytteet heitä vastaan. Amiraali erotettiin, koska hän oli rikkonut linjan; se tapahtui siksi, että hänen kapteeninsa eivät seuranneet häntä, kun hän kävi vihollisen kimppuun; se oli päätös, joka enemmän löi irlantilaista härkää kuin irlantilaista halua taistella. Varakomentaja vapautettiin vastuista jo annetuilla lakiteknisillä perusteilla; hän vältti syyn linjan rikkomiseen pysyen tarpeeksi kaukana. Yhdestätoista kapteenista yksi kuoli, yksi loikkasi, seitsemän erotettiin tai heidän palveluksensa keskeytettiin, vain kaksi vapautettiin. Eivätkä ranskalaiset ja espanjalaiset olleet sen paremmin tyytyväisiä; syytökset lentelivät molemmin puolin. Amiraali de Court vapautettiin tehtävistänsä, kun taas espanjalaisen amiraalin hänen hallituksensa palkitsi markiisi de la Victorian (voiton markiisin) arvolla, joka oli mikä poikkeuksellisin arvo tasaisesta taistelusta. Ranskalaiset toisaalla painottivat, että hän jätti kannen hyvin lievän haavan takia ja että alus todella taisteli ranskalaisen kapteenin komennossa, joka oli sattumalta sen mukana.

Käyttäen yleistä ilmaisua tästä taistelusta, joka oli ensimmäinen suuri taistelu sitten Malagan taistelun neljäkymmentä vuotta aikaisemmin, niin se "herätti" Englannin kansan ja sai aikaan siinä terveen reaktion. Muutosprosessi, joka oli alkanut itse taistelusta, niin jatkui, mutta tulos, joka saavutettiin, niin oli liian myöhäinen sen asianmukaisen vaikutuksen saamiseen silloiseen sotaan. Enemmänkin puutteellisena toimena kuin huomattavina menestyksinä, joita saavutettiin aikaisempina ja myöhempinä aikoina kuin yleisenä osoitettuna arvona Englannin merivoimille; niin kuin jonakin arvokkaana ominaisuutena, jota tuskin arvostetaan, kun sitä omistetaan, mutta jota kipeästi kaivataan, kun se on poistunut. Merten hallitsija enemmän vihollistensa heikkouden kautta kuin oman kurinalaisen voimansa kautta veti herruudesta ilman mitään riittäviä lopputuloksia; kaikkien vakain menestys kaappaamalla Cape Bretonin saari vuonna 1745 saavutettiin käyttämällä Uuden Englannin siirtokunnan joukkoja, joille tosiaan kuninkaallinen laivasto antoi arvokasta apua, sillä joukot oli sijoitettu suhteessa laivastoon niin, että se vastasi niiden yhteyslinjoista. Virheellinen toiminta Toulonin edustalla toistui upseerien toimesta, joilla oli korkeita komentajantehtäviä Länsi- ja Itä-Intiassa, jonka seurauksena jälkimmäisessä tapauksessa menetettiin Madras. Toiset syyt vaikuttivat yhdessä laivaston upseerien aikansa eläneisiin näkemyksiin vaikeuttaen sotatoimia merellä, joihin lähdettiin kaukana kotimaasta. Englannin itsensä tila oli epävakaa; Stuartien tukijat olivat yhä hengissä ja vaikka voimakas hyökkäys viidentoistatuhannen miehen voimalla, jota komensi marsalkka Saxe, 1744 torjuttiin osaltansa Englannin kanaalin laivaston ansiosta ja osaltansa myrskyn takia, joka tuhosi useita Dunkirkiin koottuja kuljetusaluksia aiheuttaen samalla useiden ihmisten hengen menetyksen, niin silti todellinen vaara näytti itsensä seuraavana vuonna, kun vallantavoittelija nousi maihin Skotlannissa vain muutaman miehen tukemana ja pohjoinen kuningaskunta nousi kapinaan auttaakseen häntä. Hänen onnistunut hyökkäyksensä tapahtui pitkälle etelään Englantiin asti; ja vakavat historioitsijat ovat ajatelleet, että lopullisen onnistumisen mahdollisuudet olivat pikemminkin hänen kanssaan kuin häntä vastaan. Toinen vakava kahle Englannin voimille oli suunta, jota Ranskan operaatiot maalla olivat ja virhe, jolla niitä vastaan toimittiin. Jättäen Saksan laimin Ranska käänsi huomionsa Itävallan Alankomaihin, maahan, jota Englanti johtuen sen merellisistä eduista, ei halunnut tulevan valloitetuksi. Sen kaupallinen ylivoima tulisi olemaan suoraan uhattuna, jos Antwerpen, Ostend ja Scheldtin suu joutuisivat sen suuren kilpailijan haltuun; ja vaikka sen paras este sitä vastaan olisi ottaa haltuunsa arvokkaita ranskalaisia omistuksia muualta ja pitää niitä vakuuksina, niin sen hallituksen heikkous ja sen laivaston silloinen tehottomuus estivät sitä toimimasta sillä tavalla. Hannoverin asema taas hallitsi Englannin toimia; sillä vaikka ne olivat yhtenäisiä vain saman hallitsijan kautta, niin sen hallitsijan rakkaus hänen omistuksiinsa mantereella, hänen synnyinmaahansa itse tuntui vahvasti ministeriöiden heikoissa ja aikaa kuluttavissa kokouksissa. Ajatus olla välittämättä Hannoverista tuli ensiksi William Pittiltä siksi, että hänellä oli vahva englantilainen tuntemus, joka ärsytti kuningasta ja johti hänet niin pitkään vastustamaan kansakunnan vaatimuksia, että hänen pitäisi laittaa päätös näille asioille. Nämä eri syyt; tyytymättömyys kotona, edut Alankomaissa, Hannoverin suhteen; yhdessä estivät alistuneen ja heikon ministeriön, joka oli myös itse hajanainen, niin antamasta asianmukaisia käskyjä ja levittämästä oikeata merisodan henkeä; mutta paremmat olosuhteet laivastossa itsessään tyydyttävimmin tuloksin sieltä, niin ne saattoivat jopa parantaa niiden toimia. Kuten asia oli, niin sodan lopputulos oli melkein mitäänsanomaton koskien riitoja Englannin ja sen erityisten vihollisten välillä. Mantereella kysymykset vuoden 1745 jälkeen jakaantuivat kahteen osaan; ensimmäiseksi mitä Itävallan omistuksia pitäisi antaa Preussille, Espanjalle ja Sardinialle, ja kuinka rauha saataisiin aikaan Ranskan kanssa Englannille ja Alankomaille. Merivallat silti niin kuin aikaisemminkin kantoivat sodan kulut, joka nyt kuitenkin pääasiassa tuntui Englannin vastuulta. Marsalkka Saxe, joka komensi ranskalaisia Flanderissa koko tämän sodan lävitse, niin tiivisti tilanteen puolella tusinalla sanalla kuninkaallensa. "Herra", hän sanoi, "rauha on Maestrichtin muurien sisäpuolella." Tämä voimakas kaupunki avasi Meuse-joen ja tien Ranskan armeijalle Yhdistyneiden Alankomaiden selustaan; sillä englantilainen laivasto yhdessä Alankomaiden kanssa esti hyökkäyksen mereltä. Vuoden 1746 lopulla huolimatta liittolaisten ponnisteluista niin melkein koko Belgia oli ranskalaisten käsissä; mutta tällä kertaa vaikka alankomaalaiset tukivatkin Itävallan hallitusta ja alankomaalaiset joukot Alankomaissa taistelivat, niin oli olemassa nimellinen rauha Yhdistyneiden Alankomaiden ja Ranskan välillä. Huhtikuussa 1747, "Ranskan kuningas hyökkäsi Alankomaiden Flanderiin julistaen, että hänet oli pakotettu lähettämään armeijansa sille tasavallan alueelle estääkseen sen valtiopäiviä antamasta suojaa itävaltalaisille ja englantilaisille joukoille; mutta hänellä ei ollut aikeita rikkoa sitä ja ne paikat ja maakunnat, jotka miehitettäisiin, niin palautettaisiin Yhdistyneille Alankomaille niin pian kuin ne antaisivat todisteita, että ne eivät enää tukisi Ranskan vihollisia." Tämä oli tosiasiallinen, mutta ei muodollinen sota. Useita paikkoja valloitettiin sinä vuonna ja Ranskan menestykset taivuttivat niin Alankomaita kuin Englantia tavoittelemaan rauhaa. Neuvottelut tapahtuivat talvella; mutta huhtikuussa 1748 Saxe aloitti Maestrichtin piirityksen. Tämä pakotti rauhan tehtäväksi.

Samaan aikaan vaikkakin merellä oli hiljaista, niin se ei ollut täysin tapahtumaköyhää. Kaksi yhteenottoa englantilaisten ja ranskalaisten laivueiden välillä tapahtui vuoden 1747 aikana täydentäen Ranskan sotalaivaston kärsimää tuhoa. Kummassakin tapauksessa englantilaiset olivat ratkaisevasti ylivoimaisia; ja vaikka siellä olikin tilaisuuksia joillekin kapteeneille osoittaa loistavaa taistelua ja sankarillista kestävyyttä ranskalaisten osalta, niin heitä vastassa oli suuri ylivoima, jota vastaan he oli varaa vain yhteen taktiseen opetukseen. Tämä opetus oli se, että kun vihollinen joko taistelun lopputuloksena tai johtuen alkuperäisestä alivoimasta omaa paljon heikomman vahvuuden, niin silloin sen on syytä paeta ilman mitään voimassa olevaa käskyä pakenemisesta, sillä toimiminen muuten kuin tämän käskyn mukaisesti täytyisi olla syy aikaisempien käskyjen hylkäämiseen ja yleiseen takaa-ajoon. Virhe, jonka Tourville siinä mielessä teki Beachy Headissä, niin siihen oli jo kiinnitetty huomiot. Ensimmäisistä tapauksista silloin keskusteltiin, kun englantilaisella amiraali Ansonilla oli neljätoista laivaa kahdeksaa ranskalaista alusta vastaan, kun nämä olivat niin yksilöllisesti, sekä kokonaisvahvuudeltansa heikompia; toiseksi Sir Edward Hawkella oli neljätoista laivaa yhdeksää vastaan, kun jälkimmäiset olivat aluksina hieman suurempia kuin englantilaisten alukset. Kummassakin tapauksessa annettiin käsky yleiseen takaa-ajoon, ja taisteluun, jonka lopputuloksena oli lähitaistelu. Siellä ei ollut tilaisuutta mihinkään muuhun; yksi asia oli tarve ottaa vihollinen kiinni ja sen saattoi tehdä varmasti vain käyttäen nopeampia tai parhaiten sijoitettuja aluksia, jolloin varmuus nopeimpien takaa-ajajien nopeudesta oli suurempi kuin hitaimpien takaa-ajettujen, ja siksi jälkimmäiset täytyi hylätä tai tulla taisteluun koko voimalla. Toisessa tapauksessa ranskalaisten komentaja kommodori l'Ètenduére, niin häntä ei tarvinnut seurata kauas. Hänellä oli mukanaan saattue, jossa oli kaksisataaviisikymmentä kauppalaivaa; jättäen yhden linjalaivan jatkamaan matkaa saattueen kanssa hän asetti itsensä kahdeksan muun aluksensa kanssa sen ja vihollisen väliin odottaen hyökkäystä mastojensa huippujen alla. Kun englantilaiset tulivat yksi toisensa jälkeen, niin he jakautuivat kummallekin puolelle ranskalaisten linjaa, jolloin he hyökkäsivät sen kimppuun siten kummaltakin puolelta. Itsepäisen vastarinnan jälkeen kuusi ranskalaisten laivaa vallattiin, mutta saattue pelastettiin. Englantilaiset olivat moukaroineet niin kovaa kahta jäljelle jäänyttä ranskalaista sotalaivaa, että niiden piti palata Ranskaan. Jos siten Sir Edward Hawke osoitti hyökkäyksellään hyvää arviointikykyä ja rohkeutta, joista aina huomaa merkittävän upseerin, niin voidaan väittää, että kommodori l'Ètenduren onni, joka hänelle annettiin olla kunniakkaasti alivoimassa, niin antoi hänelle johtavan roolin draamassa ja hän täytti sen ylväästi. Ranskalainen upseeri oikeudenmukaisesti huomautti "hän puolusti saattuetta niin kuin rannikkoa olisi puolustettu, kun tavoitteena olisi pelastaa sotajoukko tai taata sen selviytyminen; hän uhrasi itsensä tulla murskatuksi. Taistelun jälkeen, joka kesti keskipäivästä kello kahdeksaan illalla, niin saattue pelastui itsepäisen vastarinnan ansiosta; kaksisataaviisikymmentä laivaa pelastettiin omistajillensa l'Ètenduren ja hänen kapteeniensa omistautuvan käyttäytymisen ansiosta. Tätä omistautuneisuutta ei voida kyseenalaistaa, sillä kahdeksalla laivalla on vain vähän mahdollisuuksia selvitä taistelussa neljäätoista laivaa vastaan; ja ei vain näiden kahdeksan päällikkö hyväksynyt taistelua, jonka hän olisi mahdollisesti voinut välttää, vaan hän tiesi kuinka kannustaa alipäälliköitänsä luottamaan häneen; sillä he kaikki tukivat häntä kunniallisesti ja antautuvat lopulta osoittaen kiistattomia todisteita heidän hienosta ja energisestä puolustuksestansa. Neljä laivaa menetti mastonsa kokonaan ja kahdessa oli vain etummainen masto pystyssä." [90] Koko tapaus niin kuin siinä kumpikin osapuoli toimivat, niin sallii ihailtavasti tutkia, kuinka hyödyntää etuja olivat ne sitten alkuperäisiä tai hankittuja, ja lopputuloksia, jotka saatettiin hankkia urheudella jopa toivottomassa puolustuksessa jonkin tietyn tavoitteen edistämiseksi. Voidaan lisätä, että Hawke estyneenä takaa-ajon jatkamisessa itse, niin lähetti nopeasti sotasloopin Länsi-Intiaan mukanaan tieto lähestyvästä saattueesta; tässä oli liike, joka johti sen osan kaappaamiseen ja antoi kosketusta koko toiminnan kokonaisuuteen, joka ei voi olla tyydyttämättä sotahistoriasta kiinnostunutta nähdessään historian toimijoiden olevan täydessä vuorovaikutuksessa ja tehdessään kaikkensa suorittaakseen omat tärkeät tehtävänsä.

Ennen kuin lopetetaan kertomus tästä sodasta ja mainitaan rauhansopimus, niin täytyy antaa kertomus tapahtumista Intiassa, jossa Ranska ja Englanti olivat silloin tasaväkisinä. On kerrottu, että asioita silloin hallitsivat kummankin maan Itä-Intian kauppakomppaniat; ja että ranskalaisia edusti niemimaalla Dupleix ja saarilla La Bourdonnais. Jälkimmäinen nimitettiin virkaansa 1735; ja hänen väsymättömän neroutensa ansio oli tuntunut kaikissa hallinnon yksityiskohdissa, mutta etenkin muuttaen Isle of Francen suureksi laivastotukikohdaksi; työ, jonka tekemisen hän oli aloittanut perustuksista. Kaikesta oli pulaa; kaiken hän vaati suuremmaksi tai vähemmän huoltoa kuluttavaksi; varastot, telakat, linnoitukset ja merimiehet. Vuonna 1740, kun sota Ranskan ja Englannin välillä oli todennäköistä, niin hän sai Itä-Intian komppanialta laivueen, joka vaikkakin oli pienempi kuin hän pyysi, ja jonka käyttämistä englantilaisten kaupankäynnin ja kauppalaivaston raunioittamiseksi hän ehdotti; mutta kun sota todella alkoi 1744, niin hän sai käskyt olla hyökkäämättä englantilaisten kimppuun, sillä ranskalainen kauppakomppania toivoi, että puolueettomuus voisi säilyä kauppakomppanioiden välillä tuolla kaukaisella alueella, vaikka niiden emämaat olivatkin sodassa. Tämä ehdotus ei ollut niin naurettava, kun tarkastellaan Alankomaiden suhdetta Ranskaan, joka oli nimellisesti rauhassa, vaikkakin lähetti joukkoja Itävallan armeijaan; mutta se oli hyvin edullinen englantilaisille, joilla oli alivoima Intian alueen merillä. Heidän komppaniansa hyväksyi ehdotuksen sanoen, että tietenkään se ei sitoisi heidän hallitustansa kotimaassaan, eikä kuninkaallista laivastoa. Etu, joka oli voitettu La Bourdonnaisin ennakoinnin avulla siten menetettiin; vaikka ensiksi ja pitkään yksin kentällä hänen näkemyksensä olikin pysynyt. Samaan aikaan Englannin amiraliteetti lähetti laivueen ja alkoi ottamaan haltuunsa ranskalaisia aluksia Intian ja Kiinan välissä, eikä edes silloin kauppakomppania herännyt harhoistansa. Toimittuaan tällä tavalla englantilainen laivue purjehti Intian rannikolle ja heinäkuussa 1745 ilmestyi Pondicherryn edustalle, joka oli ranskalaisen Intian pääkaupunki valmiina pitkäaikaiseen hyökkäykseen, jonka Madrasin kuvernööri tekisi maitse. La Bourdonnaisin aika oli tullut täyteen.

Samaan aikaan Intian niemimaan päämantereella Dupleix oli muodostanut laajoja näkemyksiä ja luonut laajat perustukset pyrkiessään rakentamaan ranskalaisten ylivoimaa. Tultuaan ensiksi heidän kauppakomppaniansa palvelukseen alempana pappina, niin hän kykyjensä ansiosta nousi nopeasti johtamaan kaupallisia järjestelmiä Chandernagoressa, jota hän antoi hyvin suuresti laajentaa vakavasti vaikuttaen, kuten jopa sanottiin, niin tuhoten osia englantilaisten kaupankäynnistä. Vuonna 1742 hänestä tehtiin kenraalikuvernööri ja siten hän siirtyi Pondicherryyn. Siellä hän alkoi kehittämään omaa politiikkaansa, jonka tarkoituksena oli tuoda Intia Ranskan valtaan. Hän näki läpi kehityksen ja laajentamisen, jota Euroopan kansat toteuttivat merten takana koko maailmassa silloin, kuin idän kansat täytyi tuoda yhä kasvaviin yhteyksiin heidän kanssaan; ja hän arvioi, että Intia, joka oli niin monta kertaa aikaisemmin valloitettu, niin tulisi nyt olemaan valloitettu eurooppalaisten toimesta. Hän tarkoitti sitä, että Ranskan tulisi ottaa se hallintaansa ja näki Englannin vain kilpailijana. Hänen suunnitelmansa oli sekaantua Intian politiikkaan; ensiksi vieraan ja vapaan siirtokunnan johtajana, joka hän jo oli; ja toiseksi tulla suurmogulin vasalliksi, joksi hän aikoi tulla. Hajottamalla ja hallitsemalla edistääkseen ranskalaisten etuja ja vaikutusvaltaa käyttäen järkeviä liittoja kääntääkseen heiluvan tasapainon yhdellä tai toiselle puolelle ranskalaisten rohkeuden ja kyvyn kautta; sellaiset olivat hänen tavoitteensa. Pondicherry, vaikkakin oli huono satama, niin se sopi hyvin hänen poliittisiin suunnitelmiinsa; se oli kaukana Delhistä, joka oli mogulien valtakunnan pääkaupunki, niin aggressiivinen laajentuminen saattaisi tapahtua huomaamatta, kunnes oltaisiin tarpeeksi vahvoja tullakseen näkyviin. Dupleixin olemassa oleva suunnitelma oli silloin rakentaa ranskalainen ruhtinaskunta eteläiseen Intiaan

Pondicherryn ympärille samalla kun pyrkiä pitämään silloiset asemat Bengalissa.

Huomautetaan kuitenkin, ja huomautus on tarpeen oikeuttaa näiden suunnitelmien kertominen yhteydessä aiheeseemme nyt, sillä yhteys ei kenties ole ensiksi selvä; kysymyksen ydin nyt ei ollut ennen kuin kuinka Dupleix rakentaisi valtakuntaa Intian maakunnista ja kansoista, vaan kuinka päästä eroon englantilaisista ja tehdä se lopullisesti. Villeimmissä unelmissa suvereniteetista, josta hän saattoi unelmoida, niin hän ei pystynyt ylittämään Englannin todellisia saavutuksia muutamaa vuotta myöhemmin. Eurooppalaisten ominaisuudet kertoivat, jos eivät täysin päinvastaisesti vaikuttaen muihin eurooppalaisiin; ja sellainen vastustus yhdeltä tai toiselta puolelta riippui meren hallinnasta. Ilmasto oli niin tappavaa valkoisille ihmisille, että pieni määrä heitä sankarillisesti kävi sotaa vastassaan pelottavat voimasuhteet, että niitä piti jatkuvasti täydentää. Kuten kaikkialla ja aina, niin merivoimien toiminta oli siellä hiljaista ja huomaamatonta; mutta ei ole tarpeen vähätellä ainakaan ominaisuuksia ja uraa, jonka Clive, englantilainen sankari ja heidän imperiuminsa perustaja todistaakseen ratkaisevaa vaikutusvaltaa, jota se käytti huolimatta tehottomuudesta, johon Englannin laivaston upseerit ensiksi syyllistyivät ja saamatta ratkaisevia lopputuloksi sellaisista laivastotaisteluista, joita käytiin. [91] Jos seuraavien kahdenkymmenen vuoden aikana, jotka seurasivat vuotta 1743, niin Ranskan laivastot englantilaisten sijaan olisivat hallinneet niemimaan rannikkoja ja merta sen ja Euroopan välillä, niin voidaanko uskoa, että Dupleixin juoni olisi voinut epäonnistua täysin? "Laivaston alivoima", sanoo oikeudenmukaisesti ranskalainen historioitsija, "oli tärkein syy, joka hidasti Dupleixin toimintaa. Ranskan kuninkaallinen laivasto ei ilmaantunut Itä-Intiaan" hänen aikanaan. Sitten on syytä kertoa koko kertomus lyhyesti.

Englantilaiset vuonna 1745 tekivät valmisteluja piirittää Pondicherry, jolloin kuninkaallinen laivasto tulisi tukemaan maavoimia; mutta Dupleixin poliittiset juonet nähtiin heti. Carnatikin alueen naboob uhkasi hyökätä Madrasia vastaan ja englantilaiset lopettivat toimensa. Seuraavana vuonna La Bourdonnais ilmaantui alueelle ja käytiin taistelu hänen laivueensa ja laivueen välillä, jota komensi kommodori Peyton; jonka jälkeen, vaikkakin se oli tasapeli, niin englantilainen upseeri jätti rannikon hakien turvaa Ceylonista ja jätti meren hallinnan ranskalaisille. La Bourdinnais laski ankkurinsa Pondicherryn luona, jossa alkoivat pian riidat hänen ja Dupleixin välillä ja niitä pahensivat ristiriitainen sävy, joka johtui heidän saamistansa käskyistä kotimaastansa. Syyskuussa hän meni Madrasiin hyökäten sinne maitse ja meritse ja otti sen haltuunsa, mutta teki kuvernöörin kanssa sopimuksen, että se voitaisiin lunastaa takaisin lunnaita vastaan; ja lunnassumma, joka oli kaksi miljoonaa dollaria, niin maksettiin asianmukaisesti. Kun Dupleix kuuli tästä, niin hän oli hyvin vihainen ja vaati antautumisen ehtojen mitätöimistä, sillä kun se paikka oli kerran valloitettu, niin se kuului hänen valtapiiriinsä. La Bourdonnais inhosi tätä aikomusta, sillä se oli hänelle kunniatonta siksi, että hän oli antanut lupauksensa. Kun tämä riita oli käynnissä, niin hirmumyrsky tuhosi kaksi hänen laivaansa ja katkoi muiden mastot. Pian hän palasi Ranskaan, jossa hänen toimintansa ja innokkuutensa maksettiin kolmen vuoden vankeustuomiolla, jonka kohtelun vaikutuksien seurauksena hän kuoli. Hänen lähtönsä jälkeen Dupleix rikkoi antautumisen valloittaen ja pitäen Madrasin, ajaen pois englantilaiset siirtolaiset ja vahvistaen linnoituksia. Madrasista hän kääntyi Fort St. Davidia vastaan, mutta englantilaisen laivueen saapuminen pakotti hänet lopettamaan piirityksen.

Tämän vuoden aikana onnettomuudet Ranskan laivastolle, joihin on jo viitattu, niin jättivät englantilaiset merten kiistattomiksi valtiaiksi. Seuraavana talvena he lähettivät Intiaan suurimman eurooppalaisen laivaston, joka oli siihen mennessä nähty idässä mukanaan suuret maavoimat, jolloin koko tuo voima oli amiraali Boscawenin komennossa, jolla oli kenraalin virka oman laivastoarvonsa lisäksi. Laivasto saapui Coromandelin edustalle elokuussa 1748. Pondicherry joutui hyökkäyksen kohteeksi maalta ja mereltä, mutta Dupleix teki onnistunutta vastarintaa. Oli englantilaisen laivaston vuoro kärsiä hirmumyrskystä ja piiritys lopetettiin lokakuussa. Pian tämän jälkeen tuli tieto Aachenin rauhasta, joka lopetti eurooppalaisen sodan. Dupleix, jonka yhteydet kotiin oli palautettu, niin saattoi nyt jatkaa hienovaraista ja sitkeää toimintaansa turvatakseen tukialueen, jonka pitäisi niin paljon kuin oli mahdollista, niin suojata häntä merisodan mahdollisuutta vastaan. On sääli, että niin nerokkaan ja kärsivällisen miehen piti ponnistella täysin turhaan; mikään ei turvaisi merihyökkäyksiä vastaan paitsi laivastoapu, jota kotimaan hallitus ei pystynyt antamaan. Yksi rauhanehdoista oli, että Madras tulisi palauttaa englantilaisille vaihtokauppana Louisburgista, jonka Pohjois-Amerikan siirtolaiset olivat valloittaneet ja se palautettiin yhtä vastahakoisesti kuin Dupleix palautti Madrasin. Oli todellakin kuvaavaa Napoleonin kerskuminen, että hän tulisi valloittamaan Pondicherryn takaisin Veikselin rannalla; silti merivaltana Englannille Louisburg sen käsissä oli paljon vahvempi kuin Madras tai mikään muu paikka Intiassa, joka silloin oli ranskalaisten hallussa, jolloin vaihtokauppa hyödytti ratkaisevasti Isoa-Britanniaa. Englantilaiset siirtolaiset eivät miehinä tyytyneet tähän toimeen; mutta he tiesivät Englannin laivaston voimat ja he saattoivat tehdä sen uudestaan, jonka he olivat kerran tehneet, sillä se paikka ei ollut kaukana heidän rannoiltansa. He ymmärsivät tilanteen luonteen. Eivät niinkään Madrasin tilannetta. Kuinka syvällistä on täytynyt olla yllätys alkuasukasruhtinaiden keskuudessa tämän antautumisen takia, kuinka vahingollista se oli Dupleixin henkilölle ja hänen vaikutusvallallensa, jonka hän oli saanut heidän keskuudessaan nähdä hänet juuri voiton hetkellä ollen pakotettu voiman toimesta, jota he eivät voineet ymmärtää, palauttaa sotasaaliinsa! He olivat täysin oikeassa; mystinen voima, jonka he tajusivat sen toiminnasta, vaikka he eivät sitä nähneetkään, niin se ei ollut tämä tai tuo mies, kuningas tai valtiomies, vaan meren hallinta, jonka Ranskan hallitus tiesi estävän toivon ylläpitää kaukaisia alusmaita Englannin laivastoja vastaan. Dupleix itse ei nähnyt sitä; vielä joitakin vuosia hän jatkoi rakentamista itäisellä hiekalla käyttäen juonitteluja ja valheita, mutta talo, jonka hän toivoi turhaan kestävän myrskyjä, niin sen täytyi sortua.

Aachenin rauhansopimus lopetti tämän suuren sodan ja se allekirjoitettiin huhtikuun 30. 1748 Englannin, Ranskan ja Alankomaiden välillä ja lopulta kaikkien maiden välillä saman vuoden lokakuussa. Muutamat alueet poikkeuksellisesti revittiin pois Itävallalta; näitä olivat Sleesia Preussille, Parma Espanjan prinssi Philipille ja joitakin italialaisia alueita itään Piedmontista Sardinian kuninkaalle; yleinen rauhanehtojen sävy oli, että niissä palattiin sotaa edeltävään aikaan. ”Koskaan kenties missään sodassa niin monien suurten tapahtumien jälkeen ja niin suuren verenvuodatuksen ja rahallisten tappioiden jälkeen lopulta siihen osallistuneet valtiot olivat melkein samassa tilanteessa kuin sen alkaessa.” Tosiasiassa koskien Ranskaa, Englantia ja Espanjaa, niin Itävallan perimyssota, joka pian seurasi sotaa, joka oli syttynyt kahden jälkimmäisen tahon välillä, niin oli täysin vienyt vihollisuudet niiden alkuperäiseltä suunnaltansa ja viivyttänyt viisitoista vuotta riitojen sopimista, jotka koskivat niitä paljon läheisemmin kuin Maria Teresan valtaannousu. Kun sen vanha vihollinen Habsburgien suku oli hädässä, niin Ranska helposti johdateltiin uudestaan hyökkäämään sitä vastaan ja Englanti vedettiin helposti vastakkaiselle puolelle vastustamaan Ranskan vaikutusvaltaa tai sanelua Saksan asioihin; tämä tapa toimia seurasi valmiisti kuninkaan saksalaisista intresseistä. Voidaan kenties kyseenalaistaa, että oliko Ranskan todellinen politiikka suunnattu sotaan Itävallan keisarikunnan sydäntä vastaan pyrkiäkseen Reinille ja Saksaan vai niin kuin se toimi, niin koetti saada haltuunsa Alankomaiden kaukaisia maa-alueita. Aikaisemmassa vaihtoehdossa se tukeutui ystävällismielisen Baijerin maa-alueisiin ja antoi mahdollisuuden Preussille, jonka sotilaallinen voima nyt tuntui ensimmäistä kertaa. Sellainen oli sodan ensimmäinen sotatoimialue. Toisaalta Alankomaissa, jonne myöhemmin sodan pääsotatoimet siirtyivät, niin Ranska ei iskenyt vain Itävaltaan, vaan myös merivaltoja vastaan, jotka olivat aina huolissaan sen tunkeutumisesta sinne. Ne olivat sodan sielu sitä vastaan ja tukiaisillaan sen muille vihollisille ja sen, sekä Espanjan kaupankäynnille aiheutetuilla tappioilla. Ranskan kurjuus oli esitetty Ludwig XV:n toimesta Espanjan kuninkaalle, joka pakotti hänet tekemään rauhan; ja oli selvää, että kärsimyksien on täytynyt olla suuret, että se pakotti hänet suostumaan niin huonoihin ehtoihin kuin hän suostui, kun hän jo hallitsi Itävallan Alankomaita ja osaa Hollannista itse aseilla. Mutta vaikka hän olikin niin menestyksekäs mantereella, niin hänen laivastonsa tuhottiin ja yhteydet siirtokuntiin katkaistiin; ja vaikka voidaan epäillä, että oliko Ranskan hallituksella silloin kunnianhimoa siirtokuntien suhteen niin kuin jotkut ovat kirjoittaneet, niin Ranskan kaupankäynti kärsi valtavasti.

Kun tämä oli Ranskan tilanne, niin se pakotti sitä kohti rauhaa, niin Englanti 1747 huomasi, että kauppakiistoista Espanjan Amerikkaan ja siitä lähtien sen laivaston tehottomien toimien takia se oli pakotettu sotaan mannermaalla, josta sille oli tullut onnettomuus, jonka takia sille oli kiertynyt melkein 80 miljoonaa puntaa velkaa ja nyt se näki, että sen liittolaista Alankomaita uhkasi hyökkäys maahan. Rauha itse solmittiin Ranskan lähettilään tekemän uhkauksen voimasta, että pieninkin viivytys saattaisi merkitä, että Ranska tuhoaisi valloitettujen kaupunkien linnoitukset ja aloittaisi hyökkäyksen heti. Samaan aikaan sen omat voimavarat oli kulutettu loppuun, ja Alankomaat, joka oli uupunut, niin pyrki lainaamaan rahaa siltä. ”Raha”, meille on kerrottu, ”ei koskaan ollut niin harvinaista kaupungissa ja sitä ei voitu lainata 12 prosentin korolla.” Jos Ranskalla siten olisi ollut aikaa saada laivasto toimimaan Englantia vastaan, niin vaikka se olisikin ollut jonkin verran heikompi voimassa, niin se saattaisi otteellaan Alankomaihin ja Maastrichtiin pakottaa omat ehtonsa. Englanti toisaalla vaikka olikin ajettu muurille mannermaalla, niin joka tapauksessa pystyi saamaan aikaan rauhan yhtäläisin ehdoin siksi, että se hallitsi merta oman laivastonsa avulla.

Kaupankäynti kaikilla kolmella valtiolla kärsi suunnattomasti, mutta hintojen tasapaino suosi Isoa-Britanniaa arviolta 2 miljoonan punnan verran. Toisella tavalla sanottuna ranskalaiset ja espanjalaiset menettivät yhteensä 3434 kauppalaivaa sodan aikana ja englantilaiset 3238; mutta ottaen huomioon tuollaiset luvut, niin suhde, jolla ne olivat suhteessa näiden maiden kokonaiskauppalaivastoon, niin sitä ei pidä unohtaa. Tuhat kauppalaivaa oli paljon suurempi osa ranskalaisten kauppalaivastosta kuin englantilaisten vastaavasta ja merkitsi paljon pahempia menetyksiä.

"L´Etenduren laivueen katastrofin jälkeen", sanoo ranskalainen kirjoittaja, "Ranskan lippu ei ilmaantuntu merille. Ranskan laivaston muodosti kaksikymmentäkaksi linjalaivaa, kun sillä oli ollut kuusikymmentä vuotta aikaisemmin niitä satakaksikymmentä. Kaapparit saivat joitakin saaliita; josta seurasi se, että kaapparit olivat suojaamattomia ja ne melkein aina joutuivat englantilaisten saaliiksi. Brittien laivastovoimat ilman mitään kilpailijoita, niin hallitsivat meriä ilman tappioita. Yhtenä vuonna niiden sanottiin ottaneen haltuunsa ranskalaisten kaupankäyntiä 7 miljoonan sterling-punnan arvosta. Silti tämä merivoima, jolla olisi voitu ottaa haltuun Ranskan ja Espanjan siirtokuntia, niin se teki vain vähäisiä valloituksia yhtenäisyyden puutteen ja sille annettujen käskyjen takia." [92]

Yhteenvetona Ranska pakotettiin luopumaan valloituksistansa laivaston puutteen takia, ja Englannin pelasti sen asemassa sen merivoimat, vaikka se ei pystynytkään käyttämään niitä parhaalla mahdollisella tavalla.

Lähdeviitteet:

[88] Martin: History of France

[89] Ei ole nykyisessä laivastohistoriassa selvempää varoitusta kaikkien aikojen upseereille kuin on Toulonin meritaistelua. Se tapahtui sen jälkeen, kun sukupolven ajan laivaston toiminta oli ollut sangen vähäistä, jolloin se koetteli miesten mainetta taistelun kautta. Opetus, jonka sen antoi kirjoittajan mukaan, niin oli vaara kunniattomasta epäonnistumisesta miehille, jotka ovat itse laiminlyöneet valmistautumisen ei vain ammattinsa tietämyksen perusteella, vaan sodan vaatimien tuntemuksien suhteen. Keskiverto mies ei ole pelkuri; mutta hänellä ei ole myöskään harvinaista kykyä ottaa haltuunsa omatoimisesti asianmukainen tapa toimia kriittisellä hetkellä. Hän saavuttaa sitä enemmän tai vähemmän kokemuksen tai asioiden miettimisen kautta. Jos hänellä ei ole riittävästi kumpaakaan näistä, niin siitä seuraa empimistä; joko

sitä, että hän ei tiedä mitä tehdä tai kyvyttömyyttä tajuta, että täysi omistautuminen itseensä ja hänen käskyihinsä tarvitaan. Yksi erotetuista kapteeneista sanoi: "Kukaan mies, joka on elänyt, niin ei ole ollut reilumpi tai omannut kunniallisemman luonteen ennen onnetonta tapahtumaa, joka on aiheuttanut korvaamatonta vahinkoa hänen maineellensa. Monet hänen aikalaisensa, miehet, joista oli mitä korkein suosittu näkemys, jotka tunsivat hänet hyvin, niin tuskin saattoivat antaa hänelle kiistatonta tunnustusta perustuen tosiasioihin ja sanoivat mitä hämmentyneimpinä. 'he pitivät melkein mahdottomana, että kapteeni Burrish olisi käyttäytynyt toisin kuin rohkeat ja urheat miehet.'" Hän oli ollut palveluksessa kaksikymmentäviisi vuotta, ja kapteenina yhdellätoista aluksella (Charnock's Biographia Navalis). Muut tuomitut miehet omasivat reilut luonteet; ja jopa Richard Norris, joka karkasi välttääkseen tuomion, niin hänellä oli ollut kunnioitettava maine.

[90] Troude: Batailles Navales de la France.

[91] "Ottamatta huomioon massiivisia ponnisteluja ranskalaisten taholta lähettää M. Lally mukanaan huomattava voima viimeisenä vuonna, niin olen varma, että ennen sitä [1759] he olivat lähellä kuulla viimeisen henkäyksensä Carnaticissa ellei jokin hyvin ennalta näkemätön tapahtuma tapahtuisi heidän eduksensa. *Laivueidemme ylivoimaisuus* ja suuri määrä rahaa ja kaikenlaisia huoltotarvikkeita, joilla ystävämme rannikolla tulisivat varustetuiksi siinä maakunnassa [Bengal], kun taas vihollisella oli pulaa kaikesta, mitä he tarvitsivat ilman, että heillä olisi näkyviä kykyjä korjata puutteita, jos he voisivat toimia asianmukaisesti, niin se ei voi olla vaikuttamatta heidän turmiokseen siellä niin kuin myös kaikissa muissa osissa Intiaa" (Kirje Cliveltä Pittille Kalkutasta tammikuun 7. 1759; Gleigin *Life of Lord Clive*) Tullaan muistamaan, että hallinta ja käyttö, johon Clive tässä viittaa, niin se oli vasta äskettäin tapahtunut englantilaisille; Dupleixin aikana se ei ollut heidän hallussaan. Niin kuin tullaan näkemään myöhemmin, niin Cliven ennustukset tästä kirjeestä tulevat täysin tapahtumaan.

[92] Lapeyrouse-Bonfils: Hist. de la Marine Francaise.

Luku VIII: Seitsemän vuoden sotaa 1756–1763; Englannin ylivoima ja voitot merellä, Pohjois-Amerikassa, Euroopassa, Itä- ja Länsi-Intiassa; Meritaistelut: Byng Menorcan edustalla; Hawke ja Conflans; Pocock ja D´Ache Itä-Intiassa

Kiire, jolla rauha haluttiin Itävallan perimyssodan pääosapuolten toimesta, niin siihen saatetaan viitata varmasti ja sitovasti koskien monia näiden osapuolten välisiä kysymyksiä ja etenkin huomaten juuri ne kiistat, joiden takia sota alun perin alkoi Englannin ja Espanjan välillä. Vaikka näytti olevan, että nämä valtiot pelkäsivät käsitellä näitä asioita, sillä ne käsittivät tulevien riitojen siemenet, ellei keskusteluilla pitäisi pidentää olemassa olevaa sota. Englanti teki rauhan siksi, että Alankomaiden sortuminen olisi muuten ollut väistämätöntä, ei siksi, että se olisi ollut pakotettu siihen tai joutunut luopumaan vuoden 1739 vaatimuksistansa Espanjaa kohtaan. Oikeus puuttumattomaan merenkulkuun Länsi-Intian merillä vapaina mistään tarkistuksista jäi päättämättä niin kuin myös muut vastaavat asiat. Ei ollut vain niin, vaan rajat Englannin ja Ranskan siirtokuntien välillä Ohion laaksossa kohti Kanadaa ja maan puolella Nova Scotian niemellä jäivät niin määrittelemättömiksi kuin ne olivat olleet aikaisemmin. Oli selvää, että rauha ei voinut jäädä pysyväksi; ja siten jos se oli pelastanut Alankomaat, niin Englanti luopui merten hallinnasta, jonka se oli voittanut. Kiistan oikea luonne, joka ympäröi mannermaan sotaa, joka paljastui ns. rauhassa; vaikka siihen muodollisesti suostuttiinkin, niin jännitys jatkui kaikissa maailman osissa.

Intiassa Dupleix ei enää pystynyt hyökkäämään englantilaisia vastaan avoimesti, niin hän pyrki heikentämään heidän valtaansa toimintatavalla, jota on jo kuvattu. Sekaantuen taitavasti ympäröivien ruhtinaiden riitoihin ja edistäen omaa valtaansa, kun hän toimi niin, niin hän saavutti nopeilla askeleilla poliittisen hallinnan Intian eteläisessä äärilaidassa vuonna 1751; tämä alue oli melkein yhtä laaja kuin Ranska. Hänelle annettiin nabobin arvo, jolloin hänellä oli paikka ruhtinaiden keskuudessa. ”Pelkkä kaupallinen politiikka oli hänen silmissään harhaa; ei voinut olla mitään keskitietä valloituksen ja hylkäämisen välillä.” Tietenkin samana vuonna lisälahjoitukset kasvattivat ranskalaisten valtaa koko laajoilla alueilla pohjoiseen ja itään ottaen haltuunsa Orissan rannikon ja tehden Dupleixista Intian kolmanneksen hallitsijan. Juhlien voittojansa kenties sen mukaisesti, että hänen politiikkansa teki vaikutuksen alkuasukkaiden mieliin, niin hän silloin perusti kaupungin ja asetti sinne pilarin kertomaan menestyksestänsä. Mutta hänen toimintansa sai aikaan vain huolta kauppakomppanian johtajissa; täydennysvoimien sijaan, joita hän pyysi heitä lähettämään, niin he lähettivät hänelle kannustuksia tehdä rauha; ja juuri silloin Robert Clive, joka oli silloin vain kaksikymmentäseitsemänvuotias, niin alkoi näyttämään nerokkuuttansa. Dupleixin ja hänen liittolaistensa menestys pysäytettiin vastoinkäymisiin; englantilaiset Cliven johdolla tukivat ranskalaisten alkuasukasvastustajia. Kauppakomppanian kotimaassa oltiin vain vähän kiinnostuneita hänen poliittisista juonistansa, ja siellä oltiin ärtyneitä siihen, että ei saatu osinkoja. Neuvottelut alkoivat Lontoossa ristiriitojen ratkaisemiseksi ja Dupleix kutsuttiin kotiin; Englannin hallitus, kuten sanottiin, teki hänen kutsumisestansa takaisin ehdottoman ehdon rauhan jatkumiselle. Kaksi päivää hänen lähtemisensä jälkeen vuonna 1754 hänen seuraajaansa allekirjoitti sopimuksen englantilaisen kuvernöörin kanssa, jossa hän tämä täysin hylkäsi hänen politiikkansa ja tässä sopimuksessa sanottiin, että kummankaan kauppakomppanian ei pitäisi sekaantua Intian sisäiseen politiikkaan ja kaikki omistukset, jotka hankittiin sodan aikana Carnaticin alueella, niin ne pitäisi antaa takaisin mogulille. Siten Ranska luopui tästä laajasta ja väkirikkaasta valtakunnasta, ja ranskalaiset historioitsijat ovat leimanneet nämä myönnytykset häpeällisiksi; mutta kuinka se maa olisi voitu pitää hallussa, kun englantilainen laivasto oli innokas katkaisemaan reitin halutuilta täydennysvoimilta?

Pohjois-Amerikassa julistusta rauhasta seurasi uudistunut ärsytys, jonka alkuperä ja vahvistunut syvä tuntemus ja tarkka tilanteentaju oli siirtolaisilla ja paikallisilla virkamiehillä kummallakin puolella. Amerikkalaiset pitivät näkemyksensä kohdat oman kansakuntansa itsepäisyydellä. ”Ei ole rauhaa kolmelletoista siirtokunnallemme”, kirjoitti Franklin, ”niin kauan kuin ranskalaiset hallitsevat Kanadaa.” Kilpailevat vaatimukset keskellä olevaan asuttamattomaan alueeseen, jota saatettiin riittävällä tarkkuudella kutsua Ohion laaksoksi, niin siihen liittyi se seikka, että jos englantilaiset olisivat menestyksekkäitä, niin he pystyisivät erottamaan Kanadan Louisianasta; kun taas toisaalta ranskalaisten miehitys yhdistäen kaksi heidän tunnustettujen omistuksiensa ääripäätä, niin sulkisi englantilaiset siirtolaisen Alleghanyn vuorten ja meren väliin. Nämä asiat olivat riittävän selkeitä sen ajan johtaville amerikkalaisille, vaikka ne olisivat paljon pitkäaikaisempia kuin viisaimmatkaan heistä pystyisivät näkemään sitä ennalta; siellä oli arvuuttelua vaikutuksesta, ei vain Amerikassa, vaan koko maailmassa, jos Ranskan hallituksella oli tahtoa ja Ranskan kansalla halua tehokkaasti asuttaa ja pitää hallussaan pohjoiset ja läntiset alueet, joita he silloin vaativat. Mutta vaikka ranskalaiset näkivätkin sen asian riittävän selkeästi koskien tulevaa yhteenottoa ja suurta heikkoutta alivoiman ja heikomman laivaston suhteen, joiden takia Kanadan tulisi ponnistella, niin hallitus kotimaassa oli samalla tavalla sokea siirtokunnan arvon ja tosiasioiden suhteen, joiden takia täytyi taistella; kun ranskalaisten siirtolaisten luonne ja tavat, joihin kuului poliittisen toiminnan puute ja tottumattomina aloittamaan ja toteuttamaan toimia suojellakseen omia etujansa, niin siten ei pystytty korvaamaan emämaan tekemiä laiminlyöntejä. Ranskalaisen vallan holhoava järjestelmä oli opettanut siirtolaisia kääntymään emämaansa puoleen ja sitten se ei pystynyt huolehtimaan heistä. Kanadan kuvernöörit silloin toimivat nii huolellisesti ja taitavasti sotilaina tehden sen, mitä pystyivät hoitaakseen pois viat ja heikkoudet; oli mahdollista, että heidän toimensa olivat järjestelmällisempiä ja paremmin suunniteltuja kuin englantilaisten kuvernöörien; mutta huolimattomuus kummankin maan hallituksissa johti siihen lopputulokseen, että englantilaisten siirtolaisten tulisi huolehtia itsestänsä. On outoa ja huvittavaa lukea ristiriitaisia lausuntoja englantilaisilta ja ranskalaisilta historioitsijoilta tarkoituksenaan ja tavoitteenaan tähdätä niiden vuosien vastustaviin valtiomiehiin, kun myrskyn ensimmäiset valitukset kuultiin; yksinkertainen totuus näyttää olevan, että yksi näistä ristiriidoista tunnettu asia meille olisi vastustamattomasti käsillä ja kumpikin hallitus olisi mieluusti välttänyt sen. Rajat saattoivat olla määrittelemättömiä; mutta englantilaiset siirtolaiset eivät olleet.

Ranskalaiset kuvernöörit perustivat asemia kiistellylle alueelle, ja tulisi tapahtumaan niin, että kiista yhdestä niistä, joka tapahtui 1754, niin silloin nimi Washington ilmaantui historiaan ensimmäistä kertaa. Muita vaikeuksia oli Nova Scotiassa, ja kummankin maan hallitukset alkoivat herätä. Vuonna 1755 Braddockin katastrofaalinen retkikunta oli määrätty Fort Duquesnea vastaan, joka oli nykyisen Pittsburgin paikalla, josta Washington oli luopunut vuotta aikaisemmin. Myöhemmin sinä vuonna tapahtui toinen yhteenotto englantilaisten ja ranskalaisten siirtolaisten välillä lähellä Lake Georgea. Vaikka Braddockin retkikunta olikin ollut ensimmäinen aloittamaan, niin myös ranskalaisten hallitus oli liikkeellä. Toukokuussa suuri laivue ranskalaisia sotalaivoja, jotka olivat pääasiassa aseistettuja flöitteja (eng. fluyt) [93] purjehti Brestistä mukanaan kolmetuhatta sotilasta ja uusi kuvernööri De Vaudreuil Kanadaan. Amiraali Boscawem oli jo mennyt ennen tätä laivastoa ja asettunut odottamaan sitä St. Lawrencen suulle. Vielä ei ollut avointa sotaa, ja ranskalaisilla oli varmasti oikeus lähettää varuskunta omiin siirtomaihinsa; mutta Boscawenin saama käsky oli pysäyttää heidät. Sumu, joka hajaannutti ranskalaisen laivueen, niin myös suojasi sen purjehtimista; mutta englantilainen laivasto näki kaksi alusta ja kaappasi ne kesäkuun 8. 1755.Niin pian kuin uutinen tästä saavutti Euroopan, niin Ranskan lähettiläs Lontoossa kutsuttiin kotiin, mutta tästä ei seurannut sodanjulistusta. Heinäkuussa Sir Edward Hawke lähetettiin merellä mukanaan käsky purjehtia Ushantin ja Cape Finisterren väliä ja kaapata kaikki ranskalaiset linjalaivat, jotka hän saattoi nähdä; johon lisättiin elokuussa lisäkäsky ottaa haltuunsa kaikenlaiset ranskalaiset alukset; sotalaivat, kaapparit ja kauppalaivat, ja lähettää ne englantilaisiin satamiin. Ennen vuoden loppua kolmesataa kauppalaivaa, joiden arvo oli kuusi miljoonaa dollaria, oli kaapattu ja kuusituhatta ranskalaista merimiestä oli vangittuina Englannissa; siinä oli riittävästi miehistöä melkein kymmeneen linjalaivaan. Kaikki tämä tehtiin, kun rauhaa vielä nimellisesti vallitsi. Sotaa ei julistettu kuin vasta kuusi kuukautta myöhemmin.

Ranska yhä näytti alistuneelta, mutta se oli odottamassa aikaansa ja valmistautumassa varuillaan suurin ponnisteluin, johon sillä oli paljon syytä. Pieniä laivueita tai osastoja laivoja lähetettiin Länsi-Intiaan ja Kanadaan, kun taas äänekkäitä valmisteluja tehtiin Brestin telakalla ja joukkoja koottiin kanaalin rannoille. Englanti näki itsensä olevan uhattuna maahanhyökkäyksellä; uhkalla, jolle sen kansa oli oudosti joutunut alttiiksi. Silloinen hallitus, joka oli parhaimmillaan heikko, niin oli aivan selvästi kyvytön käymään sotaa ja sitä pystyttiin helposti johtamaan harhaan sillä, mikä oli todellinen vaara. Sen lisäksi Englantia nöyryytettiin, kuten aina sodan alussa, ei vain useilla paikoilla, joita sen piti suojella kaupankäyntinsä lisäksi, vaan myös sillä, että suuri määrä sen merimiehiä oli kauppa-aluksissa ympäri maailmaa. Siten Välimeri lyötiin laimin; ja ranskalaiset, kun he tekivät paikallisia harhautuksia kanaalin alueella, niin hiljaa varustivat Toulonissa kaksitoista linjalaivaa, jotka purjehtivat merelle huhtikuun 10. 1756, amiraali la Galissonièren komennossa saattaen 150 kuljetusalusta, joissa oli 15000 sotilaasta, joita komensi Richelieun herttua. Viikkoa myöhemmin armeija nousi turvallisesti maihin Menorcalla ja Port Mahonin piiritys alkoi, kun laivasto itse asettui tukoksi sataman eteen.

Käytännössä tämä oli täydellinen yllätys; vaikka Englannin hallitus oli alkanut epäilemään, niin sen toimet tapahtuivat liian myöhään. Varuskuntaa ei ollut vahvistettu ja sen vahvuus oli tuskin 3000 miestä, joista kolmekymmentäviisi oli upseereina poissa lomillaan, joiden joukossa olivat kuvernööri ja kaikkien rykmenttien everstit. Amiraali Byng purjehti Portsmouthista kymmenen linjalaivan kanssa vain kolme päivää ennen kuin ranskalaiset lähtivät Toulonista. Kuusi viikkoa myöhemmin, kun he saapuivat Port Mahonin luokse, niin hänen laivastonsa vahvuus oli noussut kolmeentoista linjalaivaan, ja hänellä oli mukanaan 4000 sotilasta. Oli jo myöhäistä; linnoituksen muuri oli murrettu jo viikkoa aikaisemmin. Kun englantilainen laivasto ilmaantui, niin La Galissonière oli valmiina kohtaamaan ne ja tukki sisäänpääsyn satamaan.

Taistelu, joka siitä seurasi, on velkaa historiallisen tunnettavuutensa yhdellä ja traagiselle tapahtumalle, joka siitä seurasi. Toisin kuin Matthewsin taistelu Toulonin edustalla, niin se salli jonkin verran taktista ohjeistamista, vaikka pääasiassa se on sopivaa vanhanaikaisiin sodankäynnin olosuhteisiin purjelaivoilla; mutta se etenkin liitetään aikaisempaan toimintaan sen vaikutuksen kautta, joka tulee mieleen ajateltaessa epäonnista Byngiä koskien sotaoikeuden tuomiota verrattuna Matthewsin tapaukseen. Yhteenoton aikana hän jatkuvasti vihjasi, että amiraali lähtisi pois linjast j näytti hyväksyneen tuomion oikeutuksen, jos ei sen ratkaisua käsitellen hänen omaa toimintaansa. Lyhyesti voidaan sanoa, että kaksi laivastoa nähtyään toisensa toukokuun 20. päivän aamuna, niin tekivät sarjan manöövereitä kummankin paarpuurin (vasemman puolen) kääntymissuunnan mukaisesti mennen etelän suuntaan ranskalaiset suojanpuolella englantilaisten ja sataman välissä. Byng purjehti linjan edellä tuulessa, kun taas ranskalaiset pysyivät linjallaan, joten aikaisempi osapuoli antoi käskyn käydä taisteluun, jolloin laivastot eivät olleet rinnakkain, vaan ne muodostivat kulman, jonka suuruus oli kolmestakymmenestä neljäänkymmeneen astetta (Kuva VIIa. A, A) Hyökkäys, jonka Byng oman kertomansa mukaan oli tarkoitus tehdä, niin siinä jokaisella laivalla oli vastustajansa vihollisen linjassa, niin sitä oli vaikeaa toteuttaa missä tahansa olosuhteissa, niin sitä lisää haittasi etäisyys kahden laivaston jälkijoukkojen välillä, joka oli suurempi kuin niiden etujoukkojen välillä; joten hänen koko linjansa ei voinut tulla taisteluun samalla hetkellä. Kun merkki annettiin, niin kärjimmäiset laivat toimivat tottelevaisesti ja kohtasivat ranskalaiset melkein kasvokkain (B, B) uhraten suuren osan niiden tykistötulivoimasta; ne saivat kolme raastavaa täyslaidallista ja ne kärsivät kovia vahinkoja. Kuudes englantilainen alus laskettuna kärjestä, niin sen etummaisen maston huippu ammuttiin pois, jolloin alus kääntyi tuuleen ja jäi taakse pysähtyen ja mennen sitten nopeasti linjan perään. Silloin oli epäilemättä aika Byngillä käytyään taisteluun, niin näyttää esimerkkiä ja käydä kimppuun niin kuin Farragut teki Mobilen (Mobile Bayn meritaistelu Yhdysvaltain sisällissodassa 1864) luona, kun hänen linjansa oli sekaisin pysähtymällä; mutta lippulaivan kapteenin todistuksen mukaan Matthewsin tuomio pelotti häntä. "Sinä näet kapteeni Gardiner, että linjan merkki on esillä, ja että olen laivojen 'Louisa' ja 'Trident edellä [joiden olisi järjestyksen mukaisesti pitänyt olla hänen edellänsä]. Sinä et salli sitä, että minä laivaston amiraalina menen pois, jos kimppuuni käy yksi laiva. Oli herra Matthewsin epäonni tulla arvostelluksi siitä, että hän ei käynyt vihollisen kimppuun koko voimillaan, jota minä aion välttää:" Siten sotatoimesta tuli täysin ratkaisematon; englantilaisten kärki eristettiin heidän jälkijoukoistansa ja se koki taistelun käymisen taakan (C). Yksi ranskalainen viranomainen syytti Galissonièreä siitä, että tämä ei pyrkinyt tuulen puolelle suhteessa vihollisen kärkialuksiin ja murskannut niitä. Toinen sanoi, että hän oli määrännyt tuon liikkeen tehtäväksi, mutta sitä ei voitu tehdä siksi, että alusten takilointi oli kärsinyt vahinkoja; mutta tämä on epätodennäköistä, sillä ainoa vahinko, jota ranskalainen laivue kärsi, oli se, että se menetti yhden mastonhuipun, kun taas englantilainen laivasto kärsi hyvin pahasti. Todellinen syy on luultavasti annettu ja hyväksytty yhden ranskalaisen merisodan viranomaisen toimesta. Galissonière harkitsi maahyökkäyksen tukemisen Mahonia vastaan olevan tärkeämpää kuin minkään englantilaisen laivaston tuhoamisen, jos hän samalla altistaisi oman laivastonsa. "Ranskalainen laivasto piti aina parempana kunnialleen taata tai säilyttää valloitus kuin kenties loisteliaammin, mutta vähemmän todellisesti kaapaten laivoja ja siten lähestyi todellisempaa päämäärää, joka oli ehdotettu sotaan." [94] Oikeutus tähän johtopäätökseen riippuu sitä, mikä otetaan merisodan todelliseksi päämääräksi. Jos se on vain taata yksi tai enemmän asemia rannoilla, niin silloin laivastosta tulee yksinkertaisesti armeijan aselajihaara juuri siinä tilanteessa ja alistettuna sen toimille sen mukaisesti; mutta jos todellinen päämäärä on saada ylivoima suhteessa vihollisen laivastoon ja hallita merta, niin silloin vihollisen laivat ja laivastot ovat todellisia kohteita joka tilanteessa. Häivähdys tähän näkökulmaan näyttää olevan läsnä Moroguesilla, kun hän kirjoitti, että merellä ei ole taistelukenttiä pidettäviksi eikä paikkoja valloitettaviksi. Jos merisota on sotaa asemapaikoista, niin silloin laivastojen toimien täytyy olla alistettuja hyökkäyksille ja puolustukselle koskien niitä asemapaikkoja; jos sen tavoite on murtaa vihollisen voima merellä, niin silloin katkaisten sen yhteydet sen muihin omistuksiin, kuivaten sen vaurauden voimavarat sen kaupankäynnistä ja tehden mahdolliseksi saartaa sen satamat, jolloin hyökkäyksen tavoitteen täytyy olla sen kelluva organisoitu sotilaallinen voima; lyhyesti sanottuna sen laivasto. Jälkimmäinen tapa toimia, joka otetaan jostain syystä, niin sille Englanti oli velkaa merten herruuden pyrkiessään saamaan takaisin Menorcan sodan lopussa. Aikaisemmalle tavalle Ranska oli velkaa oman laivastonsa kunnian puutteen. Otetaan esiin Menorcan tapaus; jos Galissoniére olisi lyöty, niin Ranska olisi menettänyt Richelieun ja tämän 15000 sotilasta Menorcalle niin kuin espanjalaiset vuonna 1718 oli suljettu Sisiliaan. Ranskan laivasto siksi vakuuttui saaren valloittamisesta; mutta niin lievä oli vaikutelma ministeriössä ja julkisuudessa, että ranskalainen laivastoupseeri kertoo meille: "Niin uskomatonta kuin saattaa olla, että laivastoministeri kunniakkaan tapahtuman jälkeen Mahonin edustalla sen sijaan, että antautuisi innokkaaseen valistuneeseen isänmaallisuuteen ja hyödyntäen impulssia, jonka tämä voitto antoi Ranskalle rakentaa laivastoaan, niin hän näki tarpeelliseksi myydä laivat ja purjevarusteet, jotka olivat edelleen satamissamme. Tulemme pian näkemään tämän halveksittavan teon seuraukset valtiomiestemme osalta." [95] Ei kunnia eikä voitto olleet hyvin selviä; mutta on aika ymmärrettävää, että jos ranskalainen amiraali olisi ajatteli vähemmän Mahonia ja käyttänyt suurta etua, jonka onni oli hänelle antanut kaapaten tai tuhoten neljä tai viisi vihollisen laivaa, niin Ranskan kansa olisi odottanut suurta läpimurtoa laivastoinnossaan, joka ilmeni liian myöhään vuonna 1760. Lopun sodan ajan ranskalaiset laivastot, paitsi Itä-Intiassa, niin ilmestyivät vain takaa-ajetuiksi yleisessä takaa-ajossa.

Toiminta Ranskan laivaston suhteen, joka oli johdonmukaista suhteessa Ranskan hallituksen yleiseen toimintaan; ja silloin John Clerk oli luultavasti oikeassa sanoessaan, että oli selvää Menorcan edustalla käydyn taistelun suhteen, että taktiikat olivat liian hyvin määriteltyjä, että kyseessä olisi pelkkä yhteensattuma; taktiikat olivat olennaisen puolustuksellisia laajuudeltansa ja tavoitteiltansa. [96] Ottaessaan suojan puolen ranskalainen amiraali ei vain suojannut Mahonia, vaan otti hyvät puolustukselliset asemat asettaen itse vihollisellensa tarpeen hyökätä kaikilla sen mukana tulleilla riskeillä. Clerkille näyttää todisteeksi riittävän näyttää, mitä keulimmaiset ranskalaiset laivat tekivät sen jälkeen, kun ne olivat kohdelleet kaltoin hyökkääjiään, jolloin ne viisaasti vetäytyivät (C) siten pakottaen jälkimmäiset hyökkäämään uudestaan samanlaisin lopputuloksin. Sama tapa toimia toistui Amerikan sodan aikana kaksikymmentä vuotta myöhemmin, ja hyvin samalla menestyksellä; niin paljon, että vaikka virallinen tapa toimia oli puutteellinen, niin voidaan tehdä johtopäätös, että varovainen ja taloudellisen puolustuksellinen sota jäi ranskalaisten viranomaisten kiinteäksi tarkoitukseksi perustuen epäilemättä syihin, jotka amiraali Grivel laivastosta antoi:

"Jos kaksi merivaltaa on sodassa, niin se, jolla on vähemmän aluksia, niin sen täytyy aina välttää epävarmoja yhteenottoja; sen täytyy ottaa vain tarpeellisia riskejä toteuttaakseen tehtäviänsä välttäen taistelutoimia käyttäen manöövereitänsä tai pahimmillaan, jos se on pakotettu taistelemaan, niin taata itsellensä suotuisat olosuhteet. Otetun asenteen pitäisi riippua radikaalisti vastustajiesi voimasta. Ei väsytetä itseämme toistamalla sen mukaisesti, että onko kyseessä heikompi tai vahvempi merivalta, sillä Ranskalla on aikaisemmin ollut kaksi erillistä strategiaa, jotka radikaalisti omaavat vastakkaiset keinot ja tavoitteet; suuri sota ja risteilysota."

      Tuollainen muodollinen lausunto lippu-upseerilta täytyy ottaa vastaan kunnioituksella ja vielä enemmän, kun se ilmaisee johdonmukaista tapaa toimia, jota suuri ja sotaisa valtio noudattaa; silti voidaan kyseenalaistaa, onko merivallan arvo nimensä mukaisesti turvattu. Loogisesti siitä seuraa aseman ottaminen, että taisteluun tasaväkistä vastustajaa vastaan ei kannusteta, sillä menetykset sinulle voivat olla suurempia kuin vastustajalle. "Tosiasiassa", sanoo Ramatuelle tukiessaan Ranskan politiikkaa, "mitä seurauksia tulisi englantilaisille, jos he menettäisivät muutaman laivan?" Mutta seuraava väistämätön askel väitteessä on se, että on parempi olla kohtaamatta vihollista. Kuten toinen ranskalainen, [97] aikaisemmassa lainauksessa sanoo, niin sitä pidetään onnettomuutena, että heidän aluksensa kohtaavat vihamielisen voimaan, ja jos sellainen kohdataan, niin heidän velvollisuutensa on välttää taistelua, jos se voidaan tehdä kunniallisesti. Heidän salatut tavoitteensa ovat tärkeämpiä kuin taistella vihollisen laivastoa vastaan. Sellaista tapaa toimia ei voida johdonmukaisesti noudattaa vuosia ilman, että se vaikuttaisi henkeen ja tapaan toimia upseereissa, jotka määräsivät toimittavaksi sillä tavalla; ja se johti suoraan siihen, että kun niin urhea mies, joka oli koskaan komentanut laivastoa, Comte de Grasse, ei onnistunut murskaamaan englantilaisia, joita komensi Rodney, kun hänellä oli siihen mahdollisuus vuonna 1782. Huhtikuun 9. sinä vuonna, kun englantilaiset ajoivat häntä takaa, niin hän sai kuusitoista alust heidän laivastonsa alttiiksi itsellensä, kun taas heidän päävoimansa olivat Dominican luona. Vaikka hän oli suuresti ylivoimainen erossa oleviin aluksiin nähden, niin kolmen tunnin ajan tämä asioiden tila säilyi, jolloin De Grasse jätti ne rauhaan paitsi ampuen kanuunoillansa kaukotulta omista etummaisista aluksistansa; ja hänen toimintansa oli oikeutettua sotaoikeuden mukaan, johon hänet haastettiin, jossa oli moni upseereita, joilla oli korkeat arvot ja epäilemättä kunnostautuneisuutta, jolloin "harkittu toiminta amiraalin osalta saneltiin hänelle risteilyn salattujen tavoitteiden kautta." Kolme päivää myöhemmin hänet lyötiin selkeästi laivaston toimesta, jonka kimppuun hän ei ollut onnistunut hyökkäämään, kun se oli ollut epäsuotuisassa asemassa, ja kaikki risteilyn salatut tavoitteet katosivat hänen mukanaan.

Palataksemme Menorcalle; 20. päivän taistelun jälkeen Byng kutsui koolle sotakokouksen, joka päätti, että enempää ei ollut tehtävissä ja englantilaisen laivaston tulisi palata Gibraltarille ja suojata sitä hyökkäystä vastaan. Gibraltarilla Hawke vapautti Byngin tehtävistänsä ja lähetti tämän kotiin tuomittavaksi. Sotaoikeus vaikkakin selväsi ilmaisten vapautti hänet pelkuruudesta tai kapinoinnista, niin huomasi, että hän ei ollut tehnyt kaikkeaan lyödäkseen ranskalaisen laivaston tai pelastaakseen Mahonin varuskunnan; ja siitä rikoksesta sodankäynnin säännöt määräsivät kuoleman ilman mitään muuta rangaistusta, joten hänen tuomitsemisensa kuolemaan tuntui pakolliselta. Kuningas kieltäytyi armahtamasta häntä ja sen mukaisesti Byng teloitettiin.

Sotaretki Menorcaa vastaan oli alkanut, kun rauha vielä nimellisesti vallitsit. Toukokuun 17. kolme päivää ennen Byngin taistelua Englanti julisti sodan ja Ranska vastasi siihen 20. kesäkuuta. Kesäkuun 28. päivä Port Mahon antautui ja Menorca joutui ranskalaisten käsiin.

Ongelmien luonne näiden kahden valtion välillä ja olosuhteet, joissa ne tapahtuivat, niin osoittavat riittävän selvästi asianmukaisen sotatoimialueen, ja meidän pitäisi oikeudenmukaisesti nyt pitää sitä merisodan alkuna, jota kuvasivat suuret merelliset taistelut ja johon osallistuivat suurin muutoksin näiden kahden suurvallan siirtomaat ja omistukset ulkomailla. Näistä kahdesta vain Englanti tunnisti totuuden; Ranska taas kääntyi pois mereltä syistä, jotka kohta tullaan selittämään. Sen laivastot tuskin ilmaantuivat sotaan; ja menetettyään merten hallinnan se luovutti siirtokunnan toisensa jälkeen ja kaikki toivonsa Intian suhteen. Myöhemmin kamppailussa se veti Espanjan liittolaiseksensa, mutta se tuli vain johtamaan tämän kansakunnan ulkoiseen rappioon. Englanti toisaalta puolusti ja ravitsi itseään meren avulla, jossa meni kaikkialla suuriin voittoihin. Turvassa ja kukoistavana kotona niin se tuki rahoillansa Ranskan vihollisia. Seitsemänvuotisen sodan päättyessä Ison-Britannian kuningaskunnasta tuli Brittiläinen imperiumi.

On hyvin epävarmaa, että olisiko Ranska pystynyt onnistuneesti patoamaan Englantia merellä ilman liittolaista. Vuonna 1756 Ranskan laivaston vahvuus oli 63 linjalaivaa, joista 45 oli hyvässä kunnossa; mutta varusteet ja tykistö olivat puutteellisia. Espanjalla oli 46 linjalaivaa; mutta aikaisemmista ja niitä seuranneista Espanjan laivaston esityksistä voidaan hyvinkin epäillä, että olivatko ne tasaväkisiä suhteessa määrään. Englannilla oli silloin 130 linjalaivaa; neljä vuotta myöhemmin sillä oli tosiasiassa 120 niitä käytössä. Tietenkin, kun kansakunta sallii alivoiman, oli se sitten maalla tai merellä tullakseen niin suureksi kuin Ranska oli silloin, niin se ei voi toivoa menestystä.

Joka tapauksessa se hankki ensiksi itsellensä edun. Menorcan valloitusta seurasi samana vuonna Korsikan valloitus. Genovan tasavalta antoi Ranskalle kaikki sen saaren linnoitetut satamat. Pitäen hallussaan Toulonia, Korsikaa ja Port Mahonia, niin sillä oli silloin vahva ote Välimereen. Kanadassa sotatoimet vuonna 1756 Montcalmin komennossa olivat onnistuneita riippumatta alivoimasta miesvahvuudessa. Samaan aikaan Intiassa alkuasukasruhtinaan hyökkäyksellä valloitettiin englantilaisten Kalkutta ja se antoi ranskalaisille mahdollisuuden.

Silti toinen välikohtaus antoi ranskalaisille valtiomiehille mahdollisuuden vahvistaa asemiaan valtamerellä. Alankomaat oli luvannut Ranskalle, että se ei tule uusimaan liittoaan Englannin kanssa, vaan se tulee pysymään puolueettomana. Englanti kosti julistamalla, että "kaikki Ranskan satamat joutuvat saartoon ja kaikki niihin suuntaavat laivat joutuvat kaappausuhat kohteiksi laillisina saaliina." Sellainen loukkaus puolueettomien oikeuksia kohtaan voi tapahtua vain sellaisen maan toimesta, joka ei pelkää niiden kääntymistä sitä vastaan. Aggressiivisuus, joka oli peräisin voimantunnosta, joka oli luonteenomaista Englannille, niin Ranska saattoi käyttää sitä vetääkseen Espanjan ja muita maita mahdollisesti liittoon Englantia vastaan.

Sen sijaan, että keskittyisi Englantia vastaan, niin Ranska aloitti uuden sodan mantereella, jossa sillä oli tällä kertaa uusi ja poikkeuksellinen liitto. Itävallan keisarinna hyödyntäen kuninkaan uskonnollista taikauskoa ja kuninkaan rakastajattaren suuttumusta, joka oli joutunut pilkan kohteeksi Fredrik Suuren suunnalta, niin veti Ranskan liittoon Itävallan kanssa Preussia vastaan. Tähän liittoon lisäksi liittyivät Venäjä, Ruotsi ja Puola. Keisarinna kannusti, että kahden roomalaiskatolisen valtion pitäisi yhdistää voimansa ottaakseen Sleesia protestanttiselta kuninkaalta ja ilmaisi halunsa antaa Ranskalle osa omistuksistansa Alankomaista, joita Ranska oli aina halunnut.

Frederik Suuri saatuaan selville liittoutumasta häntä vastaan sen sijaan, että odottaisi sen kehittymistä, niin laittoi armeijansa liikkeelle ja hyökkäsi Saksiin, jonka hallitsija oli myös Puolan kuningas. Tämä liike tapahtui lokakuussa 1756, josta alkoi seitsemänvuotinen sota; tämä sota oli samankaltainen kuin Itävallan perimyssota, mutta ei samassa laajuudessa vetänyt osapuolia pois sen alkuperäisistä erimielisyyksistä. Kun Ranskalla oli jo käsissään suuri riita naapurinsa kanssa, joka oli kanaalin toisella puolella, niin siitä huolimatta se tarpeettomasti liittyi toiseen sotaan, kun se vannottu tavoite oli aikaisemmin ollut Itävallan valtakunnan heikentäminen, jota se halusi nöyryyttää, kun taas sillä kertaa Englanti näki omat todelliset tavoitteensa. Se teki mannermaan sodasta itsellensä täysin toissijaisen, jolloin se käänsi ponnistelunsa merelle ja siirtokuntiin; samaan aikaan se tuki Frederikiä rahallisesti ja sydämellisellä sympatialla, kun tämä puolusti kuningaskuntaansa, joka niin vakavasti häiritsi ja jakoi Ranskan ponnisteluja. Englannilla oli siten käsissään yksi sota. Samana vuonna kamppailun suunta otettiin pois heikolta hallitukselta ja annettiin rohkealle ja kiihkeälle William Pittille, joka pysyi virassaan vuoteen 1761, jolloin sodan päämäärät oli käytännössä turvattu.

Hyökkäykselle Kanadaa vastaan oli valittu kaksi päälinjaa; joista toinen kulki Lake Champlainin kautta ja toinen St. Lawrencen kautta. Ensimmäinen näistä oli täysin maareitti ja sellaisenaan ei ole huolenaiheemme kuin sen verran, että enne kuin Quebec sortui vuonna 1759, niin se ei ollut avoimena englantilaisille. Vuonna 1757 yritys valloittaa Louisburg epäonnistui; englantilainen amiraali oli haluton käymään kuudentoista linjalaivan kimppuun, jotka hän oli havainnut siellä, kun hänellä oli komennossaan 15 linjalaivaa, jotka, kuten hän sanoi, omasivat huonompilaatuista metallia. Oliko hän oikeassa, niin se ei ollut hänen päätöksensä, mutta nöyryytys tuntui Englannissa näyttäen selvästi erot sotatoimiin liittyvässä politiikassa ranskalaisten ja englantilaisten hallitusten välillä. Seuraavana vuonna amiraali Boscawen, joka omasi paremman taistelunhengen, niin lähetettiin sinne mukanaan 12000 sotilasta ja kaiken reiluuden nimissä täytyy sanoa, että löysi vain viisi laivaa satamasta. Joukot laskettiin maihin samaan aikaan, kun laivasto suojasi piiritystä ainoalta uhalta, jota se saattoi pelätä ja katkaisi piiritetyiltä ainoan linjan, jota kautta he saattoivat odottaa huoltotarvikkeita. Saari sortui 1758, jolloin se avasi St. Lawrencen Kanadan sydämeen ja antoi englantilaisten laivastoille ja armeijoille uuden tukikohdan.

Seuraavana vuonna tapahtui Wolfen sotaretki Quebeciä vastaan. Kaikki hänen sotatoimensa perustuivat laivastoon, joka ei vain kuljettanut hänen armeijaansa paikalle, vaan liikkui edestakaisin joella tehden erilaisia tarpeellisia harhautuksia. Maihinnousu, joka johti ratkaisevaan taisteluun, niin tehtiin suoraan laivoista. Montcalm, jonka taidot ja rohkeus olivat estäneet hyökkäykset Lake Champlainin kautta kahden aikaisemman vuoden aikana, niin oli kirjeissään pyytänyt kiireellisesti täydennysvoimia; mutta sotaministeri oli kieltäytynyt lähettämästä niitä vastaten, että oli liian todennäköistä, että englantilaiset pysäyttäisivät ne matkallaan, ja mitä enemmän Ranska lähettäisi niitä, niin sitä enemmän myös Englanti lähettäisi. Toisin sanoen Kanada omistajuus riippui täysin meren hallinnasta.

Montcalm siksi tajutessaan tietyn hyökkäyksen tulevan Quebeciä vastaan joelta, niin joutui heikentämään vastarintaansa Champlainin reitillä; joka tapauksessa englantilaiset eivät päässeet jalkaisin pidemmälle järven suunnassa sinä vuonna ja heidän toimensa, vaikka olivatkin uskottavia, niillä ei ollut vaikutusta Quebeciin.

Vuonna 1760 suunnatessaan St. Lawrencen suuntaan, jolloin Louisburg oli yhdessä päässä ja Quebec toisessa, niin sen asema näytti turvatulta. Joka tapauksessa ranskalainen kuvernööri De Vaudreuil yhä piti hallussaan Montrealia ja siirtolaiset toivoivat apua Ranskasta. Englantilainen varuskunta Quebecissä oli alivoimainen suhteessa kanadalaisten voimiin, jolloin olisi harkitsematonta lähteä kaupungista ja käydä näiden kimppuun avoimella kentällä. Nämä kuitenkin hyökkäsivät kärsien tappion ja viholliset ajoivat englantilaisia takaa melkein päästen Quebeciin englantilaisten sotajoukkojen sekasorron turvin, ja he alkoivat kaivaa kaivantoja kaupunkia vastaan. Muutamia päiviä myöhemmin englantilainen laivue tuli näkyviin ja se paikka pelastettiin. "Siten", sanoi vanha englantilainen laivaston historioitsija, "vihollinen näki mitä merkitsi olla alakynnessä merellä; sillä jos ranskalainen laivue olisi tullut sinne englantilaisen laivueen sijasta, niin Quebec olisi varmasti sortunut." Täysin eristettynä nyt pieni ranskalainen sotajoukko Montrealissa oli täysin saarrettuna kolmen englantilaisen armeijan toimesta, joista yksi oli tullut Lake Champlainin kautta, yksi Oswegosta ja yksi Quebecistä. Kaupunki antautui syyskuun 8. 1760 päättäen pysyvästi ranskalaisten omistajuuden Kanadassa.

Muissa osissa maailmaa sen jälkeen, kun Pitt oli tullut valtaan, niin sama hyvä onni kohtasi englantilaisten asevoimia, jolloin vaikka en ensiksi kärsivätkin joitakin lieviä takaiskuja. Niin ei ollut mantereella, jossa Fredrik Suuren sankaruus ja taidot pitivät yllä hänen loistavaa sotaansa Ranskaa, Itävaltaa ja Venäjää vastaan. Hänen asemansa vaikeuksien tarkastelu sotilaallisten ja poliittisten liittojen suunnalta ei kuulu aiheeseemme. Merivallat eivät näytä suoraan vaikuttaneen tähän kamppailuun, mutta ne vaikuttivat siihen epäsuorasti kahdella tavalla; ensiksi taloudellinen tuki, jota tuli Englannin runsaasta vauraudesta ja lainoista, joita se antoi Fredrikille, jolla tämä huolellisin ja tarkoin käsin pääsi pitkälle; ja toiseksi häpeästä, joka syntyi Ranskalle Englannin hyökkäyksistä sen siirtokuntiin ja sen omaa meren rannikkoa vastaan, sen kaupankäynnin tuhosta ja rahallisista menetyksistä; oli liian vähäistä, todenmukaista ja haluttomasti annettua; jolla Ranska oli pakotettu tukemaan laivastoansa. Tuntien merivallan jatkuvat iskut Ranska huolimatta sen hallitsijoiden sokeudesta ja haluttomuudesta, niin oli pakotettu tekemään jotain sitä vastaan. Sen laivasto oli paljon heikompi, jolloin se ei pystynyt toimimaan eri maailmankolkissa, joten se päätti oikein keskittyä yhteen kohteeseen; ja siksi kohteeksi valittiin itse Iso-Britannia, jonka rannikoille hyökättiin. Tämä päätös sai aikaan pian pelkoa englantilaisten keskuudessa ja se oli syynä suuriin laivaston sotatoimiin, joiden keskipisteessä oli Ranskan rannikko ja kanaali joidenkin vuosien ajan. Ennen kuin niitä kuvataan, niin on syytä tehdä yhteenveto Englannin suunnitelmista, joiden perusteella se käytti ylivoimaista laivastoansa.

Sen lisäksi, mitä on jo kerrottu Pohjois-Amerikasta, niin tämä suunnitelma oli neliosainen:

1. Ranskan Atlantin satamia tarkkailtaisiin voimakkaasti, etenkin Brestiä, jolloin estettäisiin suuria laivastoja tai pieniä laivueita pääsemästä pakoon ilman taistelua.

2. Toiseksi hyökkäyksiä tehtäisiin Atlantin ja kanaalin rannikoille liikkuvien laivueiden toimesta, jotka aika ajoin laskisivat maihin pieniä joukkoja sotilaita. Nämä hyökkäykset, joiden tapahtumista vihollinen ei pystyisi näkemään ennalta, niin olivat pääasiassa pakottamassa pitämään häntä joukkoja saatavilla useissa paikoissa, jolloin se heikentäisi armeijaa, jota voitaisiin käyttää Preussin kuningasta vastaan. Vaikka taipumus olisi selvästi tähän suuntaan, niin voidaan epäillä, että oliko tästä harhautuksesta paljoakaan hyötyä Frederikille. Mitään erityistä mainintaa ei ole näistä toimista, joilla oli vain vähän vaikutusta sodan yleiseen kulkuun.

3. Laivastoa pidettiin Välimerellä ja Gibraltarin läheisyydessä estämässä Ranskan Toulonin laivastoa pääsemästä Atlantille. Se ei näyttänyt tekevään mitään vakavaa yritystä katkaista yhteydet Ranskan ja Menorcan välillä. Välimeren laivasto, vaikka olikin itsenäinen yksikkö, niin se oli alisteinen Atlantin laivastolle.

4. Kaukaiset ulkoiset sotaretket, joita lähetettiin Ranskan siirtokuntia vastaan Länsi-Intian saarilla ja Afrikan rannikolla, ja laivue, jota ylläpidettiin Itä-Intiassa turvaamassa noiden merien yhteydet siten tukien englantilaisia sillä niemimaalla ja katkaisten ranskalaisten yhteydet. Nämä operaatiot kaukaisilla merillä, jotka eivät koskaan olleet katkonaisia, niin saivat aikaan suurempaa toimintaa ja suuremmissa mittasuhteissa sen jälkeen, kun Ranskan laivasto oli tuhottu poistaen Englannin pelosta maahanhyökkäyksestä ja kun huonosti neuvottu Espanja liittyi sotaan 1762, niin tämä tarjosi suurempia saaliita Englannin hankkeille.

Vihollislaivaston tiukka saarto Brestiin, joka ensimmäistä kertaa toteutettiin sen sodan aikana, niin sitä voidaan pitää enemmän puolustuksellisena kuin hyökkäyksellisenä sotatoimena; sillä tarkoitus oli varmasti taistella, jos siihen tulisi tilaisuus, jolloin päätavoite oli neutralisoida hyökkäysase vihollisen käsistä; tämän aseen tuhoaminen oli sekundaarinen tavoite. Totuus tälle huomautukselle näytetään suuttumuksen ja vihanpurkauksien kautta, joita oli ympäri Englantia, kun väistämätön saartolaivaston poissaolo salli vuonna 1759 ranskalaisten paeta. Saarron tehokkuus tässä ja myöhemmissä sodissa piti ranskalaiset alivoiman tilassa alustensa käsittelyn suhteen käytännössä, kuitenkin reilusti osoittaen heidän ulkoisen olemuksensa tai lukumääränsä tasaväkisen vahvuuden. Brestin sataman asema oli sellainen, että saarrettu laivasto ei voinut poistua sieltä voimakkaiden läntisten tuulenpuuskien takia, jotka vaaransivat saartajat; jälkimmäisillä oli siksi tapana mennä pois niiden ajaksi Torbayhin tai Plymouthiin, joista he varmasti pääsisivät takaisin asemapaikoillensa itätuulen tullessa ennen kuin suuri ja huonosti käsitelty laivasto voisi saada niistä paljoa etumatkaa.

Vuoden 1758 jälkimmäisellä puoliskolla Ranska tuntien epäonnistumista mantereella oli järkyttynyt ja koki englantilaisten häirintähyökkäyksiä rannikoillaan, jotka olivat sinä vuonna erittäin ärsyttäviä, ja nähdessään, että ei ollut mahdollista toteuttaa niin sotatoimia niin mantereella kuin merellä rahallisten rajoitteiden takia, niin se päätti iskeä suoraan Englantiin. Sen kaupankäyntiä tuhottiin, kun vihollisen kaupankäynti kukoisti. Oli Lontoon kauppiaiden kerskuntaa, että Pittin ollessa vallassa kaupankäyntiä oli yhtenäistetty ja saatu kukoistamaan sodan ansiosta; [98] ja se kukoistava kauppa oli myös maasodan sielu, sillä siitä saaduilla rahoilla tuettiin Ranskan vihollisia.

Samaan aikaan uusi ja mieleltänsä toimelias ministeri, Choiseul, kutsuttiin valtaan Ludwig XV:n toimesta. Vuoden 1759 alusta lähtien tehtiin valmisteluja valtameren ja kanaalin satamissa. Tasapohjaisia kuljetusaluksia rakennettiin Le Havressa, Dunkirkissä, Brestissä ja Rochefortissa. Tarkoituksena oli kuljettaa niin monta kuin 50000 miestä hyökkäykseen Englantiin, kun taas 12000 miestä ohjattaisiin Skotlantiin. Kaksi laivuetta varustettiin, jolloin kummallakin niistä oli kunnioitettava voima yhden ollessa Toulonissa ja toisen Brestissä. Näiden kahden laivueen yhdistäminen Brestissä olisi ensimmäinen askel suuressa hankkeessa.

Juuri silloin se hanke hajosi siihen, että englantilaiset omistivat Gibraltarin ja heillä oli meriherruus. Tuntui uskomattomalta, että tiukan ja luottavaisen William Pittin pitäisi niin myöhään kuin 1757 tarjota luovuttavansa Espanjalle vartiotornia, josta Englanti hallitsi tietä Välimeren ja Atlantin välillä palkkioksi siitä, että se auttaisi Menorcan valloittamisessa takaisin. Englannin onneksi Espanja kieltäytyi tästä tarjouksesta. Vuonna 1759 amiraali Boscawen komensi Englannin Välimeren laivastoa. Tehdessään hyökkäyksen ranskalaisia fregatteja vastaan Toulonin redillä jotkut hänen aluksensa vaurioituivat niin, että hän purjehti koko laivueensa kanssa Gibraltarille huollettavaksi; toteuttaen kuitenkin varotoimen asettaen vartiofregattejaan välimatkojen päähän ja järjestäen merkkien antamista tykein ilmoittaen hänelle vihollisen lähestymisestä. Ottaen hyödyn tämän poissaolosta ja totellen käskyjänsä ranskalainen kommodori De la Clue lähti Toulonista mukanaan kaksitoista linjalaivaa 5. elokuuta ja 17. päivä hän oli päässyt Gibraltarin salmeen, josta rivakka itätuuli vei häntä nopeasti Atlantille. Kaikki näytti olevan suotuisaa, kun paksu usva ja saapuva yö kätkivät ranskalaiset alukset maalta päin, mutta se ei estänyt niitä näkemästä toisiansa, kun englantilainen fregatti oli tulossa lähemmäs. Heti, kun se näki laivaston tietäen, että niiden täytyi olla vihollisia, niin se kääntyi maata kohden ja alkoi tulittamaan merkinantoaseillaan. Takaa-ajo oli turhaa; jäljelle jäi vain pakeneminen. Toivoen välttävänsä takaa-ajon, jonka hän tiesi tulevan tapahtumaan, niin ranskalainen kommodori kääntyi pohjoisluoteeseen avomerelle sammuttaen kaikki valot; mutta joko huolimattomuuden tai tyytymättömyyden kautta, johon viittasi yksi ranskalainen upseeri, niin viisi kahdestatoista aluksesta suuntasi pohjoiseen ja asettui Cadiziin, kun ne eivät seuraavana aamuna voineet nähdä kommodoria. Tämä oli pettynyt, kun hän päivänvalossa näki voimiensa niin heikentyneen. Kello kahdeksalta joitakin purjeita ilmestyi näkyviin ja muutamien minuuttien ajan hän toivoi, että ne olisivat hänen puuttuvat laivansa. Sen sijaan ne olivat Boscawenin laivaston etuvoimia, joita oli neljätoista laivaa täydessä takaa-ajossa. Ranskalaiset muodostivat yhden tiukan linjan ja pakenivat; mutta tietenkin heidän laivastonsa nopeus oli vähemmän kuin nopeimpien englantilaisten alusten. Yleinen sääntö kaikissa takaa-ajoissa on se, että kun takaa-ajaja on selkeästi lukumäärältänsä vahvempi, niin silloin järjestystä täytyy pitää yllä vain sen verran, että pidetään johtavat aluksen sen matkan päässä, että ne voivat tukea hitaampia aluksia, jolloin näitä ei yksin voiteta ennen kuin jälkimmäisinä mainitut alukset tulevat apuun, joka oli silloin hyvin ymmärretty Englannin laivastossa ja jolle oli sopiva aika lähitaisteluun, kun Boscawen toimi silloin asianmukaisesti. Jälkimmäisin alus ranskalaisten keskuudessa ylväästi toimi l'Etenduèren esimerkin mukaisesti, kun tämä pelasti saattueensa. Kello kahden aikaan johtava englantilainen alus sai sen kiinni ja pian sitä ympäröi neljä muutakin englantilaista alusta, jolloin sen kapteeni teki viiden tunnin ajan epätoivoista vastarintaa, jonka hän toivoi, ei pelastavan itsensä, vaan viivyttää vihollista tarpeeksi kauan, että paremmat purjehtijat pääsisivät pakoon. Hän onnistui siinä niin kiitos hänen tekemänsä vahinkojen ja niiden parempien nopeuksien; sinä päivänä ne välttivät lähitaistelut, jotka olisivat voineet vain päättyä niiden tulemiseen kaapatuiksi. Kun hän laski alas lippunsa, niin kolme hänen mastojensa huippua oli poissa, mesaanimasto kaatui heti tämän jälkeen ja kylki oli niin täynnä vettä, että aluksen oli vaikeata kellua. M. de Sabran, hänen nimensä on muistamisen arvoinen, niin oli saanut yksitoista haavaa tässä urheassa vastarinnassaan, mutta ne näyttävät merkitsevästi velvollisuutta ja palvelusta, jota jälkijoukot tekivät takaa-ajon haittaamiseksi. Yöllä kaksi ranskalaista laivaa suuntasi länteen ja niin ne pääsivät pakoon. Muut neljä alusta jatkoivat pakoaan niin kuin aikaisemmin; mutta seuraavana aamuna kommodori pyrkiessään pakoon suuntasi Portugalin rannikolle ja ajoi ne kaikki maihin Lagosin ja Cape St. Vincentin välissä. Englantilainen amiraali seurasi ja hyökkäsi niiden kimppuun ottaen niistä kaksi sotasaaliiksi ja polttaen muut piittaamatta Portugalin puolueettomuudesta. Tästä loukkauksesta ei tehty mitään todellista anteeksipyyntöä; Portugali oli liian riippuvainen Englannista, että sitä olisi voitu vakavasti harkita. Pitt kirjoittaessaan Englannin lähettiläälle Portugalissa tästä asiasta, niin hän käski tämän lepytellä Portugalin hallinnon herkempiä jäseniä, että heidän ei pitäisi olettaa, että laivaista luovuttaisiin tai kunnostautunutta amiraalia moitittaisiin. [99]

       Toulonin laivaston tuhoaminen tai pakottaminen hajaantumaan pysäytti invaasion Englantiin, vaikka viisi laivaa, jotka olivat päässeet Cadiziin, niin saivat aikaan huolta Sir Edward Hawkessa, joka risteili Brestin edustalla. Choiseul, jolta oli viety hänen päätavoitteensa, niin yhä halusi tehdä invaasion Skotlantiin. Ranskalainen laivasto Brestissä marsalkka de Conflansin komennossa, joka oli laivastoupseeri riippumatta hänen sotilasarvostansa, niin hänellä oli kaksikymmentä linjalaivaa fregattiensa lisäksi. Joukot, jotka oli lastattu mukaan, niin niiden määrä oli 15000:sta 20000 sotilaaseen. Laivastoministeri ajatteli, että amiraali ei ollut riittävän taitava taktikko estääkseen vihollisen etenemisen, ja oli niin epävarma saattueen pääsemisestä turvallisesti päämääräänsä lähelle Clydea ottamatta riskiä joutua ratkaisevaan taisteluun. Uskoen siksi, että tulisi olemaan suuri taistelu, niin hän harkitsi, että olisi parempi taistelle ennen kuin joukot purjehtisivat; jos taistelu tulisi olemaan katastrofaalinen tappio, niin saattuetta ei uhrattaisi ja jos se tulisi olemaan ratkaiseva voitto, niin silloin tie tulisi olemaan auki. Kuljetusalukset koottiin, ei Brestiin, vaan satamiin siitä etelään aina Loire-joen suulle asti. Ranskalainen laivasto lähti siten merelle odotuksin ja tarkoituksella taistella vihollista vastaan; mutta ei ollut helppoa sovitella sen aikaisempaa toimintatapaa siihen tarkoitukseen, eikä kehittyneiden taisteluohjeiden kanssa, jotka amiraali antoi ennen merelle purjehtimaan lähtemistä. [100]

Suunnilleen 5. tai 6. marraskuuta tuli valtava läntien puuska. Sen puhallettua kolmen päivän ajan Hawke kääntyi ympäri ja meni Torbayhin. jossa hän odotti tuulen kääntymistä pitäen laivastonsa valmiudessa lähteä merelle heti. Sama puuska, kun se piti jo ranskalaiset Brestissä, niin se antoi pienelle laivueelle, jota odotettiin Länsi-Intiasta ja joka Bompartin komennossa, niin livahtaa läpi Hawken ollessa poissa. Conflans teki valmistelujaan jakaen Bompartin miehistöt aluksiinsa, jotka eivät olleet kovinkaan hyvin miehitettyjä ja lähti merelle itäisellä tuulella 14. päivä. Hän kääntyi heti etelään päin onnitellen itseään, että hän oli päässyt pakoon Hawkelta. Jälkimmäinen kuitenkin purjehti Torbaysta 12. päivä; ja vaikka joutuikin palaamaan sinne, niin lähti sieltä toisen kerran 14. päivä, joka oli sama päivä kuin Conflans lähti Brestistä. Pian hän oli valmiina asemapaikallaan saaden selville, että vihollisen oli nähty suuntaavan etelään kääntyen itään ja hän pystyi helposti päättelemään, että he olivat suuntaamassa Quiberonin kaupungin suuntaan eteläisessä Bretagnessa, jolloin otti saman suunnan purjeillensa. Kello yksitoista illalla ranskalainen amiraali arvioi, että hänen asemansa oli noin 112 kilometriä länteen Bretagnen Belle Islestä; [101] ja tuuli oli voimistumassa läntisestä, jolloin hän oli vähäisin purjein, kun tuuli yhä vahvistui ja kääntyi länsiluoteiseksi. Aamun koittaessa useita aluksia oli nähty edessä, jotka osoittautuivat olevan englantilainen laivue kommodori Duffin komennossa, joka saarsi Quiberonin kaupunkia. Annettiin merkki lähteä takaa-ajoon ja englantilaiset lähdettyään pakoon jakaantuivat kahdeksi divisioonaksi; joista yksi meni myötätuulessa ja toinen pyrki etelään. Suurempi osa ranskalaisten laivastoa jatkoi aikaisemmalla suunnallaan rannikkoa pitkin, mutta yksi alus kääntyi toista yksikköä kohden. Heti sen jälkeen ranskalaiset alukset lähettivät merkkejä purjeille tuulen suuntaan, jotka olivat myös nähtävissä niille, jotka olivat lippulaivan mukana. Sen täytyi tapahtua samaan aikaan, kun tiedustelufregatti englantilaisen laivaston edessä ilmoitti sen amiraalin purjehtivan suojan puolella. Hawken ahkeruus oli tuonut hänet Conflansin luokse, joka hänen virallisessa raportissaan sanoo, että hän piti mahdottomana, että vihollinen pystyisi tulemaan siihen ympäristöön voimilla, jotka olivat häneen verrattuna ylivoimaiset tai edes tasaväkiset. Conflans määräsi nyt jälkimmäisen divisioonansa aluksia kääntymään tuuleen tukeakseen aluksia, jotka suorittivat takaa-ajoa etelään ja itään. Muutamassa hetkessä havaittiin, että laivastossa tuulenpuolella oli 23 linjalaivaa ranskalaisten 21 vastaan ja niiden joukossa oli joitakin, joilla oli kolme tykkikantta (Yleensä linjalaivoissa oli kaksi tykkikantta. Ne linjalaivat, joissa oli kolme tykkikantta, olivat raskaampia ja kaikista raskaimmissa linjalaivoissa, kuten espanjalaisessa Santisima Trinidadissa oli neljä tykkikantta ja maksimissaan 136 tykkiä.). Conflans sitten kutsui takaa-ajavia aluksia ja valmistautui taisteluun. Jäi hänelle toimia niissä olosuhteissa tilanteessa, jota hän ei ollut nähnyt ennalta. Silloin tuuli alkoi puhaltamaan länsiluoteesta kaikkiaan ilmaisteen myrskyisää säätä, kun laivasto ei ollut suojan puolella kaukana rannikosta, jolloin vihollisella oli huomattava ylivoima vahvuuden suhteen; sillä Hawken 23 linjalaivan lisäksi Duffilla oli viisi alusta, joissa oli 50 tykkiä. Conflans siksi päätti paeta ja johti laivueensa Quiberoninlahdelle (eng. Quiberon Bay) luottaen ja uskoen, että Hawke ei uskaltanut seurata häntä niissä sääolosuhteissa, joita ranskalaiset viranomaiset silloin lahdella kuvasivat siellä ollen penkereitä ja matalikkoja ja joiden lisäksi karikkoja oli siellä niin, että purjehtijat harvoin katsoivat niitä tuntematta pelkoa eivätkä koskaan ohittaneet niitä ilman tunteita. Näiden pelottavien vaarojen keskuudessa 44 suurta laivaa olivat aloittamassa taisteluaan; se oli liian pieni tila laivaston manöövereille. Conflans onnitteli itseänsä, että hän tulisi ensiksi ja pystyisi menemään lähelle länsirantaa pakottaen vihollisen, jos tämä seuraisi häntä, ottamaan asemat hänen ja rannan välistä noin 10 kilometriä suojanpuolelta. Mikään hänen odotuksensa ei täyttynyt. Paossa hän otti paikan laivastonsa kärjestä; askel, joka ei ollut epäoikeudenmukainen, sillä vain ensimmäisenä hän pystyisi näyttämään mitä hän halusi tehtäväksi, mutta epäonneksi hänen julkiselle maineellensa, niin se asetti amiraalin ensimmäiseksi, joka pakeni. Hawke ei ollut vähääkään, eikä yhtäkään hetkeä peloteltuna vaaroista edessään, jotka hän täysin ymmärsi, kun hän oli kyvykäs merimies; mutta hän oli yhtä lailla tyyni ja vakaa kuin luonteeltansa urhea, jolloin hän arvioi riskit oikeudenmukaisesti, ei vähätellen, eikä liioitellen. Hän ei ollut hylännyt järkeänsä, vaan hän epäilemättä tunsi, että ranskalaiset johtaen häntä voisivat osittain toimia luotseina ja heidän täytyi nousta maihin ennen häntä, hän uskoi, että hänen upseeriensa luonne ja kokemus, jota oli koetellut saartamisen kova koulu, niin olivat ylivoimaisia suhteessa ranskalaisiin; ja hän tiesi, että niin hallitus kuin kansakunta vaativat, että vihollisen laivaston ei pidä päästä turvaan toiseen sille ystävälliseen satamaan. Juuri sinä päivänä jolloin hän siten seurasi ranskalaisia vaarojen keskellä ja olosuhteissa, jotka tekisivät siitä yhden mitä dramaattisimmista meritaisteluista, niin hänellä oli huoli, että hänen nukkehahmoaan poltettaisiin Englannissa siksi, että hän olisi päästänyt vihollisen pakoon. Kun Conflans johtaen laivastoansa saavutti Kardinaalit, kuten eteläisimpiä kiviä Quiberoninlahden sisäänkäyntiväylässä kutsutaan, niin johtavat englantilaiset alukset aloittivat taistelun takimmaisten ranskalaisten alusten kanssa. Se oli yksi tapaus, jolloin yleinen takaa-ajo päättyi lähitaisteluun, mutta poikkeuksellisen mielenkiintoisissa ja suureellisissa olosuhteissa, jotka saivat aikaan voimakas tuuli, kovan merenkäynti, rannikko suojanpuolella, kova nopeus, lasketut purjeet ja suuri määrä laivoja, jotka olivat taistelussa mukana. Yksi ranskalainen 74-tykkinen linjalaiva, joka oli kovan paineen alla alivoimaisena, niin se purjehti alimmat tykkiportit avoimina; tällöin meri tuli sisään kaataen sen ja vieden mukanaan sen koko miehistön pois lukien 20 miestä. Toinen upposi tulituksen takia, jota se koki Hawken lippulaivalta. Kaksi muuta, joissa toisen mukana oli kommodorin viiri, niin laskivat lippunsa ja antautuivat. Loput hajaantuivat. Seitsemän pakeni pohjoiseen ja itään laskien ankkurinsa pienen Vilaine-joen suulle, jonne niiden onnistui päästä, kun nousuvesi oli korkeimmillaan; se oli uroteko, jota ei ollut koskaan tehty. Seitsemän muuta haki turvaa etelästä ja idästä Rochefortista. Yksi, joka oli erittäin pahoin vahingoittunut, niin se ajoi rantaan ja melkein menetettiin Loire-joen suulla. Lippulaiva, jolla oli sama nimi kuin sillä aluksella, jonka Tourville oli polttanut La Hoguen edustalla, "Soleil Royal" (suom. Kuninkaallinen Aurinko) ankkuroitui yön saapuessa Croisicin edustalle hieman pohjoiseen Loiresta, jonne se suuntasi turvaan yön aikana. Seuraavana aamuna amiraali tajusi, että hän oli ilman muita aluksia ja jotenkin ennenaikaisesti ajoi aluksen maihin pitääkseen sen poissa englantilaisten käsistä. Tästä häntä ranskalaiset syyttivät, mutta se oli tarpeetonta, sillä Hawke ei olisi koskaan päästänyt häntä pakoon. Suuri ranskalainen laivasto oli hävitetty; sillä neljätoista laivaa, joita ei ollut kaapattu tai tuhottu, niin ne olivat jakaantuneet kahteen osaan ja ne, jotka olivat Vilainen luona, niin ne pääsivät pakoon vain kaksi kerrallaan viisitoista kuukautta ja kaksi vuotta myöhemmin. Englantilaiset menettivät kaksi alusta matalikon takia (a) ja nämä olivat toivottomasti haaksirikkoisia; heidän menetyksensä taistelussa olivat vähäiset. Yön saapuessa Hawke ankkuroi laivastonsa ja saaliinsa kuvan näyttämään paikkaan (b).

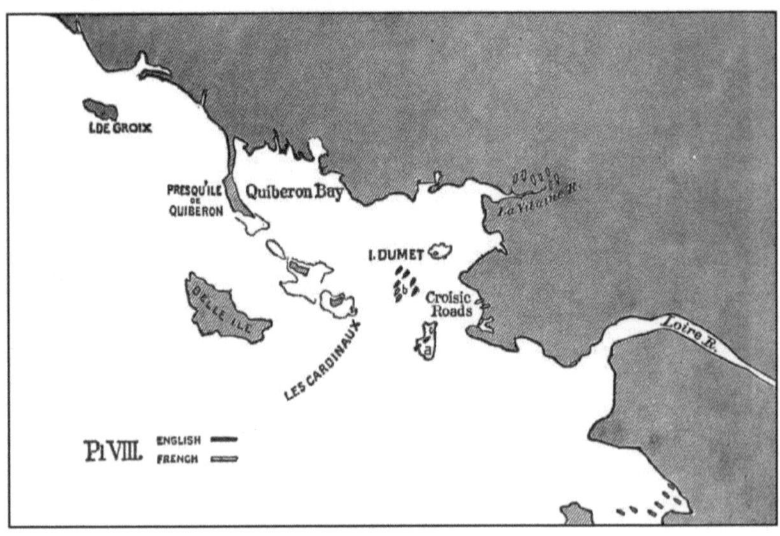

Kuva VIII.

Kaikki mahdollisuudet hyökätä Englantiin katosivat Brestin laivaston tuhoutumisen myötä. Taistelu, joka käytiin marraskuun 20. 1759 oli tämän sodan Trafalgar; ja vaikka saartoa pidettiinkin yllä osissa, jotka käsittivät Vilainen ja Rochefortin, niin englantilainen laivasto oli nyt vapaa toimimaan Ranskan siirtokuntia vastaan, ja myöhemmin myös Espanjan siirtokuntia vastaan suuremmassa mittakaavassa kuin koskaan aikaisemmin. Samana vuonna tapahtui tämä suuri meritaistelu ja Quebecin sortuminen, joiden lisäksi englantilaiset myös valloittivat Guadeloupen Länsi-Intiasta, Goreeb Afrikan länsirannikolta ja Itä-Intian meret hylättiin ranskalaisten toimesta kolmen ratkaisemattoman taistelun jälkeen, jotka käytiin heidän kommodorinsa D'Achén, ja amiraali Pocockin välillä; tämä merten hylkääminen väistämättä johti Ranskan vallan romahtamiseen Intiassa, josta

306

se ei koskaan toipunut. Sinä vuonna myös Espanjan kuningas kuoli ja hänen seuraajakseen tuli hänen veljensä hallitsijanimellä Kaarle III. Tämä Kaarle oli ollut Napolin kuningas aikana, jolloin englantilainen kommodori oli antanut hoville tunnin aikaa päättää vetää pois napolilaiset joukot Espanjan armeijasta. Hän ei ollut koskaan unohtanut tätä nöyryytystä ja nousi valtaistuimelle sydämensä täynnä vihamielisyyttä Englantia kohtaan. Sellaisilla tuntemuksilla Ranska ja Espanja ajautuivat yhä enemmän yhteen. Kaarlen ensimmäinen askel oli ehdottaa riitojen sovittamista, mutta Pitt suhtautui siihen karsaasti. Pitäen Ranskaa Englannin päävihollisena ja ymmärtäen meren ja siirtokuntien olevan vallan ja rikkauksien päälähde, niin hän toivoi, että hän saisi maansa viholliset lyötyä ja heikennettyä niin yhtä lailla nyt kuin tulevaisuuden suhteen ja luoda Englannin uusi suuruus niiden kärsimän tappion pohjalta. Myöhemmin hän tarjosi tiettyjä ehtoja; mutta Ludwigin rakastajattaren valta yhdistettynä Itävallan keisarinnan valtaan estivät sallimasta Preussin osallistua neuvotteluihin, ja Englanti ei voinut sallia tätä poikkeusta. Pitt tosiaan ei ollut valmis rauhaan. Vuotta myöhemmin lokakuun 25. 1760 George II kuoli ja Pittin vaikutusvalta alkoi heikkenemään, sillä uusi kuningas oli haluttomampi jatkamaan sotaa. Näinä vuosina 1759 ja 1760 Frederik Suuri jatkoi tappavaa ja väsyttävää kamppailuaan pienellä kuningaskunnallansa suurvaltoja vastaan, jotka olivat yhdistäneet voimansa häntä vastaan. Yhdellä hetkellä tilanne näytti jo niin toivottomalta, että hän oli valmiina tappamaan itsensä; mutta sodan jatkaminen siirsi Ranskan ponnisteluja pois Englannista ja mereltä.

Aika lähestyi nopeasti suuria sotaretkiä varten siirtokuntia vastaan, joilla tehtiin sodan viimeinen vuosi loistavaksi voitoksi Englannin merivallalle Ranskan ja Espanjan yhdistyneistä voimista. On ensiksi syytä kertoa täysin tarina merivoimien vaikutuksesta sotaan Itä-Intian niemimaalla.

Dupleixin kutsuminen kotiin ja hänen politiikkansa täydellinen hylkääminen, joka oli johtanut kahden kauppakomppanian tasaväkisiin asemiin, on jo kerrottu. Vuoden 1754 sopimuksen määräyksiä ei kuitenkaan ollut täysin toteutettu. Markiisi de Bussy, urhea ja kyvykäs sotilas, joka oli ollut Dupleixin kakkosmies ja oli kokonaan toiminut tämän politiikan ja kunnianhimon mukaisesti, niin jäi Deccanin alueelle; tämä oli suuri alue eteläisessä osassa niemimaata, jota Dupleix oli kerran hallinnut. Vuonna 1756 alkoi syntyä vaikeuksia englantilaisten ja paikallisen ruhtinaan välille Bengalissa. Sen maakunnan nabob oli kuollut ja hänen seuraajansa, yhdeksäntoistavuotias nuori mies hyökkäsi Kalkuttaa vastaan. Se paikka valloitettiin heikon vastarinnan jälkeen kesäkuussa ja antautumisesta seurasi tunnettu tragedia, joka tunnettiin nimellä Kalkuttan musta aukko. Uutiset siitä saavuttivat Madrasin elokuussa ja Clive, jonka nimi oli jo mainittu, niin purjehti amiraali Watsonin laivaston mukana pitkän ja harmittavan viivytyksen jälkeen. Laivasto saapui joelle joulukuussa ja ilmestyi Kalkuttan edustalle tammikuussa, jolloin se paikka joutui englantilaisten käsiin yhtä helposti kuin se oli menetetty.

Nabob oli hyvin vihainen ja marssi englantilaisia vastaan; samaan aikaan hän lähetti kutsun ranskalaisille Chandernagoreen liittyä hänen voimiinsa. Vaikka tiedettiin, että Englanti ja Ranska olivat sodassa, niin ranskalainen kauppakomppania huolimatta vuoden 1744 kokemuksista, niin heikosti toivoi, että rauha voisi säilyä sen ja englantilaisten välillä. Alkuasukkaiden kutsusta sen takia kieltäydyttiin ja tarjous puolueettomuudesta tehtiin toiselle kauppakomppanialle. Clive marssi ulos kohdaten intialaiset voimat ja lyöden ne, ja nabob heti pyysi rauhaa ja pyrki saamaan aikaan liiton englantilaisten kanssa luopuen kaikista vaatimuksista voimiin, joiden perusteella hän oli ensiksi hyökännyt Kalkuttaa vastaan. Joidenkin vastaväitteiden jälkeen hänen tarjouksensa hyväksyttiin. Clive ja Watson käänsivät sitten huomionsa Chandernagoreen ja pakottivat tämän ranskalaisen kaupungin antautumaan.

Nabob, joka ei ollut tarkoittanut sen tapahtuvan niin pahastui siitä ja aloitti kirjeenvaihdon Bussyn kanssa, joka oli Deccanin alueella. Clivella oli täysi tietämys hänen eri juonistansa, joita toteutettiin yhtä lailla empivästi luonteen heikkouden kuin petollisuuden takia; ja nähdessään, että ei ollut mahdollista tehdä rauhaa tai käydä kauppaa tämän miehen kanssa, niin hän aloitti laajan salaliiton hänen syöksemisekseen vallasta, jonka yksityiskohtia ei ole tarvetta kertoa. Lopputulos oli se, että se syttyi uudelleen ja Clive kolmentuhannen miehen kanssa, joista kolmannes oli englantilaisia, niin kohtasi nabobin, joka komensi viittätoistatuhatta ratsumiestä ja kolmekymmentäviittätuhatta jalkamiestä. Epätasapaino tykistön suhteen oli melkein yhtä suuri. Näitä voimasuhteita vastaan käytiin ja voitettiin Plasseyn taistelu 23. kesäkuuta 1757; joka on päivämäärä, josta on yleisesti hyväksytty brittiläisen imperiumin vallan alkaminen Intiassa. Tästä seurasi nabobin syökseminen vallasta ja valtaan nousi yksi häntä vastaan toimineista salaliittolaisista, joka oli englantilaisten kätyri, ja riippuvainen heidän tuestansa. Bengal siten siirtyi heidän valtaansa ollen ensimmäinen osa Intiaa, joka toimi niin. ”Clive”, sanoo ranskalainen historioitsija, ”ymmärsi ja sovelsi Dupleixin järjestelmää.”

Tämä oli totta; silti voidaan jopa sanoa, että perustaa tälle ei olisi koskaan voitu luoda eikä ylläpitää, jos englantilaiset eivät olisi hallinneet merta. Intian olosuhteet ovat sellaiset, että harvat eurooppalaiset, joita johtivat rohkeat ja älykkäät miehet, niin hajottivat niin, että he saattoivat hallita ja edistää omaa onneaan hyvin harkituilla liitoilla, joilla he pystyivät pitämään puoliansa ja sen lisäksi heitä vastassa oli murskaava ylivoima; oli tarpeen, että heitä ei vastustaisi heidän itsensä kaltaiset miehet, joista muutamat saattaisivat pystyä kääntämään horjuvan tasapainon toiseen suuntaan. Juuri silloin Clive oli toimimassa Bengalissa, kun Bussy hyökkäsi Orissaan ottaen haltuunsa englantilaisten tehtaat, ja tehden itsestänsä valtiaan, joka hallitsi suurta osaa rannikkoalueesta Madrasin ja Kalkuttan välissä; kun ranskalainen yhdeksän aluksen laivue, joista suurin osa kuului heidän Itä-Intian kauppakomppaniallensa ja yksikään ei ollut ensiluokkainen sota-alus, niin olivat matkalla Pondicherryyn mukanaan 1200 vakinaisen väen sotilasta, joka oli valtava eurooppalainen armeija sotatoimiin Intiassa. Englantilainen laivasto oli rannikolla, vaikkakin sen vahvuus oli heikompi, niin sitä saattoi pitää tasaväkisenä lähestyviin ranskalaisiin verrattuna. Oli tuskin liioittelua sanoa, että Intian tulevaisuus oli epävarma ja ensimmäiset sotatoimet osoittivat sen.

Ranskalainen laivasto-osasto ilmestyi Coromandelin edustalle etelään Pondicherrystä 26. huhtikuuta 1758 ja laski ankkurinsa 28. englantilaisen aseman, jonka nimi on Fort St. David, edustalle. Kahta laivaa pidettiin Pondicherryn edustalla, joiden mukana oli uusi kuvernööri de Lally, joka halusi heti aloittaa virassaan. Samaan aikaan englantilainen amiraali Pocock saatuaan tiedon vihollisen saapumisesta ja pelätessään erityisesti sen paikan puolesta, niin lähti sinne ja saapui sinne 29. huhtikuuta ennen kuin kaksi kuvernöörin alusta katosivat näkyvistä. Ranskalaiset lähtivät heti liikkeelle ja asettuivat merellä oikean kääntymissuunnan (Kuva Va.) mennen pohjoiseen ja itään tullen puhaltaessa kaakosta ja merkkien annettaessa kutsumaan laivaa ja fregattia, joka saattoi Lallya; mutta ne eivät hylännet jälkimmäisen käskyjä, joka oli toimi, jota täytyi tukea, vaikkakin se ei osoittanut huonoa tahtoa hänen ja kommodori d'Achen välillä tavasta, jolla ranskalaisten sotaretkeä Intiassa hoidettiin väärin. Englantilaiset asetuttuaan tuulen puolelle samaan kääntymissuunnan kuin ranskalaiset, niin tekivät hyökkäyksensä tavalliseen tapaan ja tavanomaisin tuloksin. Seitsemän englantilaista laivaa oli määrätty pysymään yhdessä ranskalaisten kahdeksaa vastaan ja neljä johtavaa alusta mukaan lukien amiraalin alus, menivät taisteluun hienosti; kolme viimeistä joko omista syistään eivät toimineet niin, kun toimivat myöhässä, mutta se tullaan muistamaan tästä, että sellaista melkein aina tapahtuu tällaisissa hyökkäyksissä. Ranskalainen kommodori nähdessään tämän välin etujoukon ja jälkijoukon välissä teki suunnitelman eristää ne toisistansa ja antoi käskyn toimia yhdessä, mutta hän kärsimättömyydessään ei odottanut vastausta. Hän käänsi oman aluksensa ruorin pitäen sen vakaana ja hänen seurasivat jälkimmäiset alukset, kun taas etummaiset alukset pitivät paikkansa. Englantilainen amiraali, jolla oli hyvä syy tietää, niin antaa d'Achelle enemmän tunnustusta kuin ranskalaiset kirjoittajat, sillä hän kuvaa tämän liikettä seuraavasti:

"Puoli neljän aikaan iltapäivällä ranskalainen linja oli hyvin lähellä heidän lippulaivaansa. Meidän kolmelle jälkimmäiselle aluksellemme viestittiin tulla lähemmäs taistelemaan. M. d'Ache rikkoi linjansa ja laittoi sen tuulen alle; hänen toinen linjansa jota oli pidetty Yarmouthia (englantilaisten lippulaiva) vastaan pääosan taistelua, niin tuli sitten rinnalle antaen tulta ja sitten vetäytyi pois; ja muutaman minuutin päästä myös vihollisen etujoukot toimivat samalla tavalla."

Tämän kertomuksen mukaan, joka ei millään tavalla ole sovittelematon ranskalaisten kanssa, niin jälkimmäiseen vaikutti pääasiassa englantilaisen laivan liike keskittymään sen taakse. Ranskalaiset olivat silloin kahdella laivallaan erikseen, kun englantilaiset alukset, joiden kanssa oli taisteltu, niin olivat liian pahoin vaurioituneita, että niitä voitaisiin seurata. Tämä taistelu esti englantilaisia auttamasta Fort St. Davidia, joka antautui 2. kesäkuuta.

Sen paikan antautumisen jälkeen kaksi toisiaan vastustavaa laivuetta varustettiin niiden satamissa ja ne jatkoivat omille asemapaikoilleen, jolloin toinen taistelu käytiin elokuussa melkein samoissa olosuhteissa ja hyvin paljon samalla tavalla. Ranskalaisten lippulaiva kohtasi sarjan odottamattomia onnettomuuksia, jolloin kommodori päätti vetäytyä taistelusta; mutta kertoessaan hänen muita syitänsä on mitä ehdottavinta viitata ranskalaisten lopulliseen tappioon. "Harkinta", oman maansa kirjoittaja sanoo, "komensi hänet olemaan pitkittämättä taistelua, sillä hänen aluksensa eivät voineet korjata kärsimiään vahinkoja sillä alueella, jota oli mahdotonta huoltaa, joten siellä oli täysi pula varaosista." Tämä puute laivastotarvikkeista laivaston tehokkuuden suhteen osoittaa suurta kevytmielistä taipumusta kohtalonuskoon taloudellisessa toiminnassa, joka on luonteenomaista ranskalaisten toimille merellä ja oli heti merkittävää, sekä pahaenteistä.

Palatessaan Pondicherryyn d'Ache huomasi, että vaikka mastojen ja takiloinnin vahingot voitaisiin tällä kertaa korjata, niin siellä oli puutetta varusteista ja laivat tarvitsivat tiivisteitä. Vaikka hänen saamansa käskyt olivatkin pysyä rannikolla lokakuun 15. päivään asti, niin hän itse sotaneuvostansa tuella, jossa päätettiin, että laivat eivät voisi jäädä sinne kauemmaksi aikaa, sillä kolmannen taistelun suhteen Pondicherryssä ei ollut enää takilointitarvikkeita eikä huoltoa jäljellä; ja välittämättä kuvernööri Lallyn vastalauseista, niin hän purjehti syyskuun 2. päivä Isle de Francelle (Mauritius). Taustalla oleva d'Achen syy tunnetaan vihamielisyytenä kuvernööriä kohtaan, jonka kanssa hän riiteli jatkuvasti. Lally, jolta vietiin laivueen tuki, niin käänsi aseensa sen sijaan Madrasin suuntaan.

Saapuessaan saarille d'Ache huomasi asioiden tilan taas osoittavan kyvyttömyyttä ja lyhytkatseisuutta, joka oli yleistä ranskalaista laivastopolitiikkaa silloin. Hänen saapumisensa sinne oli yhtä vähän tervetullut sinne kuin hänen lähtemisensä Intiasta oli ollut tervetullutta Lallylle. Saaret olivat silloin mitä surkeimmassa tilassa. Laivastoyksikkö, jota oli vahvistanut kolmen linjalaivan saapuminen kotimaasta, oli niin väsynyt, että sen välitöntä lähtemistä pyydettiin kommodorilta. Korjauksia kiirehdittiin tekemään nopeasti ja marraskuussa useat alukset purjehtivat Hyväntoivonniemelle, joka oli silloin alankomaalaisten siirtokunta hakemaan tarvikkeita; mutta ne kulutettiin niin pian kuin ne saatiin ja paine laivueen lähtemiseen tuli taas eteen. Laivoissa tilanne ei ollut yhtään sen parempi kuin siirtokunnassa; ja sen mukaisesti kommodori vastasi kertoen hänen täyden ruoka- ja tarvikepulansa. Olosuhteet olivat sellaiset, että hieman myöhemmin oli tarpeen käyttää takilointiin touviköysiä ja upottaa jotkin alukset pohjaan, että niiden materiaalit voitiin siirtää toisiin laivoihin. Ennen palaamistansa Intiaan d'Ache kirjoitti laivastoministerille, että hän "oli aikeissa lähteä vain säästääkseen miehistönsä nälältä ja mitään ei kannattanut odottaa laivueelta, jos sille ei lähetettäisi tarvikkeita, sillä niin miesten kuin laivueen tila oli säälittävä."

Näissä olosuhteissa d'Ache purjehti saarelta heinäkuussa 1759 ja saapui Coromandelin rannikon edustalle syyskuussa. Hänen vuoden poissaolonsa aikana Lally oli piirittänyt Madrasia kahden kuukauden ajan koillismonsuunin aikana. Kummatkin laivueet olivat poissa, sillä se vuodenaika ei ollut sopiva merisotatoimiin, sillä rannikolla; mutta englantilaiset palasivat ensiksi ja sanottiin, että ranskalaiset olivat saaneet englantilaiset kiirehtimään paluutansa aloittaessaan piirityksen. D'Ache saapuessaan omasi huomattavan ylivoiman niin lukumäärässä kuin alusten koossa; mutta kun laivastot kohtasivat, niin Pocock ei epäröinyt hyökätä yhdeksällä yhtätoista laivaa vastaan. Tässä taistelussa, joka käytiin syyskuun 10. 1759, niin se oli yhtä ratkaisematon kuin kaksi edellistä taistelua; mutta d'Ache pakeni verisen taistelun jälkeen. Puhuessaan siitä Campbell teoksessaan "Lives of the Admirals", tekee hassunkurisen, mutta näennäisen vakavan kommentin: "Pocock oli heikentänyt ranskalaisia aluksia niiden heikkoon tilaan ja tappanut useita heidän suuria miehiänsä; mutta mikä osoittaa kummankin amiraalin taitoja, niin he kävivät kolme kiivasta taistelua kahdeksassatoista kuukaudessa ilman, että kumpikaan heistä menetti yhtään alusta." Voiton hedelmät kuitenkin päätyivät heikommalle laivastolle; sillä d'Ache palasi Pondicherryyn ja sieltä purjehti seuraavan kuukauden 1. päivänä saarille jättäen Intian omaan kohtaloonsa. Siitä hetkestä lähtien lopputulos oli selvä. Englantilaiset jatkoivat saaden täydennysvoimia kotimaastaan, kun taas ranskalaiset eivät saaneet niitä; miehet, jotka olivat Lallya vastassa, olivat kyvyiltänsä ylivoimaisia ja paikkakunta toisensa jälkeen sortui, ja tammikuussa 1761 Pondicherry itse antautui saarrettuna maalta ja eristettynä mereltä. Se oli Ranskan vallan loppu Intiassa, vaikka Pondicherry ja muut omistukset palautettiin rauhassa, niin englantilaisten asemaa ei enää koskaan uhattu edes hyökkäyksillä, joita teki taitava ja rohkea Suffren, joka kaksikymmentä vuotta myöhemmin kohtasi yhtä suuria vaikeuksia kuin d'Ache oli kohdannut energisyydellä ja toiminnalla, joita jälkimmäinen ei onnistunut osoittamaan omaavansa.

Ranska menetettyään niin Kanadan kuin Intian osoitti olevan selvää, että sillä ei ollut kykyä toimia kaukaisilla merillä, jolloin tuskin olisi mahdollista, että Espanjan oman heikon laivastonsa ja laajojen siirtokuntiensa takia valitsisi juuri tämän hetken liittyä sotaan. Silti se toimi sillä tavalla. Ranskan merivoimien väsymys oli selvää kaikille, ja sen puolesta todistivat runsain mitoin sen omat laivastohistorioitsijat. "Ranskan voimavarat oli käytetty loppuun", sanoi yksi; "vuonna 1761 vain muutama laiva lähti sen satamista ja ne kaikki kaapattiin siltä. Liitto Espanjan kanssa tapahtui liian myöhään. Satunnaiset alukset lähtivät merelle 1762, mutta nekin kaapattiin ja Ranskan hallussa olevia sen siirtokuntia ei pystytty pelastamaan." [102] Jopa niin aikaisin kuin 1758 toinen ranskalainen kirjoitti, "rahanpuute, kaupankäynnin heikentyminen englantilaisten risteilijöiden takia, pula hyvistä laivoista, pula huoltotarvikkeista, etc., pakottivat Ranskan laivastoministeriön, joka ei pystynyt kokoamaan suuria voimia, niin turvautumaan sotajuoniin korvatakseen ainoan rationaalisen tavan käydä sotaa, suursodan (eng. Grand War), pienemmillä vähäpätöisillä sodilla, joka oli sellainen tapa toimia, että sillä ei saavutettaisi suuria tavoitteita. Jopa silloin neljän linjalaivan saapuminen Louisburgiin välttelemällä vihollista, niin sitä pidettiin erittäin onnekkaana käänteenä… Vuonna 1759 Länsi-Intian saattueen onnellinen saapuminen sai aikaan paljon yllättävää iloa kauppiaiden keskuudessa. Näemme, kuinka harvinaista on omata mahdollisuus puhdistaa meri englantilaisista laivueista." [103] Tämä tapahtui ennen La Cluen ja Conflansin katastrofeja. Ranskan kaupankäynnin tuho, joka alkoi sen kauppa-alusten kaappaamisella, niin sen alkoi heikentämään sen siirtomaita. Siksi voidaan tuskin ymmärtää, että hallitsijasuvun yksimielisyyteen pyrkivä sopimus (eng. Family Compact), joka vaikutti niin Ranskan kuin Espanjan hoveissa tavalla, jolla se oli olemassa, niin se ei ollut vain sopimus tukea toisiaan missä tahansa tulevaisuuden sodissa, vaan siinä oli salainen klausuuli, joka sitoi Espanjan julistamaan sodan Englannille vuoden sisällä, jos rauhaa ei ollut tehty, "niin se oli kunniallista viisaudelle, jota oli kahden maan hallituksilla." On vaikeata antaa anteeksi Espanjan hallitukselle, vaikka Ranska vetosi sukulaisiinsa sellaisen huonon kaupan tekemisessä. Toivottiin, että se kuitenkin elvyttäisi Ranskan laivaston ja kannustaisi liittoon puolueettomien maiden kanssa; joista monilla Espanjan lisäksi oli syitä valittaa Englannin toiminnasta. "Sodan aikana Ranskaa vastaan", tunnusti englantilainen historioitsija, "Espanja lippua eivät aina englantilaiset risteilijät kunnioittaneet." [104] "Vuoden 1758 aikana", sanoi toinen, "ei ollut vähempää kuin 176 puolueetonta alusta, joissa oli rikasta lastia Ranskan siirtokunnista tai joilla oli mukanaan sotilas- tai laivastotarvikkeita, jolloin ne joutuivat englantilaisten käsiin." [105] Syyt olivat jo olemassa, joiden perusteella tulisi kaksikymmentä vuotta myöhemmin nousemaan "aseellinen puolueettomuus" Itämeren valtioiden keskuudesta, joka tähdättiin Englannin vaatimuksia kohtaan merten herruudesta. Omaten rajoittamattoman vallan, kuten Englannin kaltainen merivalta omasi, niin sen mukana tulee harvoin syvällinen kunnioitus toisten oikeuksia kohtaan. Ilman, että sillä oli kilpailijaa valtamerellä, niin oli Englannille sopivaa toimia ottaen haltuunsa vihollisen omaisuutta, joka oli alttiina kaappauksille puolueettomien alusten mukana ja siten laittaa nämä kansakunnat ei vain ärsyttävien pidäkkeiden, vaan myös arvokkaan lastin menetyksen kohteiksi; juuri tuollainen toiminta oli sopinut sen aikaisempaan sotaan luoda Ranskan satamien nimellinen saarto. Puolueettomat tahot tietenkin valittivat tästä toiminnasta; mutta vuonna 1761 huonosti toteutetun aseellisen vastalauseen ja kaikista valtioista Espanjalla oli eniten menetettävää sodan kautta. Englannilla oli miehitettyinä 120 linjalaivaa reservissä olevien lisäksi ja, niin niitä miehittivät 70000 merimiestä, joita oli harjaannuttanut ja koventanut viiden vuoden jatkuva sota merellä ja sen tuomat voitot. Ranskan laivaston vahvuus, joka oli 77 linjalaivaa vuonna, niin se menetti vahvuudestansa englantilaisille vuonna 1759 27, joiden lisäksi kahdeksan tuhottiin ja monia fregatteja menetettiin; tosiaan kuten on nähty, niin heidän omat kirjoittajansa tunnustavat, että laivasto oli raunioina sen juuria ja oksia myöten. Espanjan laivastossa oli noin 50 laivaa, mutta miehistöt, elleivät ne olleet hyvin erilaisia ajoilta ennen ja jälkeen, niin niiden täytyi olla hyvin paljon heikompia. Imperiumin heikkous siksi, että sillä ei ollut tehokasta laivastoa, niin se oli jo osoitettu. Puolueettomuus myös vaikkakin järkytyksen aikoina, niin oli antanut sille suuria etuja sallien sen palauttaa taloudellisen tilanteensa ja kaupankäyntinsä ja luoda uudelleen sisäiset voimavaransa; mutta silti se tarvitsi siihen pidemmän ajan. Joka tapauksessa kuningas, johon vaikutti sukulaisuuden tuntemukset ja halveksunta Englantia kohtaan, niin salli itsensä tulla vedetyksi mukaan pätevän Choiseulin toimesta, ja suvun sisäinen sopimus (eng. Family Compact) allekirjoitettiin kahden kruunun välillä elokuun 15. 1761. Tämä sopimus, johon Napolin kuningas myös liittyi, niin takasi niiden keskinäiset omistuksensa koko kummankin kuningaskunnan voimin. Se itse oli painava toimi; mutta se salainen klausuuli määräsi Espanjan julistamaan sodan Englannille 1. toukokuutaa 1762, jos rauhaa Ranskan kanssa ei ollut tehty siihen mennessä. Tällaisia neuvotteluja ei voitu pitää täysin salassa, ja Pitt sai niistä selville tarpeeksi, että hän vakuuttui Espanjalla olevan vihamielisiä aikeita. Hänelle tavanomaisella ylimielisellä päättäväisyydellä hän päätti estää sitä julistamalla sille sodan; mutta vaikutusvalta häntä vastaan uuden kuninkaan neuvostoissa oli liian vahvaa. Kun hän ei saanut hallitusta mukaan toimiinsa, niin hän erosi lokakuun 5. 1761. Hänen ennakoivat toimensa osoittivat pian oikeutuksensa; Espanja oli ollut halukas osoittamaan hyvää tahtoa, kunnes aarrelaivat Amerikasta saapuisivat mukanaan rahaa, jota tarvittaisiin sodankäymiseen. Syyskuun 21. laivue galleoneja laski ankkurinsa turvallisesti Cadizissa ja 2. marraskuuta Britannian lähettiläs ilmoitti hallitukselle, että "kaksi laivaa oli saapunut turvallisesti mukanaan hyvin poikkeuksellisen rikkaita lasteja Länsi-Intiasta, jolloin kaikki se vauraus, jota odotettiin Espanjan Amerikasta, niin oli turvassa vanhassa Espanjassa", ja samassa viestissä ilmoitti yllättävästä muutoksesta Espanjan hallituksen sanoissa ja ylimielisessä kielessä, jota se nyt käytti. [106] Loukkaukset ja vaatimukset Espanjan suunnalta olivat ennenaikaisia ja riita kasvoi niin nopeasti, että Englannin uusi hallitus, joka halusi voimakkaasti rauhaa, niin kutsui lähettiläänsä kotiin ennen vuodenvaihdetta, ja julisti sodan

4. tammikuuta 1762; siten se hyväksyi Pittin politiikan, mutta oli liian myöhäistä saavuttaa niitä etuja, joita hän oli havitellut.

Kuitenkaan viivyttely Englannin osalta ei muuttanut oleellista epätasapainoa koskien käytössä olevia voimia ja valmiutta kahden kansakunnan välillä. Pittin luomat suunnitelmat pääasiallisesti hyväksyttiin hänen seuraajansa toimesta ja ne toteutettiin niin nopeasti kuin Englannin laivaston valmius sen salli. Maaliskuun 5. Pocock, joka oli palannut Itä-Intiasta, niin purjehti Portsmouthista suojaten saattuetta kuljetusaluksia, jotka olivat matkalla Havannaa vastaan; Länsi-Intiassa hän sai vahvistuksia sen alueen voimista, joten hänellä oli komennossaan 19 linjalaivaa pienempien alusten lisäksi, ja kymmentuhatta sotilasta.

Aikaisemmin tammikuussa Länsi-Intian laivasto, jota komensi hyvin tunnettu Rodney, oli toiminut maavoimien kanssa valloittaen Martiniquen, joka oli Ranskan saarten jalokivi ja vartiotorni, sekä satama hyvin laajalle kaapparitoiminnalle. Sanottiin, että 1400 englantilaista kauppa-alusta kaapattiin sen sodan aikana Länsi-Intian vesillä risteilijöiden toimesta, joiden tärkein tukisatama oli Fort Royal Martiniquella. Tämän takia, kun tukikohta sortui, niin myös kaapparitoiminta sortui sen mukana. Martinique antautui helmikuun 12. ja sen tärkeimmän kaupallisen ja sotilaallisen keskuksen menetys tuntui heti pienemmillä saarilla, joita olivat Grenada, Santa Lucia, St. Vincent. Näillä valloituksilla englantilaisten siirtokunnat Antigua, St. Kitts ja Nevis kuin myös laivat, jotka kävivät kauppaa noilla saarilla, niin olivat turvassa viholliselta, jolloin Englannin kaupankäynti kasvoi voimakkaasti siellä ja koko Vähän-Antillien alueesta tai Windwardin saarista tuli Britannian hallussa olevia alueita.

Amiraali Pocockiin liittyi Cape St. Nicholasin luona täydennysvoimia Länsi-Intiasta 27. toukokuuta ja vuodenaika oli edennyt niin pitkälle, että hän vei suuren laivastonsa vanhan Bahaman kanaalin lävitse sen sijaan, että olisi purjehtinut Kuuban eteläpuolta pitkin. Tätä pidettiin oikeudenmukaisesti suurena urotekona, sillä silloin ne alueet olivat huonosti kartoitettuja ja se toteutettiin ilman mitään onnettomuuksia. Vartio- ja mitta-alukset menivät ensiksi fregattien seuratessa ja veneet tai sluupit ankkuroituivat matalikkojen viereen huolellisesti asetettujen merkkien kanssa päivin tai öin. Hyvän sään ansiosta laivasto pääsi läpi viikossa ja ilmaantui Havannan edustalle. Operaatioita ei kerrota yksityiskohtaisesti. Neljänkymmenen päivän piirityksen jälkeen Moron linna valloitettiin 30. heinäkuuta ja kaupunki antautui 10. elokuuta. Espanjalaiset eivät menettäneet vain kaupunkia ja satamaa, vaan myös kaksitoista linjalaivaa, kolmen miljoonan punnan arvosta rahaa ja kauppatavaroita, jotka kuuluivat Espanjan kuninkaalle. Havannan tärkeyttä ei mitata vain sen oman koon kautta tai sen sijainnilla keskellä suurta ja rikkaasti viljeltyä aluetta; se oli myös satama, joka hallitsi ainoaa reittiä, jota aarre- ja muut laivat saattoivat silloin purjehtia Meksikonlahdelta Eurooppaan. Havannan joutuessa vihollisen käsiin olisi tarpeen koota ne Cartagenaan Kolumbiaan ja sieltä lähettää ne pasaatituulia (koillistuulet Afrikan mantereen suunnasta) vastaan, joka oli toimena aina vaikea ja joka pitäisi laivat kauan vesillä, joilla ne olivat alttiina joutua englantilaisten risteilijöiden saaliiksi. Ei edes hyökkäys Panaman kannakselle olisi ollut vakavampi isku Espanjalle. Tämän tärkeän lopputuloksen saattoi saavuttaa vain valtio, joka uskoi luottavaisesti hallitsevansa merivoimiensa avulla yhteyslinjoja niin kuin silloin täytyi olla ja joka toisen käskynsä kautta pysyi kuljettamaan neljätuhatta amerikkalaista sotilasta täydentämään englantilaisten rivejä, niin hirvittävästi tuhlattiin taisteluiden ja sairauksien takia. Sanottiin, että vain 2500 miestä oli tuossa armeijassa palveluksessa, kun kaupunki sortui.

Pitkällä ulottuvuudella ja energisyydellä Englannin merivoimat niin tunnettiin Länsi-Intiassa, josta saatiin lisää kuvaa Portugalin ja Kaukoidän kautta. Liittoutuneet kuningaskunnat olivat aluksi kutsuneet Portugalin liittymään liittoonsa niitä vastaan, joita kutsuttiin "merten tyranneiksi" muistuttaen sitä kuin englantilaisten monopoli sen kaupankäynnissä vei siltä kultaa ja muistuttivat sen puolueettomuuden loukkaamisesta Boscawenin komentaman laivaston toimesta. Portugalilainen ministeri silloin tiesi hyvin tämän kaiken ja tunsi sen syvällisesti; mutta kutsun kanssa tuli selkeä toteamus, että Portugali ei sallisi puolueettomuutensa jatkuvan, sillä se ei voinut pitää sitä yllä, jolloin hän arvioi oikeudenmukaisesti, että maalla oli enemmän pelättävää Englannin ja sen laivaston taholta kuin Espanjan armeijan suunnalta. Liittolaiset julistivat sodan ja hyökkäsivät Portugaliin. He olivat aluksi menestyksekkäitä; mutta "merten tyrannit" vastasivat Portugalin avunpyyntöön, lähettivät laivaston ja laskivat Lissabonissa maihin kahdeksantuhatta sotilasta, jotka ajoivat espanjalaiset rajan taakse ja jopa kävivät sotaa itse Espanjaa vastaan.

Samaan aikaan näiden merkittävien tapahtumien kanssa Manila joutui hyökkäyksen kohteeksi. Kun niin paljon oli tapahtumassa, niin oli mahdotonta löytää ylimääräisiä joukkoja tai laivoja Englannista. Menestykset Intiassa ja siellä olevien asemien täydellinen turvallisuus merten hallinnan lisäksi sallivat viranomaisten Intiassa itse toteuttaa tämän siirtomaan sotaretken. Se lähti liikkeelle elokuussa 1762 ja saapui Malakalle 19. päivä, jolloin sitä huollettiin puolueettomassa satamassa kaikella, mitä tarvittaisiin piiritykseen; alankomaalaiset vaikkakin olivat kateellisia englantilaisten menestyksestä, niin eivät kieltäytyneet näiden vaatimuksista. Sotaretki, joka riippui täysin laivastosta, niin sai aikaan sen, että kokonainen ryhmä Filippiinien saaria antautui lokakuussa ja maksoivat lunnaita neljän miljoonan dollarin arvosta. Suunnilleen samaan aikaan laivasto kaappasi galleonin Acapulcosta, jolla oli mukanaan rahaa kolmen miljoonan dollarin arvosta ja englantilainen laivue Atlantilla otti haltuunsa aarrelaivan Limasta, jolla oli mukanaan hopeaa neljän miljoonan dollarin arvosta Espanjan hallitukselle.

"Koskaan ei ollut Espanjan siirtomaaimperiumi saanut sellaisia iskuja. Espanja, jonka tilaisuus puuttua sotaan olisi saattanut muuttaa sen lopputulosta, niin tuli siihen mukaan liian myöhään auttaakseen Ranskaa, mutta ajoissa, että se ehtisi kokemaan tämän huonon kohtalon. Syitä pelkoon oli vielä olemassa. Panama ja Santo Domingo olivat uhattuina, ja Amerikan englantilaiset olivat valmistautumassa hyökkäämään Floridaan ja Louisianaan... Havannan valloitus suuressa mitassa häiritsi yhteyksiä Espanjan vauraiden amerikkalaisten siirtokuntien ja Euroopan välillä. Filippiinien valloitus sulki sen Aasiasta. Nämä kaksi toimea yhdessä katkaisivat kaikki yhteydet espanjalaiselle kaupankäynnille ja estivät kanssakäymisen sen laajan, mutta hajanaisen imperiumin osien välillä." [107]

Hyökkäyskohteiden valinta Pittin hallituksen toimesta oli strategisesti hyvä katkaisten tehokkaasti vihollisen yhteyksien tuoman voiman; ja jos hänen suunnitelmansa olisi täysin toteutettu ja myös Panama olisi valloitettu, niin menestys olisi ollut vieläkin ratkaisevampaa. Englanti myös menetti yllätysetunsa, joka olisi vaikuttanut hänen suunnitelmansa kautta odottamalla Espanjan sodanjulistusta; mutta sen aseet olivat voitokkaita lyhyessä kamppailussa johtuen nopeudesta, jolla se toteutti hankkeensa tehokkuuden ansiosta, joka oli tuotu sen laivaston voimiin ja hallintoon.

Manilan valloitus lopetti sodan sotatoimet. Yhdeksän kuukautta laskien sodan muodollisesti julistamisesta Englannin tammikuussa niin oli ollut riittävä aika musertaa Ranskan viimeinen toivo ja tuoda Espanja rauhaan, jossa se joutui luopumaan jokaisesta kohdasta, johon se perusti vihamielisen asenteensa ja vaatimuksensa. Näytti tuskin olevan tarpeen, joka tapahtumien annetun lyhyen tiivistelmän jälkeen osoittaa, että nopeudella ja läpikotaisuudella, jolla Englannin työ tehtiin sen merivoimien toimesta, niin se salli sen voimien toimia kaukaisissa erillään olevissa paikoissa, kuten Kuubassa, Portugalissa, Intiassa ja Filippiineillä ilman pelkoa vakavista katkoksista viestiyhteyksissä.

Ennen kuin kerrotaan rauhanehdot, niin pitäisi tiivistää sodan lopputulokset, mutta tehdä se epätäydellisesti johtuen heikosta innokkuudesta Englannin hallituksessa saada se päätökseen, jolloin on tarpeen johtaa sodan tuomat vaikutukset kaupankäyntiin, joka on merivoimien ja kansallisen kukoistuksen perusta.

Yksi selvä piirre tässä sodassa saattoi vahvemmin painaa hämmentäen mieliä, sillä se on ristiriitainen lausunto, että englantilaisten suuruuden osoittavat heidän kärsimänsä menetykset.

"Vuodesta 1756 vuoteen 1760", sanoo ranskalainen historioitsija, "ranskalaiset kaapparit kaappasivat enemmän kuin 2500 kauppalaivaa. Vuonna 1761 vaikka Ranskalla ei silloin ollut vesillä yhtään linjalaivaa ja vaikka englantilaiset olivat ottaneet haltuunsa 140 kaappariamme, niin heidän toverinsa silti kaappasivat 820 englantilaista alusta. Selitys tälle määrälle on englantilaisen laivaustoiminnan ilmiömäinen kasvu. Vuonna 1760 sanottiin, että englantilaisilla oli merellä 8000 laivaa; niistä ranskalaiset kaappasivat melkein kymmenyksen huolimatta saattajista ja risteilijöistä. Neljässä vuodessa vuodesta 1756 vuoteen 1760 ranskalaiset menettivät vain 950 laivaa." [108]

Mutta tämän epäjohdonmukaisuuden osoitti oikeudenmukaisesti englantilainen kirjoittaja, "että Ranskan kaupankäynnin heikentyminen ja pelko joutua englantilaisten käsiin pitivät monet heidän kauppalaivansa lähtemästä merelle"; ja hän jatkaa, että alusten kaappaaminen ei ollut pääasiallisesti osoitus Englannin laivastojen tehokkuudesta. "Sellaiset valloitukset kuin Duquesne, Louisburg, Prince Edwardin saari, Senegalin valloitus, ja myöhemmin Guadeloupe ja Martinique, niin eivät olleet tapahtumina vähemmän tuhoisia Ranskan kaupankäynnille ja siirtokunnille kuin englantilaisten vastaaville hyödyllisiä." [109] Ranskan kaapparien määrän moninkertaistaminen oli tosiaan surullinen teko kouliintuneelle silmälle osoittaen heidän olevan englantilaisten jäljessä kauppalaivaston suhteen pakotettuna joutilaisuuteen, jolloin miehistöt ja alusten omistajat ajettiin sattumanvaraiseen ryöstelyyn hankkiakseen elantonsa. Eikä riski siitä ollut täysin turhaa. Sama englantilainen mies tunnustaa, että vuonna 1759 kauppalaivojen menetykset osoittivat pahempaa epätasapainoa kuin sota-alusten menetykset. Kun ranskalaiset turhaan kamppailivat saavuttaakseen tasapainon merellä ja korjatakseen tappioitansa, mutta siitä ei ollut hyötyä, sillä "rakentamalla ja aseistamalla aluksia he tekivät töitä vain Englannin laivastolle", silti "huolimatta rohkeudesta ja valppaudesta, jota oli englantilaisilla risteilijöillä, niin ranskalaiset kaapparit niin parveilivat sinä vuonna, että he kaappasivat 140 brittiläistä alusta, jotka olivat pääasiassa rannikkolaivoja ja pikkualuksia." Vuonna 1760 sama kirjoittaja antaa brittien menetyksien kauppa-aluksina olevan yli 300 ja vuonna 1761 yli 800 laivaa, joka oli kolme kertaa enemmän kuin ranskalaisten, mutta hän lisää: "Ei olisi ollut loistavaa, jos he olisivat kaapanneet enemmän ja rikkaampia aluksia. Kun heidän kaupankäyntinsä oli melkein tuhottu ja heillä oli merellä vain muutamia kauppa-aluksia, niin Englannin kauppalaivastot peittivät meret. Joka vuosi sen kaupankäynti kasvoi; raha, jolla sotaa käytiin, niin tuli takaisin sen teollisuuden tuotteina. Ison-Britannian kauppiaat käyttivät yli 8000 kauppalaivaa." Sen menetyksien laajuus johtui kolmesta syystä, joista vain ensimmäinen oli estettävissä: (1) kauppa-alukset eivät kiinnittäneet huomiota käskyyn muodostaa saattueita; (2) suuri määrä englantilaisia aluksia oli kaikilla merillä; (3) vihollisen toimiksi kokonaisuudessa jäi sen vahvuus kaapparisodassa. Saman vuoden, 1761, aikana laivasto menetti yhden linjalaivan, joka valloitettiin takaisin ja yhden kutterin. Samaan aikaan huolimatta useista vankienvaihdoista, niin englantilaisilla oli hallussaan 25000 ranskalaista vankia, kun taas ranskalaisilla oli hallussaan 1200 englantilaista vankia. Sellaiset olivat merisodan tulokset.

Lopulta tehden yhteenvedon kaupallisista olosuhteista kuningaskunnassa sodan lopussa sen jälkeen, kun on mainittu suunnattomat summat, jotka on otettu Espanjalta, niin kirjoittaja lisää:

"Ne vahvistivat kaupankäyntiä ja auttoivat teollisuutta. Taloudellisten tukien antaminen ulkomaille oli suuri osa laskuja, joita kauppiaat suorittivat ulkomaille, joilla oli arvoa brittiläisen teollisuuden saamille tilauksille. Englannin kaupankäynti lisääntyi asteittain joka vuosi ja sellainen näkymä koskien kansallista vaurautta samalla, kun käydään pitkää ja kallista sotaa, niin sitä ei ole koskaan aikaisemmin näkynyt minkään kansakunnan keskuudessa maailmassa."

Ei ole ihme, että sellaiset tulokset sen kaupankäyntiin ja niin muuttumaton menestys sen aseiden kanssa ja nähdessään Ranskan laivaston tuhon, jolloin liitto Ranskan ja Espanjan kanssa, jonka tarkoituksena oli heikentää sen tulevaisuutta ja heti synnytti pelon koko Eurooppaan, joka nyt näki, että Iso-Britannian yksin ja ilman vähäisintäkään pelkoa tai huolta. Espanja oli perustuslakinsa ja oman imperiuminsa laajuuden takia oudon altis suurten merikansojen hyökkäyksille; ja mikä tahansa olikin sen päivän hallituksen näkemys, niin Pitt ja kansakunta näkivät, että aika oli tullut, jota oli toivottu turhaan 1739, sillä silloin rauhanvuodet ja itsenäiset ennakkoluulot suurelta ministeriltä olivat rentouttaneet sen laivaston muskelit. Nyt se tavoitteli eteenpäin käsin ja otti haltuunsa mitä tahtoi; eikä ollut mitään rajaa sen saaliille, jos hallitus ei olisi ollut epärehellinen maansa eduille.

Portugalin asemaan suhteessa Isoon-Britanniaan on jo viitattu, mutta siihen on syytä kiinnittää jotain erityistä huomiota koskien merivoimien asemaa, joka on saavutettu ei siirtokuntien, vaan liiton kautta oli se sitten tarpeellista tai harkittua. Kauppayhteydet, joista puhuttiin aikaisemmin, niin "niitä vahvistivat vahvimmat poliittiset siteet. Kaksi kuningaskuntaa sijaitsivat niin, että niillä oli vain vähän pelättävää toisiltansa, kun taas ne saattoivat antaa toisillensa monia yhteisiä etuja. Portugalin satamat antoivat suojaa kuin myös huoltotarvikkeita Englannin laivastolle, kun taas jälkimmäinen puolusti rikasta Portugalin kauppaa Brasiliasta. Vihamielisyys Portugalin ja Espanjan välillä teki tarpeelliseksi, että ensimmäisellä näistä tulisi olla liittolainen, joka on vahva, mutta silti kaukainen. Mikään ei ollut Englannille edullisempi tapa toimia, jolloin se vuorollaan saattoi ja oli aina hankkinut suuria etuja Portugalista sodassa mitä tahansa eteläeurooppalaista valtaa vastaan."

Tämä oli englantilainen näkemys asioihin, joita muut katsoivat vähän kuin liittoa leijonan ja lampaan välillä. Kun kutsutaan sellaista maata kuin Englantia, jolla oli laivasto, "kaukaiseksi" sellaisen pienen merenkulkuvaltion kuin Portugalin toimesta, niin se on naurettavaa. Englanti on, ja vielä enemmän oli noina päivinä sitä, minne sen laivasto saattoi mennä. Vastakkainen näkemys asiaan osoittaa yhtä lailla liiton arvoa, josta tulee muistaa, että ystävällisen pyynnön kautta Ranskan ja Espanjan kuninkaat käskivät Portugalin julistamaan sodan Englannille.

Tuon asian muistaminen; nimittäin siitä tuli epätasa-arvoista hyötyä Portugalille yhteydestä ja piittaamattomuudesta Portugalin puolueettomuuteen; joka on jo mainittu. Portugalin kuningas kieltäytyi hylkäämästä tätä liittoa siitä syystä, että se oli ikivanha ja täysin puolustuksellinen. Siihen kaksi kuningaskuntaa vastasi:

"Puolustuksellinen liitto on tosiasiassa hyökkäyksellinen tilanteessa suhteessa Portugalin omistuksiin ja Englannin vallan luonteeseen. Englantilaiset laivueet eivät voi kaikkina vuodenaikoina pysyä merellä eivätkä risteillä Ranskan ja Espanjan tärkeimmillä rannikoilla katkaisten näiden maiden merilinjoja ilman satamia ja apua, jota Portugali sille antaa; ja nämä Brittein saarten asukkaat eivät vain loukkaa koko Euroopan merenkulkua, jos kaikki Portugalin rikkaudet eivät kulkisi heidän käsiensä kautta, joka vahvistaen heitä antaa heille keinon käydä sotaa ja muuttaa liitto tosiasiassa ja käytännössä hyökkäykselliseksi."

Näiden kahden väitteen tilanteen logiikka ja voima saivat yliotteen. Portugali piti Englantia läheisempänä ja vaarallisempana kuin Espanjaa ja oli pysynyt sukupolvien ajan uskollisena tälle liitolle. Tämä suhde oli Englannille yhtä hyödyllinen kuin mikä tahansa sen omistama siirtokunta riippuen tietenkin ympäristöstä, jossa milloin tahansa tehtiin tärkeimmät sotatoimet.

Esisopimukset rauhaan allekirjoitettiin Fontainebleaussa marraskuussa 1762; itse määrittelevä rauhansopimus allekirjoitettiin seuraavan vuoden helmikuun 10. Pariisissa, josta rauha on saanut nimensä.

Sen ehdoissa Ranska luopui kaikista vaatimuksistansa Kanadaan, Nova Scotiaan ja kaikkiin saariin St. Lawrencen varrella; Kanadan lisäksi se luovutti Ohion laakson ja kaikki alueensa Mississippin itäpuolella paitsi New Orleansin kaupunkia. Samaan aikaan Espanja vastineena Havannalle, jonka Englanti palautti sille, niin luopui Floridasta, jonka nimen alla olivat sen kaikki omistuksen mantereella Mississippistä itään. Niin Englanti sai haltuunsa siirtoimperiumin, johon kuului Kanada Hudsoninlahdesta lähtien ja kaikki alueet, jotka kuuluvat nykyajan Yhdysvaltoihin Mississippistä itään. Tämän laajan alueen tuomat mahdollisuudet oli vain osittain huomattu ja silti ei ollut mitään enteitä koskien tulevaa kolmentoista siirtokunnan kapinaa.

Länsi-Intiassa Englanti palautti Ranskalle tärkeät Guadeloupen ja Martiniquen saaret. Neljä niin sanottua puolueetonta saarta Pienillä-Antilleilla jaettiin kahden suurvallan kesken; Santa Lucia päätyi Ranskalle; St. Vincent, Tobago ja Dominica Englannille, joka myös piti hallussaan Grenadaa.

Menorca annettiin takaisin Englannille; ja kun saaren palauttaminen Espanjalle oli ollut yksi ehdoista, jonka mukaan tämä teki liiton Ranskan kanssa, niin kyvyttömänä täyttää tätä ehtoa, niin se luovutti Espanjalle Louisianan Mississippin länsipuolelta.

Intiassa Ranska sai takaisin omistuksensa, jotka sillä oli ollut hallussaan ennen kuin Dupleix aloitti juonensa laajentumisesta; mutta se luopui oikeudesta rakentaa linnoituksia tai pitää joukkoja Bengalin alueella ja niin jätti Chandernagoren asemansa puolustuskyvyttömäksi. Toisin sanoen Ranska piti asemaansa kaupankäyntiä varten, mutta käytännössä luopui tavoittelemasta poliittista vaikutusvaltaa sillä alueella. Siellä oli hiljainen ymmärrys siitä, että englantilainen kauppakomppania pitäisi hallussaan kaikki valloituksensa.

Oikeus kalastaa Newfoundlandin rannikolla ja osissa St. Lawrencen lahtea, josta Ranska oli aikaisemmin nauttinut, niin se annettiin sille tässä sopimuksessa; mutta Espanjalta se kiellettiin, vaikka se vaati sitä kalastajillensa. Tämä myönnytys oli niiden joukossa, joiden kimppuun oppositio Englannissa eniten hyökkäsi.

Kansa kokonaisuudessaan ja Pitt, joka oli kansakunnan suosikki, niin olivat kiivaasti sopimuksen ehtoja vastaan. ”Ranska”, Pitt sanoi, ”on pääasiallisesti meitä vastassa oleva merellinen ja kaupallinen voima. Se mitä saavutamme tässä mielessä, on arvokasta meille ennen kaikkea siksi, että vahingoitamme sitä sodan lopputulosten kautta. Jätätte Ranskalle mahdollisuuden elvyttää sen laivaston.” Tosiasiassa merivoimien näkökulmasta ja koskien kansakuntien eripuraa ajalla, jolla se saneltiin, niin nämä sanat, vaikkakin olivat ahdasmielisiä, niin ne olivat tiukasti katsottuna oikeutettuja. Ranskalle sen siirtokuntien palauttaminen Länsi-Intiassa ja sen asemat Intiassa yhdessä arvokkaiden oikeuden kalastaa sen aikaisempien amerikkalaisten omistuksien luona, niin antoivat sille mahdollisuuden ja kannustimet rakentaa uudestaan kauppalaivastonsa, kaupankäyntinsä ja laivasto, sekä siten kutsua sitä pois mannermaisten tavoitteiden tieltä, joka oli ollut niin tappava sen eduille ja samassa suhteessa suotuisa ennennäkemättömälle Englannin voiman kasvulle valtamerillä. Oppositio ja tosiaan myös jotkut hallituksessa myös ajattelivat, että Havannan hallitsevasta ja tärkeästä asemasta saatiin huono maksu, kun sitä vastaan saatiin vielä silloin lohduton ja tuottamaton alue, jonka nimi oli Florida. Puerto Ricoa ehdotettiin, mutta Florida hyväksyttiin. Siellä oli joitakin pieniä eroja kohdissa, joihin on tarpeetonta viitata. Tuskin voidaan kiistää, että meren sotilaallinen hallinta pysyi englantilaisilla, jolloin se nyt omasi monia tärkeitä asemia laivastonsa avulla, joka oli vahvuudeltansa ylivoimainen ja kaupankäyntinsä ja sisäisten olosuhteidensa ansiosta kukoistava, jolloin tiukemmat ehdot olisi helposti voitu määrätä ja se olisi ollut viisasta. Hallitus puolusti innokkuuttansa ja luovutuksien henkeä suurella velankasvulla, jonka suuruus oli silloin 122 miljoonaa puntaa, summa, joka oli kaikissa mielissä paljon suurempi kuin se nyt on; mutta vaikka tämä näkemys tulevaisuuteen oli täysin oikeutettu sotamenestyksen kautta, niin se myös vaati suurimpia etuja, joihin sotilaallinen tilanne oikeutti ja jotka olisi pitänyt siitä näkökulmasta sanella. Siinä hallitus epäonnistui. Kun velasta puhutaan, niin on hyvä huomata, mitä ranskalainen kirjoittaja sanoi, "tässä sodassa ja vuosina myöhemmin Englannilla ei ollut mitään vähempää tavoitteenaan kuin Amerikan valloitus ja edistää Itä-Intian kauppakomppaniaansa. Näiden kahden maan avulla sen tehtaat ja kaupankäynti hankki enemmän kuin sopivia kauppapaikkoja ja korvasi sille lukemattomat kärsimykset, joita se oli tehnyt. Nähdessään merenkulun rappion Euroopassa; sen kaupankäynti tuhottuna, sen tehtaat niin vähän edistyneinä; kuinka saattoi englantilainen kansakunta tuntea pelkoa, jota tarjottiin niin tästä näkökulmasta? Epäonneksi kansakunta tarvitsi puoltajan hallitukseen; ja sen valittu ääni, ainoa mies kenties, joka oli kyvykäs nousemaan suuren mahdollisuuden tasolle, niin oli hovin epäsuosiossa.

Joka tapauksessa Englannin saavutukset olivat hyvin suuret, ei vain maa-alueen kasvun myötä, eikä vain merenkulun ylivoiman kautta, vaan myös arvovallassa ja asemassa, jonka se saavutti kansakuntien silmissä, jotka olivat nyt täysin avoimina johtuen sen suurista voimavaroista ja mahtavasta voimasta. Nämä lopputulokset, jotka voitettiin merellä, niin olivat asia, joka oli täysin vastakohtainen mantereen sodalle tarjoten yhtä ja ehdottavaa vastakohtaa. Ranska oli jo vetäytynyt pois Englannin kanssa kaikista osuuksista siinä kiistassa ja rauha muiden osapuolten välillä solmittiin viisi päivä Pariisin rauhan jälkeen. Rauhanehdot olivat yksinkertaisesti *status quo ante bellum* (palattiin sotaa edeltäville rajoille). Preussin kuninkaan arvion mukaan 180000 hänen sotilastansa oli kaatunut tai kuollut tässä sodassa kuningaskunnasta, jossa oli asukkaita 5 miljoonaa henkeä; kun taas Venäjän, Itävallan ja Ranskan yhteenlasketut tappiot olivat 460000 miestä. Lopputulos oli yksinkertaisesti se, että asiat pysyivät niin kuin ne olivat olleet ennen sotaa. [110] Kiinnittäen tähän huomiota ainoana erona koskien mahdollisuuksia maalla ja merellä, niin vertailu maa- ja merisodan välillä on tietenkin täysin naurettavaa. Fredrikin nerokkuus, jota tuki englantilainen raha, niin osoittautui tasaväkiseksi suhteessa liittokuntaan, jota johdettiin huonosti ja joka ei aina hyödyntänyt liittokunnan lukumääräistä ylivoimaa tehokkaasti ponnisteluissaan. Näyttää olevan reilu johtopäätös, että valtiot, joilla on hyvää merenrantaa tai jopa valmius päästä merelle yhdestä tai kahdesta reitistä, niin tulevat löytämään etunsa etsiä vaurautta ja laajentua meren sekä kaupankäynnin kautta pikemmin kuin koettaa muuttaa ja järjestellä uudestaan olemassa olevia poliittisia järjestelyjä kansakuntien kanssa, joissa on enemmän tai vähemmän pitkiä omistuksia suhteessa valtaan, joka perustuu niiden tunnustettuihin oikeuksiin ja luovat kansallisia riippuvuussuhteita tai poliittisia siteitä. Pariisin vuoden 1763 sopimuksesta lähtien maailma on nopeasti otettu haltuun; sen todistaa oman mantereemme, Australian ja jopa Etelä-Amerikan kohtalo. Nimellinen, sekä enemmän tai vähemmän selvästi määritellyt poliittiset omistukset, jotka ovat nyt yleensä olemassa kaikista hylätyimmillä alueilla, niin tässä toteamuksessa otetaan huomioon poikkeuksia; mutta monissa paikoissa tämä poliittinen omistus on vain vähän enemmän kuin nimellistä, ja muissa luonteeltansa niin heikkoa, että sen yksin ei voida olettaa antavan tukea tai suojelusta. Tunnettu ja huonomaineinen esimerkki on Turkin imperiumi, joka pysyi pystyssä vain voimien avulla, joita tuli vastakkaiselta puolelta johtuen suurvaltojen keskinäisistä kiistoista, jolloin niillä ei ollut sympatiaa sitä kohtaan, sillä se oli esimerkki heikosta poliittisesta vallasta; ja vaikka kysymys onkin kokonaan eurooppalainen, niin kaikki tietävät tarpeeksi ollen tietoisia sen asian eduista ja vaikutuksesta merten hallintaan pääasiallisesti, jos ei ensimmäiseksi ollen asia, jolla tilanne nyt korjataan; ja että niitä, jos käytetään älykkäästi, niin tullaan ohjaamaan tulevaisuudessa väistämättömiin muutoksiin. Läntisillä mantereilla poliittiset olosuhteet Keski-Amerikassa ja trooppisissa Etelä-Amerikan valtiossa ovat niin epävakaat, että ne aiheuttavat pysyvää huolta ylläpitää sisäistä järjestystä ja vakavasti häiritsevät kaupankäyntiä ja rauhanomaista kehitystä niiden voimavaroilla. Niin kauan kuin, käytettäessä tuttua ilmaisua; että ne eivät vahingoita muita kuin itseään, niin tuollainen toiminta voi jatkua; mutta pitkällä aikavälillä vakaampien kansakuntien kansalaiset ovat pyrkineet hyödyntämään niiden voimavaroja, ja ovat kärsineet menetyksiä, jotka ovat syntyneet niiden kurjista oloista. Pohjois-Amerikka ja Australia yhä tarjoavat suuria mahdollisuuksia siirtolaisille ja yrittäjyydelle; mutta ne ovat täyttymässä nopeasti ja mahdollisuudet niissä ovat vähenemässä, jolloin kysyntää täytyy syntyä vakaampien hallintojen toimesta kuin niiden hajanaisten valtioiden, sillä turva elämään ja kohtuullinen vakaus sallivat kauppiaiden ja muiden ihmisten luottavan tulevaisuuteen. Siellä ei varmasti ole nykyisellään toivoa sellaisesta kysynnästä, joka voidaan täyttää olemassa olevin paikallisin voimavaroin; jos sama on totta, kun kysyntää tulee, niin mikään teoreettinen asetelma, kuten

Monroe-oppi, tule estämään kansakuntien kiinnostusta koettaa korjata pois huonous jollain keinoin, jotka sitten, miten niitä sitten kutsutaankin, niin ovat poliittista häirintää. Sellainen häirintä varmasti tuottaa yhteentörmäyksiä, jotka voidaan aika ajoin sopia käyttäen sovittelua, mutta jos se epäonnistuu, niin se voi toisinaan synnyttää sotia. Jopa rauhanomainen ratkaisu, että kansakunta, jolla on käytössään vahvimmat väitteet, joita tukevat vahvimmat voimat, niin voittaa. Sitä tuskin tarvitsee sanoa, että Keski-Amerikan kannaksen onnistunut lävistäminen voi synnyttää milloin tahansa sellaisen asian ennemmin tai myöhemmin. Kauppareittien syvällinen muuttuminen on odotettavissa tästä hankkeesta, jonka poliittinen tärkeys Yhdysvalloille sellaisen yhteyden kautta sen Atlantin ja Tyynenmeren rannikoiden välillä ei kuitenkaan ole koko, eikä edes tärkein osa kysymystä. Niin kauas kuin voidaan nähdä, niin tulee aika, jolloin vakaat hallinnot Amerikan trooppisissa valtioissa täytyy taata nyt olemassa olevilla riittävän voimakkaiden ja vakaiden valtioiden toimesta Amerikasta tai Euroopasta. Noiden valtioiden maantieteellinen sijainti, ilmasto-olosuhteet, tekevät selväksi heti, että merivoimat tulevat olemaan siellä jopa suuremmassa määrin kuin Turkin tapauksessa päättäen mikä vieras valtio tulee olemaan hallitseva; jos ei tosiasiassa omistaen niitä, niin omaten vaikutusvaltaa sen omaan paikalliseen hallintoon. Yhdysvaltain maantieteellinen asema ja sen sisäinen voima antavat sille kiistämättömän edun tässä; mutta etua ei tule olemaan, jos se on suuresti alakynnessä organisoidun voimankäytön suhteen, joka on yhä niin viimeinen keino tasavalloille kuin kuninkaille. Sieltä tulee olemaan meille suuri ja yhä olemassa oleva kiinnostus seitsemänvuotiseen sotaan. Sen suhteen olemme nähneet ja seuranneet Englantia, jonka armeija on pieni verrattuna muihin valtioihin niin kuin on sen tapauksessa nykyäänkin ensiksi onnistuen puolustamaan omia rannikoitansa ja sitten vieden voimansa joka suuntaan levittäen valtaansa ja vaikutustansa syrjäisille seuduille ja eikä vain sitoen niitä tottelemaan itseänsä, vaan tehden niistä vasalleja sen vauraudelle, voimalle ja maineelle. Kun se lievensi otettansa ja poisti Ranskan, sekä Espanjan vaikutuksen merentakaisilta alueilta, niin kenties nähtiin ennustus, että jonain päivänä saattaisi tulla jokin muu suuri valtio, jolla olisi taipumus tasapainottaa voimaa jossain tulevaisuuden merisodassa, jonka laajuus tultaisiin näkemään myöhemmin, jos ei aikalaisten toimesta olevan poliittinen tulevaisuus ja taloudellinen kehitys alueille, jotka on menetetty sivistykseltä; mutta tämä valtio ei tule olemaan Yhdysvallat, jos se pysyy välinpitämättömänä nyt koskien valtaa merillä.

Suunta, joka annettiin Englannin ponnisteluille kansankunnan vaiston ja Pittin raivokkaan nerouden kautta, niin jatkui sodan jälkeen ja sillä oli syvällistä vaikutusta sen myöhempään politiikkaan. Se oli nyt Pohjois-Amerikan omistaja omaten herruuden Intiassa kauppakomppanian kautta, jonka valloitukset olivat paikalliset ruhtinaat hyväksyneet siten, että sillä oli yli 20 miljoonaa asukasta; joka oli suurempi kuin Ison-Britannian silloinen väestö ja sen tulot olivat kunnioitettavat kotimaan hallituksen kanssa; Englanti, jolla oli sen lisäksi muita rikkaita omistuksia hajallaan laajalti ympäri maailmaa, oli kääntynyt silmänsä kuin antaakseen opetuksen kovasta kohtelusta, johon Espanjan heikkous oli sallinut sen joutua koskien Espanjan hajanaista imperiumia. Englantilaisen laivastohistorioitsijan sanat puhuttaessa Espanjasta sopivat myös aikamme Englantiin hieman muunneltuina.

"Espanja oli juuri se valta, jota vastaan Englanti voi aina käydä omaten mitä parhaat mahdollisuudet saavuttaakseen etuja ja kunniaa. Tuo laaja kuningaskunta on väsynyt sisältä, sen voimavarat ovat pitkän matkan päässä ja kuka tahansa hallitsee merta, niin se taho hallitsee Espanjan vaurautta ja kaupankäyntiä. Alueet, joista se vetää vaurautensa, ovat kaukana pääkaupungista ja toisistansa tehden tarpeelliseksi sille enemmän kuin millekään muulle maalle viivytellä, kunnes se pystyy saamaan aikaan toimintaa kaikissa osissa sen laajaa, mutta hajanaista valtakuntaa." [111]

Oli epätotta sanoa, että Englanti olisi sydämeltänsä väsynyt; mutta sen riippuvuus ulkopuolisesta maailmasta antaa tiettyjä näkemyksiä tuohon sanontaan.

Tätä vertausta asemista ei ole katsottu ylimalkaisesti Englannissa. Tuosta ajasta omaan aikaamme omistukset, jotka se on hankkinut merivoimiensa avulla, niin ovat yhdistäneet merivoimat itsensä hallitakseen sen politiikkaa. Tie Intiaan; Cliven aikana se oli etäinen ja vaarallinen matka, jolloin sillä ei ollut omia pysähdyspaikkoja; mutta siihen tuli muutos hankittaessa St. Helena, Hyväntoivonniemi ja Mauritius. Kun höyry teki Punaisenmeren ja Välimeren reitistä käytännöllisen, niin se hankki itsellensä Adenin ja myöhemmin otti asemapaikakseen Sokotran. Malta oli jo joutunut sen käsiin Ranskan vallankumouksen aikana ja sen hallitseva asema kulmakivenä liitoista Napoleonia vastaan oli tukeva sallien sen ajaa vaatimuksiaan vuoden 1815 rauhassa. Ollen melkein 1800 kilometrin päässä Gibraltarista, niin valtaa käyttävät sotilaspiirit niiden paikkojen välissä. Nykyään on nähty sen ulottuvan Maltalta Suezin kannakselle, jossa sillä ei ollut aikaisemmin asemaa, mutta jota vahti sille luovutettu Kypros. Egypti huolimatta Ranskan kateudesta, niin oli joutunut Englannin valtaan. Sen aseman tärkeys Intialle, niin sen ymmärsivät Napoleon ja Nelson, joka johti siihen, että jälkimmäinen lähetti upseerin kannaksen poikki Bombayn kaupunkiin kertoakseen Niilin taistelusta ja Napoleonin toiveiden kaatumisesta. Jopa nyt, kun vihamielisyys, jolla Englanti katselee Venäjän etenemistä Keski-Aasiassa, on tulosta päivistä, jolloin sen merivoimat ja voimavarat olivat voittoisia d'Achen heikkoudesta ja Suffrenin nerokkuudesta huolimatta, jolloin se otti Intian niemimaan itsellensä Ranskan kunnianhimoisista tavoitteista huolimatta.

"Sillä ensimmäistä kertaa sitten keskiajan," sanoo M. Martin kertoessaan seitsemänvuotisesta sodasta, "Englanti oli voittanut Ranskan yksin melkein ilman liittolaisia, kun Ranskalla oli ollut voimakkaita apuvoimia. Se oli voittanut suoraan johtuen sen hallinnon ylivoimaista."

Kyllä, mutta sen hallinnon ylivoimalla oli suunnattomana aseena sen omat merivoimat. Se oli tehnyt siitä rikkaan ja osaltansa suojellut kauppaa, josta se oli saanut vaurautensa. Omilla rahoillansa se ylläpiti muutamia apuvoimiansa, pääasiassa Preussia ja Hannoveria niiden epätoivoisessa taistelussa. Sen voimat olivat kaikkialla, minne sen laivat saattoivat päästä ja ei ollut olemassa mitään kiistaa sen omaamasta merten herruudesta. Minne se saattoi mennä, niin sinne se meni ja se meni tykkiensä ja joukkojensa kanssa. Tämä liikkuvuus moninkertaisti sen voimat, jotka hämäsivät sen vihollisia. Merten hallitsijana se kaikkialla esti käyttämästä merellistä valtatietä. Vihollisen laivastot eivät voineet liittää voimiansa; mitkään suuret laivastot eivät päässeet merelle, tai jos pääsivät, niin ne kohdattiin vain kerran, kun niillä oli käytössään kokemattomat upseerit ja miehistöt, kun taas niitä vastassa olivat myrskyt ja sodan kokeneet veteraanit. Pois lukien Menorcan tapauksen, niin se huolellisesti piti omat meritukikohtansa ja innokkaasti otti haltuunsa vihollisen vastaavat asemat. Mikä leijona oli tiellä Gibraltarissa ranskalaisille laivueille Toulonissa ja Brestissä. Mitä toivoa oli Ranskalla Kanadassa, kun englantilainen laivasto oli ottanut haltuunsa Louisburgin?

Yksi kansakunta, joka oli saavuttanut tässä sodassa, oli se, joka oli käyttänyt merta rauhanaikana ansaitakseen vaurautta ja hallitsi sitä sodan aikana laivastonsa laajuuden ansiosta siksi, että sillä oli paljon alamaisia, jotka elivät merellä tai merestä, ja lukuisia tukikohtia, joista sen sotatoimet levisivät kaikkialle maailmaan. Silti täytyy huomata, että nämä tukikohdat itse olisivat menettäneet arvonsa, jos niiden yhteydet olisivat pysyneet häirittyinä. Siksi Ranska menetti Louisburgin, Martiniquen, Pondicherryn; siten Englanti itse menetti Menorcan. Palvelus tukikohtien ja liikkuvien voimien välillä satamista ja laivastoista oli molemminpuolista. [112] Siinä mielessä laivasto on keskeisesti tärkeä tukivoima; se pitää auki yhteydet omien satamien välillä, se estää viholliselta samat yhteydet; mutta se pyyhkii merta palvellakseen maata, jolloin se hallitsee erämaata, jotta ihmiset voivat elää ja kukoistaa elävällä maapallolla.

Lähdeviitteet:

[93] Tarkoittaa, että tykit aluksessa eivät ole asetettu jalustoillensa antaakseen lisää tilaa majoittaa joukkoja. Kun joukot laskettiin maihin, niin tykit laitettiin jalustoillensa.

[94] Ramatuelle: Tactique Navale.

[95] Lapeyrouse-Bonfils: Hist. de la Marine.

[96] Clerk: Naval Tactics.

[97] Jurien de la Gravière: Guerres Maritimes.

[98] Mahon: History of England.

[99] Mahon: History of England.

[100] Tästä katso Troude: Batailles Navales.

[101] Katso Kuvaa VIII.

[102] Troude: Navales de la France.

[103] Lapeyrouse-Bonfils.

[104] Mahon: History of England.

[105] Campbell: Lives of the Admirals.

[106] Mahon: History of England.

[107] Martin: History of France.

[108] Martin: History of France.

[109] Campbell: Lives of the Admirals.

[110] Katso Annual Register, 1762, s. 63.

[111] Campbell: Lives of the Admirals.

[112] Nämä huomautukset, jotka ovat aina totta, niin ovat kaksinkertaisesti niin sen jälkeen, kun höyry tuli käyttöön. Hiilen käyttöönotto toi yleisemmin, kiireellisemmin, ennaltaehkäisevimmin kuin mitä tunnettiin purjelaivoilla. On turhaa etsiä energisiä laivasto-operaatioita kaukana hiiliasemista. On yhtälailla turhaa hankkia kaukaisia hiiliasemia ilman, että pidetään yllä voimakasta laivastoa; ne tulevat vain joutumaan vihollisen käsiin. Mutta turhinta kaikista harhoista on odottaa, että vihollisen voi saada polvillensa vain keskittyen sen kaupankäynnin tuhoamiseen ilman, että on yhtään hiiliasemaa oman maan rajojen ulkopuolella.

Luku IX. Tapahtumien kulku Pariisin rauhasta vuoteen 1778. Merisodan seuraukselisuus suhteessa Amerikan vapaussotaan; Meritaistelu Ushantin edustalla.

Jos Englannilla oli syytä valittaa, että se ei saanut Pariisin rauhasta kaikkia etuja, joita se oli sotilaallisesti saavuttanut ja johon sen asema oikeutti sitä odottamaan saavansa niitä, niin Ranskalla oli kaikki syyt olla tyytymätön siihen asemaan, johon se joutui sodan jälkeen. Englannin saavutukset melkein täysin mitattiin sen menetyksinä; jopa Floridan luovuttaminen, joka valloitettiin Espanjalta, niin se ostettiin Ranskalta Louisianan hinnalla. Luonnollisesti sen valtiomiehien ja kansan ajatuksissa, kun he kääntyivät sen aikaisessa välttämättömyyksissä kantamaan lyötyjen taakkaa, niin he käänsivät katseensa mahdollisuuksiin tulevaisuudessa saada kostonsa ja korvauksensa. Duc de Choiseul, joka oli kyvykäs vaikkakin ylimielinen, niin pysyi monia vuosia vielä hallituksen asioiden johdossa ja työskenteli jatkuvasti palauttaakseen Ranskan vallan sopimuksen vaikutuksista. Liittoa Itävallan kanssa hän ei ajanut; se oli jo tehty ja ollut toiminnassa, kun hän tuli virkaan 1758; mutta hän oli ollut ensimmäinen, joka tunnisti, että Englanti oli päävihollinen ja koetti niin paljon kuin pystyi, niin ohjaamaan kansakuntansa voimia sitä vastaan. Conflansin tappio oli tärvellyt hänen suunnitelmansa maahanhyökkäyksestä, niin hän seuraavaksi ajoi täysin johdonmukaisesti päätavoitteensa kanssa lietsoen Espanjaa sotaan ja saada aikaan liitto sen kanssa. Kahden kuningaskunnan yhdistyneet ponnistelu niiden arvokkailla rannikoilla saattoivat hyvän hallinnon tuella ja käyttäen aikaa valmisteluihin, niin saada aikaan laivaston, joka olisi kunnon vastapaino Englannin laivastolle. Oli myös epäilemättä totta, että heikommat merenkulkuvaltiot, jos ne näkivät sellaisen liiton menestyksekkäänä ja toimien tehokkaasti, niin saattaisivat kerätä rohkeutensa ja julistaa toimivansa hallitusta vastaan, jonka suuruus sai aikaan kateutta ja pelkoa, ja joka toimi välittämättä muiden tahojen oikeuksista ja hyvinvoinnista käyttäessään rajatonta valtaa. Epäonneksi niin Ranskalle kuin Espanjalle niiden liitto syntyi liian aikaisin. Täydellistä Ranskan laivaston tuhoa vuonna 1759 seurasi tosiaan kansallinen innostus laivastoon, jota taitavasti tuki ja ohjasi Choiseul. "Suosittu tuntemus tuli vaatimuksiin Ranskan yhdestä päästä toiseen, että 'laivasto täytyy palauttaa'. Lahjoitukset kaupungeista, yrityksiltä ja yksityisiltä ihmisiltä toivat siihen vaadittavia varoja. Suunnaton innokkuus kasvoi myöhemmin hiljaisissa satamissa; kaikkialla rakennettiin ja korjattiin laivoja." Ministeri myös tunnisti tarpeen palautta kuri ja hallinta kuin myös laivaston tarvitsemat rakennusmateriaalit. Aika oli kuitenkin liian myöhä; se oli keskellä suurta ja huonosti menevää sotaa, jolloin ei ollut aikaa valmistautua. "Parempi myöhään kuin ei koskaan" ei ole niin turvallinen sanonta kuin "Rauhan aikana valmistaudu sotaan." Espanjan tilanne oli parempi. Kun sota syttyi, niin englantilainen laivastohistorioitsija arvioi, että sillä oli yhteensä sata kaikenkokoista laivaa; näistä luultavasti kuusikymmentä oli linjalaivoja. Joka tapauksessa, vaikka Espanja lisättiin sen lukuisiin vihollisiin tehden Englannin aseman kriittiseksi, niin sitä suosi yhdistelmä lukumäärää, taitoa, kokemusta ja arvovaltaa, joka oli vastustamaton. Sillä oli 70000 kokenutta merimiestä ja se vain saattoi ylläpitää asemaa, jonka se oli jo saavuttanut. Lopputuloksen tuosta tunnemme.

Rauhan tekemisen jälkeen Choiseul pysyi viisaasti uskollisena omille ensimmäisille ajatuksillensa. Laivaston palauttamista jatkettiin ja sen kanssa sitä tuli edistämään ammattilaisuuden henki ja halu menestyä laivaston upseerien keskuudessa, joka on mainittu aikaisemmin ja joka on mielenkiintoinen asioiden tila Yhdysvaltain laivastossa nykyään, jota voidaan suositella malliksi. Sotalaivojen rakentaminen jatkui suurella vilkkaudella ja suuressa mittakaavassa. Sodan lopussa kiitos liikkeen, joka alkoi 1761, niin siellä oli neljäkymmentä linjalaivaa hyvässä kunnossa. Vuonna 1770, kun Choiseul erotettiin, niin Ranskan kuninkaallisen laivaston vahvuus oli 67 linjalaivaa ja 50 fregattia käyttövalmiina. Sen ase- ja varustevarastot olivat täynnä ja sillä oli valmiina suuri määrä puutavaraa laivoja varten. Samaan aikaan hallitus yritti parantaa upseerien tehokkuutta tukahduttamalla ylimielistä henkeä, joka oli aatelissyntyisten keskuudessa, jota he osoittivat niin esimiehiänsä kuin muita upseereita kohtaan, jotka eivät olleet aatelisia ja joiden taitoja tarvittiin laivaston aluksissa. Tämän yhteiskuntaluokkatuntemus toi mukanaan oudon tuntemuksen tasa-arvosta hyvin eriarvoisten upseerien keskuuteen, joka vahingollisesti vaikutti niskuroivaan henkeen. Sen jäsenet, kaikki, joilla oli etuoikeutettu yhteiskunnallinen asema, niin heidän tasa-arvonsa oli enemmän sellaista tunnustettua kuin heidän eriarvoisuuttansa alempiin ja ylempiin. Hassunkurinen tarina, jonka kertoi Marryatt kertoi merikadetista, joka esitteli itsensä kapteenillensa, että tietty ilmaisu oli tehty itsevarmasti, niin näytti tajuavan sen silloin ranskalaisen aluksen takakannella. "Itsevarmasti!" huusi kapteeni; "kuka on koskaan kuullut itsevarmuudesta kapteenia ylemmän ja merikadetin välillä!" "Ei kukaan, herra", vastasi nuorukainen, "ei kapteenin ja merikadetin välillä, vaan kahden herrasmiehen välillä." Kiistat, väittelyt ja ehdotukset kahden herrasmiehen välillä unohtaen heidän suhteelliset arvonsa, niin tulisi rikkomaan kriittisellä hetkellä ja tuntemuksella tasa-arvoa, joka on villi demokraattinen tuntemus, joka leviää läpi tasavallan laivastojen, niin sitä oudosti esti henkilöt, jotka olivat pääasiassa ylimielisen aateliston jäseniä. "Näin hänen kasvoistansa", sanoo yksi Marryattin sankareista, että "luutnantti ei ollut samaa mieltä kapteeninsa kanssa; mutta hän oli liian hyvä upseeri sanoakseen sitä asiaa sellaisella hetkellä." Tämä sanonta ilmaisi yhden syvimmälle juurtuneista englantilaisen järjestelmän eduista, jonka puutteesta se voi kiittää ranskalaisia kirjoittajia:

"Ludwig XVI:n aikana läheisyys ja yhteisöllisyys olivat olemassa päällikön ja alaisten välissä johtaen jälkimmäiset keskustelemaan käskyistä, joita tämä antoi... Kurin höltyminen ja itsenäinen henki olivat myös toinen annettu syy, joka on osoitettu; ne ovat osaltansa osoitettu olevan sääntöjä koskien upseerien ruokailutiloja. Amiraali, kapteeni, upseerit ja merikadetit söivät yhdessä; kaikkialla se oli yleistä. Sitä kautta he tunsivat toisensa kuin kaverit. Laivan käsittelyssä alempi sanoi mielipiteensä, väitteli ja päällikkö ärtyneenä usein mieluummin antoi periksi kuin hankki vihollisia. Tällaisten asioiden todenmukaisuuden ovat todistaneet todistajat, joiden totuudenmukaisuutta ei voinut epäillä." [113]

Tällainen tottelemattomuus, johon heikommat miehet syyllistyivät, niin oli turhaa päättäväistä ja tulista mieltä vastaan, jonka Suffren omasi; mutta tyytymättömyyden henki nousi melkein kapinaksi aiheuttaen hänen sanoneen viesteissään laivastoministerille käytyään neljännen taistelunsa: "Sydämeni on lävistänyt mitä pahin virheellisyys. On pelottavaa ajatella, että saatan pystyä neljä kertaa tuhoamaan englantilaisen laivaston ja silti se on olemassa." Choiseulin uudistukset rikkoontuivat tätä kalliota vastaan, jonka vain koko kansan keskuudessa tapahtunut kapinointi lopulta poisti; mutta miehistöjen henkilöstöön tehtiin suuria parannuksia. Vuonna 1767 hän organisoi laivaston tykistön uudestaan muodostaen kymmenentuhannen tykkimiehen yksikön, jonka jäseniä harjoitettiin kerran viikossa kymmenen vuoden ajan ennen kuin syttyi seuraava sota Englantia vastaan.

Menettämättä kosketusta mihinkään osaan suunnitelmaansa Choiseul edistäessään Ranskan laivastoa ja sotilaallista voimaa, niin kiinnitti erityistä huomiota liittoon Espanjan kanssa ja ahkerasti kannusti ja ponnisteli sitä maata tekemään edistysaskelia Kaarle III:n, sen parhaan Bourbon-sukuisen kuninkaan alaisuudessa. Liitto Itävallan kanssa oli yhä olemassa ylläpidettävänä, mutta hänen toiveensa keskittyivät pääasiassa Espanjaan.

Viisaus ja näkemys, joka heti kiinnitti Englannin Ranskan vihamielisyyden keskelle, oli ollut oikeutettua ja sitä oli edistänyt lisää seitsemänvuotinen sota. Espanja oli varmin ja se omasi hyvän hallinnon, jonka kanssa se oli mitä voimakkain liittolainen. Kahden maan läheisyys, niiden satamien suhteelliset asemat tekivät niiden laivastotilanteesta erittäin vahvan; ja liitto, jonka saneli viisas politiikka sukusiteiden kautta ja oikeutettu pelko Englannin laivastoa kohtaan, niin lisää vakuutti Ranskaa äskettäisistä ja yhä olemassa olevista, joiden täytyi ärsyttää Espanjaa. Gibraltar, Menorca ja Florida olivat yhä Englannin käsissä; kukaan espanjalainen ei tuntenut oloaan mukavaksi, kunnes tämä loukkaus olisi pyyhitty pois.

Voidaan varmasti uskoa, kuten on osoitettu ranskalaisten historioitsijoiden toimesta, että Englanti tarkkaili huolestuneena Ranskan laivaston kasvua ja olisi mieluusti lopettanut sen heti alkuunsa; mutta on epävarmempaa, että olisiko se ollut halukas käyttämään sotaa siihen tarkoitukseen. Niiden vuosien aikana, jotka seurasivat Pariisin rauhasta, niin oli peräkkäisiä lyhyitä hallituksia, jotka käänsivät huomionsa pääasiassa sisäisiin asioihin tai merkityksettömiin puolueensa järjestelyihin, joiden seurauksena sen ulkopolitiikkaa sieltä nykyiseen hetkeen on ollut päinvastainen ponteville ja ylitseampuville toimille, joita Pitt toteutti omalla polullansa suoraan. Sisäiset levottomuudet, joilla on taipumus seurata suurta sotaa ja ennen kaikkea riidat Pohjois-Amerikan siirtokuntien kanssa, jotka alkoivat niin aikaisin kuin vuonna 1765 hyvin tunnetulla Stamp Actillä, niin olivat vaikuttamassa muiden syiden kanssa Englannissa. Ainakin kahdesti Choiseulin hallituksen aikana tuli eteen tilaisuus olla päättäväinen, valmis ja jolloin vähemmän tunnollinen hallitus olisi saattanut helposti saada syyn sotaan; enemmän silloin, kun kyseessä oli merivoimat, jotka ennen kaikkea Englannille enemmän kuin millekään muulle valtiolle olivat aihe oikeudenmukaisiin ja kateellisiin huoliin. Vuonna 1764 genovalaiset olivat väsyneitä epäonnistuneisiin yrityksiinsä hallita Korsikaa, jolloin he uudestaan pyysivät Ranskaa miehittämään satamat, joissa oli ollut sen varuskunnat vuonna 1756. Korsikalaiset myös lähettivät edustajansa Ranskaan saadakseen saarensa itsenäisyyden tunnustettua mukanaan maksu Ranskalle, joka suunnilleen vastasi, sitä mitä he olivat aikaisemmin maksaneet Genovalle. Jälkimmäinen taho tuntiessaan, että sillä ei ollut kyvykkyyttä valloittaa saarta takaisin, niin lopulta päätti käytännössä luovuttaa sen pois. Tämä siirto tuli muotoon, jossa muodollisesti annettiin lupa Ranskan kuninkaalle käyttää kaikkia suvereniteetin valtaoikeuksia kaikissa paikoissa ja satamissa Korsikassa turvatakseen velat, joita tasavallalla oli sitä kohtaan. Tämä luovuttaminen, joka oli naamioitu vastineen muotoon lievittääkseen Ranskan vallan kasvua Itävallan ja Englannin silmissä, niin muistutti ehtoja ja heikosti naamioitua Kyproksen antautumista Englannille yhdeksän vuotta sitten (Brittien valta alkoi Kyproksella 1878.); siirto, joka olisi todennäköisesti lopullinen ja jolla olisi yhtä pitkä vaikutus kuin Korsikan luovutuksella. Englanti silloin protestoi ja puhui vihaisesti; mutta vaikka Burke sanoi, "Korsika Ranskan provinssina on ajatuksena kauhea minulle", vain yksi alahuoneen jäsen, kokenut amiraali Sir Charles Saunders, sanoi, "että on parempi mennä sotaan Ranskaa vastaan kuin suostua siihen, että se saa haltuunsa Korsikan." [114] Näkemys silloin hyvin järjestettyihin Englannin etuihin Välimerellä oli selvästi se, että saari, joka sijaitsi niin hyvin kuin Korsika vaikuttaen Italian rannikkoon ja estäen laivastoasemaa Menorcalla, niin sen joutumisen vahvan valtion käsiin pitäisi estää, jos oma kansakunta olisi valmis ja halukas sotaan.

Taas vuonna 1770 syntyi kiistaa Englannin ja Espanjan välille koskien Falkland-saarien omistamista. Ei ole tärkeätä mainita kummankaan vaatimuksen luonnetta koskien saaria, jotka olivat hedelmättömiä omaamatta sotilaallisia tai luonnollisia hyötyjä. Niin Englannilla kuin Espanjalla oli siellä siirtokunta, jossa sen oma lippu liehui; ja Englannin asemaa komensi laivaston kapteeni. Aikaisemmin siirtokuntaa, jonka nimi oli Port Egmont, niin sinne ilmaantui yllättäen kesäkuussa 1770 espanjalainen retkikunta, joka oli varustettu ja lähetetty Buenos Airesista ja siinä oli viisi fregattia ja 1600 sotilasta. Sellaista voimaa vastaan kourallinen englantilaisia ei voinut tehdä vakavaa vastarintaa; joten muutamien laukausten jälkeen he laskivat lippunsa ja antautuivat.

Uutinen tästä tapahtumasta saapui Englantiin seuraavassa lokakuussa osoittaen sen ottamisella vastaan, että kuinka paljon vakavampi oli loukkaus kuin aiheutettu vahinko ja kuinka katkerasti sitä vastustettiin. Korsikan siirtäminen oli tuskin lietsonut ongelmia valtiomiesten toimistojen ulkopuolella; hyökkäys Port Egmontia vastaan suututti niin kansaa kuin parlamenttia. Edustaja Madridissa määrättiin vaatimaan heti saarten palauttamista ja sen upseerin toimien tuomitsemista, joka oli määrännyt hyökkäyksen. Odottamatta vastausta aluksia määrättiin otettavan käyttöön, värväysjoukkiot puhdistivat katuja, ja lyhyessä ajassa voimakas laivasto oli valmiina Spitheadissä kostamaan koetut loukkaukset. Espanja, joka luotti Bourbon-suvun liittoon ja Ranskan tukeen, niin oli halukas seisomaan vankkana; mutta vanha kuningas Ludwig XV halusi välttää sotaa ja Choiseul oli niiden joukossa, joka oli kuninkaan viimeisimmän rakastajattaren vihollinen, niin hänet erotettiin. Hänen kaatumisensa vei toivon Espanjalta, joka heti suostui Englannin vaatimuksiin varaten itsellensä kuitenkin oikeuden kyseenalaistaa suvereniteetti. Tämä osoittaa selvästi, että Englanti, vaikka sillä oli edelleen käytössään tehokas merivoima pitääkseen Espanjan aisoissa, niin se ei halunnut sotaa vain murskatakseen kilpailijoidensa laivastot.

Ei ole täysin vierasta merivoimien kysymyksessä huomata ilman, että se jäisi vaivaamaan, että silloin tapahtui suuri asia, joka näytti olevan täysin erillään kaikesta, mikä liittyi mereen. Ensimmäinen Puolan jako tapahtui Preussin, Venäjän ja Itävallan kesken vuonna 1772, niin sen teki paljon helpommaksi Choiseulin politiikan kautta huomion kiinnittyminen laivastopolitiikkaan ja liittoon Espanjan kanssa. Ystävyys ja tuki Puolalle ja Turkille, jolla oli pidetty Habsburgien sukua aisoissa, niin sen perinteet ulottuivat Henrik IV:n ja Richelieun aikaan; näistä ensimmäisen tuho oli suora isku Ranskan ylpeyttä ja etuja vastaan. Mitä Choiseul olisi tehnyt, jos hän olisi ollut virassa, niin sitä ei tiedetä; mutta jos seitsemänvuotisen sodan lopputulos olisi ollut erilainen, niin Ranska olisi saattanut puuttua tähän asiaan jollain tavalla.

Toukokuun 10. 1774 Ludwig XV kuoli aikana, jolloin ongelmat Pohjois-Amerikan siirtokunnissa olivat nopeasti tulossa valokiilaan. Hänen nuorekas seuraajansa Ludwig XVI, jonka politiikkana oli pitää rauhaa mantereella, niin oli liitossa Espanjan kanssa ja oli jatkamassa lukumäärältänsä ja tehokkuudeltansa vahvan laivaston rakennuttamista, Tämä oli Choiseulin ulkopolitiikkaa, joka oli suunnattu Englannin merivoimia vastaan päävihollisena ja sitä kautta Ranskan laivastosta pyrittiin tekemään kansakunnan tärkein tukijalka. Ohjeet, jotka ranskalaisen laivastoasiantuntijan mukaan uusi kuningas antoi ministereillensä, niin näyttivät hengen, jolla hänen hallintonsa toimi vallankumouksen asti olivat ne sitten kuninkaalta itseltään alun perin tai joltain muulta henkilöltä:

"Katsoakseen kaikkia viittauksia lähestyvästä vaarasta; tarkkaillakseen risteilijöitä, jotka lähestyvät saariamme ja Meksikonlahden suuta; seuratakseen mitä on tapahtumassa Newfoundlandin matalikolla ja seuratakseen englantilaisen kaupankäynnin toimia; tarkkaillakseen Englannin joukkojen tilannetta ja aseistusta, julkista velkaa ja hallitusta; sekaantuakseen rohkeasti englantilaisten siirtokuntien asioihin; antaakseen kapinoiville siirtokuntien asukkaille keinot hankkia sotatarvikkeita samalla, kun pitää yllä mitä tiukinta puolueettomuutta; kehittääkseen aktiivisesti, mutta äänettömästi laivastoa; korjatakseen sota-aluksiamme; täyttääkseen varastomme ja pitääkseen käsissämme keinot nopeasti varustaa laivastot Brestissä ja Toulonissa, kun taas Espanjan pitäisi varustaa laivastoa Ferrolissa; lopulta ensimmäinen vakava pelko puhkeamisesta, jolloin koottaisiin lukuisia joukkoja Bretagnen ja Normandian rannoille ja pistettäisiin kaikki valmiuteen hyökkäykseen Englantia vastaan, joka pakottaisi sitä keskittämään voimansa ja siten rajoittaisi sen keinoja tehdä vastarintaa sen imperiumin ääripäissä." [115]

Sellaiset ohjeet, joko ne kaikki oli kerralla annettu symmetrisesti hyvin ajateltuina suunnitelmina, tai kerrasta toiseen, kun tuli eteen tilaisuuksia, jotka osoittivat tarkkoja ennusteita tilanteesta, joita oli tehty ja jotka hengittivät tuomiota, jos tuntien aikaisemmin, olisivat olleet suuresti vaikuttavia kahden maan historiaan. Toteutus tulisi olemaan vähemmän läpikotaista kuin suunnittelu.

Laivaston kehittämisen asiassa kuitenkin viidestoista rauhanvuoden aika ja kova työ osoittivat hyviä lopputuloksia. Kun sota puhkesi 1778, niin Ranskalla oli kahdeksankymmentä linjalaivaa hyvässä kunnossa ja 67000 merimiestä käytettävissä on laivaston miehittämiseen. Espanja, kun se liittyi sotaan 1779 Ranskan liittolaisena, niin sillä oli satamissaan melkein kuusikymmentä linjalaivaa. Tätä liittoa Englanti vastusti omaten 228 erilaista laivaa, joista noin 150 oli linjalaivoja. Ilmeinen tasaväkisyys materiaalissa, joka tulisi johtamaan vaikuttaen näihin lukumääriin, niin oli Englannin haitaksi ranskalaisen ja espanjalaisen tykistön suurempi koko; toisaalta sen voimaa kasvatti päämäärän ykseys, kun siinä oli kyse yhdestä kansakunnasta. Liittolaiset olivat pakotettuja tuntemaan tyypillistä laivastoliittojen heikkoutta kuin myös Espanjan hallinnon rappeutuneisuutta ja tapojen puutetta; sitä ei voida sanoa ilman epäoikeudenmukaisuutta koskien kummankin maan kyvykkyyttä merenkulkuun. Laivastopolitiikka, jonka Ludwig XVI aloitti valtakaudellansa, niin hän piti sitä yllä valtakautensa loppuun asti; vuonna 1791, kaksi vuotta kansalliskokouksen kokoontumisen jälkeen, Ranskan laivaston vahvuus oli 86 linjalaivaa, jotka olivat yleensä parempia kooltansa ja malliltansa kuin saman luokan englantilaiset alukset.

Olemme tulleet siten ensimmäisen todellisen merisodan alkuun; joka, kuten voidaan sanoa niiden toimesta, jotka ovat seuranneet tätä kertomusta, niin sitä ei ole nähty sitten Ruyterin ja Tourvillen päivien. Merivoimien suuruus ja sen arvo olivat kenties enemmän selkeästi näytetty hallitsemattomana voimana ja sen seurauksena ylistettynä siten sotaisaksi; mutta opetus on siten annettu, joka on kenties selkeämpi, mutta vähemmän eloisan mielenkiintoinen, kun näytös, jossa merivalta kohtaa arvoisensa vihollisen teräksen ja on jännittynyt ponnisteluista sotaan, joka vaarantaa ei vain sen arvokkaimmat siirtokunnat, vaan myös jopa sen omat rannat. Painotettuna ottaen huomioon brittiläisen imperiumin luonteen kaikilla maailman kulmilla samaan aikaan, niin tarkkailijan huomion kutsutaan nyt kiinnittyvän Itä-Intiaan ja nyt länteen; nyt Yhdysvaltain rannikolle ja sieltä Englantiin; New Yorkista ja Chesapeakenlahdelta Gibraltarille ja Menorcalle, Cape Verden saarille, Hyväntoivonniemelle ja Ceylonille. Laivastot kohtaavat samankokoisia laivastoja, ja yleinen takaa-ajo ja lähitaistelu, jotka olivat luonteenomaisia Hawken, Boscawenin ja Ansonin toimille, vaikka niitä tapahtuikin satunnaisesti, niin olivat usein liian hedelmättömiä antaakseen ratkaisevia tuloksia meritaisteluina, joka oli tämän tulevan sodan hallitseva luonteenpiirre. Ranskalaisten ylivoimainen taktinen taito onnistui tässä sodassa oudosti heidän laivastopolitiikkansa kanssa, joka määräsi merten hallintaan tuhoamalla vihollisen laivastot heidän organisoiduilla laivastovoimillansa onnistuen tietyissä operaatioissa säilyttäen tietyt kohdat vieden siten tiettyihin strategisiin päämääriin. Ei ole tarpeen pakottamalla toisten vakaumuksia nykyisen kirjoittajan toimesta sellaisen politiikan suhteen, joka toimivana oli kuitenkin poikkeus ja sääntönä virheellinen; mutta on mitä haluttavinta kaikille vastuullisille henkilöille, jotka suorittavat laivaston toimia, niin heidän pitäisi tunnistaa kaksi tapaa toimia, jotka ovat suoraan ristiriidassa keskenään ollen olemassa. Yksi on suora vertaus sotaan asemista; kun taas toisen tavoitteena on se, että voima, jonka tuho jättää asemat ilman tukea ja siksi ne tulisivat varmasti sortumaan ajan kanssa. Nämä vastakkaiset tavat tunnistetaan, jolloin pitäisi harkita niiden vaikutusta Englannin ja Ranskan historiaan.

Se ei ollut kuitenkaan sellainen varovainen näkemys, jolla uusi kuningas ensiksi pyrki tekemään vaikutusta amiraaleihinsa. Ohjeet, jotka hän antoi kreivi d'Orvilliersille, käskien ensiksi lähettää laivaston ulos Brestistä, niin ministeri puhuessaan kuninkaan nimissä sanoi seuraavaa:

"Velvollisuutesi on nyt palauttaa Ranskan lippu loistoon, jossa se kerran hehkui; aikaisemmat epäonnistumiset ja virheet täytyy nyt haudata pois näkyvistä; vain mitä loistavimmin toimin voi laivasto toivoa saavuttavansa sen. Hänen majesteetillansa on oikeus odottaa mitä suurimpia ponnisteluita upseereiltansa... Mihin tahansa olosuhteisiin kuninkaan laivasto laitetaankin hänen majesteettinsa käskystä, johon hän nimenomaan velvoittaa minut käskemään teidät niin kuin myös kaikki upseerinne, että hänen aluksensa hyökkäävät mitä suurimmalla innolla ja puolustavat itseänsä kaikissa tilanteissa viimeisiin äärimmäisyyksiin asti."

Lisää seurasi omaten saman vaikutuksen; josta ranskalainen upseeri, jota ei ollut aikaisemmin lainattu tässä vaiheessa Ranskan laivastopolitiikkaa, niin sanoo:

"Kuinka toisenlaista kieltä amiraalimme käyttivät aikaisemman sodan aikana; sillä olisi virhe uskoa, että he seuraisivat valintana ja luonteeltansa varovaista ja puolustuksellista järjestelmää, joka hallitsi laivaston taktiikoita. Hallitus, joka aina löytäen kustannuksia, joita on käytetty laivaston parantamiseen, niin liian usein määrää sen amiraaleja pysymään merellä niin pitkään kuin on mahdollista ilman, että tulisi kunnon taistelua tai edes naarmuja, niin se on yleensä hyvin kallista, ja siitä saattaa seurata alusten menetyksiä, joita on vaikeata korvata. Usein heidät määrätään, jos ajaen hyväksymään taistelu, niin huolellisesti välttämään vaarantamasta laivueensa kohtaloa liian ratkaisevissa taisteluissa. He ajattelevat itseänsä siksi pakotettuina vetäytymään niin pian kuin taistelussa tapahtui liian vakava käänne. Siten he saivat epämukavan tavan vapaaehtoisesti luopua taistelupaikasta niin pian kuin vihollinen, jopa alivoimalla, rohkeasti taisteli heitä vastaan. Sen lisäksi lähettäen laivaston vihollista vastaan vain vetäytyäkseen häpeällisesti tämän läheisyydestä; joutuakseen taisteluun sen sijaan, että he itse aloittaisivat sen; aloittaakseen taistelun vain päättääkseen sen jonkinlaiseen tappioon; turmellakseen voimiensa taisteluhengen säästääkseen sen fyysisiä voimia; sellainen oli henki, josta puhui hyvin järkevästi M. Charles Dupin, joka ohjasi Ranskan hallitusta siihen aikaan. Lopputulokset tunnetaan." [116]

Ludwig XVI:n rohkeita sanoja seurasivat muut melkein heti erilaisella ja laadullisella sävyllä amiraali d'Orvilliersin luokse ennen kuin hän lähti purjehtimaan. Hänelle kerrottiin, että kuningas saatuaan selville Englannin laivaston vahvuuden, niin luotti hänen harkintaansa toteuttaa seuraavalla hetkellä, kun hän oli tämän käskyjen alaisena kaikilla laivastovoimillaan, joita Ranska saattoi koota. Tosiasiassa kaksi laivastoa olivat melkein tasaväkiset; oli mahdotonta päättää, kumpi oli voimakkaampi omaamatta yksityiskohtaista tietoa jokaisen laivan aseistuksesta. D'Orvilliers löysi itsensä niin kuin myös moni vastuuntuntoinen mies oli löytänyt aikaisemmin, omaten kaksi listaa käskyjä, joista yhtä tai toista noudattamalla hän varmasti seivästäisi itsensä, jos olisi epäonnekas; kun taas hallituksella siinä tapauksessa hän oli varma syntipukki.

Ottaen huomioon kummankin laivaston suhteellisen voiman materiaalin ja moraalin suhteen, niin on tarpeellista tarkastella niitä ylitse Amerikan vapaussodan aloitusajankohdan. Ennen sen kamppailun alkua saattoi hyvinkin olla täydennyksenä Englannin täysille laivastovoimille annettuna omaamatta tarkkaa tietoa, niin lausuntona amiraliteetin ensimmäiseltä merilordilta (the First Sea Lord of The Admiralty) parlamentin alahuoneelle marraskuussa 1777 muutama kuukausi ennen kuin sota Ranskaa vastaan alkoi. Vastaten opposition valitukseen kanaalin laivaston pienuudesta hän sanoi:

"Meillä on nyt 42 linjalaivaa käytössä Ison-Britannian alueella (ottamatta huomioon niitä, jotka palvelevat ulkomailla), 35 näistä on täysin miehitettyjä ja valmiina lähtemään merelle hetken varoitusajalla... En usko, että Ranska tai Espanja suunnittelee mitään vihamielisiä toimia meitä kohtaan; mutta siitä, mitä olen nyt kertonut teille, niin minut on valtuutettu vahvistamaan, että laivastomme on enemmän kuin tasaväkinen koko Bourbon-suvun laivaston kanssa." [117]

Täytyy kuitenkin sanoa, että tämä lupaava näkemys ei toteutunut silloin, kun amiraali Keppel nimitettiin komentamaan seuraavassa maaliskuussa ja katsottaessa hänen laivastoansa (käyttäen hänen omaa asianmukaista ilmaisuaan) "merimiehen silmä;" [118] ja kesäkuussa hän meni merelle mukanaan vain 20 laivaa.

On selvästi haluttomuutta liittää tällaiseen kertomukseen mitään lisäystä poliittisiin kysymyksiin, jotka johtivat Yhdysvaltain eroon brittiläisestä imperiumista. On jo huomautettu, että sitä eroa seurasi sarja virheitä, joita Englannin hallitus teki; ei ole luonnoton näkemys sen päivän yleisesti vallinneissa ajatuksissa siirtokuntien suhteesta emämaahan. Tarvittiin mies, jolla oli komentavaa nerokkuutta tajuta, ei vain amerikkalaisten vaatimusten sisällöllistä oikeudenmukaisuutta, niin kuin monet tekivät, vaan myös heidän tilanteensa sotilaallista voimaa niin kuin siihen aikaisemmin viitattiin. Tämä asettaa siirtokuntien etäisyyden kotimaahan, niiden keskinäisen läheisyyden toisiinsa itsenäisesti halliten merta, niiden siirtolaisten luonteen, jotka olivat pääasiassa englantilaista ja alankomaalaista alkuperää ja luultavan vihamielisyyden Ranskan ja Espanjan suunnalta. Englannin epäonneksi miehet, jotka olivat kyvykkäimpiä selviämään tilanteesta, niin he olivat vähemmistössä ja poissa viroista.

On sanottu aikaisemmin, että jos kolmetoista siirtokuntaa olisivat olleet saaria, niin Ison-Britannian merivoimat olisivat täysin eristäneet ne toisistansa, jolloin ne olisivat varmasti sortuneet yksi toisensa jälkeen. Siihen voidaan lisätä kapea suikale maata, jota sivistyneet ihmiset asuttivat ja tapa. jolla sitä halkoivat suistot meren ja purjehduskelpoisten jokien keskuudessa käytännössä muuttaen ne saariksi, jotka olivat niin kaukana toisistansa, että yhtäläistä tukea ei voitu antaa suureen osaan kapinoivaa maata, joka ei ollut tarpeeksi suuri selviytyäkseen yksin; mutta se oli liian suuri, että sen sortuminen ei olisi ollut tappava isku yhteisille tavoitteille. Kaikista tunnetuin tapaus oli linja Hudson-joelta, jossa New Yorkin lahti joutui ensiksi brittien haltuun syyskuussa 1776 kaksi kuukautta itsenäistymisjulistuksen jälkeen. Vaikeudet sillä suunnalla mennä ylä- ja alajuoksulle sellaisella joella olivat epäilemättä paljon suuremmat purjelaivoilla kuin nyt käytössä olevilla höyrylaivoilla; silti näytti olevan mahdotonta epäillä, että aktiiviset ja kyvykkäät miehet käyttäen Englannin suurta merellistä voimaa, niin olisivat pystyneet pitämään joen ja Lake Champlainin hallussaan sotalaivoilla väliajoilla, ja mukana olevilla pikkualuksilla olisivat tukeneet riittävän suurta armeijaa liikkumaan päädyissä olevilta vesialueilta Hudson-joelta järvelle, kun taas he itse estivät minkä tahansa kanssakäymisen Uuden-Englannin ja osavaltioiden välillä, jotka olivat joelta länteen. Tämä operaatio muistuttaa läheisesti niitä, mitä tapahtui sisällissodassa Yhdysvaltain laivastojen ja armeijoiden toimesta, kun ne asteittain leikkasivat kahtia eteläisen konfederaation alueen ottaen haltuunsa Mississippi-joen ja tuon toimen poliittiset seuraukset olivat jopa tärkeämmät kuin sen sotilaalliset; sillä aikaisessa vaiheessa sotaa itsenäisyyden henki oli paljon ennen yleinen ja katkera tuntemus, joka olisin voitu leikata pois Uuden Englannin myötä pikemmin kuin New Yorkin ja New Jerseyn kenties missä tahansa paitsi Etelä-Carolinassa.

Vuonna 1777 britit koettivat saavuttaa tämän tavoitteen lähettämällä kenraali Burgoynen Kanadasta pakottamaan tiensä Lake Champlainilta Hudson-joelle. Samaan aikaan Sir Henry Clinton siirtyi pohjoiseen New Yorkista mukanaan 3000 miestä ja saavutti West Pointin, josta hän lähetti laivoilla osan voimistaan ylös jokea noin 64 kilometrin päähän Albanysta. Siellä komentava upseeri sai selville, että Burgoyne oli antautunut Saratogassa ja palasi; mutta mitä hän teki komentaessaan erillistä joukkoa voimista, joiden vahvuus oli vain 3000 miestä, niin osoittaa mitä olisi voitu tehdä käyttäen parempaa järjestelmää. Kun tämä tapahtui Hudson-joella, niin englantilaisten joukkojen ylipäällikkö toimi Amerikassa oudolla tavalla käyttäen tarpeeksi maansa merivoimia kuljettaakseen armeijansa pääosan, 14000 miestä, New Yorkista Chesapeaken lahdelle ottaakseen haltuunsa Philadelphian takaapäin. Tämä outo liike oli niin onnistunut suhteessa sen tavoitteeseen, Philadelphiaan; mutta sen päättivät poliittiset seikat, sillä Philadelphia oli kongressin koti paikka ja se oli vastoin viisasta sotilaallista politiikkaa. Siksi valloitus menetettiin nopeasti; mutta silti se oli raskaasti voitettu, sillä tuolla harhautuksella toinen joukko brittiläisiä sotilaita vietiin pois keskinäisen tuen piiristä ja tavoite pyrkiä hallitsemaan Hudsonin jokilinjaa hylättiin. Kun Burgoyne mukaan 7000 vakinaisen väen sotilasta apujoukkojen lisäksi siirtyi ottaakseen haltuunsa joen yläjuoksun, niin 14000 miestä poistettiin sen suulta Chesapeaken suuntaan. Siellä oli 8000 miestä jäljellä New Yorkissa tai sen läheisyydessä sinne sidottuna siksi, että amerikkalainen armeija oli läsnä New Jerseyssä. Tämä katastrofaalinen liike tapahtui elokuussa; lokakuussa Burgoyne eristettynä ja ahdistettuna antautui. Seuraavassa toukokuussa englantilaiset evakuoivat Philadelphian ja sen koettuaan kivuliaan ja hankalan marssin New Jerseyn lävitse Washingtonin armeijan seuratessa, niin ottivat haltuunsa New Yorkin.

Tämä asia brittilaivaston viemisestä Chesapeaken päätyyn yhdessä nousemalla Potomac-jokea vuonna 1814 englantilaisten purjefregattien toimesta osoittaa toisen heikon kohdan Amerikan siirtokunnissa, mutta se ei ole sellainen kuin on linja, jolla on Hudson-joki ja Lake Champlainin linja, jonka kumpikin pääovat vihollisen hallussa yksi pää Kanadassa ja toinen pää merellä.

Kuten merisodassa yleensä, niin on tarpeetonta liioitella faktoilla, että siirtokuntalaiset eivät pärjänneet Ison-Britannian laivastoille ja olivat sen seurauksena pakotettuja hylkäämään meren niille tukeutuen vain risteilysodankäyntiin käyttäen pääasiassa kaappareita, johon heidän merimiestaitonsa ja yritteliäisyytensä sopi hyvin ja jolla tavalla he tekivät paljon vahinkoa englantilaisten kaupankäynnille. Vuoden 1778 lopusta englantilainen laivastohistorioitsija arvioi, että amerikkalaiset kaapparit olivat saaneet saaliiksensa melkein tuhat kauppalaivaa, joiden arvo oli melkein 2 miljoonaa puntaa; hän väitti kuitenkin, että amerikkalaisten tappiot olivat raskaammat. Niiden olisi pitänyt olla; sillä englantilaisten risteilijät olivat sekä paremmin varustettuja, että yksilöllisesti voimakkaampia, kun taas amerikkalaisen kaupankäynnin jatke oli alkanut ihmetystä emämaan valtiomiehiltä. Kun sota puhkesi, niin se oli yhtä suurta kuin Englannin vastaava sen vuosisadan alussa.

Mielenkiintoinen viittaus merenkulkua tekevän väestön määrään Pohjois-Amerikassa annettiin silloin parlamentille amiraliteetin ensimmäisen merilordin toimesta, "että laivasto oli menettänyt 18000 merimiestä, jotka olivat olleet käytössä viime sodassa menetettyään Amerikan," [120]; se oli huomattava menetys merivoimille, etenkin kun se tapahtui vihollisen riveihin.

Merisodankäynnin suunta nosti, kuten aina, valituksia puolueettomilta mailta englantilaisia kohtaan siksi, että puolueettomia aluksia, jotka kävivät kauppaa Pohjois-Amerikassa, takavarikoitiin näiden toimesta. Sellaiset provokaatiot eivät kuitenkaan olleet tarpeellisia kiihottaakseen Ranskan vihamielisyyttä ja toiveita Englannin hallituksen hankalassa tilanteessa. Aika maksaa kalavelat, kostaa, johon Choiseulin politiikka oli tähdännyt, näytti nyt olevan käsillä. Kysymystä ajateltiin Pariisissa, miten siihen tulisi suhtautua, mitä hyötyä saataisiin siirtokuntien kapinasta. Päätettiin, että jälkimmäisen tahon tulisi saada kaikki mahdollinen tuki pois lukien todellista välien katkaisemista Englantiin sodan muodossa; ja sitä varten ranskalainen mies nimeltänsä Beaumarchais sai rahaa perustaakseen kauppahuoneen, jonka pitäisi varustaa siirtokuntalaiset sotatarvikkeilla. Ranska antoi miljoona frangia, johon Espanja lisäsi vastaavan summan ja Beaumarchaisin sallittiin ostaa valtioiden asevarastoista. Samaan aikaan otettiin vastaan asiamiehiä Amerikasta ja ranskalaiset upseerit siirtyivät heidän palvelukseensa niin, että heidän hallituksensa vain vähän vastusti sitä. Beaumarchaisin kauppahuone aloitti toimintansa 1776; sen vuoden joulukuussa Benjamin Franklin saapui Ranskaan ja toukokuussa 1777 Lafaytte saapui Amerikkaan. Samaan aikaan valmistelut sotaa varten, etenkin merisotaa, vietiin eteenpäin; laivasto kasvoi vakaasti ja järjestelyjä tehtiin, jotta voitaisiin uhata hyökkäyksellä kanaalin suunnalta, kun taas todellinen sotatoimialue olisi siirtokunnat. Siellä Ranska oli asemassa, että sillä oli vain vähän menetettävää. Menetettyään jo Kanadan, sillä oli kaikki syyt uskoa, että sodan puhjetessa Euroopan puolueettomat maat ja amerikkalaiset ystävät vihollisen sijaan, eivät rosvoaisi siltä sen saaria. Tunnustaen, että amerikkalaiset, jotka alle kaksikymmentä vuotta aikaisemmin olivat vaatineet Kanadan valloittamista, niin eivät suostuisi siihen, että se saisi Kanadan takaisin, niin se suoraan sanoi, että sillä ei ollut sellaisia toiveita, mutta tulevassa sodassa se tulisi pitämään minkä tahansa englantilaisen Länsi-Intian alueen, jonka se saisi käsiinsä. Espanja oli toisessa tilanteessa. Se vihasi Englantia pyrkien saamaan takaisin Gibraltarin, Menorcan ja Jamaikan; ei vain pelkkiä jalokiviä sen kruunuun, vaan sen merivoimien kulmakiviä; se joka tapauksessa näki, että menestyksekäs kapina Englannin siirtolaisten toimesta oman emämaansa vastustamatonta merivaltaa vastaan tulisi olemaan vaarallinen esimerkki sen omalle valtavalle siirtokuntajärjestelmällensä (Espanjalaiset varakuningaskunnat itsenäistyivät Amerikan mantereella Meksikosta Argentiinaan 1820- ja 1830-luvuille.), josta se sai vuosittain niin suuria verotuloja. Jos Englannin laivasto epäonnistuisi, niin mitä Espanja voisi saavuttaa? Esittelyluvussa osoitettiin, että Espanjan valtion tulot saatiin, ei kevyinä veroina vauraista merellisistä voimista, joiden päälle rakennettiin kuningaskunnan teollisuus ja kaupankäynti, vaan kapeana virtana kultaa ja hopeaa, jota tuli muutamalla lastatulla aarrelaivalla siirtokunnista, joita hallittiin käyttäen mitä kapeinta hallintajärjestelmää. On kuitenkin totta, että vuonna 1760 se oli voima, jota vastaan Englanti saattoi sotia saaden mitä suurinta hyötyä. Joka tapauksessa olemassa olevat vammat ja dynastian sympatiat veivät voiton. Espanja liittyi salaisesti vihamieliseen toimintaan, jota Ranska jo teki.

Tähän räjähtävään tilanteeseen tieto Burgoynen antautumisesta iski kuin kipinä. Kokemuksen aikaisemmasta sodasta olivat opettaneet Ranskalle amerikkalaisten kyvyt vihollisena, ja se odotti saavansa heistä arvokkaita auttajia sen juoniin hakea kostoa; silloin näytti siltä, että jopa yksin he saattoivat pitää huolta itsestänsä, ja hylätä minkä tahansa liiton. Olosuhteet saavuttivat Europan 2. joulukuuta 1777; 16. päivä Ranskan ulkoministeri ilmoitti kongressin lähettämille edustajille, että kuningas oli valmiina tunnustamaan Yhdysvaltain itsenäisyyden ja tekemään heidän kanssaan kauppasopimuksen ja puolustuksellisen liiton. Nopeus, jolla tämä toimi tehtiin, niin osoittaa, että Ranska oli tehnyt päätöksensä; ja sopimus, joka oli niin merkittävä sen seurauksien takia, niin allekirjoitettiin helmikuun 6, 1778.

Ei ole tarpeen antaa sopimuksen yksityiskohtaisia ehtoja; mutta on tärkeätä huomata ensiksi, että siellä nimenomaan Ranska kieltäytyi Kanadasta ja Nova Scotiasta, joka edelsi poliittista teoriaa, joka nykyään tunnetaan nimellä Monroe-oppi, jonka vaatimuksia tuskin voidaan toteuttaa ilman riittävää laivastovoimaa; ja seuraavaksi, että liitto Ranskan ja myöhemmin Espanjan kanssa toivat amerikkalaisille mitä he tarvitsivat; merivoimaa Englannin vastapainoksi. Onko se liikaa amerikkalaiselle ylpeydelle myöntää, että jos Ranska olisi kieltäytynyt kamppailusta merten herruudesta Englannin kanssa, niin jälkimmäinen olisi pystynyt valloittamaan Atlantin rannikon? Ei potkaista pois tikkaita, joilla olemme, eikä kieltäydytä tunnustamasta mitä isämme tunsivat aikana, joka koetteli heitä.

Ennen kuin mennään tarinaan tästä merisodasta, niin on syytä ilmoittaa silloin vallinnut sotilaallinen tilanne eri puolilla maailmaa.

Kolme piirrettä, jotka tekivät siitä huomattavasti erilaisen kuin seitsemänvuotisen sodan alku oli 1757, olivat (1) Amerikan vihamielisyys Englantia kohtaan; (2) Espanjan tuleminen nopeasti Ranskan liittolaiseksi; ja (3) muiden maiden puolueettomuus mantereella, joka vei pois Ranskan huolet maan puolelta.

Pohjois-Amerikan mantereella amerikkalaiset olivat pitäneet hallussaan Bostonia kahden vuoden ajan. Narragansett Bay ja Rhode Island olivat englantilaisten hallussa, joiden hallussa oli sen lisäksi myös New York ja Philadelphia. Chesapeake Bay ja sen sisäänkäynti ilman vahvoja linnoituksia, olivat sellaisia paikkoja, joihin mikä tahansa laivasto saattoi ilmestyä niitä vastaan. Etelässä sen jälkeen, kun oli tapahtunut epäonnistunut hyökkäys Charlestownia vastaan 1776, niin englantilaiset eivät olleet tehneet mitään tärkeitä liikkeitä; Ranskan sodanjulistukseen asti sodan päätapahtumat olivat Chesapeakesta (Baltimoresta) pohjoiseen. Kanadassa toisaalta amerikkalaiset olivat epäonnistuneet ja se oli pysynyt englantilaisen mahdin vahvana tukikohtana.

Euroopassa tärkein tapahtuma oli huomata Ranskan laivaston valmiustila, ja jossain määrin myös Espanjan vastaava verrattuna aikaisempiin sotiin. Englanti oli täysin puolustuksellisissa asemissa ja ilman liittolaisia; kun taas Bourbon-kuninkaat tähtäsivät Gibraltarin ja Port Mahonin valloituksiin ja hyökkäykseen Englantiin. Kaksi ensimmäistä olivat arvokkaita tavoitteita Espanjalle, viimeinen Ranskalle; ja tämä ero tavoitteissa oli hyvin haitallinen meriliiton menestyksen kannalta. Esittelyluku viittaa strategiseen kysymykseen koskien näitä kahta toimintatapaa.

Länsi-Intiassa kahden osapuolen ote maasta oli tosiasiassa tasaväkinen, vaikka sen ei pitänyt olla. Niin Ranska kuin Englanti olivat vahvoissa asemissa Windwardin saarille; yksi Martiniquella ja toinen Barbadosilla. Täytyy huomauttaa jälkimmäisen asemasta, että se oli tuulenpuolella kaikkiin muihin saariryhmän saariin verrattuna, joka oli ratkaiseva strateginen etu purjelaivojen aikana. Kuten tapahtui, niin taistelu melkein täysin rajoittui Vähä-Antillien ympäristöön. Siellä kamppailun alussa englantilaisten saari Dominica oli ranskalaisten saarien Martiniquen ja Guadeloupen välissä; siksi sitä haluttiin ja se valloitettiin. Seuraavaksi etelään Martiniquesta on Santa Lucia, ranskalainen siirtokunta. Sen vahva satama on suojanpuolella ja se tunnetaan nimellä Gros Ilot Bay, joka oli tärkeä paikka, josta saatettiin vahtia Ranskan laivaston toimia Fort Royalissa Martiniquella. Englantilaiset valloittivat sen saaren ja turvallisesta ankkuripaikasta Rodney tarkkaili ja ajoi takaa Ranskan laivastoa ennen hänen kuuluisaa taisteluaan 1782. Saaret etelään omasivat vähäisempää sotilaallista merkitystä. Suuremmilla saarilla Espanjan pitäisi olla ylivoimainen Englantiin verrattuna, kun se omisti Kuuban, Puerto Ricon ja Ranskan kanssa Haitin, kun taas Englanti omisti vain Jamaikan. Espanja ei ollut siellä kuin kuollutta painoa; ja Englannilla oli muualla liian paljon tehtäviä käsissään, että se voisi hyökätä tämän kimppuun. Ainoa paikka Amerikassa, jossa espanjalaisia aseita käytettiin, oli alue itään Mississippistä, joka silloin tunnettiin nimellä Florida, joka vaikka olikin kuulunut Englannin omistuksiin, niin ei ollut liittynyt mukaan siirtokuntien kapinaan.

Itä-Intiasta muistetaan, että Ranska oli saanut takaisin asemansa vuoden 1763 rauhassa; mutta englantilaisten poliittinen hallinta Bengalin alueella ei saanut vastapainoksi samanlaista hallintaa ranskalaisten toimesta mistään osasta niemimaata. Rauhaa seuranneiden vuosien aikana englantilaiset olivat laajentaneet ja vahvistaneet asemiansa, jota suosi heidän pääedustajiensa Cliven ja Warren Hastingsin luonteet. Heillä oli kuitenkin voimakkaita vihollisia, jotka nousivat näitä vastaan niemimaan eteläosasta, niin idästä kuin lännestä antaen Ranskalle loistavan tilaisuuden saada takaisin vaikutusvaltaansa, kun sota syttyi; mutta sen hallitus ja kansa pysyivät sokeina tuon laajan alueen suomille mahdollisuuksille. Englanti ei toiminut tuolla tavalla. Niinä päivinä, kun tieto sodan puhkeamisesta saapui Kalkuttaan heinäkuun 7, 1778, Hastings antoi käskyn Madrasin kuvernöörille hyökätä Pondicherryä vastaan ja antaa esimerkki ottamalla haltuunsa Chandernagoren. Kummankin maan laivastovoimat olivat merkityksettömät; mutta ranskalainen kommodori lyhyen taistelun jälkeen hylkäsi Pondicherryn, joka antautui maalta ja mereltä tapahtuneen piirityksen jälkeen 70 päivän päästä. Seuraavana maaliskuussa 1779, Mahé, viimeinen ranskalainen siirtokunta sortui ja Ranskan lippu katosi taas; kun samaan aikaan paikalle saapui voimakas englantilainen laivue, jossa oli kuusi linjalaivaa amiraali Hughesin komennossa. Minkään vastaavaan ranskalaisen laivasto-osaston poissaolo antoi koko meren hallinnan englantilaisille, kunnes Suffren saapui paikalle melkein kolme vuotta myöhemmin. Samaan aikaan, kun Alankomaat oli vedetty sotaan, ja sen asemat Negapatam Coromandelin rannikolla ja hyvin tärkeä satama Trincomaleen luona Ceylonilla kumpikin valloitettiin, jälkimmäinen tammikuussa 1782 käyttäen armeijan ja laivaston yhdistyneitä voimia. Näiden kahden hankkeen onnistuminen täydensi sotilaallista tilannetta Intiassa juuri, kun Suffren saapui sinne kuukautta myöhemmin muuttaen nimellisen sodan epätoivoiseksi ja veriseksi kamppailuksi. Suffren huomasi itse omaavansa huomattavasti vahvemman laivueen, mutta ilman satamaa, joka kuuluisi Ranskalle tai sen liittolaisille, josta hän voisi toteuttaa sotatoimensa englantilaisia vastaan.

Neljästä sotanäyttämöstä kaksi, Pohjois-Amerikkaa ja Länsi-Intia, kuten saattaa odottaa niiden läheisyydestä, niin sulautuivat yhteen ja vaikuttivat suoraan toisiinsa. Se ei ollut niin selvää Euroopan ja Intian sotatoimialueiden suhteen. Kertomus siksi jakautuu luonnollisesti kolmeen pääosaan, joita voidaan tarkastella jossain määrin erillisinä. Sellaisen erottelun jälkeen niiden keskinäisen vuorovaikutuksen tullessa esille voidaan osoittaa, että yhdessä koskien mitä tahansa hyödyllistä opetusta, joka tulee hyvyydestä tai pahuudesta, onnistumisesta tai epäonnistumisesta suurten asioiden vaikutuksen kautta ja jossa merivoimilla oli oma osansa.

Maaliskuun 13. päivä 1778 Ranskan lähettiläs Lontoossa ilmoitti Englannin hallitukselle, että Ranska oli tunnustanut Yhdysvaltain itsenäisyyden, ja tehnyt sen kanssa kauppasopimuksen ja puolustuksellisen liiton. Englanti heti kutsui kotiin lähettiläänsä Ranskasta; mutta vaikka sota olikin uhkaava ja Englanti oli alakynnessä, niin Espanjan kuningas tarjosi sovitteluapua, ja Ranska väärin viivytteli iskuansa. Kesäkuussa amiraali Keppel purjehti Portsmouthista mukanaan 20 laivaa risteilylle. Kohdatessaan kaksi ranskalaista fregattia hän otti käyttöön tykkinsä aloittaen siten sodan. Saatuaan selville niiden papereista, että 32 ranskalaista laivaa oli Brestissä, niin hän heti palasi hakemaan täydennysvoimia. Purjehtiessaan taas 30 laivalla, niin hän kohtasi ranskalaisen laivaston, jota komensi d'Orvilliers länteen Ushantista ja tuulen puolelta sen puhaltaessa lännestä. Oli 27. heinäkuuta, kun taisteltiin sodan ensimmäinen suuri meritaistelu, joka yleisesti tunnetaan nimellä Ushantin meritaistelu.

Tässä taistelussa, jossa kummallakin puolella taisteli 30 linjalaivaa, niin se oli tuloksiltansa täysin ratkaisematon. Yhtäkään laivaa ei kaapattu tai upotettu; kumpikin laivasto mentyään erilleen toisistansa, niin palasi omiin satamiinsa. Taistelu joka tapauksessa sai suurta tunnettavuutta

Englannissa julkisesta nöyryytyksestä, että siitä ei saatu tuloksia ja tuosta seurasi myrsky laivasto ja politiikkaa käsittelevässä ristiriidassa. Amiraali ja upseeri, joka oli komentojärjestyksessä kolmas, niin kuuluivat eri puolueisiin; he tekivät syytöksiä toisiansa kohtaan ja siitä seurasi sotaoikeus, joka jakoi koko Englantia pääasiassa puoluelinjojen mukaan. Julkisuudessa ja laivastossa tuntemukset pääasiassa suosivat amiraali Keppeliä.

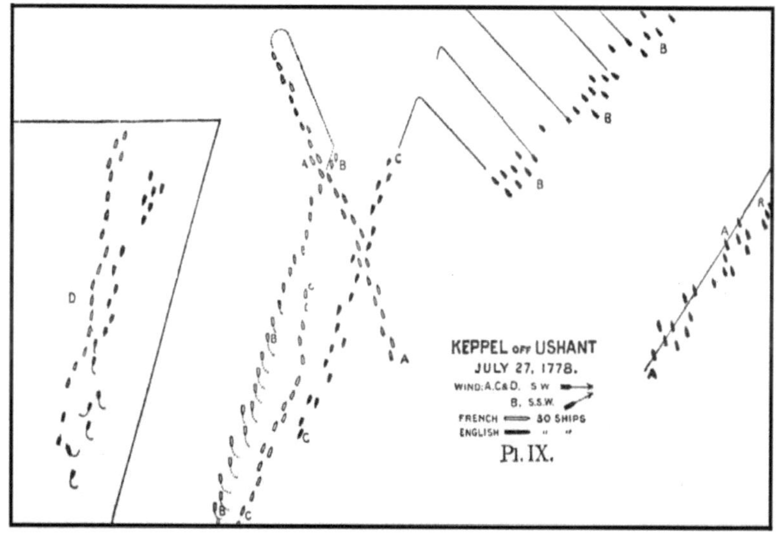

Kuva IX.

Taktisesti taistelussa oli joitakin mielenkiintoisia piirteitä ja siinä oli mukana yksi asia, joka on olemassa vielä nykyäänkin. Keppel oli suojanpuolella ja toivoi voivansa pakottaa vihollisen taistelemaan; toteuttaakseen sen hän antoi käskyn yleisestä takaa-ajosta tuulenpuolelle, jolloin hänen nopeimmat aluksensa saattaisivat saada kiinni vihollisen hitaimpia aluksia. Hyväksyen yhtä suuren alkuperäisen nopeuden laivastoille, niin se oli aivan oikea toimi. D'Orvilliers tuulenpuolella ei omannut muita tarkoituksia taistella kuin hänen omilla ehdoillansa. Kuten on yleistä tällaisessa tapauksessa, niin laivasto, joka toimi hyökkäävästi, niin se sai toiveensa lävitse. Aamun koittaessa 27. päivä kumpikin laivasto omasi paarpuurin (vasemman) kääntymissuunnan purjehtien länsiluoteeseen vakaassa tuulessa lounaasta (Kuva IX, A, A, A). [121] Englantilaisten

347

jälkijoukot (R) olivat joutuneet tuulenpuolelle, [122] ja Keppel jatkuvasti lähetti viestejä kuudelle sen alukselle mennä takaa-ajoon tuulenpuolelle, joka asettaisi ne parempiin asemiin tukea päävoimia, jos se joutuisi taisteluun. D´Orvilliers tarkkaili tätä liikettä ja tulkitsi sen osoittavan aikomusta hyökätä hänen jälkijoukkojensa kimppuun ylivoimalla. Kaksi laivastoa olivat silloin kymmenestä kolmeentoista kilometrin päässä toisistansa, jolloin hän komensi ranskalaista laivastoa seuraamaan (ranskalaiset A:sta B:hen), jolla toimella hän menetti jalansijaa suojanpuolelle, mutta lähestyi vihollista ja pystyi paremmin näkemään nämä (B, B, B). Kun tämä liike oli suoritettu, niin tuuli kääntyi kohti etelää suosien englantilaisia; jolloin Keppel sen sijaan, että menisi suoraa, niin odotti puolen tunnin verran lisää (englantilaiset B:stä C:hen) ja sitten vei heidän yhdessä ranskalaisten vanaveteen. Tämä vahvisti d´Orvilliersin epäilyt ja tuuli, joka varmasti suosi englantilaisia sinä aamuna, niin nyt kääntyi takaisin länteen sallien heidän mennä ranskalaisten taakse, jolloin hän vei laivastonsa yhdessä B:stä C:hen tuoden siten muut voimansa jälkijoukkojensa tueksi, josta nyt tuli etujoukot ja siten estäen Keppeliä keskittymästä sitä vastaan tai lävistäen sitä. Kaksi laivastoa siten omasivat nyt vastakkaiset kääntymissuunnat (C), [123] ampuen toisiaan tehottomilla täyslaidallisilla, jolloin ranskalaiset purjehtivat vapaasti tuulenpuolella ja omaten voimaa hyökätä, mutta he eivät sitä käyttäneet. D´Orvilliers antoi sitten etujoukoillensa, aikaisemmille jälkijoukoillensa käydä englantilaisten jälkijoukkojen kimppuun, jotka olivat suojanpuolella heistä katsottuna ja, jotka olivat suojanpuolella heidän omista päävoimistansa tarkoituksenaan itse jäädä tuulenpuolelle ja siten hyökätä kummaltakin puolelta; mutta sen osaston komentaja, joka oli kuninkaallista verta omaava ruhtinas, niin ei totellut ja mahdollinen etu menetettiin. Englantilaisten puolella samaa liikettä koetettiin. Etujoukkojen amiraali ja jotkut hänen aluksensa kääntyivät niin pian kuin niitä ei tulitettu (D), [124] olivat sitten ranskalaisten takana; mutta suurimmalta osin vahingot, jotka oli kärsitty takiloinnissa, niin estivät tämän ja se oli mahdotonta tehdä, kun aluksia tuli takaapäin. Ranskalaiset olivat suojanpuolella ja muodostivat taas linjan, mutta englantilaiset eivät olleet hyökkäysolosuhteissa. Tämä lopetti taistelun.

On sanottu, että tässä ratkaisemattomassa taistelussa on joitakin mielenkiintoisia kohtia. Yksi on se, että Keppelin toiminta hyväksyttiin täysin valalla sotaoikeuden edessä yhden kaikkien aikojen kunnostautuneimman englantilaisen amiraalin, Sir John Jervisin toimesta, joka oli komentanut laivaa laivastossa. Ei näytä siltä, että hän olisi voinut siinä tilanteessa tehdä enempää; mutta hänen puutteellinen taktinen ymmärtämyksensä osoitettiin oudolla huomautuksella hänen puolustuksensa toimesta. "Jos ranskalainen amiraali todella haluaa tulla taistelemaan", sanoo hän, "niin ymmärrän, että hän ei laittaisi laivastoansa vastakkaiseen kääntymissuuntaan, jolla englantilainen laivasto on lähestymässä." Tämä huomautus voidaan vain olettaa tulevan tietämättömyydestä tai ajattelemattomuudesta vaaran uhatessa, jolloin ranskalaisen laivaston jälkijoukot olivat uhattuina ja oli vieläkin oudompaa, että hän itse sanoi, että englantilaiset olivat odottamassa sitä. Keppelin ajatuksena näytti olevan se, että ranskalaisten pitäisi odottaa, että hän pääsisi heidän rinnallensa, ja sitten käydä alus alukselta taisteluun, joka oli hänelle vanha hyvä tapa; d´Orvilliers oli liian hyvin koulutettu toimimaan sillä tavalla.

Duc de Chartersin epäonnistuminen [125], joka komensi ranskalaisten etujoukkoja tulituksen aikana, niin sitä voidaan tarkastella tottelevaisuuden puutteena käskyjä kohtaan, joka johtui joko väärinymmärtämisestä tai toimimisesta väärin, niin se herättää kysymyksiä, joista yhä keskustellaan koskien sitä, mikä on laivastoyksikön komentajan asianmukainen paikka taistelussa. Jos d´Orvilliers olisi ollut kärjessä, niin hän olisi voinut taata sellaisen toiminnan kuin hän halusi. Keskustasta amiraali näkee laivastonsa äärilaidat yhtä lailla näkyvästi tai niin, että ne eivät näy. Kärjessä hän vahvistaa käskyjänsä esimerkillänsä. Ranskalaiset tämän sodan loppua kohden ratkaisivat tämän kysymyksen ottaen hänet pois linjasta kokonaan ja laittaen hänet fregattiin, josta hän saattoi mainituista syistä nähdä paremmin laivastonsa liikkeet ja vihollisen toimet ilman, että häntä sokeuttaisi savu tai haittaisi tapahtumat, jotka tapahtuisivat hänen omalla aluksellansa ja hänen antamansa merkit nähtäisiin paremmin. [126] Tämä asema, joka jonkin verran muistuttaa kenraali asemaa maalla ollen kaukana henkilökohtaisista riskeistä, niin sen otti käyttöön myös Lordi Howe vuonna 1778; mutta niin tämä upseeri kuin ranskalaiset hylkäsivät sen käytännön myöhemmin. Nelson Trafalgarissa uran lopussa johti linjaa; mutta voidaan kyseenalaista se, että oliko hänellä siihen mitään muuta syytä kuin oma intonsa taisteluun. Kahdessa muussa suuressa hyökkäyksessä, joissa hän oli korkeimpana komentajana, niin ne ohjattiin hyökkäyksiin ankkurissa olevia laivoja vastaan, ja kummassakaan hän ei ollut linjan kärjessä (Aboukir 1798 ja Kööpenhamina 1801); tähän oli se hyvä syy, että hänen tietämyksensä taistelualueesta oli epätäydellistä, jolloin ensimmäisellä laivalla oli suurin vaara joutua ajamaan karille. Yleinen käytäntö koskien purjealuksien täyslaidallisia pois lukien silloin, kun oli määrätty täysi takaa-ajo, niin oli se, että amiraali oli linjan mukana ja keskellä sitä. Tästä tavasta poikkesivat niin

Nelson kuin Collingwood, jotka kummatkin johtivat omaa linjaansa Trafalgarissa, niin heillä on voinut olla jotain syitänsä siihen ja tavalliset miehet mieluummin karttavat mielipiteensä ilmaisua kuin kritisoivat heidän esimiestensä toimintaa. Vaarat, joille kaksi laivaston korkeinta upseeria altistuivat tilanteessa, jossa heihin luotettiin, niin olivat selvät; ja jos jotain vahinkoa tapahtuisi heille tai linjan kärjelle, niin heidän vaikutusvaltansa puute tuntuisi vakavasti. Kuten tapahtui, niin kärjimmäiset alukset kärsivät nopeasti kovaa vahinkoa, ja he amiraaleina taistelun savun keskellä jättivät heitä seuranneet alukset ilman ohjausta tai hallintaa pois lukien heidän rohkeutensa ja esimerkkinsä. Ranskalainen amiraali on osoittanut, että hyökkäystavan käytännöllinen vaikutus Trafalgarissa, jossa kaksi linjaa hyökkäsivät jonossa suorassa kulmassa heitä vastaan, niin oli jonojen kärjen uhraamista saadakseen kahdesta paikasta vihollisen linja murtumaan. Siihen asti erittäin voidaan sanoa, että tuo uhraus oli sen arvoista; ja siihen murtumaan kummankin jonon jälkimmäiset alukset melkein tuoreina muodostaen *reservin,* joka sitten iski vihollisen vahingoittuneita aluksia vastaan murtumien kummallakin puolella. Nyt tämä ajatus reservistä tulee esiin ajatuksena korkeimmasta komentajasta. Hänen aluksensa koko on sellainen, että se vaikuttaa tässä jonon järjestykseen; mutta olisiko ollut hyvä ajatus, jos kummankin jonon amiraali olisikin ollut reservivoimien kanssa pitäen vallan käsissään ja ohjaten sitä kautta toimintaa taistelussa antaen hänelle enemmän aikaa vaikuttaa taisteluun ja pyrkien siten olemaan mahdollisimman hyödyllinen? Tämän järjestelyn vaikeus koskien mitä tahansa merkkienantojärjestelmää tai kevyitä viestiveneitä, joihin olisi saattanut laittaa avustajiaan tai viestinviejiä yleensä yhdessä sen tosiasian kanssa, että alukset eivät voineet pysyä paikallaan niin kuin divisioonat miehiä odottamassa käskyjä, vaan niitä täytyi ohjata, niin se estää laivastoa komentavan amiraalin laittamista kevyeen alukseen. Toimimalla sillä tavalla hänestä tulee yksinkertaisesti katsoja; olemassa laivaston voimakkaimmassa aluksessa hän säilyttää suurimman mahdollisen vallan vaikuttaa taisteluun sen alettua ja jos tämä alus on reservissä, niin amiraali säilyttää myöhäisimmän mahdollisen hetken säilyttää korkeimman komentajan valta käsissään. "Puoli leipää on parempi kuin ei yhtään leipää"; jos amiraali ei pysty merisodan olosuhteissa miehittämään tyynesti hänen veljensä tarkkailevaa asemaa maalla, niin annetaan hänelle silti niin turvattu asema kuin saattoi olla mahdollista. Farragutin käytäntö New Orleansin ja Vicksburgin jälkeen, kuten sanotaan, niin jälkimmäisellä osalla hänen uraansa, kun saatettiin uskoa, että kokemus päätti hänen näkökulmistansa, niin oli johtaa henkilökohtaisesti. Tiedetään, että hän oli haluton eri upseerien pyynnöistä luopumaan vakaumuksestaan tässä asiassa Mobilessa niin paljon, että hän otti paikan toisena liikkuvasta aluksesta ja myöhemmin ilmaisi vapaasti valittelunsa toimittuaan tuolla tavalla. Voidaan kuitenkin väittää, että kaikkien tapahtumien luonne, joihin Farragut osallistui komentajana, niin olivat omituisia eroten taisteluista sen sanan tiukassa muodossa. New Orleansissa, Vickburgissä, Port Hudsonissa ja Mobilessa tehtävänä ei ollut käydä taisteluun, vaan ohittaa linnoitukset, joita laivasto ei oman tunnustuksensa mukaisesti voinut kestää; ja ohitus tehtiin olosuhteissa, joissa pääasiassa luotsaaminen maan vieressä, joka oli erilaista kuin Nelsonin toiminta siinä mielessä, että hänellä oli siitä hyvä tietämys. Siellä oli siten komentava upseeri velvollisuutenaan johtaa kirjaimellisesti niin kuin myös sotilaallisesti kyseisen sanan merkityksen mukaisesti. Joten johtaessaan hän ei vain osoittanut laivastolle turvallista reittiä, vaan veti jatkuvasti edessä savua, jolloin oli parempi nähdä ja arvioida reittiä edessään ja olettaa vastuun suunnasta, jonka hän saattoi määrätä ja tarkoittaa mennä lävitse, mutta jonka antamista alainen saattaisi karttaa. Ei ole kenties yleisesti huomautettu, että Mobilessa johtajat, eivät vain yhden jonon, vaan kummankin suhteen matkan kriittisessä vaiheessa epäröivät ja epäilivät amiraalin tarkoitusperiä; ei siksi, että he eivät olleet saaneet niitä selvästi, vaan siksi, että olosuhteet näyttivät heistä erilaisilta kuin hän oli olettanut. Ei vain Alden "Brooklynin" mukana, vaan myös Craven "Tecumsehin" kyydissä poikkesivat amiraalin käskyistä ja jättivät suunnanmääräämisen heille katastrofaalisin lopputuloksin. Siellä ei ollut tarvetta tuomita kumpaakaan kapteenia; mutta vastustamaton viittaus oli, että Farragut oli selvästi oikeassa mielipiteensä kanssa, että mies, jolla on suurin vastuu, niin hänen pitäisi taisteluolosuhteissa olla edessä. Ja tässä täytyy huomauttaa, että sellaisissa kriittisissä epäilyn hetkissä, niin mikä tahansa muu kuin korkein mielentila omaa taipumuksen heittää pois vastuun päätöksenteosta ylemmillensä, vaikka siinä tilanteessa epäröinti tai viivyttely saattaa olla tappavaa. Mies, jolla on komentajanvirka, niin toimisi älykkäästi, kun taas pelkkä alainen epäröisi. Nelsonin toimintaa St. Vincentin luona oli sellaista, että sitä harvoin matkitaan, jonka totuuden vahvasti näytti se tosiasia, että Collingwood oli heti hänen takanaan sinä päivänä, ja ei vain matkinut hänen toimintaansa, kunnes tuli viesti komentavalta upseerilta; silti saatuaan käskyn viestin mukana, niin hän etenkin kunnostautui itse arviointikykynsä ja rohkeutensa avulla. [127] Voidaan muistaa myös, että yhteydessä tähän kysymykseen luotsaamisesta taistelussa, niin oli keskeinen tilanne, jossa melkein menetettiin lippulaiva New Orleansissa johtuen pimeydestä ja savusta, jota tuli edessä meneviltä aluksilta; Yhdysvaltain laivastoyksikkö melkein huomasi olevansa ilman johtajaansa ohitettuaan linnoitukset. Nyt kun mainitaan reservi niin tulee ottaa huomioon yksi asia luotsaamisen suhteen, joka tiettynä asiana on laajempi kuin se itse, jonka on sanottu muuttavan sitä, mitä sanotaan amiraalin olevan reservin kanssa. Helppous ja nopeus, jolla höyrylaivalaivasto voi muuttaa muodostelmaa, niin tekee hyvin todennäköiseksi, että laivasto suuntaa hyökätäkseen kohteensa kimppuun, joka voi melkein johtaa törmäyksiin uhaten siten joitakin suunnitelmia, joita ei ole haettu; missä sitten olisi paras paikka amiraalille? Epäilemättä osana hänen omia käskyjänsä siellä, missä hän olisi kaikista valmiimpana luotsaamaan laivojansa uusiin asemiin tai suuntiin, joiden mukaan hän tulisi kohtaamaan muuttuvat olosuhteet; joka tarkoittaa sitä, että hänen paikkansa on johtaa kärjessä. Näyttäisi sitten siltä, että aina tulee olemaan kaksi mitä tärkeintä hetkeä meritaisteluissa; yksi on se mitä keinoa käytetään päähyökkäyksessä ja toinen on tuoda ja ohjata reservien ponnisteluja. Jos ensimmäinen on tärkeämpi, niin toinen kenties vaatii suurempaa määrää kykyjä; sillä ensimmäinen voidaan ja se pitäisi tehdä etukäteen tehdyn suunnitelman mukaisesti, kun taas jälkimmäinen voidaan ja täytyy usein muotoilla olosuhteiden mukaisesti, joita ei ole voitu hahmottaa ennalta. Meritaisteluiden olosuhteet tulevaisuudessa omaavat yhden osa-alueen, jota ei voi olla maataisteluilla; se on erittäin suuri nopeus, jolla yhteenotot ja käskyjenmuuttamiset voivat tapahtua. Kuitenkin joukkoja voidaan kuljettaa höyryvoimalla taistelukentälle, jossa ne taistelevat jalkaisin tai hevosen selässä ja asteittain toteuttavat suunnitelmaansa, joka antaa komentavalle kenraalille aikaa toteuttaa toiveensa (sääntöjenmukaisesti tietenkin) siinä tapauksessa, että vihollinen hyökkää. Toisaalta laivastoyksikkö, joka on sangen pieni kooltansa ja sen muodostavat alukset voidaan helposti määritellä, niin voi toteuttaa tärkeän muutoksen, josta ei ilmesty merkkiä ennen kuin se alkaa ja sen toteuttamiseen kuluu vain muutama minuutti. Niin kauan kuin nämä huomautukset ovat järkeviä, niin ne osoittavat tarvetta varapäällikköön, joka keskustelun kautta ei vain tunne suunnitelmia, vaan myös esimiehensä johtavat periaatteet taistelussa; selvä tarve on riittävä siitä tosiasiasta, että taistelulinjan kaksi ääripäätä voivat olla tarpeenmukaisesti kaukana toisistansa ja silloin halutaan johtajan henkeä kumpaankin päähän. Kun komentaja ei voi olla siellä henkilökohtaisesti, niin paras vaihtoehto sinne toiseen päähän tulee olemaan tehokas alipäällikkö. Koskien Nelsonin asemaa Trafalgarissa, josta tämä keskustelu sai alkunsa, niin tulee huomata, että "Victory" ei tehnyt mitään sellaista, mitä joku toinen alus ei olisi voinut myös tehdä ja tuulen heikkous esti odotukset nopeista muutoksista vihollisen taistelujärjestykseen. Valtava riski tulee amiraalin persoonan kautta, jonka alukseen keskittyy vihollisen linjan tulitus, ja johti useita kapteeneita pyytämään muutosta kauan ennen kuin Nelson itse kirjoitti yhdessä kirjeessään Aboukirin taistelun jälkeen:

"Ajattelen, että jos se miellyttää Jumalaa, niin en olisi haavoittunut, eikä venekään olisi paennut kertomaan tapahtuneista; mutta en usko, että ketään yksilöä laivastossa voidaan syyttää; tarkoitan vain sanoa, että jos kokemukseni olisi henkilökohtaisesti ohjannut noita yksilöitä, niin silloin olisi tapauksessa Kaikkivaltias Jumala jatkanut hankkeideni siunaamista." etc. [128]

Silti huolimattaa sellaisesta mielipiteenilmaisusta perustuen kokemukseen, niin hän otti vaaralla altteimman paikan Trafalgarissa, ja johtajanmenetystä seurasi outo esimerkki sen vaikutuksista. Collingwood heti oli se sitten oikein tai väärin, väistettävissä olevaa tai väistämätöntä, niin perui Nelsonin suunnitelmat, jotka hän antoi viimeisellä hengenvedollaan. "Ankkuri! Hardy, laske ankkuri!" sanoi kuoleva päällikkö. "Ankkuri!" sanoi Collingwood. "Se on viimeinen asia, jota minun olisi pitänyt ajatella."

Lähdeviitteet:

[113] Troude: Batailles Navales.

[114]: Mahon: History of England.

[115] Lapeyrouse-Bonfils: Vol. III. s. 5.

[116] Troude: Vol. II. s. 3–5. Muiden lainauksien suhteen ranskalaisilta kirjoittajilta samasta asiasta, vilkaise sivuja 77, 80, 81.

[117] Mahon: History of England; Gentleman's Magazine, 1777, s. 553.

[118] Keppel's Defence.

[119] "Puolueeton näkemys asioihimme, jonka aion osoittaa, niin tulee tekemään sinusta tuomarin vaikeuksien suhteen, joita työstämme. Melkein koko huoltomme jauhoja ja huomattava osa lihastamme tulee osavaltioista länteen Hudson-joelta. Tämän takia turvallinen huoltolinja joen ylitse on aivan välttämätön niin tukemaan laivuettasi kuin armeijaa. Vihollinen, joka on merenkulun valtias, niin tulisi estämään tähän välttämättömän kanssakäymisen osavaltioiden välillä. He ovat olleet järkeviä tuollaisten etujen suhteen... Jos heille pystyttäisiin osoittamaan toinen osa vetää huomiotamme ja voimaamme tässä tärkeässä asiassa ja odottamalla

paluutamme pitää sitä hallussamme, niin sen seuraukset tulisivat olemaan tappavat. Asemiemme tulee siksi olla yhtä lailla yhteistyössä kanssasi [Bostonissa] puolustussuunnitelmissa ja turvataksemme North Riverin, jonka syrjäinen sijainti näistä kahdesta tavoitteesta tekee kummankin niistä toteuttamisen vaikeaksi."

WASHINGTONIN kirje D'ESTAINGILLE 11. syyskuuta 1778.

[120] Annual Register, 1778, s. 201.

[121] Tämän kuvan suunnitelmaa seurattiin kaikissa muissa tapauksissa osoittaen vain taistelun vaiheiden luonteenpiirteitä järjestyksessä, mutta erillään, joka oli hylätty ja koetettu osoittaa *jatkuvaa* sarjaa liikkeitä ja jälkiä, joita pitkin laivastot lopulta tulivat yhteenottoon (A:sta C:hen). Kun *taistelu* koostui vain kahden laivaston toistensa sivuuttamisesta liikkuessaan vastakkaisiin suuntiin yhdensuuntaisilla janoilla, niin yhteenotto oli aina ratkaisematon ja turha, jolloin aikaisemmat liikkeet omaavat tapahtuman päämielenkiinnon, jonka historiallinen merkitys oli muissa asioissa kuin taktisissa syissä.

[122] Linja, vedetään läpi Englannin laivaston pisteessä A osoittaen suljetun linjan (etelästä eteläkaakkoon], joka omaten tiukat taktiset vaatimukset, jolloin englantilaisten alusten olisi pitänyt olla lähellä toisiansa.

[123] Kahden laivaston johtoalukset etääntyivät toisistansa (C), joka tapahtui ranskalaisten mukaan englantilaisten etääntyessä; englantilaiset sanoivat, että ranskalaisten johtoalukset luovivat.

[124] Pisteessä D erotettuna muusta suunnitelmasta, niin osoittaa matkan päätepisteen, joka alkoi C:stä. Ei voida osoittaa muuta yhteyttä muita jälkiä käyttäen saamatta aikaan sekaannusta.

[125] Myöhemmin Duc d'Orleans; Ranskan vallankumouksen Philippe Égalité ja Louis Philippen isä.

[126] Ranskan laivastoyksikön komentajan vangitseminen lippulaivaltansa taistelussa huhtikuun 12, 1782 oli syy tähän uuteen käskyyn.

[127] Seuraava välikohtaus, joka tapahtui, kun Rodney ajoi takaa De Grassea huhtikuussa 1782, osoittaa kuinka pitkälle tottelemattomuus voi viedä. Hood oli yksi Britannian hienoimpia upseereita; eikä kirjoittajalla ole aikeita kritisoida hänen toimiansa. Hän oli joidenkin kilometrien päässä Rodneysta silloin. "Erillinen ranskalainen laiva luoteessa omaten tuulta samaan aikaan,

kun meidän etummainen yksikkömme rohkeasti seisoi ja toteutti aikeensa suojanpuolella brittiläisten etummaisista aluksista; sen ollessa ainoa tapa saada sen oma laivasto sieltä tuulenpuolelle. Niin pitkälle se osoitti julkeutta, että se pakotti Alfredin, sir Samuel Hoodin yksikön etummaisen laivan väistämään antaakseen sen tulla lävitse. Kaikkien katseet olivat kääntyneet rohkeaan ranskalaiseen, paitsi niiden, jotka huolestuneina katsoivat komentajaansa odottaen tämän antavan hyökkäyskäskyn, mutta joka mitä todennäköisimmin oletti, että kyseessä ei voinut olla vihollinen, niin ei antanut odotettua merkkiä ja siksi tykeillä ei ammuttu. Tämä on mainittu siksi, että se osoittaa kurin aluksilla, jotka muodostivat Sir Samuel Hoodin yksikön ja jolloin, vaikkakin oli varakomentaja. niin ei ampunut laukaustakaan, kun hänen komentajansa ei määrännyt häntä toimimaan niin. 'On todennäköisempää, että Sir S. Hoodin syy odottaa merkkiä käydä hyökkäykseen komentajaltansa, jolloin hän ampuisi, niin tuli oletuksesta, että jos hän ennenaikaisesta aloittaisi taistelun noissa olosuhteissa, niin hän tulisi olemaan vastuussa sen lopputuloksista. '" (White´s Naval Researches, s. 97.)

Hoodiin saattoi vaikuttaa Rodneyn asenne alaisiin kohtaan, joiden aloitteellisuus ei häntä miellyttänyt. Tämä näytti heikentäneen näiden kahden miehen välejä.

[128] Sir N. H. Nicholas: Despatches and Letters of Lord Nelson.

Luku X; Merisota Pohjois-Amerikassa ja Länsi-Intiassa 1778-1781. Sen vaikutus Amerikan vapaussotaan; Meritaistelu Grenada, Dominican ja Chesapeake Bayn luona.

Huhtikuun 15. 1778 amiraali Comte d'Estaing purjehti Toulonista Amerikan mantereelle komennossaan kaksitoista linjalaivaa ja viisi fregattia. Hänen mukanaan matkusti kongressin valtuuttama edustaja, jolle oli annettu ohjeet kieltäytyä kaikista rahallisista tukipyynnöistä ja nimenomaan välttää yhteenottoja suhteessa Kanadan ja muiden brittiläisten siirtokuntien valloittamiseksi. "Versaillesin hallitus", sanoo ranskalainen historioitsija, "ei ollut pahoillaan siitä, että Yhdysvallat olivat niiden läheisyyden takia huolissaan, joka saisi ne tuntemaan liiton Ranskan kanssa arvokkaaksi." [129] Samaan aikaan monilla ranskalaisilla oli yleinen sympatia heidän kamppailuaan kohtaan, mutta amerikkalaiset eivät olleet itse sokeita Ranskan hallituksen pyrkimyksille ajaa omia asioitansa. Eivätkä he pitäneet sitä vikana; sen velvollisuus oli ensiksi ajatella ranskalaisten etuja.

D'Estaingin eteneminen oli hyvin hidasta. Sanottiin, että hän tuhlasi paljon aikaa harjoitteluun ja jopa turhaan. Kuitenkin saattoi olla, että hän ei päässyt päämääräänsä, Delawaren niemien luokse ennen kuin heinäkuun 8. käyttäen siten matkaansa kaksitoista viikkoa, joista neljä hän käytti päästäkseen Atlantille. Englannin hallitus oli saanut uutisia hänen aikeistansa purjehtia, ja tosiasiassa oli niin pian kuin olivat kutsuneet lähettiläänsä Pariisista kotiin, niin käsky oli lähetetty Amerikkaan evakuoida Philadelphia ja keskittää voimat New Yorkiin. Heidän onnekseen lordi Howen liikkeet olivat energisiä ja järjestelmällisiä toisin kuin d'Estaingin liikkeet. Ensimmäiseksi hän kokosi laivastonsa Delaware Bayhin, ja sieltä kiirehti lastaamaan varusteita ja huoltotarvikkeita, jolloin hän lähti Philadelphiasta niin pian kuin armeija oli marssinut sieltä New Yorkiin. Kymmenen päivää tarvittiin pääsemään lahden suulle; [130] mutta hän purjehti sieltä 28. kesäkuuta, kymmenen päivää ennen kuin d'Estaing saapui, ja vaikka enemmän kuin kymmenen viikkoa sen jälkeen, kun tämä oli lähtenyt merelle. Kun hän oli ulkona, niin suotuisa tuuli vei laivaston Sandy Hookiin kahdessa päivässä. Sota on anteeksiantamatonta; saalis, joka oli d'Estainingin kohteena, niin se pääsi hänen käsistänsä huolimatta hänen yrityksistänsä niin New Yorkin kuin Rhode Islandin luona.

Päivä sen jälkeen, kun Howe oli saapunut Sandy Hookiin, niin englantilainen armeija oli saavuttanut Navesinkin kukkulat marssittuaan läpi New Jerseyn niin, että Washingtonin joukot olivat olleet näiden joukkojen perässä häiriten niitä. Aktiivisella yhteistyöllä laivaston toimesta se vietiin New Yorkiin heinäkuun 5. päivään mennessä; ja Howe meni sitten takaisin estääkseen satamaan pääsyn ranskalaiselta laivastolta. Kun taistelua ei tästä seurannut, niin hänen järjestelyidensä yksityiskohtia ei tulla mainitsemaan; mutta kattavan ja mielenkiintoisen kertomuksen siitä antaa laivaston upseeri, joka on kertomuksena luettavissa Ekinsin "Naval Battles - teoksessa." Huomiota voidaan kuitenkin kiinnittää yhdistelmään energiaa, ajattelukykyä, taitoa ja päättäväisyyttä, joita amiraali osoitti. Ongelma hänen edessään oli puolustaa käytännöllisesti sisääntuloväylää kuudella aluksessa, joissa oli 64 tykkiä ja kolmella, joissa oli 50 tykkiä, kun hänellä oli vastassaan kahdeksan alusta, joissa oli 74 tai sitä enemmän tykkejä, kolmessa aluksessa oli 64 tykkiä ja yhdessä 50; joten voidaan sanoa, että häntä vastassa oli melkein kaksinkertainen ylivoima.

D'Estaing laski ankkurinsa ulkopuolelle etelään Hookista 11. heinäkuuta, ja pysyi siellä 22. päivään asti ottaen yhteen särkän luona ja selkeästi pyrkien päättäväisesti sisään. Sitten 22. päivä voimakas koillistuuli tapahtui nousuveden kanssa nostaen vedenpinnan särkän ylitse melkein kymmenen metrin verran. Ranskalainen laivasto lähti liikkeelle ja eteni tuulensuunnassa paikkaa, jossa sen olisi helppoa ylittää särkkä. Sitten d'Estaingin rohkeus petti hänet, kun luotsien suhtautuminen oli lannistavaa; hän luopui hyökkäyksestä ja etääntyi etelän suuntaan.

Laivastoupseerit eivät voi kuin tuntea myötätuntoa merimiehen epäröintiä kohtaan huolimatta luotsien neuvoissa, etenkin kun rannikko oli hänelle tuntematonta; mutta sellainen sympatia ei saisi sulkea silmiä merkittävimmiltä ihmisluonteen ominaisuuksilta. Kuka tahansa voi verrata d'Estaining toimintaa New Yorkissa Nelsonin toimintaan Kööpenhaminassa ja Aboukirissä tai Farragutin toimintaan Mobilessa ja Port Hudsonin luona, ja ranskalaisen heikkouteen sotilasjohtajana, kun otetaan huomioon vain sotilaalliset seikat, niin se kivuliaan selkeätä. New York oli brittiläisen vallan keskus; sen sortuminen ei olisi vain lyhentänyt sotaa. Kaikessa reiluudessa d'Estaingia kohtaan tulee kuitenkin muista, että muilla sotilaallisilla seikoilla oli vaikutusta häneen. Ranskalaisella amiraalilla oli epäilemättä samanlaiset ohjeet kuin oli Ranskan hallituksen edustajalla ja hän luultavasti päätteli, että Ranskalla ei olisi mitään saavutettavissa New Yorkin valloittamisella, joka saattaisi johtaa rauhaan Amerikan ja Englannin välillä ja jättää jälkimmäisen vapaaksi käyttämään sen voimia hänen maatansa vastaan. Vähintään tuo olisi voinut olla tarpeeksi kääntää hänen horjuva mielensä niin, että hän ei ottaisi riskiä särkän kanssa.

Howe oli onnekkaampi kuin d´Estaing siksi, että hänellä oli ollut jaettuja tarkoitusperiä. Päästyään pakoon Philadelphiasta ja pelastettuaan New Yorkin ahkeruudellansa, niin hänellä oli lisää kunniaa saatavissa pelastaakseen Rhode Island nopeilla liikkeillä. Hajaantuneet sotalaivat, joita oli lähetetty Englannista, alkoivat nyt saapua. Heinäkuun 28. päivä Howelle on ilmoitettu, että ranskalainen laivasto, joka oli kadonnut etelän suuntaan, niin oli nähty menevän kohti Rhode Islandia. Neljässä päivässä hänen laivastonsa oli valmiina merelle, mutta johtuen vastatuulesta, niin se ei saapunut Point Judithin luokse ennen kuin elokuun 9. päivä. Siellä hän laski ankkurin ja sai selville, että d´Estaing oli mennyt tykkipattereiden läpi päivää aikaisemmin ja laskenut ankkurinsa Gouldin ja Canonicutin saarten väliin; [131] Seakonet ja Western Passage olivat myös ranskalaisten alusten käsissä, ja laivasto valmistautui tukemaan amerikkalaista armeijaa tämän hyökkäyksissä brittien linnoitteita vastaan.

Howen saapuminen, vaikka hänen täydennysvoimansa eivät kasvattaneet englantilaisen laivaston vahvuutta yli kahteen kolmannekseen ranskalaisten vahvuudesta, niin sotki d´Estaingin suunnitelmat. Vallitsevat kesäiset luoteispuuskat puhalsivat suoraan lahteen, jolloin hän oli altis mille tahansa yritykselle, mitä hänen vihollisensa saattaisi tehdä. Samana yönä tuuli kääntyi yllättäen pohjoiseen, ja d´Estaing lähti heti liikkeelle ja meni ulos merelle. Howe, vaikkakin yllättyneenä tästä odottamattomasta toimesta, jolloin hän ei tuntenut omaavansa riittävää voimaa hyökätä, niin myös purjehti pitäen tuuliedun puolellansa. Seuraavat 24 tuntia kuluivat liikkeissä hankkia etua; mutta yöllä 11. elokuuta voimakas tuuli hajotti laivastojen muodostelmat. Suurta vahinkoa tapahtui kummankin puolen aluksille ja muiden joukossa ranskalaisten lippulaiva ”Languedoc”, jossa oli yhdeksänkymmentä tykkiä, menetti kaikki mastonsa ja peräsimensä. Heti puuskan jälkeen kaksi eri englantilaista laivaa, joissa oli 50 tykkiä, taistellakseen järjestyksessä, hyökkäsivät, yksi ”Langudocin”, toinen ”Tonnantin”, jossa oli 80 tykkiä ja vain yksi masto pystyssä, kimppuun. Kumpikin englantilainen alus hyökkäsivät sellaisissa olosuhteissa; mutta yön saapuessa kaikki taistelu lopetettiin sillä tarkoituksella, että se alkaisi taas aamulla. Kun aamu sarasti, niin muut ranskalaiset alukset saapuivat paikalle ja tilaisuus menetettiin. On syytä huomata, että yksi kapteeneista oli Hotham, joka oli Välimeren laivaston amiraali 17 vuotta myöhemmin, jolloin niin ärsyyntynyt Nelson hänen viileän tyytyväisyytensä takia ottaessaan saaliiksi vain kaksi laivaa: ”Meidän täytyy olla tyytyväisiä; olemme toimineet erittäin hyvin.” Tästä seuraasi suoraan yksi Nelsonille luonteenomainen sanonta,

"Jos olisimme ottaneet saaliiksi 10 purjelaivaa ja sallineet yhdennentoista paeta, vaikka olisimme pystyneet ottamaan sen, niin en ikinä kutsuisi sitä hyvin tehdyksi työksi."

Englantilaiset palasivat New Yorkiin. Ranskalaiset kokoontuivat Narragansettin lahden suulle; mutta d´Estaing päätti, että hän ei voisi pysyä siellä johtuen hänen laivueensa kärsimistä vahingoista ja sen mukaisesti purjehti Bostoniin 21. elokuuta. Rhode Island jäi siten englantilaisille, jotka pitivät sitä hallussaan vuoden verran kauemmin evakuoiden sen strategisista syistä. Howe oli omalla osallaan ahkerasti korjannut aluksiansa ja purjehti taas Rhode Islandin luokse, kun hän kuuli ranskalaisten olevan sen edustalla; mutta hän tapasi matkalla aluksen, josta hänelle kerrottiin, että he olivat matkalla Bostoniin, jolloin hän seurasi niitä sataman luokse, joka oli liian vahvasti linnoitettu hyökkäystä varten. Ottaen huomioon hänen pakotetun paluunsa New Yorkiin tarpeellisia korjauksia varten ja sen tosiasian, että hän oli ollut vain neljä päivää ranskalaisten takana matkallaan Bostoniin, jolloin voidaan uskoa, että Howe osoitti toimiensa lopulla sitä luonteenomaista toimintaa, jolla hän oli aloittanut sotatoimensa.

Tuskin laukausta oli ammuttu kahden laivaston välillä, mutta silti heikompi niistä oli ollut täysin paremmin johdettu kuin vahvempi. Poikkeuksena liikkeet tuulenpuolelle sen jälkeen, kun d´Estaing oli lähtenyt Newportista, jota ei ollut säilytetty ja Howen tekemistä voimien sijoittamisesta asemiin valmiina odotettuun hyökkäykseen New York Bayta vastaan, niin opetukset eivät ole taktisia, vaan strategisia ja niitä voidaan hyödyntää nykyisellään. Tärkeimpänä niistä on epäilemättä nopeuden ja valppauden arvo, johon yhtyy tietämys omasta ammattiosaamisesta. Howe sai selville tulevat vaarat neuvoista kotimaasta kolme viikkoa sen jälkeen, kun d´Estaing oli purjehtinut Toulonista. Hän oli koonnut risteilijänsä Chesapeakenlahdelta ja muualta, sekä ottanut linjalaivansa New Yorkista ja Rhode Islandista, lastannut mukaansa huoltoa 10000 miehen armeijalle mennen alas Delawareen; johon väistämättä kului 10 päivää; ja takaisin New Yorkiin sitten. D´Estaing oli kymmenen päivää hänen takanaan Delawaren luona, 12 päivää Sandy Hookissa ja vain yhden päivän hänen edellänsä saapuessaan Newportiin, jonka sataman ulkopuolella hän oli ollut 10 päivää ennen kuin hän purjehti pois. Laivaston englantilainen kertoja puhuessaan väsymättä työstä kesäkuun 30, jolloin englantilaiset saapuivat Navesinkiin ja Ranskan laivaston saapumisesta 11. heinäkuuta, sanoo: "Lord Howe osallistui henkilökohtaisesti, kuten hänellä oli tapana, ja hänen läsnäolonsa sai aikaan intoa ja paransi upseerien ja miesten ahkeruutta." Tässä mielessä hän oli vastakohta hänen ystävälliselle, mutta saamattomalle veljellensä kenraali Howelle.

Sama ahkeruus ja tarkkaavaisuus olivat mukana hänen jäljellä olevissa sotatoimissaan. Niin pian kuin ranskalaiset laivat olivat matkalla etelään, niin vartioalukset seurasivat niitä ja valmisteluja (etenkin polttoaluksien suhteen) jatkettiin takaa-ajoa varten. Viimeinen laiva, joka liittyi Englannista ylitettyään riutan, oli New Yorkissa 30. heinäkuuta. Elokuun 1. päivänä laivasto oli valmiina lähtemään merelle mukanaan neljä polttolaivaa. Sattuma tuulen suhteen viivästytti hänen seuraavia liikkeitänsä; mutta niin kuin on nähty, niin hän tuli päivä vihollisen saapumisen jälkeen Newportiin, jota hänen heikompi osastonsa ei olisi voinut estää. Mutta vihollisen tavoite, jota ei voinut estää, niin sitä häiritsi hänen läsnäolonsa. D´Estaing ei ollut kuin vasta saapunut Newportiin, kun hän toivoi voivansa lähteä sieltä. Howen asema oli strategisesti loistava. Hänen tuulenpuolen asemansa suhteessa vallitseviin tuuliin, vaikeus voittaa laivasto tulemalla sataman kapean suuaukon lävitse, joka altistaisi ranskalaiset laivat niin, että yksitellen joutuisivat hyökkäyksen kohteiksi; samaan aikaan, jos tuuli epäonnisesti kääntyi ranskalaisille myötäiseksi, niin amiraali luotti taitoihinsa pelastaa laivueensa.

James Fenimore Cooper yhdessä romaanissaan, "The Two Admirals", saa sankarinsa sanomaan nipottavalle ystävällensä, että jos hänellä ei olisi sillä tavalla onnea, niin hän ei pystyisi hyötymään siitä. Ranskalaisten lähtö, sitä seurannut rajuhko myrsky ja aiheutuneet vahingot olivat kaikki, mitä yleisesti kutsutn onneksi; mutta jos Howe ei olisi ollut läsnä Point Judithin luona uhkaamassa häntä, niin he olisivat voineet selviytyä myrskystä ankkurit alhaalla. Howen energia ja hänen luottamuksensa itseensä merimiehenä toivat hänelle sillä tavalla hyvää onnea, ja ei ole reilua kieltää hänen aktiivista osaansa luoda sitä. Mutta hänen kannaltansa katsottuna myrsky ei olisi voinut pelastaa brittien voimia Newportissa. [132]

D´Estaing korjattuaan aluksensa purjehti koko voimallansa Martiniquelle marraskuun 4. päivä; samana päivänä kommodori Hotham lähti Barbadosille New Yorkista viidellä 64 ja 50-tykkisellä aluksella, ja saattueella, jossa oli viisituhatta sotilasta, joilla oli tarkoitus valloittaa Santa Lucian saari. Matkalla kova myrsky vahingoitti Ranskan laivastoa pahemmin kuin Englannin laivastoa, sillä ranskalaisten lippulaiva menetti pää- ja mesaanimastojensa huiput. Näiden osien menetys ja se tosiasia, että kaksitoista vahingoittumatonta sotalaivaa olivat päässeet Martiniquelle vain päivää ennen kuin englantilainen kuljetussaattue, jossa oli 96 alusta, niin saapui Barbadosille, noin 160 kilometrin päähän kauemmas, niin kertoo huonoja asioita taidosta, joka silloin ja nykyäänkin on ratkaiseva piirre merisodassa.

Amiraali Barrington, joka komensi Barbadosia, osoitti samaa energisyyttä kuin Howe. Kuljetusalukset saapuivat 10. päivä; joukot pidettiin niissä aluksissa; ne purjehtivat aamusta 12. Santa Lucian suuntaan ja ankkuroituvat sinne 13. päivä. Saman päivän iltapäivään mennessä puolet joukoista oli laskettu maihin ja loput laskettiin maihin seuraavana aamuna. He ottivat heti haltuunsa paremman sataman, jonne amiraali aikoi siirtää kuljetusaluksensa pois, kun d'Estaing saapui paikalle estämään häntä. Koko yön kuljetusalukset olivat suojassa sotalaivojensa ja maan välissä, sekä jälkimmäiset oli ankkuroitu lahden sisääntuloväylän suojaksi etenkin pyrkien vahvistamaan linjan kahta äärimmäistä päätä ja estämään vihollista pääsemästä suojan puolelta sisään niin kuin englantilaiset alukset tekivät vuosi myöhemmin Aboukirin meritaistelussa. Ranskalaisilla oli enemmän kuin kaksinkertainen ylivoima suhteessa englantilaiseen laivastoon; ja jos jälkimmäinen tuhottaisiin, niin kuljetusalukset ja joukot olisivat ansassa.

D'Estaing asettui vastakkain englantilaisten muodostelman kanssa pohjoisesta etelään tulittaen sitä kaukaa, mutta hän ei laskenut ankkuria. Hyläten sitten aikeensa laivastoa vastaan hän siirtyi toiselle lahdelle, laski maihin joitakin ranskalaisia sotilaita, ja nämä tekivät rynnäkön englantilaisten joukkojen asemia vastaan. Epäonnistuen myös siellä hän vetäytyi Martiniquelle; ja ranskalainen varuskunta, joka oli ajettu saaren sisäosiin, niin antautui.

Lienee tuskin tarpeen osoittaa amiraali Barringtomin ihailtavaa ahkeruutta, jolla ja taidoillansa sijoittaa voimansa, niin hän on velkaa tämän tärkeän strategisen menestyksen; jota se olikin. Santa Lucia oli seuraava saari etelään Martiniquesta, ja Gros Ilotin satama sen pohjoispäässä oli erittäin sopiva tarkkailemaan ranskalaisten varikkoa Fort Royalissa, joka oli heidän tärkein asemapaikkansa Länsi-Intiassa. Sieltä Rodney ajoi heidät pois ennen suurta taisteluansa 1782.

Tarkan tiedon poissaolo aiheuttaa epäröintiä tuomita d'Estaing tästä vakavasta epäonnistumisesta. Hänen vastuunsa riippui tuulesta, joka saattoi olla heikkoa maan läheisyydessä ja hänen kyvystänsä laskea ankkurit. Tosiasia kuitenkin on se, että hän ohitti kaksi kerta vihollisen linjan tykinkantaman päästä, mutta silti ei käynyt ratkaisevaan taisteluun. Hänen toimintatapaansa epäsuotuisasti kritisoi suuri Suffren, joka oli silloin yksi hänen kapteeneistansa. [133]

Englantilaiset olivat siten vastanneet Dominican valloitukseen, joka oli otettu heiltä 8. syyskuuta ranskalaisen Länsi-Intian kuvernöörin toimesta. Siellä ei ollut englantilaista laivuetta, joten mitään vaikeuksia ei kohdattu. Dominican arvo ranskalaisille on osoitettu; ja on tarpeen tässä käyttää erimerkkeinä niin Dominicaa ja Santa Luciaa vahvistaaksemme mitä aikaisemmin sanottiin, että näiden pienten saarten omistajuus riippui yksin meriherruudesta. Käsittäen tämän periaatteen, niin kuka tahansa voi perustaa siihen kritiikin koskien d'Estaingin seuraavaa toimea, johon tullaan heti viittaamaan.

Kuusi kuukautta oli melkein hiljaista Santa Lucian tapahtumien jälkeen. Englantilaisia vahvisti Byronin laivasto ja hän otti komentajan paikan; mutta ranskalaiset, joiden voimiin liittyi kymmenen muuta linjalaivaa, niin pysyivät ylivoimaisina lukumäärältänsä. Suunnilleen keskellä kesäkuuta Byron purjehti laivastonsa kanssa suojelemaan suurta saattuetta kauppa-aluksia matkalla Englantiin, kunnes ne olivat ohittaneet saaret. D'Estaing lähetti hyvin pienen voiman, joka otti haltuunsa St. Vincentin kesäkuun 16, 1779 ilman vaikeuksia; ja 30. kesäkuut hän purjehti koko laivastonsa kanssa hyökätäkseen Grenadalle. Laskettuaan ankkurinsa Georgetownin edustalle 2. heinäkuut hän laski sotilaita maihin ja 4. päivä varuskunta, jonka vahvuus saarella oli 700 miestä, antautui. Samaan aikaan Byron kuullessaan St. Vincentin menetyksestä ja luultavasta hyökkäyksestä Grenadalle, niin purjehti mukanaan suuri saattue aluksia, joissa oli joukkoja ja kaksikymmentäyksi linjaa ottaakseen yhden kohteen takaisin ja pelastaakseen toisen. Saatuaan varmaa tietoa siitä, että ranskalaiset olivat Grenadan edustalla, niin hän meni sitä kohden kiertäen sen saaren luoteisimman paikan aamun koittaessa 6. heinäkuuta. Hänen lähestymisestänsä ilmoitettiin päivää aikaisemmin d'Estaingille, joka jäi ankkuriin [134] peläten, että merivirrat ja heikot tuulet saattaisivat viedä hänet liian kauas suojanpuolelle, jos hän lähtisi liikkeelle. Kun englantilaiset tulivat näkyviin, niin ranskalaiset lähtivät liikkeelle; mutta sekasorto kootessaan aluksia esti Byronia tajuamasta epäsuhtaa voimasuhteissa, sillä heillä oli 25 linjalaivaa. Hän antoi käskyn yleisestä takaa-ajosta ja hajaannus ranskalaisten laivastosta pakotti sen muodostamaan linjansa suojanpuoleisimpien aluksiensa luokse, jolloin englantilaiset pitivät helposti tuulietunsa, kun he lähestyivät. Kun taistelu silloin alkoi, niin tämän takia

ranskalaiset olivat länteen osittain muodostetussa linjassa omaten oikean kääntymissuunnan edeten pohjoiseen takajoukkojensa ollessa sekasorrossa ja etuvoimien sekä keskustan kohti tuulta (Kuva X, A.) Englantilaiset olivat valmiin takanaan reilua tuultaa purjehtien etelästä länteen ja omaten vasemmanpuolisen kääntymissuunnan (A) saaren ja vihollisen välissä, josta heidän johtavat aluksensa lähestyivät lievässä kulmassa, mutta mennen enemmän suoraan siksi, että hän jälkijoukkonsa eivät olleet vielä järjestäytyneet; englantilainen saattue oli oman laivastonsa ja saaren välissä, niin erityiskäsky oli kolmella laivalla (A,a), jotka nyt kutsuttiin paikalle. Kun viesti silloin annettiin yleisestä takaa-ajosta, niin kolme nopeinta englantilaista alusta, joiden joukossa oli varakomentaja, amiraali Barringtonin lippulaiva, niin joutuivat ranskalaisten keskustan ja jälkijoukkojen tulituksen kohteeksi, niin ilmeisesti ilman tukea (b) ja kärsien paljon keskitetystä tulituksesta heitä kohtaan. Kun ne saavuttivat jälkimmäiset laivat, niin niillä oli sama kääntymissuunta kuin näillä ja ne olivat menossa pohjoiseen jäljessä tuulen mukana; ja suunnilleen samaan aikaan Byron, joka ei ollut tietänyt antautumisesta, nii näki Ranskan lippujen liehuvan kaikkialla linnoituksissa. Viestejä annettiin sarjana, ja siten etummaiset alukset muodostivat linjan, jossa ne tukivat toisiansa lopettaen yleisen takaa-ajon niin kuin taistelua oli siihen asti käyty. Kun päävoimat olivat yhä etelässä omaten vasemmanpuoleisen kääntymissuunnan, niin kolme laivaa; "Cornwall", "Grafton" ja "Lion" (c), tottelivat kirjaimellisesti käskyä lähitaistelusta, jolloin ne olivat menneet paljon enemmän suojanpuolelle kuin muut alukset vetäen puoleensa suurimman osan vihollisen linjan tulituksesta. Siten ne kärsivät hyvin vakavasti miehistöjensä ja mastojensa suhteen; ja vaikka ne saivatkin lopulta apua muilta pitkälle edenneiltä aluksilta, kun nämä lähestyivät etelää omaten vastakkaisen kääntymissuunnan, niin ne eivät pystyneet kärsittyään (B, c′, c″) pysymään muun laivaston mukana ja niin jäivät jonon hännille ja kohti ranskalaisia. Suurin osa vahingoista, joita englantilaiset kärsivät, niin tuli näille kolmelle alukselle, kun nämä alukset etenivät Barringtonin komennossa ja kahden muun taustalla (A,a), jotka nähdessään etuvoimien olevan niin kovassa taistelussa, niin eivät seuranneet niitä, vaan menivät suoraan pois muodostelmasta ja ottivat näiden paikat jonon kärjestä (B, a, a′); tämä oli toimi, joka vahvasti muistutti sitä, miten Nelson hankki itsellensä paljon kunniaa Cape St. Vincentin luona, mutta siihen kuului vähemmän vastuuta.
[135]

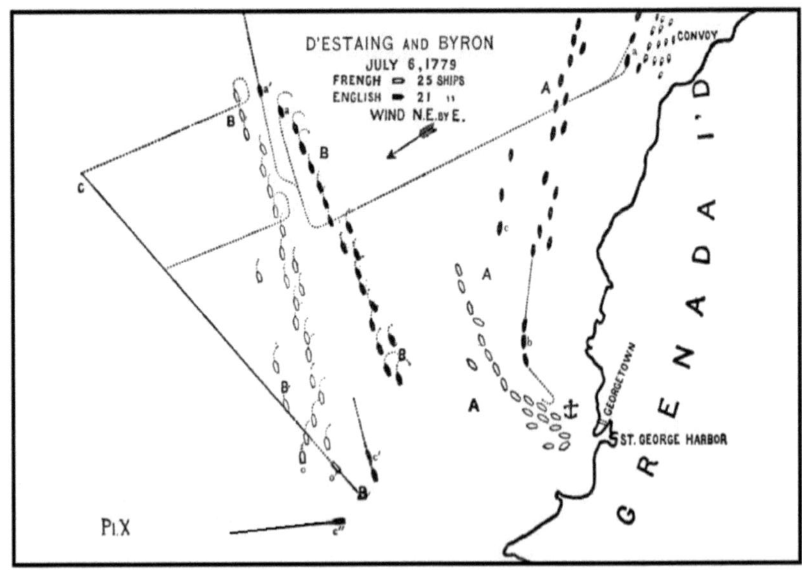

Kuva X.

Siihen mennessä Byron oli toteuttanut hyökkäyksensä käyttäen aloitetta, jonka hän oli saavuttanut tuuliedun ansiosta ja ranskalaisten jälkijoukkojen epäjärjestyksen takia. Tullaan huomaamaan, että vaikka olikin haluttavaa olla hukkaamatta yhtään aikaa jälkimmäiseen sekasorrossa, niin on kyseenalaista, että olisiko Barringtonin kolmen laivan pitänyt antaa mennä niin kauas eristäen itsensä niin kuin näyttivät tehneet erillään muusta laivastosta. Yleinen takaa-ajo on sallittu ja asianmukainen tehdä, kun lukumäärän ylivoimasta, joka on alkuperäistä tai hankittua, tai yleisestä tilanteesta, jossa alukset ensimmäisinä taistelussa eivät olet suuresti alakynnessä tai kohteena ylivoimalle, joka on keskitetty niitä vastaan ennen kuin ne saavat apua tai kun on olemassa mahdollisuus, että vihollinen saattaa paeta ilman, että sen kimppuun heti iskettäisiin. Eikä olisi pitänyt "Cornwallin", "Graftonin" ja "Lionin" sallia ottaa suuntaa, jonka ne ottivat melkein pakotettuina, jolloin vihollinen saattoi keskittää hajauttamiseen sijaan tulituksensa. Tämän asian yksityiskohdat eivät ole tarpeeksi tarkkoja antamaan syitä lisähuomautuksille muuten, kuin virheiden nimeämiseksi, jotka eivät välttämättä olleet amiraalin tekemiä virheitä.

Ranskalaiset olivat samaan aikaan pysyneet tiukasti puolustuskannalla niin kuin oli heidän tavanomainen tapansa toimia. Heille tarjottiin nyt tilaisuutta hyökkäykselliseen toimintaan, jolla koeteltiin d´Estaingin ammatillisia taitoja ja arviointikykyä, jolla tilannetta silloin tarkasteltiin. Kummallakin laivastolla oli silloin oikea kääntymissuunta edeten pohjoiseen (B, B, B) ranskalaisten ollessa suojanpuolella. Jälkimmäiset kärsivät vähän vahinkoa heidän liikevoimaansa, vaikka heidän linjansa ei ollutkaan täydellisessä järjestyksessä; mutta englantilaiset johtuen heidän epäonnistuneesta hyökkäyksestänsä, niin seitsemän heidän aluksistansa oli vakavasti rampautuneita, joista neljä; jotka olivat "Monmouth" (a´), "Grafton", "Cornwall" (c´) ja "Lion" (c´´) olivat liikuntakyvyttömiä. Loput kolme olivat kolmeen mennessä iltapäivällä jonomuodossa ja paljon suojanpuolelle omasta linjastansa ollen tosiasiassa lähempänä ranskalaisten kuin englantilaisten linjaa; kun taas englantilaisen laivaston nopeutta oli tarpeen vähentää, että rampautuneet alukset pysyisivät linjassa. Nämä olosuhteet toivat vahvasti esille suuren nöyryytyksen laivastolle, jonka vahingot keskittyivät vain muutamiin aluksiin sen sijaan, että olisivat tasaisesti jakaantuneet kaikkiin niistä; kymmenen tai kaksitoista niistä, jotka olivat käytännössä vahingoittumattomia, niin niiden täytyi alistua muiden silloisiin kykyihin. D´Estaing mukanaan 25 alusta, niin hänellä oli nyt Byron tuulenpuolella mukanaan 17 tai 18 laivaa, jotka pystyivät pysymään yhdessä, mutta olivat hitaampia ja huonommin ohjattavissa kuin vihollisensa, ja näki tämän taktisen nöyryytyksen pitää huolta saattueesta tuulenpuolella ja kolmesta vahingoittuneesta aluksesta perässä. Näissä olosuhteissa ranskalaiselle amiraalille oli olemassa kolme tapaa toimia: (1) Hän saattoi mennä edelle ja tarttua menestykseen pyrkiessään saamaan itsensä Byronin ja saattueen väliin lähettäen fregattinsa jälkimmäisen kimppuun; (2) hän saattaisi pitää laivastonsa yhdessä ja käydä englantilaisten linjaa vastaan yleiseen taisteluun; tai (3) hän saattaisi mennä kolmen liikuntakyvyttömän aluksen kimppuun, joka saattaisi tuoda vähemmän altistumista vaaroille.

Hän ei tehnyt mitään näistä. Kun ajatellaan ensimmäistä vaihtoehtoa, niin tietäen kritiikin laivastoa kohtaan hän kirjoitti kotimaahan, että hänen linjansa oli liian epäjärjestyksessä, että se sallisi hänen toimia tuolla tavalla. Mikä tahansa tekninen sääntöjenrikkominen olikin kyseessä, niin on vaikeata uskoa, että suhteellisella voimalla liikkeellä koskien kahta laivastoa, niin sellainen yritys olisi ollut toivoton. Kolmas vaihtoehto luultavasti tarjosi suurimmat hyödyt, sillä se antoi erottamisen vihollisen päävoimien ja rampautuneiden alusten välillä ja olisi hyvinkin voinut provosoida englantilaisen amiraalin hyökkäämään mitä vaarallisimmissa olosuhteissa. On sanottu englantilaisten viranomaisten toimesta, että Byron sanoi, että hän olisi tullut taas kimppuun, jos jokin hyökkäys olisi tehty niitä aluksia vastaan. Kello kolme iltapäivällä d´Estaing kokosi aluksensa yhteen muodostaen linjan suojanpuolen aluksista [136] ja kääntyi taas etelään. Englantilaiset matkivat tätä liikettä, paitsi keulassa oleva "Monmouth" (a`), joka oli liian pahasti vahingoittunut sellaiseen liikkeeseen jatkaen pohjoiseen ja kolme eristyksiin joutunutta alusta. Kaksi niistä (c´) jatkoivat pohjoiseen ja joutuivat taas ranskalaisten täyslaidallisten kohteiksi; mutta "Lion" (c´´) ei pystynyt pysymään tuulessa kääntyen vihollisen keulan edessä ja suuntasi Jamaikalle 1600 kilometrin päähän. Sitä ei ajettu takaa; yksi kuljetusalus oli ainoa merisodan saalis, jonka ranskalaiset saivat tästä taistelusta. "Jos amiraalin merimiestaidot olisivat yltäneet hänen urheutensa tasolle", kirjoitti tunnettu Suffren, joka komensi ranskalaisten keulimmaista laivaa, "niin emme olisi päästäneet neljää alusta, jotka olivat menettäneet mastonsa, pakenemaan." "D´Estaing, iältänsä kolmekymmentävuotias, oli siirretty armeijasta laivastoon saaden ennenaikaisesti kontra-amiraalin arvon. Laivasto ei ollut tuntenut hänen kykyjään käydä merisotaa, kun sota puhkesi, ja on turvallista sanoa, että se mielipide oli oikeutettu hänen toimintansa perusteella sodan aikana." [137] "Urhea miekkansa kanssa, d´Estaing oli aina sotilaidensa ja merimiestensä ihailema; mutta moraalisena auktoriteettina upseereihinsa hän epäonnistui usean kerran huolimatta siitä, että häneen kuningas oli ylettänyt suojeluksensa." [138]

Toinen syy kyvyttömyyteen merimiehenä, jonka yleensä antavat ranskalaiset historioitsijat koskien d´Estaingin kyvyttömiä toimia tässä tilanteessa. Hän katsoi Grenadan suuntaan, he sanovat, kuin se olisi hänen ponnistelujensa todellinen tavoite ja piti englantilaisten laivastoa hyvin toisarvoisena kohteena. Ramatuelle, laivastotaktikko, joka palveli aktiivisesti tässä sodassa ja kirjoitti keisarivallan alla viitaten tähän tapaukseen, johon hän yhdistää Yorktownin ja muut taistelut antaen esimerkkejä merisodan todellisista tavoista toimia. Hänen sanansa, jotka luultavasti viittaavat silloisiin mielipiteisiin hänen palveluksistansa sinä aikana, kun ne varmasti tekivät Ranskan hallituksien politiikan mukaisesti, niin kutsuvat sitä enemmänkin ohimenevin huomautuksin, kun ne liittyvät periaatteisiin, joiden arvosta käydään mitä vakavinta keskustelua:

"Ranskan laivasto piti aina parempana kunniaa taata tai säilyttää valloitukset kuin kenties olisi ollut nerokkaampaa, mutta itsessään vähemmän todellista ottaa haltuunsa muutama laiva; ja sillä tavalla toimiessaan enemmän lähestyi halutun sodan todellisia tavoitteita. Mitä tosiasiassa olisi muutaman aluksen menetys merkinnyt englantilaisille? Keskeinen asia on hyökätä heidän omistuksiensa kimppuun, jotka ovat heidän vaurautensa ja merellisten voimiensa suoria lähteitä. Vuoden 1778 sotaa antaa esimerkkejä tästä ranskalaisten amiraalien omistautuneesta tavasta toimia maansa todellisten etujen vuoksi. Grenadan säilyminen, Yorktownin valloitus, jossa englantilainen armeija antautui, St. Christopherin saaren valloitus, olivat tuloksia suurista taisteluista, joista vihollisen sallittiin pakenevan ilman, että sitä ajettiin takaa kuin, että sen kimppuun olisi käyty omaten menestystä hyökkäyspaikassa."

Asiaa ei voida selvemmin nostaa esille kuin Grenadan tapauksessa. Kukaan ei kiistä, että siellä olisi ollut hetkiä todennäköiseen sotilaalliseen menestykseen, joka olisi tullut tai olisi lykkääntynyt yhden suuremman tai ratkaisevamman tapauksen takia. De Grassen asema Chesapeaken luona 1781, jolloin Yorktownin kohtalo oli hiuskarvan varassa, on sellainen kohta; niin kuin myös oli silloin, kun d'Estaing oli Grenadan luona, jolloin he kumpikin olivat samassa tilanteessa. Kumpikin oikeutti toimensa samalla tavalla; ei vain juuri siihen asiaan sopivien ansioiden kautta, vaan myös koskien yleistä periaatetta. Onko se periaate järkevä? Lainatun kirjoittajan ennakkoluulot itse paljastavat tiedostamattomasti, kun puhutaan "muutamista aluksista". Koko laivastoa ei yleensä murskata yhdellä iskulla; muutama alus tarkoittaa tavallista laivastovoittoa. Rodneyn kuuluisassa taistelussa vain viisi laivaa saatiin sotasaaliiksi, vaikka Jamaika siten pelastettiin.

Päättääksemme periaatteen järkevyyden, joka väitetään todistettavan näiden kahden tapauksen (St. Christopherista keskustellaan myöhemmin) kautta, on tarpeen tarkastella mitä etuja haluttiin saavuttaa, ja mitkä olivat ratkaisevat seikat menestyksen kannalta kummassakin tapauksessa. Yorktownin tapauksessa pyrittiin saamaan Cornwallisin armeija vangittua; tavoite oli tuhota vihollisen organisoitunut sotilaallinen voima rannalta. Grenadassa valittuna tavoitteena oli ottaa haltuun pala maata, jolla ei ollut suurta sotilaallista arvoa; täytyy huomauttaa, että kaikki nämä Vähän-Antillien saaret, jos ne halutaan pitää hallussa sotilaallisella voimalla ollenkaan, niin siihen tarvitaan suura yksiköitä, joiden keskinäinen tuki riippuu täysin laivastosta. Nämä suuret yksiköt ovat alttiita tulla murskatuksi yksitellen, jos niitä ei tueta laivastolla; ja jos laivastoherruus säilytetään, niin silloin vihollisen laivasto täytyy murskata. Grenada, lähellä sitä ja suojanpuolella olevat Barbados ja Saint Lucia, niin ne kumpikin olivat vahvasti englantilaisten hallussa, olivat kuitenkin oudon heikkoja ranskalaisille; mutta järkevä sotilaspolitiikka kaikilla näillä saarilla vaati yhtä tai kahta vahvasti linnoitettua ja miehitettyä laivastotukikohtaa, ja riippuvuus oli muuten täysin laivaston varassa. Sen lisäksi turvallisuutta tarvittiin yksittäisten risteilijöiden ja kaapparien hyökkäyksiä vastaan.

Sellaiset olivat tavoitteet kiistassa. Mikä oli sitten ratkaiseva tekijä tässä kiistassa? Se oli varmasti laivasto, joka oli kelluva sotilaallinen voima. Cornwallisin kohtalo riippui täysin merestä. On tarpeetonta spekuloida lopputuloksista, jos voimasuhteet 5. syyskuuta 1781, jotka olivat suotuisia De Grasselle, niin oli käännetty päinvastoin, jolloin jos ranskalaisilla olisi ollut viiden aluksen ylivoiman sijaan viisi alusta vähemmän kuin englantilaisilla. Tilanne oli kuitenkin niin, että De Grasse, kun taistelu alkoi, niin hänellä oli yhtäläinen ylivoima suhteessa englantilaisiin, jonka lopputulos oli voitto tiukan taistelun jälkeen. Kysymys oli silloin, että pitäisikö hänen riskeerata melkein varma ratkaiseva voitto vihollisesta rannalla siksi, että hän pyrkisi saamaan paljon epävarmemman voiton organisoidusta yksiköstä laivastoa? Tässä ei ollut kyse Yorktownista, vaan Cornwallisista ja hänen armeijastaan; siellä oli suuri määrä asioita, jotka olivat tiellä ja ne pitäisi ratkaista.

Kuten sanottiin; ja se sanominen ei tarvitse muutoksia; niin siellä voi olla vain yksi vastaus. Huomautetaan nyt selvästi, että kuitenkin *kumpikin* De Grassen vaihtoehto toi hänen eteensä organisoidun sotavoiman kohteena.

Asia ei ollut niin d'Estaingilla Grenadassa. Hänen ylivoimansa suhteessa englantilaisiin oli melkein yhtä suuri kuin De Grassella; hänen vaihtoehtoiset tavoitteensa olivat organisoitu sotavoima laivastoa ja pieni saari, joka oli viljava, mutta sotilaallisesti merkityksetön. Grenadan sanottiin omaavan vahvat puolustusasemat; mutta sisäinen voima ei tee siitä tärkeätä, jos sen sijainnilla ei ole strategista arvoa. Pelastaakseen saaren hän kieltäytyi käyttämästä valtavaa etua onnessa, joka oli annettu hänelle suhteessa laivastoon. Silti yhteenotto kahden laivaston välillä riippui asemista saarilla. Vakava ote Länsi-Intian saariin vaati ensiksi voimakkaan sataman, jollainen ranskalaisilla oli; toiseksi se vaati merten herruutta. Jälkimmäinen oli tarpeen, ei moninkertaistaakseen joukko-osastoja saarilla, vaan tuhotakseen vihollisen laivaston, jota voitiin kutsua tarkasti sotavoimaksi kentällä. Saaret olivat vain rikkaita kaupunkeja; ja niitä ei ollut enempää kuin yksi tai kaksi linnoitettua kaupunkia, tai asemaa, joita tarvittiin.

Voidaan turvallisesti sanoa, että periaate, joka vei d'Estaining taisteluun, niin sitä ei voida pitää kiistatta oikeana, sillä se johti hänet toimimaan väärin. Yorktownin tapauksessa periaate, jonka sanoi Ramatuelle, ei ollut *oikeuttava* syy De Grassen toimintaan, vaikka se oli todennäköisesti *todellinen* syy. Se, mikä oikeutti De Grassen, niin oli se, että kyseinen tapahtuma oli täysin riippuvainen vankkumattomasta meren hallinnasta vain vähän aikaa, sillä hänellä oli jo käytössään suurempi lukumääränsä. Jos lukumäärä olisi ollut tasaväkinen, niin uskollisuus sotilaallisia velvollisuuksia kohtaan silloin olisi pakottanut hänet taistelemaan pysäyttääkseen englantilaisen amiraali yritykset, joita tämä olisi varmasti tehnyt. Muutaman laivan tuhoaminen, kuten Ramatuelle huomauttaa, niin antaa juuri sen ylivoiman, joka antoi juuri sen onnellisen lopputuloksen, mitä Yorktownista odotettiin. Yleisenä periaatteena se on epäilemättä parempi tavoite kuin se, mitä ranskalaiset ajoivat takaa. Tietenkin poikkeuksia voidaan löytää; mutta poikkeuksia on luultavasti missä, niin kuin Yorktownissa, sotilaallinen voima oli ohjattu muualle tai niin kuin Port Mahonissa, joka oli haluttava ja voimakas tukikohta kyseessä olleelle sotavoimalle; vaikka Mahonissa on kyseenalaista, että käytettiinkö siellä harkintaa. Jos Hawke tai Boscawen olisivat kohdanneet Byngin onnettomuuden, niin he eivät olisi menneet Gibraltarille korjaamaan aluksiansa, ellei ranskalainen amiraali olisi seurannut heitä ensimmäisen iskun jälkeen muilla iskuilla kasvattaakseen heidän kärsimiänsä vahinkoja.

Grenada oli epäilemättä hyvin rakas d'Estaingin silmille, sillä se oli hänen ainoa voittonsa. Epäonnistuttuaan Delawaressa, New Yorkissa ja Rhode Islandissa yhdessä tyrmistyttävän toiminnan kanssa Saint Lucian luona, jota on vaikeata ymmärtää luottamusta, jota jotkut ranskalaiset kirjoittajat ilmaisivat häntä kohtaan. Lahjakas omaten loistavan ja leviävän henkilökohtaisen rohkeuden, niin hän kunnostautui itse mitä suurimmassa määrin, kun amiraalina johti henkilökohtaisesti hyökkäyksiä linnoitteita vastaan Saint Lucian ja Grenadan luona ja muutamia kuukausia myöhemmin epäonnistuneessa hyökkäyksessä Savannahia vastaan.

Ranskan laivaston poissaolo talvella 1778–1779, jolloin englantilaiset hallitsivat merta muutamilla aluksilla, jotka eivät olleet menneet Länsi-Intiaan, he päättivät siirtää mantereen sodan painopisteen eteläisiin osavaltioihin, joissa he uskoivat olevan paljon kruunulle lojaaleja ihmisiä. Sotaretki suunnattiin Georgiaan ja se oli siihen asti menestyksekäs, kun Savannah joutui heidän käsiinsä vuoden 1778 viimeisinä päivinä. Koko osavaltio alistettiin nopeasti. Sotatoimet sitten ylettyivät Etelä-Carolinaan, mutta niillä ei onnistuttu valloittamaan Charlestonia.

Sana näistä tapahtumista lähetettiin d´Estaingille Länsi-Intiaan yhdessä kiireellisen viestin kanssa vaarasta, joka uhkasi Carolinoja ja ihmiset valittivat, että ranskalaiset olivat hylänneet liittolaisensa antamatta näille mitään tukea, vaan päinvastoin he olivat hyötyneet bostonilaisten sydämellisestä avusta korjata vahingoittunutta laivastoa. Siellä oli totuuden siemen väitetyssä epäonnistumisessa auttaa, joka vaikutti d´Estaingiin, että hän jätti huomioitta käskynsä palata heti Eurooppaan tiettyjen alusten kanssa. Sen sijaan, että hän tottelisi niitä, niin hän purjehti Amerikan rannikkoa pitkin mukanaan 22 linjalaivaa näköpiirissään kaksi tavoitetta; auttaa eteläisiä osavaltioita ja hyökätä New Yorkia vastaan yhdessä Washingtonin armeijan kanssa.

Saapuessaan Georgian rannikolle syyskuun 1. päivänä d´Estaing yllätti englantilaiset täysin; mutta tappava ripeyden puute, joka aikaisemmin oli ollut osa tämän hyvin urhean miehen käskyvaltaa, niin taas petti hänen hyvän onnensa. Ollessaan ensiksi Savannahin edustalla, niin ohikiitävät arvokkaat päivät toivat muutoksia olosuhteisiin, ja lähestyvä huonon sää ajanjakso pakotti hänet, liian hitaasti aluksi, rynnäköimään ennenaikaisesti. Hän osoitti tavanomaista rohkeuttansa taistellen joukkojensa kärjessä niin kuin teki amerikkalainen kenraali; mutta lopputuloksena oli se, että hänet torjuttiin verisesti. Piiritys lopetettiin ja d´Estaing purjehti taas Ranskaan ei vain luopuen suunnitelmistansa New Yorkin suhteen, vaan myös hyläten eteläiset osavaltiot viholliselle. Tämän avun arvo Ranskan vahvoilta merivoimilta siten julmasti näytettiin amerikkalaisten silmien edessä vain viedäkseen sen pois näytettyään taistelua englantilaisia vastaan, jotka hylkäsivät Newportin mitä kiireemmin, kun he saivat selville ranskalaisen laivaston sijainnin. Vetäytyminen oli päätetty ennen kuin d´Estaing saapui muuttaen sen pakenemiseksi.

D´Estaingin lähtemisen jälkeen, johon kuului koko Ranskan laivasto, sillä alukset, jotka eivät palanneet Ranskaan, niin menivät Länsi-Intiaan; englantilaiset samaan aikaan jatkoivat hyökkäystänsä eteläisiä osavaltioita vastaan, joka hyökkäyksenä oli ollut aikaisemmin keskeytetty. Laivasto ja armeija lähtivät New Yorkista vuoden 1779 viimeisten viikkojen aikana ja kokoonnuttuaan Tybeen luona, niin menivät Charlestoniin Ediston väylää pitkin. Amerikkalaisten voimattomuus merellä jättiä tämän liikkeen vapaaksi häirinnältä pois lukien muutamia risteilijöitä, jotka saivat kiinni joitakin harhailijoita; antaen taas yhden opetuksen risteilijäsodankäynnin huonoista tuloksista. Charlestonin piiritys alkoi maaliskuun lopussa; englantilaiset alukset pian ohittivat riutan ja Fort Moultrien ilman vakavia vahinkoja ja laskivat ankkurinsa tykinkantaman päähän. Fort Moultrie oli pian ja helposti valloitettu maateitse, ja itse kaupunki antautui 12. toukokuuta 40 päivän piirityksen jälkeen. Koko osavaltio oli pian valloitettu ja otettu sotilaallisen hallintaan.

Osiin d'Estaingin laivastosta liittyi täydennysvoimia Ranskasta komentajaan Comte de Guichen, joka otti komentovallan Länsi-Intian merillä maaliskuun 22. 1780. Seuraavana päivänä hän purjehti Saint Lucian suuntaan toivoen löytävänsä saaren valmistautumattomana; mutta kärttyinen ja kovaa tappeleva tyypillinen vanha amiraali, Sir Hyde Parker, oli asettunut sinne ankkuriin kuudentoista laivan kanssa, jolloin Guichen ei 22 laivansa kanssa hyökännyt. Tilaisuus, jos sellainen oli, niin ei toistunut. De Guichen palasi Martiniquelle, jonne hän laski ankkurinsa 27. päivä; ja samana päivänä Saint Lucialle Parkerin luokse saapui englantilaisten uusi ylipäällikkö Rodney.

Tämä oli tunnettu, mutta silloin vain kunnostautunut amiraali, jolla oli ikää 62 vuotta, kun hän otti komentovallan, joka tulisi antamaan hänelle kuolemattoman maineen. Tunnettuna urheudestansa ja ammattitaidostansa, mutta omaten tuhlailevat, jos ei sentään poikkeukselliset tavat, niin rahankäyttöön liittyvät ongelmat olivat pakottaneet hänen maanpakoon Ranskaan, kun sota alkoi. Kerskailu hänen kyvystänsä tehdä selvää ranskalaisesta laivastosta, jos olosuhteet sallisivat hänen palata Englantiin, niin saivat ranskalaisen aatelismiehen, joka kuuli tuon, niin ottamaan haltuunsa hänelle kiertyneet velat ritarillisuudesta ja kansallisesta piikittelystä yhtälailla. Hänen palatessaan hänelle annettiin komentovalta ja hän purjehti tammikuussa 1780 komennossaan 20 linjalaivan laivasto vapauttaakseen Gibraltarin, joka oli tiukan piirityksen kohteena. Cadizin edustalla hyvällä onnella, joka oli hänelle tyypillistä, niin hän hyökkäsi espanjalaisen laivastoyksikön kimppuun, jossa oli 11 linjalaivaa, jotka kömpelösti pitivät asemansa, kunnes niiden oli liian myöhäistä paeta. [139] Antaen merkin yleiseen takaa-ajoon ja leikaten suojanpuolelle vihollisesta heidän ja heidän satamansa väliin Rodney huolimatta synkästä ja myrskyisestä yöstä asettui täysin haluten kaikkiin vaaroihin; ja sitten jättäen saaliit ja pääosan laivastosta purjehtien muiden kanssa asemapaikallensa.

Huolimatta hänen henkilökohtaisesta rohkeudestansa ja ammattitaidostansa, joka merkitsi taktiikoiden suhteen etumatkaa suhteessa hänen aikalaisiinsa Englannissa, niin Rodney komentajana kuului aika varuillaan olevaan ja varovaiseen ranskalaisten taktikoiden koulukuntaan kuin kärsimättömiin ja innokkaisiin Nelsonin kaltaisiin taktikoihin. Kuten Tourvillen suhteen olemme nähneet, niin epätoivoinen taistelu 1600-luvulla haluttomuutena jättää vihollistansa yhtyen muodolliseen ja keinotekoiseen, voimme melkein sanoa vähäpätöisiin, 1700-luvun paraatitaktiikoihin, jolloin Rodney, kuten tulemme näkemään muuttui näistä seremoniallisista kaksintaisteluista taisteluihin, jotka olivat kyvykkäitä osaltansa ja pyrkien vakaviin lopputuloksiin. Siitä syystä on epäoikeudenmukaista rinnastaa Rodney oman aikansa ranskalaisiin amiraaleihin. Taito, jonka de Guichen tunnisti heti, kun hän otti yhteen Rodneyn kanssa, että tämä pyrki vahingoittamaan, ei olemaan jouten. Mikä tahansa tapahtuma suosii sattumaa, niin tavoite, josta hän ei koskaan kääntänyt katsettansa, oli ranskalainen laivasto, joka oli vihollisen organisoitunut voima merellä. Ja päivä, jolloin onni hylkäsi vihollisen, joka oli hylännyt sen tarjoukset, kun Cornwallisin voittaja ei pystynyt iskemään, kun Rodney oli hänen verrattuna epäsuotuisassa asemassa, kun jälkimmäinen voitti taistelun, joka vapautti Englannin syvästi huolesta ja palautti seille yhdellä iskulla kaikki saaret, jotka liittolaiset olivat saaneet haltuunsa varovaisella taktiikalla, paitsi Tobagon.

De Guichen ja Rodney kohtasivat ensimmäistä kertaa 17. huhtikuuta 1780 kolme viikkoa jälkimmäisen saapumisen jälkeen. Ranskalainen laivasto oli pyrkimässä tuulen puolelle salmessa Martiniquen ja Dominican välissä, kun vihollinen saapui kaakosta. Päivä käytettiin sotaliikkeisiin tuulenpuolelle, jonka Rodney voitti. Kaksi laivastoa oli nyt hyvin suojanpuolella saarista [140] (Kuva XI.), jolloin kummallakin oli oikeanpuolinen kääntymissuunta mennen pohjoiseen, ja ranskalaiset olivat suojanpuolella englantilaisista, jolloin Rodney, joka lisäsi purjeita, niin viesti laivastollensa, että hän halusi hyökätä vihollisen perää ja keskustaa vastaan koko voimallansa; ja kun hän pääsi asemaan, jota hän piti sopivana, niin hän määräsi kääntymään pois 90 asteen verran yhdessä (A, A, A). De Guichen nähdessään takajoukkojansa uhkaavan vaaran, niin kokosi koko laivastonsa yhteen ja oli valmiina ottamaan sen iskun vastaan. Rodney huomatessaan, että hänen suunnitelmansa oli epäonnistunut, niin otti taas saman kääntymissuunnan kuin vihollinen, jolloin kumpikin laivasto menivät etelää ja itää kohden. [141] Myöhemmin hän taas antoi merkin taistella seuraten tuntia myöhemmin juuri keskipäivällä käskyllä (lainaten hänen omaa viestiänsä), "jokainen alus käyköön hyökkäykseen ja lähestyköön vastaavassa paikassa vihollisen linjassa olevaa alusta." Tämä, joka kuulostaa vanhalta tarinalta laiva laivaa vastaan, niin Rodney selitti tarkoittaneensa vihollisiaan silloin, ei vastustajiaan numerojärjestyksessä. Hänen omat sanansa ovat: "Viistossa asemassa keulimmaiset alukseksi hyökkäävät vihollisen keskustan yksikön etummaisia aluksia vastaan ja koko brittien laivastoa vastustaa vain kaksikolmasosaa vihollisesta" (B, B). Vaikeus ja väärinkäsitys, jotka seurasivat tästä, johtuivat pääasiassa viestimerkkikirjan virheellisestä luonteesta. Sen sijaan mitä amiraali toivoi, niin etummaiset laivat (a) purjehtivat niin, että ne saavuttaisivat oletetut asemansa numerojärjestyksessä olevien vihollistensa rinnalla. Rodney sanoi myöhemmin, että kun hän tuli hyökkäykseen toisen kerran, niin ranskalainen laivasto oli hyvin pitkässä linjassa; ja jos hänen käskyjänsä olisi toteltu, niin keskusta ja peräpää olisi tuhottu ennen kuin keula olisi ehtinyt mukaan taisteluun.

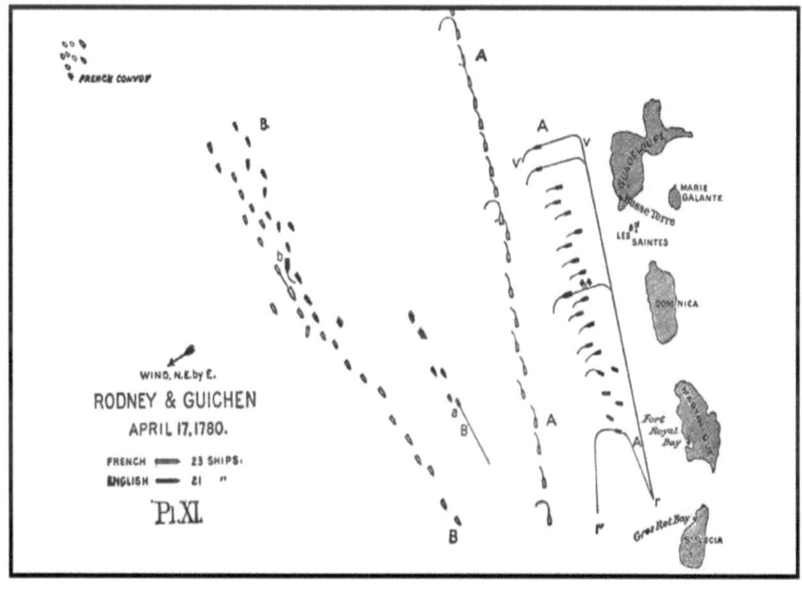

Kuva XI.

Näyttää olevan kaikki syyt uskoa, että Rodneyn aikeina oli kokoajan käydä ranskalaisten kimppuun niin kuin hän sanoi. Epäonnistuminen johtui viestimerkkikirjasta ja laivaston taktisesta tehottomuudesta; josta hän liityttyään myöhemmin ei ollut vastuussa. Mutta hänen kiertelynsä rumuus oli niin selvää de Guichenille, että hän huokaisi, kun englantilaisten laivasto pysyi poissa ensimmäistä kertaa, että jos siinä ei olisi onnistuttu, niin silloin olisi menetetty 6 tai 7 laivaa; ja hän lähetti viestin Rodneylle, että jos tämän merkkejä olisi toteltu, niin hänestä olisi tullut tämän vanki. [142] Vakuuttavampi todiste, että hän tajusi vihollisensa vaarallisuuden oli se tosiasia, että hän piti huolen, että ei ollut suojanpuolella heidän myöhemmissä yhteenotoissaan. Rodneyn huolellinen suunnitelmaa oli epäonnistunut, jolloin hän näytti, että hän pyrkisi toteuttamaan ne kaikki jääräpäisellä rohkeudella osoittaen olevansa mitä kovin taistelija; vieden oman aluksensa lähelle vihollista ja lopettaen vain, kun jälkimmäinen kääntyi pois menetettyään etumastonsa ja päämaston pääpurjeen tuen ja jolloin sen kylki oli niin pahasti vahingoittunut, että se tuskin kellui.

Välikohtauksesta tässä taistelussa mainitsevat ranskalaiset kirjoittajat ja Botta [143], joka luultavasti sai siitä tiedon ranskalaisten viranomaisten kautta, mutta jota ei löydy englantilaisista kertomuksista osoittaen hyökkäyksen kriittistä luonnetta ranskalaisten kokemana ahdistuksena. Heidän mukaansa Rodney nähdessään aukon heidän taistelujärjestyksessään johtuen siitä, että ranskalaisen amiraalin laiva takajoukoissa ei ollut sille määrätyssä asemassa, niin koetti murtautua lävitse (b); mutta "Destinin", jossa oli 74 tykkiä, kapteeni, lisäsi purjeita ja heitti itsensä englantilaisen 90-tykkisen aluksen eteen.

"'Destinin' toimintaa ylistettiin oikeudenmukaisesti," sanoo Lapeyrouse-Bonfils. "Laivasto joutui vaaraan melkein varmasta tappiosta, mutta sen esti M. de Goimpyn urheus. Sellainen oli kyseisen tapahtuman jälkeen mielipide koko ranskalaisessa laivueessa. Silti myönnetään, että linjamme oli rikkoontunut, jolloin mitkä onnettomuudet olisivatkaan sitä kautta voineet uhata laivastoamme? Eikö olisi aina helppoa takajoukoissamme estää onnettomuus ripeästi täyttäen paikka aluksilla, joita uhkasi eristäytyminen? Se liike olisi tarpeen tehdä lähitaistelussa, joka kääntyisi sen laivaston eduksi, joka olisi urhein ja jolla olisi omistautuneimmat kapteenit. Mutta sitten, niin kuin keisarivallan alla, niin oli tunnettu periaate, että eristetyt alukset olivat menetettyjä aluksia ja se uskomus toi oman täyttymisensä."

Vaikutus murtaa vihollisen linja tai taistelujärjestys, niin riippuu useasta olosuhteesta. Keskeinen asia on jakaa vastustava sotavoima läpäisemällä se löydetystä välistä tai tehdä sellainen ja sitten keskittää yhteen kohtaan, josta on helpompi murtautua lävitse kuin muista kohdista. Linjassa laivoja tämä on yleensä sen takaosassa. Kun muodostelman tiiviyttä vastaan hyökätään, niin osa aluksista eristetään, jolloin aika, jonka ne ovat eristettyinä ja alivoimaisina, niin tulee täysin vaikuttamaan lopputulokseen. Hyvin suuri tekijä asiassa on vaikutus taistelumoraaliin, johon vaikuttaa hajonneeseen linjaan iskenyt sekasorto. Laivat, jotka purjehtivat kohti murtokohtaa, niin ne ovat pysähtyneet, jolloin peräpään alukset kasaantuvat, kun taas alukset keulassa jatkavat omaan suuntaansa. Sellainen hetki on kriittinen ja se vaatii välitöntä toimintaa; mutta harvassa ovat miehet, jotka ovat nähneet ennalta sellaisen hätätilanteen ja ovat heti toimineet oikein etenkin, jos he ovat alaisia, jotka joutuvat ottamaan vastuuta. Sellaisessa sekasorron näyttämössä englantilaiset olettamatta mitään toivoivat hyötyvänsä paremmasta merenkulkutaidostansa; sillä siinä ei ollut vain kyse "rohkeudesta ja omistautuneisuudesta", vaan taidosta, joka silloin kertoi itsestänsä. Kaikki nämä vaikutukset "linjan rikkomisesta" tulivat esille kuvauksessa Rodneyn suuresta taistelusta vuonna 1782.

De Guichen ja Rodney kohtasivat kahdesti seuraavan kuukauden aikana, mutta kummassakaan tilanteessa ranskalainen amiraali ei ottanut kansakuntansa suosimaan asemaa suojanpuolelta. Samaan aikaan espanjalainen laivasto, jossa oli 12 linjalaivaa, oli matkalla liittyäkseen ranskalaisiin. Rodney purjehti tuulenpuolella Martiniquesta pysäyttääkseen ne; mutta espanjalainen amiraali piti kurssinsa pohjoiseen, näki Guadeloupen ja sieltä lähetti viestin de Guichenille, joka liittyi liittolaisiinsa ja saattoi nämä satamaan. Liittolaisten suuri ylivoima lukumäärässä kasvatti pelkoja englantilaisten saarilla; mutta sopusoinnun puute sai aikaan viivytyksiä ja epäröintiä; kauhistuttava kulkutauti riehui espanjalaisessa laivueessa, ja suunnitellusta sotatoimesta ei tullut mitään. Elokuussa de Guichen purjehti Ranskaan 15 aluksella. Rodney tietämättömänä hänen päämäärästänsä ja ollessaan huolissaan niin Pohjois-Amerikasta kuin Jamaikasta, jakoi laivastonsa jättäen siitä yhden puoliskon saarille ja lopuilla purjehti New Yorkiin, jonne hän saapui syyskuun 12. päivä. Näin otettu riski oli hyvin suuri ja tuskin oikeutettu; mutta mitään ikäviä seurauksia ei tullut voimien jakamisesta. [144] Jos de Guichen olisi suunnitellut menevänsä Jamaikan kimppuun tai tukemaan Washingtonia New Yorkissa, niin kumpikaan puolisko Rodneyn laivastosta ei olisi ollut riittävä häntä vastaan. Kaksi mahdollisuutta katastrofiin yhden sijasta tapahtui pienillä voimilla kahdella eri taistelukentällä sen sijaan, että olisi ollut yksi kokonainen sotajoukko yhdellä taistelukentällä.

Rodneyn huoli Pohjois-Amerikasta oli hyvin perusteltua. Heinäkuun 12. päivä sinä vuonna kauan odotetut ranskalaiset täydennysvoimat saapuivat: niitä oli 5000 miestä Rochambeuan alaisuudessa ja 7 linjalaivaa de Ternayn komennossa. Silloin englantilaiset, vaikkakin omasivat herruuden merillä, niin tunsivat olevansa pakotettuja keskittämään voimansa New Yorkiin, ja olivat kyvyttömiä lähettämään vahvistuksia sotavoimillensa Carolinaan. Vaikeus ja liikkeiden etäisyys maalla antoivat sellaisen edun merivoimille, että Lafaytte pyysi Ranskan hallitusta kasvattamaan laivastonsa; mutta oli silti luonnollista ja asianmukaista kiinnittää huomiota omiin suoriin etuihin Antilleilla. Ei ollut vielä aika pelastaa Amerikkaa.

Rodney selviydyttyään suuresta hirmumyrskystä lokakuussa 1780, niin hän poissaolonsa jälkeen palasi Länsi-Intiaan myöhemmin sinä vuonna ja pian kuuli sodasta Englannin ja Alankomaiden välillä; joka eteni alkaen syistä, jotka tullaan mainitsemaan myöhemmin, niin julistettiin joulukuun 20. päivä 1780. Amiraali otti heti haltuunsa hollantilaisten saaret St. Eustatiuksen ja St. Martinin, joiden lisäksi hän kaappasi lukuisia kauppalaivoja, joiden arvo omaisuutensa kanssa oli yhteensä 15 miljoonaa dollaria. Nämä saaret, jotka vielä olivat puolueettomia, niin niiden rooli oli samankaltainen kuin Nassaulla Yhdysvaltain sisällissodan aikana, ja josta oli tullut suuri keskus kielletyille kauppatavaroille, joita silloin joutui suuri määrä englantilaisten käsiin.

Vuosi 1780 oli ollut synkkä Yhdysvalloille. Camdenin taistelu näytti ratkaisseen englantilaisten vallan Etelä-Carolinassa ja vihollisella oli suuria toiveita saada haltuunsa niin Pohjois-Carolina kuin Virginia. Arnoldin petosta seurasi kasvanut lannistuminen, josta saatiin vain osittaista helpotusta voitolla King's Mountainin taistelusta. Huomattava apu ranskalaisia joukkoja tuli siten tilanteeseen mitä ilahduttavimmalla tavalla. Silti se oli valonpilkahdus, sillä toinen yksikkö, jolla oli aikomuksia tulla apuun, niin oli saarrettuna Brestin satamaan englantilaisen laivaston toimesta; kun de Guichen viimeinen epäonnistuminen tapahtui, ja Rodney tuli hänen sijastansa, niin se teki toiveista sotaretken suhteen hedelmättömiä.

Aika kiihkeään ja ratkaisevaan toimintaan oli kuitenkin käsillä. Maaliskuun lopulla 1781 Comte de Grasse purjehti Brestistä mukanaan 26 linjalaivaa ja suuri saattue. Kun nämä laivat olivat ohittaneet Azorit, niin viisi laivaa erosi tästä muodostelmasta suunnaten Itä-Intiaan Suffrenin komennossa, josta tulemme kuulemaan myöhemmin lisää. De Grasse saapui Martiniquelle 28. huhtikuuta. Amiraali Hood (Rodney oli jäänyt St. Eustatiuksen taakse) oli saartamassa Fort Royalia, joka oli ranskalaisten satama ja asevarasto saaren suojanpuolella, jossa oli 4 linjalaivaa, kun hänen tähystäjänsä ilmoittivat vihollisen laivastosta. Hoodilla oli edessään kaksi tavoitetta; yksi oli estää neljän saarretun aluksen liittyminen lähestyvään laivastoon ja toinen oli estää jälkimmäistä pääsemästä hänen ja Gros Ilot Bayn väliin Saint Lucialla. Sen sijaan, että hän vaikuttaisi tähän asiaan seuraavien 24 tunnin ajan pyrkien tuulenpuolelle Diamond Rockista, niin hänen laivastonsa meni paljon suojanpuolelle, että de Grasse mennessään kanaalin lävitse 29. päivä, suuntasi kohti Front Royalia pitäen saattueensa laivaston ja saaren välissä. Tästä väärästä sijoittelusta Rodney vakavasti syytti Hoodia, mutta se saattoi johtua heikoista tuulista ja suojan puolen virtauksista. Kuitenkin tapahtui niin, että neljä laivaa Fort Royalissa pääsivät liikkeelle ja liittyivät päävoimiin. Englantilaisilla oli silloin vain 18 laivaa ranskalaisten 24 vastaan ja jälkimmäisillä oli tuulietu; mutta vaikka voimasuhde oli neljän suhde kolmeen ja omaten voimaa hyökätä, niin de Grasse ei toiminut sillä tavalla. Hän pelkäsi altistavansa tuolla tavalla saattueensa, joka esti häntä ryhtymästä mahdolliseen vakavaan yhteenottoon. Suuren täytyi olla hänen epäluottamuksensa omia voimiansa kohtaan, joka voidaan tästä sanoa. Milloin laivaston täytyy taistella, jos tämä ei ole siihen oikea hetki? Hän toteutti pitkän matkan tykkitulta, jonka tulokset olivat niin niin englantilaisia vastaan, että hänen varovaisuutensa oli sen takia vielä enemmän poikkeuksellista. Voiko toimintatapa tai perinne, joka oikeuttaa tuollaisen toiminnan, olla hyvä?

Seuraavana päivänä, 30. huhtikuuta, de Grasse menetettyään tilaisuutensa, koetti seurata Hoodia; mutta jälkimmäisellä ei ollut enää mitään syytä taistella ja hänen alkuperäinen alivoimansa oli kasvanut vakavilla vahingoilla joillekin hänen aluksillensa 29. päivä. De Grasse ei pystynyt ottamaan häntä kiinni johtuen hänen laivastonsa heikommasta nopeudesta, sillä useita hänen aluksiensa kylkiä ei ollut suojattu kuparilla; on syytä huomauttaa, että ranskalaiset alukset malliensa ja kokonsa mukaisesti olivat yleensä nopeampia kuin englantilaiset; mutta tämä ylivoimaisuus uhrattiin hallituksen viivyttelyllä ottaa käyttöön uusia toimintatapoja.

Hood liittyi uudestaan Rodneyhin Antiguan luona; ja de Grasse, joka oli viipynyt lyhyen aikaa Fort Royalissaa, niin koetti mennä

Gros Ilot Bayhun, jonka omistuksen ansiosta englantilaiset saattoivat tarkastella kaikkia hänen laivastonsa liikkeitä. Se estettiin häneltä, jolloin hän liikkui Tobagoa vastaan, joka antautui hänelle 2. kesäkuuta 1781. Hän purjehti sieltä joidenkin pienten sotatoimien jälkeen laskien ankkurinsa 26. heinäkuuta Cap Francaisin (nykyään Cape Haitien) Haitin saarella. Siellä löysi odottamassa häntä ranskalaisen fregatin Yhdysvalloista tuoden mukanaan viestit Washingtonilta ja Rochambeaulta, jonka jälkeen hän tulisi tekemään mitä merkittävimmän toimen, joka tuli kenen tahansa ranskalaisen amiraalin osaksi sen sodan aikana.

Englantilaisten hyökkäys eteläisiin osavaltioihin alkoi Georgiasta, jota seurasi Charlestonin valloitus ja kahden äärimmäisen osavaltion haltuunotto, josta he liikkuivat pohjoiseen Camdeniin Pohjois-Carolinassa; ja seuraavien yhdeksän kuukauden ajan englantilaiset Cornwallisin komennossa jatkoivat yrityksiään valloittaa Pohjois-Carolina. Nämä sotatoimet, jotka ovat vieraita suoralle aiheellemme, niin ne lopulta pakottivat Cornwallisin riippumatta hänen monista menestyksekkäistä taisteluistaan, niin perääntymään kohti rannikkoa ja lopulta Wilmingtoniin, jonne hänen joukkojensa huoltovarikot oli perustettu. Hänen vastustajansa, kenraali Greene, sitten käänsi amerikkalaiset joukot kohti Etelä-Carolinaa. Cornwallis, joka oli liian heikko miesvoimaltansa unelmoida ottavansa haltuunsa tai edes tunkeutuvansa maa-alueen sisäosiin vihamieliselle alueelle, niin joutui nyt valitsemaan joko palaamisen Charlestoniin pitääkseen siellä ja koko Etelä-Carolinassa yllä heikkoa brittien valtaa ja siirtyvänsä Virginiaan liittyäkseen pieneen hyökkäysosastoon, joka toimi James-joella kenraalien Phillips ja Arnold komennossa. Vetäytyminen takaisinpäin olisi tunnustus, että kuukausien väsyttävä marssiminen ja taisteleminen oli ollut tuloksetonta ja kenraali vakuutti itsellensä, että Chesapeake oli asianmukainen alue käydä sotaa jopa siinä tapauksessa, että New York jouduttaisiin hylkäämään. Ylipäällikkö, Sir Henry Clinton ei mitenkään omannut samaa mielipidettä, jolla oikeutettiin seuraavan askeleen ottaminen kysymättä häneltä. ”Chesapeaken sotatoimet”, hän kirjoitti, ”omaavat suuria riskejä ellemme ole varmoja, että meillä on pysyvä ylivoima merellä. Sen menetyksen tappavat seuraukset saavat minut vapisemaan.” Cornwallisille asian ottaminen hänen omiin käsiinsä marssittuaan Wilmingtonista huhtikuun 25, 1781, ja liittyessään britteihin Petersburgissa 20. toukokuuta. Näin yhdistyneiden voimien vahvuus oli 7000 miestä. Jouduttuaan ajetuksi takaisin Etelä-Carolinan maaseudulta Charlestoniin, niin oli jäljellä kaksi brittiläisen vallan keskusta osavaltioiden alueella; New

York ja Chesapeaken alue. New Jerseyn ja Pennsylvanian ollessa amerikkalaisten käsissä viestiliikenne näiden kahden alueen välillä oli täysin riippuvainen merestä.

Huolimatta hänen epäsuotuisasta kritiikistään Cornwallisin toimia kohtaan, niin Clinton itse oli jo vaarantanut suuren joukon sotilaita Chesapeaken alueella. Siellä oli 1600 miestä Benedict Arnoldin komennossa, joka joukkona hävitti maata James-joen alueella ja poltti Richmondin saman vuoden tammikuussa. Toiveena oli saada Arnold kiinni, jolloin Lafaytte lähetettiin Virginiaan mukanaan 1200 miehen ydinjoukko, ja illalla 8. maaliskuuta ranskalainen laivue purjehti Newportista koordinoidusti tämän liikkeen kanssa hallitakseen lahden vesiä. Amiraali Arbuthnot, joka komensi englantilaisten laivastoa, joka oli Gardiner's Bayssa, [145] sai selville tämän lähdön tiedustelijoiltansa ja aloitti takaa-ajon aamulla 10. päivä, 36 tuntia myöhemmin. Joko ahkeruuden tai onnen ollessa hänelle suotuisa, niin hän käytti aikaansa niin hyvin, että kun kaksi laivastoa tulivat toistensa näköetäisyydelle hieman Chesapeaken niemien ulkopuolella, niin englantilaiset olivat edellä [146] (Kuva XII, A, A) He menivät heti kohtaamaan vihollistansa, joka omalta osaltansa muodosti taistelulinjan. Tuuli oli silloin lännestä, joten kumpikaan osapuoli ei voinut mennä lahteen suoraan.

Kahden laivaston vahvuus oli melkein yhtä suuri, jolloin kummallakin puolella oli paikalla kahdeksan laivaa; mutta englantilaisilla oli yksi 90 tykin linjalaiva, kun taas yksi ranskalaisten aluksista oli vain raskas fregatti, joka oli laitettu taistelulinjaan. Joka tapauksessa silloin oli selvää, että yksi keskeinen ranskalaisen toimintatavan piirre tuli energisen päällikön toimien takia päätettäväksi, ja epäonnistuminen nähdä asia läpi täytyy antaa kommodori Destouchesin vastuulle tai jostain muusta syystä ottaa huomioon operaation todelliset tavoitteet, joista ne ihmiset, jotka ovat lukeneet Ranskan laivastohistoriaa, niin ovat kuulleet niin paljon. Sää oli myrskyisää ja uhmaavaa, ja tuuli käännyttyään kerran tai kaksi, niin puhalsi koillisesta suurelle merelle, mutta silloin oli mahdollista päästä lahdelle. Kaksi laivastoa olivat siihen aikaan kumpikin omaten vasemman kääntymissuunnan, jolloin ranskalaisten keulimmaiset alukset ollen suojanpuolella englantilaisista (B, B). Siitä asemasta ne peräkkäin (c) olivat jälkimmäisen edellä ottaen suojanpuoleisen aseman ja siten voiden käyttää alempia tykkejään, joiden käytön esti kova merenkäynti tuulenpuolella. Englantilaiset olivat vihollislinjan rinnalla (a, b), kun ne kuluttivat yhdessä voimiaan, ja pian hyökkäsivät tavanomaisella tavallaan ja tavanomaisin lopputuloksin (C).

Kolme keulimmaista laivaa kärsi hyvin pahoja vahinkoja, mutta omalta osaltansa heittäen niiden voiman pääasiassa kahden keulimmaisen vihollisaluksen kimppuun, ne vahingoittivat vakavasti näiden kylkiä ja takilointia. Ranskalaisten keula sitten pysyi poissa ja Arbuthnot hämmentävästi komensi muodostelmansa keulan taas takaisin tuuleen. M. Destouches toteutti silloin erittäin hienon vastaliikkeen. Viestittäen hänen keulallensa ottaa toinen kääntymissuunta (e), hän johti muun osan laivuettansa rampautuneita englantilaisia aluksia vastaan, ja annettuaan niille useita peräkkäisiä täyslaidallisia hänen kohtuullisen vahingoittumattomilta aluksiltansa, niin (d) iski, ja poistui merelle (D). Tämä oli taistelun päätös, jossa englantilaiset varmasti kärsivät pahemmin; mutta heidän tavanomaisella tavallaan ajaa takaa vihollisen kelluvia aluksia, jolloin he kääntyivät lahden suuntaan yhdistäen voimansa Arnoldin kanssa ja siten rikkoen ranskalaisten ja amerikkalaisten suunnitelmat, joihin Washington oli laittanut niin paljon toivoa. Ei ollut epäilystäkään sen jälkeen, kun on luettu tarkasti kertomuksia, etteivätkö ranskalaiset olleet tässä taistelussa parempi sotavoima kuin englantilaiset, ja he tosiaan väittivät voittaneensa; silti sotaretkeen tavoitteet eivät houkutelleet heitä enää koettamaan taistella laivastollansa tasaväkistä vihollista vastaan uudestaan. [147]

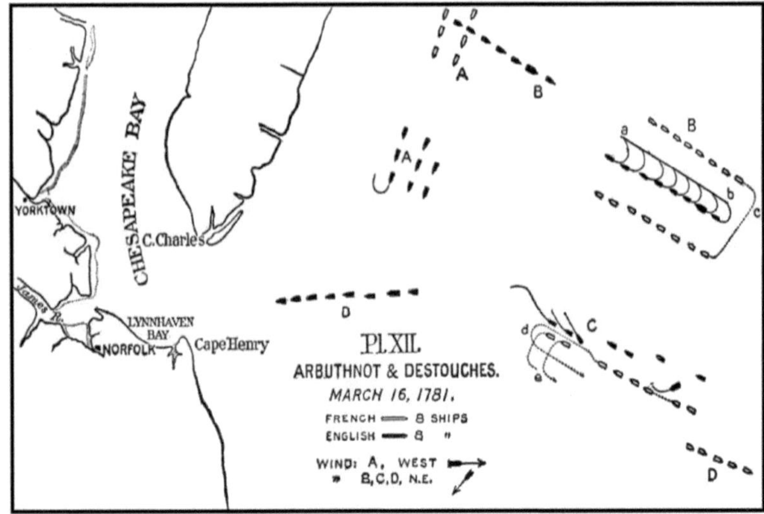

Kuva XII.

Reitti merelle oli siten auki ja sitä pidettiin hallussa voimalla, jolloin kaksituhatta miestä lisää englantilaisia joukkoja purjehti New Yorkista saapuen Virginiaan 26. maaliskuuta ja sen lisäksi Cornwallisin saapuminen toukokuussa kasvatti joukkojen määrän 7000 mieheen. Sotatoimissa vastakkaiset voimat kevät- ja kesäkuukausien aikana, jolloin Lafaytte komensi amerikkalaisia, niin ei ole aiheemme. Aikaisin elokuussa Cornwallis toimien Clintonin käskyjen mukaisesti, veti joukkonsa niemimaalle York- ja James-jokien väliin ja miehitti Yorktownin.

Washington ja Rochambeau olivat tavanneet 21. toukokuuta ja päättäneet, että tilanne vaatisi Ranskan Länsi-Intian laivaston ponnisteluja, jolloin sen saapuessa se pitäisi ohjata joko New Yorkia tai Chesapeaken aluetta vastaan. Tämä oli äänensävy viestissä, jonka de Grasse otti vastaan Cap Francaisin luona ja samaan aikaan liittoutuneet kenraalit veivät joukkojansa kohti New Yorkia, jossa heillä oli edessään yksi kohde, ja he olivat lähempänä toista kohdetta, jos heidän tulisi liikkua sitä vastaan.

Kummassakin tapauksessa oli niin Washingtonin kuin Ranskan hallituksen mielipide luottaa ylivoimaan merellä; mutta Rochambeau oli yksityisesti ilmoittanut amiraalille, että hän piti Chesapeaken aluetta parempana tarkoitetuille sotatoimille ja sen lisäksi Ranskan hallitus oli kieltäytynyt varustamasta keinoja toteuttaa New Yorkin piiritykseen tarvittavat varusteet. [148] Hanke sai siten laajan sotilaallisen muodon riippuen helppoudesta ja liikkeen nopeudesta, ja kyvystä sokeuttaa vihollisen silmät todelliselta tavoitteelta; tarkoitukselta, jonka outoihin ominaisuuksiin laivaston amiraliteetti itse sekaantui. Lyhyempi matka oli kuljettavana, suurempi oli veden syvyys ja helpommin purjehdittavissa Chesapeaken luona, jotka olivat lisäsyitä, joita juonen suosittelu tarjosi merimiehen arvostelukyvylle; ja de Grasse hyväksyi sen suoraan ilman, että tekisi vaikeita tai vaativia muutoksia, jotka edellyttäisivät keskustelua ja viivytyksiä.

Tehtyään päätöksensä ranskalainen amiraali toimi käyttäen suuresti hyvää harkintaa, nopeutta ja energisyyttä. Sama fregatti, joka toi viestejä Washingtonilta, lähetettiin takaisiin, niin elokuun 15. päivänä liittolaiskenraalit tiesivät laivaston aikomuksen tulla. Cap Francaisin kuvernöörillä oli antaa 3500 sotilasta, jonka lisäksi siellä oli espanjalainen laivue, jonka de Grasse hankki. Hän myös kokosi rahaa Havannan kuvernööriltä, jota amerikkalaiset kiireesti tarvitsivat; ja lopulta sen sijaan, että heikentäisi itseänsä lähettämällä saattueita Ranskaan niin kuin hovi toivoi, niin hän otti jokaisen saatavilla olevan aluksen Chesapeaken alueelle. Piilottaen aikeensa tulla niin pitkään kuin mahdollista hän tuli Bahaman kanaalin kautta vähemmän käytettynä reittinä, ja 30. elokuuta laski ankkurinsa Lynnhaven Bayssa, joka oli Chesapeaken niemimaan lähellä, 28 linjalaivan kanssa. Kolme päivää aikaisemmin elokuun 27. päivä ranskalainen laivue Newportissa, jossa oli 8 linjalaivaa yhdessä 4 fregatin ja 18 kuljetusaluksen kanssa, joita komensi M. de Barras, purjehti kohtaamispaikalle; päästäkseen sinne se matkasi pitkää kiertotietä merellä kiertäen kaukaa englantilaiset. Hänen suuntansa oli vielä tarpeellisempi, sillä hänellä oli mukanaan ranskalaisten piiritystykistö. Joukot, jotka olivat Washingtonin ja Rochambeau komennossa, olivat ylittäneet Hudson-joen 24. elokuuta siirtyen kohti Chesapeakenlahtea. Niin eri asevoimat niin maitse kuin meritse olivat marssimassa kohti kohdettaan, joka oli Cornwallis.

Englantilaiset olivat epäonnekkaita kaikkialla. Rodney saatuaan selville de Grassen lähdön lähetti 14 linjalaivaa komentajanaan amiraali Hood Pohjois-Amerikkaan ja hän itse purjehti takaisiin Englantiin elokuussa vedoten huonoon terveyteensä. Hood mennen suoraa reittiä saapui Chesapeaken alueelle kolmea päivää ennen de Grassea, vilkaisi lahtea ja huomasi sen tyhjäksi, jolloin hän meni New Yorkiin. Siellä hän kohtasi 5 linjalaivaa amiraali Gravesin komennossa, joka oli vanhempi upseeri ottaen komentoonsa koko voiman ja purjehti 31. elokuuta Chesapeakelle toivoen voivansa pysäyttää de Barrasin ennen kuin tämä ehtisi liittyä de Grasseen. Ei ollut kuin kaksi päivää myöhemmin, jolloin Sir Henry Clinton saatiin suostuteltua, että liittolaisten armeijat olivat menneet Cornwallista vastaan ja olivat saaneet liikaa etumatkaa, että ne voitaisiin ottaa kiinni.

Amiraali Graves oli kivuliaan yllättänyt päästessään Chesapeaken alueelle huomatessaan ankkurissa laivaston, joka vahvuutensa perusteella saattoi vain olla vihollislaivasto. Joka tapauksessa hän päätti kohdata sen ja kuin de Grasse lähti liikkeelle sallien alustensa vaikuttaa lukumääräisen alivoiman kautta; 19 laivaa vastassa oli 24, ei pelottanut englantilaista amiraalia hyökkäämästä. Hänen toimintatapojensa kömpelyys kuitenkin petti hänen urheutensa; monet hänen aluksensa saivat kovaa kohtelua ilman, että hän saavutti mitään hyötyä. De Grasse, odottaen de Barrasia, pysyi ulkona 5 päivää pitäen englantilaisen laivaston mukana tulematta taisteluun; sitten palatessaan satamaan hän löysi De Barrasin päässeen satamaan ankkuriin turvallisesti. Graves meni takaisin New Yorkiin ja hänen kanssaan katosi viimeinen toivo, joka olisi ilahduttanut Cornwallisin silmiä. Piiritys jatkui vakaasti, mutta meren hallinta sai aikaan vain yhden lopputuloksen ja englantilaiset sotavoimat antautuivat lokakuun 19, 1781. Tämän katastrofin kanssa kuoli toivo alistaa kapinoivat siirtokunnat. Konflikti jatkui vielä vuoden verran, mutta mitään vakavia sotatoimia ei toteutettu.

Englantilaisten sotatoimien toteuttaminen, joka siten päättyi epäonnisesti, jolloin oli niin huonoa johtamista kuin huonoa onnea. Hoodin yksikköä olisi voitu vahvistaa useilla aluksilla Jamaikalta, jos Rodneyn käskyt olisi toteutettu. [149] Viestialus lähetettiin myös hänen toimestansa amiraali Gravesin luokse New Yorkiin löytäen sen upseerin olevan poissa purjehduksella itään pyrkien pysäyttämään tiettyjä hyvin tärkeätä huoltoa, jota lähetettiin eteenpäin amerikkalaisen agentin toimesta Ranskasta. Englannin hovi oli laittanut suurta painoa tämän saattueen pysäyttämiseksi; mutta siellä tietämyksellä, jota hänellä oli mukana olevasta sotavoimasta, niin amiraali sai luultavasti huonoja neuvoja jättää päämajansa itse koko laivastonsa kanssa juuri silloin, kun hurrikaaniaika oli lähestymässä Länsi-Intiassa suunnaten laivaston toimet kohti mannerta. Hänen poissaolonsa seuraus, vaikka Rodneyn viestit heti lähetettiin korkeimman upseerin toimesta New Yorkista, jolloin niitä kuljettaneen aluksen ajoivat maihin vihollisen risteilijät, jolloin Graves ei saanut selville niiden sisältöä ennen kuin hän palasi satamaan 16. elokuuta. Viesti lähetettiin Hoodin tulemisesta oli myös pysäytetty. Hoodin saapumisen jälkeen, jota ei tapahtuisi, jos olisi ollut viive mennä merelle; mutta siellä näytti olleen virhearvio laivastolle annetuissa käskyissä. Tiedettiin, että de Barras oli purjehtinut Newportist mukanaan 8 laiva suunnaten luultavasti Chesapeaken suuntaan varmuudella pyrkien liittymään de Grassen voimiin; ja on merkittävästi osoitettu, että jos Graves olisi vienyt aluksensa lähelle Chesapeaken niemiä, mutta riittävän kauas maalta niin, että niitä ei olisi nähty, niin hän tuskin olisi epäonnistunut käydä tämän kimppuun ylivoimaisin voimin. Tietäen mitä oli tiedettävissä, niin se epäilemättä olisi ollut oikea tapa toimia; mutta englantilaisella amiraalilla oli epätäydellistä tietoa. Missään ei odotettu, että ranskalaiset tulisivat niillä voimilla, joilla he tulivat; ja Graves menetti sen tiedon, joka hänen olisi pitänyt saada koskien vihollisen vahvuuksia hänen risteilijöidensä varomattomuuden takia Chesapeaken edustalla. Näissä käskyissä käskettiin pysyä liikkeessä, mutta kumpikin olivat ankkurissa Cape Henryn luona, kun de Grassen saapuminen katkaisi niiden pakotien. Yksi saatiin haltuun ja toinen ajettiin York-joen yläjuoksun suuntaan. Ei mikään muu tilanne vaikuttanut enempää kuin näiden kahden alemman upseerin laiminlyönnit, joiden takia Graves menetti nuo äärimmäisen tärkeän tiedon. Siitä voidaan suoraan arvioida kuinka se olisi voinut vaikuttaa hänen liikkeisiinsä, jos hän olisi kaksi päivää aikaisemmin tiennyt, että de Grasse oli tuonut 27 tai 28 linjalaivaa; kuinka luonnollinen olisi ollut johtopäätös ensiksi mennä de Barrasin tielle hänen omilla 19 laivalla, joka olisi ollut tälle liikaa selvitä. "Jos amiraali Graves olisi onnistunut ottamaan haltuunsa laivueen, niin se olisi suuresti halvaannuttanut piirittävää armeijaa [laivueella oli piirityskoneet mukanaan], jos se ei olisi estänyt sotatoimia kokonaan; se olisi laittanut kaksi laivastoa melkein tasaväkisiin vahvuuksiin, jolla olisi haitattu Ranskan asevoimien toimia tulevana vuonna Länsi-Intiassa ja olisi voitu saada aikaan sellainen epäsovun henki ranskalaisten ja amerikkalaisten [150], joka olisi upottanut jälkimmäiset mitä syvimpään epätoivoon, josta heidät vapautti vain de Grassen komentamat voimat." [151] Nämä ovat todenmukaisia ja selkeitä kommentteja laivastostrategiasta.

Koskien amiraalin taktiikasta, josta sanoo tarpeeksi, että laivasto viedään taisteluun melkein kuin Byng vei omat aluksensa; että hyvin samanlainen laiminlyönti sai aikaan; ja se, että kun hyökätään 24 laivalla 19 vastaan, niin 7, jotka olivat sellaisen kyvykkään upseerin kuin Hoodin kanssa, eivät pystyneet ottamaan osaa taisteluun johtuen niiden omasta sijainnista.

Ranskalaisten puolella de Grasselle täytyy antaa tunnustusta energisyydestä, kaukonäköisyydestä ja päättäväisyydestä yllättäen katsoen hänen epäonnistumisiaan muina aikoina. Päätös ottaa kaikki alukset mukaansa, jonka hän teki itsenäisesti riippumatta mistään de Barrasin virheestä; matkareitti Bahaman kanaalin kautta kätkeäkseen liikkeensä; vetoomus, jolla hän hankki tarpeellista rahaa ja joukkoja espanjalaisilta ja ranskalaisilta sotilasviranomaisilta; ennustus, joka johti hänet niin aikaisin kuin maaliskuun 29. päivä pian lähdettyään Brestistä kirjoittamaan Rochambeaulle, että amerikkalaisia luotseja pitäisi lähettää Cap Francaisiin; viileys, jolla hän piti Gravesin aisoissa niin kauan kunnes de Barrasin laivue oli livahtanut ohitse, niin ovat kaikki ihailtavia asioita. Ranskalaisia auttoi myös amiraalin valta ottaa käyttöönsä 200 kauppalaivaa, "Länsi-Intian kauppa", joka oli odottava saattue Cap Francaisin luona, jonne ne jäivät heinäkuusta marraskuuhun, kunnes operaatioiden päättyminen antoi hänelle vapauden suojella saattuetta sotalaivoillaan. Tämä välikohtaus paljastaa yhden heikkouden, joka on merikauppaa käyvällä kansakunnalla, jolla on edustuksellinen hallinto verrattuna puhtaasti sotilaalliseen kansakuntaan. "Jos Britannian hallitus", kirjoitti upseeri siltä ajalta, "olisi määrännyt tai brittiläinen amiraali olisi toiminut sillä tavalla, niin hallituksen toimista olisi kieltäydytty ja upseeri olisi hirtetty." [152] Rodney samaan aikaan tunsi, että oli välttämätöntä lähettää viisi linjalaivaa saattueiden kanssa, kun taas puolitusinaa lisää meni kotimaahan kauppa-alusten kanssa Jamaikalta.

On helpompaa kritisoida englantilaisen laivaston jakamista Länsi-Intian ja Pohjois-Amerikan välillä seuraavina vuosina, jotka ovat 1780 ja 1781 kuin huomata tilanteen nolous. Tämä nolous oli vain heijastuma Englannin aseman sotilaallisesta vaikeudesta kaikkialla maailmassa tässä suuressa ja epätasa-arvoisessa sodassa. Englanti oli kaikkialla alakynnessä ja nöyryytettynä, sillä se omasi aina imperiumina paikkoja, jotka olivat alttiina hyökkäyksille. Euroopassa kanaalin laivasto enemmän kuin kerran ajettiin satamaan ylivoimaisin voimin. Gibraltar, joka oli tiukasti saarrettuna maalta ja mereltä, niin pysyi hengissä vain epätoivoisella vastarinnalla, joka perustui englantilaisten merimiesten taitoon voittaa yhdistyneiden vihollistensa epäpätevyys ja keskinäiset riidat. Itä-Intiassa Sir Edward Hughes kohtasi Suffrenin, joka vihollisena oli ylivoimainen häneen verrattuna lukumäärässä niin kuin oli de Grasse verrattuna Hoodiin ja paljon taitavampi. Menorca, jonka kotimaan hallitus oli hylännyt, sortui ylivoimaisen vihollisen edessä niin kuin myös sortuivat yksi toisensa jälkeen vähemmän tärkeät englantilaiset Antillien saaret. Englannin asema siitä, kun Ranska ja Espanja aloittivat merisotansa, oli kaikkialla puolustuksessa, paitsi Pohjois-Amerikassa; ja oli siksi sotilaallisesta näkökulmasta katsottuna itseasiassa väärässä. Kaikkialla se odotti vihollisensa hyökkäyksiä, jotka olivat joka tapauksessa ylivoimaisia, kun se olisi voinut tehdä omat valintansa ja omana aikanansa. Pohjois-Amerikka ei todellakaan ollut poikkeus tälle säännölle huolimatta joistakin hyökkäystoimista, jotka eivät millään tavalla sen todellisia vihollisia, jotka olivat näiden merivoimat.

Siinä tilanteessa ja laittaen syrjään kysymykset kansallisesta ylpeydestä tai herkkyydestä, niin miten sotilaallisella viisaudella kuvataan Englantia? Kysymys voidaan sallia käyttäen ihailtavaa tarkastelua sotilaalliselta tarkkailijalta ja siihen ei voida vastata suoraan, mutta on selvän selkeitä totuuksia, joita voidaan osoittaa. Ensiksi tulisi päättää, että mikä osa hyökkäyksen kohteena olevasta valtakunnasta olisi kaikkien tärkeintä säilyttää. Britannian saarten itsensä jälkeen kaikkien tärkeintä Englannin silmissä oli omistaa Pohjois-Amerikan siirtokunnat. Seuraavaksi tulisi päättää mitä muuta kuin niiden luonnollinen tärkeys olisi parasta säilyttää ja niiden oma sisäinen voimaa tai imperiumi, joka perustui pääasiassa merivoimiin, niin voitaisiin varmasti säilyttää. Välimerellä esimerkiksi Gibraltar ja Mahon olivat kumpikin hyvin arvokkaita paikkoja. Voitaisiinko kumpikin säilyttää? Kumpi niistä oli helpommin saavutettavissa ja tuettavissa laivastolla? Jos kumpaakin ei voitaisi säilyttää, niin toinen pitäisi rehellisesti hylätä ja voimat sekä ponnistelut sen puolustukseen olisivat tarpeen viedä muualle. Niin Länsi-Intiassa oli selviä strategisia etuja Barbadosissa ja St. Lucialla kuvaten muiden pienten saarten hylkäämistä niiden varuskuntien toimesta niin pian kuin laivasto oli reilusti alakynnessä, jos ei aikaisemmin. Tilanne, joka koski niin suurta saarta kuin Jamaikaa, niin sitä täytyi tutkia erikseen niin kuin myös viitata yleiseen kysymykseen. Sellainen saari saattoi olla niin pitkälle omavarainen, että se saattoi uhmata mitä tahansa hyökkäystä paitsi sellaista, joka tehtäisiin suurin voimin ja lukumäärällä, ja olisi oikein vetää koko englantilainen voima tuulenpuolen asemista Barbadosilta ja St. Lucialta.

Kun puolustus olisi siten keskitetty, niin Englannin suurin ase, laivasto, pitäisi olla aktiivisesti käytössä hyökkäyksiä varten. Kokemus oli osoittanut vapaille kansakunnille, kansaan perustuville hallinnoille, että harvoin uskallus poistaa voimaa, joka on hyökkääjän ja sen rantojen tai pääkaupungin välissä. Mikä tahansa sotilaallinen viisaus silloin lähettämällä kanaalin laivasto etsimään vihollista ennen kuin he yhdistävät voimansa, niin sellainen askel voi olla mahdoton. Mutta vähemmän elintärkeissä paikoissa pitäisi odottaa pikemmin englantilaisten kuin heidän vihollistensa hyökkäystä. Tämä pitää etenkin paikkansa sotatoimialueella, johon olemme tähän mennessä kiinnittäneet huomiomme. Jos Pohjois-Amerikka oli ensimmäinen kohde, niin Jamaika ja muut saaret olisi pitänyt rohkeasti vaarantaa. On silloin Rodney, joka sanoo, että hän väitti käskyjään amiraaleilla Jamaikalla ja New Yorkissa ei noudatettu 1781, ja siitä johtui Gravesin laivaston alivoima.

Mutta miksi vuonna 1780, kun de Guichen lähti Eurooppaan jättäen Rodneylle huomattavasti suuremmat voimat hänen lyhyelle vierailullensa Pohjois-Amerikassa syyskuun 14. päivästä marraskuun 14, niin eikö hänen olisi pitänyt koettaa tuhota ranskalainen laivasto-osasto Newportissa, jossa oli 7 linjalaivaa? Nämä alukset olivat saapuneet sinne heinäkuussa; mutta vaikka ne olivat kerran vahvistaneet asemiaan linnoituksilla maalla, niin suuri huoli nousi siitä, kun Rodney ilmaantui rannikon edustalle. Kaksi viikkoa kului Rodneylle New Yorkissa ja ranskalaisilla kiireellisissä töissä, joka asetti jälkimmäiset heidän oman mielipiteensä kautta asemaan uhmata koko Englannin merivoimia. ”Kahdesti pelkäsimme ja ennen kaikkea koko aikana Rodneyn saavuttua”, kirjoitti ranskalaisen laivueen esikuntapäällikkö, ”että englantilaiset saattaisivat hyökätä kimppuumme redillä; ja siellä oli tilaa silloin toimia sillä tavalla, joka ei olisi ollut uhkarohkea toimi. Nyt [lokakuun 20.] ankkuripaikka on linnoitettu, että voimme uhmata koko Englannin merivoimia." [153]

Siten ranskalaisten ottama asema oli epäilemättä hyvin vahva. [154] Sen muodosti palaava kulma, joka oli hieman enemmän kuin 90 astetta sisältäen vedetyn linjan Goat Islandilta, jota silloin kutsuttiin nimellä Brenton's Point, paikassa, jossa on nykyään Fort Adams yhdellä puolella ja Rose Island toisella puolella. Oikealla sivulla Rose Islandista oli patteri, jossa oli 36 24-paunaista tykkiä; kun taas 12 samankokoista tykkiä oli sijoitettu vasemmalle sivustalle Brenton's Pointiin. Rose ja Goat Islandien välissä oli 4 laivaa vedettynä länsiluoteiseen linjaan ollen valmiina käyttämään aseitansa sisäänkäynnin suuntaan ja iskien lähestyvää laivastoa vastaan; kun taas kolme muuta laivaa oli Goat Islandin ja Brenton's Pointin välissä niiden tulituksen suunnan muodostaessa ristitulen suorassa kulmassa aikaisempien neljän laivan kanssa.

Toisaalta kesäiset tuulet puhalsivat suoraan sisäänkäynnille usein suurella voimakkuudella. Ei voinut tullaa kyseeseen edes harkita hyökkäystä rampauttaa laivaa estäen sitä pääsemästä päämääräänsä ja kun kerran sekaannuttaisiin vihollisen linjaan, niin rannikkopatterit neutralisoitaisiin. Linnoitteet Rose Islandilla varmasti niin kuin myös luultavasti Brenton's Pointissa omasivat vähemmän korkeutta kuin linjalaivan kaksi ylempää tykistökantta ja olisivat suuressa määrin alakynnessä. Niitä ei voinut suojata ja ne olisi epäilemättä hiljennetty kartessitulella, jota laivat olisivat saattaneet käyttää niitä vastaan. Rose Islandia saatettiin lähestyä edestä ja läntisestä sivustasta noin kahdensadan metrin päähän ja pohjoisesta noin 800 metrin päähän. Siellä ei ollut mitään estämässä tätä ranskalaisten oikeata siipeä, mukaan lukien linjalaivoja, joutumasta sivustatulen kohteeksi ja tulla murskatuksi englantilaisten laivojen toimesta niiden ottaessa asemat länteen Rose Islandista. Keskeiset asiat lähietäisyydellä ja suuremmalla korkeudella tekivät siten mahdolliseksi Englannin laivastolle, jonka lukumäärä oli 20 vihollisen 7 vastaan. Jos se onnistuisi tuhoamaan laivat ja kukistamaan Rose Islandin, niin se saattaisi löytää ankkuripaikan sisemmältä lahdelta ja odottaa suotuisia tuulia poistua. Kunnostautuneen englantilaisen upseerin mielipide siltä ajalta, [155] joka tunsi hyvin maaston, oli se, että epäilemättä hyökkäys onnistuisi; ja hän kehotti jatkuvasti Rodneyta toimimaan tuolla tavalla tarjoutuen itse luotsaamaan keulimmaista laivaa. Ranskalaisten turvallisuudentuntu asemansa suhteen ja englantilaisten suostumus siihen turvallisuuteen merkitsivät eroa hengessä tämän sodan ja niiden sotien välillä, joissa Nelson ja Napoleon olivat komentajina.

Se ei kuitenkaan ollut vain erillinen operaatio, vaan suhteessa laajempaan sotaan, jolloin sellaista hanketta tuli harkita osana sitä. Englanti oli kaikkialla puolustuskannalla alivoimalla. Sellaisessa asemassa ei ollut muuta pelastusta kuin toimia energisesti ja melkein epätoivoisesti. "On mahdotonta meille", kirjoitti suuren totuuden amiraliteetin ensimmäinen merilordi Rodneylle, "omata ylivoimainen laivasto kaikkialla; ja ellei meidän ylipäällikkömme ota huomioon suurta linjaa, niin kuin sinä otat, ja huomioi kaikkia kuninkaan vallan alla olevia alueita, niin meidän vihollisemme tulevat saamaan meidät kiinni valmistautumattomina jossain, ja toteuttavat hyökkäyksensä meitä vastaan." [156] Hyökkäykset joita harkitaan itse yksin, niin niitä saatetaan pitää perusteettomina, kun ne suunnataan englantilaisia komentajia vastaan. Liittolaisten laivasto oli tilanteen avain, ja sen suuret yksiköt, niin kuin Newportissa, olisi pitänyt murskata riskeistä välittämättä. Sellaisen toiminnan vaikutus olisi linjassa Ranskan hallituksen politiikkaan arveluissa asioista, joista nykyisellä kirjoittajalla ei ole epäilyksiäkään; mutta kukaan muu englantilainen upseeri komentajanasemassa ei noussut tilanteen tasalle, paitsi Hood, ja mahdollisesti Howe. Rodney oli nyt vanha, sairas ja vaikka hän omasikin suuren kyvykkyyden, niin hän oli pikemminkin huolellinen taktikko kuin suuri amiraali.

Gravesin tappio ja sitä seurannut Cornwallisin antautuminen eivät lopettaneet merisotaa läntisellä pallonpuoliskolla. Päinvastoin yksi mielenkiintoisimpia taktisia urotekoja ja mitä loistavin voitto koko sodassa tuli vielä englantilaisille Länsi-Intiassa, mutta Yorktownin tapahtumat loivat isänmaallista intoa amerikkalaisille. Ennen kuin kamppailu itsenäisyydestä päättyisi, niin täytyisi taas varmistaa sen onnistunut päättyminen, ainakin aikaisessa vaiheessa, joka perustui merten hallintaan; meren valta oli ranskalaisten käsissä ja sitä olisi ollut epäasiallista jakaa englantilaisten viranomaisten kanssa. Tämä oletus voi levätä turvallisesti yhden miehen käskyvallassa, joka ennen kaikkea, täysin tunsi maansa voimavarat, kansanluonteen, kamppailun vaikeudet, ja jonka nimessä on yhä suurin kaiku, hiljaisuus, taipumaton harkitsevaisuus ja isänmaallisuus.

Äänensävy kaikissa Washingtonin sanoissa koskien muistiota nimeltänsä "Memorandum for concerting a plan of operations with the French army" (Muistio koskien yhteisoperaatioita Ranskan armeijan kanssa), joka oli päivätty heinäkuun 15, 1780, ja joka lähetettiin Lafaytten käsiin:

"Markiisi de Lafaytte tulee olemaan iloinen viestittäessään seuraavat yleiset asiat kreivi de Rochambeaulle ja herra de Ternaylle niin kuin tuntemukset on kirjattu:

"I. Missä tahansa operaatiossa ja missä tahansa olosuhteissa ratkaisevaa laivastoylivoimaa pidetään perustavaa laatua olevana periaatteena ja se tulee olemaan lopulta perusta kaikille toiveille menestyksestä."

Tätä kuitenkin pidetään mitä muodollisimpana ja ratkaisevana ilmaisuna Washingtonin näkökulmista, mutta se on yksi monista, jotka ovat samalla tavalla erillisiä. Joten kirjoittaessaan Franklinille joulukuun 20, 1780, hän sanoo seuraavaa:

"Pettymys toisesta osasta ranskalaisia joukkoja [jotka ovat merisaarron kohteena Brestissä], mutta etenkin odotetun meriherruuden suhteen, joka on ratkaisevaa kaikissa asioiden kehityssuunnissa, niin olemme olleet pakotettuja käymään passiivisen sotaretken sen jälkeen, kun meillä oli imarteleva alku... Myöhemmin meidät pakotettiin tulemaan katsojiksi menestykselle sarjalle osastoja armeijasta, jota auttoi lordi Cornwallis; kun meidän laivastomme heikkous, ja poliittinen hajaannus suuressa osassa armeijaamme, niin laitamme voimamme toimimaan heitä vastaan etelänsuuntaan tai hyödynnämme etujamme heitä vastaan täällä."

Kuukautta myöhemmin helmikuun 15, 1781, muistiossaan eversti Laurensille, joka lähetettiin erikoistehtävään Ranskaan, hän sanoi:

"Seuraava laina rahaa, jatkuva meriherruus rannikoilla tulee olemaan mitä mielenkiintoisin tavoite. Se tulee heti pakottamaan vihollisen puolustuskannalle vaikeissa olosuhteissa... Tosiaan ei tule olemaan vaikeata ymmärtää kuinka he voivat ylläpitää suurta sotavoimaa tässä maassa, jos me hallitsemme meriä häiriten heidän jatkuvaa huoltovirtaansa Euroopasta. Tämä ylivoima yhdessä rahallisen avun kanssa sallii meidän muuttaa sota aktiiviseksi hyökkäykseksi. Koskien meitä se näyttää olevan yksi kahdesta ratkaisevasta asiastaa."

Toisessa kirjeessä samalla henkilölle Pariisin päivättynä huhtikuun 9, hän kirjoittaa:

"Jos Ranska viivyttää täsmällistä ja voimakasta apua kriittisessä tilanteessa koskien meidän asioitamme, niin siitä ei ole meille hyötyä, jos se koettaa auttaa meitä myöhemmin... Miksi minun pitää mennä yksityiskohtiin, kun voin julistaa sanoin, että olemme matkamme päässä ja nyt tai ei koskaan meidän pelastuksemme täytyy tulla? Kuinka helppoa olisi vastata vihollisen omaan peliin, jos me voisimme toteuttaa yleistä sotasuunnitelmaa pitää ylivoimaista laivastoa aina näillä merillä, ja Ranska laittaisi meidät tilaan olla aktiivinen antaen meille rahaa."

Laivat ja raha olivat taakka hänen huudoillensa. Toukokuun 23, 1781, hän kirjoitti Chevalier de la Luzernelle: "En näe kuinka on mahdollista antaa tehokasta tukea eteläisille osavaltioille, ja välttää pahuus, joka uhkaa, kun olemme samaan aikaan alivoimaisia näillä merillä." Kun aktiivisten sotatoimien aika eteni, niin hänen sanomisistansa tuli jatkuvampia ja kiireellisempiä. Kenraalimajuri Greenelle, joka kamppaili omien vaikeuksiensa kanssa Etelä-Carolinassa, hän kirjoitti 1. kesäkuuta 1781: "Toimemme ovat olleet tarkkaavaisia huomioiden kaikki näkökulmat, ja on lopulta päätetty, että koetamme ottaa New Yorkin eteläisten sotatoimien sijaan, kun emme ratkaisevasti hallitse merta." Jeffersonille kesäkuun 8. hän kirjoitti: "Pitäisikö minun saada tukea tavalla, jolla odotan sitä saavani, mutta naapuriosavaltioissa, vihollinen toimii toivottavasti niin, että sitä voidaan heikentää kutsumaan osa voimistansa eteläisistä asemista, jotka ovat heille korvaamattomia; ja jos meidän pitäisi onnekkaiden sattumuksien kautta olosuhteissa saavuttaa laivastollinen ylivoima, niin heidän tuhonsa tulisi olemaan väistämätön... Kun pysymme alivoimaisin merellä... politiikka sanelee, että apuvoimia tulisi pikemmin käyttää harhautuksiin kuin lähettää apujoukkoja heti hädänalaisiin paikkoihin", jotka ovat etelässä. Rochambeaulle hän kirjoitti 13. kesäkuuta: "Teidän korkeutenne muistaa, että New Yorkia olemme katsoneet vain käytännöllisenä kohteena nykyisissä olosuhteissa; mutta jos saisimme meriherruuden, niin voisimme kenties löytää muita käytännöllisempiä ja yhtä suositeltavia kohteita." Elokuun 15. päivään mennessä kirjeissään de Grasse, joissa ilmaisi purjehtivansa Chesapeakelle, niin oli otettu vastaan ja kirjeenvaihto Washingtonin kanssa oli siten täynnä työlästä valmistelua Virginian sotaretkeä varten, joka perustui kauan viivyteltyyn laivastoon. De Grassen lannistuneisuus ja hänen tarkoituksensa mennä merelle saatuaan selville, että englantilainen laivasto New Yorkissa oli saanut vahvistuksia, niin johti vetoavaan kirjeeseen, joka oli päivätty 25. syyskuuta, joka on liian pitkä lainausta varten; mutta vaaran mentyä ohitse Washingtonin itseluottamus palasi. Päivä antautumisen jälkeen hän kirjoitti de Grasselle: "Yorkin antautuminen... josta kunnia kuuluu teidän ylhäisyydellenne, on ollut suuresti odotettu [silloin] meidän mitä toiveikkaimmissa odotuksissamme." Hän sitten meni lisäksi pyytämään jatko-operaatioita etelään nähdessään, että hyvää aikaa toimia oli vielä jäljellä: "Yleinen brittien laivastoylivoima, ennen saapumistasi, antoi heille ratkaisevan edun etelässä koskien nopeaa heidän joukkojensa ja huoltonsa kuljetuksi; kun taas valtavat marssit maalla meidän toimestamme olivat liian hitaita ja kalliita joka näkökulmasta mahdollistaen meidän lyömisemme asteittain. Teidän ylhäisyydestänne riippuu siten sodan päättäminen." De Grasse kieltäytyi tästä pyynnöstä, mutta ilmaisi aikeensa tehdä yhteistyötä seuraavan vuoden sotaretkellä, jonka Washington hyväksyi heti: "Teidän korkeutenne kanssa minun ei tarvitse vaatia korvaamatonta tarvetta merivoimiin, jotka pysyvät antamaan sinulle näiden merien täyden hallinnan... Sinä täytyy nyt valvoa mitä tahansa toimia, joita tehdään maajoukkojen toimesta, jolloin laivaston täytyy antaa ratkaiseva ääni nykyisessä kamppailussa." Kaksi viikkoa myöhemmin marraskuun 15. hän kirjoitti Lafayttelle, joka oli silloin purjehtimassa Ranskaan:

"Niin kuin ilmaisit halun tietää tuntemukseni koskien seuraavaa sotaretkeä, niin tulen, ilman työlästä esitystä järkeilystä julistamaan yhdellä sanalla, että sen täytyy täysin riippua laivastovoimasta, joka on käytössä näillä merillä, ja ajasta, jolloin se ilmaantuu ensi vuonna. Mikään maa-armeija ei pysty toimimaan ratkaisevasti ellei sen kanssa ole ylivoimaa merellä... Epäilystä ei ole olemassa, eikä sitä tule tällä hetkellä ihmisten mieliin koskien täyttä brittien voimien kitkemistä Carolinoista ja Georgiasta, jos kreivi de Grasse pystyy jatkamaan sotatoimiaan kahden kuukauden verran kauemmin."

Sellainen mielipide Amerikan armeijoiden kunnioitetulla ylipäälliköllä oli koskien merivoimien vaikutusvaltaa kamppailussa, jota hän johti niin suurella määrällä taitoa ja sellaisella loputtomalla kärsimättömyydellä, ja jonka lukemattomien koettelemuksien ja takaiskujen keskellä johdatti kunniakkaaseen päätökseen.

On huomattu, että amerikkalaisten puolta heikensi nämä vastoinkäymiset riippumatta suurista ja myönnetyistä tappioista, joita heidän kaupankäyntinsä kärsi liittolaisten risteilijöille ja amerikkalaisille kaappareille. Tämä tosiasia ja vähäiset tulokset yleisestä sodasta hallitsivat sellaisinaan ajatusta kaupankäynnin tuhoamisesta, osoittavat vahvasti toissijaiseksi ja ratkaisemattomaksi sellaisen toimintatavan sodan suurten asioiden keskellä.

Lähdeviitteet:

[129] Martin; History of France

[130] Tämä viivytys johtui tyvenestä. Howe's Despatch, Gentleman's Magazine, 1778.

[131] Useimmat lähteet sanovat Goat Islandin ja Canonicut Islandin välin, mutta annettu paikka näyttäisi olevan todennäköisempi. Nimet "Goat" ja "Gould" (usein kirjoitetaan "Gold") sekaantuvat helposti. Yllä olevasta kirjoittamisesta, jota kirjoittaja suosii vilkaistuaan Pariisista hankkimaansa aikalaiskarttaa, joka näyttää ankkuripaikan niin lähellä Canonicutia ja Coaster's Harbor Islandin rinnalla; jälkimmäinen on merkitty karttaan nimellä "L'Isle d'Or ou Golde Isle." Piirustus vaikka onkin tarkka pääyksityiskohtien osalta, niin näyttää olevan aidompi siihen tehtyjen virheiden ansiosta, kun se teki ulkomaalainen ihminen kiireellisesti ja jännittyneesti 24 tunnissa valmiiksi.

[132] "Ranskalaisen laivaston saapuminen Amerikan rannikolle oli suuri ja iskevä tapahtuma; mutta sen sotatoimia vahingoitti useat ennalta näkemättömät ja epäsuotuisat olosuhteet, jotka vaikka niiden ei pitäisi vähentää hyvän liittolaisemme ansioita ja tarkoitusperiä, niin ne joka tapauksessa vähensivät heidän antamansa avun määrää suuressa määrin. Matkan pituus ensimmäiseksi oli suuri virhe; sillä vaikka olisikin otettu yhteinen pituus, niin lordi Howe brittiläisine sotalaivoineen ja kaikkine kuljetusaluksineen Delaware-joella olisi pitänyt väistämättä pystyä lyömään; ja Sir Henry Clintonin olisi pitänyt omata parempi onni kuin tavallisesti miehillä hänen ammatissaan sellaisissa olosuhteissa, jos hän joukkoineen eivät olisi jakaneet samaa kohtaloa kuin Burgoyne. Kreivi d'Estaingin matkaa seurasi epäsuotuisa havainto Hookin luona, joka loukkasi meitä kahdessa mielessä; ensiksi tappio hankkeessa valloittaa New York ja koskien laivoja ja joukkoja siellä, ja toiseksi viivytys, joka tapahtui mitatessa veden syvyyttä särkän yllä, joka oli keskeisesti New Yorkin sataman suulla. Ja sen lisäksi hanke Rhode Islandia vastaan oli suunniteltu ja sitä oltiin toteuttamassa, että jos lordi Howe brittiläisine aluksineen puuttuisi siihen harhautukseen ja tullakseen vedetyksi ranskalaisen laivaston luokse saaren luota, niin sen suhteen oli taas epäonnea, kun kreivi ei palannut 17. päivä

saarelle, vaikka hänet oli vedetty pois sen luota 10. päivä; joka tarkoittaa sitä, että maasotatoimet viivästyvät, ja koko aihe oli ennenaikainen kun kyseessä oli Byronin laivueen saapuminen." WASHINGTONIN kirje, elokuun 20, 1778.

[133] Katso Byronin sotatoimista luvussa XII.

[134] D´Estaingin ankkuripaikka on merkitty kuvaan X.

[135] Yksi näistä "Monmouth", omasi 64 tykkiä (a´), jolloin sanottiin, että ranskalaisen lippulaivan upseerit joivat "pienen mustan laivan" kapteenin terveydelle. Laivojen nimet, niin kuin sukujen, usein merkitsivät uraa. Aikaisempi "Monmouth" 20 vuotta aikaisemmin, oli joutunut hyökkäyksen kohteeksi ja valloitettu käytännössä yksin "Foudroyantin", 84-tykkisen aluksen toimesta, joka oli yksi Ranskan laivaston hienoimpia aluksia. Sitä oli komentanut kapteeni Gardiner, joka komennettuaan Byngin laivaa taistelussa, joka johti tämän teloittamiseen, niin oli liikuttunut järkytyksestänsä sen asian seurauksena niin pahasti epätoivoisissa olosuhteissa ja siten menettänyt henkensä. Sama laiva koki täällä niin ankaraa kohtelua Grenadan luona, niin se löydettiin kovasta taistelusta toisen kapteenin komennossa kolme vuotta myöhemmin Intian vesiltä.

[136] Linja BC osoittaa ranskalaisen taistelulinjan lopullisen suunnan; suojanpuoleinen alus (o) oli kääntynyt ja siirtynyt pisteeseen o´, kun taas muut alukset seurasivat sen vanavedessä. Vaikka sitä ei suoraan sanota, niin Byron epäilemättä muodosti samalla tavalla rinnakkaisen linjan. Tässä uudessa linjassa rammat alukset (c´), jotka tuskin pystyivät pitämään suunnan, jonne mentiin, niin ne otettiin vastaan helposti.

[137] Chevalier: Hist. de la Marine Francaise.

[138] Guérin: Hist. Maritime.

[139] Drinkwater historiassaan koskien Gibraltarin piiritystä selittää, että espanjalainen amiraali uskoi, että Rodney ei liittyisi saattueeseen, joka matkaisi salmeen, vaan olisi erossa siitä. Hän ei huomannut virhettänsä ennen kuin oli liian myöhäistä.

[140] Paikka, jossa taistelu käytiin, osoitetaan ristikkäisin lipuin.

[141] Mustat alukset paikassa A edustavat englantilaisia aluksia, jotka käyvät ranskalaisten alusten keskustan ja takaosaan kimppuun. Linja v r on

taistelulinja keulasta perään ennen taistelua. Paikat v´ ja r´ ovat ne keulan ja perän aluksista käännyttyään vasemmalle ranskalaisia vastaan.

[142] Kovissa moitteissa, jotka oli kohdistettu kapteeni Carkettille, joka komensi englantilaisten kärkialusta, Rodneylta, hän sanoi: "Johtamisesi tavalla, jolla teit sen, niin johti muut seuraamaan niin huonoa esimerkkiä; ja siksi unohtaen viestimerkin linjalle, joka oli vain kahden kaapelinmitan päässä toisessa, niin keulimmainen yksikkö, jota johdit, niin oli *enemmän noin kahdentoista kilometrin päässä* keskimmäisestä yksiköstä, joka siten oli alttiina vihollisen päävoimille ilman, että saisi asianmukaista tukea" (Life, Vol. I s. 351). Kaikilla taktisen järjen säännöillä olisi näyttänyt siltä, että muut alukset olisi pitänyt ottaa etäisyytensä niistä seuraavasta takaa, että silloin olisi pitänyt olla suljetumpi kohti keskustaa. Keskustelussaan Sir Gilbert Blanen kanssa, joka ei ollut silloin taistelussa, niin Rodney sanoi, että ranskalaisten linja ylettyi 24 kilometrin matkan, "aivan kuin de Guichen olisi ajatellut, että aikomuksenamme olisi ollut mennä pois hänen lähettyviltänsä" [Naval Chronicle, Vol. XXV. p. 402).

[143] History of the American Revolution.

[144] Rodney syistä katso hänen elämänkertaansa; Life of Rodney, Vol. I. s. 365–376.

[145] Long Islandin itäpäässä.

[146] Ranskalainen kuvaus tästä haitasta on se tosiasia, että joidenkin heidän alustensa pohjaa ei ollut kuparoitu.

[147] Ranskan hallitus ei ollut tyytyväinen M. Destouchesin toimitaan, johon voidaan turvallisesti viitata viivyttelemällä palkita laivueen upseereita, joka sai aikaan paljon tuntemuksia ja hyvin selvää nuhtelua. Ranskalaiset katsoivat, että Arbuthnot oli ajettu New Yorkin kaduille ja kutsuttu takaisin hänen hallituksensa toimesta. Jälkimmäinen oli virhe, sillä hän palasi oman pyyntönsä takia; mutta aikaisempi oli todennäköistä. Kumpikin komentaja tässä tapauksessa muuttivat maansa yleistä laivastopolitiikkaaa.

[148] Bancroft: History of the United States.

[149] Life of Rodney, Vol II. s. 152; Clerk: Naval Tactics, s, 84.

[150] De Barras oli haluton menemään Chesapeakelle peläten joutuvansa ylivoimaisen vihollisen pysäyttämäksi, ja suostui siihen vain Washingtonin ja Rochambeaun pyynnöistä.

[151] Naval Researches: Capt. Thomas White, R. N.

[152] White: Naval Researches.

[153] Bouclon: La Marine de Louis XVI., s. 281. Tässä sangen harhaanjohtavassa otsikossa tämä teos on tosiasiassa pitkä kuvaus Liberge de Granchainin elämänkerrasta, joka toimi esikuntapäällikkönä ranskalaisessa laivueessa Ternayn komennossa.

[154] Ranskalaisen upseerin päiväkirja vuodelta 1781; Magazine of American History maaliskuu 1880. Teos on ajalta, jolloin Rodney vieraili New Yorkissa epäilemättä ollen vähemmän täydellinen kuin 1781. Tämä kirjoittaja vuotta myöhemmin antaa kuvauksen Rose Islandin 12 36-paunaisesta tykistä.

[155] Sir Thomas Graves, joka oli myöhemmin Nelsonin hyökkäyksen varakomentaja Kööpenhaminassa 1801; aikaisessa hankkeessa, joka oli niin epätoivoinen ja sisältäen suurempia vaikeuksia luotsata kuin täällä mainitaan. Katso elämänkertaa Naval Chronicle, Vol. VIII.

[156] Rodney's Life, Vol. I. s. 402.

Luku XI; Merisota Euroopassa 1779–1782.

Viimeinen luku päättyi Washingtonin mielipiteeseen ilmaisten monilla tavoilla ja moneen kertaa merivoimien vaikutuksen kamppailuun Amerikan itsenäisyydestä. Jos sallitaan tilaa, niin näitä mielipiteitä voidaan vahvistaa samanlaisilla lausunnoilla, joita sanoi Sir Henry Clinton, englantilaisten ylipäällikkö [157]. Euroopassa lopputulokset kääntyivät silti paljon enemmän samaan suuntaan. Siellä liittolaisilla oli kolme tavoitetta, joista jokaisen suhteen Englanti oli täysin puolustuskannalla. Ensimmäiseksi oli Englanti itse mukana niin, että invaasio sitä vastaan edellytti koko kanaalin laivaston tuhoamista; hanke, jos sitä vakavasti mietittiin, niin sitä tuskin olisi todella toteutettu; toinen oli Gibraltarin valloitus; kolmas oli Menorcan valloitus. Vain viimeinen pystyttiin toteuttamaan. Kolmasti Englantia uhattiin huomattavasti suuremmalla laivastolla, kolmasti tuo uhka poistui harmittomasti. Kolmasti Gibraltar oli uhattuna; kolmasti se sai pyytämäänsä apua ja englantilaisten merimiesten onnea huolimatta vihollisen ylivoimasta.

Keppelin käymän taistelun jälkeen Ushantin edustalla mitään suuria yhteenottoja ei käyty laivastojen välillä Euroopan merillä vuoden 1778 ja 1779 ensimmäisen puoliskon aikana. Samaan aikaan Espanja oli menossa kohti kiistaa Englannin kanssa ja aktiiviseen liittoon Ranskan kanssa. Se julisti sodan Englannille kesäkuun 16. 1779; mutta niin aikaisin kuin huhtikuun 12. päivä tehtiin sopimus kahden Bourbon-kuningaskunnan välillä, jossa oli mukana aktiivinen sota Englantia vastaan. Sen ehdoissa oli mukana hyökkäys Isoon-Britanniaan tai Irlantiin, joka toteutettaisiin, jolloin tehtäisiin kaikki ponnistelut sen eteen, että Espanja saisi takaisin Menorcan, Pensacolan ja Mobilen, ja kumpikin hovi sitoutui siihen, että ne eivät suostuisi rauhaan tai tulitaukoon ennen kuin Gibraltar olisi palautettu. [158]

Sodanjulistusta viivyteltiin, kunnes oltiin valmiina iskemään; mutta Englannin hallituksen epäilemättä olisi pitänyt olla varuillaan kahden maan jännittyneiden suhteiden takia ja valmistautua estämään kahden laivaston yhdistyminen. Silloin tilanne oli se, että mitään tehokasta saartoa ei kohdistunut Brestiin ja 28 ranskalaista linjalaivaa pääsi pois vastustamatta [159] kesäkuun 3. 1779, d'Orvilliersin komennossa, joka oli ollut Keppelin vastustaja vuotta aikaisemmin. Laivasto purjehti Espanjan rannikolle, josta se löysi espanjalaisia aluksia; mutta ei ollut ennen kuin heinäkuun 22. kun se liittyi espanjalaiseen sotalaivastoon. Seitsemän arvokasta kesäviikkoa kului siten ilman, että tilanne parantuisi, mutta kaikkea ei ollut menetetty; ranskalaisilla oli ruokaa vain 13 viikoksi, ja siten tämä todella suuri laivasto, jossa oli 66 linjalaivaa ja 14 fregattia, saattoi olla merellä työssä korkeintaan 40 päivää ennen sitä. Sairaudet sen lisäksi piinasivat laivastoa; ja vaikka se olikin riittävän onnekas päästäkseen kanaaliin, kun englantilaiset olivat merellä, niin jälkimmäiset, joiden vahvuus oli hieman yli puolet vihollisistansa, niin onnistuivat ohittamaan nämä. Liittolaisten saamattomuus kasvoi heikkoutena johtuen tehottomista valmisteluista; suuri ja ei niin luonnoton pakokauhu Englannin kanaalin rannikolla ja yhden linjalaivan kaappaaminen, olivat ainoita tuloksia, joita ranskalaiset saivat aikaan yli 15 viikon purjehduksen aikana. [160] Pettymys johtuen huonoista valmisteluista pääasiassa espanjalaisten osalta, vaikka Ranskan ministeriö täysin epäonnistui hoitamaan laivastonsa tarpeet, tuntui tietenkin raskaasti viattomassa amiraali d'Orvilliersissä. Tämä rohkea ja kunnostautunut, mutta epäonnekas upseeri, jonka ainoa poika, luutnantti, oli kuollut tautiin, joka oli piinannut liittolaisia, niin ei voinut tukeutua vihaan. Omaten syvällisesti uskonnollisen luonteen, jonka turvan Villeneuve Trafalgarin jälkeen huomasi, että itsemurha häneltä eväsi; mutta hän luopui komentajanvirastansa ja eläköityi luostariin.

Harvinaista oli merellisesti mielenkiintoiset toimet vuonna 1780, jolloin Euroopassa ne olivat Cadizin ja Gibraltarin ympärillä. Tätä linnoitusta Espanja piiritti heti sodan alusta lähtien ja vaikka se onnistuneesti vastustikin suoria hyökkäyksiä, niin ruuan ja ammusten huollon turvaaminen oli vakava huoli Englannille ja siihen sisältyi niin vaikeuksia kuin vaaroja. Sitä tarkoitusta varten Rodney lähti merelle joulukuun 29. 1779, saatuaan komentoonsa 20 linjalaivaa yhdessä suuren saattueen ja täydennysvoimien kanssa Gibraltarille ja Menorcalle niin kuin myös Länsi-Intian kaupalle. Jälkimmäinen osa erosi tammikuun 7. niin, että sitä suojasi neljä fregattia ja seuraavana aamuna laivasto kohtasi ja kaappasi espanjalaisen laivueen, jossa oli 7 linjalaivaa ja 16 huoltoalusta. Jälkimmäisistä 12 oli lastattu viemään huoltotarvikkeita Gibraltarille. Viikkoa myöhemmin kello 13.00 16. päivä, jolloin espanjalainen laivasto, jossa oli 11 linjalaivaa, niin oli havaittu kaakossa. Ne pitivät asemansa olettaen, että lähestyvät alukset olivat vain huoltolaivoja Gibraltarille ilman vahvaa sota-alussaattuetta; epäonnekas virhe, jota ne eivät tajunneet ennen kuin oli liian myöhäistä paeta johtuen vielä epäonnisemmasta laiminlyönnistä, että niillä ei ollut käyttää vartiofregatteja. Kun espanjalainen amiraali Don Juan de Langara tajusi virheensä, niin hän koetti paeta; mutta englantilaisten alusten pohjat oli kuparoitu, ja Rodney antoi viestimerkin yleiseen takaa-ajoon ottaa kiinni vihollinen, mennä sen ja sen sataman väliin riippumatta tuulisesta yöstä, rannikon antamasta suojasta ja vaarallisista matalikoista ja onnistui saamaan kiinni vihollisen ylipäällikön yhdessä 6 linjalaivan kanssa. Seitsemän räjäytettiin. Sää jatkui hyvin myrskyisänä, jolloin yksi saalisalus haaksirikkoutui ja yksi pakotettiin Cadiziin; useat englantilaisalukset olivat myös suuressa vaarassa, mutta ne pääsivät onnekkaasti pakenemaan ja muutamassa päivässä koko laivasto saapui Gibraltarinlahdelle. Saattue Menorcalle lähetettiin heti ja suoraan tämän jälkeen palasivat sota-alukset vartioimaan sitä, jolloin 13. helmikuuta Rodney lähti purjehtimaan Länsi-Intiaan mukanaan neljä linjalaivaa lähettäen muun osan aluksistansa mukaan lukien sotasaalisalukset, Englantiin komentajanaan amiraali Digby.

Politiikan ja osapuolten tilanne Englannissa oli silloin sellainen, että yhdessä väistämättömän alivoiman kanaalin laivaston osalta, niin oli vaikeata löytää amiraalia, joka oli halukas ottamaan korkeimman käskyvallan. Ihailtava upseeri, Barrington, Saint Lucian valloittaja, kieltäytyi korkeimmasta paikasta, vaikka olikin halukas palvelemaan varakomentajana jopa virkaiän suhteen nuoremmalle upseerille. [161] Liittolaisten laivasto, jonka vahvuus oli 36 linjalaivaa, niin kokoontui Cadiziin. Niiden risteilyitä rajoitti kuitenkin Portugalin rannikko; ja niiden ainoa palvelu, joka oli mitä tärkein, niin oli kaapata koko saattue, jonka lastina oli suurelta osin sotatarvikkeita Itä- ja Länsi-Intiaan. Kuudenkymmenen englantilaisen saalisaluksen saapuminen, joissa oli melkein 3000 vankia, Cadiziin oli suuren riemun aihe Espanjassa. Lokakuun 24. de Guichen palasi kamppailustansa Rodneyn kanssa tullen samaan satamaan Länsi-Intian laivueensa kanssa, jonka vahvuus oli 19 linjalaivaa; mutta tällä valtavalla kootulla aseistuksella ei tehty mitään. Ranskalaiset alukset palasivat Brestiin tammikuussa 1781.

Samaan aikaan, kun sotilaalliset saavutukset olivat mitättömiä Euroopassa, niin sodan aikana vuonna 1780 tapahtui asioita, joita ei voida ohittaa minkään merivallan historiassa. Kyse oli liitosta koskien Aseellisesta puolueettomuudesta (eng. Armed Neutrality), jota johti Venäjä ja siihen liittyivät Ruotsi ja Tanska. Englannin vaatimus ottaa haltuunsa vihollisensa hyödykkeitä puolueettomista aluksista tuntui raskaasti puolueettomiin maihin, ja etenkin niihin, jotka toimivat Itämerellä ja Hollannin edustalla, ja myös Itävallan Alankomaissa, sillä sota vaikutti suuresti kauppatavaroiden kuljetukseen Euroopassa; kun Itämeren alueen tuotteet, laivastotarvikkeet ja viljaa, joista etenkin Englanti oli kiinnostunut, niin se pyrki kieltämään ne vihollisiltansa. Venäjä lopulta teki julistuksensa, jonka allekirjoittivat Ruotsi ja Tanska, ja jossa oli neljä kohtaa:

1. Puolueettomilla aluksilla oli oikeus, ei vain purjehtia satamaan, jota ei saarreta, vaan myös sotaakäyvän maan satamasta toiseen, toisin sanoen ylläpitää sotaa käyvän maan rannikkokauppaa.

2. Omaisuus, joka kuuluu sotaa käyvälle maalle, niin sen pitäisi olla turvassa puolueettomissa aluksissa. Tämä periaate tunnetaan nykyään tutusta sanonnasta, "Vapaat laivat saavat aikaan vapaita hyödykkeitä." (eng. Free ships make free goods."

3. Mikään kauppatavara ei ole kiellettyä paitsi aseet, varusteet ja sotatarvikkeet. Nämä lasketaan pois laivaston varastoista ja huollosta elleivät ne ole sotaa käyvän maan hallituksen omaisuutta.

4. Saarto, ollakseen juridisesti sitova, niin siihen tarvitaan riittävästi laivoja sijoitettuina saarretun sataman läheisyyteen.

Sopimuksen osapuolet olivat puolueettomia silloisessa sodassa, mutta sitoutuivat itse tukemaan näitä periaatteita yhdistynein aseistetuin laivastoin, joissa oli kiinteät minimimäärät, jolloin sopimus sai nimen Aseellinen puolueettomuus. Keskustelua oli koskien erilaisia asianmukaisia julistuksia kansainvälisen lain piirissä, mutta on selvää, että mikään suuri merivalta, jolla oli sellainen sijainti kuin oli Englannilla, alistuisi ensimmäiseen ja kolmanteen kohtaan koskien sen omia oikeuksia. Vain politiikka saattoi saada sen toimimaan sillä tavalla. Ilman julistusten kohtaamista suoralla riidalla hallitus ja kuningas päättivät jättää sen huomioitta; toimintatapa, joka oli periaatteessa kestävä jopa sen ajan opposition silmissä. Yhdistyneiden Alankomaiden päättämätön asenne, joka oli yhtä jakautunut Englannin ja Ranskan tukijoiden kesken kuin se oli Ludwig XIV:n aika huolimatta vuosisadan kestäneestä liitosta jälkimmäisen kanssa, sai aikaan erityistä huomiota Ison-Britannian suunnalta. Heitä oli pyydetty liittymään mukaan Aseelliseen puolueettomuuteen; he epäröivät sitä, mutta enemmistö maakunnista suhtautui siihen suotuisasti. Brittiläinen upseeri oli jo mennyt niin pitkälle, että hän oli tulittanut alankomaalaista sotalaivaa, joka oli vastustanut kauppa-alusten tutkimista sen saattueessa; toimi, joka riippumatta siitä, että oliko se oikein vai väärin, niin suututti alankomaalaisia yleisesti Englantia vastaan. Oli päätetty jälkimmäisen taholta, että jos Yhdistyneet Provinssit liittyisivät puolueettomien liittoon, niin silloin pitäisi julistaa sota. Joulukuun 16. 1780 Englannin hallitukselle ilmoitettiin, että Alankomaiden parlamentti oli päättänyt allekirjoittaa Aseellisen puolueettomuuden julistuksen viivytyksettä. Käskyt lähetettiin heti Rodneylle ottaa haltuunsa Alankomaiden Länsi-Intian ja Etelä-Amerikan omistukset; samanlaiset käskyt lähetettiin Itä-Intiaan; ja lähettiläs Haagissa kutsuttiin kotiin. Englanti julisti sodan neljä päivää myöhemmin. Päävaikutus silloin oli se, että Aseellinen puolueettomuus lisäsi sodan kohteiksi Alankomaiden siirtomaat ja kaupankäynnin, josta tuli englantilaisten risteilijöiden kohde. Lisävihollinen oli pieni huoli Isolle-Britannialle, jonka maantieteellinen asema salli tehokkaasti estää Alankomaiden laivaston liittymisen sen muiden vihollisten kanssa. Alankomaiden omistukset sortuivat kaikkialla, paitsi siellä, missä ranskalaiset pystyivät estämään sen; vaikka sota oli verinen, niin täysin ohjeistamaton taistelu englantilaisten ja alankomaalaisten laivueiden välillä Pohjanmerellä käytiin elokuussa 1781, joka oli ainoa uroteko, joka osoitti vanhojen alankomaalaisten urheutta ja päättäväisyyttä.

Vuosi 1781 oli ratkaiseva Yhdysvaltain itsenäisyydelle, jolloin se samaan aikaan Euroopan merialueilla tapahtui suurten laivastojen liikkeitä vaatimattomin lopputuloksin. Maaliskuun lopussa de Grasse purjehti Brestistä mukanaan 26 linjalaivaa. Sitten 29. päivä hän lähetti 5 Suffrenin komennossa Itä-Intiaan ja itse jatkoi kohdaten menestystä Yorktownissa ja katastrofin Länsi-Intiassa. Kesäkuun 23. päivä de Guichen purjehti Brestistä 18 linjalaivan kanssa Cadiziin, jossa hän liittyi 30 espanjalaiseen laivaan. Tämä suunnaton laivasto purjehti 22. heinäkuuta Välimerelle laskien maihin 14000 miestä Menorcalle ja mennen sitten Englannin kanaaliin.

Englantilaiset olivat käyttäneet sen vuoden ensiksi varustaakseen Gibraltarin vaaroja vastaan. Se saarrettu linnoitus ei ollut saanut huoltoa sitten Rodneyn vierailun aikaisemman vuoden tammikuussa ja oli siten kiireellisen tuen tarpeessa, kun huoltotarvikkeista oli pulaa ja ne olivat huonolaatuisia keksien ollessa hyönteisiä täynnä ja lihan ollessa pilaantunutta. Kauhujen ja valituksen keskellä yksi pisimmistä ja jännittävimmistä piirityksistä historiassa, jossa taistelijoiden kärsimyksiä kasvattivat se, että läsnä oli paljon rauhanomaisia siviileitä, joihin kuuluivat sotilaiden sekä upseerien vaimot ja perheet. Suuri laivasto, jossa oli 28 linjalaivaa, purjehti Portsmouthista 13. maaliskuuta saattaen 300 kauppalaivaa Itä- ja Länsi-Intiaan, joiden lisäksi mukana oli 90 kuljetus- ja huoltoalusta Gibraltariin (jonka kutsumanimi on the Rock). Viivytys Irlannin rannikolla esti sitä kohtaamasta de Grassea, joka oli lähtenyt yhdeksän päivää sen jälkeen. Saapuessaan Cape St. Vincentin luokse se ei kohdannut vihollisia ja katsoessaan Cadiziin se näki suuren espanjalaisen laivaston ankkurissa. Jälkimmäinen ei liikkunut ja englantilainen amiraali Derby vei huoltotarvikkeensa Gibraltarille 12. huhtikuuta ilman häiriöitä. Samaan aikaan hän, niin kuin de Grasse, lähetti Itä-Intiaan pienen laivueen, jonka kohtaloksi tulisi törmätä Suffreniin. Espanjan laivaston toimettomuus ottaen huomioon sen hallituksen innokkuuden Gibraltarin suhteen ja yhtä suuren, ellei sitten ylivoiman, niin osoittaa espanjalaisen amiraalin luottamuksen puutteen itseensä tai sotavoimiinsa. Derby huollettuaan Gibraltarin ja Menorcan palasi kanaalin toukokuussa.

Yhdistyneen laivaston lähes 50 purjelaivan lähestymistä seurasi se, että Derby perääntyi Torbayhin ja hänen laivastonsa, jonka vahvuus oli 30 laivaa, laski sinne ankkurinsa. De Guichen, jolla oli korkein komentovalta ja jonka varovaisuus taisteluissaan Rodneyta vastaan oli ollut huomattava, niin oli taistelemisen kannalla; mutta häntä vastustivat melkein yksimielisesti espanjalaiset, joita tukivat jotkut hänen omat upseerinsa, niin voittivat hänen kantansa sotakokouksessa [162] ja taas suuri Bourbonien liitto perääntyi, kun heidän toimiansa haittasi heidän oma keskinäinen erimielisyytensä ja vihollisen yhtenäisyys. Gibraltaria oli täydennetty, Englanti oli koskematon ja nämä olivat jättimäisen kokoontumisen lopputulokset; niitä tuskin saatettiin kutsua ponnisteluiksi. Hirvittävä katastrofi lopetti vuoden liittolaisille. De Guichen purjehti Brestistä mukanaan 17 linjalaivaa suojelemaan suurta saattuetta kauppalaivoja ja aluksia, jotka kuljettivat sotatarvikkeita. Laivastoa ajoi takaa 12 englantilaista alusta, joita komensi amiraali Kempenfeldt, joka oli ammatillisesti erittäin kyvykäs upseeri, joka ei ollut ansainnut kuolemattomuutta runoudessa huolimatta traagisesta kuolemastansa. Käyden ranskalaisten kimppuun noin 240 kilometriä länteen Ushantista, niin hän eristi osan saattueesta huolimatta hänen alivoimastansa. [163] Muutamaa päivää myöhemmin myrsky hajaannutti Ranskan laivaston. Vain kaksi linjalaivaa ja viisi kauppalaivaa 150:stä pääsi Länsi-Intiaan.

Vuosi 1782 alkoi englantilaisille Port Mahonin menetyksellä, joka antautui helmikuun 5. kuuden kuukauden piirityksen jälkeen. Antautumista joudutti keripukin vaikutus, joka johtui vihanneksien puutteesta ja sulkeutumisesta huonoon ilmaan pommisuojissa ja tykkiasemissa vihollisen kovan tulituksen kohteina. Viimeisenä puolustuksen yönä oli tarve 415 vartijalle, kun taas vain 660 miestä oli saatavissa täyttämään velvollisuutensa, jolloin ei ollut saatavissa apuvoimia.

Liittolaisten laivastot kokoontuivat silloin Cadiziin, jolloin heidän vahvuutensa oli 40 linjalaivaa. Oli odotettu, että sitä voimaa vahvistaisivat alankomaalaiset alukset, mutta laivue lordi Howen alaisuudessa ajoi nämä takaisin satamiinsa. Ei vaikuta olleen mitään aktiivista toimintaa englantilaisten rannikkoa vastaan; mutta liittolaiset purjehtivat kanaalin suulle ja Biskajanlahdelle kesäkuukausien aikana. Heidän läsnäolonsa varmisti turvalliset saapumiset ja lähdöt kotiinpäin tuleville ja poistuville kauppalaivoille, ja samalla tavalla uhkasivat englantilaisten kaupankäyntiä; huolimatta siitä, että Howe, jolla oli mukanaan 22 laivaa, niin ei vain ollut merellä ja vältti yhteenottoa, vaan myös onnistui tuomaan Jamaikan laivaston turvallisesti satamaan. Vahinko kaupankäynnille ja sotilaskuljetuksille meritse sanottiin olleen suunnilleen yhtäläinen kummallekin osapuolelle; ja ansio onnistuneesta merivoimien käytöstä sen tärkeimpiin tarkoitusperiin täytyy siksi antaa heikommalle osapuolelle.

Toteutettuaan käskynsä koskien kesän purjehdusta, niin yhdistynyt laivasto palasi Cadiziin. Syyskuun 10. se purjehti sieltä Algesirasiin vastakkaiselle puolelle Gibraltarinlahtea tukeakseen suurta yhdistynyttä hyökkäystä maalta ja mereltä, jonka silloin toivottiin voivan kukistavan paikan, jota pidettiin Välimeren avaimena. Laivojen kanssa, jotka olivat jo siellä, niin kokonaisvahvuus nousi melkein 50 linjalaivaan. Yksityiskohdat suuresta taistelusta tuskin kuuluvat aiheeseemme, mutta silti niitä ei voi täysin ohittaa mainitsematta, että ne voitiin tunnistaa ja vetää heidän mielenkiintoansa.

Kolmen vuoden piiritys, joka oli nyt lähestymässä loppuansa, niin oli saanut aikaan monia loistavia aseellisia urotekoja niin kuin myös vähemmän näyttäviä, mutta koetellumpia todisteita sitkeästä kestävyydestä varuskunnan osalta. Kuinka kauan jälkimmäinen pystyisi pitämään asemansa, niin sitä ei voinut sanoa nähdessään menestyksen, jolla englantilaisten merivoimat uhmasivat liittolaisten ponnisteluja katkaista yhteydet linnoitukseen; mutta oli nähtävästi varmaa, että se paikka täytyi alistaa päävoimilla tai sitä ei voinut tehdä ollenkaan, kun sodan osapuolien kasvava väsymys alkoi näkyä sodan loppupuolella. Sen mukaisesti Espanja moninkertaisti ponnistelunsa ja sotilaallisen henkensä; samaan aikaan ilmoitus heistä ja lähestyvästä ratkaisevasta yhteenotosta veti sotatoimialueelle vapaaehtoisia ja merkittäviä miehiä muista Euroopan maista. Kaksi ranskalaista Bourbonien prinssiä sen lisäksi saapumisillaan toivat teatraalista mielenkiintoa lähestyvään draamaan, johon oli panostettu. Kuninkaallisten läsnäoloa oli tarvittu kohtaamaan pahin katastrofi; sillä piirittäjien toiveikas luottamus oli päätetty koskien näytelmän kirjoittajan turvallisuutta.

Sen lisäksi linnoitteet kannaksella, joka yhdisti Gibraltarin mantereeseen, sillä oli 300 tykkiä nyt valmiin, kun taas hyökkääjien luottamus pääasiassa perustui kymmeneen kelluvaan patteriin, jotka olivat nyt käytössä ollen valmiina joutumaan tulituksen kohteiksi ja olivat tulenkestäviä ja kantaen mukanaan 154 raskasta tykkiä. Nämä oli ankkuroitu lähelle pohjois-etelä-suuntaista linjaa länteen kohti linnoitteita ja noin 800 metrin päähän. Ne saivat tukea 40 tykkiveneeltä ja yhtä monelta pommialukselta, joiden lisäksi linjalaivan ponnisteluja käytettiin suojaamaan hyökkäystä ja harhauttamaan varuskuntaa. Ranskalaisia joukkoja oli tuotu 12000 miestä täydentämään espanjalaisia suuressa rynnäkössä, joka tehtäisiin, kun pommitus olisi riittävästi vahingoittanut ja heikentänyt puolustajien taisteluhenkeä. Jälkimmäisiä oli silloin 7000 miestä, kun taas heidän vastustajiansa maalla oli 33000 miestä.

Viimeinen näytös alkoi englantilaisten toimesta. Kello 7 aamulla syyskuun 8. 1782 komentava kenraali Elliott aloitti ankaran ja mitä vahingoittavimman tulituksen linnoitteisiin kannaksella. Toteutettuaan tavoitteensa hän lopetti sen; mutta vihollinen hyväksyi taisteluhaasteen seuraavana aamun ja 4 päivän ajan jatkuvasti he tulittivat kannakselta 6500 tykinkuulan ja 1100 pommin verran joka päivä. Niin lähestyi suuri viimeinen kohtaus 13. syyskuuta. Kello 7 sen päivän aamuna kymmenen patterialusta lähti ankkuripaikoiltansa ja asettui asemiinsa. Kello 9 ja 10 välissä ne laskivat ankkurinsa, ja yleinen tulitus alkoi heti. Piiritetyt vastasivat yhtäläisellä tulituksella. Patterilaivat näyttivät olleen keskiössä ja joidenkin tuntien ajan oli olemassa oikeutettua toivoa niiden ansiosta; kylmät kuulat kimpoilivat pois tai eivät onnistuneet lävistämään niitä, kun taas itsestään toimivat laitteet sammuttivat kuumien kuulien aikaansaamat tulipalot.

Suunnilleen kello 14 kuitenkin savusta oli tullut ongelma alusten ylipäällikölle ja vaikka se olikin hallittuna jonkin aikaa, niin tuli jatkoi asemien saavuttamista. Sama epäonni osui myös muihin; iltaan mennessä piiritettyjen tulitus oli saanut yliotteen ja kello 1 yöllä suurempi osa patterilaivoista oli liekeissä. Heidän hätäänsä kasvatti laivastoupseeri, joka komensi englantilaisten tykkiveneitä, jotka silloin ottivat paikkansa linjan sivulta ja tulittivat sitä tehokkaasti; tämän teon espanjalaisten tykkiveneiden olisi pitänyt pystyä estämään. Lopulta 9 patterilaivaa kymmenestä räjähti ankkuripaikallansa, jolloin menetettiin suunnilleen 1500 miestä, joista 400 pelastettiin englantilaisten merimiesten toimesta. Kymmenenteen alukseen noustiin ja englantilaiset veneet polttivat sen. Hyökkääjien toiveet katosivat heidän patterilaivojensa epäonnistumisen seurauksena.

Jäljelle jäi vain toivo näännyttää varuskunta nälkään. Sitä tarkoitusta varten liittolaisten laivastot silloin kokoontuivat. Tiedettiin, että lordi Howe oli matkalla sinne suuren laivaston kanssa, jonka vahvuus oli 34 linjalaivaa huoltoalusten lisäksi. Lokakuun 10. voimakas länsituuli vahingoitti liittolaisten laivoja ajaen yhden kiville Gibraltarin tykkipatterien edessä, jossa se antautui. Seuraavana päivänä lordi Howen osasto tuli näkyviin ja kuljetusaluksilla oli hieno tilaisuus laskea ankkurinsa, jonka ne kuitenkin hukkasivat niin, että vain neljä alusta onnistui siinä. Muut sota-alusten kanssa menivät itään päin Välimerelle. Liittolaiset seurasivat niitä 13. päivä; mutta vaikka ne siten asettivat itsensä sataman ja apuvoimien väliin ja niitä ei mikään hidastanut toisin kuin brittejä huoltoalukset hidastivat, niin ne silti eivät saaneet kuljetusaluksia kiinni lukuun ottamatta harvoja poikkeuksia, jolloin nämä livahtivat sisään ja laskivat ankkurinsa. Niillä ei ollut mukana vain ruokaa ja ammuksia, vaan myös uusia joukkoja oli sota-alusten mukana, jotka laskettiin maihin ilman, että ne olisivat joutuneet tulituksen kohteiksi. Sitten 19. päivä englantilainen laivasto taas meni salmien lävitse itätuulen avustamana suoritettuaan viikon aikana tehtävänsä ja saatuaan varmistetuksi Gibraltarin turvalliseksi seuraavan vuoden ajaksi. Liittolaisten laivasto seurasi ja 20. päivä käytiin meritaistelu pitkän matkan tulituksen muodossa liittolaiset tuulen puolella, mutta he eivät hyökänneet lähietäisyydelle. Alusten lukumäärä tässä yhteenotossa oli huomattava, ja se oli suuren eurooppalaisen draaman loppukohtaus, jossa oli kyse Gibraltarin onnistuneesta puolustamisesta, jossa taistelussa oli 83 linjalaivaa, joista 49 kuului liittolaisille ja 34 englantilaisille. Ensimmäisistä vain 33 kävi taisteluun; mutta niin kuin tyhmemmät merimiehet olisivat menneet yleiseen taisteluun, niin lordi Howe oli luultavasti oikeassa kieltäytyessään taistelemasta, sillä hänestä yhteenottoa liittolaisten kanssa ei pitäisi hakea liian innokkaasti.

Sellaisia olivat suuren kamppailun lopputulokset eurooppalaisilla merillä, jotka merkitsivät osaa liittolaisten jättiläismäisistä ponnisteluista, mutta jotka olivat toteutukseltansa epäyhtenäisiä ja velttoja. Englanti, joka oli suuresti alakynnessä pelkän lukumäärän perusteella, niin oli osoittanut tavoitteidensa tiukkuutta, suurta rohkeutta ja merimiestaitoa; mutta tuskin voidaan sanoa, että sen neuvostojen sotilaallinen käsityskyky tai hallituksen johtaminen koskien sen merivoimia, niin olivat tuon taidon ja omistautumisen arvoisia, jota sen merimiehet osoittivat. Voimasuhteet sitä vastaan eivät olleet niin pahat; läheskään niin pahat; kuin näytti olevan pelottavasta listasta tykkejä ja laivoja; ja kun samaan aikaan otetaan huomioon alun epäröinti, kuluvien vuosien päättämättömyys ja tehottomuus liittolaisten osalta, niin heidän omat heikkoutensa pettivät heidät. Ranskalaisten haluttomuus riskeerata laivojansa, jonka osoittivat niin selvästi d´Estaing, de Grasse ja de Guichen, espanjalaisten hitaus ja tehottomuus, jonka olisi pitänyt kannustaa englantilaisia jatkamaan sen vanhaa politiikkaa iskeä organisoiduilla yksiköillä vihollisen aluksia vastaan. Tosiasiassa ja luultavasti tarpeen vaatimana jokaisen sotaretken alkaessa vihollisen olivat erillään, espanjalaiset Cadizissa ja ranskalaiset Brestissä. [164] Jälkimmäisen saartaminen täydellä voimalla ennen kuin he pääsisivät ulos, oli toimi, joka Englannin olisi pitänyt tehdä joka kerta; siten se olisi voinut pysäyttää sen pään liittolaisten vahvuudesta ja tietäen tarkasti missä se suuri voima oli, niin olisi poistanut epävarmuuden sen toiminnasta, joka haittasi sen omia liikkeitä niin pian kuin se saavutti vapauden liikkua avomerellä. Ennen Brestiä se oli asetettu liittolaisten väliin; sen tähystäjillä se olisi tiennyt espanjalaisten saapumisesta kauan ennen kuin ranskalaiset voisivat tietää siitä; se olisi voinut pitää käsissään valtaa käydä kumpaakin vastaan erillään ylivoimalla ja yksilöllisesti tehokkaammin. Tuuli, joka olisi vahva tuodessaan espanjalaiset niin olisi samalla sulkenut näiden liittolaiset satamiin. Mitä selkein tapaus epäonnistumisesta Englannin osalta oli se, kun de Grassen sallittiin mennä merelle ilman vastarintaa maaliskuussa 1781; sillä ylivoimainen englantilainen laivasto oli purjehtinut yhdeksän päivää ennen häntä Portsmouthista, mutta sitä hidastutti amiraliteetti Irlannin rannikolla; [165] ja taas vuoden loppuessa, kun Kempenfeldt lähetettiin pysäyttämään de Guichen alivoimalla, kun kotimaassa pidettiin riittävästi aluksia muuttamaan voimasuhteet. Useita aluksia, jotka olivat Rodneyn mukana Länsi-Intiaan, niin ne olivat valmiina, kun Kempenfeldt, mutta niitä ei yhdistetty hankkeeseen niin läheisesti vaikuttaen Rodneyn sotaretkeen. Kahden voiman yhdistäminen olisi merkinnyt loppua de Guichenin 17 sotalaivalle ja hänen äärimmäisen arvokkaalle saattueellensa.

Gibraltar oli todellakin suuri taakka vaikuttaen englantilaisten sotatoimiin, mutta kansallinen vaisto pitää siitä kiinni oli oikea. Englantilaisten toimien epäonnistuminen oli yrittää pitää kiinni niin monesta muusta maa-alueesta, kun he samaan aikaan laiminlöivät nopeasti keskittää voimiansa käydäkseen kiinni liittolaisten erillisiin laivasto-osastoihin. Avain tilanteeseen oli valtamerellä; suuri voitto siellä olisi ratkaissut kaikki muut osat kiistaa. Mutta ei ollut mahdollista voittaa suurta voittoa, kun täytyi ylläpitää kykyä näyttää voimaa kaikkialla. [166]

405

Pohjois-Amerikka oli silti kovemman paineen kohteena, ja siellä epäilemättä kansakunnan tuntemus oli virheellinen; ylpeys, ei viisaus, pitänyt yllä tätä sotaa. Mitä tahansa yksilöiden tai yhteiskuntaluokkien tuntemus olikin liittolaismaissa, niin niiden hallitukset suhteessa Amerikan kapinaan oli arvokasa vain siksi, että se heikensi Englannin asevoimia. Sotatoimet siten riippuivat, niin kuin on osoitettu, merten hallinnasta; ja sitä hallintaa ylläpidettiin suurella määrällä englantilaisia aluksia, jotka olivat poissa Ranskan ja Espanjan vastaisesta kamppailusta. Voisiko onnistuva sota saada Amerikan taas mikä se kerran oli, josta tulisi lämpimästi Ison-Britannian vasalli, vankka tuki sen merivoimille, jotka olisivat paljon suurempien uhrauksien arvoisia; mutta josta on tullut mahdotonta. Vaikka se häviäisikin omien virheidensä takia, niin siirtokuntien asukkaiden halu, jota tuettaisiin ja turvattaisiin sen ote heidän satamiinsa ja rannikolla, jolloin joka tapauksessa emämaa pysyisi Halifaxissa, Bermudalla ja Länsi-Intiassa tarpeeksi vahvoissa sotilaallisissa asemissa heikompana laivastotukikohtina, jolloin ne vahvat satamat, jotka olisivat ystävällisen maan ympäröimänä omaten suuret voimavarat ja väestön. Hylkääminen kamppailussa Pohjois-Amerikasta vahvistaisi Englantia paljon enemmän kuin se vahvistaisi liittolaisia. Kuten asia oli, niin sen suuret laivastoyksiköt olivat aina alttiina joutua ylivoimaisen vihollisen yllättävän liikkeen kohteiksi, kuten tapahtui 1778 ja 1781.

Amerikan hylkääminen, joka oli toivottomasti menetetty, sillä mikään sotilaallinen alistaminen ei toisi takaisin vanhaa uskollisuutta, jolloin luovuttamiseen pitäisi lisätä ajan kanssa se, että kaikissa sotilaallisissa miehityksissä joissa voimia keskitetään, mutta samaan aikaan ei kasvateta sotilaallista voimaa. Suurin osa Antilleja joutui siihen tilanteeseen ja niiden lopullinen omistajuus riippui laivastosotaretken lopputuloksista. Varuskunnat olisivat voineet pelastaa Barbadosin, Saint Lucian, Gibraltarin ja kenties Mahonin, joita olisi voitu tehokkaasti ylläpitää, kunnes merten hallinta olisi ratkaistu; ja niihin olisi voitu lisätä yksi tai kaksi elintärkeää tukikohtaa Amerikassa, kuten New York ja Charleston, jotka olisi pidetty siihen asti, kunnes kruunulle uskollisille ihmisille olisi annettu hyvässä uskossa sellaiset takuut kuin Englanti haluaisi heille.

Siten menetettyään itseltänsä jokaisen taakan, niin nopea keskittäminen hyökkäystarkoituksiin tulisi tapahtua seuraavaksi. Kuusikymmentä linjalaivaa Euroopan rannikolle, joista puolet Cadizin ja puolet Brestin edustalle yhdessä reservivoimien kanssa kotimaasta korvaamaan vahingoittuneita aluksia, jotka eivät kuluttaisi suuressa määrin

Englannin laivastoa; ja sellaisten laivastojen ei tarvitsisi taistella, jolloin meidän toimestamme ei vain sanota, että koko historia edessämme, vaan viitataan niihin, jotka ovat katsoneet d'Estaingin ja de Guichenin, sekä myöhemmin de Grassen taktiikoita. Taikka jopa hajautetaan niin paljon, vaikkakin se ei ole suositeltavaa, jolloin 40 laivaa Brestin edustalla jättäisi meren avoimeksi Espanjan laivastolle koettaa yrittää ratkaisuja muun englantilaisen laivaston kanssa Gibraltarin ja Mahonin hallinnasta tullen siellä ratkaisuun. Tietäen mitä teemme tehokkaasti kahden aselajin palveluksilla, niin silloin lopputuloksesta on esitettävissä vain vähän kysymyksiä; ja Gibraltar sen sijaan, että olisi taakka, niin kuin usein aikaisemmin ja siinä päivinä, niin olisi Ison-Britannian voiman ainesosa.

Yhteenveto jatkuvasti toistaa itseänsä. Mitä tahansa voikin olla ratkaiseva tekijä kansakuntien välisissä kiistoissa mannermaalla, niin kun nousee kysymys koskien kaukaisten poliittisesti heikkojen alueiden hallintaa oli kyseessä sortuva imperiumit, anarkistiset tasavallat, eristäytyneet sotilaalliset asemat tai saaret, jotka ovat tiettyä kokoa pienempiä, niin sen täytyy lopulta tulla ratkaistuksi merivoimin kokoamalla organisoitua laivastoa, joka edustaa viestiyhteyksiä muodossa, joka on niin keskeistä kaikissa strategian piirteissä. Gibraltarin loistava puolustus perustui tähän; siitä riippui sodan sotilaallinen lopputulos Amerikassa, Länsi-Intian saarten lopullinen kohtalo; siitä oli kiinni myös varmasti Intian omistajuus. Siitä riippuu hallinta Keski-Amerikan kannaksella, jos kysymystä väritetään sotilaallisesti; ja vaikka muutokset mannermaan sijainnissa ja Turkin ympäristössä, niin tuolla samalla merivoimalla on painoarvoa ratkaistaessa itäistä kysymystä Euroopassa.

Jos tämä on totta, niin sotilaallinen viisaus ja talous, niin aika kuin raha, sanelevat tuoden eteen asioita niin pian kuin on mahdollista avoimella merellä, jossa varmuus siitä, että kansakunta, joka saavuttaa sotilaallisen ylivoiman, niin tulee lopulta voittamaan. Amerikan vapaussodassa sotilaallinen ylivoima oli suuresti Englantia vastaan, mutta todelliset voimasuhteet olivat paljon vähemmän sitä vastaan. Sotilaallinen harkinta olisi määrännyt siirtokuntien hylkäämisen; mutta jos kansallinen ylpeys ei taipuisi siihen, niin oikea tapa toimia olisi saartaa mereltä vihamieliset asevarastot. Jos ei ole tarpeeksi vahva omaten ylivoimaa kumpaankin edellä mainittuun, niin voimakkaampi kansakunta tulisi silloin laittaa merisaartoon. Tässä oli Englannin amiraliteetin ensimmäinen virhe; ensimmäisen merilordin lausunto käytössä olevista voimista sodan alussa ei perustunut tosiasioihin. Ensimmäinen laivasto Keppelin komennossa oli tuskin tasaväkinen ranskalaisten kanssa; ja samaan aikaan Howen laivasto Amerikassa oli alivoimainen suhteessa d'Estaingin laivastoon. Vuonna 1779 ja 1781 päinvastoin englantilaiset laivastot olivat ylivoimaisia verrattuna yksin ranskalaisiin; silti liittolaiset yhdistyivät vastustelematta, kun taas myöhempänä vuonna de Grasse pääsi pakoon Länsi-Intiaan, ja Suffren itään. Kempenfeldtin toimet de Guichenia vastaan, kun amiraliteetti tiesi, että ranskalainen saattue oli äärimmäisen tärkeä sotatoimille Länsi-Intiassa, niin he silti lähettivät sinne amiraalin vain 12 laivan kanssa; kun taas samaan aikaan sen lisäksi, että Länsi-Intiaan lähetettiin täydennysvoimia, niin osa muista aluksista oli sijoitettu Downsiin, jota Fox oikeudenmukaisesti kutsui "surkeaksi tarkoitukseksi" häiritä Alankomaiden kauppaa. Useat syytteet, jotka Fox teki puheessaan, josta otetaan lainauksia, ja jotka koskien sotaa Ranskaa ja Espanjaa vastaan, niin ne on nähty pääasiassa keinoina hyökätä liittolaisia vastaan ennen kuin nämä pääsevät pakoon valtameren erämaahan, niin niitä tuki lordi Howen hyvin ammattimainen mielipide, joka sanoi Kempenfeldtin toimista seuraavaa: "Ei pelkästään Länsi-Intian saarten kohtalo, vaan kenties koko sodan kohtalo saatetaan ratkaista melkein ilman mitään riskiä Biskajanlahdella." [167] Ei ilman mitään riskiä, mutta suurella todennäköisyydellä menestyä, koko sodan kohtaloa tulisi olla ensiksi kyseessä keskitettäessä englantilainen laivasto Brestin ja Cadizin väliin. Mikään apuvoima Gibraltarille ei olisi ollut tehokkaampi; mikään harhautus Länsi-Intiaan ei olisi ollut varmempi, ja amerikkalaiset olisivat vedonneet turhaan apuun, jota olisi heikosti antanut Ranskan laivasto. Suuret tulokset, joita tuli de Grassen saapumisesta, niin eivät olisi poistaneet sitä tosiasiaa, että hän saapui elokuun 31. päivä ja ilmaisi alusta alkaen, että hänen pitäisi olla lokakuun puoliväliin mentäessä takaisin Länsi-Intiassa. Vain sattuman puuttuminen olosuhteisiin esti vuonna 1781 tilanteen toistumisen Washingtonille, jolla oli muistissaan kivuliaat pettymykset d'Estaingin ja de Guichenin kanssa 1778 ja 1780.

Lähdeviitteet:

[157] Utelias lukija voi käydä lävitse Clintonin kirjeitä ja viestejä teoksessa "Clinton Cornwallis Controversy", jonka teki B. F. Stevens. London, 1888.

[158] Bancroft: History of the United States, Vol. X, s. 191.

[159] Vaikka englantilaiset siten epäonnistuivat käyttämään ylivoimaansa yksin ranskalaisia vastaan, niin kanaalin laivaston vahvuus oli yli 40

linjalaivaa. Pelko joutua saarrostetuksi pakotti Brestin laivaston pyrkiä liittymään muihin liittolaisten laivastoihin, joka johti sen purjehtimaan kiireellisesti ja alimiehitettynä; tosiasia, jolla oli tärkeä vaikutus koko purjehdukseen. (Chevalier, s. 159.)

[160] Yksityiskohdat väärästä käsittelystä koskien tätä suurta joukkoa laivoja ovat niin lukuisat, että ne ovat hämmentävä kertomus ja siksi ne on laitettu lähdeviitteeseen. Ranskalainen laivasto kiirehti merelle ollen alivahvuinen 4000 miehen verran. Espanjalaisiin he liittyivät seitsemän viikkoa myöhemmin. Kun nämä kohtasivat, niin ei järjestetty yhteistä järjestelmää viestiä; viisi kaunista kesäpäivää kulutettiin korjaamaan tämä virhe. Eikä kulunut viikkoakaan laivastojen yhdistymisestä ennen kuin laivasto lähti purjehtimaan Englantia vastaan. Mikään tekoja ei tehty huoltaakseen ranskalaisia seitsemän viikon aikana. Alkuperäiset käskyt d'Orvilliersille ehdottivat maihinnousua Portsmouthiin tai Wightin saaren haltuunottoa suurella armeijalla, jota oltiin kokoamassa Normandian rannikolle. Saavuttuaan kanaaliin nämä käskyt yllättäen muuttuivat; ja Falmouth, jos se voitaisiin valloittaa, niin ei tarjonnut mitään suojaa suurelle laivastolle. Sitten itäinen tuuli ajoi laivaston pois kanaalista. Siihen aikaan sairaus, joka riehui, niin oli heikentänyt miehistöjä, että monia aluksia ei voitu käsitellä tai käyttää taistelussa. Aluksien miehistöistä, joiden vahvuus oli 800 tai tuhat miestä, niin voitiin saada kokoon vain 300:sta 500:aan miestä. Niin huono hallinnointi rampautti laivaston taisteluvoimaa; kun korvaamaton sotilaallinen virhe kohteen muuttamisessa turvallisesta ja saavutettavissa olevasta kohdepaikasta todella huonoon ja avoinna olevaan satamaan täydensi katastrofiin ottamalla pois ainoan toivon perustaa turvallinen tukikohta syksyn ja talven kuukausien operaatioita varten. Ranskalla ei silloin ollut ensiluokkaista satamaa kanaalin rannikolla; siksi voimakkaat tuulet lännestä, jotka vallitsivat syksyllä ja talvella olisivat ajaneet liittolaisten laivaston Pohjanmerelle.

[161] Life of Admiral Keppel: Vol. II, s. 72, 346, 403. Katso myös Barrow: Life of Lord Howe, s. 123–126.

[162] Beatson antaa aika pitkän keskustelun (Vol. V. s. 395) liittolaisten sotakokouksesta. Tavanomainen empiminen sellaisissa kokouksissa vaikeuksien edessä tilanteessa kasvoi vetoamalla harhaiseen kaupankäynnin tuhoamiseen ratkaisevana tapana käydä sotaa. M. de Beausset vetosi, että "liittolaisten laivastot pitäisi määrätä koko huomionsa siihen suureen ja saavutettavissa olevaan tavoitteeseensa pysäyttämällä brittien kotia kohti

matkaavat Länsi-Intian laivastot. Tämä oli keino, jolla kun he olivat silloin merten valtiaita, niin siinä he tuskin epäonnistuivat hankkimasta menestystä; ja joka voisi olla niin tappava isku sille kansakunnalle, että se ei voisi toipua siitä koko sodan aikana." Ranskalainen kerronta Lapeyrouse-Bonfilsin toimesta käytännössä samaa. Chevalier, joka on hiljaa yksityiskohdista, niin oikeudenmukaisesti huomauttaa: "Risteilyn juuri tehnyt liittolaisten laivasto oli sellaisenaan aiheuttamassa vahinkoa Ranskan ja Espanjan maineelle. Nämä kaksi maata olivat tehneet suuren näytöksen voimankäytöstä, joka ei ollut saanut aikaan mitään lopputuloksia." Englantilainen merikauppa oli myös saanut lievää vahinkoa. Guichen kirjoitti kotiin: "Olen palannut risteilyltä väsyneenä, mutta en kunniakkaasti."

[163] Tämä ranskalaisen laivaston virhe johtui pääasiassa de Guichenin tekemästä virheestä, vaikka hän oli yleensä taitava ja huolellinen amiraali. Kun Kempenfeldt hyökkäsi hänen kimppuunsa, niin kaikki ranskalaiset sotalaivat olivat suojan puolella saattueestansa, kun taas englantilaiset olivat tuulenpuolella. Ensimmäiset siten eivät olleet asemassa puuttua tilanteeseen ajoissa; ja vaihtoehtoinen tapa korjata tilanne oli saattueen kääntyminen suojanpuolelle suhteessa saattajiinsa, niin sitä voitu käyttää niin suureen joukkoon kauppalaivoja.

[164] "Keväällä 1780 brittien amiraliteetti oli koonnut kanaalin satamiin 45 linjalaivaa. Brestin laivueen vahvuus oli heikentynyt 12 tai 15 alukseen. Miellyttääkseen Espanjaa 20 ranskalaista linjalaivaa oli liittynyt amiraali Cordovan laivastoon Cadizissa. Näiden sijoittamisten seurauksena englantilaiset kanaalin laivastollaan pitivät kurissa voimia, jotka olivat Brestissä ja Cadizissa. Vihollisen risteilijät purjehtivat vapaasti tilassa, joka ulottui Lizardin niemimaalta Cornwallista Gibraltarin salmeen." (Chevalier, s. 202.)

Vuonna 1781 "Versaillesin hallitus kutsui Alankomaiden ja Espanjan huomiota tarpeeseen koota Brestiin riittävän voimakas laivasto käymään niin brittiläisten alusten kimppuun, joita pidettiin kanaalissa. Alankomaalaiset pysyivät Texelin luona ja espanjalaiset eivät lähteneet Cadizista. Tuossa asioiden tilassa Englanti 40 linjalaivalla oli saarrostanut satamiinsa 70 liittolaismaiden linjalaivaa." (s. 265)

[165] "Kysymys oli hyvin nopeasti ärsyttävänä parlamentissa ja sieltä pois; nimittäin se, että ranskalaisen laivaston, jota komensi de Grasse, pysäyttämisen olisi pitänyt olla vara-amiraali Darbyn laivaston ensimmäinen tavoite sen sijaan, että se kulutti aikaansa menemällä Irlantiin, jolloin se

mahdollisuus menetettiin. Ranskan laivaston tappio olisi varmasti sekoittanut suuret suunnitelmat, jotka viholliset olivat tehneet Itä- ja Länsi-Intian suhteen. Se olisi taannut turvallisuuden Brittien Länsi-Intian saarille; Hyväntoivonniemi olisi varmasti joutunut Britannian käsiin; ja sotaretki Pohjois-Amerikassa olisi voinut saada aivan toisen päätöksen." (Beatson's Memoirs, Vol. V. s. 341, jossa on myös mainittu vastaväitteet.)

[166] Tämä on yksi yleisimpiä ja törkeimpiä sodan periaatteiden rikkomisia; pidentää kapeaa linjaa, joka on kaikkialla riittämätön, yli valtavan rintaman. Pyynnöt koskien kaupankäyntiä ja paikallisia etuja saa kansan valitseman hallituksen etenkin syyllistymään tähän.

[167] Annual Register, 1782.

Luku XII; Tapahtumat Itä-Intiassa 1778–1781; Suffren purjehti Brestistä Intiaan 1781: Hänen loistava merisotansa Intian merillä 1782, 1783.

Hyvin mielenkiintoinen ja opettavainen Suffrenin sotaretki Itä-Intiaan, vaikka itse olikin mitä huomionarvoisin ja ansiokas merisotaretki sodassa vuonna 1778, epäonnistui, vaikka se ei ollut hänen vikansa, vaikuttamaan yleiseen tilanteeseen. Ei ollut ennen kuin 1781 Ranskan hovi pystyi suoraan vaikuttamaan idässä laivastovoimien avulla, jotka olisivat riittäviä saamaan aikaan tärkeätä vaikutusta tuossa asiassa. Silti olosuhteet niemimaalla silloin olivat sellaiset, että ne antoivat epätavallisen tilaisuuden horjuttaa englantilaisten valtaa. Hyder Ali, taitavin ja uhkarohkein vihollisista, joita vastaan englantilaiset joutuivat taistelemaan Intiassa, hallitsi silloin Mysoren kuningaskuntaa, joka sijaitsi niemimaan eteläosassa, uhaten sieltä Karnatikin ja Malabarin rannikoita. Hyder, kymmenen vuotta aikaisemmin, oli yksin käynyt mitä menestyksellisintä sotaa ulkomaalaisia maahantunkeutujia vastaan päättyen rauhaan, jossa kummankin osapuolen valloitukset palautettiin; ja nyt häntä suututti Mahén valloitus. Toisaalta joukko sotaisia heimoja, jotka tunnetaan nimellä marathit, joka oli samaa kansaa ja löyhästi sidoksissa perustuen feodaaliseen järjestelmään, niin oli joutunut sotaan englantilaisia vastaan. Alue, jota nämä heimot miehittivät, niin sen pääkaupunki oli Poonah, joka oli lähellä Bombayta ja heidän valtansa ylettyi Mysoresta Gangesille. Näin laajojen rajojen ansiosta ja sijoitettuna keskelle suhteessa kolmeen englantilaisten alueeseen, jotka olivat Bombay, Calcutta ja Madras, niin Hyder ja marathit olivat asemassa antaa toisillensa tukea ja käydä hyökkäystoimiin yhteistä vihollista vastaan. Englannin ja Ranskan välisen sodan alussa ranskalainen asiamies saapui Poonahiin. Siitä ilmoitettiin Warren Hastingsille, kenraalikuvernöörille, että heimot olivat suostuneet sopimukseen ja luovuttaneet ranskalaisille sataman Malabarin rannikolla. Käyttäen hänen tavanomaista nopeuttansa Hastings päätti heti mennä sotaan ja lähetti divisioonan Bengalin armeijasta Jumna (tunnetaan myös nimellä Jamuna tai Yamuna) ja Berariin. Toinen joukko, jossa oli neljätuhatta englantilaista sotilasta, marssi myös Bombaysta; mutta se oli huonosti johdettu, jolloin se saarrettiin ja pakotettiin antautumaan tammikuussa 1779. Tämä epätavallinen takaisku nopeutti toiveita ja kasvatti Englannin vihollisten voimaa; ja vaikka materiaaliset menetykset pystyttiinkin pian paikkaamaan huomattavalla menestyksellä kyvykkäiden johtajien toimesta, niin arvovallan menetys jäi jäljelle. Hyder Alin suuttumus, joka oli peräisin Mahén valloituksesta, niin sitä kasvatti osaltansa Madrasin kuvernöörin harkitsematon sekaantuminen asioihin. Nähdessään englantilaisten ottavan yhteen marathien kanssa ja kuullessaan, että ranskalaista aseistusta odotettiin tulevan Coromandelin rannikolle, niin hän hiljaisesti valmistautui sotaan. Kesällä 1780 laumat hänen ratsumiehiänsä laskeutuivat varoittamatta kukkuloilta ja saapuivat lähelle Madrasin portteja. Syyskuussa yksi joukko englantilaisia sotilaita, jonka vahvuus oli kolmetuhatta sotilasta, lyötiin hajalle ja toinen, jonka vahvuus oli viisituhatta, niin sen pelasti vain nopea pakeneminen Madrasiin menetettyään tykistönsä ja kuormastonsa. Kyvyttömänä hyökkäämään Madrasiin Hyder käänsi huomionsa hajanaisiin asemapaikkoihin, joita erotti toisistansa ja pääkaupungista avoin maasto, jota hän nyt hallitsi täysin.

Sellainen oli asioiden tila tammikuussa 1781, kun ranskalainen laivue, jossa oli 6 linjalaivaa ja kolme fregattia, saapui rannikolle. Englantilainen laivasto, jota komensi Sir Edward Hughes, oli mennyt Bombayhin. Ranskalainen kommodori, kreivi d'Orvesiin Hyder vetosi saadakseen apua hyökkäykseen Cuddaloreen. Jouduttuaan evätyksi tuesta mereltä ja saarretuksi alkuasukaslaumojen toimesta, niin sen paikan täytyi sortua. D'Orves kuitenkin kieltäytyi ja palasi Isle de Francelle (Mauritius). Samaan aikaan yksi taitavimmista englantilaisista sotilaista Intiassa, Sir Eyre Coote, kävi taisteluun Hyderia vastaan. Jälkimmäinen heti lopetti saarrettujen asemien piirityksen ja sen jälkeen, kun oli käyty sarja operaatioita kevään kuukausien aikana, niin käytiin taistelu 1. heinäkuuta 1781. Hänen totaalinen tappionsa palautti englantilaisille ympäröivän maaston, pelasti Karnatikin ja lopetti toiveet ranskalaisten tukijoilta, että he saisivat taas haltuunsa menettämänsä tukikohdan Pondicherryssä. Suuri mahdollisuus oli menetetty.

Samaan aikaan ranskalainen upseeri, jolla oli hyvin erilainen luonne kuin edeltäjällänsä, oli matkalla Itä-Intiaan. Tulee muistaa, että kun de Grasse purjehti Brestistä 22. maaliskuuta 1781 Länsi-Intiaan, niin hänellä oli mukana laivastossaan viiden linjalaivan divisioona Suffrenin komennossa. Jälkimmäinen erosi pääjoukosta sen kuun 29. päivä ottaen mukaansa muutamia kuljetusaluksia, jotka olivat matkalla Hyväntoivonniemeen, joka oli silloin Alankomaiden siirtokunta. Ranskan hallitus oli saanut selville, että sotaretkellä Englannista tulisi olemaan tavoite ottaa haltuunsa se tärkeä välisatama matkalla Intiaan ja Suffrenin ensimmäinen tehtävä oli turvata se. Tosiasiassa laivue, jota komensi kommodori Johnstone [168], oli lähtenyt matkaan ensiksi ja oli ankkurissa Porto Prayan luona Cape Verden saarilla, joka oli portugalilainen siirtokunta,

11. huhtikuuta. Sen vahvuus oli 2 linjalaiva ja 3 alusta, joissa oli 50 tykkiä, joiden lisäksi oli fregatteja ja pienempiä aluksia, sekä 35 kuljetusalusta, joista pääosa oli aseistettuja. Odottamatta hyökkäystä, ei siksi, että hän luotti puolueettomaan satamaan, vaan siksi, että hän ajatteli päämääränsä olevan salaisuus, niin englantilainen kommodori ei ollut ankkuroitunut odottaen taistelua.

Silloin sattui niin, että purjehtiessaan Brestistä yksi aluksista, joka oli tarkoitettu Länsi-Intiaan, niin siirrettiin Suffrenin laivueeseen. Sillä aluksella ei ollut tarpeeksi vettä pidempää matkaa varten ja tämä yhdessä muiden syiden takia pakotti myös Suffrenin ankkuroitumaan Porto Prayaan. Huhtikuun 16. päivä, joka oli 5 päivää sen jälkeen, kun Johnstone oli tullut, niin hän saapui saarelle aikaisin aamulla ja meni kohti ankkuripaikkaa lähettäen aluksen, jonka pohja oli kuparoitu, edeltä tiedustelemaan. Lähestyen idästä, jolloin maa jonkin aikaa suojasi englantilaista laivuetta; mutta viisitoista minuuttia ennen yhdeksää keulimmainen alus, "Artésien", viestitti, että vihollisen aluksia oli ankkurissa lahdella. Tämä lahti oli avoin etelästä, ja se ylettyi idästä länteen noin 2 kilometrin matkan; olosuhteet olivat sellaiset, että laivat yleensä olivat koillisosassa lähellä rannikkoa (Kuva XIII). [169] Englantilaiset olivat siellä asettuneina epäsäännölliseen muodostelmaan länsi-luode-linjaalle. Niin Suffren kuin Johnstone olivat yllättyneitä, mutta jälkimmäinen oli enemmän; ja niin aloite jäi ranskalaisen upseerin käsiin. Harva mies oli sopivampi luonteensa ja oppimansa kokemuksen kautta toimimaan tilanteen edellyttämällä nopeudella. Omaten urhean luonteen ja synnynnäisen sotilaallisen lahjakkuuden, niin Suffren oli oppinut Boscawenin toiminnasta De la Cluen laivuetta kohtaan [170], jossa hän oli palvellut, olla antamatta arvoa Portugalin voimalle koskien sen puolueettomuutta. Hän tiesi, että tämän täytyi olla laivue, jonka kohteena oli Hyväntoivonniemi. Ainoa kysymys hänelle oli se, että menisikö hän sinne pyrkien pääsemään sinne ensiksi vai hyökkäisikö hän englantilaisten kimppuun, kun nämä olivat ankkurissa toivoen rampauttavansa heidät estääkseen heitä jatkamasta matkaansa pidemmälle. Hän päätti toimia jälkimmäisellä tavalla; ja vaikka hänen laivueensa alukset eivät purjehtineet yhtä hyvin, olivat hajaantuneita, niin hän myös päätti iskeä heti pikemmin kuin menettäisi yllätysedun. Antaen käskyn valmistautua taisteluun ankkurissa, niin hän laittoi kärkeen lippulaivan "Héros", jossa oli 74 tykkiä, joka kiersi lähelle lahden eteläisintä pistettä ja asettui englantilaisten lippulaivaa (f) vastaan. Häntä seurasi läheltä "Hannibal", jossa oli myös 74 tykkiä (linja a b); kärjessä ollut "Artésien" (c), jossa oli 64 tykkiä, joka myös oli hänen kanssaan, mutta kaksi taaempana olevaa alusta olivat vielä kaukana takana.

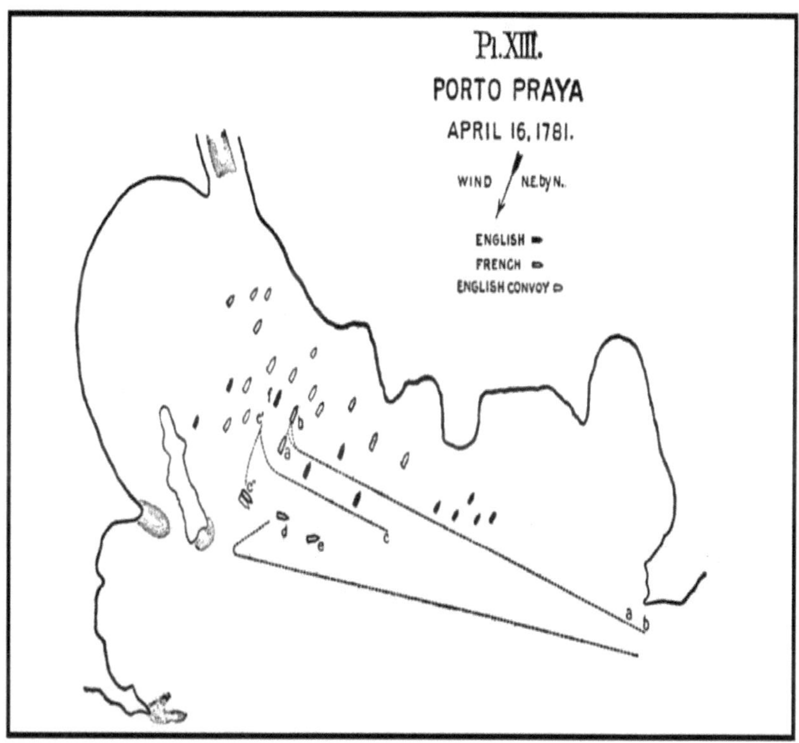

Kuva XIII.

Englantilainen kommodori valmistautui taisteluun heti, kun hän näki vihollisen, mutta ei ollut aikaa toteuttaa hänen käskyjänsä. Suffren ankkuroitui alle parinsadan metrin päähän lippulaivan oikealle puolelle (sattumaa oli se, että myös englantilaisen lippulaivan nimi oli "Hero"), joten sillä oli vihollisalukset kummallakin puolella ja alukset avasivat tulen. Sitten "Hannibal" laski ankkurinsa kommodorinsa eteen (b), ja niin lähelle, että jälkimmäisen täytyi kaartaa ja jäädä taakse (a); mutta sen kapteeni tietämättömänä siitä, että Suffren aikoi olla piittaamatta sataman puolueettomuudesta, niin ei ollut antanut käskyjä valmistautua taisteluun ja

415

oli täysin valmistautumaton; hänen aluksensa kansilla oli vesisäiliöitä, jotka oli tuotu sinne, jotta voitaisiin ottaa vettä ja tykit eivät olleet valmiina. Hän ei lisännyt tähän mitään syytä vitkasteluun, vaan seurasi lippulaivaa rohkeasti ottaen passiivisesti vastaan tulitusta, johon hän ei silloin pystynyt vastaamaan. Edeten tuulessa hän ohitti päällikkönsä tuulen puolelta valiten asemansa taidolla ja katuen kuolemallaan ensimmäistä virhettänsä. Nämä kaksi laivaa asettuivat niin, että ne saattoivat käyttää kummankin puolen täyslaidallisiaan. ”Artésien” oli savussa, jossa se virheellisesti piti itä-intiankauppalaivaa sotalaivana. Mennen sen vierelle (c′), sen kapteeni kuoli juuri silloin, kun se oli laskemassa ankkuria ja kriittinen hetki menetettiin, kun hän ei ollut johtamassa, jolloin alus ajelehti pois taistelusta vieden mukanaan itäintiankauppalaivan (c′′). Jäljelle jääneet kaksi alusta, jotka tulivat myöhässä, niin eivät onnistuneet pysymään lähellä tuulta ja ne myös ajautuivat pois taistelusta (d,e). Silloin Suffren huomattuaan, että hän vain kahdella laivalla joutui käymään taistelun, niin katkaisi köytensä ja purjehti pois. ”Hannibal” seurasi hänen liikkeitänsä; mutta se oli niin paljon vahingoittunut, että sen keula- ja päämasto olivat kaatuneet laidan ylitse; onneksi tämä ei tapahtunut ennen kuin se oli poissa lahdelta, joka se leikkasi pois rungostansa.

Laittaen täysin sivuun kysymykset koskien kansainvälistä lakia, niin viisaus ja Suffrenin toiminta hyökkäyksessä sotilaallisesta näkökulmasta houkuttelee huomiota. Jotta niitä voidaan arvioida asianmukaisesti, niin meidän täytyy ottaa huomioon, mikä oli tehtävän tavoite, joka hänelle oli annettu, ja mitkä olivat tärkeimmät tekijät sen estämisessä tai sitä edistämään. Hänen ensimmäinen tavoitteensa oli suojella Hyväntoivonniemeä englantilaisten sotaretkeä vastaan; tärkein keino vaikuttaa siihen hänellä oli päästä sinne ensiksi; esteenä hänen menestyksellensä oli englantilainen laivasto. Odottaen jälkimmäisen saapumista, niin hänellä oli kaksi vaihtoehtoa toimia; hän saattoi kiirehtiä toivoen voittavansa kilpailun, tai lyödä vihollisen ja saada tämä pakenemaan. Joten niin pitkään kuin hänen sijaintinsa oli tuntematon, jolloin etsintä, ellei se perustunut hyvin todennäköiseen tietoon, niin oli ajan tuhlaamista; mutta kun onni heitti hänen vihollisensa risteävälle polulle, niin Suffrenin nerokkuus heti tuli esille johtopäätöksessä, että eteläisten merien hallinta tulisi olemaan kyseessä ja pitäisi ratkaista heti. Käyttäen omaa vahvaa ilmaisuansa, “Englantilaisen laivueen tuho poistaisi perustan kaikilta suunnitelmilta ja hankkeilta koskien sitä sotaretkeä saaden meille paljon aikaa saada herruus Intiassa, jossa herruus siten saattaisi saada aikaan kunniakkaan rauhan ja estää englantilaisia saavuttamasta Hyväntoivonniemeä ennen minua; se oli tavoite, joka saavutettiin ja oli tehtäväni päätavoite." Hän oli saanut huonosti tietoa englantilaisten voimista uskoen, että ne olivat häntä suuremmat; mutta hän oli siinä mielessä epäedullisessa asemassa ja yllätettynä. Nopea päätös taistella oli siksi oikea, ja se oli mitä suorin ansio Suffrenille siinä asiassa oli se, että hän viivytti hetken; poistaen toisin sanoen mielestänsä; risteilyn perimmäisen tarkoituksen; mutta toimiessaan niin hän teki pesäeron Ranskan laivaston perinteisiin ja hänen hallituksensa tavanomaiseen toimintatapaan. Ei voida sanoa, että syy oli hänen, että hän ei saanut kapteeniensa tukea niin kuin hän reilusti oli oikeutettu odottamaan sitä. Onnettomuudet ja laiminlyönnit, jotka johtivat heidän epäonnistumisiinsa, on mainittu; mutta saaden kolme parasta laivaansa käyttöönsä, jolloin oli vain vähän epäilyä, että hän oli oikeassa hyötyessään yllätyksestä ja luottaen siihen, että kaksi muuta alusta, jotka olivat reservissä, niin tulisivat ajoissa paikalle.

Paikka, jonka hänen oma laivansa ja "Hannibal" ottivat, niin salli niiden käyttää kummankin puolen täyslaidallisiaan; toisin sanoen niitä täyttä tulivoimaa, niin se osoitti loistavaa harkintakykyä. Hän oli siten saanut itsellensä täyden hyödyn yllätyksestä ja järjestyksen puutteesta vihollisen laivueessa. Tämä järjestyksen puute englantilaisten kertomuksissa, niin vei pois taistelusta kaksi heidän 50-tykkisistä aluksistansa; olosuhde, joka kyseenalaisti Johnstonea vahvistaen Suffrenin arvion toteuttaessaan hyökkäystänsä. Jos hän olisi saanut apua, jonka varaan hän oli oikeutettu perustamaan arvionsa, niin hän olisi tuhonnut englantilaisen laivueen; kuten tapahtui, niin hän pelasti Hyväntoivonniemen siirtomaan Porto Prayassa. Ei ollut yllättävää silloin, että Ranskan hovi huolimatta sen tavanomaisesta meripolitiikastansa ja diplomaattisesta nöyryytyksestä, jonka sai aikaan Portugalin puolueettomuuden loukkaaminen, niin olisi sydämellisesti ja anteliaasti tunnustanut sotatoimen energisyyden, johon se ei ollut tottunut amiraaleiltansa.

On sanottu, että Suffren katsottuaan d'Estaingin varovaisia liikkeitä Amerikassa ja palveltuaan seitsemänvuotisessa sodassa, niin piti osasyynä ranskalaisten kärsimiin takaiskuihin merellä taktiikan käyttöönottoa, joka hän moitti varovaisuuden verhoksi; mutta Porto Prayan taistelun lopputulokset, jolloin tarpeenmukaisesti käytiin taisteluun ennen edeltäviä järjestelyjä, niin vakuutti hänet järjestelmästä ja toimintatavasta, jota hänen täytyi käyttää. [171] Varmasti hänen taktiset suunnitelmansa olivat korkeatasoisia sen jälkeen etenkin hänen aikaisemmissa taisteluissaan idässä (sillä hän näyttää taas hylänneen ne myöhemmissä taisteluissaan, koska hänen kapteeninsa tuottivat hänelle pettymyksiä tyytymättömyyden ja virheiden kautta). Mutta hänen suuri ja ylittämätön ansionsa on puhtaudessa, jolla hän tunnisti, että englantilaiset laivastot, jotka olivat brittiläisen merivallan ydin, niin olivat Ranskan laivaston asianmukaisia vihollisia, joiden kimppuun tulisi hyökätä heti ja aina, kun tilanne osoitti mitä tahansa tasaväkisyyttä. Ollen kaikkea muuta kuin sokea varsinaisten tavoitteiden tärkeydelle, jotka Ranskan laivaston toiminnassa olivat alistettuina, niin hän silti näki suoraan tavan, jolla ne saavutettaisiin, ei hyödyntämällä hänen aluksiansa, vaan tuhoamalla vihollisen alukset. Hyökkäys, ei puolustus, oli tie merivaltaan hänen silmissään; ja merivalta merkitsi hallintaa maalla tapahtuviin asioihin ainakin alueilla, jotka olivat kaukana Euroopasta. Tämä näkökulma englantilaisten politiikkaan, jota hän kannusti ottamaan 40 vuoden palvelun jälkeen laivastossa, niin uhrasi päinvastaisen järjestelmän; mutta hän toi sen käytännön sovellutuksena toimintatavan, jota ei kukaan sen päivän englantilainen amiraali kuin kenties Rodney käyttänyt, ja tulivoiman, joka oli suurempi kuin jälkimmäisellä. Silti toimintatapa, jota silloin seurattiin, niin ei ollut vain hetken kannustamaa; se oli tulosta selvistä näkemyksistä, joita oli aikaisemmin pidetty ja ilmaistu. Kuitenkin tietoisena luonnollisesta innosta, niin se oli älyllistä taistelutahto. Sen lisäksi hän kirjoitti d'Estaingille sen jälkeen, kun ei ollut onnistuttu tuhoaman Barringtonin laivuetta Saint Lucian luona valittaen omien ja muiden alusten puolittaista miehitystä, joista miehet oli laskettu maihin hyökkäämään englantilaisia joukkoja vastaan:

"Huolimatta vähäisistä saavutuksista kahdesta tykistökeskityksestä joulukuun 15. [jotka ohjattiin Barringtonin laivuetta vastaan] ja epäonnekkaasta pysäyttämisestä, jonka maavoimamme kokivat, niin meillä voi yhä olla toivoa menestyksestä. Mutta vain käyttäen keinoja hyökätä energisesti laivueen kimppuun, joka ei voi vastustaa ylivoimaamme huolimatta maalla olevista tykkipattereista, jonka teho tullaan eliminoimaan, jos pääsemme sen rinnalle tai ankkuroimme heidän poijujensa luokse. Jos viivyttelemme, niin he voivat päästä pakoon... Sen lisäksi, että laivueemme on alimiehitetty, niin se ei ole tilassa purjehtia eikä taistella. Mitä tulisi tapahtumaan, jos amiraali Byronin laivasto saapuisi? Mitä tapahtuisi laivoillemme, jos niillä ei olisi miehistöjä eikä amiraalia? Niiden tappio aiheuttaisi armeijan ja siirtokunnan menetyksen. Tuhotaan se laivue; heidän armeijansa, jolla on pulaa kaikesta ja on huonossa maastossa, niin tulisi olemaan pian pakotettu antautumaan. Antaa Byronin tulla, olemme iloissamme kohdatessamme hänet. Luulen, että ei ole tarpeen osoittaa, että tämä hyökkäys tarvitsee miehiä ja suunnitelmien täytyy olla hyvin sopusoinnussa niiden ihmisten kanssa, jotka niitä toteuttavat.”

Yhtä lailla hän tuomitsi d'Estaingin epäonnistumisen kaapata neljä rampautunutta alusta Byronin laivueesta Grenadan taistelun jälkeen.

Johtuen useasta onnettomasta yhteensattumasta hyökkäys Porto Prayassa ei tuottanut ratkaisevaa tulosta. Kommodori Johnstone pääsi liikkeelle ja seurasi Suffrenia, mutta hän ajatteli, että hänen voimansa eivät olleet riittäviä hyökkäämään päättäväisiä ranskalaisia vastaan ja pelkäsi sitä kautta menettävänsä aikaa tehdessään takaa-ajoa suojanpuolelta satamastansa. Hän onnistui kuitenkin ottamaan kiinni itäintiankauppalaivan, jonka ”Artésien” oli ottanut mukaansa. Suffren jatkoi suunnallansa ja ankkuroitui Hyväntoivonniemelle Simon's Bayn luona 21. kesäkuuta. Johnstone seurasi häntä kaksi viikkoa myöhemmin; mutta saatuaan keulimmaiselta alukselta tiedon, että ranskalaisia joukkoja on laskettu maihin, niin hän luopui hankkeesta siirtokuntaa vastaan tehden onnistunutta kauppasotaa hyökäten viiden alankomaalaisen Intian alueelta tulleen kauppa-aluksen kimppuun Saldanha Bayssa, joka huonosti korvasi sotilaallisen hankkeen menetyksiä ja sitten palasi itse Englantiin lähetettyään linjalaivoja liittymään Sir Edward Hughesin voimiin Itä-Intiassa.

Nähtyään, että Hyväntoivonniemi oli turvattu, niin Suffren purjehti Isle de Francelle (Mauritius) saapuen sinne lokakuun 25. 1781. Kreivi d'Orves, joka oli häntä korkea-arvoisempi, otti yhdistyneen laivueen komentoonsa. Tarvittavat korjaukset tehtiin ja laivasto purjehti Intiaan joulukuun 17. Tammikuun 22. 1782 englantilainen 50-tykkinen laiva ”Hannibal” otettiin sotasaaliiksi. Helmikuun 9. päivä kreivi d'Orves kuoli ja Suffrenista tuli korkein upseeri kommodorin arvolla. Muutamaa päivää myöhemmin hän maata nähtiin Madrasista pohjoiseen; mutta johtuen tuulista kaupunkia ei nähty ennen kuin helmikuun 15. Yhdeksän suurta sotalaivaa nähtiin siellä ankkurissa linnoituksen tykkien edessä. Ne olivat Sir Edward Hughesin aluksia, jotka eivät olleet sekasorrossa niin kuin olivat Johnstonen alukset. [172]

Siinä näiden kahden pelottoman soturin kohtaamisessa kumpikin edusti mielenkiintoisesti oman kansansa piirteitä; yhdellä oli itsepäinen taistelutahto ja merimiestaito, joka oli luonteenomaista englantilaisille, kun taas toiselle oli innokkuus ja sotilaallinen osaaminen, joka oli tyypillistä ranskalaisille, joita oli pitkän aikaa haitannut ja heitä pettänyt toimimaton järjestelmä; olivat paikassa antaa tarkkoja näkemyksiä voimiensa tilasta. Ranskalaisessa laivastossa oli 3 laivaa, joissa oli 74 tykkiä, seitsemän alusta 64 tykillä ja kaksi alusta 50 tykillä, joista yksi oli äskettäin kaapattu englantilainen "Hannibal". Sir Edward Hughesilla oli näitä vastassa kaksi alusta 74 tykillä, yksi 70 tykillä, yksi 68 tykillä, neljä 64 tykillä ja yksi 50 tykillä. Voimasuhteet olivat silloin 12 vastaan 9, jotka olivat ratkaisevasti englantilaisia vastaan; ja oli todennäköistä, että yksittäisiä aluksia ajateltaessa luokittain myös silloin voimasuhteet olivat heitä vastaan.

Täytyy muistaa, että saapuessaan Suffren ei löytänyt yhtään ystävällismielistä satamaa tai ankkuripaikkaa, eikä tukikohtaa huoltoa tai korjauksia varten. Ranskalaisten asemapaikat olivat kaikki sortuneet vuoteen 1779 mennessä; ja hänen nopea liikkeensä, joka pelasti Hyväntoivonniemen, niin ei tuonut hänelle aikaa estää englantilaisia valloittamasta alankomaalaisten omistuksia Intiassa. Korvaamaton Trincomaleen satama Ceylonilla oli juuri kuukautta ennen valloitettu, kun Suffren näki englantilaisen laivaston Madrasissa. Mutta jos hän silloin näki kaiken olevan saavutettavissa, niin Hughesilla oli yhtä paljon menetettävää. Suffren ensimmäisen kohtaamisen aikana omasi ylivoiman lukumäärässä ja voiman käydä hyökkäykseen, jolloin kaikki edut antoivat hänelle aloitteen. Hughesin osaksi tuli huoli puolustautua alivoimalla omaten monia hyökkäyskohteita ja epävarmuuden siitä, minne hyökkäys kohdistuisi.

On silti totta, että vaikka ollutkaan niin absoluuttisesti kuin kolmekymmentä vuotta aikaisemmin, niin Intian hallinta riippui meren herruudesta. Kuluneet vuodet olivat suuresti vahvistaneet Englannin otetta ja samassa suhteessa heikentäneet Ranskan otetta. Suhteellisesti siten Suffrenin tarve tuhota vihollisensa oli suurempi kuin edeltäjällään d´Achella ja muilla; kun taas Hughes saattoi luottaa Englannin omistuksien suurempaan voimaan, ja siten kantaa hieman vähemmän vastuuta kuin amiraalit ennen häntä.

Joka tapauksessa meri oli yhä mitä tärkein tekijä tulevassa kamppailussa, ja sen asianmukaisessa hallinnassa oli tarpeen rampauttaa enemmän tai vähemmän täydellisesti koko laivasto, ja omata jokin suhteellisen turvallinen tukikohta. Jälkimmäiseen tarkoitukseen oli Trincomalee; vaikka se olikin epäterveellinen, niin se oli paras satama, mitä oli itäisellä rannikolla; mutta sitä eivät englantilaiset olleet pitäneet tarpeeksi kauan käsissään, jotta sitä voitaisiin huoltaa hyvin. Hughes siksi väistämättä vetäytyi takaisin Madrasiin korjauksia varten taistelun jälkeen ja oli pakotettu jättämään Trincomalee sen omien voimavarojen varaan, kunnes hän oli taas valmis lähtemään merelle. Suffren toisaalta huomasi, että kaikissa satamissa oli samalla tavalla pulaa laivastotarvikkeista, kun taas Trincomaleen luonnolliset hyödyt tekivät sen omistamisen selväksi ja tärkeäksi tavoitteeksi hänelle; ja Hughes ymmärsi sen.

Itsenäiseksi siten Englannin laivaston perinteistä sai aikaan Hughesin hyökkäyksen vaikuttaen suoraan, joka on selvästi nähtävissä hänen kirjeidensä riveistä, kun Suffren oli siirtynyt kohti Trincomalee, uhkana oli tulisi saamaan hänen vastustuksensa hänen satamastansa. Eikä Trincomalee ollut yksin; olemassa oleva sota Hyder Alin ja englantilaisten välillä teki välttämättömäksi Suffrenille ottaa haltuunsa satama mantereelta, johon laskea kolmetuhatta miestä, joita laivue kuljetti, jotta se voisi tehdä yhteistyötä rannikolla yhteistä vihollista vastaan, ja joka saisi ainakin ruokahuoltoa. Kaikki tämä siten veti Hughes merelle ja sai hänet etsimään pyrkiäkseen rampauttamaan tai haittaamaan ranskalaisten laivastoa.

Toimintatapa hänen toiminnassaan riippui hänen omista ja vastustajansa kyvyistä, ja siihen epävarmuustekijän loi sää. Oli selvästi haluttavaa, että hän ei menisi taisteluun kuin omilla ehdoillansa; toisin sanoen ilman sitä, että hänellä olisi jotain etua tilanteessa, jossa hänellä oli heikompi sotavoima käytössään. Kun laivasto avoimella merellä ei pysty turvaamaan mitään etua, niin asema suosien heikompaa on olla tuulenpuolella antaen hänelle aikaa ja joitakin mahdollisuuksia hyökkäystavasta, jolloin hän voi käyttää hyökkäysasemaa puolustuksellisesti tarkoituksellisesti tehden hyökkäyksellisen liikkeen, jos olosuhteet sallivat sen. Suojanpuoli ei jätä heikommalle osapuolelle muuta vaihtoehtoa kuin paeta tai hyväksyä taistelun vastapuolen ehdoilla.

Mitä tahansa ajatellaankin Hughesin taidoista, niin täytyy myöntää, että hänen tehtävänsä oli vaikea. Silti täytyy mennä ottaen huomioon kaksi vaatimusta. Ensimmäinen oli ottaa yhteen Ranskan laivaston kanssa tasoittaen voimasuhteita, toinen oli estää Suffrenia pääsemästä Trincomaleehen, joka oli täysin laivastosta kiinni. [173] Suffren toisaalta, jos hän pystyisi tekemään Hughesin kanssa taistelussa, saada aikaan enemmän vahinkoa kuin hänen puolensa kärsisi vahinkoa, jolloin hän olisi vapaa kääntymään siihen suuntaan kuin hän päättäisi kääntyä.

Suffren nähtyään Hughesin laivaston Madrasissa helmikuun 15. laski ankkurinsa kuutisen kilometriä pohjoiseen. Ottaen huomioon vihollisen linjan, jota tuki rannan tykkipatterit, joka oli liian vahva hyökkäyksen kohteeksi, niin hän taas lähti liikkeelle kello 16.00 ja suuntasi etelään. Hughes myös nosti ankkurinsa suunnaten etelään koko yön ajan helposti purjehtien ja päivällä huomasi, että vihollisen laivue oli erillään saattueesta, jolloin sotalaivat olivat noin 18 kilometrin päässä idässä, kun taas kuljetusalukset olivat noin kahdentoista kilometrin päässä luoteessa hänestä (Kuva XIV: A, A). Tämän hajaantumisen sanottiin johtuneen ranskalaisten fregattien huolimattomuudesta, jolloin ne eivät pysyneet englantilaisten läheisyydessä. Hughes pyrki heti hyödyntämään sitä ajaen takaa saattuetta (c), tietäen että, linjalaivojen täytyisi seurata. Hänen kuparipohjaiset aluksensa tulivat mukaan ja kaappasivat kuusi vihollisalusta, joista viidestä tuli englantilaisten sotasaaliita. Kuudennen mukana oli 300 sotilasta sotatarvikkeiden mukana. Hughes oli tehnyt maalin.

Suffren tietenkin seurasi yleistä takaa-ajoa ja kello 15.00 mennessä neljä hänen parhaiten purjehtivaa laivaansa oli kolmen tai neljän kilometrin päässä viimeisistä englantilaisista aluksista. Hughesin laivat olivat nyt hajaantuneet, mutta eivät harkitsemattomasti, sillä ne kutsuttiin viestein kokoon kello 19.00. Kumpikin laivue oli nyt kaakossa yön ajan vähäisin purjein.

Päivän valjetessa 17. päivä; tästä päivämäärästä tulisi ensimmäinen neljästä taistelusta näiden kahden amiraalin välillä seitsemän kuukauden aikana; laivastot olivat yhdeksästä kuuteentoista kilometrin päässä toisistansa, jolloin ranskalaisten suunta oli pohjoiskaakkoon englantilaisista (B, B). Jälkimmäiset muodostivat linjan vasemman kääntymissuunnan mukaisesti (a) vaikeasti johtuen heikosta tuulesta ja jatkuvasta tyvenestä. Amiraali Hughes selitti, että hän toivoi selviävänsä vihollisesta tällä suunnalla käydä taisteluun lähietäisyydeltä luottaen luultavasti, että itse hyödyntäisi mahdollisuutta päästä tuulenpuolelle, kun merituuli puhaltaisi. Tuuli jatkui heikkona, mutta säännöllisen yllättävin myrskyin pohjoisenkoilliseen ranskalaisista mennen niiden edellä piti välit pidempinä ja lähestyi englantilaisia nopeasti, jolloin Suffrenin aikomus hyökätä takaosan kimppuun sai apua Hughesin suunnasta. Jälkimmäinen huomasi, että hänen takaosansa mateli, jolloin hän tuli sen rinnalle (b) vetäytyen saadakseen aikaa koota alukset lähelle keskustaa. Nämä liikkeet rinnakkain jatkuivat kahdenkymmenen minuutin ajan, kunnes kello 16.00, kun nähdessään, että hän ei voinut paeta hyökkäystä vihollisen ehdoin, niin Hughes otti tuulensa vasemmasta kääntymissuunnasta ja odotti sitä (C). Oli se sitten hänen syynsä tai ei, niin hän oli nyt pahimmassa mahdollisessa tilanteessa odottaen ylivoimaisen vihollisen hyökkäystä sen tahdon

mukaisesti. Viimeinen alus hänen linjassaan, "Exeter", ei ollut vielä
saavuttanut linjaa; ja siksi ei näyttänyt olevan syytä, miksi sen ei pitäisi päästä
keulaan hyödyntäen oikean puolen kääntymissuuntaa ja siten tuoda muut
aluksen sen tasalle.

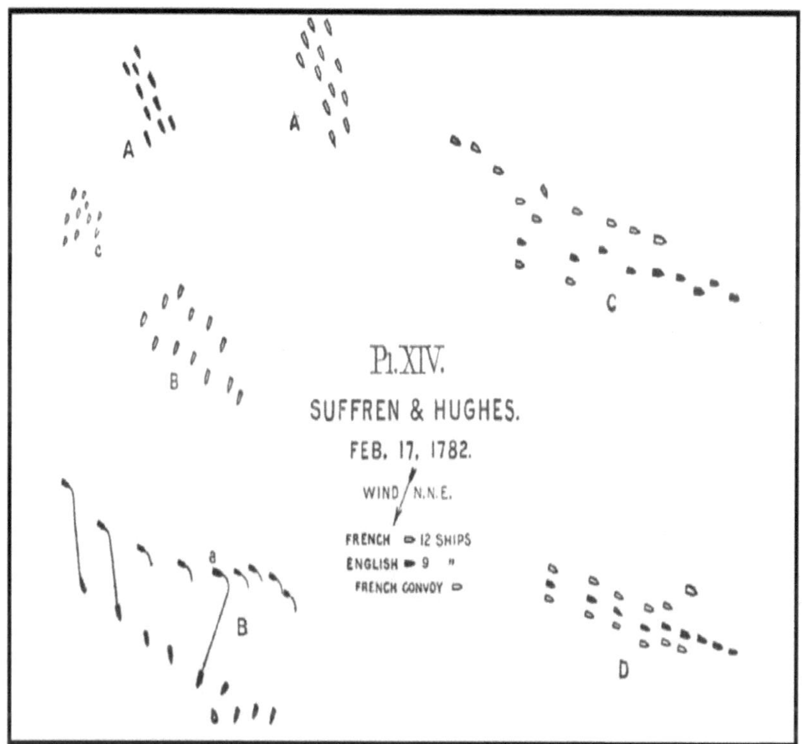

Kuva XIV.

Keinot, joita Suffren käytti hyökkäyksessään, on sanottu
toisin hänen ja Hughesin toimesta, mutta ero on vain yksityiskohdissa;
tärkeimmät tosiasiat ovat varmat. Hughes sanoi, että vihollinen "ohjasi alas
linjamme takaosaan epäsäännöllisellä kaksinkertaisella linjalla", jolla
muodostelmalla he jatkoivat, kunnes tuli törmäyksen aika, kun "kolme
vihollisen laivaa ensimmäisestä linjasta meni suoraan 'Exeteriä' kohden, kun
taas neljä muuta toisesta linjasta, jota johti 'Heros', joka oli M. de Suffrenin

lippulaiva, niin *pyrki ensimmäisen linjan ulkopuolelta* kohti keskustaamme. Viisi minuuttia ennen kello neljää kolme vihollisen alusta avasi tulen kohti 'Exeteriä', johon se ja sitä seuraava alus vastasivat, taistelu alkoi yleisesti meidän jälkijoukoistamme keskustaan, kun vihollisen komentoalus yhdessä kolmen muun aluksen kanssa heidän toisesta linjastansa eteni kohti keskustaamme, mutta eivät koskaan edenneet lähemmäs kuin vastakkain 'Superbea', meidän keskimmäistä laivaamme heikon tai olemattoman tuulen takia ja johtuen joistakin sateista taistelun aikana. Näissä olosuhteissa vihollinen toi kahdeksan parasta laivaansa taistelemaan viittä meidän alustamme vastaan, jotka olivat linjamme kärjessä ja nämä laivat olivat 'Monmouth', 'Eagle', 'Burford', ja 'Worcester', joita ei voitu tuoda taisteluun kääntymättä vihollista kohden", sillä silloin ei ollut tarpeeksi tuulta.

Nyt jätämme ne ja katsomme Suffrenin kertomusta siitä, miten hän otti asemansa. Kertomuksessaan laivastoministerille hän sanoo:

"Minun olisi pitänyt tuhota englantilainen laivue, joka oli alivoimainen siitä edullisesta asemasta, josta olin hyökännyt sen kimppuun. Hyökkäsin jälkimmäisen aluksen kimppuun ja olin sen muodostelman rinnalla aina kuudenteen alukseen asti. Siten tein niistä kolme heille käyttökelvottomaksi, joten meillä oli 12 laivaa 6 vastaan. Aloitin taistelun puoli kolme iltapäivällä ottaen johdon ja antaen merkin muodostaa kaksinkertaisen linjan vihollisen taakse ja laivueen lähestyä pistoolinkantaman päähän. Tätä merkkiä, vaikka sitä toistettiin, niin sitä ei toteutettu. En itse anna esimerkkiä näyttääkseni, että olisin voinut pitää aisoissa kolme keulimmaista alusta, jotka kääntymällä olisivat tulleet minua kohden. Kuitenkin pois lukien 'Brilliant', joka lähestyi takaapäin, niin yksikään alus ei ollut niin lähellä kuin oma alukseni eikä ollut saanut niin montaa osumaa."

Keskeinen kohta erilaisuudessa kahdessa kertomuksessa oli, että Suffrenin mukaan hänen lippulaivansa ohitti englantilaisten linjan takaapäin kuudenteen laivaan asti, kun taas Hughes sanoo, että ranskalaiset oli jaettu kahteen linjaan, jotka tulivat lähelle kääntyen yhden kääntyessä takaosaan ja toisen keskustaan hänen laivueeseensa. Jälkimmäinen olisi parempi manööveri; sillä jos johtava alus hyökkäisi niin kuin Suffren esittää, vihollisen linjan myötäisesti takaapäin kuudenteen alukseen asti, niin se saisi tulitusta näiltä kuudelta alukselta, jonka pitäisi pysyä rampauttamaan se ja sotkemaan sitä seuraava linja. Suffren myös huomauttaa aikomuksesta saartaa takaosa asettaen kolme laivaa siitä suojanpuolelle. Kaksi ranskalaista laivaa otti sen aseman. Suffen antoi lisäsyitä toimillensa olla lähestymättä omalla laivallaan, josta hän johti; mutta niille, jotka seurasivat häntä, niin ne eivät menneet lähemmäksi, jolloin hänen toimintansa ei kiinnittänyt Hughesin huomiota.

Ranskalainen kommodori oli vakavasti ja ilmeisen oikeudenmukaisesti suuttunut useiden kapteeniensa toimettomuudesta. Varapäälliköstänsä hän valitti ministerille: "Ollessani kärjessä en nähnyt hyvin, mitä oli tapahtumassa takana. Olin määrännyt M. de. Tromelin antamaan merkkejä aluksille, jotka olivat hänen lähellänsä; hän vain toisti antamiani merkkejä toteuttamatta niitä." Tämä valitus oli täysin oikeutettu. Helmikuun 6. päivä, kymmenen päivää ennen taistelua, niin hän kirjoitti varapäälliköllensä seuraavasti:

"Jos olemme niin onnekkaita tuulenpuolen suhteen, että kun englantilaisia ei ole enempää kuin kahdeksan tai korkeintaan yhdeksän, niin aikomukseni on saartaa niiden peräpää. Olettaen, että yksikkösi on takana, niin sinä tulet näkemään asemastasi mikä määrä laivoja tulee ylittämään vihollisen linjan ja sinä tulet antamaan merkin niille saartaa [174] [jolla tarkoitetaan taisteluun käymistä suojanpuolelta] ... Missä tahansa tapauksessa pyydän sinua määräämään yksikkösi liikkeet sellaisiksi, jotka mielestäsi sopivat parhaiten takaamaan menestyksen taistelussa. Trincomaleen valloitus ja sama koskien Negapatamia ja kenties koko Ceylonia, niin sen pitäisi toivoa meidät yleiseen taisteluun."

Kaksi viimeistä virkettä paljastaa Suffrenin oman arvostuksen sotilaalliseen tilanteeseen Intian valtamerellä, joka vaati ensiksi vihollisen laivaston rampauttamista, toiseksi tiettyjen strategisten satamien valloittamista. Tämä arvio oli oikea yhtä varmasti kuin se oli päinvastainen kuin yleiset ranskalaiset periaatteet, joiden mukaan ensimmäisenä pitäisi ottaa haltuun satama ja laivasto olisi toissijainen kohde. Yleinen taistelu oli haluttavin tavoite Suffrenille ja siksi on turvallista sanoa, että sellaisen taistelun välttämisen olisi pitänyt olla ensimmäinen tavoite Hughesille. Jälkimmäisen yritys saavuttaa siten tuulenpuoli oli tämän seurauksena oikea; ja niin helmikuussa merituuli Madrasissa kääntyi puhaltamaan idästä ja etelästä noin kello 11, jolloin hän luultavasti toimi hyvin kääntyen siihen yleiseen suuntaan, vaikka tulos olikin hänelle pettymys. De Guichen yhdessä yhteenotossaan Rodneyn kanssa muotoili laivastonsa suunnan viittaamalla tuulenpuoleen, kun iltapäivän tuulenpuuska puhalsi ja oli menestyksekäs.

Miten Hughes olisi käyttänyt tuulen antamaa etua, niin siihen viitataan vain hänen omilla sanoillansa; että hän pyrki käymään vihollisen kimppuun lähempää. Siellä ei ollut mitään varmaa lupausta mistään taidokkaasta taktisen edun käyttämisestä.

Suffren myös kuvaa sanoillansa Tromelinille hänen käsitystänsä varakomentajan velvollisuuksista, josta voidaan vetää reilu vertaus Nelsoniin, kun hän antoi tunnetun käskynsä ennen Trafalgarin meritaistelua. Se oli ensimmäinen taistelu, jossa hän itse johti päähyökkäystä jättäen sen ohjaamisen, mitä voitiin kutsua reserviksi; millä mittapuulla tahansa hyökkäyksen toista puolikasta; hänen alipäälliköllensä, joka hänen epäonnekseen ei ollut Collingwood ja joka täysin epäonnistui ponnisteluissaan tukea häntä. On todennäköistä, että Suffren johtaessaan ei toiminut minkään tietyn teorian mukaisesti, vaan sen tosiasian, että hänen aluksensa oli laivastonsa nopein purjehtija ja että sen hetken myöhäisyys ja tuulen heikko henki tekivät tarpeelliseksi aloittaa taistelun vihollisen kanssa nopeasti. Mutta siellä oli virhe tehtynä Suffrenin osalta. Johtaessaan tuolla tavalla kuin hän toimi, niin hän osallistui, ei tarpeesta, vaan antaen esimerkkiä; ja pitäen oman aluksensa tykkien kantaman ulkopuolella, jolloin erinomaisista taktisista syistä kapteenit, jotka seurasivat häntä luonnollisesti, niin melkein perustellusti, pitivät saman etäisyyden riippumatta hänen antamistansa merkeistä. Ristiriita käskyjen ja esimerkin välillä, joka tuo niin yksilöidysti esille Vicksburgin sisällissodastamme, niin aiheutti väärinkäsityksen ja välien tulehtumisen kahden urhean upseerin välillä, jollaista ei saisi antaa tapahtua. On päällikön tehtävä estää sellaisten väärinkäsitysten syntyminen mitä huolellisimmin käyttäen aikaisempia selityksiä niin kirjeissä kuin suunnitelmiensa hengessä. Asia on näin etenkin merellä, jossa savu, heikko tuuli ja häiritsevät takiloinnit tekevät merkkien lukemisen niin hankalaksi, vaikka ne ovatkin melkein ainoa keino lähettää viestejä. Tämä oli Nelsonin tapa toimia; eikä Suffrenille tuo ajatus ollut tuntematon. "Sijoittaen hyvin yhteen niiden toimesta, jotka toteuttavat tarpeenmukaisen suunnitelman", hän kirjoitti d'Estaingille kolme vuotta aikaisemmin. Tekosyy, johon voidaan vedota niiden toimesta, jotka seurasivat häntä ja kävivät taisteluun, niin ei ollut saatavissa jälkimmäisille aluksille ja eikä etenkään varakomentajalle, joka tiesi Suffrenin suunnitelmat. Hänen olisi pitänyt pakottaa jälkimmäiset alukset ottamaan paikkansa suojanpuolelta johtaen itse, jos se olisi tarpeellista. Siellä oli tarpeeksi tuulta; sillä kaksi kapteenia meni itseasiassa suojanpuolelle, joista yksi toimi ilman käskyä toimien hetken näkemyksensä pohjalta, joka perustui hänen omaan hyvään tahtoonsa ja rohkeuteensa Nelsonin sanoin, "Kukaan kapteeni ei voi toimia kovinkaan väärin asettaessaan aluksensa vihollisen aluksen rinnalle." Hän sai siitä erityisen tunnustuksen Suffrenilta, joka oli niin tunnustus kuin palkkio. Joka tapauksessa moni hänen tovereistansa epäonnistui tehottomuuden tai ryhmätyytymättömyyden ja uskottomuuden takia, niin se ei ole tärkeätä sotilasasioista kirjoittavalle, vaan mielenkiintoista on ranskalaisten upseerien keskinäinen kateus toistensa saamasta kunniasta palveluksesta. Suffrenin valituksesta tuli useiden pettymysten jälkeen ankaraa.

"Sydämeni", hän kirjoitti, "on murtunut johtuen kaikista yleisistä virheistä. Olen juuri menettänyt tilaisuuden tuhota englantilainen laivue… Kaikki, kyllä kaikki, olisi voinut olla lähellä, sillä olimme tuulenpuolella ja edellä ja kukaan ei toiminut niin. Useat heistä olivat taistelleet niin urheasti muissa taisteluissa. Voin vain jakaa tätä pelkoa toivoen vieväni purjehduksen loppuun pahalla tahdolla ja tietämättömyydellä; sillä en uskalla epäillä mitään pahempaa. Lopputulos on kauhea. Minun täytyy kertoa sinulle herra, että upseerit, jotka ovat olleet pitkän aika Isle de Francelle, niin eivät olet merimiehiä eivätkä sotilaita. Eivät merimiehiä siksi, että he eivät ole olleet merellä; ja heillä on kauppiaiden maltillinen, itsenäinen ja itsepäinen luonne, joka on täysi vastakohta sotilaalliselle hengelle."

Tässä kirjeessä käytyään neljännen taistelun Hughesia vastaan, niin se seikka täytyy ottaa huomioon. Ei vain näytä siltä, että Suffren itse kiirehtien pois tästä viimeisimmästä yhteenotosta innokkuudellansa, niin oli osaltansa vastuussa laivastonsa epäjärjestyksestä, vaan siellä oli muita olosuhteita, ja ennen kaikkea joidenkin muiden upseerien luonteenpiirteitä, joita voitiin syyttää siitä, että yleisestä tyytymättömyydestä oli tullut niin yleistä. Toisaalta jää todeksi neljän taistelun jälkeen, että suurempi lukumäärä ranskalaisten puolelta heidän päällikkönsä Suffrenin taidosta ja innosta, niin englantilainen laivue, josta hän käytti omaa kuvaavaa ilmaisuansa, "oli yhä olemassa"; eikä vain tuolla tavalla, vaan se ei ollut menettänyt yhtään alustansa. Ainoa johtopäätös, joka tästä voidaan vetää ranskalaisen laivastokirjoittajan toimesta, oli se, että "Määrä ei korvaa laatua." [175] Sillä ei ole merkitystä, että johtuiko tuo puute tehottomuudesta vai tyytymättömyydestä.

Tehottomuus, joka näkyi taistelussa, niin katosi sotaretken yleisestä suorittamisesta yksin päällikön ominaisuuksien ansiosta. Taistelu helmikuun 17. päättyi tuulen ripeään kääntymiseen kaakkoon kello 18.00 kahden tunnin taistelun jälkeen. Englantilaiset pääsivät tuulenpuolelle, joka mahdollisti, että heidän keulimmaiset aluksensa tekivät osansa taistelussa. Yön saapuessa Suffren puoli kuuden aikoihin vei laivueensa tuuleen oikean puolen kääntymissuuntaa kautta suunnaten koilliseen, kun taas Hughes purjehti etelään helposti. On sanottu Ranskan laivaston kapteeni Chevalierin taholta, että Suffrenin aikomuksensa oli jatkaa taistelua seuraavana päivänä. Sen takia hänen olisi pitänyt tehdä toimet pysyä taisteluetäisyydellä. Oli aivan liian selvää, että Hughesin toimintatapa oli olla taistelematta, jos hänellä ei olisi taistelussa jotain etua; jolloin voidaan sallia oletus, että yksi alus, "Exeter", jonka hän oli menettänyt vahvuudestansa sen takia, että sitä vastaan oli keskittynyt useita vihollisia, niin hän samalla hiljaa odottaisi hyökkäystä. Tämä oli niin selvää tehdä todennäköiseksi, että Suffren näki riittävän syyn tuloksissa laivastoonsa ja sen upseerien laiminlyöntien takia, että hän ei halunnut taistella uudestaan heti. Seuraavana aamuna kaksi laivastoa oli näköetäisyyden ulkopuolella toisistansa. Jatkuva pohjoistuuli ja kahden aluksen rampautuneisuus pakottivat Hughesin menemään Trincomaleehen, jossa oli suojainen satama, joka salli siellä niiden korjaamisen. Suffren huolestuneena kuljetusaluksistansa, meni Pondicherryyn, jonne hän laski ankkurinsa niiden kanssa. Oli hänen toiveensa sitten edetä Negapatamia vastaan; mutta joukkojen komentaja päättikin toimia Cuddalorea vastaan. Neuvotteluiden jälkeen ja tehtyään järjestelyjä Hyder Alin kanssa armeija laski maahan etelään Porto Novosta, ja marssi Cuddalorea vastaan, joka antautui huhtikuun 4.

Samaan aikaan Suffren huolestuneena toimimaan päätavoitettansa vastaan, niin oli purjehtinut taas merelle 23. maaliskuuta. Oli hänen toiveensa pysäyttää kaksi linjalaivaa, joiden odotettiin saapuvan Englannista. Sen suhteen hän toimi liian myöhään; kaksi 74-tykkistä alusta liittyi päävoimiin Madrasissa 30. maaliskuuta. Hughes oli käyttänyt kaksi viikkoa uudelleenvarustautumiseen Trincomaleessa ja saapunut Madrasiin taas 12. huhtikuuta. Pian sen jälkeen, kun täydennysvoimat olivat liittyneet häneen, niin hän purjehti taas Trincomaleehen mukanaan joukkoja ja sotilaallisia huoltotarvikkeita varuskunnalle. Huhtikuun 8. päivä Suffrenin laivue havaittiin koillisessa myös matkaamassa etelään. Hughes jatkoi matkaansa sen päivän ja kahden seuraavan päivän ajan heikoilla tuulilla pohjoisesta. Sitten 11. päivä hän pääsi Ceylonin rannikolle noin 80 kilometrin päähän pohjoiseen Trincomaleesta ja eteni kohti satamaa. Aamulla 12. päivä ranskalainen laivue, joka nähtiin koillisessa, oli täysin purjein takaa-ajossa.

Se oli päivä, jolloin Rodney ja de Grasse kohtasivat Länsi-Intiassa, mutta osat olivat päinvastaiset; täällä ranskalaiset, eivät englantilaiset, pyrkivät taistelemaan.

Laivojen nopeus kummassakin laivueessa oli hyvin epätasainen; kummassakin oli joitakin kuparoituja aluksia ja toisia, joita ei ollut kuparoitu. Hughes huomasi, että hänen hitaasti purjehtivat aluksensa eivät pääsisi pakoon nopeimpia vihollisaluksia; olosuhde, joka aina pakotti pakenevan yksikön taistelun vaaroihin, ellei se päättäisi luopua taaimmaisista aluksistansa ja joka olisi välttämätöntä turvallisuudelle niin kuin myös tehokkuudelle, että laivueen saman luokan aluksilla pitäisi kaikilla olla tietty vähimmäisnopeus. Sama syy, vaara erilleen joutuneelle alukselle, johti haluttoman de Grassen samana päivänä toisessa paikassa tekemään vaarallisen manööverin ja suuren virheen. Hughes, jolla oli enemmän järkeä, päätti taistella; ja kello 9 aamulla muodosti linjansa oikean puolen kääntymissuunnan ollen rannikon puolella (Kuva XV, A) laivue hyvässä järjestyksessä omaten kahdet kaapelinvälit (yksi kaapelinmitta on 185,2 metriä) alusten välillä. [176] Hänen kertomuksensa mukaan, joka taas on erilainen kuin Suffrenin antaen täysin toisenlaisia ajatuksia taktiikoista, joita ranskalainen kommodori käytti, ja enemmän tunnustusta jälkimmäisen taidoille, niin sitä seurataan ensiksi. Hän sanoi:

"Vihollinen koilliseen suunnassa noin yhdeksän kilometrin päässä tuulen puhaltaessa koillisesta jatkoi liikettä aluksillansa ja muutti asemaansa linjassa, kunnes noin 15 ennen keskipäivää ja kääntyivät kohti (a) ottaakseen yhteen kanssamme, niin viisi purjealusta heidän etujoukoissaan etenivät kohdatakseen (b) keulimmaiset aluksemme ja muut seitsemän alusta (b') niin suuntasivat kohti kolmea keskimmäistä alustamme, joita olivat 'Superbe', 'Monmouth' sen edellä ja 'Monarca' sen takana. Kello puoli yksi taistelu alkoi etummaisten alusten osalta kummassakin laivueessa; kolme minuuttia myöhemmin annoin merkin käydä taisteluun. Ranskalainen amiraali 'Herosilla' ja hänen varakomentajansa perässä 'L'Orientilla' (joissa kummassakin oli 74 tykkiä) niin tulivat 'Superbesta' [177] pistoolinkantaman päähän. 'Heros' jatkoi asemassaan tulittaen kiivaasti ja saaden kiivasta tulitusta yhdeksän minuutin ajan ja sitten kävi pahasti vahingoittuneena hyökkäykseen 'Monmouthia' vastaan, joka silloin taisteli toisen vihollisaluksen kanssa tehden tilaa aluksille takanaan tulla hyökkäämään keskustaamme vastaan, jossa taistelu oli kiivaimmillaan. Kello kolme 'Monmouthin' mesaanimasto oli ammuttu pois ja muutamassa minuutissa sen päämasto myös, ja se oli pois linjasta suojanpuolella (C, c); ja neljäkymmentä minuuttia ennen kolme tuuli yllättäen jatkui pohjoisesta ilman mitään puhaltamista ja ollen huolellinen, että emme aja mitään alusta maihin, niin annoin merkin käyttää ja viedä taistelulinjamme tuuleen vasemman puolen kääntymissuunnan kautta edelleen taistellen vihollisen kanssa."

Siellä oli käytännössä keskitetty voimat kostamaan. Siinä, joka oli kiivain taistelu näiden kahden kovan taistelijan välillä, niin englantilaisten tappiot olivat 137 kaatunutta ja 430 haavoittunutta yhdessätoista aluksessa. Tästä määrästä kahdessa keskimmäisessä aluksessa; lippulaivassa ja sitä seuranneessa aluksessa oli yhteensä 104 kaatunutta ja 198 haavoittunutta; tämä oli 53 % koko laivueen kärsimistä menetyksistä, joka oli niiden vahvuudesta 18 %. Menetykset olivat hyvin paljon raskaammat suhteessa alusten kokoon kuin niiden kahden aluksen tappiot, jotka johtivat kahta jonoa Trafalgarin meritaistelussa. [178] Aineelliset tappiot alusten kylkiin, mastoihin, köysistöihin etc. olivat yhä paljon vakavammat. Englantilainen laivue siksi, että vihollinen oli keskittänyt voimansa, oli täysin rampautettu. Alivoimalla, kun taistelu alkoi, niin sen alivoima oli yhä ratkaisevampaa, kun siitä vähennettiin kaksi alusta ja Suffrenin vapaus liikkua oli kasvanut.

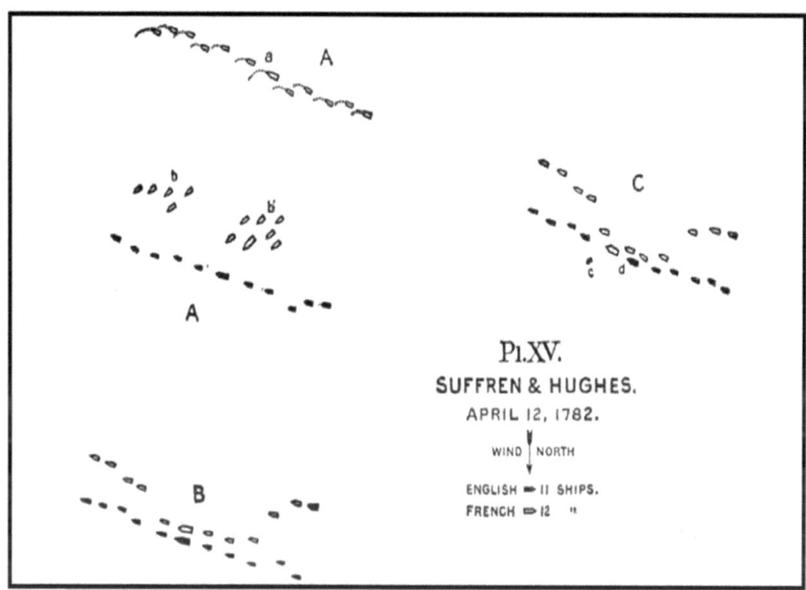

Kuva XV.

Kuinka paljon keskittäminen oli Suffrenin aikomus? Selvittääksemme sen meidän täytyy tarkastella kahden ranskalaisen kirjoittajien sivuja [179], jotka perustavat kertomuksensa hänen viesteihinsä Ranskan meriministeriölle. Käytännön etu, jonka ranskalaiset saavuttivat, niin sitä täytyy myös tarkastella vertailemalla listoja miesmenetyksistä ja vammoista, joita tuli heidän yksittäisten alustensa miehistöön; sillä on selvää, että jos kumpikin laivue saavutti saman määrän vahinkoa, mutta englantilaisten puolella se keskittyi kahteen laivaan, niin silloin ne laivat eivät olisi valmiina taisteluun kuukauteen tai pidempään aikaan, kun taas ranskalaisten kärsimä vahinko jakautui kahdentoista aluksen kesken sallien niiden olla valmiina taisteluun muutamassa päivässä, jolloin voitto taktisessa ja strategisessa mielessä tuli jälkimmäiselle taholle. [180]

Koskien Suffrenin tarkoitusperiä, niin mikään ei viittaa siihen, että hän aikoi tehdä sellaisen hyökkäyksen kuin Hughes kuvasi. Hänellä oli 12 laivaa englantilaisten 11 vastaan, jolloin hänen tarkoituksenaan näytti olleen ajaa takaa englantilaisia tavanomaiseen tapaan; muodostaa linja samansuuntaisesti vihollisen kanssa, mennä vihollisen

431

kimppuun yhdessä ja käydä taisteluun alus alusta vastaan. Tähän lisätään yksi yksinkertainen suunnitelma; kahdestoista ranskalaisalus, jolla ei ollut vastustajaa, niin hyökkäisi viimeisen englantilaisen aluksen kimppuun suojan puolelta laittaen sen siten kahden tulen väliin. Tosiasiassa keskittyminen keulimmaisiin ja keskustan aluksiin niin kuin Hughes kuvaa, on taktisesti heikompi liike kuin ponnistella keskustaa ja linjan viimeisiä aluksia vastaan. Tämä on totta jopa koskien höyrylaivoja, jotka vaikkakin ovat vähemmän alttiita menettämään liikevoimansa, niin niiden täytyy silti kääntyä ympäri päästäkseen linjan keulasta sen perään menettäen siten useita arvokkaita sekunteja; mutta on etenkin totta purjealuksilla ja ennen kaikkea kaikessa valossa, että hämmentävä ilma, joka on selkeä merkki muutoksesta monsuunikauteen, kun tämä taistelu käytiin. Nelson korosti halveksuntaansa aikansa venäläisiä kohtaan sanoen, että hän ei epäröisi hyökätä heidän keulimmaisia aluksiansa vastaan laskien sen varaan, että koko heidän linjansa menisi sekasortoon heidän puutteellisen merimiestaitonsa vuoksi; mutta vaikka hänellä ei ollutkaan paljoakaan kehuvampaa suhtautumista espanjalaisiin, niin hän heitti hyökkäys voiman liittolaisten laivastoa vastaan Trafalgarissa sen jälkimmäisiin aluksiin. Kun kyseessä olivat sellaiset merimiehet kuin jotka olivat kapteeneina Hughesin laivastossa, niin tulisi olemaan virhe hyökätä sen keulimmaisten alusten kimppuun viimeisten sijaan. Vain täysin tyyni meri pitäisi jälkimmäiset poissa taistelusta.

Suffrenin hyökkäystä kuvasi siten kapteeni Chevalier. Mainittuaan, että Hughes muodosti linjansa oikean puolen kääntymissuunnalle, hän sanoo:

"Tätä liikettä ranskalaiset matkivat, ja kaksi laivuetta kulkivat yhdensuuntaisesti edeten länsiluoteeseen (A, A). Kello 11 linjamme ollessa hyvin muodostettu, niin Suffren antoi merkin kääntyä länsilounaaseen, joka liike tehtiin yhdessä. Aluksemme eivät pitäneet asemiansa kuvatussa linjassa, ja keulimmaiset alukset, jotka olivat nopeimpia purjehtijoit, niin tulivat ensimmäisinä vihollisen tykkien kantaman päähän. [181] Yhdeltä englantilaisen laivaston keulimmaiset alukset avasivat tulen 'Vengeuria' ja 'Artésien' [ranskalaisten keulimmaiset alukset]. Nämä kaksi laivaa luovivat [182] vastatakseen tulitukseen, jolloin ne määrättiin heti taas pysymään poissa. Suffren, joka toivoi ratkaisevaa taistelua, piti suuntansa, jolloin he hän vastaansa tulitusta, joka oli kohdistettu hänen alukseensa vihollisen toimesta. Kun hän oli pistoolinkantaman päässä 'Superbesta', niin hän kääntyi tuuleen (B) ja antoi merkin avata tulen päämastonsa päästä. Amiraali Hughes, jollaa oli vain 11 laivaa, niin 'Bizarre', joka oli sijoitettu komentavan upseerin toimesta niin, että se hyökkäisi englantilaisen laivaston viimeistä alusta vastaan ja pyrkisi nopeasti suojanpuolelle siitä. Sillä hetkellä, kun ensimmäiset tykinlaukaukset kuultiin, niin huonoimmat purjehtivat aluksemme eivät olleet vielä asemissaan. Hengittäen käskyjen ja ei hengen mukaisesti, joka oli kommodorin käskyissä, niin näiden alusten kapteenit luovivat samaan aikaan niiden alusten kanssa, jotka olivat niiden edessä. Sen seurauksena ranskalaisten linjaan muodostui kurvi, jonka ääripäissä keulassa olivat 'Artésien' ja 'Vengeur' ja peräpäässä olivat 'Bizarre', 'Ajax' ja 'Sevére'. Tämän seurauksena alukset olivat hyvin kaukana niistä, jotka olivat niiden vastinparin vihollisen linjassa."

On selvää kaikille, että tämän kirjoitti Suffrenin harras ihailija, jolla oli täysi pääsy virallisiin papereihin, että ranskalaisten päällikkö tarkoitti hyökkäyksen perusteen olevan käsitteellinen ja vaikeasti toteuttavissa oleva. Pitääkseen laivaston linjan suunnassa purjehtien vapaasti, niin se vaatii paljon harjoittelua etenkin, kun laivoilla on niin eri luokitellut nopeudet kuin oli Suffrenilla. Äärimmäiset vauriot, joita 'Superbe' ja 'Monmouth' kärsivät, niin epäilemättä johtuivat keskittymisestä, jota ei voida laittaa Suffrenin alusten sijainnin ansioksi. "Vahingot, joita 'Heros' sai taistelun alussa niin eivät sallineet sen jäädä 'Superben' läheisyyteen. Se ei saanut korjattua purjeidensa huippuja ajoissa, joiden pidikkeet olivat leikkautuneet pois, jolloin se jatkoi eteenpäin ja sen pysäytti vain 'Monmouthin' runko. [183] Tämän kertomuksen mukaan jälkimmäisen aluksen kärsimykset oli vahingoittuneena ja nyt taistellen paljon suurempaa vastustajaa vastaan. 'Superbe' oli vapautunut Suffrenista vain jouduttuaan seuraavan ranskalaisen aluksen hyökkäyksen kohteeksi, joka oli yhtä lailla raskas alus; ja kun 'Monmouth' ajelehti tai siirtyi syrjään suojanpuolelle, niin ranskalaisten lippulaiva myös ajelehti, jolloin muutaman hetken ajan se tulitti takatykeillään 'Superben' keulaa (C, d). Jälkimmäinen samaan aikaan oli taistelussa kylkensä ja takaosansa suunnalta kahden ranskalaisen aluksen kanssa, jotka joko saatuaan merkin tai ilman sitä tulivat suojaamaan kommodoriaan.

Kaatuneiden listan tarkastelu osoittaa, että ranskalaisten menetykset olivat paljon enemmän jakautuneet heidän aluksiensa kesken kuin oli kyse englantilaisten suhteen. Ei vähempää kuin kolme jälkimmäisten alusta selvisi niin, että ne eivät menettäneet miestäkään, kun taas ranskalaisten suhteen vain yksi alus selvisi ilman miesmenetyksiä. Toiminnan ydin näytti olleen hieman onnekas keskittyminen kahdella ranskalaisella 74-tykkisellä ja yhdellä 64-tykkisellä englantilaista 74-tykkistä ja 64-tykkistä vastaan. Olettaen, että aluksilla oli tosiaan sama voima kuin oli niiden luokitus, niin ranskalaiset toivat vain täyslaidalliset laskettuna 106 tykkiä taisteluun, jossa niitä vastassa oli 69 tykkiä.

Jonkin verran epäsuotuisaa kritiikkiä on kohdistettu amiraali Hughesiin kolmen päivän suhteen ennen taistelua, sillä hän pidättäytyi hyökkäämästä ranskalaisten kimppuun, vaikka he olivatkin paljon enemmän aikaa suojanpuolella omaten vain yhden aluksen ylivoiman suhteessa englantilaisiin ja olivat paljon enemmän hajaantuneina. Ajatuksena oli se, että hän olisi pystynyt lyömään ranskalaiset pienemmissä osissa. [184] Kertomuksien saavutettavuus on liian vähäistä sallia tehdä tarkka arvio, jotta voitaisiin muodostaa mielipide siitä asiasta, joka todennäköisesti heijasteli messipöydän ja komentokannen puheita alempien upseerien toimesta. Hughesin oman raportin mukaan kahden laivaston asemat olivat epätarkat ja etenkin yksi tärkeä asia oli ranskalaisia vastaan. Jos väitetty mahdollisuus tarjoutui, niin englantilainen amiraali kieltäytyi käyttämästä sitä sitoutuen päättäväisyyteen, jolla hän purjehti, ei siksi, että hän pelkäisi vihollista, vaan mennäkseen suoraan Trincomaaleehen ja laskeakseen mukanaan olevat joukot ja huoltotarvikkeet maihin. Toisin sanoen hänen toimiansa hallitsi enemmän ranskalainen kuin englantilainen laivastopolitiikka määräten hyökkäyksen vihollisen laivastoa vastaan kuuluvaan käsillä olevaan tehtävään. Jos tästä syystä hän salli hyvän mahdollisuuden taistella mennä sivu suun, niin hänellä oli varmasti syy olla katkera tästä laiminlyönnistä, jonka tulosta seurasi taistelu; mutta puute tarkasta tiedosta on mitä mielenkiintoisin kiinnittää huomiota antaen vaikutelman, joka on tullut yleiseen sekä ammattilaisten mielipiteeseen viitaten, kuinka vahvasti englantilaiset pitivät hyökkäystä vihollisen laivastoa vastaan englantilaisen amiraalin ensimmäisenä velvollisuutena. Voidaan myös sanoa, että hän olisi tuskin saattanut menestyä huonommin hyökkäämällä kuin sallimalla vihollisen muuttua hyökkääjäksi; ja varmasti ei olisi menestynyt kuin hän menestyi, jos Suffrenin kapteenit olisivat olleet yhtä hyviä kuin hänen kapteeninsa.

Taistelun päättyessä auringonlaskuun kumpikin laivue laski ankkurinsa 15 sylen (hieman yli 27 metriä) säännöttömässä muodostelmassa niin, että kolme ranskalaista alusta osui pohjallaan koralliin. Siellä laivueet olivat kahden viikon ajan erillään toisistansa varustautuen. Hughes johtuen 'Monmouthin' surkeasta tilasta odotti hyökkäystä; mutta kun Suffren oli saanut korjaustyönsä valmiiksi 19. päivä, niin hän lähti liikkeelle ja pysyi ulkona 24 tuntia kutsuen taisteluun, jota Hughes ei aloittaisi. Hän tajusi vihollisen tilan niin terävästi, että tunsi omaavansa tarpeen oikeuttaa toimensa meriministeriölle, jossa hän kertoi kahdeksan syytä, joita on tarpeetonta eritellä täällä. Viimeinen niistä oli tehokkuuden ja vankan tuen puute omien kapteeniensa taholta.

Ei ole todennäköistä, että Suffren oli väärässä tämän suuren varovaisuuden kanssa. Päinvastoin hänen suurin vikansa komentavana upseerina oli innokkuus, joka kun vihollinen oli näkyvissä, niin muuttui kärsimättömyydeksi ja vei hänet usean kerran taisteluun nopeasti ja epäjärjestyksessä. Mutta jos yksityiskohtien ja taistelujensa toteutuksen kautta hänen taktisissa suunnitelmissaan, niin Suffrenia usein haittasi hänen oma kärsimättömyytensä ja useimpien kapteeniensa puutteet toteuttaa sotaretken strategiaa, joka kertoi komentavan upseerin pääasialliset ominaisuudet hänen ylivoimastansa asioiden ilmaisemisessa ja saavuttaen loistavaa menestystä. Sitten innokkuus osoittaa itse energiaansa, väsymättömyyttänsä ja kykyänsä levitä. Hänen kuuma provencelainen verensä voitti vaikeudet luoden voimavarojaa heikkoudesta ja meni itse läpäisten jokaisen aluksen hänen komennossaan. Mikään sotilaallinen opetus ei ole opettavaisempi kestävyyden arvosta kuin nopeus ja nerokkuus, jolla hän ilman satamaa tai huoltoa jatkuvasti varusti laivastoansa ja vei sen taisteluun, kun taas hitaampi vihollinen vitkasteli omissa korjaustöissään.

Taistelu pakotti englantilaiset pysymään passiivisina kuuden viikon ajan, kunnes 'Monmouth' oli korjattu. Epäonneksi Suffrenin tilaisuus ei sallinut hänen lähteä hyökkäykseen heti. Hänellä oli puutetta miehistä, tarvikkeista ja etenkin varaosista kiinnikkeisiin ja takilointiin. Virallisessa kirjeessään taistelun jälkeen hän kirjoitti: "Minulla ei ole varaosia varastossa korjata takilointia; laivueelta puuttuu ainakin kaksitoista varamastonhuippua." Saattuetta huoltoaluksia odotettiin saapuvan Point de Gallesiin, muulle Ceyloniin, paitsi Trincomaleehen, joka oli vielä alankomaalaisten käsissä. Siksi hän laski ankkurinsa Batacaloon etelään Trincomaleesta, paikkaan, jossa hän oli yhä Hughesin ja ulkopuolelta tulevien englantilaisten alusten välissä ja se oli suotuisa paikka suojella hänen omia saattueitansa, jotka liittyivät hänen voimiinsa siellä. Kesäkuun 3. hän purjehti kohti Tranquebaria, joka kuului silloin Tanskaalle ja jossa hän pysyi kaksi tai kolme viikkoa häiriten englantilaisten yhteyksiä Madrasin ja Trincomaleessa olevan laivaston välillä. Lähdettyään sieltä hän purjehti kohti Cuddalorea ottaakseen yhteyden maavoimien komentajaan ja Hyder Aliin. Jälkimmäisen huomattiin olevaan hyvin tyytymätön heikkoon yhteistyöhön ranskalaisen kenraalin kanssa. Suffren kuitenkin voitti hänen suosionsa ja hän ilmaisi toiveen tavata tämä uudestaan sen jälkeen, kun tämä olisi tullut takaisin sotaretkeltänsä, jota hän suunnitteli; sillä totuudenmukaisesti tarkoille aisteillensa, kommodori oli taas suunnittelemassa jahtaavansa englantilaista laivastoa ja lyötyään sen hän aikoi hyökätä Negapatamia vastaan. Siellä ei ollut hänessä mitään kapeakatseisuutta poliittisessa arviointikyvyssä; hän piti aina tärkeänä näkemyksenä niin poliittisesti kuin strategisesti huolehtia liitosta sulttaanin kanssa ja ottaa hallintaansa rannikko ja sisämaa; mutta hän selvästi tunnisti, että ensimmäinen askel siihen oli hallita merta rampauttamalla englantilainen laivasto. Taistelunhalullaan ja innollaan hän pyrki siihen tavoitteeseen suurten esteiden keskellä liittäen siihen selkeäkatseisuuden, jolla hän näki asioita, niin ne ovat erottavia ansioita Suffrenin hyväksi muiden ranskalaisten laivastokomentajien keskuudessa; he ovat rohkeudessa hänen vertaisiaan, mutta heitä haittasivat väärät perinteet ja väärän tavoitteen havainnointi.

Hughes oli samaan aikaan takiloinut 'Monmouthin' ja mennyt Trincomaleehen, jossa hänen laivueensa varustettiin uudelleen ja sairaat vietiin maihin saamaan hoito; mutta on selvää, niin kuin on mainittu aikaisemmin, että englantilaiset eivät pysyneet satamassa tarpeeksi pitkän aikaa tehdäkseen itsellensä asevarastoa tai huoltosatamaa, sillä hän sanoi, "Olen pystynyt laittamaan uuden maston 'Monmouthiin' varaosista, joita on ollut useissa aluksissa." Hänen voimavaransa olivat joka tapauksessa suuremmat kuin hänen vastustajansa. Silloin Suffren oli Tranquebarissa tehden haittaa englantilaisten yhteyksille Madrasin ja Trincomaleen välissä, jolloin Hughes yhä pysyi hiljaa jälkimmäisessä satamassa purjehtien kesäkuun 23. päivä Negapatamiin, ja tämä tapahtui päivä sen jälkeen, kun Suffren oli saapunut Cuddaloreen. Kaksi laivuetta siten taas lähestyivät toisiansa ja Suffren kiirehti valmistautumistansa hyökkäykseen heti, kun hän kuuli, että vihollinen oli siellä, missä hän voisi saada sen käsiinsä. Hughes odotti hänen lähestymistänsä.

Ennen purjehtimistaan Suffren otti mahdollisuuden sanoa kirjoittaessaan kotiin: "Siitä lähtien, kun olin saapunut Ceylonille, osittain alankomaalaisten avun kautta, osaltaan saamiemme sotasaalisalusten kautta laivue oli varustettu 6 kuukauden palvelusta varten ja minulla mukanani ruoka-annokset viljaa ja riisiä vuoden tarpeisiin." Tämä saavutus oli todellakin ylpeyden ja itseonnittelujen lähde. Ilman satamaa ja ollessaan puutteessa voimavaroista ranskalainen kommodori oli elänyt vihollisen kustannuksella; varastoalukset ja jälkimmäisen kauppalaivat olivat tyydyttäneet hänen huollontarpeensa. Hänen hedelmälliset voimavaransa ja hänen risteilijöidensä aktiivisuus, jota hän itse kannusti, niin johti siihen lopputulokseen. Silti hänellä oli vain kaksi fregattia, jotka olivat sellaisen alusluokan edustajia, joihin amiraalin täytyi pääasiassa luottaa sodankäynnissä kauppalaivoja vastaan. Maaliskuun 23. päivä niin ruokavarat kuin huoltotarvikkeet olivat melkein kulutettu loppuun. Kuudentuhannen dollarin arvosta rahaa ja saattueen ruokavarat olivat hänen ainoat voimavaransa. Siitä lähtien hän oli taistellut kovassa taistelussa, joka oli mitä kallein kokemus takiloinnille ja miehille kuin myös käytössä oleville ammuksille. Huhtikuun 12. päivän taistelun jälkeen hänelle oli jäljellä ruutia ja ammuksia vain yhtä niin ankaraa taistelua varten. Kolme kuukautta myöhemmin hän pystyi ilmoittamaan seuraavaa, että hän pystyi pitämään asemansa merelle kuuden kuukauden ajan ilman ulkopuolista huoltoa. Tämä lopputulos johtui yksinomaan hänestä; hänen itseluottamuksestansa ja sitä voidaan pitää liioittelematta osoituksena hänen sielunsa suuruudesta. Sitä ei odotettu Pariisissa; päinvastoin siellä odotettiin, että laivue palaisi Isle de Franceen huoltoa varten. Ei pidetty mahdollisena, että se voisi jäädä vihamieliselle rannikolle niin pitkäksi aikaa kaukana tukikohdastansa ja pysyä tehokkaassa kunnossa. Suffren ajatteli toisella tavalla; hänen mielestänsä todellinen sotilaallinen näkemys ja asianmukainen tuntemus arvosta hänen ammatissaan oli se, että menestys sotatoimissa Intiassa riippui meren hallinnasta, ja sitä johtui hänen laivueensa keskeytymätön läsnäolonsa. Hän ei vältellyt toimia, joita oli aina pidetty mahdottomina. Tämä tiukkuus hengessä ollen merkki nerokkuudesta, niin sitä täytyi arvostaa hänen omana aikanansa ja niiden sukupolvien keskuudessa, joiden ympärillä hän kasvoi.

Suffren oli syntynyt heinäkuun 17. 1729 ja palvellut vuosien 1739 ja 1756 sodissa. Hän oli saanut tulikasteensa Matthewsin taistelussa Tuolonin edustalla helmikuun 22. 1744. Hän oli aikalainen d'Estaingin, de Guichenin ja de Grassen kanssa ennen Ranskan vallankumousta, jolloin kansannousu oli opettanut ihmisille, että mahdottomuudet eivät olet mahdottomia; ennen kuin Napoleon ja Nelson olivat tehneet pilkkaa tuosta sanasta. Hänen asenteensa ja toimintansa sai siten lisäansion ajallaan omaperäisyydestä, mutta hänen ylevä luonteensa oli kyvykäs osoittamaan vielä suurempia todisteita. Vakuuttuneena tarpeesta pitää laivueensa asemissaan hän liikkui välittämättä ei vain upseeriensa valituksista, vaan myös selkeistä käskyistä hovista. Kun hän saapui Batacaloon, niin hän löysi viestejä, joiden mukaan hänet määrättiin palaamaan Isle de Franceen. Sen sijaan, että hän olisi pitänyt niitä suuresta taakasta vapauttavina käskyinä, niin hän ei totellut niitä käskyjä kertoen syynsä ja osoittaen, että hän pystyi arvioimaan tilannetta paremmin kuin ministeri Euroopassa, kun olosuhteet sitä vaativat. Sellainen johtaja ansaitsee paremmat alaiset ja paremman työtoverin kuin hänellä oli maajoukkojen komentajana. Riippumatta olosuhteista yleisessä kamppailussa, joka sallisi syöstä Englannin vallasta Itä-Intiassa, niin se oli epätodennäköistä; mutta oli varmaa, että kaikkien amiraalien keskuudessa kolmen valtion kesken ei ollut yhtään sellaista miestä, joka pystyi Suffrenin saavutuksiin. Tulemme huomaamaan, että hän tulee kestämään kovemmat koettelemukset ja on aina niiden vertainen.

Iltapäivällä 5. heinäkuut Suffrenin laivue sai näkyviinsä englantilaiset, jotka olivat laskeneet ankkurinsa Cuddaloren edustalle. Tuntia myöhemmin yllättävä ja raju tuulenpuuska vei pois pää- ja mesaanimaston huiput yhdestä ranskalaisten aluksesta. Amiraali Hughes lähti liikkeelle ja kaksi laivastoa teki sotaliikkeitänsä yön aikana. Seuraavana päivänä tuuli suosi englantilaisia ja vastapuolet huomasivat olevansa itse linjataistelussa, jossa oli oikeanpuoleinen kääntymissuunta edeten eteläkaakkoon tuulen ollessa lounaasta. Rampautunut ranskalainen alus oli kyvytön suorittamaan vaadittuja korjaustöitä kärsimiensä vahinkojen suhteen, jolloin osapuolten voimasuhteet olivat tasan; kummallakin osapuolella oli yksitoista laivaa. Kello 11 englantilaiset tulivat yhdessä ja kävivät taisteluun alus alusta vastaan; mutta kuten oli tavallista noissa olosuhteissa, niin jälkimmäiset alukset eivät tulleet niin lähelle taistelua kuin alukset niiden edellä (Kuva XVI; Positio I.). Kapteeni Chevalier huolellisesti huomauttaa, että heidän epäonnistumisensa johtui ranskalaisten jälkimmäisten alusten virheestä 12. huhtikuuta [185], mutta ei onnistu kertomaan, että tämä yhdessä ranskalaisten etummaisten alusten kanssa kummassakin tapauksessa ja taas syyskuun 3. päivä, niin epäonnistui yhtä pahasti kuin jälkimmäiset alukset. Voi jäädä hieman epäilyä ajattelevan lukijan mieleen, että suurin osa ranskalaisista kapteeneista olivat kyvyttömämpiä merimiehinä kuin heidän vastustajansa. Tämän taistelun tässä osassa neljäs laiva ranskalaisten muodostelmassa, ”Brilliant” (a) menetti päämastonsa, jolloin se suuntasi pois linjasta (a’), ja jättäytyi asteittain taakse ja suojanpuolelle (a’’).

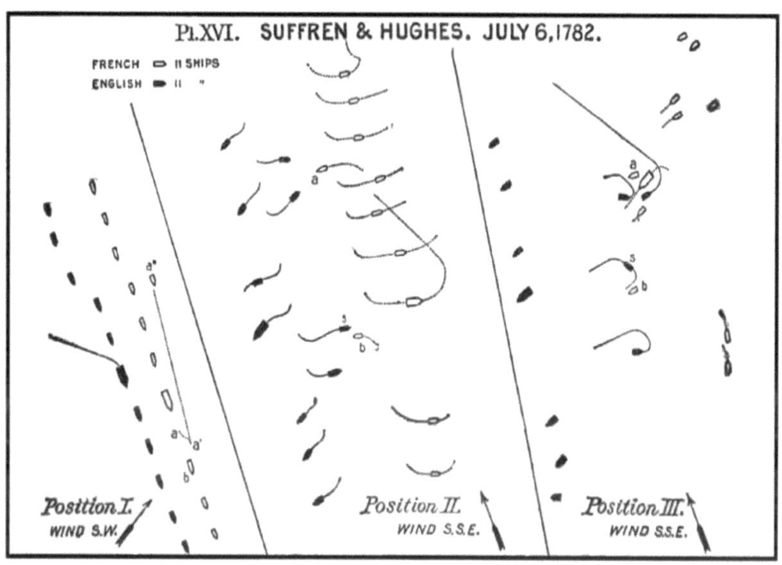

Kuva XVI.

Kello 13, kun taistelu oli kiivaimmillaan, niin tuuli kääntyi puhaltamaan eteläkoillisesta vieden alukset keula-asemaan (Positio II.). Neljä englantilaista laivaa, "Burford", "Sultan" (s), "Worcester" ja "Eagle" nähdessään puuskan tulevan pysyivät vasemmalla puolella mennen kohti ranskalaisten muodostelmaa; muut kääntyivät ympäri ja menivät oikealle. Ranskalaiset alukset, toisaalta, kahtena poikkeuksena olivat "Brilliant" (a) ja Sévère" (b), niin kääntyivät pois englantilaisista. Tuulen suunnan vaikutus oli siten erottaa toisistansa pääosat kahdesta laivueesta, mutta tuoda linjojen väliin neljä englantilaista ja kaksi ranskalaista laivaa. Teknisesti katsottuna taistelujärjestys oli tuhottu. "Brilliant" jäätyään kauas taakse asemapaikastansa, niin joutui kahden englantilaisen aluksen "Worcesterin" ja "Eaglen" hyökkäyksien kohteeksi, joka oli aikaisemmin pysynyt poissa ja nyt lähestyi ranskalaisia. Suffren tuli henkilökohtaisesti avuksi (Positio III, a) ja ajoi englantilaiset pois, joita myös uhkasi kahden muun ranskalaisen aluksen lähestyminen, jotka olivat totelleet merkkiä kääntyä länteen aikaisemmin. Kun tämä osaa taistelua tapahtui, niin toinen vaarassa ollut ranskalainen alus, "Sévère" (b), oli taistelussa englantilaisalus "Sultanin" (s) kanssa ja jos ranskalaista kapteeni M. de Cillartia on uskominen, niin myös kahden muun englantilaisen aluksen kanssa. On todennäköistä, että paikaltansa linjasta "Burford" myös hyökkäsi sitä

439

vastaan. Kuitenkin saattoi olla niin, että "Sévére" laski alas lippunsa; mutta kun "Sultan" meni kauemmaksi siitä, niin se jatkoi tulitustansa ampuen englantilaista laivaa. Käsky antautua, jonka antoi ranskalainen kapteeni ja joka toteutettiin muodollisesti hyvin tunnetulla alistumisen osoituksella, niin siitä eivät välittäneet hänen alamaisensa, jotka ampuivat vihollista, kun lippu oli laskettu. Tämän vaikutus oli se, että ranskalaisalus sai huonoa mainetta käyttämällä sotajuonta, *ruse de guerre*; mutta olisi epäoikeudenmukaista sanoa, että se oli tuossa tapauksessa tahallista. Eri alusten asemat olivat sellaisia, että "Sultan" ei pystynyt ottamaan haltuunsa sotasaalistansa; muut ranskalaiset alukset olivat lähestymässä ja ne saavuttaisivat yksinäisen ranskalaislaivan. Ranskalaisten alempien upseerien toimet kapteeninsa heikkouden takia olivat siten oikeutettuja; heidän kieltäytymisensä suostua saattoi olla tekosyy miehille kasvokkain olla odottamaton kysymys soveliaisuudesta taistelun keskellä ja kun häpeä iski pisteliäästi. Joka tapauksessa, hyvätuntoinen hyväuskoisuus saattoi näyttää vaativan, että heidän pitäisi saada pelastuksensa muiden toimesta, ei sitoutuneina komentajansa toimintaan; tai ainakin siten, että heidän silloisen hyökkääjänsä ei olisi pitänyt kärsiä heidän toimistansa. Kapteeni, jonka Suffren pisti syrjään ja lähetti kotiin, ja jonka kuningas erotti, niin täysin tuomitsi itsensä koettaessaan puolustaa itseänsä: "Kun kapteeni de Cillart näki ranskalaisen laivueen vetäytyvän, sillä kaikki alukset paitsi 'Brilliant' olivat kääntyneet toista kautta, niin hän ajatteli, että oli hyödytöntä pitkittää puolustustansa ja laski lippunsa alas. *Laivat, jotka olivat taistelussa häntä vastaan, niin heti lopettivat tulituksensa*, ja yksi oikealla puolelta meni pois. Sillä hetkellä 'Sévère' kääntyi oikealle ja laski purjeensa; kapteeni de Cillart sitten käski jatkaa tulitusta alemman tykkikantensa tykeillä, jotka olivat ainoita, jotka olivat yhä miehitettyjä, ja hän liittyi laivueeseensa." [186]

   Tämä taistelu oli vain yksi viidestä, jotka Suffren kävi Intian rannikolla siten, että siinä hyökkääjänä oli englantilainen amiraali. Voidaan huomata, että siinä ei ollut mitään viittauksia sotilaallisiin suunnitelmiin tai taktisiin kuvioihin; mutta toisaalta Hughes jatkuvasti osoitti kykyjään, ajattelutapaansa ja taidokkaan merimiehen kykyä nähdä asioita ennalta kuin myös rohkeutta yli kaikkien todisteiden. Hän oli tosiasiassa ihailtavan edustava edustaja keskinkertaisesta englantilaisesta laivastoupseerista 1700-luvun puolivälistä; ja kun ei ole mahdotonta tuomita yleistä tietämättömyyttä koskien sen ammatin tärkeimpiä osia, niin on silti hyödyllistä huomauttaa kuinka pitkälle kaikkien muiden yksityiskohtien hallinnalla ja peräänantamattomalla päättäväisyydellä voidaan korjata havaitut heikkoudet. Niin kuin roomalaisten legioonat usein korjasivat kenraaliensa virheet, niin myös englantilaiset kapteenit ja merimiehet usein korjasivat sen, mikä olisi menetetty heidän amiraaliensa virheiden takia; virheiden, joita kapteenit tai merimiehet eivät huomanneet tai eivät luultavasti olisi myöntäneet. Missään niitä ei vakaita ominaisuuksia ei osoitettu niin selkeästi kuin Suffrenin taisteluissa, koska missään ei ollut sellaisia vaatimuksia vaikuttaa sillä tavalla asioihin. Ei ollut merkittävämpiä tapauksia epätoivoisesta, mutta hyödyllisestä vastarinnasta ylivoimaista vihollista vastaan kuin olemassa laivaston kertomuksista silloin, kun "Monmouth" huhtikuun 12. päivä ja "Exeter" helmikuun 17. päivä suhteen. Välikohtauksesta koskien jälkimmäistä laivaa on syytä huomauttaa. "Taistelun ollessa kuumimmillaan, kun 'Exeter' oli jo hylkynä, niin sen komentaja kysyi kommodori Kingiltä mitä hänen pitäisi tehdä aluksen suhteen, kun kaksi vihollista olivat taas lähestymässä sitä. Tämä vastasi lakonisesti, 'ei ole olemassa mitään muuta tehtävissä kuin taistella, kunnes se alus uppoaa.'" [187] Kyseinen alus pelastettiin.

Suffren päinvastoin oli silloin raivoissaan kapteeniensa jatkuvasta niskuroinnista. Cillart lähetettiin kotiin; mutta hänen lisäksensä kaksi muuta miestä, joilla kummallakin oli vaikutusvaltaisia yhteyksiä ja joista toinen oli itse Suffrenin sukulainen, menettivät komentotehtävänsä. Kuitenkin oli tarpeellista ja sopivaa tässä tehtävässä, jonka harvaa muu kuin Suffren olisi ottanut päättäväisesti; sillä niin paljon kuin hän tiesi, niin hän oli arvoltansa vain kapteeni, eikä ollut sallittua, että edes amiraali käsittelisi alaisiansa tuolla tavalla. "Voit olla kenties vihainen, arvon herra," hän kirjoitti, "että minulla ei ollut energiaa toimia näin aikaisemmin; mutta pyydän sinua muistamaan, että edes säännöt eivät anna sitä valtaa kenraalitason upseerille, joka en ole."

Tapahtui heti heinäkuun 6. päivän taistelun jälkeen, että Suffrenin ylivoimainen energisyys ja sotilaallinen kyvykkyys alkoi vaikuttamaan tilanteeseen hänen ja Hughesin välillä. Kamppailu oli ollut kiivas heidän välillänsä; mutta sotilaalliset ominaisuudet alkoivat kertoa omaa tarinaansa niin kuin niiden täytyi. Kahden laivueen menetykset miehissä viimeisessä taistelussa olivat olleet yhden suhteessa kolmeen englantilaisten eduksi; toisaalta jälkimmäiset olivat kärsineet enemmän suhteessa purjeisiin ja takilointiin; toisin sanoen liikkumisvoimaan. kumpikin laivasto ankkuroituvat illalla, englantilaiset Negapatamin edustalle, ranskalaiset suojanpuolelle Cuddaloren edustalle. Heinäkuun 18. Suffren oli taas valmiina lähtemään merelle; kun taas samana päivänä Hughes oli juuri päättänyt mennä Madrasiin viimeistelemään aluksiensa korjaustyöt. Suffrenia lisää viivytti lisää poliittinen tarve tehdä virallinen vierailu Hyder Alin luokse sen jälkeen, kun hän oli purjehtinut Batacaloon saapuen sinne elokuun 9. päivä odottamaan täydennysvoimia ja huoltotarvikkeita Ranskasta. Elokuun 21. nämä saapuivat hänen luoksensa, ja kaksi päivää myöhemmin hän purjehti silloin mukanaan 14 linjalaivaa suuntanaan Trincomalee laskien ankkurinsa sen kaupungin edustalle 25. päivä. Seuraavana yönä joukot laskettiin maihin, tykkipatterit laitettiin asemiinsa ja hyökkäys toteutettiin innokkaasti. Elokuun 30. ja 31. päivä kaksi linnoitusta, jotka olivat vastanneet sen paikan puolustuksellisesta voimasta, antautuivat ja äärimmäisen tärkeä satama joutui ranskalaisten käsiin. Vakuuttuneena siitä, että Hughes ilmaantuisi pian paikalle, niin Suffren antoi valmiiksi kaikki sotaa koskevat kunnianosoitukset, joita paikan kuvernööri vaati tyytyen itse huomattaviin saavutuksiin. Kaksi päivää myöhemmin, syyskuun 2. päivän iltana, englantilainen laivasto havaittiin ranskalaisten vartiofregattien toimesta.

Kuuden viikon aikana, jolloin Suffren toimi niin aktiivisesti ja niin menestyksellisesti, niin englantilainen amiraali pysyi hiljaa ankkurissa korjauttaen ja varustaen aluksiansa. Mitään tarkkaa tietoa ei ole saatavissa päätettäessä, kuinka kauan tänä viivytys oli väistämätön; mutta nähtyään hyvin tunnetun englantilaisten sen ajan merimiesten kyvykkyyden, niin voidaan tuskin epäillä, että jos Hughesilla olisi ollut suuren kilpailijansa energisyys, niin hän olisi muutamassa päivässä sen, miten ratkaistiin Trincomaleen kohtalo ja käytäisiin taistelu, jolla se paikka pelastettaisiin. Tosiasiassa tätä johtopäätöstä tukevat hänen omat raporttinsa, joka sanoo, että 12. elokuuta alukset olivat melkein valmiina; ja silti vaikka Trincomalee olikin hyökkäyksen kohteen, niin hän ei lähtenyt merelle ennen kuin 20. päivä. Sen sataman menetys pakotti hänet hylkäämään itäisen rannikon, josta oli tullut turvaton koillismonsuunin lähestyessä, ja antaen siten Suffrenille tärkeän strategisen edun puhumattakaan siitä, miten se vaikutti intialaisiin alkuasukashallitsijoihin.

Arvostaen täysin tätä kahden amiraalin ominaisuuksien vastakkaisuutta, niin on myös tarpeen huomauttaa, miten he olivat asettuneen suhteessa korjaustarvikkeisiin. Taistelun jälkeen 6. päivä Hughes löysi Madrasista mastoja, köysiä, huoltotarvikkeita, elintarvikkeita ja muuta materiaalia aluksiaan varten. Suffren Cuddaloressa ei löytänyt mitään. Laittaakseen laivueensa hyvään taistelukuntoon, niin hän tarvitsi 19 uutta mastonhuippua, joiden lisäksi hän tarvitsi alamastoja, raakapuita, takilointimateriaalia, purjeita ja muita tarvikkeita. Mennäkseen merelle kaikki mastot piti poistaa fregateista ja pienemmistä aluksista, ja antaa linjalaivoille, kun taas englantilaisilta otetut saalisalukset tyhjennettiin, että

voitaisiin varustaa fregatit. Aluksia lähetettiin Malakansalmeen
hankkiakseen mastoja ja puutavaraa. Taloja purettiin rannalta, jotta
saataisiin käyttöön puutavaraa alusten runkojen korjaamista varten.
Vaikeuksia kasvattivat ankkuripaikan luonne, joka oli kuin avoin tie
toistuville myrskyille ja lähellä oleva englantilainen laivasto; mutta työtä
ajoi eteenpäin ylipäällikön katse, joka kuten lordi Howe New Yorkiss,
kannusti työskentelijöitä eteenpäin hänen jatkuvalla ilmestymisellään
heidän keskuuteensa. "Huolimatta hänen huomattavasta ylipainostansa, niin
Suffren osoitti raivokasta nuoruuden into; hän oli kaikkialla missä tehtiin
työtä. Hänen voimakkaan intohimonsa alla vaikeimmatkin tehtävät tehtiin
uskomattomalla nopeudella. Joka tapauksessa hänen upseerinsa osoittivat
hänelle laivaston huonon kunnon, ja tarpeen saada satama linjalaivoille.
'Siihen asti, kun olin saanut haltuun Trincomaleen,' hän vastasi, 'avoimet
ankkuripaikat Coromandelin rannikolla olivat vastaus.'" [188] Oli
todellakin tämän toiminnan ansiota Coromandelin rannikolla, että
Trincomaleen menestys tapahtui. Aseet, joilla Suffren taisteli, olivat
vanhentuneita; mutta lopputulos johtui hänen taistelutahdostansa ja
voimavarojensa hedelmällisyydestä ollen siten historian kuolemattomien
opetuksien joukossa.

Kun näiden kahden päällikön luonteet kertoivat
kamppailusta Intiassa, niin mikään muu ei ollut pysyvä opetus, johon olisi
ollut varaa kyseisten maiden kotimaissa, jotka tekivät paljon palauttaakseen
tasapainon kiistakumppanien välille. Kun Englannin hallitus, kuultuaan
uutisen Porto Prayan taistelusta, varusti marraskuussa 1781 suuren ja hyvin
kootun sotaretken, jota suojasi kuuden linjalaivan voimakas saattojoukko,
joka oli kyvykkään vakituisen upseerin komennossa täydentääkseen
Hughesin voimia, niin ranskalaiset lähettivät pienempiä erillisiä voimia
luottaen ilmeisesti enemmän salaisuuden säilymiseen kuin voimaan
taatakseen itsellensä turvallisen matkan. Siten Suffren kamppaillessaan
lukemattomia vastoinkäymisiänsä vastaan, niin oli pettyen saanut selville,
että yksi jos toinen pienistä erillisistä yksiköistä, jotka oli lähetetty hänen
avuksensa, niin oli saatu sotasaaliiksi tai ajettu takaisin Ranskaan ennen
kuin se pääsi pois Euroopan vesiltä. Tosiasiassa siellä turvallisuus oli
vähäistä pienille yksiköille Gibraltarin salmen pohjoispuolella. Siten hänen
toimistansa saavutetut hyödyt lopulta uhrattiin. Trincomaleen sortumiseen
asti ranskalaisilla oli ylivoima merellä; mutta sitä seuranneiden kuuden
kuukauden aikana tasapaino kääntyi toiseen suuntaan siksi, että
englantilaisille tuli täydennysvoimia Sir Richard Bickertonin komennossa.

Hänen tavanomaisella ripeydellänsä ranskalainen kommodori oli valmistautunut uusiin läheisiin taisteluihin heti, kun Trincomalee oli antautunut. Tykit ja miehet, jotka oli laskettu aluksista, niin otettiin heti niihin takaisin ja satama turvattiin varuskunnalla, joka oli riittävän vahva poistamaan häneltä sen pitämisen huolen. Tämä suuri merimies, joka oli tehnyt niin paljon suhteessa keinoihin, jotka oli uskottu hänelle tunnetusti historiassa ja siten selkeästi osoittanut merivoimien toimialueen ja vaikutuksen, niin hänellä ei ollut aikomuksia hidastaa laivastonsa toimintaa tai laittaa arvokasta valloitustansa riskeille alttiiksi tarpeettomasti sijoittamalla aluksia puolustamaan merisatamaa. Kun Hughes saapui paikalle, niin oli enemmän kuin englantilaisen laivaston voima, joka yhdessä taistelussa tarvittaisiin kukistamaan nyt asianmukaisesti puolustettu paikka. Epäilemättä onnistunut sotaretki tuhoamalla tai ajamalla pois Ranskan laivasto saavuttaisi tämän lopputuloksen; mutta Suffren saattoi hyvin uskoa, että mikä tahansa onnettomuus, joka tapahtuisi yhtenä päivänä, niin silti hän saattaisi pitkällä aikavälillä pitää puolensa vastustajaansa vastaan.

Satamien pitäisi pystyä puolustamaan itseänsä; laivaston vaikutusalue on avomeri, sen tavoitteet ovat enemmän hyökkäykselliset kuin puolustukselliset, sen kohteena on vihollisen kauppalaivat missä tahansa ne sitten voidaankin havaita. Suffren näki silloin taas edessään laivueen, josta riippui englantilaisten merenhallinta; hän tiesi, että voimakkaita täydennysvoimia täytyisi saapua ennen seuraavaa vuodenaikaa ja hän kiirehti hyökkäykseen. Hughes järkyttyneenä siitä, että hän ei ehtinyt ajoissa paikalle, niin johdetusta taistelusta, jolloin hän olisi onnistuneesti voinut pelastaa tilanteen, niin taisteluun, jolla ei voitu korjata tilannetta; niin ei ollut hyvällä tuulella estää häntä. Silti järkevällä arvioinnilla hän pakeni kaakkoon liikkuen hyvässä järjestyksessä käyttäen Suffrenin ilmaisua; säädellen nopeutta hitaimpien alusten mukaisesti ja kääntyen moniin eri suuntiin, jolloin takaa-ajo alkoi aamun koittaessa ja vihollinen saatiin kiinni vasta kahdelta iltapäivällä. Englantilaisten tavoite oli vetää Suffren niin pitkälle suojanpuolelle, että jos hänen aluksiansa rampautettaisiin, niin hän ei helposti saisi niitä takaisin.

Ranskalaisilla oli 14 linjalaivaa englantilaisten 12 vastaan. Tämä ylivoimaisuus yhdessä hänen järkevien arvioiden kanssa sotilaallisesta tilanteesta Intiassa kasvatti luonnollisesti Suffrenin halua taistella; mutta hänen aluksensa purjehtivat huonosti ja niitä käsittelivät huonosti piittaamattomat ja tyytymättömät miehet. Näissä olosuhteissa pitkän ja väsyttävän takaa-ajon aikana ärsyyntyneinä ja hermoilevina johtuen heidän kommodorinsa äkkipikaisuudesta, joka yhä tuntui ajavan kiireellisesti kahden kuukauden aikana kannustaen laivueen toimia. Merkki seurasi merkkiä, manööveri seurasi manööveriä, jotka toivat hänen huonossa järjestyksessä olevat aluksensa asemiin. "Joskus ne pystyneet parhaimpaansa, toisinaan ne pystyivät siihen", sanoo englantilainen amiraali, joka huolellisesti katsoi niiden lähestymistä, "ei ollut tavallista järjestystä, aivan kuin ne eivät olisi päättäneet mitä tehdä." Silti Suffren jatkoi eteenpäin ja kello kaksi päivällä matkattuaan noin 40 kilometrin päähän satamasta, hänen linjansa oli osittain muodostunut ja iskuetäisyyden päässä vihollisesta, jolloin annettiin merkki tulla tuuleen tehdäkseen järjestyksestä oikean ennen kuin käytäisiin lopulta hyökkäykseen. Useat virheet tämän toteuttamisessa pahensivat asiaa enemmän kuin paransivat sitä; ja kommodori lopulta menettäen malttinsa antoi 30 minuuttia myöhemmin aloittaa hyökkäyksen (Kuva XVII, A), jota seurasi toinen merkki mennä vihollisesta aina pistoolinkantaman päähän. Tätä toteltiin hitaasti ja kömpelösti, kun hän määräsi ammuttavaksi tykillä, niin kuin on tapana merellä korostaa merkkiä; epäonneksi tämän hänen oma miehistönsä ymmärsi taistelun aloittamiseksi ja lippulaiva ampui kaikilla tykeillänsä. Tätä esimerkkiä seurasivat muut alukset, vaikka vihollinen ei ollutkaan vielä puolen tykinkantaman päässä, jota tykistön käyttämisessä silloin pidettiin ratkaisemattomana toimintana. Siten lopulta ja lopputuloksena oli järkyttävä sarja virheitä ja huonoa merimiestaitoa, kun taistelu alkoi suuresti ranskalaisten ollessa alakynnessä huolimatta heidän lukumääräisestä ylivoimastansa. Englantilaiset, jotka olivat paenneet lyhyesti ja taitavasti purjehtien, niin olivat hyvässä järjestyksessä ja hiljaisen valmiina; kun taas heidän vihollisensa olivat epäjärjestyksessä (B). Seitsemän laivaa olivat ehtineet sinne [189] ja nyt muodostivat ryhmän, joka oli epäjärjestyksessä englantilaisten etujoukon edessä ollen yhtä kaukana siitä, jolloin niistä oli vain vähän hyötyä; kun taas keskellä oli toinen sekasorrossa oleva ryhmä, jossa laivat olivat toistensa tiellä ja estivät toisiansa tulittamasta. Näissä olosuhteissa koko taistelun voima suuntautui Suffrenin lippulaivaa (a) vastaan ja sekä kahteen muuhun alukseen, jotka suojasivat sitä; samaan aikaan aivan takana pieni linjalaiva, jota tuki suuri fregatti, niin yksin taisteli englantilaisten takajoukkoja vastaan; mutta joutuen täysin alakynteen, se pakotettiin pian perääntymään.

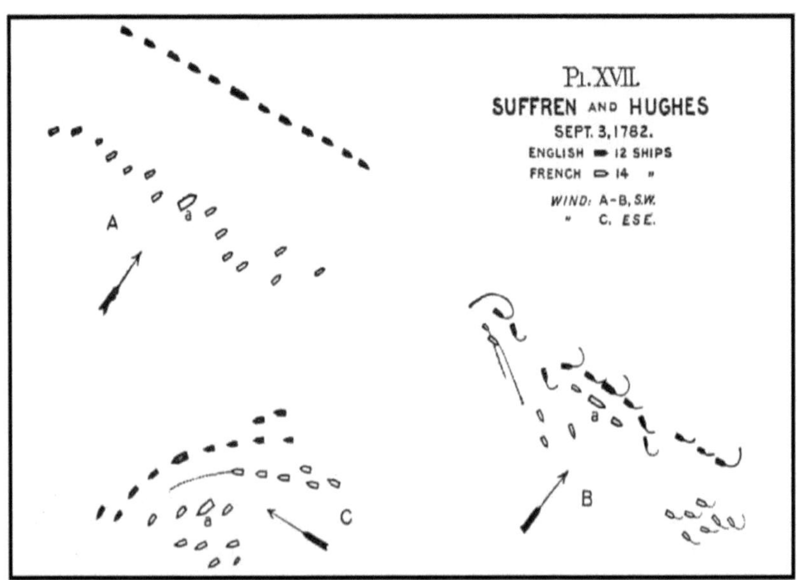

Kuva XVII.

Sotatoimea olisi tuskin voinut toteuttaa huonommin. Ranskalaiset alukset eivät taistelussa tukeneet toisiansa; ne oli ryhmitetty niin, että se haittasi niiden tulitusta ja tarpeettomasti kasvatti maaleja, joita tarjottiin viholliselle; niin paljon keskittyen heidän omiin toimiinsa, että kolme alusta jäivät melkein ilman tuke keskittäen tulituksensa englantilaisten linjaan [190] "Aikaa kului ja kolme alustamme [B, a] taistelivat englantilaisten linjaa vastaan ja saivat tulta itseänsä kohti edestä ja takaa kärsien suuresti. Kahden tunnin taistelun jälkeen 'Hérosin' purjeet olivat riekaleina, kaikki sen käytössä ollut takilointi ammuttuna pois ja sitä ei voitu enää ohjata. 'Illustre' oli menettänyt mesaanimastonsa ja päämastonsa huipun." Tässä epäjärjestyksessä oli sellaisia aukkoja, jotka olisivat tarjonneet suuren tilaisuuden aktiivisemmalle vastustajalle. "Jos vihollinen olisi kääntynyt nyt kohti", kirjoitti varakomentaja päiväkirjaansa, "meidät olisi eristetty ja luultavasti tuhottu." Virheet taistelussa, jossa kaikesta asianmukaisuudesta oli pulaa, niin voidaan nähdä taistelun lopputuloksesta. Ranskalaisilla oli taistelussa 14 laivaa. He menettivät kuolleina 82 miestä ja haavoittuneina 255. Yhteensä 64 kuollutta ja 178 haavoittunutta tai kolme neljännestä, tuli näiden kolmen aluksen kohdalle.

Kaksi näistä kolmesta aluksesta menetti päämastonsa ja mesaanimastonsa ja etumastonsa huipun; toisin sanoen ne olivat avuttomina tämän seurauksena.

Tämä oli toistumista suuressa mittakaavassa onnettomuudesta Hughesin kahdelle alukselle 12. huhtikuuta; mutta silloin englantilainen amiraali ollessaan suojanpuolella ja pienemmällä voimalla täytyi hyväksyä taistelu vihollisen ehdoin, kun taas täällä menetykset tulivat hyökkääjälle, joka tuuliedun, sekä oman hyökkäystapansa valinnalla lisäsi ylivoiman lukumäärää. Täysi ansio täytyy antaa Hughesille, joka vaikkakin ei ollut yritteliäs, eikä antanut osoitusta taktisista taidoistansa tai *coup d'œil* (havaita yhdellä silmäyksellä sotilaallinen etunsa), osoitti hyvää harkintaa ja johtamista pakenemissuuntansa suhteen ja pitäessään aluksensa niin hyvin käytössä. Ei ole helppoa osoittaa syyllistä, kun syyt olivat hänen vihollistensa niskassa. Suffren asetti helposti syyt omien kapteeniensa niskaan. [191] On oikeudenmukaisesti osoitettu kuitenkin, että useita upseereita siten tuomittiin joukkona, kun nämä upseerit olivat aikaisemmin toimineet hyvin Suffrenin ja muiden amiraalien alaisuudessa; käsky takaa-ajoon oli epätavallinen ja Suffrenin merkkien seuratessa toisiansa sekasorto kasvoi nopeasti; ja lopulta mahdollisuus siihen, minkä joskus aina tapahtui, niin oli ranskalaisia vastaan kuin myös useiden kapteenien kokemattomuus. Oli aika selvää, että jonkinlaisen onnettomuuden täytyisi tapahtua johtuen Suffrenin kärsimättömyydestä ja harkitsemattomasta kiireestä, joka on ollut puutteena hänen suuria ominaisuuksiansa vastaan, jota hänen varovainen ja valpas vihollisensa hyödynsi tietämättään häntä vastaan.

On syytä huomata, että mitään valituksia kohdistuen kapteeneihin ei ole Hughesin raporteissa. Kuusi heistä kaatui taisteluissa ja jokaisesta hän puhuu yksinkertaisesti, mutta selkeän vilpittömästi kunnioittaen, kun taas selvinneille hän antaa etenkin hyvää yleistä suosiota. Merkittävä ero näiden kahden johtajan suhteen ja yksilöllisten alusten kapteenien suhteen kummallakin puolella teki tästä mitä opettavaisimman merisodan sotaretkien keskuudessa; ja lopullisen opetuksen kokonaisuudessaan koko sotahistoriassa sen alusta alkaen. Suffren oli energinen nero, jolla oli suuri taistelutahto, järkeviä sotilaallisia ajatuksia ja joka oli myös kokenut merimies. Hughesilla oli selkeästi kaikki tekniset vaatimukset jälkimmäiseen ammattiin, joilla olisi luultavasti komennettu alusta yhtä hyvin kuin kenen tahansa hänen kapteeninsa toimesta, mutta hänellä ei ollut jälkeäkään ominaisuuksista, joita tarvittiin amiraalitason upseerille. Toisaalta vaatimatta taas taitoa ja uskollisuutta englantilaisilta alamaisiltansa on selvää, että voidaan osoittaa minkä tahansa yksittäisen ranskalaisen aluksen olleen huonommin käsitelty kuin niiden vastustajien.

Neljä kertaa Suffrenin väitteiden mukaan, varmasti kolme kertaa, englantilaisen laivueen pelasti pahalta katastrofilta ero alempien upseerien laadussa. Hyvät joukot usein korvaavat huonoa kenraalitason johtamista; mutta lopulta parempi johtaja voittaa. Tämä oli erityisen selvää Intian merillä vuosina 1782 ja 1783. Sota katkaisi kiistat, mutta ei ennen kuin tämä asia oli selvästi osoitettu.

Taistelu syyskuun 3. niin kuin myös heinäkuun 6. loppui äkilliseen tuulen kääntymiseen kaakkoon. Kun se tapahtui, niin englantilaisten linja kului ja muodostui uudelleen vastakkaiseen kääntymissuuntaan. Ranskalaisten linja myös kului ja heidän etummaiset aluksensa, jotka olivat tuulen puolella, niin olivat heidän rampautuneiden alustensa ja vihollisen linjan (C) välissä. Kohti auringonlaskua Hughes purjehti kohti pohjoista hyläten toivon valloittaa Trincomalee takaisin, mutta ollen tyytyväinen aiheutettuaan vakavan koston hänen onnistuneelle vastustajallensa.

Tiukka mieli, joka ei ollut vähäisin Suffrenin ominaisuuksista, niin joutui kovalle koetukselle pian Trincomaleen edustalla käydyn taistelun jälkeen. Palatessaan satamaan 74-tykkinen "Orient" ajoi maihin ja menetettiin huolimattomuuden takia, jolloin ainoa lohtu oli se, että aluksen mastot pystyttiin pelastamaan kahdelle alukselle, jotka olivat menettäneet omat mastonsa. Muut katkenneet mastot korjattiin niin kuin aikaisemmin ryöstäen korjaustarvikkeet fregateista, joiden miehistöjä myös tarvittiin paikkaamaan taistelussa kärsittyjä menetyksiä. Korjaustöitä vietiin eteenpäin tavanomaisella energisyydellä, kun samaan aikaan sataman puolustamiseksi tehtiin kaikki mahdollinen varustautuminen, ja 30. syyskuuta laivue purjehti Coromandelin rannikolle, jossa ranskalaisten edut vaativat sen läsnäoloa kiireellisesti. Cuddaloreen saavuttiin neljä päivää myöhemmin; ja siellä toinen kyvytön upseeri aiheutti "Bizarren", 64-tykkisen aluksen, haaksirikon lähtemällä sen ankkuripaikalta. Näiden kahden aluksen menetyksen seurauksena Suffren, kun hän seuraavaksi kohtasi vihollisen, niin saattoi vastustaa 15 aluksella tämän 18 linjalaivaa, niin paljon yleiset tulokset riippuivat yksilöiden kyvyistä ja huolellisuudesta. Hughes oli Madrasissa, noin 144 kilometrin päässä pohjoisessa, jonne hän oli mennyt aikaisemman taistelun jälkeen. Hän ilmoitti vakavista vahingoista aluksissaan; mutta vahingot niissä olivat jakautuneet niiden välillä niin epätasaisesti, että oli vaikeata oikeuttaa hänen epäonnistumistansa seurata ranskalaisia aluksia, jotka olivat myös vahingoittuneet.

Siihen vuodenaikaan monsuunituuli, joka tuli neljäksi tai viideksi kuukaudeksi lounaasta, niin kääntyi tulemaan koillisesta puhaltaen niemimaan itärannikolle, jossa ei ollut hyviä satamia. Tätä seurannut puhuri teki rannat usein lähestymiskelvottomaksi, ja siten esti huoltamisen laivastolta armeijalle. Muutos monsuunituulissa myös jatkuvasti merkitsi voimakkaan väkivaltaisia hurrikaaneja. Kahden komentajan piti siksi lähteä alueelta, jonne heidän jäämisensä olisi ollut niin vaarallista kuin hyödytöntä. Jos Trincomaleeta ei olisi menetetty, niin Hughes, ottaen huomioon hänen laivueensa kunnon, olisi saattanut odottaa siellä täydennysvoimia ja huoltoa pian Englannista; sillä vaikka satama ei ollut terveellinen, niin se oli turvallinen ja sillä oli hyvä sijainti. Bickerton oli jo saapunut Bombayhin ja oli matkalla Madrasiin viidellä linjalaivalla. Kun tilanne oli sellainen, niin Hughes ajatteli olevan tarpeellista mennä Bombayhin siksi vuodenajaksi purjehtien tai pikemminkin ajettuna sinne hurrikaanin toimesta lokakuun 17. päivä. Neljä päivää myöhemmin Bickerton saapui Madrasiin ilman, että hän oli aikaisemmin kohdannut amiraalia. Hänelle luonteenomaisella toimeliaisuudellaan hän purjehti heti ja oli takaisin Bombayssa 28. marraskuuta. Hughesin alukset, jotka myrsky oli hajaannuttanut ja rampauttanut, niin saapuivat sinne yksitellen muutamia päiviä myöhemmin.

Suffren pysyi Trincomaleessa, mutta hänen päätöksensä ei ollut helppo. Satama oli turvallinen, hänen ei tarvinnut pelätä englantilaisen laivaston hyökkäystä; ja toisaalta se oli sairaalloinen paikka lähestyvänä monsuunikautena, jolloin oli epävarmaa, että olisiko tarvittavia elintarvikkeita siellä olevien miehistöjen terveydestä huolehtimiseen. Lyhyesti sanottuna vaikka strateginen arvo olikin sen paikan vahvuutena ja sijainnin muodossa, niin satamana se oli puutteellinen voimavara. Toisin kuin Trincomalee, niin sille oli vaihtoehtona Aceh, satama, joka oli toisella puolella Bengalinlahtea ollen Sumatran saaren länsikärjessä. Se oli terveellinen pystyen antamaan tarpeelliset elintarvikkeet ja siitä paikasta viitaten koillismonsuuniin, niin se salli alusten saavuttaa Coromandelin rannikko nopeammin kuin aluksilta Bombaysta, kun parempi sää vuodenajan päättyessä tekisi nousemisen maihin käytännöllisemmäksi.

Nämä yksinkertaiset harkitsemiset eivät kuitenkaan olleet ainoita osia todella vaikeassa ongelmassa Suffrenin edessä. Pienet tulokset, jotka seurasivat tätä sotaretkeä, niin niillä ei voida piilottaa tosiasiaa, että suuret asiat olivat mahdollisia ja paljon enemmän saattoi riippua hänen päätöksistänsä. Riippumatta ranskalaisten toimista lähettää apuvoimina useita pieniä yksiköitä eikä vain siksi, että siellä oli kärsitty paljon

menetyksiä, vaan suuri epävarmuus hallitsi hajaantuneiden yksiköiden
olosuhteissa muualla. Kun Suffren ensiksi pääsi rannikolle, niin
englantilaisilla oli tekemistä ei vain Hyder Alin, vaan myös marathien
kanssa. Rauha jälkimmäisten kanssa allekirjoitettiin toukokuun 17. 1782;
mutta huolimatta mahdollisesta vastustavasta puolueesta, niin sen
ratifiointia ei suoritettu ennen kuin joulukuussa. Niin siellä kuin Hyder Alin
hovissa oli jakolinja etujen suhteen; ja edustusta suorittivat niin ranskalaiset,
jotka vaikkakin epäillen, niin eivät pystyneet hankkimaan varmaa tietoa
sopimuksesta, että kaikki riippui heidän ja englantilaisten suhteellisesta
sotilaallisesta voimasta. Suffrenin läsnäolo ja taistelut olivat ainoa asia, jota
ranskalaiset saattoivat näyttää; neron arvovalta, Trincomaleen valloitus,
hänen menestyksensä taisteluissa. Ranskan armeija, asettuneena
Cuddaloreen, oli riippuvainen sulttaanin rahoista, ruuasta ja täydennyksistä;
jopa laivasto pyysi häneltä rahaa mastoihin, ammuksiin ja viljaan.
Englantilaiset toisaalta pitivät asemansa; vaikka he olivat kärsineet pahasti,
niin he eivät olleet menettäneet yhtään alusta; ja Bickertonin voimakkaan
laivueen tiedettiin saavuttaneen Bombayn. Ennen kaikkea Ranska kerjäsi
rahaa, kun taas englantilaisilla sitä oli yltäkylläisesti.

       Oli mahdotonta ranskalaisille saada etumatkaa suhteessa
vihollisiinsa ilman paikallisia liittolaisia; siksi oli tärkeätä estää Hyderia
tekemästä rauhaa. Siellä oli riittämätöntä tukea ja virheellinen asema, johon
kotimaan hallitus oli heidät jättänyt. Komentovalta Intiassa, niin maalla
kuin merellä oli uskottu kenraali de Bussylle, joka oli kerran loistava
Dupleixin työkaveri, mutta oli nyt sairas kihdistä 64-vuotiaana. Salaisesti
Bussy purjehti Cadizista marraskuussa 1781 kahdella linjalaivalla
Teneriffalle, jossa hänellä oli aikomuksena liittyä Brestistä lähteneeseen
saattueeseen joulukuussa. Englantilaiset kaappasivat tämän saattueen,
jolloin vain kaksi alusta pääsi pakoon Bussyn luokse. Jälkimmäinen piti
päiväkirjaa, ja sai selville Hyväntoivonniemen luona, että Bickerton vahvan
sotavoiman kanssa oli liikkeellä, jolloin hän tunsi olevansa pakotettu
nousemaan maihin siellä, missä oli suurin osa hänen joukoistansa. Hän
saapui Isle de Francen luokse toukokuun 31. päivä. Seuraava saattue, jossa
oli 18 kuljetusalusta, niin purjehti huhtikuussa Intiaa kohden, mutta myös se
pysäytettiin. Kaksi sen neljästä sotalaivasta kaapattiin kuten myös
kymmenen kuljetusalusta; loput palasivat Brestiin. Kolmas osasto oli
onnekkaampi saapuen Hyväntoivonniemen luokse toukokuussa; mutta sitä
viivytti kahden kuukauden ajan sen alusten ja miehistöjen huono kunto.
Nämä pettymykset johtivat Bussyn päättämään, että hän jäisi Isle de
Francelle, kunnes odotetut alukset saapuisivat Hyväntoivonniemeltä ja

Suffren sinä kriittisenä hetkenä ei tiennyt mikä oli asioiden tila. Kenraali oli vain kirjoittanut hänelle, että hän ei saavuttaisi rannikkoa ennen huonoa vuodenaikaa, jolloin heidän tulisi tavata Acehissa. Nämä epävarmuudet saivat aikaan kivuliaan vaikutelman Hyder Aliin, joka oli odottanut Bussya syyskuussa, ja sai sen sijaan uutisia Bickertonin saapumisesta ja vanhojen liittolaisten marathien puolenvaihtamisesta. Suffren oli pakotettu teeskentelemään itseluottamusta, jota hän ei tuntenut, mutta joka hänen oman luonteensa ja saavutuksiensa kautta sai aikaan sen, että sulttaani päätti jatkaa sotaa. Kun tämä oli päätetty, niin laivue purjehti Acehiin lokakuun 15. päivä saapuen sinne marraskuun 2. päivä.

Kolme viikkoa myöhemmin saapui alus Bussylta, jolla oli mukanaan viesti tältä, että hänen lähtönsä oli viivästynyt määrittelemättömäksi ajaksi joukkojen keskuudessa riehuvan epidemian vuoksi. Suffren siksi päätti kiirehtiä omaa paluutansa rannikolle ja purjehti 20. joulukuuta. Tammikuun 8. päivä 1783 hän laski ankkurinsa Ganjamin edustalle noin 800 kilometrin päässä Cuddaloresta koilliseen, josta hän toivoi hyvällä tuulella jatkavansa oman tahtonsa mukaisesti. Oli hänen tarkoituksensa ei vain hyökätä rannikolla purjehtivien englantilaisten alusten kimppuun, vaan myös rannikolla olevia englantilaisia tehtaita vastaan, sillä rantaan murtuva rannikko oli usein vain kohtuullinen; mutta saatuaan 12. päivä tiedon Hyder Alin kuolemasta, niin hän lopetti kaikki pienemmät operaatiot, ja purjehti heti Cuddaloreen toivoen turvaavansa läsnäolollansa liiton jatkumisen kuin myös varuskunnan turvallisuuden. Hän saapui sinne 6. helmikuuta.

Hänen neljän kuukautensa poissaolon aikana Bussyn epäonnistuminen saapua joukkoineen ja Bickertonin saapuminen, joka oli näyttäytynyt kummallakin rannikolla, niin nämä kumpikin tapahtuma vahingoittivat pahasti ranskalaisten puolta. Rauhansopimus englantilaisten ja marathien kanssa ratifiointiin; j jälkimmäiset päästyään eroon tästä sodasta, niin täydensivät voimiansa, jonka jälkeen he hyökkäsivät sulttaanin kimppuun länsi- tai Malabarinrannikolla. Tämän huomiota vievän tapahtuman vaikutus tuntui itärannikolla siitä huolimatta, että ranskalaiset pyrkivät pitämään uuden sulttaanin siellä. Kulkutauti joukkojen keskuudessa Isle de Francessa oli kuitenkin loppunut marraskuun alussa; ja jos Bussy olisi silloin lähtenyt liikkeelle viivytyksettä, niin hän ja Suffren olisivat nyt kohdanneet Karnatikissa halliten täysin merta ja omaten suuret voimasuhteet omaksi eduksensa. Hughes ei saapunut sinne ennen kuin kahta kuukautta myöhemmin.

Ollen siten yksin Suffren oltuaan yhteydessä Tipu Sultaniin, Mysoren uuteen sulttaaniin, hän meni Trincomaleehen; ja siellä hänen voimiinsa lopulta 10. maaliskuun liittyi Bussy, jonka mukana oli kolme linjalaivaa ja lukuisia kuljetusaluksia. Innokkaana viemään joukot taistelukentälle Suffren purjehti 15. nopeimpien alustensa kanssa ja laski ne maihin seuraavana päivänä Porto Novoss. Hän palasi Trincomaaleehen 11. huhtikuuta ja kohtasi Hughesin laivaston, jonka vahvuus oli 17 linjalaivaa, sataman suu edustalla. Hänellä oli mukanaan vain osa voimistansa, joten mitään taistelua ei tapahtunut, ja englantilaiset purjehtivat Madrasiin. Lounaismonsuuni oli nyt puhaltamassa.

Ei ole tarpeen seurata merkityksettömiä sotatoimia seuraavien kahden kuukauden ajalta. Tipu Sultan oli taistelemassa niemimaan toisella puolella ja Bussylla oli vain vähän intoa, kun taas Hughesilla oli ylivoimainen sotavoima rannikon edustallaa, jolloin ranskalaisten tilanne rannalla meni huonosta vain pahemmaksi. Suffren, jolla oli vain 15 alusta englantilaisten 18 vastaan, niin oli haluton menemään suojanpuolelle Trincomaleest, sillä tulisi olemaan syksy ennen kuin hän pystyisi palaamaan sinne. Siinä tilanteessa englantilaisten joukot etenivät Madrasista tullen lähelle Cuddaloren ympäristöä ja leiriytyivät sen eteläpuolelle meren rannan läheisyyteen. Kuljetusalukset ja kevyet risteilijät olivat asemissa rannikon edustalle lähelle armeijaa; kun taas amiraali Hughes raskaampien alusten kanssa oli ankkurissa noin 32 kilometriä etelään, jossa ollessaan tuulenpuolella hän suojasi muita aluksia.

Jotta voidaan antaa Suffrenille täysi ansio hänen seuraavista toimistansa, niin on tarpeellistaa korostaa sitä tosiasiaa, että vaikka Bussy oli ylipäällikkö niin maalla kuin merellä, niin hän ei määrännyt tätä lähtemään Trincomaleesta ja tulemaan tämän avuksi. Sallien tuntea olevansa äärimmäisessä vaarassa, niin hän käski tämän pysyä satamassa, ellei hän kuule sitä, että armeija on piiritettynä Cuddaloressa ja englantilainen laivue saartaa sitä meren puolelta. Tämä kirje otettiin vastaan kesäkuun 10. Suffren ei odotellut kauempaa. Seuraavana päivänä hän purjehti ja 48 tuntia myöhemmin hänen fregattinsa näkivät englantilaisen laivaston. Samana päivänä, 13. päivä, kiivaan taistelun jälkeen, ranskalainen armeija oli saarrettu kaupunkiin hyvin heikkojen muurien taakse. Kaikki riippui nyt laivastojen toimista.

Suffrenin saapuessa Hughes siirtyi pois ja laski ankkurinsa 6:sta 8:aan kilometrin päähän kaupungista. Seuraavan kolmen päivän ajan vallitsivat hämmentävät tuulet; mutta monsuuni jatkui 16. päivä, kun Suffren lähestyi. Englantilainen amiraali ei halunnut taistella ankkuroituna, ja suojanpuolella, jossa hän oli oikeassa, jolloin hän lähti liikkeelle; mutta pyrkien tärkeimpään eli tuulenpuolelle estääkseen vihollisen maa- ja merivoimien yhdistymisen hän pysyi tuulessa, joka puhalsi etelästä tai etelälounaasta huolimatta hänen ylivoimastansa. Suffren otti saman kääntymissuuntaan ja joitakin sotaliikkeitä tapahtui yön ja seuraavan päivän aikana. Kello kahdeksalta 17. päivä ranskalainen laivue, joka kieltäytyi purjehtimasta merelle, niin laski ankkurinsa Cuddaloren edustalle ja otti yhteyttä ylipäällikköön. Varuskunnasta otettiin 1200 miestä kiireesti aluksiin täyttämään useita tyhjiä työtehtäviä laivaston tykistössä.

Aina 20. päivään asti tuulen suunta pysyi odottamattomasti lännestä estäen Hughesilta edun, jota hän tavoitteli; ja lopulta sinä päivänä hän päätti hyväksyä taistelun ja odottaa taistelua. Se käytiin, kun Suffrenilla oli 15 alusta hänen 18 vastaan, jolloin tuli avattiin 15.45 ja taistelu kesti aina kello 17.30. Kummankin puolen menetykset olivat melkein yhtä suuret; mutta englantilaiset alukset hylkäsivät niin taistelukentän kuin armeijansa palaten Madrasiin. Suffren laski ankkurinsa Cuddaloreen.

Brittiarmeijan nöyryytys oli nyt hyvin suurta. Huoltoalukset, joista sen toiminta riippui, pakenivat ennen 20. päivän taistelua, ja taistelun lopputulos teki niille mahdottomaksi palata. Sulttaanin kevyt ratsuväki häiritsi heidän yhteyksiänsä maalla. Komentava kenraali kirjoitti 25. päivä, että hänen "mielensä oli huolissaan ilman hetkenkään lepoa laivaston lähtemisen jälkeen tuntien M. de Suffrenin luonteen ja suuren ylivoiman ranskalaisten suunnalta nyt, kun olemme omillamme." Tästä huolesta hänet vapautti uutinen, että rauha oli tehty, joka saavutti Cuddaloren 29. päivä tulitaukolipun kanssa Madrasista.

Jos jäi jotain epäilyksiä kahden merikomentajan suhteellisista ansioista, niin sotaretken muutamat viimeiset päivät poistivat ne. Hughes väitti, että huomattava osa hänen miehistänsä olivat sairaina ja vedestä oli pulaa, jolloin hän luopui taistelusta näiden syiden takia. Suffrenin vaikeudet olivat joka tapauksessa yhtä suuret kuin hänen omansa; [192] ja jos hänellä olisi ollut etu Trincomaleessa, niin olisi vain vienyt kiistaa takaisin päin, sillä hän omasi sen omistajuuden paremmalle komentajuudelle ja taistelulle. Yksinkertainen tosiasia on se, että 15 alusta pakotti 18 alusta lopettamaan merisaarron auttaen piiritettyä armeijaa, vahvistaen omia miehistöjänsä ja taistellen ratkaisevan taistelun, josta saatiin vaikutelma, jota ei tarvitse heikentää totuuden nimissä. [193] On todennäköistä, että Hughesin itseluottamus oli pahasti heikentynyt siksi, että hän oli kohdannut Suffrenin useita kertoja.

Vaikka uutiset rauhasta tulivat Hughesilta Bussylle, niin ne saapuivat epävirallisissa kirjeissä, niin ne olivat liian hyviä uutisia, että verenvuodatuksen jatkamista voitaisiin pitää oikeutettuna. Tehtiin järjestely kahden maan viranomaisten välillä Intiassa ja vihamielisyydet loppuivat 8. heinäkuuta. Kaksi kuukautta myöhemmin viralliset viestit saavuttivat Suffrenin. Hänen omat sanansa olivat lainauksien arvoisia, sillä ne osoittavat masentavasti vakaumuksen, jonka mukaisesti hän oli niin jalosti toiminut: "Jumala olkoon ylistetty rauhasta! Sillä on selvää Intiassa, että vaikka meillä onkin keinot toteuttaa lakia, niin kaikki olisi menetetty. Odotan käskyjänne kärsimättömästi ja innokkaasti rukoilen, että niiden mukana minulle on lupa lähteä. Sota yksin voi saada aikaan sen, että tulee väsymystä sietää tiettyjä asioita."

Lokakuun 6. 1783 Suffren lopulta purjehti Trincomaleesta Ranskaan pysähtyen Isle de Francessa ja Hyväntoivonniemessä. Kotimatka jatkui ja se oli oma-aloitteista onnittelua. Jokaisessa satamassa, jossa vierailtiin, niin tuli mitä imartelevinta ihailua kaiken arvoisilta miehiltä ja kaikilta kansakunnilta. Mikä erityisesti ilahdutti häntä, niin oli kunnianosoituksen englantilaisilta kapteeneilta. Saattoi olla niin, että kukaan ei ollut niin selkeästi luonut oikeutusta, että häntä kunnioitettaisiin soturina. Missään tilanteessa, kun Hughes ja Suffren kohtasivat, paitsi viimeisessä, niin englantilaisten alusten määrä oli enemmän kuin 12; mutta 6 englantilaista kapteenia oli antanut henkensä itsepäisesti vastustaen hänen aikomuksiansa. Kun hän oli Hyväntoivonniemellä, niin 9 Hughesin aluksen osasto saapui palaten sodasta ja laskien ankkurinsa satamaan. Niiden kapteenit kutsuivat amiraalin innokkaasti, jolloin heitä johti tukeva kommodori King "Exeteristä". "Hyvät alankomaalaiset ottivat minut vastaan pelastajanaan", Suffren kirjoitti, "mutta kunnianosoitukset, jotka eniten imartelevat minua, niin mikään ei anna minulle suurempaa mielihyvää kuin kunnioitetut ja arvokkaat todistelut englantilaisilta, jotka ovat täällä." Saapuessaan kotiin hän sai huomattavia kunnianosoituksia. Hän lähti Ranskasta kapteenina, mutta hän palasi sinne kontra-amiraalina; ja heti tämän jälkeen kuningas oli neljännen vara-amiraalin viran, joka oli erityinen asema Suffrenille, ja josta luovuttiin hänen kuolemansa jälkeen. Nämä kunnianosoitukset hän yksin voitti itsellensä; ne olivat kunnianosoituksia hänen lannistumattomasta energiastansa, ja nerokkuudestansa näyttäen, että kyse ei ollut vain todellisesta taistelemisesta, vaan peräänantamattomuudesta, jolla hän piti asemansa läpi kaikkien kokemiensa vastoinkäymisten, ja nousi kaikkien kokemiensa vaatimusten arvoiseksi jatkuvassa puutteellisuuden tilassa ja epäonnessa.

Niin kuin yleinen toiminta hänen sotatoimissaan ja taistelukentällä vihollisen tulituksen kohteena, niin tämä ylevä päättäväisyys oli kunnostautuva ansio Suffrenista, ja kun sen kanssa oli selvä ja täysi vakaumus, joka hänellä oli tarpeen pyrkiessään etsimään ja murskaamaan vihollisen laivaston, niin meillä on edessämme luultavasti hänen sotilaallisen luonteensa johtavat luonteenpiirteet. Jälkimmäinen oli se valo, joka ajoi häntä eteenpäin, aikaisempi oli se henki, joka ylläpiti häntä. Taktikkona alusten käyttämisen mielessä erottaen ne säännönmukaisesti taistelussa ja manöövereissä hän näytti omaavan puutteita ja olisi itse luultavasti myöntänyt jollain halveksunnalla, että oli olemassa oikeutusta kritiikille häntä kohtaan koskien näitä asioita. Se, että luonnehtiko hän tosiasiassa näitä taktiikoita tarkoittaen siten perustavaa laatua olevia tai kehittyviä taktiikoita, niin varovaisuuden verho, joka oli hänen taisteluissaan, joka saa aikaan, että vastakkainen näkemys on todennäköisempi. Sellainen halveksunta on kuitenkin turvatonta jopa neron ollessa kyseessä. Kyky liikkua säännönmukaisesti yhdessä ja tarkasti on liian välttämätöntä kehittää täysi voima ryhmästä aluksia, että sitä voitaisiin vain heikosti arvostaa; on keskeistä, että ponnistelujen keskittäminen, johon Suffren oikeudenmukaisesti tähtäsi, mutta jota hän ei aina huolellisesti turvannut aikaisemmista asemistansa. Voi kuullosta ristiriitaiselta, että totuus on, että vain laivastot, jotka pystyvät toteuttamaan säännönmukaisia liikkeitä, niin ne ajan kanssa voidaan laittaa syrjään; vain kapteenit, joiden tavat ovat harjoittelukentiltä, niin tuntevat muuttuvat vaiheet, kun ne tapahtuvat, jolloin voidaan olettaa, että he valppaasti tarttuvat mahdollisuuksiin itsenäisiin toimiin, joita heille esitetään taistelukentällä. Howen ja Jervisin täytyi tehdä tietä Nelsonin menestyksille. Suffren odotti liikaa kapteeneiltansa. Hänellä oli oikeus odottaa enemmän kuin hän sai, mutta ei ollut valmista tilanteen havainnointia ja hermojen tiukkuutta, jota on vain muutamilla luonnon suosikeilla, jolloin lopputulos voidaan saavuttaa vain harjoittelun ja kokemuksen kautta.

Silti hän oli hyvin suuri mies. Kun jokainen päättely on tehty, niin silti tulee olemaan jäljellä hänen sankarillinen pysyvyytensä, hänen peloton vastuullisuutensa vaaratilanteissa, hänen toimiensa ripeys, ja nerokkuus, jonka erehtymätön vaisto johti hänet murtautuman läpi aselajinsa perinteiden ja määräämään laivastoonsa, että keskeinen osa, joka sopii sille, niin ovat hyökkäystoimet, joilla turvataan meren hallinta tuhoamalla vihollisen laivasto. Jos hän olisi kohdannut alaistensa valmiina toimimaan niin kuin Nelson kohtasi omansa, niin silloin olisi ollut vain vähän epäilyksiä, etteikö Hughesin laivue olisi tuhoutunut, kun se oli alivoimainen suhteessa Suffrenin laivueeseen ennen kuin apuvoimat ehtisivät saapua; ja sen kanssa englantilainen laivasto epäonnistuisi, niin siitä olisi seurannut Coromandelin rannikon kaatuminen. Mitä siitä olisi seurannut niemimaan kohtalolle, tai rauhanehdoille, niin sitä voidaan vain arvuutella. Hänen oma toiveensa oli, että hankkimalla herruuden Intiassa kunniakas rauha voisi tulla lopputuloksena.

Mitään muita mahdollisuuksia kunnostautua sodassa ei tullut Suffrenille. Jäljellä olevat vuodet elämänsä aikana hän vietti maissa kunnioitetussa asemassa. Vuonna 1788, kun alkoi ilmestyä ongelmia Englannin kanssa, niin hänet nimitettiin komentamaan suuren laivaston aseistamista Brestissä; mutta ennen kuin hän ehti lähteä Pariisista niin hän yllättäen kuoli 8. joulukuuta ollessaan 59-vuotias. Silloin ei näyttänyt olevan epäilyjä siitä, että hänen kuolemansa olisi ollut jotain muuta kuin luonnollinen, sillä hän oli äärimmäisen tukeva ja hänen luonteensa oli raivostumiseen taipuvainen; mutta monia vuosia myöhemmin tarina, joka oli ilmeisesti hyvin perusteltu, niin tuli julkisuuteen, että hän olisi kuollut kaksintaistelussa, joka juonsi juurensa hänen virallisista toimistansa Intiassa. Hänen vanha vihollisensa taistelukentällä, Sir Edward Hughes, kuoli korkeassa iässä 1794. (Suom. huom. Ainakin U.S. Naval Instituten artikkeli *"Suffren, the Apostle of Action"*, vuoden 1938 maaliskuulta ja jonka kirjoitti komentajakapteeni Charles Moran pitää kaksintaisteluväitettä Suffrenin kuoleman aiheuttajana epätotena ja sen mukaan Suffrenin kuoleman aiheutti epäpätevän lääkärin tekemä leikkaus.)

Lähdeviitteet:
[168] Tämä kommodori Johnstone, joka tunnetaan yleisemmin kuvernööri Johnstonena, niin oli yksi kolmesta komission jäsenestä, jonka lordi North lähetti edistämään sopua Amerikan kanssa. Johtuen tietyistä epäilyksistä hänen osaltansa, niin kongressi julisti, että oli yhteensopimatonta heidän kunniansa kanssa pitää yllä minkäänlaista kirjeenvaihtoa tai vuorovaikutusta hänen kanssaan. Hänen arvonsa kuvernööri tulee siitä, että hän toimi kerran Pensacolan kuvernöörinä. Hänen maineellensa oltiin mitä vähiten kateellisia Englannin laivastossa (Katso Charnock's Biog. Navalis.)
[169] Tämä kuva melkein kokonaan otettu Cunatin "Vie de Suffrenista."
[170] Sivu 299.
[171] La Serre: Essais Hist. et. Critiques sur la Marine Francaise.
[172] Kysymyksestä hyökkäyksestä ankkurissa olevaa englantilaista laivuetta vastaan väiteltiin sotakokouksessa. Sen mielipide vahvisti Suffrenin päätöksen olla toimimatta sillä tavalla. Päinvastaisesti tämän

kanssa englantilaisten epäonnistuminen hyökätä ranskalaisen osaston kimppuun Newportissa (ks. Luku X), niin siitä täytyi tulla mieleen, että jälkimmäisessä tapauksessa ei ollut keinoja pakottaa aluksia jättämään vahvat asemansa, kun taas uhkaamalla Trincomaleeta tai jotain vähemmän tärkeitä paikkoja, niin Suffren saattoi luottaa siihen, että se veti Hughesin merelle. Hän oli siksi oikeassa olla hyökkäämättä, kun taas englantilaiset Newportin edustalla olivat luultavasti väärässä.

[173] Riippuvuus Trincomaleesta Englannin laivastolle tällä sotaretkellä salli loistavasti kuvata sitä nöyryytystä ja väärää asemaa, jossa laivasto huomasi itse olevansa, kun satamien puolustus oli sen vastuulla. Se tuo esille paljon väitellyn seikan nykyaikaan ja on arvokas asia tarkastella niiden toimesta, jotka liian epäpätevästi sanovat, että rannikon paras puolustus on laivasto. Yhdessä mielessä tämä on epäilemättä totta; hyökkäys vihollista vastaan ulkomailla on paras puolustus; mutta kapeammassa merkityksessä sana "puolustus" ei ole totta. Trincomalee oli linnoittamattomana yksinkertaisesti keskipiste, jota Hughes kiersi kuin liekaan sidottu eläin; ja sama tahto tulee aina tapahtumaan samanlaisissa olosuhteissa.

[174] Kuva XIV, kohta D osoittaa, että Suffrenin taistelujärjestys oli harkittu tähän taisteluun. Viisi taaimmaista vihollisalusta omasi jokainen kaksi vihollista lähietäisyydeltä. Johtava ranskalainen alus suojan puolella pysyi kauempana, joten kun hyökkäämällä kuudes englantilainen alus saattoi "pitää aisoissa" keulimmaisia aluksia, jos ne koettivat vahvistaa takaosaa kääntymällä.

[175] Troude: Batailles Navales.

[176] Suunnilleen neljän ja viidensadan metrin välissä.

[177] Englantilaisten ja ranskalaisten lippulaivat on merkitty karttaan suuremmalla koolla.

[178] "Victory", Nelsonin alus Trafalgarilla, 100-tykkinen, menetti 57 miestä kuolleina ja 102 haavoittuneina; Hughesin alus, joka oli 74-tykkinen, menetti kuolleina 59 ja haavoittuneina 96. Collingwoodin alus Trafalgarissa, "Royal Sovereign", myös 100-tykkinen, menetti 47 miestä kuolleina ja 94 haavoittuneina; "Monmouth", 64-tykkinen, Hughesin taistelussa menetti 45 miestä kuolleina ja 102 haavoittuneina.

[179] Troude: Batailles Navales; Chevalier: Hist. de la Marine Francaise.

[180] Tämä huomautus on liian itsestään selvä, jotta se tarvitsisi korostamista; silti voidaan kysyä, että kuljettavatko laivaston miehet yleensä mukanaan taakkaansa filosofiaa.

[181] Kuten aina.

[182] Silloin taas heidän puolensa lähestyi heitä vihollisen sijasta.
[183] Chevalier.
[184] Annual Register, 1782.
[185] Brittiläinen kuvaus poikkeaa sisällön suhteen siitä, mikä aiheutti etääntymisen erottaen kahden laivueen takaosat. ”Tässä taistelussa ei tullut 'Monmouthin' osaksi kärsiä hyvin huomattavaa osaa, kun vihollisen takaosa oli niin kaukana suojanpuolella, että alukset brittilaivueen takaosassa eivät voineet edes, kun tuuli oli suotuisa, niin tulla niiden lähelle rikkomatta huomattavasti niiden omaa taistelulinjaa” (Memoirs of Captain Alms, Naval Chronicle, Vol. II) Sellaiset ristiriidat ovat yleisiä ja pois lukien erityiset tarkoitukset, niin niitä ei tarvitse sovitella. Alms ei näyttänyt olevan vain ensiluokkainen merimies, vaan kyvykäs upseeri, jolla oli päättäväisyyttä ja kyvykkyyttä itsenäiseen toimintaan; hänen kertomuksensa on luultavasti totuudenmukainen.
[186] Troude: Batailles Navales. Nähtiin Suffrenin alukselta, että ”Sévèren” lippu oli laskettu; mutta silloin oletettiin, että lipputangon masto oli ammuttu poikki. Seuraavana päivänä Hughes lähetti ”Sultanin” kapteenin antamaan hänelle aluksen, joka oli antautunut. Tätä vaatimusta ei tietystikään toteltu. ”'Sultan'”, Troude sanoi, ”jonka täytyi kierrellä ottaakseen 'Sévère' haltuunsa, oli tämän taistelun uhri; se sai vastaansa jonkin aikaa ampumatta takaisin koko ranskalaisen aluksen tulituksen.”
[187] Annual Register, 1782.
[188] Cunat: Vie de Suffren
[189] Käännökset kohdassa (B) kuvaavat alusten liikkeitä tuulen kääntymisen jälkeen, joka käytännössä lopetti taistelun. Alukset itse on näytetty taistelujärjestyksessä.
[190] Vihollinen muodosti puoliympyrän ympärillemme ja ampui meitä edestä ja takaa, kun laiva tuli eteen ja meni pois ruorin ollessa suojanpuolelle. *Journal de Bord du Baill de Suffren.*
[191] Ks. lainaus lähdeviitteiden 174 ja 175 välissä. Hän lisäsi: ”On pelottava omata neljä kertaa voimaamme tuhota englantilainen laivue ja silti se on olemassa.
[192] Ei ollut yhtään alusta Suffrenin laivueessa, jossa olisi ollut enempää kuin kolme neljännestä sen tavanomaisesta miehistöstä. Niihin täytyi lisätä ranskalaisia ja intialaisia sotilaita (sepoyt), jotka muodostivat puolet näistä heikentyneistä miehistöistä. Chevalier, s. 463.
[193] Sinun on täytynyt saada selville ylennykseni kommodorista kontra-amiraaliksi. Nyt kerron sinulle vilpittömästi sydämestäni ja vain sinun korvillesi, mitä olen tehnyt sen jälkeen, joka on silloin äärettömän arvokasta

siihen verrattuna, mitä olen tehnyt aikaisemmin. Tiedät Trincomaleen valloituksen ja taistelun, mutta sotaretken loppu, ja se mitä tapahtui maaliskuun ja kesäkuun lopun välissä, niin se on paljon enemmän kuin tehtiin laivastossa siitä lähtien kuin liityin siihen. Lopputulos on ollut hyvin edullinen valtiolle, sillä laivue vaarannettiin ja armeija menetettiin. *Suffrenin yksityiskirje syyskuun 13, 1783; jota on lainattu teoksessa "Journal de Bord du Bailli de Suffren."*

Luku XIII: Tapahtumat Länsi-Intiassa Yorktownin antautumisen jälkeen. Yhteenotot de Grassen ja Hoodin välillä; Saintesin meritaistelu; 1781–1782.

Cornwallisin antautuminen merkitsi sodan aktiivisen vaiheen päättymistä Amerikan mantereella. Lopputulos kamppailusta oli tosiaan varmistunut sinä päivänä, kun Ranska omistautui merivoimillaan tukemaan siirtokuntien asukkaita; mutta ei ollut epätavallista tapahtua, että sen ajan määräävät ominaisuuksista tehtiin yhteenveto yhden tapahtuman kautta. Alusta alkaen sotilaallinen kysymys johtuen maa-alueen fyysistä ominaisuuksista, pitkästä rannikosta joensuistoineen, jotka tunkeutuvat pitkälle sisämaahan ja sen seurauksena oli helpompaa liikkua vesitse kuin maitse, jolloin kaikki riippui meren hallinnasta ja tuon hallinnan käyttämisestä. Virheliike Sir William Howen toimesta 1777, kun hän siirsi armeijansa Chesapeakelle sen sijaan, että olisi tukenut Burgoynen etenemistä, avasi tien loistavaan menestykseen Saratogassa, kun hämmästynyt Eurooppa näki kuudentuhannen vakituisen väen ammattisotilaan antautuvan joukolle siirtokunnan maalaisia. Neljän vuoden aikana, joka tästä seurasi aina Yorktownin antautumiseen asti, niin vaaka nousi ja laski sen mukaan, kun yksi tai toinen laivasto ilmaantui näyttämölle, tai kun englantilaiset komentajat pysyivät kosketuksissa mereen tai työnsivät sotatoimiansa kauas sen antamasta tuesta. Lopulta suuressa kriisissä kaiken nähtiin perustuvan kysymykseen siitä, että ilmestyisikö ensiksi ranskalainen tai englantilainen laivasto, ja näiden laivastojen suhteellisesta voimasuhteesta.

Merellinen kamppailu siirtyi heti Länsi-Intiaan. Tapahtumat, jotka seurasivat siellä, olivat samanaikaisia tapauksia ajassa niin Suffrenin taisteluiden ja Gibraltarin lopullisen auttamisen kanssa; mutta ne olivat niin paljon omillaan, että niille on tarvetta antaa erillinen käsittely ja sellainen läheinen suhde sodan päättämiseen ja rauhanehtoihin niin kuin on dramaattisella finaalilla kerran ja muutoksen astinkivellä toiseen. On todellakin sopivan loistava vaikkakin ratkaisematon laivastovoitto, jonka pitää päättää keskeinen tarina merisodasta.

Yorktownin antautuminen saatiin päätökseen 19. lokakuuta 1781, ja 5. marraskuuta de Grasse vastustaen Lafaytten ja Washingtonin ehdotuksia siitä, että laivaston tulisi auttaa sodankäynnissä kauempana etelässä, niin purjehti pois Chesapeakelta. Hän saapui Martiniquelle 26. päivä, joka oli päivä sen jälkeen, kun markiisi de Bouillé, joka komensi ranskalaisia joukkoja Länsi-Intiassa, niin oli saanut takaisin rohkealla yllätyksellä alankomaalaisten saaren St. Eustatiuksen. Kaksi komentajaa olivat nyt yhteisessä sotaretkessä Barbadosia vastaan, jota haittasivat voimakkaat pasaattituulet.

Estettynä siellä ranskalaiset etenivät St. Christopherin saarta tai St. Kittsia vastaan (Kuva XVIII.). Tammikuun 11. 1782 laivasto kuljettaen 6000 sotilasta, laski ankkurinsa länteen Basse Terresta, sen tärkeimmästä kaupungista. Mitään vastarintaa ei kohdattu, pieni 600 miehen varuskunta vetäytyi linnoitettuun asemaan 16 kilometrin päähän luoteeseen Brimstone Hillille, yksittäiseen korkeaan paikkaan saaren suojanpuolelle. Ranskalaiset joukot nousivat maihin ja ajoivat takaa, mutta se paikka oli liian vahvasti linnoitettu rynnäkköä vastaan, jolloin alkoivat piiritystoimet.

Ranskalainen laivasto jäi aakkuriin Basse Terren redille. Samaan aikaan uutiset hyökkäyksestä saavuttivat Sir Samuel Hoodin, joka oli seurannut de Grassea mantereelta lähtien, ja Rodneyn jatkuvassa poissaolossa oli laivaston komentaja sillä asemapaikalla. Hän purjehti Barbadosilta 14. päivä, laski ankkurinsa Antiguan luona 21. päivä ja otti sieltä mukaansa kaikki joukot, jotka hän saattoi ottaa käyttöönsä; noin 700 miestä. Iltapäivällä 23. päivä laivasto lähti St. Kittsille mennen sellaisilla purjeilla, joka toisi sen iskuetäisyyden päähän vihollisesta, kun seuraavan päivän aamu alkaisi valjeta.

Englantilaisilla oli vain 21 laivaa ranskalaisten 29 vastaan ja jälkimmäiset olivat yleensä ylivoimaisia, kun kyseessä olivat saman kokoluokan alukset, jolloin on tarpeen tarkastella pikkutarkasti olosuhteita ymmärtääksemme Hoodin alkuperäiset suunnitelmat ja niihin myöhemmin tehdyt muutokset; sillä vaikka hänen yrityksensä osoittautui tuloksettomaksi, niin hänen toimintansa seuraavien kolmen viikon aikana muodostui mitä loistavimmiksi sotilaallisiksi ponnisteluiksi koko sodan aikana. St. Kittsin ja Nevis saaret (Kuvat XVIII ja XIX) olivat erillään toisistansa vain kapean kanaalin välillä, joka oli käyttökelvoton linjalaivoille, jolloin ne omasivat tosiasiassa yhden ja saman läpäisijän mennen luoteesta kaakkoon, jolloin oli tarpeellista kauppa-aluksille pasaatituulien takia kiertää Nevisin eteläinen pääty, josta paikasta tuuli pystyi voimakkaana saavuttamaan kaikki ankkuripaikat saarten suojanpuolelta. Basse Terre oli noin 19 kilometrin päässä Nevisin läntisimmästä pisteestä (Fort Charles), ja sen luona oli reti, jonka suunta oli idästä länteen. Ranskalainen laivasto oli laskenut ankkurinsa sinne epäjärjestyksessä (Kuva XVIII, A) kolmen tai neljän syvyyteen ilman, että odottaisivat hyökkäystä, ja alukset redin länsipäässä eivät pääsisi itäpäähän menemättä tuulen puolelle, joka oli työläs ja tulituksen kohteena vaarallinen ajatus toteuttaa. Sen lisäksi tärkein asia ilmoittaa on huomauttaa, että kaikki

itäiset alukset oli aseteltu niin, että alukset, jotka lähestyisivät etelän
suunnasta, niin saavuttaisivat ne tavanomaisissa tuuliolosuhteissa.

    Hood siksi, kuten meille on kerrottu, niin aikoi ilmestyä
paikalle aikaisella päivänvalolla taistelujärjestyksessä ja valmiina taisteluun
ja käymään itäisten alusten kimppuun heittäen niitä vastaan koko
laivastonsa (a, a'), jolloin kaikkien tulitus keskittyi muutamiin vihollisiin;
sitten kääntyen pois päästäkseen pakoon muiden tykkejä, hän ehdotti
ensimmäiseksi kuluttamista ja sitten kääntymistä pitäen laivastonsa
kääntymässä pitkän prosessin kautta (a', a'') niiden vihollisen alusten
kimppuun, jotka oli valittu hyökkäyskohteiksi. Suunnitelma oli
uhkarohkeaa, mutta epäilemättä järkevä periaatteessa; jotain hyvää tuskin
pystyttäisiin olemaan saamatta, ja ellei de Grasse näyttänyt enempää
valmiutta kuin hänellä silloin oli, niin jopa jotain ratkaisevaa saatettaisiin
toivoa saavuttavan. [194]

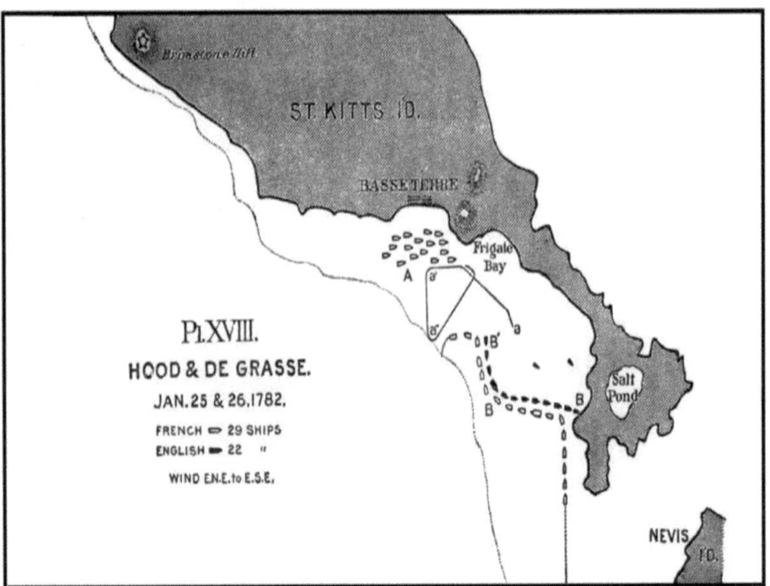

Kuva XVIII.

    Parhaatkin suunnitelmat saattavat epäonnistua, ja Hoodia
suunnitelman esti vahdissa olevan luutnantin kömpelyys, joka pysäytti
fregatin yöllä laivaston eteen ja sen takia törmäsi linjalaivaan. Jälkimmäinen
sai sellaiset vahingot, että ne viivyttivät liikettä, kun useita tunteja

menetettiin korjaustöissä. Ranskalaiset olivat siten saaneet varoituksen vihollisen lähestymisestä ja vaikka he eivät epäilleetkään hänen aikomuksiansa hyökätä, niin de Grasse pelkäsi, että Hoodin lähestyminen laittaisi hänet suojanpuolelle tästä ja haittaisi Brimstone Hillin piiritystä; hanketta, joka oli niin uhkarohkea alivoimaiselle joukolle, että oli vaikeata ajatella miten hän voisi pystyä toteuttamaan sen, kun otetaan huomioon se, että hän ei välittänyt oman ankkuripaikkansa heikkouksista.

Kello yksi iltapäivällä 24. päivä englantilaisen laivaston nähtiin kiertävän Nevisin eteläkärki; kello kolme de Grasse lähti liikkeelle ja oli kääntynyt etelään. Kohti auringonlaskua Hood meni ja kääntyi etelään kuin antaen ajatuksen, että hän oli pakenemassa; mutta hän oli hyvin tuulenpuolella vastustajaansa nähden ja piti tämän edun läpi yön. Aamun koittaessa kumpikin laivasto oli Nevisin suojanpuolella; englantilaiset lähellä saarta, ranskalaiset noin 14 kilometrin päässä (Kuva XIX.). Jonkin aikaa käytettiin manöövereihin, jolloin Hoodin tavoitteena oli saada ranskalainen amiraali vielä enemmän suojanpuolelle; sillä epäonnistuttuaan ensimmäisessä yrityksessään, niin hän otti vielä rohkeamman tarkoituksen ottaa haltuunsa ankkuripaikka, josta hänen taitamaton vastustajansa oli lähtenyt, ja luoda itsellensä sinne asema lyömättömällä tavalla. Siinä hän onnisuti, kuten voidaan näyttää; mutta ymmärtääksemme oikeutusta liikkeelle, jonka tunnustetaan olevan vaarallinen, niin täytyy osoittaa, että hän asetti itsensä Brimstone Hillin piirittäjien ja heidän laivastonsa väliin; tai jos jälkimmäiset olivat ankkurissa lähellä kukkulaa, niin englantilainen laivasto oli sen laivaston ja sen Martiniquella olevan tukikohdan välissä valmiina ottamaan haltuunsa kaiken huollon tai uudet osastot, jotka lähestyisivät etelästä. Lyhyesti sanottuna asema, jonka Hood toivoi luovansa itsellensä, oli olla vihollisen huoltoyhteyksien sivustalla asemassa, joka oli edullisempi, sillä saari yksin ei pystynyt kauaa antamaan huoltoa suurelle määrälle joukkoja, jotka oli tuotu sinne niin yllättäen. Sen lisäksi kumpikin laivasto odotti täydennysvoimia, sillä Rodney oli matkalla sinne ja saattoi saapua ensiksi, jonka hän sitten teki ja oli ajoissa pelastaakseen St. Kittsin, jota hän ei tehnyt. Oli kulunut vain neljä kuukautta Yorktownista; Englannin asiat olivat menossa huonosti; jotain täytyi tehdä, jotain jättää sattuman varaan ja Hood tiesi sen itse, ja sen myös tiesivät hänen upseerinsa. Tähän voidaan lisätä, että sen tiesi myös hänen vastustajansa.

Puolelta päivin, kun Nevisin kukkulat olivat täynnä odottavia ja kiinnostuneita katsojia, niin englantilainen laivasto nopeasti muodosti linjan oikealle kääntymissuunnalle ja eteni pohjoiseen kohti Basse Terrea (Kuva XIX, A, A'). Ranskalaiset silloin olivat jonossa mennen etelään, mutta he menivät heti ja olivat vihollista vastaan jousta muistuttavassa linjassa [195] (A, A). Kahdelta englantilaiset olivat menneet tarpeeksi kauas, että Hood antoi merkin laskea ankkurin. Kaksikymmentä minuuttia ennen kahta ranskalaisten kärki oli tullut tykinkantaman päähän englantilaisten keskustasta (B, B, B) ja pian tämän jälkeen tulitus alkoi, jolloin hyökkääjät hyvin asianmukaisesti ohjasivat pääponnistelunsa englantilaisten jälkimmäisiä aluksia vastaan, jotka kuten tapahtuu pitkissä linjoissa, niin olivat jääneet jälkeen, kun tätä taipumusta hidastella lisäsi neljäs alus takaapäin, jonka nimi oli ”Prudent”. Ranskalainen lippulaiva ”Ville de Paris”, jossa oli 120 tykkiä, kantoi mukanaan de Grassen lippua ja pyrki tunkemaan siten syntyneeseen koloon, mutta sen esti ”Canada”, jossa oli 74 tykkiä ja jonka kapteenina oli Cornwallis, joka oli lordi Cornwallisin veli, jonka alus laski kaikki purjeensa ja jäi taakse valtavan vihollisen eteen tukeakseen laivastonsa peräpäätä; tätä esimerkkiä seurasivat jalosti ”Resolution” ja ”Bedford” suoraan hänen edellänsä (a). Näyttämö oli nyt muuttumassa ja oli äärimmäisen liikkuvainen. Englantilaisten kärki, joka oli pelastunut hyökkäykseltä, oli nyt nopeasti laskemassa ankkurinsa (b) sille määrättyyn paikkaan. Keskustan voimien komentaja ylpeästi luottaen taitoihinsa ja kapteeniensa toimintaan, antoi merkin edessään oleville aluksille laskea purjeensa ja saavuttaa asemansa huolimatta vaarasta, joka uhkasi viimeisiä aluksia. Jälkimmäiset, kovassa paineessa ja alivoimaisina, niin olivat paikoillaan horjumatta nostaen purjeensa ja laskien ankkurinsa yksi toisensa jälkeen linjaan (B, B') heidän hämmentyneiden vihollistensa tykkien ärjyessä. Jälkimmäiset tulittivat ja menivät taas etelään jättäen aikaisemmat ankkuripaikkansa heidän heikommille, mutta älykkäille vastustajillensa.

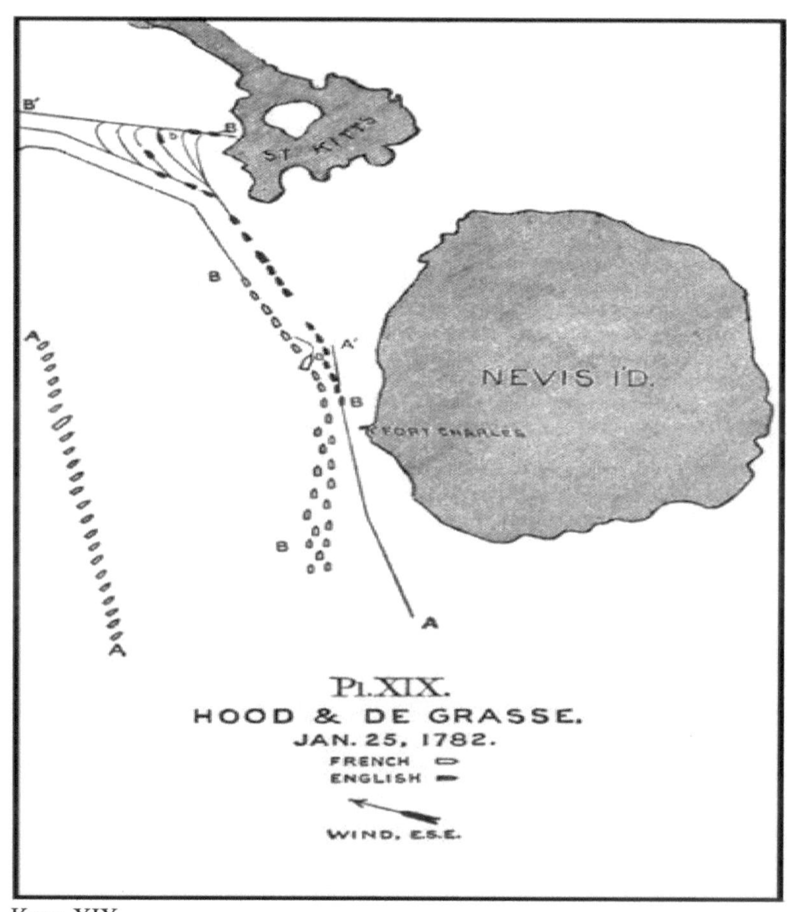

Kuva XIX.

Ankkuripaikka joutui siten loistavasti Hoodin käsiin, vaikka se ei ollutkaan aivan sama paikka, jota de Grasse oli pitänyt hallussaan päivää aikaisemmin; mutta ottaen sen haltuunsa ja halliten sitä hän otti paikan, jonka vastustaja oli jättänyt ja itseasiassa hän toimi oikein. Seuraavaa yötä ja aamua käytettiin muuttamaan ja vahvistamaan taistelujärjestystä, joka lopulta asetettiin seuraavasti (Kuva XVIII, B, B'). Keulimmainen alus ankkuroitiin noin kuuden kilometrin päähän kaakkoon Basse Terrestä niin lähelle rantaa, että sitä alusta ei voinut ohittaa sisäpuolelta eikä vallitsevissa tuuliolosuhteissa edes saavuttaa, koska

465

tuulensuunta ja matalikko juuri ulkopuolella suojasi sen asemaa. Siitä paikasta linja ylettyi pohjoisluoteen suuntaan 12 tai 13 aluksen verran (noin kahden tai kolmen kilometrin verran), josta se kääntyi asteittain, mutta nopeasti pohjoiseen 6 viimeisen aluksen ollessa etelä-pohjoissuunnassa. Hoodin lippulaiva "Barfleur", jossa oli 90 tykkiä, oli niin muodostuneen ulkokulman kärjessä.

Ei ollut mahdotonta Ranskan laivastolle ottaa haltuunsa ankkuripaikkaa, jota he olivat aikaisemmin pitäneet hallussaan; mutta sitä ja kaikkia muita suojanpuolella oli kielletty harkitsemasta niin kuin aikaisemmin sanottiin niin kauan kuin Hood pysyi siellä. Siten tuli tarpeelliseksi pakottaa hänet pois sieltä, mutta se oli tehty äärimmäisen vaikeaksi huolellisella taktisella sijoittamisella, joka on kuvattu. Hänen vasenta siipeänsä suojasi ranta. Mikä tahansa yritys järjestää sivustatulta hänen rintamaansa ohittamalla toinen sivusta tulisi kohtaamaan täyslaidallisia kuudelta tai kahdeksalta alukselta, jotka asetettu voimalla suojaamaan hänen selustaansa. Etulinja hallitsi lähestymisreittiä Basse Terreen. Jotta hänen kimppuunsa voitaisiin hyökätä selustasta, luoteesta, niin sen esti pasaatituuli. Nämä vaikeudet lisäten hyökkäys täytyisi tehdä purjeilla aluksia vastaan, jotka olivat ankkurissa, jolloin niiden mastojen menetykset eivät aiheuttaisi välitöntä huolta; ja jotka lähdettyään liikkeelle [196] voisivat kohdistaa täyslaidallisensa suurelle alueelle hyvin helposti.

Joka tapauksessa niin järkevä tapa toimia kuin järkytys pakottivat de Grassen taistelemaan, jonka hän teki seuraavana päivänä, joka oli tammikuun 26. Hyökkäystapa yhdessä jonossa, jossa oli 29 alusta niin huolellisesti järjestettyä linjaa vastaan oli äärimmäisen epäonnistunut; mutta voidaan epäillä, että olisiko kukaan sen ajan komentaja voinut murtautua läpi käyttäen perinteisiä taistelutapoja. [197] Hoodilla oli ollut sama tarkoitus, mutta hän toivoi yllättävänsä huonossa järjestyksessä olevan vihollisensa ja alkuperäiseltä ranskalaisten ankkuripaikalta oli mahdollisuus saavuttaa heidän itäiset aluksensa vain heikosti altistuen tulituksella. Nyt tilanne ei ollut se. Ranskalaiset järjestivät muodostelmansa etelänsuuntaan ja kääntyivät kohti Hoodin itäistä sivustaa. Kun heidän keulimmainen aluksensa saavutti jo mainitun paikan, niin tuuli vaikutti siihen niin, että se saattoi saavuttaa vain kolmanneksen englantilaisten muodostelmasta, jossa neljä ensimmäistä alusta käyttäen hyödykseen juostavuuttansa, niin keskittävät tykkiensä tulen siihen alukseen. Englantilaiset olettivat tämän aluksen olevan "Pluton", ja jos asia oli niin, silloin sen kapteenina toimi D' Albert de Rions, joka Suffrenin mielestä oli koko Ranskan laivaston paras upseeri. "Kohtaaminen tapahtui heidän tuhoavien täyslaidallistensa kanssa", kirjoitti englantilainen upseeri, joka oli läsnä, "tämä oli niin valtaisa, että lautojen nähtiin lentävän pois sen sivusta ennen kuin se pääsisi pakoon viileää keskitettyä tulitusta sen päättäväisiltä vihollisilta. Kun se eteni pitkin englantilaisten linjaa, niin se sai tulenavauksen jokaiselta alukselta, jonka se ohitti. Se oli todella niin hajalle ammutussa tilassa, että se oli pakotettu menemään St. Eustatiukselle". Niin alus toisensa jälkeen meni ohitse kulkien koko linjan mitan (Kuva XVIII., B, B), keräten niiden jatkuva tulta urheassa, mutta pelottavan tehottoman yksitoikkoisessa toimessa koko linjan matkalta. Toisen kerran sinä päivänä de Grasse hyökkäsi samassa järjestyksessä, mutta lyöden laimin englantilaisten kärjen ja ohjaten ponnistelunsa heidän takaosaansa ja keskustaansa vastaan. Tämä oli yhtä lailla hedelmätöntä ja se nähtävästi tehtiin hengettömästi.

Siitä päivästä 14. helmikuuta Hood piti asemansa ranskalaisen laivaston näkyvissä, joka jäi risteilemään ympäriinsä ja etelään. Kuun ensimmäisenä päivänä saapui viestialus Kempenfeldtiltä ilmoittaen hänelle, että ranskalaisten täydennysvoimat Länsi-Intiaan oli pakotettu hajaantumaan, jonka on täytynyt uudistaa hänen toiveitansa, että hänen rohkea yrityksensä onnistuisi Rodneyn saapumiseen asti. Niin ei kuitenkaan tulisi tapahtumaan. Brimstone Hill antautui 12. päivä hyvän puolustuksen jälkeen. Sitten 13. päivä de Grasse otti laivastonsa, jonka vahvuus oli silloin 33 linjalaivaa, niin Nevisille ja laski ankkurinsa sinne. Sen jälkeen 14. päivän yönä Hood kutsui kaikki kapteeninsa alukseensa, määräsi heidät järjestämään vahtinsa hänen toimestansa, ja kello 23 yksi toisensa jälkeen ilman meteliä tai merkkejä katkaisivat ankkuriköytensä ja purjehtivat pohjoiseen huomaamatta tai ainakin joutumatta ranskalaisten hyökkäysten kohteeksi.

Niin strategisesti kuin taktisesti Hoodin ajatukset ja toiminta olivat olleet loistavia ja niiden toteutus oli osoittanut mitä suurinta kunniallisuutta hänen taidoissaan ja uskossaan itseensä ja kapteeneihinsa. kun tätä ajatellaan yhtenä sotatoimena, niin se oli täysin loistava; mutta kun otetaan huomioon viittaus Englannin silloiseen tilanteeseen, niin paljon suurempi arvio täytyy muodostaa amiraalin ominaisuuksista. [198] St. Kitts itse ei kenties ollut tuon suuren riskin arvoinen; mutta oli ensimmäiseksi tärkeätä, että energisyys ja rohkeus olisivat osa tapaa, jolla Englanti toteuttaisi merisotaansa jollain suurella menestyksellä, joka toisi valoa sen lipulle. Aineellista menestystä ei saavutettu. Mahdollisuudet, vaikkakin riittävän hyvät, kääntyivät Hoodia vastaan; mutta jokainen mies siinä laivastossa täytyi tuntea sen uhkarohkean saavutuksen hehkun, joka valoi itseluottamusta niin suuren ja jalon teon jälkeen. Jos tämä mies olisi ollut tärkeimpänä komentajana, kun suuremmat asiat olisivat olleet kyseessä, niin hän olisi ensiksi eikä toissijaisesti mennyt Chesapeaken suuntaan, jolloin Cornwallis olisi kenties voitu pelastaa. Sotatoimi, ottaen haltuunsa ankkuripaikka, jonka vihollinen oli jättänyt, niin olisi ollut melkein sama; ja kummassakin tilanteessa niitä voidaan verrata siihen, miten Suffren tuli Cuddaloren avuksi.

De Grassen toiminta, jota pitää ei vain tarkastella viittauksena tiettyyn tapahtumaan, vaan myös yleisenä sodan olosuhteena ja siten punnita, sekä sen lisäksi verrata samanlaisiin mahdollisuuksiin, joita tämä korkea-arvoinen upseeri löi laimin, niin saadaan oikeudenmukainen arvio hänen sotilaallisesta kyvykkyydestänsä. Tämä vertailu kuitenkin paremmin viittaa silloin ei niin kaukaiseen sotaretken päätökseen. Mitä käyttökelpoisin kommentti sotaretkestä tehdään tässä, sillä taistelussaan hän ei onnistunut murskaamaan Hoodia tämän ankkuripaikalla, kun hänen voimansa oli ainakin viisikymmentä prosenttia vahvempia, niin se oli tiukassa sopusoinnussa yleisen ranskalaisen periaatteen kanssa alistaa laivaston taistelut niin sanotuille erityisille toimille; sillä mikään ei ole ohjeistavampaa kuin huomio siitä kuinka järjetön periaate johtaa tuhoisaan toimintaan. Hoodin alivoimaisuus oli siten heikennettävissä hyökkäyksellisiin tarkoituksiin hänen komentavassa asemassaan. Niin kauan kuin de Grasse pysyi tuulenpuolella, niin hän piti yllä yhteyksiään Martiniquen suuntaan, ja hän oli tarpeeksi vahva myös pitämään yllä yhteyksiään tarpeen vaatiessa joukkoihin, jotka olivat Brimstone Hillin edustalla. On todennäköistä, että sellaisen asian tapahtuessa, että erityinen sotatoimi, joka olisi St. Kittsin kukistaminen, niin onnistuisi huolimatta englantilaisen laivaston läsnäolosta; ja ” Ranskalainen laivasto on aina pitänyt parempana kunniaa koskien valloituksia kuin sitä, mitä on loistavampaa, mutta vähemmän realistista saaden sotasaaliiksi muutamia aluksia.”

Siihen asti de Grasse oli vapauttanut itsensä mistään virheestä, joka ei ollut mennyt hänen palveluksensa perinteiden ulkopuolelle. Joinakin päivinä kuitenkin ennen kuin saari antautui ja englantilainen laivasto lähti, niin häneen liittyi kaksi linjalaivaa, jotka toivat hänelle uutisen odotetun saattueen hajaantumisesta ja täydennysvoimista Euroopasta. [199] Hän silloin tiesi, että hän itse voinut saada täydennyksiä ennen kuin Rodney saapuisi ja sen seurauksena englantilaisilla olisi ylivoima häneen nähden. Hänellä oli tosiasiassa 33 linjalaivaa käytettävissään ja muutaman kilometrin päässä oli 22 englantilaista alusta asemissa, joissa hän tiesi niiden odottavan hänen hyökkäystänsä; silti hän antoi niiden päästä pakoon. Hänen oma selityksensä viittaa selvästi siihen, että hänellä ei ollut aikomuksia hyökätä ankkuripaikkaa vastaan:

"Päivä Brimstone Hillin antautumisen jälkeen oli hetki tarkkailla Hoodia läheisesti, ja taistella hänen kanssaan *niin pian kuin hän lähtisi liikkeelle* valloitetulta saarelta. Mutta ruokavaramme olivat loppumassa; meille oli niitä vain 36 tunniksi. Joitakin huoltoaluksia oli saapunut Nevisiltä, ja sinun täytyy myöntää, että ihmiset haluavat ensiksi elää ja vasta sen jälkeen taistella. Menin Nevisille aina tuulenpuolella ja vihollisen näkyvissä, puolentoista peninkulman päässä heistä, jotta saisin mukaani tarpeelliset huoltotarvikkeet niin nopeasti kuin oli mahdollista. Hood pyrki leirinsä yöllä antamatta mitään viestejä ja seuraavana aamuna löysin vain sairaat ihmiset, jotka hän oli jättänyt jälkeensä." [200]

Toisin sanoen Hood pidettyään asemansa huomattavalla rohkeudella ja kyvykkyydellä, kun hänellä oli jotain mahdollisuuksia tehdä vastarintaa, niin kieltäytyi odottamasta vihollisensa hyökkäystä olosuhteissa, jotka olisivat hänelle äärimmäiset epäsuotuisat. Mitä voidaan sanoa siitä puheesta koskien huoltotarvikkeita? Eikö Comte de Grasse tiennyt kuukautta aikaisemmin sitä päivää, jolloin ruokavarat loppuisivat aluksiltansa? Eikö hän tiennyt, että neljä päivää ennen kuin Hood purjehti, niin hänellä mukanaan kaikki saamansa alukset tulevaa sotaretkeä varten, kun taas englantilaiset tulisivat varmasti saamaan täydennysvoimia? Ja jos englantilaisten asema oli niin vahva kuin hyvä arviointikyky, ammattitaito ja rohkea mieli voi saada aikaan, niin eikö siinä ollut heikkoja kohtia? Eikö siinä ollut suojan puolen alukset suojanpuolella? Jos he koettaisivat päästä tuulenpuolelle, niin eikö siellä olisi aluksia "pidätellä" heitä? Jos keulimmaista alusta ei saavutettaisi, niin eikö silloin voitaisi saada kolmatta alusta vastaan kaksi tai kolme laivaa ja seurata aluksia niin pitkälle linjassa kuin hän valitsi? Suffrenin kirje viittaa samanlaisiin asioihin Santa Lucian luona [201], mutta on kirjoitettu kolme vuotta ennen näitä tapahtumia antaen melkein profeetallisen kuvauksen niistä:

"Huolimatta lievistä vahingoista kahdesta tykistökeskityksestä joulukuun 15. 1778, niin emme voi odottaa menestystä; mutta ainoa tapa saada sitä on hyökätä energisesti laivueella, jonka seurauksena meidän oma ylivoimamme ei kestä huolimatta heidän linnoituksistansa, jotka ei vaikuta asiaan, *jos me saarramme niitä aluksiltamme tai heidän ankkuripaikoiltansa.* Jos viivyttelemme, niin tuhat eri olosuhdetta voi pelastaa heidät. *He voivat hyötyä yöstä poistumalla paikalta.*"

Ei voi olla epäilyksiäkään siitä, että englantilaiset olisivat myyneet henkensä kalliisti tappiossa; mutta sodan lopputuloksista täytyy maksaa ja parasta on pitkällä aikavälillä maksaa mahdollisimman vähän. Tiukka ote muutamiin yksinkertaisiin periaatteisiin, että vihollisen laivasto on hallitseva tekijä tulevassa sotaretkessä, että sen vuoksi se olisi hänen todellinen kohteensa, että yksi osa sitä täytyy viivytyksettä murskata, kun se on eristettynä; niin se olisi pelastanut de Grassen suurelta virheeltä; mutta on reilua huomata, että se olisi tehnyt hänestä poikkeuksen Ranskan laivaston käytäntöjen suhteen.

Aika oli nyt lähellä, kun ranskalaisen amiraalin pitäisi tuntea, vaikka hän ei sitä myöntäisikään, tässä oman virheensä seuraukset, joiden takia hän voitti vähäisen saaren ja päästi pakoon englantilaisen laivaston. Rodney oli lähtenyt Euroopasta 15. tammikuuta mukanaan 12 linjalaivaa. Helmikuun 19. hän laski ankkurinsa Barbadosin luokse ja samana päivänä Hood saavutti Antiguan lähdettyään St. Kittsiltä. Sen kuun 25. päivä Rodneyn ja Hoodin laivueet kohtasivat tuulen puolella Antiguasta muodostaen yhdistyneen laivaston, jonka vahvuus oli 34 linjalaivaa. Seuraavana päivänä de Grasse laski ankkurinsa Fort Royalin edustalle siten pelastautuen Rodneyn takaa-ajoa, joka oli alkamassa. Englantilainen amiraali sitten palasi Santa Lucialle, jossa häneen liittyi vielä kolme linjalaivaa Englannista nostaen hänen voimiensa vahvuuden 37 alukseen. Tietäen, että suurta saattueetta odotettaisiin Ranskasta, jolloin mitään ei voitaisi tehdä ennen sen saapumista, niin Rodney lähetti osan laivastoansa purjehtimaan tuulen puolelle ja niin kauas pohjoiseen kuin Guadeloupeen asti; mutta upseeri, joka komensi ranskalaista saattuetta, niin epäili tällaista toimea, niin pysyi hyvin sen saaren pohjoispuolella, ja saapui Fort Royaliin Martiniquelle 20. maaliskuuta. Hänen linjalaivansa kasvattivat de Grassen laivaston vahvuuden 33 linjalaivaan ja kahteen alukseen, joissa oli 50 tykkiä.

Tavoite oli Ranskan ja Espanjan yhdistynein ponnisteluin sinä vuonna valloittaa Jamaika. Sitä varten odotettiin voimien yhdistämistä Cap Francaisin (nyt Cap-Haitien) luona Haitilla, jonne vahvuudeksi tulisi 50 linjalaivaa ja 20000 sotilasta. Osa jälkimmäisistä oli jo kohtaamispaikallaa; ja de Grasse, joka oli nimitetty komentamaan yhdistynyttä laivastoa, niin oli kokoamassa Martiniquella kaikkia saatavissa olevia joukkoja ja huoltotarvikkeita ranskalaisilta saarilta ja viemään ne kohtaamispaikalle. Tämä oli yhdistyminen, joka Rodneyn oli käsketty estää.

Alue, jolla tämä tapahtui, niin oli tärkeiden sotatoimien kohteena seuraavien päivien aikana, jolloin tämä alue käsitti kooltansa noin

240 kilometriä etelästä pohjoiseen sisältäen Santa Lucian, Martiniquen, Dominican ja Guadeloupen saaret. (Katso kuvaa XI) Silloin ensimmäinen näistä oli englantilaisten käsissä, kun taas muut olivat ranskalaisten hallussa. Lopulla ja ratkaiseva hetki oli yhteenotto, joka tapahtui niiden välissä ja hieman länteen Dominicalta ja Guadeloupelta. Niiden välinen etäisyys on n. 37 kilometriä; mutta kanaali kaventui noin 21 kilometriin kolmen saaren luona joita kutsuttiin nimellä Saints, jotka olivat n. 16 kilometriä etelään Guadeloupesta. Sanottiin, että oli ollut de Grassen aikeena sen sijaan, että hän purjehtisi suoraan Cap Francaisille, [202] mennä kiertotietä lähellä saaria, jotka olivat ystävällismielisiä tai puolueettomia, että ne voisivat antaa saattueelle turvaa, jos se joutuisi hyökkäyksen kohteeksi. Tiukka takaa-ajo englantilaisten toimesta, jotka tulivat hänen kimppuunsa Dominicalta, niin johti hänet hylkäämään tämän suunnitelman lähettää saattue Basse Terreen Guadeloupen eteläpäätyyn, kun hän laivaston kanssa koetti mennä kanaalin läpi ja mennä saaren itäpuolelle siten vetäen englantilaiset pois kuljetusalusten läheisyydestä ja päästen eroon taktisesta haitasta, jonka jälkimmäisten läsnäolo sai aikaan. Onnettomuudet eri aluksilla estivät tämän aikomuksen ja saivat aikaan taistelun, joka olisi katastrofaalinen hänelle ja tappavaa yhteishankkeelle.

Kahden laivaston ankkuripaikat Martiniquella ja Santa Lucialla olivat noin 48 kilometrin päässä toisistansa. Vallitseva itätuuli oli yleensä sangen voimakas päästä yhdestä paikasta toiseen; mutta vahva läntinen merivirta ja jatkuvat tyvenet ja heikot tuulet omasivat tavan viedä purjealuksia suojanpuolelle, jotka lähtivät Santa Lucialta pohjoiselle saarelle. Ketju fregatteja oli yhdistetty englantilaisiin vartioaluksiin Martiniquen edustalla merkkejä käyttäen, joiden toinen pää oli Rodneyn lippulaiva Gros Ilotinlahdella. Kaikki oli liikkeessä koskien kahta asemapaikka, sillä ranskalaiset olivat kiireellisiä useiden järjestelyidensä suhteen, jotka vaativat suuria sotilaallisia järjestelyjä, kun englantilaiset eivät olleet niin kiireellisiä, mutta silti he pitivät yllä odottamista ja valmisteluja nopeaan toimintaan, johon kuuluisi jatkuva hälytystila ja henkinen toiminta.

Huhtikuun 5. päivä Rodney sai tiedon, että sotilaita oltiin lastaamassa ja 8. päivä pian aamun valjettua vartiofregattien nähtiin antavan merkin siitä, että vihollinen oli lähtemässä satamasta. Englantilainen laivasto lähti heti liikkeelle ja keskipäivään mennessä satamasta oli lähtenyt 36 linjalaivaa. Puoli kaksi iltapäivällä etummaiset fregatit havaitsivat ranskalaisen laivaston, joka nähtiin päävoimien mastojen huipuista juuri ennen auringonlaskua. Englantilaiset menivät pohjoiseen koko yön ja aamun valjetessa 9. päivä olivat Dominican vieressä, mutta sää oli alkanut tyyntyä. Heistä rantaan päin pohjoisen ja idän suuntaan nähtiin ranskalainen laivasto ja saattue; linjalaivojen lukumäärä oli 33 ja niiden lisäksi oli pienempiä aluksia; saattueessa oli 150 purjealusta, joita suojasi kaksi 50-tykkistä alusta. Epäsäännölliset ja epävarmat tuulet, jotka olivat yleisiä yöllä ja päivän aikaisten tuntien aikana, niin olivat hajaannuttaneet nämä epäkäytännölliset alusmäärät. Linjalaivoista 15 oli kanaalissa Dominican ja Saintsin välissä tuoreen pasaatituulen vaikutuksesta ilmeisesti pyrkien tuulenpuolelle; jäljelle jääneet sota-alukset ja suurin osa saattueesta olivat yhä tyynessä vedessä lähellä Dominicaa (Kuva XX, Positio I, b). Asteittain kuitenkin yksi toisensa jälkeen ranskalaiset alukset alkoivat saamaan heikkoa tuulta maalta; ja sen suosimana, joka ei yltänyt niin kauas kuin englantilaisiin asti, niin se vei heidät pois saaren luota ja muuttui vakaammaksi puhuriksi kanaalissa vahvistaen ryhmää, jolla oli nyt hallussaan merivoimien tärkein voimanlähde, liikkuvuus. Samaan aikaan kevyt tuuli kaakosta heikosti puhalsi englantilaisten etujoukkoon, jota komensi Hood vieden sitä hellästi pohjoiseen laivaston päävoimasta kohti kahta erillistä ranskalaista alusta (i), jotka olivat jääneet suojanpuolelle yön aikana tyyneen veteen, joka oli jättänyt englantilaiset liikuntakyvyttömiksi heidän voidessa vain tarkkailla kompassia. He olivat tulleet melkein tykinkantaman päähän, kun heikko tuuli luoteesta salli ranskalaisten lipua pois ja lähestyä heidän omia aluksiansa kanaalissa.

Mitä kauemmaksi englantilaisten etujoukko eteni, niin sitä voimakkaammaksi tuuli vahvistui, kunnes he pääsivät Saintsin kanaaliin ja tunsivat pasaatituulen. De Grasse viestitti saattueelle, että sen pitäisi pyrkiä Guadeloupeen, joka käskynä toteutettiin niin hyvin, että he kaikki olivat poissa näkyvistä matkalla pohjoiseen kello kahden aikaan iltapäivällä ja eivätkä enää ilmaantuneet esiin. Kaksi ranskalaista alustat, joiden on jo puhuttu jääneen suojanpuolelle, niin eivät silti olleet poissa vaaroista englantilaisten etujoukon suunnalta, jolla oli nyt tukenaan voimakas tuuli ja jälkimmäisen ollessa yhtä paljon erillään heidän omasta jälkijoukostansa ja päävoimistansa, niin de Grasse määräsi oman etujoukkonsa mennä sitä vastaan ja taistella. Alukset, joille tuo merkki annettiin, niin ne tottelivat ja kolme muuta alusta liittyi mukaan, jolloin niiden vahvuus oli kokonaisuudessaan 14 tai 15 alusta taistelun alkaessa kello puoli yhdeksän aamulla ja päättyen taukojen kanssa viittätoista vaille yksi päivällä, jolloin Hood oli pian pakotettu kääntymään pois, sillä hän ei halunnut saada aikaan liian suurta väliä alustensa ja päävoimien välille; ranskalaiset pysyvät liikkeessä lähestyen takaapäin ja ohittaen järjestyksessä puolen kanuunankantaman päästä tuulensuojasta (Kuva XX, Positio I). Kun jokainen alus tuli englantilaisen divisioonan eteen, niin se kääntyi mennen etelän suuntaan, kunnes se saavutti paikan, josta se saattoi jatkaa asemassaan osana hyökkäysjärjestystä siten kuvaten jatkuvan säännöttömän kaaren ellipsin muodossa tuulen puolelle vihollisestansa. Hyökkäyksen voima osui kahdeksaan tai yhdeksään, jolloin tämä lukumäärä asteittain kasvoi, kun alus toisensa jälkeen tuulen puhaltaessa lähti liikkeelle tyynestä vedestä Dominican edustalta; mutta ranskalaiset saivat samanlaisen kohtelun. Kun tämä taistelu oli käynnissä, niin osa englantilaisten keskustaa, jossa oli kahdeksan alusta, joiden joukossa oli Rodneyn lippulaivaa (Kuva I, a) huolellisesti tarkkailivat puuskia ja sidossolmujansa, niin olivat päässeet maan ohitse ja saaneet purjeisiinsa tuulta, joka tuntui nopeammin kuin puhaltaminen. Niin pian kuin ne pääsivät liikkeelle suunnilleen kello 11 aikoihin, niin ne suuntasivat ollessaan silloin tuulen puolella [203] suhteessa niin englantilaisten etujoukkoon kuin sen kimppuun käyviin aluksiin [Positio II, a). Jälkimmäiset nähdessään tämän kääntyivät ja hylkäsivät taistelun hetkessä kääntyen etelään liittyäkseen keskustaansa, jotta Rodneyn 8 alusta pääsisi näiden väliin. Suunnilleen kello puoli 12 ranskalaiset taas muodostivat linjan oikealle kääntökulmalle, kun suurin osa heidän aluksistansa olivat kaukana maasta, kun taas englantilaisten jälkijoukko oli edelleen tyynessä vedessä. Ranskalaisten suurempi määrä salli heidän pidentää linjaansa pohjoisesta etelään englantilaisten linjan mittaiseksi, kun taas jälkimmäinen oli yhä hajallaan omaten suuren aukon etujoukkojen ja keskustan välissä (Positio II). Hyökkäys Hoodia vastaan tehtiin siksi kiivaasti uudestaan; mutta ranskalaisten keskusta ja jälkijoukot (b) omaten tuulta, niin pitivät etäisyytensä ja pysyivät kaukana Rodneyn yksiköstä. Kello viisitoista vaille yksi ranskalaiset huomattuaan, että koko englantilainen linja oli tulossa tuulen voimalla, niin lopettivat tulituksen ja kello kaksi Rodney laski alas taistelukäskyn, sillä vihollinen oli vetäytynyt.

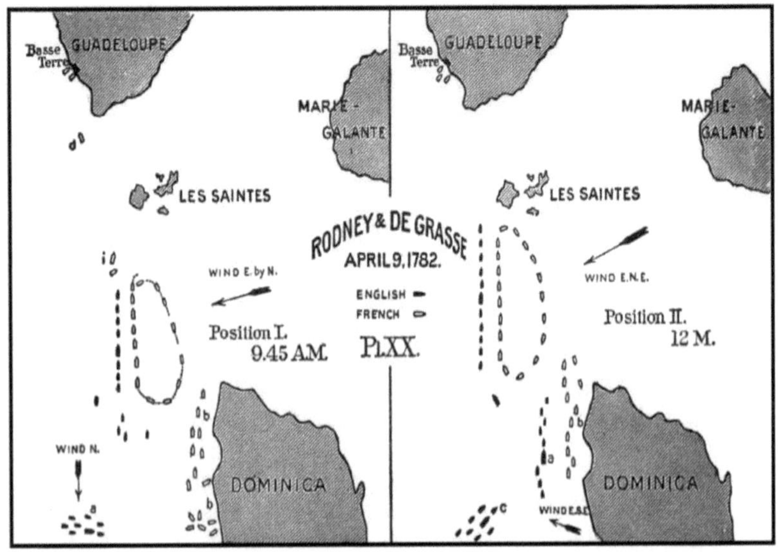

Kuva XX.

Tämä taistelu, joka käytiin 9. huhtikuuta, niin todellisuudessa ei ollut enempää kuin tykistötaistelu. Yksi ranskalainen alus, "Caton", joka oli 64-tykkinen (d), niin sai sen verran vahinkoa, että se lähetettiin Guadeloupeen; kaksi englantilaista alusta tuli liikuntakyvyttömiksi, mutta ne korjasivat omat vahinkonsa joutumatta jättämään laivastoansa. Materiaalinen etu siten oli jälkimmäisellä taholla. Mielipiteet vaihtelevat siksi Comte de Grassen komentajantaidoista sen päivän osalta, mutta ne jakautuvat samalla tavalla perustuen periaatteeseen, että oliko sillä toiminnalla muita syitä tai mahdollisuuksia lyödä vihollisen laivasto, jotka päättivät amiraalin tavan toimia. Tosiasiat tässä tapauksessa ovat seuraavat: 16 englantilaista alusta, kaikki jälkijoukoista ja neljä keskustasta (Positio II, c) eivät pystyneet ajoissa tulittamaan. Ilmeisesti jokainen ranskalainen alus ensimmäisestä viimeiseen saattoi liittyä tähän taisteluun. Alussa 8 tai 9 englantilaista alusta vastassa oli 15 ranskalaista alusta. Lopussa siellä oli 20 englantilaista alusta vastassaan 33 ranskalaista laivaa ja nämä suhteelliset voimasuhteet säilyivät epäilemättä koko neljän tunnin ajan. De Grasse siten huomasi itse olevansa tilanteessa, että vihollisen laivasto oli ylivoimainen hänen laivastoonsa verrattuna ja häntä suosi sallimus siinä mielessä, että se laivasto oli niin hajanainen, että puolet siitä olivat voimattomia toimimaan. Hänellä oli tuuli ja hyvä joukko

474

kapteeneita puolellaan; jolloin mikä esti häntä hyökkäämästä Hoodin 9 alusta vastaan 15 aluksella laittaen näitä vastaan 9 alusta ja taakse 6 laivaa. Jos nämä yhdeksän olisi täysin lyöty, niin Rodneyn tulevat liikkeet olisivat varmasti olleet toivottoman rampoja. Ranskalaiset menettivät vain viisi laivaa tappiossaan 3 päivää myöhemmin. Siitä seurannut sotaoikeus kuitenkin asetti syyn ranskalaisten sotaopeille tällä tavalla: "Päätös jatkaa yhteenottoa vain osalla laivastoamme saatetaan pitää harkittuna toimintana amiraalin osalta, jonka saattoi sanella sotaretken todelliset tavoitteet." Tällä tavalla ranskalainen ammattikirjoittaja luonnollisesti huomauttaa, että jos hyökkäys olisi todella tehty, niin olisi ollut harkittua tehdä se voimalla; vähemmän vahinkoa tulisi yksittäisille aluksille, kun taas lopulta koko laivasto vedettäisiin mukaan antamaan minkälaista tukea tahansa, jolloin mastoja menettämällä se ei voisi palata tuulenpuolelle.

Kolme kertaa yhden vuoden aikana onni oli heittänyt de Grassen eteen mahdollisuuden hyökätä englantilaisia laivastoja vastaan ratkaiseva ylivoima puolellaan. [204] Sen antamat mahdollisuudet oli nyt käytetty loppuun. Kolme päivää myöhemmin tultaisiin näkemään kuinka ratkaisevasti sotaretken todelliset tavoitteet saattaisivat vaikuttaa taisteluun ja muutamien alusten menettämiseen. Aamusta 9. päivä aamuun 12. päivä ranskalainen laivasto jatkoi pyrkien tuulen puolelle Dominicasta ja Saintsin saarista ilman taistelujärjestystä. Illalla 9. päivä englantilaiset pyrkivät korjaamaan kärsimänsä vahingot. Seuraavana päivänä pyrkimys päästä tuulenpuolelle jatkui, mutta ranskalaiset saavuttivat hyvin ratkaisevan aseman suhteessa takaa-ajajiinsa. Yöllä 10. päivä kaksi alusta, "Jason" ja "Zélé", törmäsivät. "Zélè" oli Ranskan laivaston kauhu niinä aikoina. Se oli yksi niistä aluksista, jotka vihollinen melkein sai satimeen 9. päivä ja myös oli syy, joka aiheutti lopullisen katastrofin. "Jasonin" kärsimät vahingot pakottivat sen palaamaan Guadeloupelle. Sitten 11. päivä päävoimat olivat tuulen puolella Saintsista, mutta "Zélé" ja yksi toinen alus olivat jääneet jälkeen niin kauas suojanpuolelle, että de Grasse tuli takaisin suojaamaan niitä siten menettäen paljon saavuttamistansa eduista. Seuraavana yönä Zélé törmäsi taas ja tällä kertaa de Grassen lippulaivaan; jälkimmäinen menetti joitakin purjeita, mutta toinen alus, joka ei ollut liikkunut oikeaan suuntaan ja oli siihen täysin syyllinen, niin menetti niin keula- kuin etumastonsa. Amiraali lähetti viestin fregatti "Astréelle" ottaa "Zélé" hinaukseen; ja tässä kohtaa tarinaamme on syytä mainita, että "Astréen" kapteeni oli juhlittu ja traaginen hahmo, tutkimusmatkaaja Lapeyrouse, jonka katoaminen kahden aluksensa ja niiden koko miehistöjen kanssa on pysynyt niin pitkän aikaa ratkaisemattomana mysteerinä. (Suom. huom. Lapeyrousen katoamista on pidetty yhtenä merihistorian suurimmista mysteereistä, eikä sitä ole tähän päivään asti pystytty tarkasti selvittämään. Lapeyrousesta on pitkä artikkeli englanninkielisessä Wikipediassa hänestä kiinnostuneille ihmisille.) Kaksi tuntia käytettiin, jotta alukset saataisiin liikkeelle fregatin hinaamana, joka ei ollut kovinkaan älykästä työskentelyä sääolosuhteiden ja kiireen takia; mutta kello viisi aamulla kaksi alusta olivat matkalla Basse Terreen, jonne "Caton" ja "Jason" niin kuin myös saattue olivat jo saapuneet. Ranskan laivasto oli siten menettänyt vahvuudestansa kolme linjalaivaa sen jälkeen, kun se oli lähtenyt Martiniquelta.

Rampautunut alus ei ollut pitkää aikaa mennyt Basse Terrea kohti, kun alkoi kohtalokkaan aamun valkeneminen 12. huhtikuuta, joka tulisi olemaan päivä, joka muistettaisiin pitkään laivastojen historiassa. Aurinko ei ollut vielä laskenut paistamasta väsyneille laivueille, joita komensivat Suffren ja Hughes laskettuaan ankkurinsa kiivaimman taistelun jälkeen, joka käytiin Ceylonin luona, kun sen aikaiset säteet paistoivat alkavaan taisteluun Rodneyn ja de Grassen välillä. [205] Jälkimmäinen oli silloin suurin meritaistelu tulokseltansa, joka oli käyty sataan vuoteen; sen vaikutus tapahtumien kulussa oli hyvin suuri, vaikka se olikin kaukana niin ratkaisevasta taistelusta kuin se olisi voinut olla; siihen liittyi sen olosuhteissa epätavallista, vaikkakin puolueellista loistavuutta, ja etenkin sitä merkitsi manööveri, jota pidettiin erittäin rohkeana ja ratkaisevana; "linjan rikkominen." Tähän täytyy huomauttaa, että siitä syntyi ristiriitojen myrsky; ja suuri määrä yksityiskohtia, joita antavien todistajien pitäisi olla luotettavia, ovat sekasortoisia ja ristiriitaisia johtuen pääasiassa epävarmuudesta tuulessa, jota on nyt mahdotonta yrittää sovitella johtuen heidän täysistä kertomuksistansa. Joka tapauksessa johtavat piirteet voidaan esittää riittävällä tarkkuudella, ja se tullaan ensiksi tekemään lyhyesti ja vähäsanaisesti; siten esitetään päälinjaus, jota voidaan pukea yksityiskohdin, jotka antavat väriä, elämää ja mielenkiintoa sille suurelle tapahtumalle.

Aamulla [206] (noin puoli viisi) englantilainen laivasto, joka oli lähtenyt liikkeelle noin kello kaksi, oli valmiina omaten oikean kääntymiskulman, kun tuuli oli kaakosta [207], joka oli epätavallista siihen aikaan päivästä (Kuva XXI, A). Se oli silloin noin 24 kilometrin päässä Saintisista, joka oli siitä pohjoiskoilliseen ja noin 16 kilometrin päässä ranskalaisesta laivastosta, joka oli koillisessa. Jälkimmäinen johtuen yön tapahtumista, oli suuresti hajaantunut, jolloin sen keulimmaisten aluksien etäisyys itäisimpiin aluksiin oli 12:n ja 16 kilometrin välissä [208], joista jälkimmäisiin kuului lippulaiva "Ville de Paris". Huoli "Zéléstä" piti

ranskalaisen amiraalin, yhdessä aluksiensa kanssa vähillä purjeilla mennen
etelään ja ottaen vasemmanpuolisen kääntymiskulman (A). Englantilaisilla
oli oikeanpuolinen kääntymiskulma tuulella, joka heillä oli, [3] mennen
itäkoilliseen ja siten niin pian kuin oli valoisaa nähdä, niin löysivät
ranskalaiset "leveästi suojaan keulasta, ja yhtä M. de Grassen alusta (Zélé)
hinasi fregatti, joka oli suoraan suojanpuolella (a), kun sen keula- ja
etumaston jääneet olivat sen etuosassa." [209] Vetääkseen ranskalaiset
kauemmas suojanpuolelle Rodney lähetti neljä laivaa (b) ajamaan takaa
"Zéléä". Niin pian kuin de Grasse näki tämän, niin hän antoi merkin
laivastolleen pysyä poissa (c) niin kuin Rodney toivoi ja samaan aikaan
muodostaa taistelulinja ja siten kutsua aluksensa tuulenpuolelle.
Englantilainen linja myös muodostui nopeasti ja takaa-ajavat alukset
kutsuttiin takaisin kello 7, jolloin de Grasse nähdessään, että jos hän jäisi,
niin hän menettäisi tuuliedun kokonaan, niin hän otti taas
vasemmanpuoleisen kääntymiskulman (c´); ja puhaltava tuuli kääntyi
itäkaakkoon ja itään hänen eduksensa ja työntäen englantilaisia pois, jolloin
kilpailu kahden laivaston välillä, omaten vastakkaiset kääntymiskulmat, oli
tuuliedusta, niin oli melkein tasaväkistä. Ranskalaiset kuitenkin voittivat
kiitos ylivoiman purjeissa, jotka sallivat heidän vetää niin paljon
tuulenpuolelle englantilaisista aikaisempina päivinä, ja kun "Zélén"
kömpelyys olisi saatu pois heiltä kokonaan (Kuva XXI, B). Heidän
keulimmaiset aluksensa saapuivat ensiksi ja ohittivat pisteen, jossa niiden
reitit nopeasti leikkasivat, kun taas keulimmainen englantilainen alus,
"Marlborough", iski ranskalaisten linjaan kuudennen ja kymmenennen
aluksen väliin (tästä lähteet vaihtelevat). Taistelu tietenkin oli silloin
alkanut, sillä yhdeksäs alus ranskalaisten linjassa, "Brave", oli avannut tulen
20 minuuttia ennen kahdeksaa "Marlboroughia" kohti. Kun ei ollut aikeita
aikaisemmin murtaa linjaa, niin englantilaisten johtoalus pysyi poissa
totellen viestiä Rodneyltä ja eteni pitkin vihollisen linjaa, jolloin sitä
seurasivat järjestyksessä kaikki muut alukset, jotka ehtivät sen mukaan.
Taistelu sai siten hyvin tavallisen ja ratkaisemattoman vaiheen, kun kaksi
laivastoa sivuutti toisensa omaten vastakkaiset kääntymiskulmat, tuulen
ollessa hyvin heikko kuitenkin ja siten sallien raskaammat yhteenoton kuin
oli tavallista noissa olosuhteissa, kun alukset "lipuivat" kolmen tai neljän
solmun (Yksi solmu on 1852 metriä.) vauhdilla. Siitä lähtien, kun
vihamieliset linjat olivat taas lähestyneet etelästä kohtaamispaikkaa, niin de
Grasse oli antanut merkin pysyä poissa neljän piirun verran etelälounaaseen
siten tuoden etujoukkonsa (B, a) taisteluun englantilaisten peräpään kanssa,
ja olla sallimatta jälkimmäisen saavuttaa hänen voimiensa peräpäätä

vahingoittumattomana. Siinä oli kuitenkin kaksi vaaraa, jotka uhkasivat ranskalaisia, jos he jatkaisivat tuolla suunnalla. Se suunta, etelä tai etelälounas, niin vei heitä tyynempiä vesiä kohti, joita oli Dominican pohjoispäädyssä; ja epävarmuus tuulesta sai mahdolliseksi sen kääntymisen etelään, jolloin vihollinen voisi mennä hänen linjansa lävitse ja saavuttaa tuuliedun, ja siten pakottaa mahdollisuuteen ratkaisevaan taisteluun, jota ranskalainen laivastopolitiikka karttoi; ja tämä tosiasiassa oli se, mitä tapahtui. De Grasse siksi antoi merkin puoli kahdeksalta kääntyä *yhdessä* ja ottaa sama kääntymiskulma kuin oli englantilaisilla. Tämä oli kuitenkin mahdotonta; kaksi laivastoa oli liian lähellä toisiansa yhdessä sallia sen muutoksen. Sitten hän antoi merkin mennä lähelle tuulta ja kääntyä *järjestyksessä*, jota myöskään ei pystytty tekemään ja viisi minuuttia ennen yhdeksää pelottava muutos tapahtui; tuuli kääntyi puhaltamaan etelästä pysäyttäen kaikki ranskalaiset alukset, jotka eivät olleet vielä pysyneet poissa; se tarkoitti kaikkia niitä aluksia, jotka olivat suojanpuolella englantilaisista aluksista (Kuva XXI C). Rodney aluksellaan "Formidablella" oli juuri silloin ottamassa kiinni neljättä alusta de Grassen lippulaivan takana. Tarttuen uuteen tuuleen hän läpäisi ranskalaisten linjan, jolloin hän seurasi viisi muuta alusta hänen takanaan (C, b) joka sai aikaan aukon hänen toimestansa, jolloin häntä seurasi koko englantilaisten jälkijoukot. Ranskalaisten taistelulinja oli siten hajonnut kahdeksi osaksi vihollisalusten jonon toimesta niin tiiviissä järjestyksessä, että se pakotti aluksia kääntymään sivuun, jopa niin, että jos tuuli ei olisi pakottanut niitä haittaamaan niiden toimia. Jokainen periaate, johon linjataistelu perustuu; keskinäinen tuki ja avoin tulitusalue jokaiselle alukselle oli siten otettu pois ranskalaisilta ja se säilyi englantilaisella yksiköllä, joka meni lävitse; ja ranskalaiset oli siten pakotettu suojan puolelle heidän vihollistensa linjan toimesta, jonka lisäksi heidän oma linjansa oli hajonnut. Pakotettuna siten hylkäämään linja, johon he olivat järjestäytyneet, niin oli tarpeellista muodostaa toinen linja ja yhdistää kolme ryhmää, joihin voimat olivat jakautuneet; se on vaikea taktinen tilanne missä tahansa olosuhteissa, mutta kaksi kertaa vaikeampi, kun on moraalinen vaikutelma tulevasta katastrofista ja ylivoimaisen vihollisen ollessa läsnä, joka vaikkakin itsekin oli epäjärjestyksessä, niin oli kuitenkin paremmassa kunnossa, ja oli jo tuntemassa voiton hehkua.

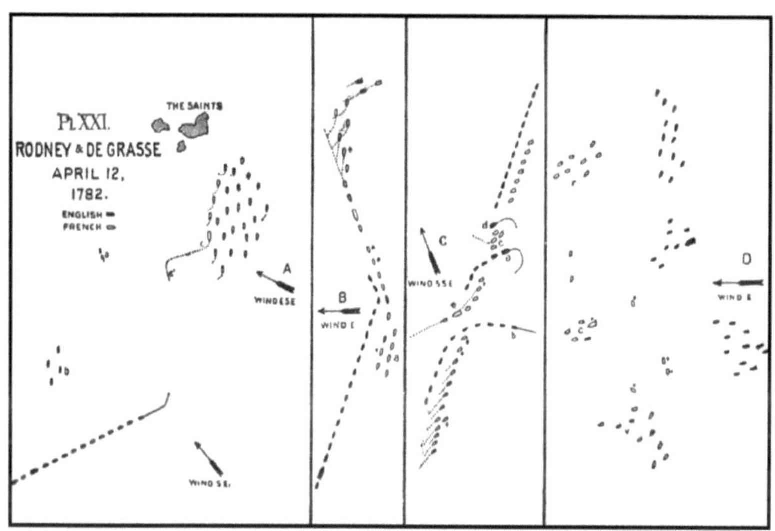

Kuva XXI.

Ei näyttänyt olevan mitään todellista pyrkimystä ranskalaisten puolelta muodostaa linjaansa uudelleen. He kyllä pyrkivät yhdistämään voimansa, mutta vain paetakseen sekasortoisena massana. Useat tuulen suunnan muutokset ja yksiköiden liikkeet jättivät heidän laivastonsa keskipäivällä (Kuva XXI, D) keskustaan (c) kolmisen kilometriä luoteeseen ja suojanpuolelle etuvoimista (v), kun taas peräpää (r) oli vieläkin kauempana keskustasta ja suojanpuolella siitä. Tyvenet ja lyhyet tuulenpuuskat olivat nyt hallitsevia läpi kummankin laivaston. Kello puoli yksi iltapäivällä heikko tuuli nousi taas idästä, ja de Grasse antoi merkin muodostaa linjan taas vasemman puolen kääntymiskulman mukaisesti; kolmen ja neljän välille tultaessa he eivät onnistuneet tekemään sitä, jolloin hän antoi merkin muodostaa linja omaten vasemman puolen kääntymiskulma. Kaksi merkkiä ja yleinen äänensävy kertomuksissa osoittaa, että ei ollut aikaa, jolloin ranskalaiset pystyvät muodostamaan linjansa uudelleen sen jälkeen, kun se oli rikkoutunut; ja kaikki manööverit olivat kohden, jos sitä ei tarkoitettukaan, niin viemään koko laivasto niin paljon alas, jossa oli sen suojanpuoleisin pää (D). Sellaisessa liikkeessä sitä seurasivat tietenkin pahimmin rampautuneet alukset jätettyinä viimeisiksi ja nämä otettiin yksitellen kiinni englantilaisten toimesta, jotka ajoivat niitä takaa ilman, että heillä olisi mitään säännönmukaista järjestystä, johon ei ollut tarvetta, kun heidän aluksiensa välinen tuki oli taattu ilman sitäkin.

Pian kello kuuden jälkeen iltapäivällä de Grassen lippulaiva "Ville de Paris" laski lippunsa "Barfleurille", jossa oli amiraali Sir Samuel Hoodin lippu. Ranskalaisten kertomuksien mukaan yhdeksän vihollisen alusta saartoi sen ja siksi ei ollut epäilyksiäkään mitä olisi tapahtunut, jos se olisi taistellut katkeraan loppuun asti. Sen nimi, joka oli muistutus suuresta kaupungista, jonka lahja se oli ollut kuninkaalle, sen epätavallinen koko ja tosiasia, että ketään ranskalaista laivastokomentajaa ei ollut koskaan aikaisemmin otettu vangiksi, niin tuovat osaltansa outoa loistoa Rodneyn voittoon. Neljä muuta linjalaivaa saatiin sotasaaliiksi [210], ja mielenkiintoista oli se, että näistä laivoista löydettiin koko piiritystykistö, joka oli tarkoitettu Jamaikan valloittamiseen.

Sellaiset olivat Saintesin meritaistelun tärkeimmät piirteet, tai niin kuin joskus sanotaan, 12. huhtikuuta, joka tunnetaan ranskalaisten keskuudessa Dominican meritaisteluna. Tietyt asiat, jotka on tähän mennessä jätetty pois selkeyden vuoksi, mutta joilla oli vaikutusta tapahtumiin, niin täytyy nyt ottaa esille. Kun päivä alkoi, niin ranskalainen laivasto oli hyvin suuresti hajallaan ja ilman taistelujärjestystä [211]. De Grasse, johon vaikutti hänen pelkonsa "Zélén" suhteen oli niin kiirehtiväinen liikkeissään, että hänen taistelulinjansa ei ollut ehtinyt asianmukaisesti muodostua taistelun alkuhetkellä. Etummaiset alukset eivät olleet asemapaikoillansa (B, a) ja muut alukset olivat niin kaukana saavuttamatta paikkojansa, että de Vaudreuil, joka komensi peräpään aluksia ja oli viimeinen, joka kävi taisteluun, niin sanoi, että linja muodostettiin muskettitulituksen alla. Englantilaiset päinvastoin olivat hyvässä taistelujärjestyksessä, jolloin ainoa muutos, jonka he tekivät, oli se, että he lyhensivät aluksien välejä toisiinsa kahdesta kaapelin mitasta yhteen kaapelinmittaan (kaapelinmitta = 185,2 metriä). Tunnettu isku murtaa läpi ranskalaisten linjan ei johtunut aikaisemmista aikeista, vaan nopeasta muutoksesta tuulensuunnassa, joka sai heidän aluksensa epäjärjestykseen ja niin kasvatti välejä niiden kesken; jolloin syntyi aukko, jonka läpi Rodneyn ryhmä läpäisi linjan laajentuen siksi, että "Diadéme" sen pohjoispuolella jäi jälkeen ja kääntyi toiseen kääntökulmaan (C, c). Sir Charles Douglas sanoo, että suora vaikutus siihen, että linjalaiva pyrki läpi, oli "että tullen yhteen melkein, jos ei täysin kosketuksiin toistensa kanssa, olivat neljä vihollisen alusta, jotka olivat lähimpinä" pohjoisessa, "jolloin viitataan pisteeseen (c) ja sinne tulemiseen jonossa. Tämä epäonninen ryhmä, joka silloin muodosti vain yhden suuren kohteen, jota tulittaa, niin sen kimppuun hyökkäsivät "Duke", "Namur" ja "Formidable" (jossa oli 90 tykkiä) kaikki yhtä aikaa, jolloin tuo ryhmä sai useita täyslaidallisia jokaiselta alukselta niin, että

yksikään ammus ei mennyt ohitse; ja suurta täytyi olla sen teurastuksen."
"Duke" (C, d) joka oli seuraavana linjassa lippulaivan jälkeen, niin se oli
seurannut johtajaansa ranskalaisten suojanpuolelle, mutta heti, kun sen
kapteeni näki, että "Formidable" oli matkaamassa kohti vihollisen
muodostelmaa, niin hän toimi samalla tavalla ohittaen tämän sekasortoisen
ryhmän pohjoisesta ja siten saaden sen tulituksen kohteeksi kummaltakin
puolelta. "Magnanimen" lokikirja, joka oli yksi alus siinä ryhmässä, niin
mainitsee ohituksessa tulleen tulituksen kahden kolmentykkikannen aluksen
toimesta niin, että olivat kummallakin puolella.

Niin pian kuin järjestys oli murrettu, niin Rodney laski
oman taistelujärjestyslippunsa jättäen lähitaistelulipun liehumaan, ja samaan
aikaan määräsi etujoukkonsa, jotka olivat silloin menneet ohitse ja olivat
pohjoisessa vihollisen selustassa, niin kääntymään ja liittymään
englantilaisten keskustaan. Tätä suuresti viivästytti aluksiin tulleet vahingot
mastoihin ja purjeisiin, joita oli saatu vihollisen tulituksen takia. Hänen oma
lippulaivansa ja alukset sen kanssa kääntyivät kohti. Peräpää Hoodin
komennossa sen sijaan, että se olisi jatkanut pohjoiseen, niin liittyi
keskustaan ollen silloin tuulenpuolella, ja kun se sitten tyyntyi, niin oli
huomattavan matkan päässä muusta laivastosta.

Paljon on puhuttu myöhempänä aikana viisaudesta koskien
Rodney toimintaa murtaa vihollisen taistelujärjestys ja kenelle, jos
kenellekään siitä tulisi antaa kunnia. Jälkimmäinen asia vain vähän
mielenkiintoinen, mutta voidaan sanoa, että Sir Charles Douglasin poika,
joka oli Rodneyn esikuntapäällikkö, niin toi esille huomattavan määrän
tukevaa todistusmateriaalia sille, että ainoa, jolle voidaan antaa tunnustusta
siitä henkilökohtaisesti, joka oli täysin vastuussa lopputuloksesta, niin
todistaa, että ehdotus tuli Douglasilta ja Rodneyn suostumus oli siihen
vaikeata saada. Manööverin arvo itse oli paljon vaikuttavampi kuin mikään
kysymys henkilökohtaisesti maineesta. On väitetty joidenkin toimesta, että
se oli niin ansiokas toimi, että se oli epäonnekasta ja Rodneyn ansion tulisi
pikemminkin olla se, että hänet pakotettiin toimimaan niin olosuhteiden
vaikutuksesta kuin oman valintansa kautta. On ollut parempaa, he sanovat,
että olisi jatkettu suojanpuolella ranskalaisten peräpäästä ja siten aiheutettu
tulituksella vahinkoa ranskalaisille koko englantilaisten linjan toimesta ja
jälkimmäinen olisi sitten kääntynyt ja kiirehtinyt ranskalaisten peräpään
kimppuun. Tämä väite sopivasti unohtaa, että kääntyminen tai täyskäännös
millään tavalla tällaisen taistelun jälkeen oli mahdollista vain osalle
taistelussa olleista aluksista; ja että näillä tulisi olemaan paljon vaikeuksia
ottaa kiinni viholliset, jotka olivat ohittaneet heidät elleivät jälkimmäiset

olisi hyvin pahasti rampautuneita. Siksi tämä ehdotettu hyökkäys, joka olisi tarkka toisto Ushantin meritaistelusta, niin todellakin heikensi itseänsä laivastojen ohittaessa omaten vastakkaiset kääntymiskulmat, jolloin jokainen alus jakoi tulensa koko vihollisen linjalle koettamatta keskittää sitä kyseisen linjan osaan. Voi olla ja täytyykin myöntää heti, että Rodneyn kurssinmuutos salli yhdentoista ranskalaisten taaimman aluksen (D, r) paeta suojanpuolelle saatuaan tulta vain osalta heidän vihollisiaan, kun taas englantilaisten etujoukot olivat saaneet tulta melkein koko ranskalaisten laivastolta. Nämä alukset kuitenkin siten olivat melkein täysin ulkona taistelusta mittavan ja tärkeän ajan, kun niitä ajettiin tuulenpuolelle ja olisivat silti olleet enemmän kuin asemassa auttaa muuta osaa laivastostansa, ellei de Grasse itse olisi mennyt suojanpuolelle Hoodin yksiköstä leikaten linjan kolmen laivan päästä edeltänsä. Kolmetoista johtavaa ranskalaista laivaa totellen viimeistä merkkiä, jonka he olivat nähneet, niin pyrkivät tuuleen; kuuden aluksen ryhmä de Grassen kanssa (C, e) olisivat toimineet samoin, elleivät ne olisi suunnanneet kohti Hoodin yksikköä. Tulos Rodneyn omasta toiminnasta yksin oli siten se, että se olisi jakanut ranskalaisten laivaston kahteen osaan, joiden väli oli melkein 10 kilometriä ja toinen niistä oli auttamattomasti suojanpuolella. Englantilaiset saatuaan tuulta olisivat nyt asemissa helposti "padota" yksitoista suojanpuolen alusta ja saartaa 19 tuulenpuolen alusta ylivoimaisella sotavoimalla. Todelliset olosuhteet johtuen kahdesta murrosta taistelulinjan olivat hieman erilaiset; kuuden aluksen ryhmä de Grassen kanssa oli hänen tuulenpuolisen ja suojanpuolisen yksiköidensä välissä kolmisen kilometriä ensimmäisestä ja kuutisen kilometriä jälkimmäisestä (D). Oli tuskin tarpeellista väittää taktisen edun olevan siinä tapauksessa englantilaisilla jopa ottamatta huomioon moraalista vaikutusta sekasorrosta, johon ranskalaiset olivat joutuneet. Sen lisäksi oli hyvin kivulias opetus saatavan englantilaisten tykkien tulesta, kun näiden alukset ohittivat ranskalaiset. Viidestä kaapatusta aluksesta kolme oli sellaisia, että englantilaisten yksiköiden tulitus oli lävistänyt niiden perät. [212] Sen sijaan, että ne olisivat antaneet ja ottaneet tulta vastaan rinnakkaisin linjoin tasaväkisesti, jolloin jokainen alus saisi tukea aluksesta sen edessä ja takaa, niin ranskalaiset alukset lähellä läpäiseviä englantilaisia alusjonoja, niin olivat saaneet jatkuvaa tulta kaikilta vihollisen yksiköiltä. Siten Hoodin 13 alusta tulittivat kahta taaimmaista ranskalaisten etujoukoissa, jolloin "César" ja "Hector" saivat itseään kohden murskaavaa keskitettyä tulta; kun taas samalla tavalla ja samanlaisin lopputuloksin Rodneyn 6 alusta ohittivat "Glorieuxin." Tämä "keskittäminen murskaamaan" ääripäiden sivuuttaessa vastaa aikaa tarkasti tulituksen keskittämistä linjan sivustaan ja sillä on erityinen etu, koska jos se toteutetaan onnistuneesti, niin se tulee olemaan niin voimakas hyökkäys, mitä on koskaan nähty. Jos englantilaiset olisivat nopeasti hyödyntäneet etunsa, niin he olisivat voineet tulittaa aluksia kummallakin puolella aukkoa, joita he sivuuttivat niin kuin "Formidable" tosiasiassa teki; mutta he olivat käyttämässä oikean puolen täyslaidallisia, ja monet epäilemättä eivät tajunneet heidän tilaisuuttansa ennen kuin oli liian myöhäistä. Luonnolliset tulokset Rodneyn toimista siten olivat: (1) saavuttaa tuulietu, josta tuli voimanlähde hyökkäystoimintaan; (2) tulituksen keskittäminen osaan vihollisen taistelujärjestystä; ja (3) saaden jälkimmäinen sekasortoon ja hajaantumaan, joka saattoi ja todellakin tarjosi hyvin suuren mahdollisuuden saavuttaa lisää taktisia etuja. Ei ole totuudenmukaista sanoa, että jos ranskalaiset olisivat olleet ammattitaitoisempia, niin he olisivat voineet yhdistää voimansa nopeammin. Manööveri, joka siihen tarvittiin, niin antoi hyvän mahdollisuuden olla menettämättä sen etuja, mutta se saisi vastaansa vihollisen nopean liikkeen enemmän kuin tietty isku miekalla tulee arvottomaksi, kun se on asianmukaisesti torjuttu. Mahdollisuudet olivat, että taaimmaiset alukset pyrkisivät pois, kun taas etummaiset pysyisivät paikallaan, jolloin ranskalaisten laivasto oli pahasti jakaantunut; ja liike ei ollut yhtään vähemmän älykäs, koska kaksi osaa voitaisiin yhdistää nopeammin kuin ne tekivät sen, jos tuo liike olisi tehty asianmukaisesti. Vaihtoehtoisena toimena ehdotetulle kääntyen ohittaneen vihollisen taakse, jolloin takaa-ajo kohdistuisi vihollisalusten takaosiin, niin kumpikin osapuoli olivat yhtä lailla taistelleet, jolloin oletettaisiin, että osapuolet rampautuisivat samalla tavalla. Merkkejä haittaavista vahingoista oli tosiasiassa lukuisia kummassakin laivastossa. Itsenäisesti kahden laivaston taktisesta käytöstä oli olemassa tiettyjä eroja varusteissa, jotka viittasivat taktiseen etuun ja ovat siksi huomionarvoisia. Ranskalaisilla näytti olevan paremmat laivat ja saman luokan aluksissa heillä oli raskaampi aseistus. Sir Charles Douglas, huomattava upseeri, jolla oli aktiivinen ja nerokas mieli kiinnitti erityisesti huomiota tykistön yksityiskohtiin arvioiden, että 33 ranskalaisen linjalaivan tykistön paino oli suurempi kuin 36 englantilaisen aluksen, joiden joukossa oli neljä alusta, joissa oli 84 tykkiä; ja että sen jälkeen, kun ranskalaiset olivat menettäneet "Zélén", "Jasonin" ja "Caton", niin heillä oli silti puolellaan etu, joka oli yhtä paljon kuin kaksi 74-tykkistä laivaa. Ranskalainen amiraali La Graviér3 myöntää, että ranskalaisilla oli yleensä suuremmat tykit sinä aikakautena. Paremmin rakennetut ranskalaiset alukset ja niiden suurempi syväys sai aikaan sen, että ne purjehtivat ja luovivat paremmin, ja kertomuksien mukaan se oli osasyy de Grassen menestykseen saavuttaa tuulenpuoli; sillä iltapäivällä 11. päivä vain kolme tai neljä hänen laivastonsa alusta olivat näkyvissä englantilaisten lippulaivan *mastonhuipusta,* vaikka ne olivat olleet tykinkantaman päässä 9. päivä. Oli kömpelöä, että epäonnekas "Zélé" ja "Magnanime", jotka saivat de Grassen jättämään asemapaikkansa ja oikeuttivat Rodneyn peräänantamattomuuden tukeutuen sarjaan sattumia, joilla oli vaikutusta hänen tarkoitusperiinsä. Ranskalaisten suurempi nopeus joukkona oli jonkin verran vaikeata ottaa huomioon, koska vaikka heidän aluksillaan olikin paremmat linjat, niin käytäntö kuparoida alusten pohjat ei ollut vielä niin yleinen Ranskassa kuin se oli Englannissa ja ranskalaisten alusten joukossa oli useita laivoja, joita ei ollut kuparoitu, ja jotka olivat madonsyömiä. [213] Ranskalaisten alusten paremmat purjeet kuitenkin, joista englantilaiset upseerit huomauttivat, vaikka niillä saatiinkin suuresti mainittavaa hyötyä, niin se johtui osittain Rodneyn hidastelusta 9. päivän taistelun jälkeen, jolloin hän huolsi aluksiansa siksi, että ne olivat saaneet suurempia vahinkoja pieneen joukkoon hänen aluksiansa, jotka olivat olleet keskellä kuumaa taistelua ylivoimaista vihollista vastaan. On sanottu taistelukuvauksissa, että ranskalaiset pysyivät puolen tykinkantaman päässä; sillä pyrittiin poistamaan englantilaisten taktinen etu heidän suuresta määrästänsä lyhytputkisia tykkejä (eng. carronade) ja muita kevyitä, mutta suuren kaliperin tykkejä, joilla olisi suurta merkitystä lähietäisyydeltä, mutta jotka olivat hyödyttömiä pitkällä matkalla. Varapäällikkö de Vaudreuil, jolle oli uskottu hyökkäyksen toteutus, niin nimenomaan ilmaisi, että jos he joutuisivat lyhytputkisten tykkien kantamalle, niin heidän aluksensa menettäisivät nopeasti takilointinsa. Mitä tahansa arvio voidaankin sanoa sotilaspolitiikasta kieltäytyä murskaamasta vihollinen, joka oli sellaisessa asemassa kuin englantilainen laivue oli, niin ei voi tulla kyseeseen se, että jos tavoite olisi estää takaa-ajoa, niin de Vaudreuilin taktiikka 9. päivä oli kaikin puolin loistava. Hän aiheutti mitä suurinta vahinkoa viholliselle kuitenkin altistaen omia voimiansa mahdollisimman vähän. De Grasse 12. päivä sallien itse tulla houkutelluksi lyhytputkisten tykkien kantamalle, niin luopui tuosta edusta, jonka lisäksi hän uhrasi hetken mielenjohteen takia koko aikaisemman strategisen politiikkansa. Nopeasti käsitellen johtuen niiden keveydestä, ampumasta hauleja ja tykinpiipun suuresta halkaisijasta, niin nämä tykit olivat yllättävän vahingollisia lähietäisyydeltä ja käyttökelvottomia pitkillä matkoilla. Myöhemmässä kirjeessään de Vaudreiul sanoo: "Näiden uusien aseiden vaikutus oli mitä tappavinta musketinkantaman päästä; ne rampauttivat aluksiamme niin pahasti huhtikuun 12. päivä." Siellä oli käytössä myös muita tykistöön liittyviä keksintöjä, joita oli ainakin englantilaisissa aluksissa, jotka paransivat tarkkuutta, tulinopeutta ja tulitusaluetta suuresti kasvattaen heidän tykkipatteriensa voimaa. Niihin kuuluivat lukitsimien käyttöönotto, joiden avulla se mies, joka tähtäsi, niin myös ampui; ja sopivat tykkialustat rintavarustuksille ja perään, jolloin tykit saattoivat kääntyä kauemmas eteen tai taakse; jolloin niillä oli suurempi tulitusalue kuin oli tavanomaista. Taistelussa yksittäisten alusten välillä niiden liikkeitä ei kontrolloitu suhteessa niiden laivastoon, jolloin se parannus sallisi sen käyttäjän ottaa haltuunsa aseman, josta hän sitten saattoi kääntää tykkinsä vihollistansa kohti ilman, että jälkimmäinen pystyisi siihen vastaamaan ja joitakin osuvia tapauksia sellaisen taktisen edun saavuttamisesta annetaan. Laivastotaistelussa sellaisena, jota nyt harkitaan, niin etu saavutettiin tykeillä, jotka voitiin tuoda niin pitkälle eteen, että niitä voitiin käyttää ja voitiin seurata vihollista kauemmin, kun hän ohitti jonon, ja siten kaksinkertaisen tai suuremman määrän osumia hän saattoi joutua ottamaan vastaan ja heikentämään hänen suojaväliään, kun hän siirtyi yhdestä vihollisesta toiseen. [214] Nämä muinaiset asiat, jotka ovat nyt vanhanaikaisia, niin niiden mukana tulevat opetukset eivät ole koskaan vanhanaikaisia; ne eivät ole erilaisia, kun kyseessä on uudemmat kokemukset takaaladattavien aseiden ja torpedojen kanssa.

Tosiaan tämä koko taistelu 12. huhtikuuta 1782 on ahdistavaa järkevän sotilaallisen opettamisen kannalta. Peräänantamaton takaa-ajo, edun saaminen hyvistä asemista, keskittyminen omiin ponnisteluihin, vihollisen voimien hajanaisuus, tehokas taktinen toiminta tuoden pieniä, mutta tärkeitä parannuksia sotatarvikkeisiin, joita on käsitelty. Tuoden esille lisäksi tarpeen olla antamatta mahdollisuutta tuhota vihollista osissa, niin silloin jätetään huomioitta, että eikö kukaan ollut jo vakuuttunut tapahtumista huhtikuun 9. päivästä huhtikuun 12. päivään. Jamaikalle tehtävän hyökkäyksen hylkääminen Ranskan laivaston tappion jälkeen näyttää selkeästi, että oikea tapa turvata todelliset tavoitteet on lyödä vihollisen voimat, jotka uhkaavat näiden tavoitteiden saavuttamista. Siihen jää ainakin yksi syy kritiikkiin, joka on hentoa luonteeltansa, mutta keskeisesti vetää esiin täydet opetukset näistä tapahtumista; sillä tarkoitetaan tapaa, jolla voittoa seurattiin ja sen seurausvaikutuksista yleisesti sotaan.

Purjealusten alttius saada vahinkoa mastoihin ja purjeisiin eli toisin sanoen niiden liikkuvuuteen, joka on laivastovoiman keskeinen luonteenpiirre, niin tekee vaikeaksi sanoa sen jälkeen, kun aikaa on kulunut, että mitä olisi voitu tai ei olisi voitu tehdä. Ei ole vain kysymys todella kärsitystä vahingosta, joka on voitu merkitä lokikirjoihin, vaan myös tavoista korjata se; merimiesten ja upseerien energisyydestä ja kyvykkyydestä, joka vaihteli aluksittain. Kun kyvykkyys Englannin laivastossa kuitenkin seurasi sen etuja enemmän kuin aktiivisempi takaa-ajo 12. huhtikuuta, niin meillä on kahden mitä kunnostautuneimman upseerin arvovalta tästä asiasta; Sir Samuel Hood, joka oli varakomentaja ja Sir Charles Douglas, joka oli laivaston kapteeni tai amiraalin esikuntapäällikkö. Ensimmäinen ilmaisi mielipiteen, että kaksikymmentä laivaa olisi voitu ottaa viholliselta ja sanoi sen Rodneylle seuraavana päivänä; kun taas esikuntapäällikkö oli niin järkyttynyt epäonnistumisesta ja tavasta, jolla amiraali otti vastaan hänen ehdotuksensa, että hän vakavasti harkitsi eroa virastansa. [215]

Neuvoja ja kritiikkiä on helppoa antaa, eikä silloin tunnu vastuun koko paino, paitsi miehellä, jonka niskaan ne laitetaan; mutta suuria tuloksia ei usein saavuteta sodassa ilman riskejä ja ponnisteluja. Näiden kahden upseerin arvioinnin tarkkuus kuitenkin on vahvistettu viittaamalla ranskalaisten raportteihin. Rodney oikeutti epäonnistumisensa takaa-ajossa väittäen monien alustensa olevan rampautuneita ja muiden asioiden välikohtauksessa tulevan lopputulokseen kiivaasta taistelusta ja silloin tulee ehdotuksia siitä, mitä olisi voitu tehdä sinä yönä, jos hän olisi ajanut takaa Ranskan laivastoa, josta "lähti 26 linjalaivan joukko." [216] Nämä mahdollisuudet ovat aika uskottavia hänen mielikuvituksellensa ottaen huomioon, mitä Ranskan laivasto oli tehnyt päivittäin, mutta kun kyseessä joukko, jossa oli 26 [217] laivaa, de Vaudreuil, joka de Grassen antautumisen jälkeen antoi laivoille käskyn kokoontua hänen lippunsa ympärille, niin havaitsi niitä vain 10 seuraavana aamuna, ja yhtään muuta alusta ei liittynyt häneen ennen 14. päivää. Seuraavien päivien aikana viisi muuta alusta liittyi häneen aikavälein. [218] Näiden alusten kanssa hän meni kohtauspaikalle Cap Francaisiin, jossa hän kohtasi muut tuoden siten lukumäärän kahteenkymmeneen. Viisi jäljellä olevaa alusta, jotka eivät olleet taistelussa, niin pakenivat Curacaolle, joka oli 965 kilometrin päässä eivätkä nämä liittyneet hänen voimiinsa ennen toukokuuta. Siten "26 linjalaivan joukko" ei tosiasiassa ollut olemassa; päinvastoin ranskalaisten laivasto oli hyvin pahasti hajaantunut ja useat alukset olivat erillään. Puhuttaessa laivaston rampautuneesta tilasta, niin ei ole mitään syytä ajatella, että englantilaiset olisivat kärsineet enemmän, vaan pikemminkin vähemmän kuin vihollisensa; ja outo lausunto viitaten tähän ilmenee kirjeessä Sir Gilbert Blanelta:

"Oli vaikeata, että olisimme saaneet ranskalaiset upseerit uskomaan, että palauttamalla kaatuneet ja haavoittuneet laivojemme toimesta amiraalille, että se oli totta; ja yksi heistä suoraan asettui minua vastaan sanoen, että annoimme aina maailmalle väärää tietoa menetyksistämme. Sitten kävelin hänen kanssaan 'Formidablen' kannella ja pyysin häntä vilkaisemaan, kuinka monta reikää siellä oli ja *kuinka vähän sen takilointi oli kärsinyt*, ja kysyin, että kuinka paljon vahinkoa on todennäköistä yhdistää suurempaan määrään kuin 14 miehen menetykseen, joka oli kaatuneidemme määrä, ja suurin koko laivastossa pois lukien 'Royal Oak' ja 'Monarch.' Hän myönsi, että tulituksemme on täytynyt olla paljon paremmin toimivaa ja ohjattua kuin heidän tulituksensa." [219]

Jää vain vähän epäilyksiä siksi, että etua ei saavutettu kaikilla mahdollisilla ponnisteluilla. Eikä ollut kuin vasta viisi päivää taistelun jälkeen, kun Hoodin yksikkö lähetettiin kohti Santo Domingo, josta ne saivat kiinni Mona Passagen (Haitin ja Puerto Ricon välinen salmi) luona "Jasonin" ja "Caton", jotka olivat joutuneet erilleen ennen taistelua ja olivat matkalla Cap Francaisiin. Nämä ja kaksi muut pienempää alusta niiden kanssa olivat ainoita voiton jälkeisiä hedelmiä. Niissä olosuhteissa Englannin sodassa tämä varovainen virhe oli vakava isku Rodneyn sotilaalliselle maineelle ja on suuri syy hänen asemaansa menestyksekkäiden amiraalien joukossa. Hän oli pelastanut silloin Jamaikan; mutta hän ei ollut saatuaan siihen tilaisuuden, murskannut Ranskan laivastoa. Hän myös, niin kuin de Grasse, oli sallinut läheisen tavoitteen sokeuttaa hänet yleiseltä sotilaalliselta tilanteelta ja seikoilta, jotka hallitsivat sitä.

Jotta tämän laiminlyönnin seurauksia voidaan arvioida, ja tämän tunnetun taistelun todellista ratkaisemattomuutta vaikutuksia ymmärtää, niin meidän täytyy mennä eteenpäin vuoden verran ja kuunnella parlamentin väittelyjä rauhanehdoista helmikuulta 1783. Neuvoteltujen ehtoja hyväksyminen tai kieltäminen vallassa olevan hallituksen toimesta sai aikaan keskustelun; mutta käänteen ydin oli se, että millaiset olosuhteet olivat sellaiset suhteessa osapuolten taloudelliseen ja sotilaalliseen tilanteeseen, jotka oikeuttaisivat tai pikemminkin, että olisiko Englannin kannalta parempi jatkaa sotaa kuin alistua perustuen uhrauksiin, jotka se oli jo tehnyt. Koskien taloudellista tilannetta, niin huolimatta rauhan kannattajien maalaamasta synkästä kuvasta, niin luultavasti ei ollut enempää epäilyksiä silloin kuin nytkään koskien eri maiden suhteellisia voimavaroja. Kysymys sotilaallisesta voimasta oli tosiasiassa kysymys laivastojen voimasta. Hallitus väitti, että koko Britannian voiman määrä oli

tuskin 100 linjalaivaa, kun taas Ranskan ja Espanjan laivastojen voiman
määrä oli 140 puhumattakaan Alankomaiden voimasta.

"Kun oli kyse niin selkeästä alivoimasta, niin mitä toivoa
menestykselle voimme olettaa johtuen joko viime sotaretken kokemuksista
tai voimiemme uudesta jakamisesta, jota tulisi seurata? Länsi-Intiassa
meillä ei voi olla enempää kuin 46 alusta 40 vastaan, jotka ovat siltä
päivältä Cadizin lahdella, kun rauha solmittiin, kun näillä aluksilla oli
mukanaan 16000 miestä ollen valmiina purjehtimaan toiselle puolelle
maailmaa, jossa niihin liittyisivät 12 linjalaivaa Havannasta ja 10 Santo
Domingosta; Eikö meillä ole tarpeeksi voimaa käydä sotaretkeä Länsi-
Intiassa, joka ei johtaisi itse Jamaikan menetykseen, joka on tämän valtavan
laivaston tavoite?" [220]

Nämä ovat varmasti puolueellisen tahon järkeilyä, joka
sallii tehdä suuria huomautuksia. Lausunnon tarkkuus koskien suhteellisia
lukumääriä kohtasi kiistämisen lordi Keppelin, saman puolueen jäsenen
taholta, ja myöhemmin amiraliteetin johtajalta, josta virasta hän oli eronnut
siksi, että hän ei hyväksynyt sopimusta. Englantilaiset valtiomiehet, niin
kuin myös englantilaiset merimiehet, täytyi silloin oppia ottamaan
huomioon ilmeiset asiat, kun arvioitiin todellista muiden laivastojen
voimaa. Joka tapauksessa kuinka erilainen olisikaan ollut tilanteen arviointi
niin moraalisesti kuin sotatarvikkeiden suhteen, jos Rodney olisi ottanut
voitosta täydet hedelmät, jotka hän oli enemmän velkaa sattumalle kuin
omille ansioillensa, vaikka ne olivatkin suuret ja kiistattomat.

Kirje, joka julkaistiin 1809 nimettömänä, mutta sen
sisällössä oli vahvaa todisteellista viittausta, että sen olisi kirjoittanut Sir
Gilbert Blane, joka oli laivaston lääkäri ja jolla oli pitkät ja läheiset välit
Rodneyn kanssa, joka taas jatkuvasti kärsi viimeisen purjehduksensa aikana,
niin sanoi, että amiraali "ajatteli vain vähän voitostansa, jonka hän saavutti
12. huhtikuuta 1782". Hän olisi pitänyt parempana, että muu osa hänen
maineestansa olisi tullut hänen toimistansa de Guichenia vastaan huhtikuun
17. 1780 ja "ajatteli, että mahdollisuus voittoon heikommalla laivastolla
sellaista upseeria vastaan, jota hän piti parhaana Ranskan palveluksessa,
mutta yksi jolla oli ongelmia kapteeniensa tottelemattomuuden kanssa, niin
siitä olisi saanut kuolemattoman maineen." [222] Muutamat oppineet ovat
taipuvaisia kyseenalaistamaan tämän arvion Rodneyn ansioista kahdessa
tapauksessa. Kohtalo kuitenkin määräsi, että hänen kunniansa tulisi riippua
taistelusta, joka itsessään tulisi olemaan loistava ja johon hänen
ominaisuutensa vaikuttaisivat vähiten ja estäisivät häneltä menestyksen,
jonka hän mitä suurimmassa määrin ansaitsi. Päätoimi hänen elämässään,

jonka ansion ja menestyksen hän sai, niin oli Langaran laivaston
tuhoaminen Cape St. Vincentin edustalla, joka on melkein kadonnut
muistojen joukosta; silti sitä kutsutaan suurimmaksi osoitukseksi
merimiestaidoista ja eikä se ole arvoton verrattuna Hawken takaa-ajoon
Conflansia vastaan. [223]

Kahdessa ja puolessa vuodessa, jotka olivat kuluneet siitä,
kun Rodney oli nimitetty komentajanvirkaansa, niin hän oli saavuttanut
useita tärkeitä voittoja ja kuten huomautettiin, niin oli ottanut vangeikseen
ranskalaisen, espanjalaisen ja alankomaalaisen amiraalin. "Siinä ajassa hän
oli lisäksi kasvattanut kuninkaallista laivastoa 12 linjalaivalla, jotka oli
kaikki otettu vihollisilta ja tuhonnut 5 muuta; ja tehden koko tästä asiasta
vieläkin huomattavamman, niin 'Ville de Parisin' sanotaan olleen
ensimmäinen sota-alus, joka kaapattiin ja vietiin kenenkään komentajan
toimesta mistään kansakunnasta." Riippumatta hänen palveluksistansa, niin
puoluehenki Englannissa oli silloin vahva tullen jopa armeijaan ja
laivastoon, joka sai aikaan hänen kutsumisensa kotiin [224] sen jälkeen, kun
lordi Northin hallitus oli kaatunut ja hänen seuraajansa, joka oli mies, jonka
maine oli tuntematon, niin oli jo purjehtinut, kun uutiset voitosta olivat
saapuneet. Sortuneessa ja lannistuneessa asioiden tilassa Englannissa silloin
se sai silloin aikaan mitä suurinta voitonriemua ja hiljensi arvostelun, joka
oli kohdistunut tiettyihin osiin amiraalin aikaisemmista toimista. Ihmisillä ei
ollut mielialaa olla kriittisiä ja keskellä liioiteltuja ilmaisuja, joita vallinneet
lopputulokset saivat aikaan, niin kukaan ei ajatellut epäonnistumista
saavuttaa jotain suurempaa. Tämä vaikutelma säilyi pitkän aikaa. Niin
myöhään kuin 1830, kun *Rodney's Life* ensimmäistä kertaa julkaistiin, niin
siinä väitettiin, että "Ranskan laivasto oli niin pahasti rampautettu ja
heikennetty ratkaisevalla voitolla 12. huhtikuuta, että se ei enää ollut tilassa
haastaa Isoa-Britanniaa merten valtiaana." Tämä ei pidä paikkansa, mutta
oli ymmärrettävää vuonna 1782, mutta myöhempien aikojen tyyninä
päivinä. Suotuisat rauhanehdot, jotka saavutettiin, johtuivat Ranskan
taloudellisista vaikeuksista, ei sen laivaston kärsimistä nöyryytyksistä; ja jos
siellä oli liioittelua rauhankannattajien puolelta, että Englanti ei olisi voinut
pelastaa Jamaikaa, niin oli luultavaa, että se ei olisi asein voinut ottaa
takaisin muitakaan saaria, jotka sille palautettiin rauhansopimuksessa.

De Grassen nimi tulee aina olemaan yhdistettynä suurin
palveluksiin, jotka hän teki Amerikalle. Hänen nimensä, pikemmin kuin
Rochembeaun, edustaa materiaalista tukea, jota Ranska antoi silloin
elämästänsä kamppailevalle nuorelle tasavallalle, niin kuin Lafaytte muistaa
moraalisen myötätunnon tilaisuuden kasvaa. Välikohtaukset hänen

elämässään johtuen suuresta katastrofista hänen aktiiviuransa aikana, niin se
ei voi olla herättämättä amerikkalaisten lukijoiden mielenkiintoa.

Sen jälkeen, kun "Ville de Paris" antautui, niin de Grasse
oli englantilaisen laivaston ja sen sotasaalisalusten mukana, kun Rodney
korjautti omia aluksiansa siten vaikuttaen vangilta, joka oli hänen
vangitsemisensa ympäristössä. Toukokuun 19. päivä hän lähti saarelta yhä
vankina Englantiin. Niin laivaston upseerit kuin Englannin kansa kohtelivat
häntä imartelevasti ja hyväntahtoisella huomiolla, joka tuli helposti
voittajalta voitetulle ja jolloin ainakaan hänen henkilökohtainen rohkeutensa
ei ollut arvotonta. Sanottiin, että hän ei kieltäytynyt osallistumasta useisiin
tilaisuuksiin huoneidensa parvekkeelta Lontoossa, kun väestö kutsui
paikalle rohkeaa ranskalaista. Tämä arvoton epäonnistuminen arvostaa
hänen todellista asemaansa luonnollisesti loukkasi hänen maamiehiänsä;
vielä enemmän kuin häntä ei säästetty ja liikaa moitittiin hänen alaistensa
toiminnasta epäonnisena 12. huhtikuun päivänä.

"Hänellä on mukanaan epäonnea", kirjoitti Sir Gilbert
Blane, "tyyneydellä; omalla tunnolla, niin kuin hän sanoo, että hän oli
tehnyt velvollisuutensa. Hän osoitti epäonnensa, ei hänen heikommille
voimillensa, vaan hänen upseeriensa laiminlyönneille toisissa aluksissa,
joille hän oli antanut merkin kokoontua ja jopa kutsunut niitä luokseen,
mutta hänet oli hylätty." [225]

Tämä oli keskeinen huomio hänen kaikissa sanomisissaan.
Kirjoittaen englantilaisten lippulaivalta taistelun jälkeisenä päivänä, niin
hän "heitti suurimman osan kapteeniensa syyksi sen päivän huonon onnen.
Jotkut eivät olleet totelleet hänen merkkejänsä; toiset ja etenkin
'Languedocin' ja 'Couronnen' kapteenit, jotka olivat olleet seuraavina
hänen edessään ja takanaan, niin olivat hylänneet hänet." [226] Hän ei ollut
kuitenkaan tehnyt tästä virallista raporttia, mutta ollessaan vankina
Lontoossa, hän julkaisi useita pamfletteja, joilla oli sama vaikutus ja joita
hän lähetti Eurooppaan. Hallitus, joka luonnollisesti ajatteli, että upseerin ei
pitäisi tahrata upseerikuntansa mainetta ilman hyvää syytä, niin päätti tutkia
asiaa ja säälimättä rankaista kaikkia syyllisiä. "Languedocin" ja
"Couronnen" kapteenit vangittiin heti, kun nämä alukset saapuivat
Ranskaan, ja kaikki paperit, lokikirjat etc. koottiin yhteen sitä tapausta
varten. Niissä olosuhteissa ei ihmetelty, että kun de Grasse palasi Ranskaan,
niin hänen omien sanojensa mukaisesti, "kukaan ei ollut kättelemässä
häntä." [227] Ei ollut ennen kuin vuoden 1784 alussa, kun kaikki syytetyt ja
todistajat olivat valmiina ilmaantumaan sotaoikeuden eteen, mutta
oikeudenkäynnin lopputulos oli täysin selvä ja se oli mitä selkeimmällä

tavalla niin, että jokainen mies, jota vastaan hän oli hyökännyt, niin löysi vikoja hänen omasta luonteestansa koskien nautinnollisuutta ja näille annettiin vain lievät rangaistukset. "Joka tapauksessa", huomauttaa ranskalainen kirjoittaja varovaisesti, "kukaan ei voi sanoa, että oikeus, jossa oli sotavangiksi joutunut amiraali, joka oli komentanut 30 linjalaivaa, niin oli historiallinen tapaus, joka toi surua koko kansakunnalle." [228] Niin kuin amiraalin toiminnasta taistelussa, niin oikeus huomasi "Zélén" aiheuttaman vaaran aamulla 12. huhtikuuta, joka ei ollut sellainen, että se olisi oikeuttanut sinne tulemista siinä ajassa, jossa se tehtiin; että rampautunut alus oli tuulessa, joka ei silloin auttanut englantilaisia, jotka olivat noin kahdeksan kilometrin päässä etelässä ja joka vei sitä Basse Terreä kohti kello kymmenen aikaan aamulla; että taistelua ei olisi pitänyt aloittaa ennen kuin laivasto olisi muodostanut linjan, jolla olisi sama kääntymiskulma kuin englantilaisilla jatkaen etelään, jolloin se olisi tullut tyyneen veteen ja heikoille tuulille, jotka olivat Dominican pohjoispäädyssä. [229]

    De Grasse oli hyvin tyytymätön oikeuden päätökseen ja riittävän selvästi kirjoitti siitä meriministerille esittäen sitä kohtaan vastalauseensa ja vaatien uutta oikeudenkäyntiä. Ministeri, joka tunnusti hänen vastalauseensa, niin vastasi kuninkaan nimissä. Sen jälkeen, kun hän oli kommentoinut laajasti kierrossa olevista pamfleteista ja koko ristiriitaa hänen niiden lausunnoista oikeuden edessä, niin hän päätti puheenvuoronsa näihin painaviin sanoihin:

    "Taistelun menetystä ei voida kaataa yksittäisten upseerien viaksi. [230] Se on tulosta havaintojen perusteella, että sinä itse sallit, että sinua vahingoitettaisiin käyttäen perusteettomia syytöksiä kohdistuen useiden upseerien maineeseen puhdistaaksesi itsesi julkisen mielipiteen epäonniselta lopputulokselta, että tekosyy, johon sinä kenties saatat tukeutua, kun huomasit voimiesi alivoimaisuuden, on epävarmuus sotaonnessa ja olosuhteissa, joihin sinulla ei ollut mitään hallintaa. Hänen majesteettiinsa on halukas uskomaan, että sinä teit, mitä pystyit estääksesi sen päivän huonon onnen; mutta hän ei pysty samalla tavalla hyväksymään sinun epäoikeudenmukaisia syytöksiäsi niitä laivaston upseereita kohtaan, jotka on puhdistettu syytöksistä heitä vastaan. Hänen majesteettinsa tyytymättömänä toimintaasi tässä mielessä kieltää sinua tulemasta hänen eteensä. Välitän sinulle hänen käskynsä valitellen ja lisään oman neuvoni sinulle siirtyä eläkkeelle näissä olosuhteissa omaan maakuntaasi."

    De Grasse kuoli tammikuussa 1788. Hänen onnekas vastustajansa, joka palkittiin päärin arvolla ja eläkkeellä, niin eli vuoteen

1792. Hoodista myös tehtiin pääri ja hän komensi ansiokkaasti Ranskan vallankumouksen alkupuolen sodissa voittaen innokasta ihailua Nelsonilta, joka palveli hänen alaisenansa; mutta terävä mielipide-ero amiraliteetin kanssa sai hänet eroamaan ennen kuin hän saavutti mitään loistavaa lisää hänen maineeseensa. Hän kuoli vuonna 1816 saavuttaen 92 vuoden korkean iän.

Lähdeviitteet:

[194] Kaari, jossa ovat a, a', a'' edustavat linjaa, jota pitkin Hood eteni laivastonsa kanssa tuulen ollessa oletetusti itäkaakosta. Asemat B, B, B viittaavat etenemiseen seuraavana päivä ja niillä ei ole mitään tekemistä merkinnän A kanssa kuvassa.

[195] Kun laivasto oli linjassa edellä lähellä tuulta yhdessä kääntymiskulmassa ja alukset olivat yhdessä, niin ne tulevat toisessa kääntymiskulmassa olemaan samassa linjassa, mutta yksikään ei ole toisen edellä. Tätä muodostelmaa kutsutaan kaari-ja-neljännesmuodostelmaksi.

[196] Springi on köysi, joka otetaan aluksen perästä tai aluksen osasta ankkuriin, kun ankkuri on asetettu asianmukaisesti, joka tarkoittaa sitä, että alus voidaan kääntää haluttuun suuntaan.

[197] Liittolaisten laivastojen sotaneuvostossa ajatuksesta hyökätä englantilaisen laivueen kimppuun, joka oli ankkurissa Torbayn edustalla (Tällä viitataan XI. luvun kappaleeseen, jossa sanotaan Derbyn vetäytyneen takaisin Torbayhin) vastustajan mittaamista kiireellisenä "että koko yhdistyneitä laivastoja ei voitu tuoda englantilaisia vastaan linjataisteluun, että toimintatapana täytyi olla muodostaa taistelulinja ja mennä vihollista vastaan yksitellen, jolloin oli suuri riski joutua saada osumaa ja tulla ammutuksi palasiksi", etc. (Beatson, Vol. V. s. 396).

[198] Sodassa niin kuin myös korttipelissä pistetilanteen täytyy sanella pelitapa; ja johtaja, joka ei koskaan ota harkinnassaan vaikutuksia hänen tiettyihin toimiinsa, niin tulee saamaan yleisen tuloksen, eikä sitä mitä häneltä on vaadittu olosuhteiden takia muualta niin poliittisesti kuin sotilaallisesti, niin häneltä puuttuu suuren kenraali keskeinen ominaisuus. "Rohkea tapa toimia, jolla Wellington rynnäköi Franciscon linnoituksen [joka oli Ciudad Rodrigossa], ja mursi maaston piirityksen ensimmäisenä yönä, niin rohkeampi tapa, jolla hän rynnäköi paikkaa vastaan ennen kuin puolustuksen tulivoimaa oli millään tavalla heikennetty ja enne kuin vastajyrkänne oli räjäytetty, niin olivat todellisia syitä siihen, että se paikka kukistui nopeasti. (Tämä tapahtui vuonna 1812.) *Niin sotilas- kuin poliittisissa asioissa tätä pidetään sääntöjen laiminlyöntinä.* Kun kenraali

antoi käskyn lopettaa hyökkäys tällä lauseella, 'Ciudad Rodrigo täytyy rynnäköidä tänään', niin hän tiesi hyvin, että se tultaisiin jalosti ymmärtämään" (Napierin *Peninsular War*). "Arvioiden, että kunnia hänen majesteettinsa asevoimista ja *olosuhteista sodassa näillä merillä* edellyttivät huomattavaa määrää yritteliäisyyttä, jolloin tunsin itseni oikeutetuksi luopumaan tavallisesta järjestelmätä", (Sir John Jervisin raportti Cape St. Vincentin taistelusta).

[199] Kempenfeldin hyökkäyksestä de Guichenin saattuetta vastaan ja sitä seuranneesta myrskystä joulukuulta. Tästä on tarkemmin luvussa XI.

[200] Kerguelen: Guerre Maritime de 1778. De Grassen kirjeestä Kerguelelle, joka on päivätty Pariisin tammikuun 8, 1783. s. 263.

[201] Tämä viittaa amiraalien Barrington ja d´Estaingin taisteluun Barbadosin luona luvusta X ja Suffrenin kritiikistä d´Estaingin varovaisuutta kohtaan luvusta XII.

[202] Katso Atlantin karttaa luvusta XIV.

[203] Myötätuuli on takana, mutta tuulenpuolella.

[204] Huhtikuun 29, 1781 Martiniquen edustalla oli 24 alusta vastaan 18; tammikuussa 1782 30 alusta vastassa oli 21; huhtikuun 9. 1782 30 alusta vastassa oli 20 alusta.

[205] Ero aikavyöhykkeissä Trincomaleesta Saintsiin on yhdeksän ja puolituntia. (1890) Nykyään se on kymmenen tuntia.

[206] Kertomus taisteluista huhtikuun 9. päivästä huhtikuun 12. päivää perustuvat pääasiassa kuviin ja kuvauksiin, jotka antoi kuninkaallisen laivaston luutnantti Matthews ja paljon myöhemmin "Naval Researchesin" kautta kapteeni Thomas White, joka myös palveli kuninkaallisessa laivastossa, jotka olivat silminnäkijöitä, jolloin kumpaankin tukeuduttiin niin ranskalaisissa kuin englantilaisissa kertomuksissa. Matthews ja White olivat erimieltä Rodneyn virallisen raportin kanssa kääntymiskulmasta, joka englantilaisilla oli päivän valjetessa; mutta jälkimmäinen on nimenomaan vahvistettu virallisissa kirjeissä, jotka lähetti Sir Charles Douglas, joka lähetti ne heti taistelun jälkeen huomattaville henkilöille ja niitä on seurattu kirjaimellisesti.

[207] Kirje Sir Charles Douglasilta, Rodneyn esikuntapäälliköltä: "United Service Journaal", 1833, Part I. s. 515.

[208] De Grasse kutsuu tätä matkaa kolmeksi peninkulmaksi, kun taas jotkut hänen päällikkönsä arvioivat sen mitaksi niinkin paljon kuin viisi peninkulmaa.

[209] Ranskalaiset keskellä salmea saivat enemmänkin itätuulen.

[210] Ranskalaisten kaapattujen alusten sijainnit on näytetty ristillä jokaisessa kolmessa toisiaan seuraavassa taistelun vaiheessa B, C ja D.
[211] Etäisyys tuulenpuolimmaisista ranskalaisista aluksista "Ville de Parisiin", kun annettiin merkki muodostaa taistelulinja, niin sen sanottiin olevan kymmenestä neljääntoista kilometriin.
[212] Kaksi muuta ranskalaista alusta, jotka kaapattiin, olivat "Ville de Paris", joka eristetyissä olosuhteissaan ja kantaen komentavan amiraalin lippua, niin tuli saaliiksi, jonka luokse vihollisen alukset luonnollisesti kerääntyivät, ja "Ardent", jossa oli 64 tykkiä, ja joka vaikutti tulleen pysäytetyksi rohkeassa yrityksessään mennä läpi muodostelman kärjestä amiraalin tueksi hänen äärimmäisessä hädässään. Jälkimmäinen oli ainoa saalis, jonka liittolaisten suuri laivasto sai Englannin kanaalissa 1779.
[213] Markiisi de Vaudreuilin virallinen kirje. Guérin: Histoire de la Marine Francais, Vol V. s. 513.
[214] Katso United Service Journal, 1834, Part. II s. 109 ja siitä eteenpäin.
[215] Katso Sir Howard Douglasin kirje United Service Journalissa 1834, Part. II s. 97; myös "Naval Evolutions", samalta kirjailijalta. Sir Samuel Hoodin kirjeet eivät tulleet tämän teoksen kirjoittajan eteen.
[216] Rodney's Life, Vol. II. s. 248.
[217] Siellä niitä oli vain kaikkiaan 25.
[218] Guérin, Vol. V. s. 511.
[219] Rodney's Life, Vol. s. 246.
[220] Annual Register, 1783, s. 151.
[221] Annual Register 1783, s. 157; Life of Admiral Keppel, Vol. II. s. 403.
[222] Naval Chronicle, Vol. XXV. s. 404.
[223] Sivu 404. Silti on olemassa juoruja viitattuina Naval Atalantisiin, jotka on pääasiassa laitettu Youngin, lippulaivan kapteenin piikkiin. Sir Gilbert Blane sanoi monia vuosia myöhemmin, "Kun oli melkein auringonlasku, niin tuli kysymykseen, että jatkettaisiinko takaa-ajoa. Jonkin keskustelun jälkeen amiraalin ja kapteenin välillä, jossa olin läsnä, niin amiraali, jota kihti piinasi, niin päätti jatkaa samalla kurssissa antaen merkin käydä taisteluun suojanpuolelta." (United Service Journal 1830, Part II s. 479.)
[224] Rodney oli vahva konservatiivi (tory). Melkein kaikki muut sen ajan kunnostautuneet amiraalit, etenkin Keppel, Howe ja Barrington olivat whigejä (liberaaleja); tämä tosiasia oli epäonninen Englannin laivastovoimalle.
[225] Rodney's Life, Vol. II s. 242.
[226] Chevalier, s. 311.

[227] Kerguelen: Guerre Maritime de 1778. De Grassen kirje Kerguelelle s. 263.
[228] Troude: Batailles Navales. On mielenkiintoista huomata tämä yhteys, että yksi laivoista lähellä ranskalaista amiraalia, kun hän antautui, oli "Pluton", joka vaikka olikin aivan viimeinen alus muodostelmassa, niin oli joka tapauksessa saavuttanut arvokkaan aseman sen kapteenin, D´Albert de Rionsin maineen ansiosta.
[229] Troude, Vol II., s.147.
[230] Ne ovat yksittäisten alusten komentajia.

Luku XIV; Kriittistä keskustelua vuoden 1778 merisodasta

Vuoden 1778 sota Ison-Britannian ja Bourbonin suvun välillä, joka on niin erottamattomasta yhdistetty Amerikan vallankumoukseen, niin on itsenäinen yhdessä mielessä. Se oli puhtaasti merisota. Liittolaiskuningaskunnat eivät vain huolellisesti pidättäytyneet sotatoimista mannermaalla, joita Englanti sen aikaisemman politiikkansa takia kiihotti niitä tekemään, mutta siellä oli kahden kamppailijan välillä lähestymistapa mereen yhtälailla sellaisella tavalla, jota ei ollut olemassa sitten Tourvillen päivien (Anne Hillarion de Tourville (1642–1701) oli Ludwig XIV:n amiraali.). Kiistan kohdat ja tavoitteet joista sotaa käytiin tai joita tavoiteltiin. niin olivat pääasiassa mitä syrjäisempiä paikkoja Euroopasta katsottuna; ja mikään niistä ei ollut mantereella paitsi Gibraltar, joka oli kiistan keskellä omat äärimmäisen rikkonaisen maaston ja hankalan paikan ja ollen erotettuna puolueettomista maista niin, että niiden ja Gibraltarin välissä olivat koko Espanja ja Ranska, niin sotaan ei ikinä uhannut liittyä muita osapuolia kuin, joiden suorat intressit vaativat sitä.

Sellaisia olosuhteita ei ollut missään muussa sodassa Ludwig XIV:n valtaannousun ja Napoleonin vallasta syöksemisen välissä. Siellä oli ollut aika, jolloin aikaisemman näistä valtakaudella Ranskan laivasto oli ollut ylivoimainen lukumäärässä ja varusteissaan suhteessa englantilaisiin ja alankomaalaisiin; mutta politiikka ja hallitsijan kunnianhimo oli aina suunnattu laajentumiseen mannermaalla ja hänen merivoimansa, jotka lepäsivät täysin riittämättömillä perustuksilla, olivat väliaikaiset. Ensimmäisen kolmen neljänneksen aikana 1700-luvulla ei ollut käytännössä mitään, mikä pysäyttäisi Englannin merivoimia; suuret olivat sen vaikutukset tuon ajan asioihin ja poissa oli kyvykäs kilpailija, sillä tuon ajan sotatoimet olivat hedelmättömiä sotilaallisten opetusten suhteen. Myöhemmissä Ranskan tasavallan ja keisarikunnan sodissa, niin ilmeinen tasaväkisyys laivojen määrässä ja tykistöjen tulivoiman painossa olivat harhaa johtuen siitä, että ranskalaiset upseerit ja merimiehet olivat kokeneet taistelumoraalin romahtamisen syistä, joihin ei ole tässä syytä mennä tarkemmin. Joiden vuosien jälkeen rohkea, mutta kyvytön ponnistelu, joka johti valtavaan katastrofiin Trafalgarin luona, niin julisti maailmalle ammattilaisten tehottomuuden Ranskan ja Espanjan laivastoissa, jonka olivat aina havainneet Nelsonin ja hänen veljesupseeriensa tarkat silmät, ja johon perustui halveksiva itseluottamus, joka oli luonteenomaista hänen asenteellensa ja jossain määrin taktiikoille heitä vastaan. Siksi keisari ”käänsi katseensa ainoalta taistelukentältä, jossa onni ei ollut hänelle myötä ja päätti taistella Englantia vastaan muualla kuin merillä pyrkien palauttamaan laivastonsa, mutta varaamatta sille mitään osaa kiistassa, josta tulisi yhä raivokkaampi. Aina keisarikunnan viimeisiin päiviin asti hän kieltäytyi tarjota korjatulle laivastollensa, joka oli täynnä intoa ja itseluottamusta, niin mahdollisuutta ottaa mittaa vihollisestansa." [231] Iso-Britannia piti vanhan asemansa merten kyseenalaistamattomana valtiaana.

Merisotaa opiskeleva ihminen voi siten odottaa löytävänsä tiettyä mielenkiintoa suunnitelmissa ja toimintatavoissa, joita eri osapuolet käyttivät tässä suuressa kamppailussa ja etenkin miten ne toimivat suhteessa koko sodankäynnin yleisiin tapoihin, taikka varmuudella tietyissä suurissa ja selvästi määritellyissä osissa sitä; strategisen tarkoituksen, joka antoi tai jonka olisi pitänyt antaa jatkuvuutta niiden toimille ensimmäisestä viimeiseen ja strategisista liikkeistä, jotka vaikuttivat hyvään tai huonoon onneen rajallisemmilla ajanjaksoilla, jota voidaan kutsua merten sotaretkiksi. Hetkessä ei voida sanoa, että tietyt taistelut ovat, jopa tänä päivänä, täysin ilman taktisia ohjeita, jotka olivat yksi tavoite, joilla aikaisemmat sivut voidaan oikeuttaa, niin on ilmeisen selvää, että kaikki taktiset järjestelmät historiassa, niin niillä on ollut aikansa ja niiden nykyinen hyödyllisyys opiskelijalle on pikemminkin henkistä harjoittelua muodostamaan oikeat taktiset ajattelutavat kuin tarjota malleja, joita tulisi tarkasti matkia. Toisaalta liikkeet, jotka edelsivät ja valmistelivat suuria taisteluita varten tai jotka niiden taidon ja energisyyden yhdistelmänä antoivat suuret päämäärät ilman todellista yhteenottoa vihollisen kanssa, niin riippuivat muista tekijöistä enemmän kuin aikakauden aseista ja siksi varustivat periaatteita, joilla on kestävämpää arvoa.

Käynnissä olevassa sodassa mistä tahansa tavoitteesta jopa silloin, jos tavoitteena on ottaa haltuunsa tietty alue tai paikka, niin hyökkäys suoraan suojattuun asemaan ei voi olla sotilaallisesta näkökulmasta paras keino saada se haltuun. Päämäärä, jota kohti sotilaalliset operaatiot tulee ohjata voivat siten olla muut kuin tavoite, jonka sotaa käyvä hallitus haluaa saavuttaa ja siten se on saanut oman nimensä; tavoite. Kriittisessä tarkastelussa mistä tahansa sodasta on tarpeellista ensiksi tuoda selkeästi tarkastelijan silmien eteen jokaisen sotaa käyvän osapuolen tavoitteet; sitten harkita mikä valittu tavoite on todennäköisin menestymisen suhteen tavoitteita tarkasteltaessa; ja lopulta tutkia eri liikkeiden hyviä ja huonoja puolia tavoitetta lähestyessä. Hetket sellaisen suoritetun tarkastelun kanssa riippuvat työn laajuudesta, jota tarkastelija ehdottaa itsensä tekevän; mutta se tulee yleensä sisältämään puhtaan linjauksen antaen vain pääpiirteet, joita eivät paina yksityiskohdat, jotka sitten saisivat aikaan laajempaa keskustelua. Kun sellaiset päälinjat on täysin otettu haltuun, niin yksityiskohdilla voidaan helposti viitata niihin ja saada ne paikoillensa. Ponnistelut tullaan siten rajaamaan osoittamaan sellaiset linjaukset, joihin on helppoa viitata ollen yksin riittäviä suhteessa sen työn laajuuteen.

Vuoden 1778 sodan pääosapuolet olivat yhtäällä Iso-Britannia; toisaalta Bourbonien suku, joka hallitsi kahta suurta kuningaskuntaa, jotka olivat Ranska ja Espanja. Amerikan siirtokunnat, jotka jo kävivät epätasaista taisteluaan emämaataan vastaan, niin iloisesti ottivat vastaan sellaisen niin tärkeän tapahtuman niille; kun sitten vuonna 1780 Alankomaat oli tahallaan pakotettu sotaan Englantia vastaan, jossa sillä ei ollut mitään voitettavissa ja kaikki menetettävissä. Amerikkalaisten tavoitteet olivat täysin yksinkertaiset; ajaa pois maastansa englantilaiset. Heidän köyhyytensä ja sotilaallisen merivoiman puute poikkeuksena muutamat risteilijät, jotka metsästivät vihollisen kauppa-aluksia, niin väistämättä sulkivat heidän ponnistelunsa maasotaan, joka tosiaan antoi voimakkaan harhautuksen liittolaisten eduksi ja suuresti vähensi Ison-Britannian voimavaroja, mutta oli kuitenkin jälkimmäisen voima lopettaa se heti hylkäämällä tuo kamppailu. Alankomaat toisaalta ollessaan turvassa maahyökkäykseltä osoitti vain vähän halua mihinkään muuhun kuin selvitä niin vähin ulkoisin menetyksin kuin mahdollista liittolaisten laivastojen avustuksella. Näiden kahden pienemmän osapuolen tavoitteina voidaan siten sanoa olevan sodan lopettaminen; kun taas pääosapuolet toivoivat sen jatkuvan tiettyihin olosuhdemuutoksiin, jotka kuuluivat niiden tavoitteisiin.

Isolla-Britannialla myös sotatavoite oli hyvin yksinkertainen. Tultuaan johdatelluksi valitettavaan kiistaan lupaavimpien siirtokuntiensa kanssa, niin kiista oli edennyt askel toisensa jälkeen tilaan, jossa sitä uhkasi niiden menettäminen. Pitääkseen voimalla hallinnan, kun tahdonmukainen pysyminen sen kanssa oli kadonnut, niin se oli tarttunut aseisiin niitä vastaan ja sen tavoite oli toimia niin, että se pyrkisi estämään niiden ulkomaisten omistuksiensa menettämisen, joihin sen suuruus silloisen sukupolven mukaan oli hajottamattomasti yhdistetty. Ranskan ja Espanjan ilmaantuminen siirtokuntien aktiivisiksi tukijoiksi ei saanut Englantia muuttamaan tavoitteitansa, vaikka mitä tahansa muutoksia ne saattoivatkin saada aikaan sen sotasuunnitelmissa tai olisi saanut niihin aikaan. Vaara menettää mantereen siirtokunnat oli kasvanut suuresti näiden maiden liittyessä sen vihollisten riveihin, joka toi niiden kanssa suuresti kasvaneen tappion uhan, joka pian ilmaantui koskemaan myös sen muita arvokkaita omistuksia merten takana. Englanti lyhyesti sanottuna koskien sen sotatavoitteita, niin ne olivat tiukasti puolustukselliset; se pelkäsi menettävänsä paljon ja parhaimmillaan sen ainoa toivo oli pystyä pitämään sen, mitä sillä oli. Pakottamalla Alankomaat sotaan kuitenkin se saavutti sotilaallisen edun; sillä kasvattamatta vihollistensa voimaa, niin ilmaantui useita tärkeitä, mutta huonosti puolustettuja kohteita sotilaallisia ja kaupankäynnin kohteita, jotka siten olivat avoimia sen asevoimille.

Ranskan ja Espanjan tavoitteet olivat monimutkaisempia. Moraaliset kannusteet perinteiseen vihamielisyyteen ja haluun kostaa aikaisemmista tapahtumista epäilemättä merkitsivät paljon, kun Ranskan *salongeissa* ja filosofien keskuudessa tunnettiin myötätuntoa siirtokuntalaisten kamppailua kohtaan vapauden puolesta; mutta niin voimakas kuin tämä tuntemus olikin, niin sillä oli vaikutusta kansakunnan toimintaan, niin ainoat kosketettavissa olevat keinot, joilla sen odotettiin tyydyttävän niitä, olivat lausunnot ja sotatoimet. Ranska saattoi toivoa saavansa takaisin Pohjois-Amerikan omistuksensa; mutta niissä elänyt sukupolvi siirtolaisia omasi liian tuoreita henkilökohtaisia muistoja vanhoista kamppailuista, jotta heillä olisi mitään sellaisia haluja Kanadassa. Vahva epäluottamus Ranskaa kohtaan, joka luonnehti vallankumouksen ajan amerikkalaisia, niin se on liian kauan sivuutettu hohtona kiitollisuudesta, joka seurasi tehokkaasta myötätunnosta ja avusta, jota silloin annettiin; mutta silloin ymmärrettiin ja Ranska tunsi, että niiden pyrkimysten edistäminen saattaisi saada aikaan saman kansan ihmisten keskuudessa, jotka olivat vieraantuneet, niin sovinnon oikeudenmukaisina myönnytyksinä, jota vahva ja korkeamielinen englantilainen puolue ei ollut koskaan lopettanut ajamasta. Siten se ei vannonut, kenties ei ajatellut, että tämä voisi olla sen tavoite. Päinvastoin se muodollisesti kumosi kaikki vaatimuksensa kohti mitään osaa mantereesta, joka oli silloin tai oli ollut äskettäin brittiläisen kruunun alla, vaan sanoi, että vapaus toimia valloittaen pitäen mitä tahansa Länsi-Intian saarilla, kun taas kaikki muut Ison-Britannian siirtokunnat olivat tietenkin vapaita sen hyökkäyksille. Keskeinen tavoite siten Ranskalle olivat englantilaiset siirtokunnat Länsi-Intiassa ja ottaa haltuunsa Intia, joka oli joutunut englantilaisten käsiin ja myös silloin turvata Yhdysvaltain itsenäisyys sen jälkeen, kun se oli riittävästi kääntynyt Ranskan puoleen. Politiikka erillisestä kaupankäynnistä, joka oli luonteenomaista sille sukupolvelle, niin niiden tärkeiden omistusten menettämisen odotettiin heikentävän kaupallista suuruutta, josta Englannin kukoistus oli riippuvainen; joka heikentäisi sitä ja vahvistaisi Ranskaa. Tosiasiassa kiistassa olisi pitänyt olla suurempi huomio puhuttaessa asioista, jotka saivat Ranskan toimimaan; kaikki tavoitteet oli laskettu yhteen, joka olla oli tärkein päämäärä, johon niillä kaikilla pyrittiin; saavuttamaan merellinen ja poliittinen ylivalta suhteessa Englantiin.

Ylivoimaisuus suhteessa Englantiin yhdessä Ranskan kanssa oli myös tavoite yhtä lailla nöyryytetyn, mutta vähemmän energisen Espanjan kuningaskunnan suhteen; mutta siellä varmuudella kärsittyjä vahinkoja ja tavoitteita, joita se pyrki saavuttamaan, jotka olivat vaikeampia suuressa mittakaavassa kuin se liittolaisen tavoitteet. Vaikka kukaan silloin elossa ollut espanjalainen ei muistanutkaan aikaa, jolloin Espanjan lippu oli liehunut Menorcan, Gibraltarin tai Jamaikan yllä, niin ajan kuluminen ei ollut saanut aikaan sovintoa ylpeään ja taistelunhaluiseen kansakuntaan niiden menettämisen suhteen; eikä siellä ollut osaa amerikkalaisista, joilla olisi samaa perinteistä vastustusta Espanjan vallalle kahden Floridan (Tällä tarkoitetaan nykyistä Floridan aluetta ja Meksikonlahden rannikkoa siitä länteen.) alueelle, jota tunnettiin Kanadan suhteen.

Sellaiset siten olivat tavoitteet, joihin kaksi kansakuntaa pyrkivät, kun niiden mukaantulo muutti koko Amerikan vapaussodan luonteen. On tarpeetonta sanoa, että ne eivät omanneet kaikkia syitä tai tekosyitä aloittaa sotaa; mutta harkitsevainen englantilainen mielipide silloin totesi oikein kuin kiteyttäen muutamilla sanoilla todelliset syyt yhdistyneille Bourbonien hoveille toimia seuraavaan sanontaan ranskalaisten julistuksesta: "Kostaakseen heidän kärsimänsä vahingot ja laittaa loppu tyrannimaiselle imperiumille, jonka Englanti on riistänyt itsellensä vaatimuksineen koskien valtameren herruuden ylläpitämistä." Lyhyesti sanottuna koskien liittolaisten sotatavoitteita, niin ne olivat hyökkäykselliset, kun taas Englanti oli pistetty puolustuskannalle.

Tyrannimainen imperiumi, josta Englantia siten syytettiin ja eikä epäoikeudenmukaisesti, niin oli vallankäyttöä merillä, joka perustui sen suuriin merivoimiin tosiasiallisesti tai piiloutuneesti; sen kauppalaivastoon ja sota-aluksiin, sen kaupalliseen toimintaan, siirtokuntiin ja laivastoasemiin kaikkialla maailmassa. Siihen aikaan sen hajanaisia siirtokuntia oli sitonut siihen ystävälliset tuntemukset ja yhä voimakas syy oman edun kautta läheisiin kaupallisiin yhteyksiin emämaahan ja suojeluun, jota antoi sen ylivoimaisten merivoimien jatkuva läsnäolo. Nyt oli tapahtunut murtuma ketjussa sen vahvoja satamia, joihin sen merivalta perustui, kun kapina alkoi mantereen siirtokunnissa; kun oli olemassa lukuisia kaupallisia etuja niiden ja Länsi-Intian alueiden kesken, joita vahingoitti jatkuvat vihamielisyydet, niin sillä oli olemassa taipumus jakaa myös saarten asukkaiden myötätuntoa. Kamppailu ei ollut luonteeltansa vain poliittista omistamista ja kaupallista käyttöä. Siihen kuului sotilaallisesti ensiluokkaisen tärkeä kysymys; pitäisikö ketjun laivastoasemia, jotka kattavat toisen puolen Atlantin rannikosta yhdistäen Kanadan ja Halifaxin Länsi-Intiaan, ja joka tuki merenkulkua harjoittavaa väestöä, niin pitäisikö sen pysyä kansakunnan käsissä, joka oli ollut niin ennennäkemätön merivalta toimien johdonmukaisen päättäväisen aggressiivisesti ja melkein jatkuvasti katkeamattomalla menestyksellä.

Siten Iso-Britannia oli pakotettu nöyryyttävään asemaan ylläpitääkseen otettansa sen omista laivastotukikohdista, jotka olivat sen merivoimien puolustuksellista tehtävää, kun taas sen merivoimien hyökkäyksellinen tehtävä, sen laivasto, oli uhattuna Ranskan ja Espanjan laivastojen kasvun takia, jotka nyt kohtasivat sen alueilla, joita se piti ominaan omaten sotilaallisena voimana tasaväkisen tai ylivoimaisen kaluston. Aika oli siten suotuisa hyökätä suurvallan kimppuun, joka oli saanut varallisuutensa merestä ja oli ollut ratkaiseva tekijä Euroopan sodissa viimeisen vuosisadan ajan. Seuraava kysymys oli sitten hyökkäyspaikoista; tärkeimpien kohteiden valinta, joka oli tärkein ponnistelu, johon hyökkääjien tulisi vakaasti ohjata voimansa ja toissijaisiin kohteisiin, jolla puolustusta tulisi harhauttaa ja sen voimaa pakottaa jakamaan.

Yksi sen ajan Ranskan viisaimmista valtiomiestä, Turgot, ajatteli, että oli Ranskan edun mukaista, että siirtomaiden ei tulisi saavuttaa itsenäisyyttä. Jos ne alistettaisiin väsyttämällä ne, niin Englanti menettäisi niiden voiman; jos ne alistettaisiin sotilaallisilla toimilla tiettyjen paikkojen hallitsemisen kautta ilman, että niitä väsytettäisiin, niin tarve ylläpitää pysyvää sortoa olisi niiden emämaan jatkuva heikkous. Vaikka tämä mielipide ei ollut hallitseva Ranskan hallituksen neuvostoissa, joka toivoi Amerikan siirtomaille lopullista itsenäisyyttä, niin se piti yllä totuuden kokonaisuutta, joka tehokkaasti muovailisi suhtautumista sotaan. Jos olisi hyödyllistä Yhdysvalloille vaikuttaen sen pelastumiseen, jotka olivat päätavoitteita, niin mantereesta tuli luonnollinen näyttämö ja sen ratkaisevat sotilaalliset kohteet olivat tärkeimpiä tavoitteita sotatoimille; mutta ensimmäinen Ranskan tavoite ei ollut hyödyllinen Amerikalle, vaan vahingollinen Englannille, jolloin järkevä sotilaallinen arviointikyky saneli kamppailua mannermaalla niin pitkälle, että se auttoi tuon kamppailun saattamisessa päätökseen, niin sillä piti silloin olla energinen elämä. Se oli harhautus, joka oli tehty valmiiksi Ranskan käsiin ja väsyttääkseen Isoa-Britanniaa vaatien sitä vain ylläpitämään sen verran vastarintaa, jolla kapinalliset sitoutuisivat mitä epätoivoisimpiin vaihtoehtoihin. Siten kolmentoista siirtokunnan alueet eivät olleet Ranskan päätavoite; vielä vähemmän ne olivat Espanjan päätavoite.

Englannin Länsi-Intian kaupallinen arvo teki siitä houkuttelevan kohteen ranskalaisille, jotka olivat itse sopeutuneet outoon valmiuteen koskien alueen sosiaalisia olosuhteita, jossa heillä itsellensä oli jo laajat omistukset siirtomaissa. Sen lisäksi kaksi hienointa saarta Vähillä-Antilleilla, Guadeloupe ja Martinique, joita se edelleen hallitsi, niin Ranskalla oli siellä Santa Lucia ja Haitin läntinen puolisko. Se saattoi hyvinkin toivoa, että menestyksekkäällä sodalla se saisi itsellensä suurimman osan englantilaisten Antilleista ja siten loisi sinne todellisen trooppisen vasallivaltion itsellensä; samaan aikaan sitä estettiin pääsemästä Jamaikalle Espanjan heikkouksien takia, niin saattoi olla mahdollista voittaa takaisin tuo mahtava saari liittolaisvaltiolle, joka oli heikompi. Kuitenkin niin haluttavia omistuksina ja siten kohteina kuin pienemmät Antillien saaret saattoivat olla, niin niiden sotilaallinen hallinta riippui täysin meren hallinnasta niiden ympäristössä niiden ollessa itse asianmukaisia kohteita. Ranskan hallitus siten kielsi sen laivaston komentajilta niiden miehittämisen niin kuin he olisivat saattaneet toimia. Heillä oli tapana vangita varuskunnat, tuhota linnoitteet ja sitten vetäytyä. Loistavassa sotilassatamassa Fort Royalissa Martiniquella, Cap Francaisilla ja vahvassa liittolaisen satamassa Havannassa oli riittävän kokoinen laivasto, jolla oli hyviä, turvallisia ja hyvin sijoitettuja tukikohtia; kun taas aikainen ja vakava Santa Lucian menetys voidaan laittaa Ranskan laivaston virheellisen toiminnan piikkiin ja englantilaisen amiraalin ammattitaidon syyksi. Maalla Länsi-Intiassa kamppailevat valtiot siksi huomasivat itse omaavansa yhtäläiset mahdollisuudet antaa tarpeellista tukea; pelkkä toisen kohteiden miehittäminen ei lisäisi niiden merivoimaa, jolloin keskeiseksi tulisi laivastojen lukumäärä ja laatu. Laajentaakseen miehityksen turvalliseksi, niin ensiksi oli tarpeen saavuttaa merten herruus, ei vain paikallisesti, vaan koko sotatoimialueen laajuisesti. Muuten miehittäminen olisi vaarallista, ellei sitä toteutettaisi joukolla, joka olisi niin suuri, että sen kulut olisivat suuremmat kuin miehitetyn kohteen arvo. Siten avain tilanteen ratkaisemiseen Länsi-Intiassa olivat laivastot, jolloin niistä tuli sotilaallisten ponnistelujen todellisia kohteita; ja kaikista enemmän siksi, että todellinen sotilaallinen hyödyllisyys koskien Länsi-Intian satamia tässä sodassa oli toimi välipaikkana Euroopan ja Amerikan mantereiden välissä, josta laivasto vetäytyisi, kun armeijat talvehtisivat. Mitään järkevää sotatoimea ei tapahtunut Länsi-Intiassa paitsi se, että englantilaiset ottivat haltuunsa Santa Lucian ja torjuttu hyökkäys Jamaikaa vastaan 1782; eikä mitään vakavaa sotatoimea koetettu tehdä sotilassatamaa, kuten Barbadosia tai Fort Royalia vastaan ennen kuin sotilaallinen ylivoima oli taattu joko taistelun tai voimien keskittämisen kautta. Avain tilanteen ratkaisemiseen oli siten toistaen laivasto.

Merivoimien vaikutukseen aseistettuna laivastona sotaan Amerikan mantereella myös viittasi myös Washingtonin ja Sir Henry Clintonin mielipiteiden kautta; kun tilanne Itä-Intiassa viitaten itse alueeseen, niin siitä puhuttiin suuresti Suffren sotaretken yhteydessä, niin siitä tarvitsee vain toistaa, että kaikki siellä riippui merten hallinnasta ylivoimaisella merivoimalla. Trincomaleen valloitus oli keskeistä, sillä ranskalaisella laivueella ei ollut mitään muuta tukikohtaa, jolloin se niin kuin Santa Lucia, oli yllätys ja siihen saattoi vaikuttaa tappiolla tai niin kuin tapahtui, niin vihollisen laivaston poissaololla. Pohjois-Amerikassa ja Intiassa järkevä sotilaallinen toiminta osoitti, että todellinen kohde olisi vihollisen laivasto, josta myös riippui yhteydet emämaiden välillä. Sitten jää jäljelle Eurooppa, jota tuskin on hyödyllistä tarkastella pitkään erillisenä sotatoimialueena, sillä sen yhteydet yleiseen sotaan olivat paljon tärkeämmät. Voidaan yksinkertaisesti sanoa, että vain kaksi paikkaa Euroopassa, joiden poliittisen aseman muutos oli tavoitteena, niin olivat Gibraltar ja Menorca; ensimmäinen näistä oli täysin kiireellisen tärkeä Espanjalle tehden siitä liittolaisten pääkohteen. Kummankin näiden paikkojen kohtalo riippui täysin selvästi meren hallinnasta.

Merisodassa siten niin kuin myös kaikissa muissa sodissa kaksi asiaa, joista ensimmäinen täysin keskeinen; pitää saada sopivaa tukikohta rintamalta, tällä kertaa rannikolta, josta voidaan aloittaa sotatoimia, ja jonne voidaan koota organisoitu sotilaallinen voima, tässä tapauksessa laivasto, jonka koko ja laatu ovat riittäviä ehdotettuihin sotatoimiin. Jos sota, niin kuin tässä tapauksessa, ylettyy maapallon kaukaisiin kolkkiin, niin silloin oli tarve, että jokaisessa noista kaukaisista kolkista oli turvallisia satamia laivoille antamaan tukea tai toimimaan tukikohtina paikallisissa sodissa. Näiden toissijaisten ja ensisijaisen tai kotitukikohdan välissä muihin tukikohtiin täytyi olla suhteellisen turvallinen yhteys, joka riippui meren hallinnasta sotilaallisen voimaan tukeutuen. Tätä hallintaa täytyi käyttää laivaston toimesta, joka saattoi panna sen toimeen puhdistamalla meren joka suuntaan vihollisen risteilijöistä siten sallien oman maan alusten liikkua sangen turvallisesti tai liittyen yhteen saattueiksi, jolloin jokainen tarpeellinen huoltoalus saattoi tukea kaukaisia sotatoimia. Aikaisempi tapa toimia oli levittäytyä laajalle alueelle käyttäen kansakunnan voimavaroja, toinen taas keskittää voimavarat sille osalle merta, missä saattue milloinkin oli. Kumpaa tahansa käytettiinkin, niin yhteyksiä epäilemättä vahvisti hyvien satamien sotilaallinen hallinta, joita ei

ollut yhtään liikaa reittien varrella; sillä tällaisia satamia olivat
Hyväntoivonniemi ja Mauritius. Sellaiset asemapaikat olivat aina
tarpeellisia, mutta ne ovat nyt kaksin verroin, kun polttoainetta täytyy
täydentää useammin kuin ruokavaroja ja huoltotarvikkeita aikaisempina
aikoina. Nämä yhdistelmät tukikohtia kotimaassa ja ulkomailla, sekä
olosuhteet yhteyksistä niiden välillä, niin sitä voidaan kutsua yleiseksi
sotilaalliseksi tilanteeksi, jolla ja johon tukeutuen vastapuolten laivastojen
suhteelliset vahvuudet vaikuttavat sotatoimien luonteesta päätettäessä.
Jokaisella kolmella sotatoimialueella Euroopassa, Amerikassa ja Intiassa,
josta kertomuksen selkeyden vuoksi on kerrottu, että meren hallintaa
pidetään ratkaisevana tekijänä ja vihamielistä laivastoa siten sotatoimien
todellisena kohteena. Otetaan sitten huomioon harkinta, jota nyt käytetään
koko sotatoimialueeseen ja nähdään kuinka pitkälle päästään samoilla
johtopäätöksillä, jolloin mitä tulisi olla eri osapuolten sotatoimien
luonteessa. [232]
  Euroopassa Ison-Britannian kotitukikohta oli Englannin
kanaali, jossa oli sen kaksi pääsotilastukikohtaa Plymouth ja Portsmouth.
Liittolaisten tärkeimmät tukikohdat olivat Atlantin rannikolla, jolloin
tärkeimmät sotilassatamat olivat Brest, Ferrol ja Cadiz. Niin lisäksi
Välimerellä oli tärkeät telakat Toulonissa ja Cartagenssa, joita vastassa oli
englantilaisten tukikohta Port Mahoniss Menorcalla. Jälkimmäinen
kuitenkin voidaan jättää täysin pois laskuista, sillä jouduttuaan
puolustukselliseen osaan sodassa, niin Britannian laivastolla ei ollut lähettää
mitään laivuetta Välimerelle. Gibraltar päinvastoin johtuen sen sijainnista,
joka tehokkaasti esti yksiköiden tai täydennysvoimien kulkemisen
nimikkosalmeaan pitkin olettaen, että sitä hyödynnettäisiin sijoittamalla
riittävä yksikkö vartioaluksia täyttämään sen velvollisuuden. Sitä ei
kuitenkaan tehty; Britannian Euroopan laivasto oli sidottuna Kanaaliin, joka
oli kotimaan puolustamista ja tekemään epäsäännöllisiä vierailuja
Gibraltarille, jolloin huoltosaattueiden tuomaan tarvikkeet olivat keskeisiä
varuskunnan säilymisen kannalta. Oli kuitenkin olemassa ero koskien Port
Mahonin ja Gibraltarin rooleja. Ensimmäinen näistä, joka oli koko ajan
merkityksetön, niin ei saanut liittolaisten huomiota ennen kuin sodan
loppupuolella, jolloin se sortui kuuden kuukauden piirityksen jälkeen; kun
taas jälkimmäinen niistä, jota pidettiin ensiarvoisen tärkeänä, niin otti
vastaan suuren osan liittolaisten hyökkäyksistä ja siten tarjosi arvokkaan
harhautuksen. Sen asian pääpiirteitä tarkasteltaessa luonnollinen strateginen
tilanne Euroopassa saatettiin asianmukaisesti mainita, että sellainen apu,
jota Alankomaat voisi lähettää liittolaisten laivastolle, niin sen yhteyslinjat

olivat hyvin turvattomat, sillä ne kulkivat englantilaisten tukialueen Englannin kanaalin lävitse. Siksi sellaista apua ei koskaan annettu.

Pohjois-Amerikassa paikalliset tukikohdat sodan syttyessä olivat New York, Narragansett Bay ja Boston. Kaksi ensimmäistä pysyivät englantilaisten käsissä ja olivat mitä tärkeimpiä tukikohtia mantereella niiden sijainnin, puolustuksellisen aseman ja voimavarojen suhteen. Boston oli joutunut amerikkalaisten käsiin ja siksi se oli liittolaisten käytettävissä. Sodan ottaman suunnan takia kääntämällä sotatoimet eteläisiin osavaltioihin 1779 Boston joutui pääsotatoimien ulkopuolelle ja sen sotilaallinen asema muuttui merkityksettömäksi; mutta jos olisi otettu käyttöön suunnitelma eristää Uuden-Englannin alue ottamalla haltuun Hudson River ja Lake Champlain ja keskittämällä sotilaalliset ponnistelut itään päin, niin silloin olisi nähty, että näillä kolmella satamalla olisi ollut ratkaiseva osa tuossa asiassa. Etelään New Yorkista Delawaren ja Chesapeake Bayn alueet epäilemättä tarjosivat houkuttelevia alueita merisotatoimille; mutta niiden suuaukkojen kapeus ja helppo puolustuksellisuus merisodassa tukikohdille lähellä merta, laajalle levittäytyneet maavoimat, joita tarvittiin pitämään hallussaan niin monia paikkoja ja alueen alttius sairauksille suuren osan vuotta, niin noiden seikkojen takia nämä alueet olivat syrjässä pääsuunnitelmista koskien sodan ensimmäisiä sotaretkiä. Ei ole tarpeen lisätä niitä listaan sodan paikallisista tukikohdista. Eteläiseen ääripäähän englantilaisia veti paikallisten ihmisen oletettu tuki. He eivät ottaneet harkinnassaan huomioon edes sitä, että jos enemmistö siellä pitikin parempana hiljaisesti vapautta, joka ominaisuutena esti heitä nousemasta vallankumousta ajavaa hallitusta vastaan, jolloin sitä vastassa oli englantilaisten teoria, jonka mukaan he olivat sorrettuja; silti sellainen menestys tuolla kaukaisella alueella ja tuon hankkeen mitä epäonnisin päätös tulivat kyseeseen. Sen sodan paikallinen tukikohta oli Charleston, joka joutui brittien käsiin toukokuussa 1780, kahdeksantoista kuukautta sen jälkeen, kun he olivat ensiksi nousseet maihin Georgian osavaltiossa.

Tärkeimmät paikalliset tukikohdat Länsi-Intiassa tunnetaan jo aikaisempien kertomuksien perusteella. Ne olivat englantilaisilla Barbados, Santa Lucia ja pienemmässä määrin Antigua. Yli 1600 kilometrin päässä siitä oli Jamaican suuri saari, jossa oli Kingstonin suuret telakat. Liittolaiset pitivät hallussaan tärkeysjärjestyksessä Fort Royalia Martiniquella ja Havannaa; näiden jälkeen tulivat Guadeloupe ja Cap Francais. Hallitseva piirre sen ajan strategisessa tilanteessa ja asia, jota ei voida jättää täysin omaan arvoonsa, niin ovat pasaatituulet yhdessä vallitsevien merivirtojen kanssa. Reitti tuulenpuolella näitä esteitä vastaan oli pitkä ja vakava edesottamus jopa yksittäisille aluksille puhumattakaan suuremmista yksiköistä. Tästä seurasi se, että laivastot menisivät haluttomasti saarten länsipuolelle tai vain vakuuttuneina siitä, että vihollinen oli ottanut saman suunnan niin kuin Rodney lähti kohti Jamaikaa Saintsin taistelun jälkeen tietäen, että ranskalainen laivasto oli mennyt Cap Francaisiin. Tämä olosuhde tuulen suhteen sai tuulenpuolen tai itäisen puolen saarista olemaan luonnollinen yhteyslinja Euroopan ja Amerikan välillä niin kuin myös paikalliset tukikohdat ja niihin sitoutuneet laivastot. Siksi niitä seurattiin myös kahden eri sotatoimialueen välillä, jolloin kyse oli mantereesta ja Vähistä-Antilleista, joka oli laaja keskellä olevaa alue, jolla tapahtui sodan suuria sotatoimia, joita ei voitu turvallisesti toteuttaa paitsi silloin, kun sotaa käyvällä osapuolella oli suuri merellinen ylivoima tai ainakin ratkaiseva etu, joka oli saatu yhdellä sivustalla. Vuonna 1762, jolloin Englanti piti hallussaan kaikkia Windwardin saaria, niin sillä oli kiistaton meriherruus, jolloin se turvallisesti hyökkäsi ja alisti Havannan; mutta vuosina 1779–1782 Ranskan merivoimat Amerikassa ja ranskalaisten valtakaudella Windwardin saaret käytännössä olivat tasapainossa jättäen espanjalaisille vapauden toteuttaa suunnitelmiansa Pensacolaa ja Bahaman saaria vastaan tuon alueen mainitussa keskustassa. [233]

Asemapaikat, kuten Martinique ja Santa Lucia omasivat siten kyseessä ollessaan sodassa suuren strategisen edun suhteessa Jamaikaan, Havannaan tai muihin paikkoihin alueellaan suojan puolella. Ne hallitsivat jälkimmäisiä suhteessa niiden sijaintiin, joka oli väylän länsipuolella, jolloin niistä lähteminen tapahtuisi niin paljon nopeammin kuin niihin palaaminen; kun taas ratkaisevat paikat kamppailussa mantereella olivat hieman kauempana joistakin paikoista kuin toisista paikoista. Tämä etu jakaantui yhtä lailla niiden saarten kesken, jotka tunnetaan Vähien-Antillien nimellä; mutta Barbadosin pieni saari, joka oli selvästi tuulenpuolella omaten kaikki sen erikoiset hyödyt, niin ei ollut vain hyökkäyksellistä toimintaa varten, vaan sen puolustus oli vaikeuksia suurelle laivastolle, joka sitä saattaisi lähestyä, jopa niin läheltä kuin Fort Royalista (nykyinen Fort-de-France, Martinique). Tulee muistaa, että sotaretki, joka otti haltuunsa St. Kittsin, niin sen tarkoitettu kohde oli Barbados, mutta se ei pystynyt saavuttamaan sitä voimakkaiden pasaatituulien takia. Siten Barbados, sen ajan olosuhteissa, oli hyvin sopivaa paikalliselle tukikohdalle ja varikolle englantilaisille sotaa varten, kuin myös matka-asemaksi ja turvapaikaksi yhteyslinjalla Jamaikalle, Floridaan ja jopa Pohjois-Amerikkaan; kun taas Santa Lucia noin 160 kilometriä

suojan puolella, niin pidettiin asemana laivaston etuvartiopisteenä
tarkkaillen tiiviisti vihollista Fort Royalissa.

Intiassa poliittiset olosuhteet niemimaalla sanelivat viitaten
itäiseen tai Coromandelin rannikkoon sotatoimialueena. Trincomalee, joka
oli viereisellä Ceylonin saarella, vaikka epäterveellisenä paikkana, niin se
tarjosi loistavan ja hyvin puolustuksellisen sataman ja siten omasi
ensiluokkaisen strategisen tärkeyden, kun taas kaikki muut ankkuripaikat
olivat avoimia retejä. Niistä olosuhteista pasaatituulet tai monsuunit sillä
alueella omasivat myös strategista merkitystä. Syyspäiväntasauksesta
kevätpäiväntasaukseen tuuli puhalsi säännöllisesti koillisesta, joskus
hyvinkin voimakkaasti saaden aikaan suuria aaltoja rannalle ja tehden
maihinnousun vaikeaksi; mutta kesäkuukausina vallitseva tuulensuunta oli
lounaasta tarjoten suhteellisen tyynet vedet ja hyvän sään. ”Monsuunin
muutos” syys- ja lokakuussa usein merkitsi voimakkaita hirmumyrskyjä.
Käynnissä olevat sotatoimet tai jopa jääminen rannikolle oli siten
epäviisasta siitä ajasta lähtien aina koillismonsuunin päättymiseen.
Kysymys satamasta, jolle vetäytyä tämän ajanjakson ajaksi, oli siten
keskeinen. Trincomalee oli ainoa sitä varten ja sen strategista arvoa kasvatti
sen sijainti tuulenpuolella sotatoimiin hyvänä aikana suhteessa
sotatoimialueeseen. Englantilaisten satama Bombayssa (nykyinen Mumbai)
länsirannikolla oli liian kaukana, että sitä olisi voitu pitää paikallisena
tukikohtana ja on pikemminkin, niin kuin myös ranskalaisten saaret
Mauritius ja Bourbon, tukiasemaa yhteyslinjoille emämaahan.

Sellaisia olivat tärkeimmät tukialueet tai tukikohdat, joita
sotivat valtiot käyttivät kotimaissaan ja ulkomailla. Tukikohdista ulkomailla
täytyy yleisesti ottaen sano, että niillä oli pulaa voimavaroista; joka oli
tärkeä osa niiden strategista arvoa. Laivaston ja armeijan varastot ja
varusteet, sekä suuressa määrin ruokavarat, joita käytettiin merellä, niin piti
lähettää sinne emämaista. Boston, jota ympäröi kukoistava ja ystävällinen
väestö, niin oli kenties poikkeus tästä toteamuksesta niin kuin oli myös
Havanna, jossa oli silloin tärkeä laivastotukikohta, jossa myös rakennettiin
paljon laivoja; (Suom. huom. Tuon ajan suurin sotalaiva Santisima
Trinidad, jossa oli alun perin 112 tykkiä, mutta jonka tykkimäärä
kasvatettiin 136 tykkiin, niin laskettiin vesille Havannassa 1769 ja lopulta
vuonna 1805 Trafalgarin meritaistelun jälkeen se joutui vaurioituneena
brittien käsiin, jotka lopulta upottivat sen.) mutta nämä olivat kaukana
sodan pääsotatoimialueilta. New Yorkissa ja Narragansett Bayssa
amerikkalaiset painostivat liian lähellä ympäröiviä alueita, että ne olisivat
olleet suuressa määrin käytettävissä, kun taas kaukaiset satamat Länsi- ja

Itä-Intiassa olivat täysin riippuvaisia emämaan tuesta. Siksi strategiselle kysymykselle yhteyksistä annettiin lisäarvoa. Suuren saattueen, jossa oli huoltoaluksia, niin sen pysäyttäminen oli toissijaista vain suhteessa siihen, että viholliselta tuhottaisiin joukko sota-aluksia; kun taas sellaisen suojaaminen päävoimin tai vihollisen etsinnän välttäminen vei hallituksien ja laivastokomentajien voimavaroja jakamalla sota-aluksia ja laivueita, joita oli heidän käytössään moniin kohteisiin, jotka vaativat huomiota. Kempenfeldin taito ja Guichenin huono johtaminen, jota seurasi voimakas tuuli, niin vakavasti häiritse de Grassea Länsi-Intiassa. Samanlainen vahinko, joka poisti pienet saattueet Atlantilta, niin tehtiin Suffrenille Intian merillä; kun taas jälkimmäinen pystyi korvaamaan suuren osan menetyksistänsä ja sai aikaan huolta vastustajissaan siksi, että hänen risteilijänsä onnistuivat saamaan saaliiksensa englantilaisia huoltoaluksia.

Siten laivastot, jotka yksin näiden tärkeiden huoltovirtojen suhteen saattoivat omata turvatut tai vaarantuneet asemat samassa suhteessa yleiseen sotaan, niin niitä pidettiin erillisinä asioina. Niitä liitti yhteen kokonaisuus ja siksi viitattiin kummankin osapuolen asianmukaisiin tavoitteisiin.

Etäisyydellä Euroopasta Amerikkaan ei ollut sellaisia välisatamia aivan välttämätöntä huoltoa varten; jos eteen tuli vaikeuksia jostain odottamattomasta syystä, niin silloin oli aina mahdollista paitsi, jos kohdattiin vihollinen, niin joko palata Eurooppaan tai mennä ystävällismieliseen satamaan Länsi-Intiassa. Tilanne oli toinen pitkällä matkalla Intiaan Hyväntoivonniemeltä. Bickerton lähtiessään Englannista helmikuussa, niin ajatteli, että hän pääsisi Bombayhin seuraavassa syyskuussa; kun taas innokas Suffren lähtien merelle maaliskuussa, niin käytti saman ajan päästäkseen Mauritiukselle, josta matkaan Madrasiin kului vielä kaksi kuukautta lisää. Niin pitkäaikainen matka harvoin tehtiin pysähtymättä täydentämään vesi- ja ruokavaroja, joita usein saatiin niin sanotuista hiljaisista satamista, joista mukaan saatiin myös tarpeellisia huoltotarvikkeita. Täydellinen yhteyslinja tarvittiin, kuten sanottiin, useisiin sellaisiin satamiin, jotka sijaitsivat asianmukaisesti, olivat riittävän hyvin puolustettuja ja joissa oli riittävästi huoltotarvikkeita niin kuin Englannilla nykyään on joillakin sen tärkeimmillä kauppareiteillänsä, jotka se on saanut aikaisemmissa sodissaan. Vuoden 1778 sodassa yhdelläkään osapuolella ei ollut sellaisia satama tuolla reitillä, kunnes Alankomaiden sotaan liittymisen kautta Hyväntoivonniemi tuli ranskalaisten käyttöön ja Suffren vahvisti sitä asianmukaisesti. Sen ja Mauritiuksen avulla, sekä Trincomaleen ollessa reitin toisessa päässä, niin yhteys Ranskan liittolaisiin oli sangen hyvin vartioitu. Englanti, jolla oli silloin hallussaan St. Helen, johon se tukeutui täydentääkseen aluksiensa varastoja ja korjatakseen niitä sen Intiaan menevien laivueidensa ja saattueidensa suhteen, niin Portugalin ystävällinen puolueettomuus ylettyi Madeiran ja Cape Verden saariin, sekä Brasilian satamiin. Tämä puolueettomuus oli tosiasiassa heikkoa luottaa puolustuksessa, kuten osoitettiin yhteenotossa Johnstonen ja Suffrenin välillä Cape Verdessä; mutta sieltä tuli useita mahdollisia pysähdyspaikkoja, joista vihollinen ei tiennyt, mitä, jos mitään niistä käytettiin, jolloin tämä tietämättömyys itse ei antanut turvaa, jos laivaston komentaja ei luottanut siihen laiminlyömällä aluksiensa sijoittamisen niin kuin Johnstone teki Porto Prayassa. Tosiaan viivytys ja epävarmuus, jotka olivat luonteenomaisia tiedonsiirtymiselle paikasta toiseen, niin epäilemättä vihollisen löytyminen suuremmassa määrin hyökkäyksellisissä hankkeissa kuin siirtokuntien satamissa, joiden puolustus oli usein laiminlyöty.

Tämä yhdistelmä hyödyllisiä satamia ja olosuhteita viestiä niiden välillä, niin kuin on sanottu, niin oli tärkein strateginen tekijä tilanteessa. Laivasto organisoituna sotilaallisena yksikkönä kokonaisuudessaan, niin siihen viitataan tärkeimpänä sotilaallisten ponnistelujen kohteena. Toimintatapaa käytettiin kohteeseen pääsemiseen käydäkseen sotaa, niin se pitää vieläkin ottaa huomioon. [234]

Ennen kuin tarkastellaan outoa asiantilaa merellä ja sen vaikutusta siitä seuranneeseen keskusteluun, niin täytyy lyhyesti mainita tiedonhankinnan vaikeudesta. Armeijat marssivat läpi maiden, jotka ovat enemmän tai vähemmän asutettuja paikallaan olevan väestön toimesta ja ne jättävät jälkeensä merkkejä marsseistansa. Laivastot liikkuvat erämaiden läpi, jossa vaeltajat pyrähtelevät, mutta ne eivät jää paikoillensa; ja niin kuin vesi lähellä niiden takana sulkeutuu, niin satunnainen sattumanvarainen katulapsi laitureilla saattaa huomata niiden liikkeet, mutta se ei kerro mitään niiden käyttämistä kulkusuunnista. Takaa-ajajien alukset eivät tiedä mitään takaa-ajetuista, jotka ovat jo ohittaneet kyseisen paikan joitakin päiviä tai tunteja aikaisemmin. Myöhemmin tarkalla tutkimuksella koskien tuulta ja merivirtoja merellä, niin voidaan ottaa huomioon tiettyjä edullisia reittejä, joita tapojensa mukaisesti huolelliset merimiehet seurasivat ja jotka mahdollistivat heidän liikkeensä; mutta vuonna 1778 sellaista tietoa ei tarkasti kerätty ja saattoi olla jopa niin, että nopein reitti täytyi jopa usein hylätä siksi, että se oli monista mahdollisista reiteistä väistäen takaa-ajo tai jäädäkseen odottamaan. Sellaisessa kuurupiilossa etu on sillä, jota etsitään ja suurta tärkeyttä osoittaa vihollisen maan vesiväylien tarkkailu, jolloin takaa-ajon pysäyttäminen ennen kuin kohde pääsee pakoon hiljaiseen erämaahan, on heti selvää. Jos on jotain syitä sellaiseen tarkkailuun, niin siellä se on mahdotonta, niin sen jälkeen seuraavaksi paras vaihtoehto on tarkkailla reittejä, joita ei ole otettu käytettäviksi, josta ensiksi saadaan selville vihollisen päämäärä ja häntä voidaan odottaa siellä; mutta tämä vihjaa tietämykseen hänen aikeistansa, joita ei ole aina saatavissa. Suffrenin taistelu, jonka hän kävi Johnstonea vastaan oli strategisesti järkevä koskien niin hänen hyökkäystänsä Porto Prayaan ja nopeutta, jolla hän pääsi heidän kummankin yhteiseen päämäärään; kun taas kaksi epäonnistumista, jotka Rodney koki pyrkiessään pysäyttämään saattueet Martiniquelle 1780 ja 1782, niin vaikka hän oli saanut tiedon niiden saapumisesta, niin tuli olemaan vaikeata olla paikassa odottamassa, jopa kun saapumispaikka oli tiedossa.

Millä tahansa sotaretkellä merelle on vain kaksi kiinteätä pistettä; sen lähtöpaikka ja sen saapumispaikkaa. Jälkimmäinen voi olla viholliselle tuntematon; mutta purjealusten aikana tietyn sotilaallisen voiman läsnäolo satamassa ja viittaukset sen lähdön syyhyn tulivat pian, jolloin sen kohde saatettiin olettaa. Se saattoi antaa hetken joko viholliselle sellaisen liikkeen pysäyttämiseen; mutta se enemmän etenkin ja yleisesti tarpeellista puolustukseen, sillä monissa paikoissa kohdeosapuoli oli alttiina hyökkäykselle, jolloin hänen oli mahdotonta tietää, että mikä alue oli uhattuna; siten hyökkäys eteni täydellä tietämyksellä kohteeseensa, jos vihollista pystyttiin hämäämään. Saarron tärkeys estää sellainen sotaretki tuli yhä selvemmäksi, kun aika pitäisi jakaa kahden tai useamman sataman välillä; olosuhde, josta saattoi helposti nousta esiin, kun yksittäiset telakat olivat riittämättömiä varustamaan niin paljon aluksia vaaditussa ajassa, tai kun niin kuin käsitellyssä sodassa, liittolaisvaltiot varustivat erillisiä yksiköitä. Estääkseen näiden voimien yhdistymisen oli äärimmäisen tärkeätä ja missään niin ei voitu toimia samalla varmuudella kuin satamien edustalla, josta niistä yksi tai toinen pyrkisi lähtemään merelle. Puolustus, siten hyvin nimensä mukaisesti oli oletettavasti heikompi ja siksi oli olemassa enemmän taipuvainen hyödyntämään sellaista heikkoutta kuin vihollisen voimien jakamista. Rodney vuonna 1782 Santa Lucian edustalla tarkkaillessaan ranskalaista yksikköä Martiniquen edustalla pyrkien estämään sen liittymisen yhteen espanjalaisten kanssa Cap Francaisissa, niin oli tapahtuma, jossa hän omasi oikean strategisen sijainnin; ja jos saaret olisivat sijainneet niin, että ne olisivat saaneet hänen olemaan ranskalaisten ja heidän päämääränsä välissä sen sijaan, että hän oli näiden takana, niin mikään ei olisi voinut olla paremmin hänen kannaltansa. Kuten sanotaan, niin hän toimi parhaiten silloin vallinneissa olosuhteissa.

Puolustus, joka on heikompi, niin ei voi koettaa kaikkien satamien saartamista, joissa vihollisen yksiköt ovat ilman hänen aikomustansa olemalla heikompi sotavoima jokaisen sataman edustalla. Tämä tarkoittaisi keskeisen sodankäynnin periaatteen laiminlyömistä. Jos hän oikein päättää olla toimimatta näin, mutta sen sijaan kokoaa ylivoimaisen voiman yhden tai kahden sataman edustalle, niin silloin tulee tarpeelliseksi päättää mitä niistä tulisi vahtia ja minkä vartiointi tulisi lyödä laimin; kysymys, jonka ympärillä koko sodankäynnin toimintatapa pyörii sen jälkeen, kun on ymmärretty kaikki pääolosuhteet sotilaallisessa, taistelumoraalisessa ja taloudellisessa mielessä joka puolella.

Englanti hyväksyi puolustuksellisen toiminnan tarpeellisuuden 1778. Se oli periaate, joka oli paras Englannin laivastoviranomaisille aikaisempina aikoina koskien Hawkea ja hänen aikalaisiansa, että Britannian laivaston vahvuuden tulisi olla yhtä suuri kuin Bourbonien kuningaskuntien yhdistyneiden laivastojen vahvuuden; olosuhde, jossa parempi laatu miehistöissä ja suurempi merenkulkusta elinkeinonsa saava väestö, josta se voitaisiin koota, niin tosiasiassa antaisi sille tosiasiassa ylivoimaisen voiman. Tätä varotoimia kuitenkaan ei noudatettu myöhempinä vuosina. Se ei ole tämän keskustelun seurausta, että johtuiko se tehottomuudesta hallinnossa niin kuin vastustajat ovat väittäneet vai heikentyneestä taloudellisesta tilanteesta, johon usein edustukselliset hallitukset joutuvat rauhan aikana. Tosiasiaksi jää se, että riippumatta ikävästä todennäköisyydestä, että Ranska ja Espanja liittyisivät sotaan, niin Englannin laivasto oli lukumääräisesti alivoimainen suhteessa liittolaisiin. Se, mitä on kutsuttu tilanteen strategiseksi piirteeksi, kotitukikohtia ja toissijaisia tukikohtia ulkomailla, niin etu oli kokonaan sillä. Sen asema, jos ei vahvempi, sillä itsellä, niin oli ainakin parempi maantieteellisen sijainnin suhteen strategiseen vaikutukseen; mutta toinen keskeinen asia sodassa, organisoitu sotilaallinen voima tai laivasto, joka olisi riittävä sotilaallisiin hyökkäyksiin, niin se Englanti oli sallinut tulla alivoimaiseksi. Se vain jäi siksi sen vuoksi, että sellaisen alivoiman käyttö sellaisella taidolla ja innolla, että se haittaisi vihollisen suunnitelmia pääsemällä ensiksi merelle ottaen asemansa taidolla ja odottaen heidän aikeitansa suuremmalla liikkeiden nopeudella, häiriten heidän yhteyksiään kohteisiinsa ja kohtaamalla vihollisen tärkeimmät yksiköt ylivoimalla.

On riittävän selvää, että sellaisen sodan käyminen kaikkialla paitsi Amerikan mantereella riippui Euroopan emämaista ja suorasta yhteydestä niiden kanssa. Amerikkalaisten lopullinen lyöminen myöskään ei ollut suoraa sotilaallista ponnistelua, vaan väsyttämistä, joka oli todennäköistä, jos Englanti jäisi koskemattomaksi niin, että sen se voisi käyttää kaupankäyntiänsä ja teollisuuttansa tukeakseen laivastonsa ylivoimaista vahvuutta. Tämän voiman se saattoi laittaa vihollisiaan vastaan, jolloin se antoi sille helpotusta liittolaisten laivastojen paineessa; ja helpotusta se saisi, jos se saavuttaisi ratkaisevan ylivoiman, ei vain materiaalisesti, vaan myös moraalisesti, jollainen sillä oli 20 vuotta myöhemmin. Koskien liittolaisten hoveja, joiden taloudellinen heikkous oli hyvin tunnettu, niin niiden täytyi luopua kamppailusta, jonka tarkoitus oli heikentää Englanti heikompaan asemaan, johon se pyrittiin lyömään. Sellainen ylivoima kuitenkin saavutettaisiin vain taistelemalla; näyttäen sen huolimatta lukumääräisesti heikkoudesta, sen merimiesten taidoista ja sen vaurauden tuomista voimavaroista sallivat sen hallituksen käyttää niitä voimia viisaasti, jolloin sillä oli tosiasiassa ylivoima sodan ratkaisevissa paikoissa. Se ei koskaan voisi jakaa linjalaivoja kaikkialle maailmaan altistaen riskille, että ne lyötäisiin yksitellen, kun se pyrkisi suojelemaan kaikkia hyökkäyksille alttiita paikkoja sen hajanaisessa valtakunnassa.

Avain tilanteeseen oli Euroopassa ja Euroopassa nimenomaan vihamieliset telakat. Jos Englanti ei pystynyt, kun se tajusi tilanteen, saamaan aikaan Euroopassa maasotaa Ranskaa vastaan, niin sen ainoa toivo oli löytää ja tuhota vihollisen laivasto. Missään sen löytäminen ei ollut varmempaa kuin sen kotisatamissa; missään se ei ollut niin helposti kohdattavissa kuin sen jälkeen, kun olisi lähtenyt satamistansa. Tämä saneli Englannin politiikan Napoleonin sodissa, kun sen laivaston ylivoimainen taistelutahto oli niin tunnustettu tosiasia, että se uskalsi taistella alivoimalla yhdistettyjä uhkia vastaan, joita olivat meren kaikki vaarat, sekä lukumääräisesti ylivoimaiset ja hyvin varustetut alukset, jotka olivat hiljaisina ankkuripaikoillaan. Kohdatessaan tämän kaksinkertaisen riskin se saavutti kaksinkertaisen edun pitämällä vihollisen silmiensä edessä ja vieden pois sen tehokkuuden helpolla elämällä satamassa, kun taas sen omat upseerit ja merimiehet karaistuivat säännöllisissä purjehduksissa täydelliseen valmiuteen joka käskyllä toimien omilla voimillaan. ”Meillä ei ole syytä”, julisti amiraali Villeneuve 1805, toistaen keisarin sanoja, ”pelätä näkyä englantilaisesta laivueesta. Heidän 74-tykkisissään ei ole viittäsataa miestä mukana; ne ovat kärsineet kahden vuoden purjehduksistansa.” [235] Kuukautta myöhemmin hän kirjoitti: ”Toulonin laivue vaikuttaa olevan erittäin hyvässä kunnossa satamassa, miehistö on hyvin vaatetettu ja harjoitettu; mutta niin pian kuin myrsky tuli, niin kaikki muuttui. Heitä ei ole harjoitettu myrskyjä varten.” [236] ”Keisari”, sanoi Nelson, ”huomaa nyt, että jos keisari kuulee totuuden, että hänen laivastonsa kärsii yhtenä

yönä enemmän kuin laivastomme yhden vuoden aikana... Nämä
herrasmiehet eivät ole tottuneet hurrikaaneihin, joista olemme selvinneet 21
kuukauden ajan niin, että emme ole menettäneet yhtään mastoa tai
raakapuuta." [237] Täytyy myöntää kuitenkin, että rasitus oli valtava niin
miehille kuin aluksille ja monet englantilaiset upseerit huomasivat
rasituksen olevan argumentti olla pitämättä heidän aluksiansa vihollisen
rannikon läheisyydessä." Jokaisen iskun, jonka kestämme", kirjotti amiraali
Collingwood, "niin se vähentää maamme turvallisuutta. Viimeisimmän
purjehduksen aikana viisi suurta alustamme rampautui ja kahdelle muulle
niin tapahtui myöhemmin; useita muita täytyi viedä telakoille." "Tuskin
tiedän, millaisia öitä tulee olemaan näiden kahden kuukauden aikana", hän
kirjoitti taas; "tämä jatkuva purjehtiminen näyttää minusta olevan yli
inhimillisten voimien. Calder on heikentynyt varjoksi itsestänsä aika
heikkona ja minulle on kerrottu, että Gravesin tilanne ei ole paljoakaan
parempi." [1] Hyvin ammattimainen mielipide lordi Howelta myös vastusti
tuota käytäntöä.

Miehiin ja aluksiin kohdistuneen rasituksen lisäksi täytyy
myöntää, että mikään saarto ei voinut varmuudella estää vihollisen laivaston
poistumista. Villeneuve pääsi pakoon Toulonista, Missiessy Rochefortista.
"Olen täällä vahtimassa ranskalaista laivuetta Rochefortissa", kirjoitti
Collingwood, "mutta minusta tuntuu siltä, että ei ole mitään käytännöllistä
keinoa estää sitä purjehtimasta pois; ja silti, jos he pääsevät ohitseni, niin
tulen olemaan äärimmäisen nolo... Ainoa asia, joka voi estää heitä
purjehtimasta, niin on se, että he voivat törmätä meihin, kun he eivät voi
tietää tarkasti, missä me olemme." [238]

Joka tapauksessa rasitukset kestettiin. Englantilainen
laivasto kahlitsi Ranskan ja Espanjan laivastoja; menetyksen korvattiin;
alukset korjattiin; kun yksi upseeri menetettiin tai väsyi pois
asemapaikallaan, niin toinen otti hänen virkansa. Tiukka vartiointi Brestin
luona rikkoi keisarin suunnitelmat; Nelsonin tarkkaavaisuus huolimatta
epätavallisista vaikeuksista, niin sitä tarkkaili Toulonin laivasto, joka sen
lähtöhetkestä purjehti Atlantin poikki ja takaisin Euroopan rannoille. Se oli
kauan ennen kuin laivastot ottivat yhteen, ennen kuin strategia astui syrjään
ja taktiikat täydensivät työn Trafalgarilla; mutta askel toisensa jälkeen ja
asemapaikalta toiseen karskit, mutta kurinalaiset merimiehet ruosteisilla ja
kärsineillä, mutta hyvin käsitellyillä aluksillaan estivät heidän
kouluttamattomien vihollistensa jokaisen liikkeen. Koottuna jokaisen
vihollisen asevaraston eteen ja sidottuna yhteen ketjuilla pienempiin
aluksiin, niin he saattoivat epäonnistua nyt ja taas pysäyttääkseen iskun,

mutta he tehokkaasti pysäyttivät kaikki suuret suunnitelmat, mitä oli vihollisen laivueilla.

Vuoden 1805 alukset olivat tosiasiassa samoja kuin alukset vuonna 1780. Ne olivat epäilemättä kehittyneet ja niitä oli paranneltu; mutta muutokset olivat asteittaisia, eivät laajamittaisia. Eikä asia ollut pelkästään niin, vaan laivastot 20 vuotta aikaisemmin Hawken ja hänen toveriensa komennossa, olivat uskaltaneet viettää talvet Biskajanlahdella. "Siitä ei ole olemassa Hawken kirjeenvaihdossa", sanoo hänen elämänkertansa kirjoittaja, "että olisi pienintäkään viittausta, että hän itse hetkeäkään epäili, että se ei olisi mahdollista, mutta hänen velvollisuutensa pysyä merellä jopa talven myrskyjen läpi ja että hänen pitäisi pian pystyä tekemään 'sitä koskeva työnsä'." [239] Jos huomautetaan, että Ranskan laivasto tila oli parempi, sen upseerien luonne ja koulutus korkeampi, niin Hawken päivien kuin Nelsonin aikana, niin se tosiasia täytyy myöntää; joka tapauksessa amiraliteetti ei voinut olla pitkää aikaa tietämätön sellaisten upseerien määrästä, josta oli pulaa, joka vaikutti vakavasti palvelukseen aluksien kansilla ja merimiespulaa tarpeen vaatiessa paikattiin täydennysvoimilla käyttäen sotilaita. Kun kyse oli Espanjan laivaston henkilöstöstä, niin ei ollut syytä uskoa, että olisi ollut parempi kuin 15 vuotta myöhemmin, kun Nelson puhuessaan Espanjan antavan tiettyjä aluksia Ranskalle, niin sanoi, "Otan sen itsestäänselvyytenä, että niissä ei ole miehistönä espanjalaisia, sillä se olisi varmin tapa menettää ne alukset taas."

Tosiasiassa oli kuitenkin liiankin selvää ilman tarvetta väitellä, että varmin tapa heikommalle osapuolelle neutralisoida vihollisen alukset, oli vartioida niitä niiden satamissa ja taistella niitä vastaan, jos ne koettaisivat lähteä satamistansa. Ainoa vakavaa vastalause sille toiminnalle Euroopassa oli voimakkaan myrskyinen sää Ranskan ja Espanjan rannikoilla, etenkin talven pitkien öiden aikana. Se ei tuonut mukanaan vain suoraa onnettomuutta, johon vahvat ja hyvin hoidetut alukset harvoin joutuivat, vaan jatkuvaa rasitusta, jota mikään taito ei pystynyt estämään ja siksi tarvittiin suuri reservi aluksia vapauttamaan ne, jotka lähettäisiin takaisin korjauksia tai miehistön täydentämistä varten.

Ongelma tulisi paljon yksinkertaisemmaksi, jos saartava laivasto voisi löytää itsellensä sopivan ankkuripaikan sen reitin sivustalta, jota vihollisen täytyi käyttää niin kuin Nelson vuosina 1804 ja 1805 käytti Maddalenanlahtea Sardiniassa vahtiessaan Toulonin laivastoa; askel, johon hän oli pakotettu siksi, että useat hänen aluksensa olivat niin huonossa kunnossa. Sir James Saumarez vuonna 1800 jopa käytti Douarnenezinlahtea Ranskan rannikolla vain noin 8 kilometrin päässä Brestistä etelään ankkuripaikkana laivastollensa kovien myrskyjen aikana. Asemapaikkoja Plymouthissa ja Torbayssa ei voitu siinä mielessä pitää riittävinä; ei samalla tavalla kuin Maddalenanlahtea, joka oli vihollisen reitin sivustalla, mutta niin kuin Santa Lucia, ne olivat tuon reitin takana. Joka tapauksessa Hawke osoitti, että ahkeruus ja hyvin hoidetut alukset saattoivat voittaa sen haitan niin kuin Rodney myös osoitti vähemmän myrskyisellä asemapaikallaan.

Käytössä olevien alusten käyttäminen tarkasteltaessa vuoden 1778 sotaa kokonaisuudessaan, niin Englannin hallitus piti heidän ulkomaiden yksikkönsä Amerikassa ja Länsi- ja Itä-Intiassa tasaväkisinä vihollistensa kanssa. Tiettyinä aikoina tosiaan asia ei ollut niin; mutta puhuttaessa yleisesti alusten käyttämisestä, niin tämä lausunto on oikea. Euroopassa päinvastoin ja mainitun politiikan seurauksena brittilaivastolla oli tapana olla paljon heikompi kuin laivastoilla, jotka olivat ranskalaisissa ja espanjalaisissa satamissa. Siten voitiin toimia hyökkäävästi vain hyvin suurella huolellisuudella ja hyvällä onnella kohdata vain osa vihollisista; ja jopa siten, että kallis voitto, ellei se olisi ratkaiseva, niin sen kanssa tulisi suuri riski, että sen seurauksena olisi siihen osallistuneiden alusten väliaikainen kyvyttömyys toimia. Siitä seurasi, että englantilaisten koti (tai Kanaali) laivasto, josta myös riippui yhteydet Gibraltarille, niin sitä käytettiin hyvin taloudellisesti niin taisteluissa kuin sääolosuhteissa, ja se oli sidottu puolustamaan kotimaan rannikkoa tai sotatoimiin vihollisen huoltoyhteyksiä vastaan.

Intia on niin kaukana, että mitään poikkeusta ei voida tehdä politiikassa sen suhteen. Sinne lähetetyt alukset pysyivät siellä, eikä niitä voitu nopeasti täydentää tai kutsua kotiin yllättävissä hätätilanteissa. Se sotatoimialue tuli toimeen omillaan. Sen sijaan Eurooppaa, Pohjois-Amerikkaa ja Länsi-Intiaa saatettiin pitää yhtenä suurena sotatoimialueena, kun niissä tapahtumat olivat keskenään riippuvaisia ja niiden eri osat olivat läheisessä vuorovaikutuksessa keskenään enemmän tai vähemmän merkitsevästi, johon tulisi kiinnittää asianmukaista huomiota.

Olettaen, että laivastot yhteyksien vartijoina olivat keskeisiä tekijöitä sodassa ja voimanlähde niin laivastojen kuin huoltovirran suhteen, jota kutsutaan meriyhteyksiksi, joka oli peräisin emämaasta ja oli keskitetty se tärkeimpiin asevarastoihin: Ensimmäiseksi tärkeä ponnistelu voiman suhteen koskien puolustusta Isossa-Britanniassa, niin sen olisi pitänyt keskittää voimansa noiden varastojen eteen; ja toiseksi, että se voisi keskittää voimansa sillä tavalla, niin yhteyslinjoja ulkomaille ei pitäisi tarpeettomasti laajentaa siten yli lyhimmän tarpeellisen matkan, sillä yksiköitä tarvittaisiin vartioimaan niitä. Läheisesti yhdessä viimeisen huomion kanssa oli vahvistamisen velvollisuus linnoittamalla tai muuten vahvistaa tärkeittä paikkoja, joihin yhteyslinjat johtivat, jotta ne paikat eivät olisi riippuvaisia millään tavalla laivastosta niiden suojelemisen suhteen, vaan vain huollosta ja sinne saatavista täydennysvoimista ja niitä tulisi järkevissä aikaväleissä. Gibraltar esimerkiksi hyvin täyttää nämä ehdot ollen käytännössä valloittamaton ja varastoiden huoltoa hyvin pitkäksi aikaa.

Jos nämä perustelut ovat oikeita, niin englantilaisten asemat Amerikan mantereella olivat hyvin virheelliset. Pitäen hallussaan Kanada mukaan lukien Halifax, New York ja Narragansett Bay, ja sen lisäksi Hudson-joen muodostama linja oli heidän otteessaan, niin heillä oli voimaa eristää suuri, kenties ratkaiseva osa kapinoivista alueista. New York ja Narragansett Bay olisivat käyttökelvottomia Ranskan laivastolle siten taaten varuskuntien turvallisuuden hyökkäyksiä vastaan mereltä ja minimoiden laivaston tehtäviä; kun taas jälkimmäinen löytäisi turvallisen tukikohdan siinä tapauksessa, että vihollisen voimat välttäisivät vartioivan englantilaisen laivaston eurooppalaisten asevarastojen edustalla ja ilmaantuen rannikolle. Sen sijaan, että olisi toimittu näin, niin nämä kaksi satamaa jätettiin heikoiksi ja ne olisivat sortuneet Nelsonin tai Farragutin kaltaisen miehen edessä, kun taas armeija New Yorkissa jaettiin kaksi kertaa kahtia, ensiksi Chesapeakea varten ja myöhemmin Georgiaan, jolloin kumpikaan erillinen sotajoukko eivät olleet riittävän suuria suhteessa niiden edessä oleviin tehtäviin. Meren hallintaa siten käytettiin kummassakin tapauksessa saada vihollinen laittamaan voimansa jaettujen englantilaisten maajoukkojen väliin, kun taas jälkimmäiset, joita ei ollut jaettu, niin eivät olleet onnistuneet ottamaan haltuunsa maastoa, jota niille tarjottiin. Kun yhteydet kahden armeijan osan suhteen riippuivat täysin merestä, niin laivaston velvollisuus kasvoi, kun yhteyslinjojen pituutta kasvatettiin. Tarve suojella merisatamia ja pidentää yhteyslinjoja siten vaati merivoimien vahvistuksia Amerikkaan ja heikensi suhteessa laivastovoimia ratkaisevissa paikoissa Euroopassa. Tästä eteläisen sotaretken suora seuraus oli Narragansett Bayn hylkääminen, kun d´Estaing ilmestyi rannikolle vuonna 1779, sillä Clintonilla ei ollut tarpeeksi voimaa puolustaa sitä ja New Yorkia. [240]

Länsi-Intiassa Englannin hallituksen ongelma ei ollut kukistaa kapinoivat alueet, vaan säilyttää lukumäärältänsä pieni joukko hedelmällisiä saaria; pitääkseen ne hallussaan ja säilyttääkseen niiden kaupankäynnin niin vapaana kuin mahdollista; pitääkseen niiden omistajuuden itsellään ja ylläpitääkseen niiden kaupan niin vapaana kuin mahdollista vihollisen hyökkäyksiltä. Ei ole tarvetta toistaa, että se vaati meren hallintaa niin vihollisen laivastoja kuin yksittäisiä risteilijöitä, "kauppalaivojen tuhoajia" vastaan, niin kuin niistä nyt puhutaan. Kun millään valppaudella niitä kaikkia ei voida sulkea satamiinsa, niin Länsi-Intian vesillä täytyi partioida brittiläisiä fregatteja ja kevyempiä aluksia; mutta olisi ollut varmasti parempaa, jos mahdollista, niin pitää Ranskan laivasto kokonaan poissa kuin pysäyttää se Britannian laivastolla siellä, jolloin oli saatavissa vain yhtä suuri voima ja oli mahdollisuus joutua vaaraan niin kuin usein tapahtui alivoimalla. Britannia tosiasiassa menetti yhden toisensa jälkeen useimmista saaristansa yllättävien hyökkäyksien toimesta ja eri aikoina se laivasto oli turvassa satamiensa tykkien suojissa; kun taas vihollinen, missä tahansa se huomasikin olevansa alivoimainen, niin pystyi odottamaan täydennysvoimia tietäen, että sillä ei ollut mitään pelättävää odottaessaan niitä. [241]

   Eikä tämä nöyryytys vain koske Länsi-Intiaa. Saarten läheisyys suhteessa Amerikan mantereeseen teki aina mahdolliseksi hyökkäyksen yhdistää laivastonsa kahdelta alueelta ennen kuin puolustajilla olisi mahdollisuutta olla varmoja hänen aikeistansa; ja vaikka sellaisilla suunnitelmilla hallittiinkin jossain määrin tiettyjä hyvin ymmärrettyjä olosuhteita sään ja vuodenaikojen suhteen, niin tapahtumat vuosina 1780 ja 1781 näyttivät, että hämmennys siitä syystä sai kyvykkäimmänkin englantilaisen amiraalin, jonka voimien sijoittaminen, vaikkakin virheellinen, heijasteli hänen mielessään olevia epävarmuustekijöitä. Kun tämä nöyryytys, joka on yleistä kaikissa puolustamiseen liittyvissä tapauksissa, niin siihen lisätään suuri huolellisuus brittiläisen kaupankäynnin suhteen, josta imperiumin kukoistus suurelta riippui, niin täytyy todeta, että brittiläisen amiraalin työ Länsi-Intiassa ei ollut helppoa tai yksinkertaista.

   Euroopassa Englannin itsensä ja Gibraltarin turvallisuutta suuresti vaaransi näiden suurten yksiköiden oleskelu läntisellä pallonpuoliskolla, joka myös saattoi olla syy Menorcan menetykseen. Kun 66 liittolaisten linjalaivaa kohtasi 35 englantilaista linjalaivaa, jotka Englanti saattoi kutsua kokoon ja ajaa ne satamistansa, niin silloin tuli todeksi Kanaalin hallinta, jolla Napoleonista oli tullut epäilemättä Englannin valtias. Kolmenkymmenen päivän ajan 30 alusta, jotka muodostivat ranskalaisen yksikön, niin olivat risteilleet Biskajanlahdella odottaen hitaiden espanjalaisten saapumista, mutta niitä ei Englannin laivasto häirinnyt. Gibraltar oli taas tuotu nälkäkuoleman partaalle siksi, että sen yhteydet Englantiin olivat vaarassa; ja sen pelastus ei tapahtuisi siksi, että Englannin laivasto olisi sopivasti sen hallituksen käytössä, vaan englantilaisten upseerien taidon ja espanjalaisten tehottomuuden takia. Suuren lopullisen helpotuksen toi lordi Howen laivasto, jonka vahvuus oli vain 34 alusta suhteessa liittolaisten 49 alukseen.

Jota sitten vaikeuksien kautta, joita Englanti kohtasi, oli parempi tapa toimia; mutta se salli viholliselle vapaan poistumisen satamistansa ja matkata kohdatakseen sen voimat riittävillä laivastovoimilla jokaisella vaaroille alttiilla asemapaikalla tai yrittää vartioida asevarastojansa kotimaassa kaikissa tilanteeseen liittyvissä vaikeuksissa ei vain turhan toivon kanssa pyrkien estämään jokaisen hyökkäyksen tai pysäyttää jokaisen saattueen, vaan odottaen turhautuneena suurempia suunnitelmia ja seuraten tiiviisti mitä tahansa suurempaa laivastoa, joka pääsi pakoon? Sellaista vartiointi ei pidä luoda saarrolla, jota käytetään jatkuvasti, mutta ei kovinkaan tarkasti soveltaen siihen. ”Pyydän ilmoittamaan teidän korkeudellenne”, kirjoitti Nelson, ”että en ole koskaan saartanut Toulonin satamaa; tilanne on täysin päinvastainen. Kaikki mahdollisuudet on annettu viholliselle tulla merelle, sillä toivomme, että tulisivat toimimaan noilla tavoilla ja odotuksilla maatamme kohtaan.” ”Mikään”, hän sanoo uudestaan, ”ei koskaan pidä Ranskan laivastoa Toulonissa tai Brestissä, kun sillä on halua tulla sieltä pois”; ja vaikka tuo lausunto on hieman liioitteleva, niin on totta, että yritykset sulkea laivastot satamiin ovat olleet toivottomia. Mitä Nelson odotti pysyessään lähellä heidän satamiansa, niin kun hänellä oli käytössään tarpeeksi vartioaluksia asianmukaisesti sijoitettuina, niin oli tietää, milloin he lähtisivät purjehtimaan ja mihin suuntaan he menisivät tarkoittaen käyttäen omaa sanontaansa, että hän ”seuraisi heitä vastakkaisiin suuntiin”. ” Minut on saatu uskomaan”, hän kirjoitti toisena aikana, ”että Ferrolin laivue Ranskan aluksia tulee pyrkimään Välimerelle. Jos se liittyy Toulonin voimiin, niin se tulee olemaan ylivoimainen meihin verrattuna ja Pellew (joka komensi englantilaista laivuetta Ferrolin edustalla) niin tulee pian heidän jälkeensä paikalle.” Niin tapahtui tarpeeksi usein pitkittyneen sodan aikana, että yksiköt ranskalaisia aluksia pakeni hyödyntäen säätä, saartavan laivaston väliaikaista poissaoloa tai virhearviota sen komentajan taholta; mutta hälytys annettiin nopeasti, kun jotkut useista fregateista huomasivat heidät ja seurasivat heitä heidän todennäköisen tavoitteensa suuntaan viestittäen sanan paikasta toiseen ja laivastolta toiselle ja pian samankokoinen yksikkö kuin heillä oli, niin seurasi heitä ”vastakkaiseen suuntaan” jos siihen oli tarvetta. Kuten oli tavanomaista Ranskan laivastossa Ranskan hallituksen toimesta, niin heidän sotaretkensä eivät olleet taistelua vihamielistä

laivastoa vastaan, vaan niillä oli "toiset tavoitteet", jolloin vihainen surina ja
kiivas takaa-ajo suoraan seurasivat heitä ollen kaukana edistävästä
häiriintymättömästä ja järjestelmällisestä suunnitelmien toteuttamisesta,
jopa yhden laivastoyksikön toimesta; kun taas suuret suunnitelmat olivat
riippuvaisia yksiköiden yhdistämisestä eri satamista, niin ne olivat täysin
tappavia. Bruixin seikkailullinen purjehdus Brestistä 25 linjalaivalla 1799,
jolloin nopeus, jolla tieto siitä levisi, niin sai aikaan toimintaa ja yksittäiset
englantilaisten virheet, ranskalaisten suunnitelmien häirintä [242] ja takaa-
ajon läheisyys [243], Missiessyn pako Rochefortista 1805, Willaumezin ja
Leisseguesin yksiköiden lähtö Brestistä 1806; kaikki nämä voidaan nimetä
mukaan lukien suuri Trafalgarin sotaretki, joka on mielenkiintoista
tutkimista laivastostrategian suhteen seuraten täällä ehdotettuja
tutkintalinjoja; kun taas vuoden 1798 sotaretki huolimatta sen loistavasta
päätöksestä Niilin luona, niin sen suhteen voidaan viitata tapaukseen,.
jolloin melkein tapahtui epäonnistuminen johtuen siitä, että englantilaisilla
ei ollut sotavoimaa paikalla Toulonin edustalla, kun sotaretki lähti merelle
ja Nelsonilla oli riittämättömästi fregatteja käytössään. Ganteaumen 9
viikon purjehdus Välimerelle vuonna 1808 myös osoitti vaikeutta hallita
laivastoja, joiden oli sallittu tulla ulos niin, että niitä ei vartioitu
voimakkaalla laivastoyksiköllä, jopa niin kapeissa vesissä.

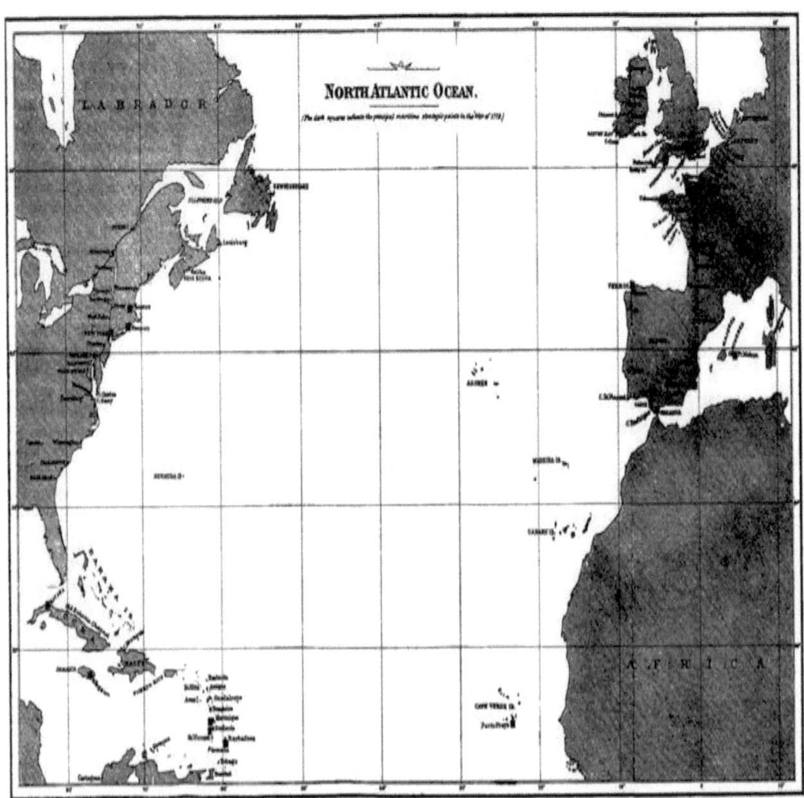

Pohjoisen Atlantin kartta,

Mihinkään yhtäläisyyksiin ei voida viitata vuoden 1778 sodan suhteen, vaikka vanha monarkki ei peitellytkään laivastojensa liikkeitä salaisuuksin, joita pani myöhemmin toimeen keisarikunnan tiukka sotilaallinen despotismi. Kummassakin tilanteessa Englanti toimi puolustuksellisesti; mutta aikaisemmassa sodassa se luopui aikaisemmin ensimmäisestä puolustuslinjastansa vihamielisten satamien edustalla ja koetti suojella kaikkia osia sen hajanaisesta imperiumistansa jakamalla laivastonsa niiden osien kesken. On yritetty näyttää yhden toimintatavan heikkous, kun taas myönnetään vaikeudet ja vaarat, jotka kuuluvat toiseen toimintatapaan. Jälkimmäisen tavoitteet lyhentää ja ratkaista sota joko sulkemalla tai pakottamalla vihamielinen laivasto taisteluun, niin tunnistaa tämän olevan avain siihen tilanteeseen, kun meri heti yhdistää ja erottaa sotatoimialueen eri osia. Se edellyttää laivastoa, joka on yhtä vahva ja ylivoimainen tehokkuudeltansa, jolla se rajoitetulla toiminnallaan kaventaa olosuhteita, jotka sallivat keskinäisen tuen laivueiden kesken, jotka ovat sen kohteita. Niin jaoteltuna luottaen taitoon ja valppauteen pysäyttää tai ottaa kiinni mikä tahansa vihollisen yksikkö, joka on päässyt merelle. Se puolustaa kaukaisia omia alueita ja kaupankäyntiä hyökkäyksellisellä toiminnalla laivastoa vastaan, jota se pitää todellisena vihollisenaan ja omana pääkohteenansa. Ollen lähellä kotisatamiansa, niin apuvoimat ja tuki alusten korjaamisen suhteen ovat saavutettavissa pienimmällä ajanmenetyksellä, kun taas vähäisemmät voimavarat tukikohtien suhteen ulkomailla ovat vähentyneet. Toinen tapa toimia tehokkaasti on kutsua ylivoima paikalle, sillä eri yksiköt ovat liian kaukana toisistansa antaakseen keskinäistä tukea. Jokaisen niistä täytyy siten olla tasaväkinen suhteessa mihin tahansa todennäköiseen suunnitelmaan sitä vastaan, joka viittaa ylivoimaan kaikkialla, missä vihollista halutaan vastustaa, jolloin jälkimmäistä voidaan odottamatta vahvistaa. Kuinka mahdotonta ja vaarallista sellainen puolustusstrategia on, kun ei ole ylivoimaa, niin se on näytetty jatkuvasti englantilaisten alivoiman kautta niin ulkomailla kuin myös Euroopassa huolimatta ponnisteluista olla tasaväkinen kaikkialla. Howe New Yorkissa 1778, Byron Grenadan luona 1779, Graves Chesapeaken luona 1781, Hood Martiniquen luona 1781 ja St. Kitts luona 1782 olivat kaikki alivoimaisia, kun taas samaan aikaan liittolaisten laivastot Euroopassa olivat ylivoimaisia suhteessa Englannin laivastoon. Tämän seurausta oli se, että merikelvottomat alukset pidettiin, jolloin ne olivat vaaraksi miehistöillensä ja aiheuttaen omalle puolellensa vahinkoa ja pikemmin pitäen ne kuin heikentäen omia voimia lähettämällä ne kotiin; sillä puutteet siirtokuntien telakoiden suhteen eivät sallineet tehdä laajoja korjauksia ylittämättä Atlanttia. Koskien näiden kahden strategian kuluja, niin kysymys ei ole vain siitä, että mikä tulisi olemaan kalliimpi samaan aikaan, vaan millä olisi taipumusta lyhentää sotaa sen tehokkaiden toimien kautta tositilanteessa.

Liittolaisten sotilaspolitiikka on avoin kovemmalle tuomitsemiselle kuin Englannin vastaava, sillä vaikka sen oletettiin olevan hyökkäävä osapuolena pyrkien saamaan edun puolustuksellisuudesta. Kun sen alkuvaikeudet voimien yhdistämisessä oli voitettu, ja nähtiin heti, että Iso-Britannia pyrki vakavasti haittaamaan heidän yhdistyneitä voimiansa; liittolaisille oli silloin jätetty avoin vaihtoehto, jonka mukaan he iskisivät missä, milloin ja kuinka käyttäen ylivoimaansa. Kuinka he sitten käyttivät tätä havaitsemisen arvoista valtavaa etuansa? He käyttivät sitä iskemällä brittiläisen imperiumin ulkolaidalle ja lyöden päätänsä Gibraltarin kallioon. Vakavimmat sotilaalliset ponnistelut teki Ranska lähettämällä Yhdysvaltoihin laivueen ja sotajoukon, jonka tarkoituksena oli kaksinkertaistaa niiden joukkojen määrä, jotka olivat tosiasiassa saapuneet päämääräänsä saaden aikaan hieman yli vuodessa avaten Englannin silmät kamppailun toivottomuudesta siirtokunnissa ja siten lopettaen sen voimien jakamisen, joka oli mitä edullisinta sen vastustajille. Länsi-Intiassa pikkusaari toisensa jälkeen valloitettiin yleensä Englannin laivaston poissaolon ansiosta, joka helposti näytti kuinka koko tilanne siellä olisi voitu ratkaista saavuttamalla ratkaiseva voitto siitä laivastosta; mutta ranskalaiset, vaikkakin heitä suosivat useat mahdollisuudet, niin eivät koskaan hakeneet sen solmun avaamista yksinkertaisesti hyökkäämällä niiden voimien kimppuun, josta kaikki siellä oli riippuvaista. Espanja meni omaa tietänsä Floridojen alueiden suhteen ja ylivoimaista sotilaallista voimaa käyttäen sai menestystä, jolla ei ollut sotilaallista arvoa. Euroopassa Englannin hallituksen käyttöönottama suunnitelma jätti sen merivoimat toivottomasti alakynteen heikommilla lukumäärillä vuosi toisensa jälkeen; silti liittolaisten suunnitelluissa sotatoimissa ei ollut vakavia aikeita tuhota sen merivoimia. Tärkeässä tilanteessa, kun Derbyn laivue, jossa oli 30 linjalaivaa, niin oli avoimella Torbayn redillä liittolaisten 49 linjalaivaa vastaan, niin sotaneuvoston päätös oli olla taistelematta, joka vain tukee yhdistyneiden laivastojen toiminnan luonnetta. Asia, joka lisää nolaa niiden ponnisteluja Euroopassa, niin Espanja pitkällä aikavälillä itsepäisesti sitoi laivastonsa Gibraltarin ympäristöön; mutta siellä ei ollut aikaa, jolloin olisi ollut käytännössä mahdollista iskeä kova isku Englannin laivastoon siinä salmessa, tai Englannin kanaalissa tai avomerellä, joka olisi ollut varmin tie kukistaa se linnoitus, kun se taas joutuisi näkemään nälkää.

Hyökkäyssotansa toteuttamisessa liittolaisten hovit kärsivät erilaisten neuvojen saamisista ja keskinäisistä kiistoistansa, jotka haittasivat suurinta osaa yhdistyneiden merivoimien liikkeistä. Espanjan toiminta näytti olevan itsekkyydessään melkein uskotonta Ranskalle, joka oli uskollisempi liittolaisellensa ja siksi sotilaallisesti järkevämpää; sillä kitkaton yhteistyö ja yhteiset ponnistelut yhteiseen tavoitteeseen, joka oli viisaasti valittu, niin olisi ollut parempi tapa toimia kummallekin heistä. Täytyy myöntää myös, että siinä kohdin oli viittauksia tehottomaan hallintoon ja puutteellisiin valmisteluihin liittolaisten osalta etenkin koskien Espanjaa; ja että *miehistöjen* laatu [244] oli heikompi kuin Englannilla. Kysymykset valmisteluista ja hallinnosta ovat kuitenkin syvällisessä sotilaallisessa ajattelussa ja tärkeydessä hyvin erilaisia kuin strategiset suunnitelmat tai keinot, joita liittolaisten hovit valitsivat käytettäviksi ja hyökkäyksiin kohteisiinsa ja siten heijastaa sodan tavoitteita; ja heidän tarkastelunsa ei vain ylety tähän keskusteluun kohtuuttomasti, vaan peittäisi pois strategiset kysymykset piilottaen tarpeettomat yksityiskohdat, jotka ovat vieraita sen aiheille.

Koskien strategisia kysymyksiä, niin voidaan sanoa ytimekkäästi, että sanonta "tosiasialliset tavoitteet" ruumiillistaa laivastopolitiikan kardinaalivirhettä. Tosiasialliset tavoitteet eivät tuoneet liittolaisille mitään uutta toivoa, sillä kääntämällä katseensa niihin, niin he ajattelematta ohittivat tien, joka olisi johtanut niihin. Halu innokkaasti pyrkiä niihin päämääriin; tai pikemminkin osaan niistä, joka vaikkakin oli suurta, niin heidän etunsa muodosti heidän päämääränsä; niin se sokaisi heidät keinoista, joilla yksin ne varmasti saavutettaisiin; siksi sodan lopputulos oli heille kaikkialla epäonnistuminen niiden saavuttamisessa. Kun taas lainataan aikaisempaa tiivistä ilmaisua, niin heidän tavoitteensa oli "kostaa kärsimänsä menetykset ja laittaa päätepiste tyrannimaiselle imperiumille, jota Englanti väitti ylläpitävänsä merillä". Kosto, jonka he saivat, oli heille itsellensä hedelmätön. He itse, niin kuin se sukupolvi ajatteli, olivat vahingoittaneet Englantia vapauttamalla Amerikan; mutta he eivät olleet hankkineet itsellensä oikeutta heille tehtyihin vääryyksiin koskien Gibraltaria ja Jamaikaa, kun Englannin laivasto ei saanut sellaista kohtelua, joka olisi vähentänyt sen ylimielistä itseriittoisuutta, pohjoisten valtioiden aseellisen puolueettomuuden oli sallittu kadota pois hedelmättömästi, ja Englannin valtakunta merten joka puolella tuli pian yhtä tyrannimaiseksi ja vielä absoluuttisemmaksi kuin aikaisemmin.

Sulkien pois kysymykset valmistautumisesta ja hallinnosta, niin liittolaisten laivastojen taistelukyky verrattuna Englannin laivastoon ja tarkastellen vain kiistatonta tosiasiaa koskien suurta ylivoimaa, niin täytyy huomata, että suurempi tekijä sotilaallisessa toiminnassa sodassa oli se, että liittolaisvallat olivat hyökkääjiä ja Englanti oli puolustaja, jolloin liittolaisten laivastojen ollessa läsnä Englannin laivasto toimi tapojensa mukaisesti puolustuksellisesti. Eivät suuret strategiset suunnitelmat, eikä taistelukentillä näkynyt mitään vakavaa tarkoitusta käyttää ylivoimaa murskata osa vihollisen laivasto, jolloin epätasapainosta lukumäärässä tulisi vieläkin suurempi laittaen siten lopun merien imperiumille tuhoamalla organisoitua merivoimaa, jota tarvitaan sen ylläpitämiseen. Ainoa loistava poikkeus tästä on Suffren, sillä muuten liittolaisten laivastot välttivät tai hyväksyivät taistelun, mutta eivät koskaan aloittaneet sitä. Silti niin kauan kuin Englannin laivaston sallittiin toimia rankaisematta merillä, niin siellä ei ollut turvallisuutta, vaan se myös häiritsi sotatoimien todellisia tavoitteita, jota se teki aina uudestaan, mutta oli olemassa mahdollisuus, että jokin onnekas sattuma voisi voittamalla tärkeän taistelun, palauttaa voimatasapainon. Se, että niin ei tapahtunut, niin sitä voi pitää Englannin hallituksen vikana; mutta jos Englanti oli väärässä salliessaan sen Euroopan laivaston heikentyä niin paljon liittolaisvaltojen alapuolelle, niin jälkimmäisiä voidaan silti moittia enemmän niiden kyvyttömyydestä hyödyntää sitä virhettä. Vahvempi osapuoli turvautuessaan hyökkäyksiin, niin ei voi vedota hämmennykseen siten, että vaikka se ei oikeuta, niin puolustuksen huoli aiheutui siitä, että se joutui jakamaan voimiansa useisiin eri paikkoihin.

Kansalliset ennakkoasenteet ranskalaisten keskuudessa, jotka ovat olemassa suoraan täällä kerrottujen toimien kanssa ja joita on viime kerralla arvosteltu, niin vaikuttaa siltä, että niiden kanssa niin hallitus kuin sen ajan laivastoupseerit olivat yksimielisiä. Avain kaikkeen oli kuitenkin Ranskan laivasto ja on tämän teoksen kirjoittajan mielipide, että se on syyRanskan epäonnistumiseen saavuttaa konkreettisempia lopputuloksia tästä sodasta. On ohjeistavaa niin kuin näyttää olevan perinteenä miesten mielissä, että suuri määrä suuria saavuttaneita ja rohkeita merimiehiä tulisi hyväksyä ilmeisesti ilman valituksia alempia rooli kuin heidän jalo ammattinsa sallii. Se toimii myös varoituksena, jos kaikki kritiikki on oikeata, että nykyiset mielipiteet ja asianmukaiset vaikutelmat tulisi aina kattavasti laittaa koetukselle; jos ne ovat virheellisiä, niin ne varmasti johtavat epäonnistumisiin ja kenties katastrofeihin.

On olemassa vaikutelma, jota suuresti pitivät yllä sen ajan ranskalaiset upseerit ja silti se on yhä laajemmin levinnyt nyt Yhdysvalloissa, että tehokas kaupankäynnin tuhoaminen on tärkein asia, johon tulisi tukeutua sodassa, etenkin kun se on kohdistettu sellaista kauppamahtia kuin Isoa-Britanniaa vastaan. "Varmin keino mielestäni", kirjoitti kunnostautunut upseeri Lamotte-Picquet, "voittaa englantilaiset, on hyökätä heidän kaupankäyntiänsä vastaan." Se häirintä ja hätä, jota aiheutetaan kansakunnalle sen kaupankäynnin vakavalla häiritsemisellä, niin sen myöntävät kaikki. Se on epäilemättä tärkein toissijainen tavoite merisodassa ja ei ole todennäköistä, että sitä hylättäisiin tavoitteena ennen kuin sota itse loppuisi; mutta koskien tärkeintä ja keskeisintä keinoa, joka on riittävä vihollisen murskaamiseen, niin se olisi luultavasti harhaa ja mitä vaarallisinta harhaa, joka esitettäisiin halpamaisuuden kaavussa ihmisille, jotka edustavat kansaansa. Etenkin se on harhaanjohtavaa kansaa kohtaan, jolla on hallussaan laajoja omistuksia niin kuin Isolla-Britannialla oli ja on, jolloin sillä on kaksi edellytystä voimakkaan merivallan tarpeelle; laajalle levinnyt terve kaupankäynti ja voimakas laivasto. Kun kansakunnan ja elinkeinoelämän tulot voidaan keskittää muutamaan aarrelaivaan niin kuin Espanjan galleonilaivastoon, niin sodan tukijänteet voidaan kenties katkaista yhdellä iskulla; mutta kun vauraus on jakaantunut tuhansiin tuleviin ja lähteviin aluksiin, niin järjestelmän juuret ovat levinneet laajalle ja kauas, sekä kaivautuneet syvälle, jolloin se voi kestää monia julmia iskuja ja menettää paljon sitä, mitä on ostettu ilman, että sen elinvoima siitä kärsisi. Vain merten sotilaallisella hallinnalla voidaan pidentää strategisten kaupankäynnin keskusten hallintaa, joihin sellainen hyökkäys olisi tappava; [245] ja sellainen hallinta voidaan saada vain käyttämällä voimakasta laivastoa taistelemiseen ja voittamiseen. Kahdensadan vuoden ajan Englanti on ollut suuri kauppamahti. Enemmän kuin mikään muu maa, niin se on uskonut vaurautensa merelle niin sodassa kuin rauhassa; silti kaikista kansakunnista se on kaikista haluttomin antamaan kauppaoikeuksia ja kauppasuojaa puolueettomille maille. Koskien asian oikeuksia, mutta tapana toimia, niin historia oikeuttaa tämän kieltäytymisen; ja jos se ylläpitää laivastoansa täydessä vahvuudessa, niin tulevaisuus tulee epäilemättä toistamaan menneisyyden opetuksia.

Sopimukset rauhan saamiseksi Ison-Britannian ja liittolaishovien välillä, joka toi tämän suuren sodan päätökseen, niin allekirjoitettiin Versaillesissa tammikuun 20. 1783, kun taas sopimus oli tehty Ison-Britannian ja Amerikan edustajien välillä kaksi kuukautta aikaisemmin, jossa Yhdysvaltain itsenäisyys tunnustettiin. Eurooppalaisten sodan osapuolten välillä Iso-Britannia sai takaisin Ranskalta kaikki Länsi-Intian saaret, jotka se oli menettänyt, paitsi Tobagon, ja luopui Santa Luciasta. Ranskan asemat Intiassa palautettiin; ja Trincomalee, joka oli ollut vihollisen omistuksessa, niin Englanti ei voinut kiistää sen palauttamista Alankomaille, mutta se kieltäytyi luovuttamasta Negapatamia. Espanjalle Englanti luovutti kummankin Floridan ja Menorcan, joista jälkimmäinen olisi ollut vakava menetys, jos Espanjalla olisi ollut tarpeeksi merivoimaa sen pitämiseen; kuten tapahtui taas, niin se joutui Ison-Britannian haltuun seuraavassa sodassa. Joitakin vähäarvoisia kauppapaikkoja myös jaettiin uudelleen Afrikan länsirannikolla.

Ne olivat vähäarvoisia itsessään, mutta tästä täytyy antaa kommentti koskien näitä järjestelyjä. Missä tahansa tulevassa sodassa niiden pysyvyys riippuu täysin tasapainosta merellä koskien merten imperiumeja, joista ei ole sanottu mitään ratkaisevaa koskien sitä sotaa.

Sitovat rauhansopimukset allekirjoitettiin Versaillesissa syyskuun 3. 1783.

Lähdeviitteet:

[231] Jurien de la Gravière: Guerres Maritimes, Vol. II. s. 255.

[232] Katso Atlantin karttaa tässä luvussa.

[233] Voidaan sanoa tässä ohimennen, että avaimet Englannin omistuksiin, joita kutsuttiin Länsi-Floridaksi (eng. West Florida) olivat Pensacola ja Mobile, jotka olivat riippuvaisia Jamaikan tuesta; olosuhteet maassa koskien purjehdusta ja yleistä sotaa mannermaalla niin esti tuen saamisen Atlantilta. Englantilaisten voimat, niin sotajoukot kuin laivastot Jamaikalla olivat riittäviä vain saaren ja sen kaupankäynnin puolustamiseen, eivätkä voineet antaa riittävää apua Floridalle. Jälkimmäisen ja Bahaman valloitus ei ollut vaikeata ylivoimaiselle espanjalaiselle sotavoimalle, jossa oli niin paljon kuin 15 linjalaivaa ja 7000 sotilasta, jotka lähetettiin Pensacolaa vastaan. Nämä tapahtumat eivät saa mitään muuta mainintaa. Niiden ainoa osuus yleisessä sodassa oli toimia tämän suuren voiman harhautuksena ollen siten poissa yhteissotatoimista ranskalaisten kanssa, joten niin täällä kuin Gibraltarille Espanja pyrki edistämään omia tavoitteitansa sen sijaan, että pyrkisi haittaamaan yhteisen vihollisen toimia; tämä tapa toimia oli yhtä lailla lyhytnäköistä kuin se oli itsekästä.

[234] Toisin sanoen harkittuaan tavoitteita, joita sodan osapuolilla oli sodassa ja asianmukaisia tavoitteita joihin niiden sotilaalliset ponnistelut olisi pitänyt ohjata päästäkseen niihin tavoitteisiin, niin keskustelussa nyt harkitaan, miten sotavoimia olisi pitänyt käsitellä; jolla tarkoitetaan missä vaiheessa olisi kohteen kimppuun, joka on liikkeessä, niin olisi hyökätty.

[235] Amiraali Villeneuven käskyt laivastonsa kapteeneille joulukuun 20, 1804.

[236] Villeneuven kirje tammikuulta 1805.

[237]Letters and Despatches of Lord Nelson.

[238] Life and Letters of Lord Collingwood.

[239] Burrows: Life of Lord Hawke.

[240] Tästä Rodney sanoi: "Rhode Islandin evakuointi oli mitä suurin virhe, joka saatettiin tehdä. Se merkitsi parhaan ja arvokkaimman amerikkalaisen sataman luovuttamista, josta laivueet 48 tunnissa saattoivat saarta kolme suurinta amerikkalaista kaupunkia, jotka olivat Boston, New York ja Philadelphia." Koko kirje, joka oli yksityinen amiraliteetin ensimmäiselle merilordille, niin on lukemisen arvoinen. (Life of Rodney, Vol. II. s. 429)

[241] Santa Lucian menetys ei ole haitaksi tälle toteamukselle siksi, että onnellinen uhkarohkeus ja taito englantilaisen amiraalin osalta ja ammattilaisen kyvyttömyys heikensi suuresti ylivoimaista ranskalaista laivastoa.

[242] Sotaretken juuret ovat johdettavissa Direktoraatin toimesta Bruixiin, sillä sitä hanketta oli mahdotonta toteuttaa: viivytys yhdistää ranskalaiset ja espanjalaiset laivueet mahdollisti Englannin keskittää 60 alusta Välimerelle; Troude, Vol. III, s. 158.

[243] Ranskan ja Espanjan yhdistyneet laivueet Bruixin komennossa saapuivat Brestiin paluumatkallaan vain 24 tuntia ennen Lordi Keithiä, joka oli seurannut niitä Välimereltä. (James: Naval History of Great Britain.)

[244] Monien ranskalaisten upseerien hyvin ammattimaisia saavutuksia ei katsota ylen tässä toteamuksessa. *Miehistön* laatua heikensi huonompilaatuinen aines johtuen siitä, että ei ollut tarpeeksi päteviä miehiä. "Aluksiemme *miehistöihin* vaikutti suuresti vuoden 1779 sotaretken tapahtumat. Vuoden 1780 alussa oli tarpeen joko riisua joitakin aluksia aseista tai kasvattaa suhteessa sotilaiden määrää, jotka liittyivät täydentämään miehistöjä. Laivastoministeriö päätti käyttää jälkimmäistä vaihtoehtoa. Uudet rykmentit, jotka otettiin maavoimista, niin annettiin laivaston käyttöön. Upseerikunta, joka oli ollut liian vähälukuinen vihollisuuksien alusta lähtien, niin oli nyt aivan riittämätön. Vara-amiraali de Guichen kohtasi mitä suurinta vaikeutta muodostaessaan miehistöjä niin upseereista kuin miehistä laivueeseensa. Hän lähti merelle helmikuun 3 aluksilla, jotka olivat 'huonosti miehitettyjä' niin kuin hän kirjoitti meriministerille." (Chevalier: Hist. de la Marine Francaise, s. 184.) "Viime sodan aikana [tarkoittaen vuoden 1778 sotaa] olemme kohdanneet mitä

527

suurimpia vaikeuksia toimittaa upseereita aluksillemme. Jos olisi ollut helppoa nimetä amiraaleja, kommodoreja ja kapteeneja, niin oli mahdotonta täyttää tyhjiä virkoja, joita aiheuttivat kuolemiset, sairaudet tai ylennykset upseerien joukossa luutnanttien ja kadettien virkoihin." (Chevalier: Marine Francais sous la République, s. 20)

[245] Elintärkeä keskus englantilaiselle kaupankäynnille ovat Brittein saaria ympäröivät vedet; ja kuin Iso-Britannia on nyt riippuvainen suuresti ulkoisista ruuanlähteistä, niin siitä seuraa se, että Ranska on se valtio, jolla on paras sijainti häiritä sen kaupankäyntiä johtuen sen läheisyydestä ja hallussaan olevista satamista niin Atlantin rannikolla kuin Pohjanmerellä. Ne varustivat kaappareita, jotka aiemmin metsästivät englantilaisia kauppa-aluksi. Niiden asema on nyt vahvempi kuin se oli aikaisemmin, sillä Cherbourg on hyvä satama Kanaalin rannalla, jollaista Ranskalla ei ollut aikaisemmissa sodissa. Toisaalta höyryvoima ja rautatiet ovat tehneet Ison-Britannian satamat, jotka ovat Kanaalin pohjoisrannalla, niin saavutettavimmiksi ja brittiläisen merikaupan ei tarvitse toisin kuin aikaisemmin, keskittyä Kanaaliin.

Paljon merkitystä on annettu kaappauksille myöhäiskesän sotaharjoituksissa (1888) risteilijöiden toimesta Englannin kanaalissa ja sen lähivesillä. Yhdysvaltojen tulee muistaa, että sellaiset kaappariristeilijät olivat hyvin lähellä heidän kotisatamiansa. Niiden huoltolinjan hiilivarastoihinsa täytyi olla noin 300 kilometriä; olisi hyvin vaikea asia ylläpitää niitä 4800 kilometrin päässä. Hiilen toimittaminen tai sellaisten telakoiden käyttäminen, jotka mahdollistavat alusten pohjien puhdistamisen tai välttämättömät korjaukset siinä tapauksessa, että kyseinen taho olisi vihamielinen Isolle-Britannialle, niin voidaan epäillä, että mikään sen läheinen puolueeton maa ei sallisi sellaista toimintaa niille aluksille.

Merikaupan tuhoaminen itsenäisillä risteilijöillä riippuu voiman laajasta hajauttamisesta. Kaupankäynnin tuhoaminen hallitsemalla strategista keskusta suurella laivastolla riippuu voimien keskittämisestä. Jos tätä pidetään tärkeimpänä, ei toissijaisena tavoitteena, niin ensimmäinen toimi on tuomittava, kun taas jälkimmäinen on oikeutettu vuosisatojen kokemuksien kautta.